KB164542

새로 쓰는
중국 ★
혁명사
1911-1949

새로 쓰는 중국혁명사 1911-1949

국민혁명에서 모택동혁명까지

ⓒ 나창주 2019

초판 1쇄	2019년 4월 1일		
초판 3쇄	2020년 10월 12일		
지은이	나창주		
출판책임	박성규	펴낸이	이정원
편집주간	선우미정	펴낸곳	도서출판 들녘
편집	이동하·이수연·김혜민	등록일자	1987년 12월 12일
디자인	한채린·김정호	등록번호	10-156
마케팅	전병우	주소	경기도 파주시 회동길 198
경영지원	김은주·장경선	전화	031-955-7374 (대표)
제작관리	구법모		031-955-7381 (편집)
물류관리	엄철용	팩스	031-955-7393
		이메일	dulnyouk@dulnyouk.co.kr
		홈페이지	www.dulnyouk.co.kr
ISBN	979-11-5925-210-5 (03910)	CIP	2019009850

이 도서의 국립중앙도서관 출판예정도서목록(CIP)은 서지정보유통지원시스템 홈페이지(http://seoji.nl.go.kr)와
국가자료공동목록시스템(http://www.nl.go.kr/kolisnet)에서 이용하실 수 있습니다.

값은 뒤표지에 있습니다. 잘못된 책은 구입하신 곳에서 바꿔드립니다.

새로 쓰는 중국 ★ 혁명사

나창주 씀

1911-1949

국민혁명에서 모택동혁명까지

들녘

머리말

아편전쟁의 충격으로 시작된 중국의 변혁은 20세기 초반에 이르기까지 태평천국의 난과 양무운동, 청일전쟁, 무술변법, 의화단운동, 러일전쟁을 거치면서 숱한 피바람을 몰고 왔다. 중국인들은 안팎으로 예리한 칼날에 베이며 비명을 내질러야 했다. 중국 정부는 구체제를 고수하면서 소극적인 대응으로 일관했지만, 외부의 강력한 자극은 내부의 엄청난 진동을 촉발하는 계기가 되었다.

중국은 변혁 초기에 조선과 무기제조 등 근대 과학기술을 도입하고 무력을 증강하며 법제 개혁, 경제 개혁을 추진했으나 전통적인 관료사회의 부정부패와 인민들의 개혁 의식 부재로 소기의 성과를 거두지 못했다. 조바심이 난 중국의 지식인들은 아예 생활관습과 언어문화에 이르기까지 근본적인 혁신을 들고 나왔지만 문제의 본질에 다가서지 못했다. 그들은 단지 뚜껑을 연 것에 불과했다.

어떻게 보면 근대 중국의 투쟁사는 다윈의 진화론, 링컨의 공화정치, 마르크스의 혁명론 사이를 맴돈 느낌이다. 혁명의 불가피성을 강조한 적자생존은 공화정치와 마르크스 혁명, 혁명은 폭동이요 파괴요 유혈이라는 환골탈태의 모택동 혁명으로 귀결되었다.

외세의 침탈로 중화주의가 붕괴되고 비참한 현실이 지속되자 중국인들은 무능하고 부패한 청조에 분노했다. 이는 결국 자력갱생을 통한 외세의 축출과 공화정에 대한 열망으로 결집되어 5·4운동과 신해혁명의 불꽃으로 타올랐다. 하지만 수많은 혁명가들의 피땀으로 이룩한 중화민국은 군벌의 난립과 북벌전쟁, 중원대전, 국공내전, 중일전쟁의 소용돌이에 휘말리며 아수라장이 되고 말았다.

그때부터 1949년 모택동에 의해 중화인민공화국이 탄생하기까지 중국인들은 실로 엄청난 고통과 희생을 치렀다. 헤아릴 수 없는 사람들이 굶어 죽고, 수많은 인민이 자의반타의반 대륙에서 대만으로 이주하는 사건이 있었다. 물론 그보다 훨씬 많은 청년 군인들의 희생은 집계조차 할 수 없을 정도이다. 모택동의 공산정권 시기에 중국에서는 인민공사와 대약진운동, 문화혁명 같은 급진 정책의 파장으로 1억 명에 가까운 사람들이 죽어갔고 그보다 훨씬 많은 사람들이 하방이란 명목으로 도시에서 쫓겨나 강제노역과 기아에 시달렸다.

돌이켜보면 히틀러, 스탈린, 모택동은 낭만주의적 영웅주의자들이었다. 히틀러는 통치기간(1933~1945) 동안 1천만 명에 가까운 유대인들을 홀로코스트로 희생시켰고, 스탈린 통치 시기에는 솔제니친의 『수용소군도』가 보여주듯이 6천만 명이 수용소에서 고통을 당했다. 모택동 혁명의 상황은 중국 인구의 추이가 그 비극을 잘 보여준다. 중국 인구는 80년(1760~1840) 사이에 2억에서 4억으로 두 배가 늘었지만 그 후 110여 년(1841~1949) 동안 모택동 정권이 탄생할 때까지 5억으로 겨우 1억이 증가한 데 그쳤다.

그 후 20세기 중반 핑퐁외교를 통한 미국과의 수교, 소련권의 붕괴, 등소평의 개혁개방을 거쳐 오늘날의 중국굴기를 완성하기까지 근 백여 년 동안 중국인들이 배회한 세계는 『삼국지』보다 장중하고 『열국지』보다 복잡한 권력투쟁의 무대였으며, 『서유기』의 귀기가 따라잡을 수 없는 요괴들의 공간이었고, 『수호지』의 호걸들이 등을 돌릴 만큼 무자비한 살육의 현장이었다. 그리하여 혹자는 '이 시기의 중국사야말로 인류 역사상 가장 거대하고 끔찍한 몸부림이었다.'고 단언했던 것이다.

전통적인 중국 사회는 유럽이나 일본 등 제국주의 국가들과는 조직이나 구조가 판이하게 달랐다. 1070년경 실시된 송나라 왕안석의 신법에 의해 중국은 농업조직을 토대로 한 경제력이 질적으로 최고조에 이르렀고, 그 뒤에는 수량적인 팽창만 이루어져 전국의 경제가 하나의 방만한 평면체가 되었다.

이를 두고 영국의 경제학자 애덤 스미스는 마르코 폴로가 중국에 가기 오래 전부터 중국의 부는 법률과 제도가 허용하는 한도까지 거의 도달했다고 단언했다. 이런 상황에서 소자영농이 늘어나자 정책 당국자들은 유력자의 급증을 방지하기 위해 토지의 집중을 막았으나 도덕적 명분만 앞세운 까닭에 기술적인 개선은 이루어지지 않았다.

당시 중국은 재정이나 문화 면에서 서구를 훨씬 능가했지만 농업 부문의 잉여가 상공업 부문에 투자되는 생산의 질적 변화로는 이행되지 못했다. 그 결과 산업화와 도시화가 이루어지지 않아 사회 전체가 단조로운 산림문화山林文化 상태에 머물렀다. 송나라 이래로 원·명·청 등 700년 이상 지속되어온 중국의 재정정책은 늘 상부에서 계획을 수립하여 하달하는 방식이었고, 하부에 사유재산권이 확립되지 않았으며, 독립된 사법기구도 없었다.

게다가 중국 사회가 고수해온 사농공상士農工商의 서열은 중국을 답보 상태에서 빠져나오지 못하게 만들었다. 한마디로 중국은 관리가 스승이고 백성이 학생인 커다란 학교였다. 사서오경의 이해를 관리 선발의 기준으로 삼는 과거제도는 조정의 국가통치 수단이자, 사회질서를 유지하는 헌법이나 마찬가지였다. 그런데 1905년 과거제도가 폐지되면서 상부구조와 하부구조의 연결고리가 끊겨버렸다. 그 여파로 군주제도가 무너지니 중국은 방향을 잃은 난파선이 되었고, 강력한 개인과 군사력에 의지한 군벌들의 혼전만 남았다. 철학자 홉스가 말한 자연 상태, 즉 '리바이어던Leviathan'이 된 것이다. 결과적으로 5·4운동 이후 중국에서는 세 차례의 리바이어던이 등장한다.

첫 번째, 장개석의 국민당은 새로운 중국을 위해 하나의 상부구조를 형성하고, 열강의 승인을 얻어 항일전쟁을 치르면서 세계 속의 중국으로 인정받을 수 있었다.

두 번째, 30년 동안의 내전에서 승리한 모택동과 중국공산당은 사유재산을 폐지하고 농촌을 해체하여 새로운 하부구조를 개척함으로써 농업의 잉여가 상공업으로 옮겨가는 기초를 만들었다.

세 번째, 등소평은 천안문사태 이후 정치적 자유를 억누르면서 경제발전을 도모하고자 과감한 개혁개방으로 근대화에 박차를 가했다.

"더 빠르게, 더 과감하게"라는 슬로건을 앞세운 등소평의 개혁개방정책은 1860년대 독일 통일을 기치로 하여 자유주의를 억누르고 국가주의를 통한 근대화를 도모한 비스마르크를 연상케 한다. 그러나 독일의 근대화가 초기에 프러시아의 황실자본과 군인지주Junker가 주도하다가 기업 자본으로 전환한 데 비해 중국의 개혁은 자본과 노동력을 공산당이 독점 관리하는 국가자본주의 체제를 채택했다는 점에서 현저한 차이를 보인다.

등소평 사후 조자양趙紫陽, 자오쯔양, 강택민江澤民, 장쩌민, 호금도胡錦濤, 후진타오를 거쳐 오늘날의 습근평習近平, 시진핑 체제에 이르기까지 중국공산당 지도부는 "개혁이 너무 빠르면 혼란이 오고, 개혁이 너무 느리면 침체가 온다."는 전제하에 지금도 사회와 경제에 대한 통제의 손길을 거두지 않고 있다. 하지만 중국은 이미 자본주의라는 사나운 호랑이의 등에 올라탄 형국이다. 이 호랑이의 몸집이 커지면 커질수록 공산당의 독점체제는 흔들리게 될 것이다.

이 책에서 필자는 현대중국사의 정화인 신해혁명으로부터 시작하여 북벌전쟁과 중원대전, 중일전쟁, 국공내전 등 피어린 혈투를 거쳐 중화인민공화국 수립에 이르기까지 그 내밀한 전개 과정을 더듬어볼 것이다. 이를 통해 비정한 국제정치의 본색과 끔찍한 전쟁의 이면을 직시하고, 당대에 혁명이란 미명하에 자행된 인간 군상들의 음모와 배신, 협잡과 치부의 실상, 자유와 민주에 대한 중국인들의 끝없는 열망을 그려내고자 한다. 그동안 졸저의 탄생을 위해 정성을 다해준 도서출판 들녘의 이정원 대표와 숱한 오류에 교열의 노고를 아끼지 않은 편집부 여러분께 심심한 사의를 표하는 바이다.

2018년이 저물어가는 날에
합정동 오두막집에서, 나창주

차례

| 제1부 | **신해혁명**

| 제6부 | **중국과 미국**

| 제7부 | **최후의 결전**

신해혁명

19세기 중반, 중국은 서구열강의 침략으로 전통 질서와 제도가 무너지면서 국가 존망의 위기에 처했다. 이 시기에 진보적인 관료와 지식인들은 정치·경제·사회 등 전반적인 부문에서 변화를 추구하고자 했지만 유교문화에 근간을 둔 구체제에서 벗어날 수 없었고, 근대적인 상공업과 입헌정치를 기반으로 하는 서구열강의 대대적인 공세 앞에 중국의 내재적 발전 동력은 기능을 하지 못했다. 두 차례의 아편전쟁에서 패배한 뒤 중국이 종이호랑이에 불과했다는 사실을 깨닫게 된 중국인들은 대오각성을 통해 벌인 자강운동과 변법운동이 아무런 성과도 거두지 못하고 청일전쟁의 패배로까지 이어지자 큰 충격을 받았다. 그로 인해 중국의 지식인과 학생들은 점진적인 변화보다는 급진적인 변화를 원하게 되었고, 결국 신해혁명을 통해 260여 년에 걸친 이민족 지배와 2천 년 동안 이어져 내려온 황제체제를 무너뜨리고 아시아 최초의 민주공화국인 중화민국을 성립시켰다.

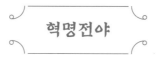

혁명전야

봉 건 체 제 의 균 열

중국의 전통적 국가체제를 무너뜨린 신해혁명辛亥革命[1]은 서세동점의 시기에 불안감을 느낀 중국인들에 의해 어느 날 갑자기 툭 튀어나온 사건이 아니었다. 그것은 청조 말기 정치권력의 무능과 극심한 부패, 인구의 급증, 혁명세력의 형성이라는 여러 가지 복합적인 요인이 누적되어 한꺼번에 폭발한 결과였다.

중국의 문화는 예로부터 '중화中華'로 일컬을 만큼 아시아에서 독보적인 수준을 자랑했지만, 그것은 도리어 고립적이고 배타적인 제도와 관념을 온존시키는 족쇄로 작용했다. 19세기 중반 서구열강이 아시아로 촉수를 내밀 때 재빨리 서구문물을 받아들여 자강에 성공했던 일본과 달리 중국은 개혁의 기반을 축적하

---

1   신해혁명은 1911년을 가리키는 신해(辛亥)라는 간지에서 따온 전통적인 명칭이다. 공화혁명(共和革命)이나 민국혁명(民國革命)이라고도 하는데, 영어로는 모두 'Republican Revolution'이라고 부른다.

지 못했다. 이런 상황에서 황제를 정점으로 하는 강력한 중앙집권체제가 하부구조에서부터 균열되고, 이로부터 조성된 암담한 현실은 혁명세력 형성의 밑거름이 되었다.

중앙정부가 정책을 성공적으로 완수하기 위해서는 지방을 다스리는 총독總督2과 순무巡撫의 협조가 절대적이었다. 청조 초기에는 지배계층인 만주족이 강력한 무력을 바탕으로 한인 관료들과 한족 군대인 녹영군綠營軍을 통제했고, 중앙관료를 지방에 파견하여 명나라 때의 신사층3이 담당하던 관개수로 건설, 곡물 저장, 사회사업 등을 관리 감독했다. 그러나 중기에 이르면 기본 사업 외에 토지 측량이나 과세장부의 재정리 등 신사층의 이해득실이 얽혀 있는 사업은 제대로 시행되지 못했다. 청조 말기에는 영토의 증가와 인구 팽창으로 기존의 행정사무가 급증하자 토착세력인 서리와 신사층이 손잡고 온갖 가렴주구를 일삼으면서 민심이 돌아섰다.

건륭제乾隆帝: 1711~1799, 재위 1736~1796 후기에 이르러 지주들에 의한 백성들의 토지 수탈과 고액의 소작료 부과는 농민을 유민으로 내몰았고, 고관대작들의 사치풍조는 국가재정을 좀먹었다. 홍수전洪秀全, 훙쉬우췐: 1814~1864과 양수청楊秀淸, 양슈칭: 1821~1856

---

2   총독(總督)은 명·청기에 성(省)의 업무를 총괄하는 최고 지방관 직책이다. 비슷한 직위로 순무(巡撫)가 있다. 순무는 성내의 관리의 감사, 재정 등을 맡았는데, 총독은 이러한 권한에 더하여 성내의 최고 결정권과 군권까지 쥐고 있는 상위 직책이다. 청조 때 총독은 2~3개 성을 총괄했고, 순무는 1개 성을 관할했다. 당시 중요 지역 총독은 만주인이 독점했다.

3   신사층(紳士層)은 중국의 명·청기에 지방에서 활동하던 지배계층이다. 신사가 되기 위해서는 국가에서 실시하는 과거에 합격해야 했다. 과거는 동시·향시·회시·전시로 나뉘며 각각을 통과하면 생원·거인·공사·진사로 불렸다. 생원부터 신사로 간주되며, 생원과 거인을 하층신사, 공사 이상부터를 상층신사로 분류하기도 한다. 신사들은 지방관과 협력하여 사회지도층으로 활약했다. 아편전쟁 이후 중앙정부의 지방에 대한 통제력이 약화되자 신사층이 사재를 털어 의용군을 모집한 다음 태평천국군 같은 반란군을 진압했고, 이후 지방군벌로 발전하기도 했다.

이 주도한 태평천국은 단시일에 도읍을 남경_{南京, 난징}으로 정하고 장강_{양쯔강} 이남을 석권하여 중국을 두 쪽으로 쪼갠 혁명이었다. 청조는 외세의 도움으로 이를 간신히 진압하였지만, 사회 전반에 만연된 부정부패는 걷잡을 수 없을 만큼 심해져 있었다. 이때 등장한 서태후_{西太后: 1835~1908}는 '동치중흥[4]'이라는 신제도를 마련하고, 서양의 군사기술을 비롯한 문물 도입, 군비 증강, 공업 진흥, 유학생의 해외 파견 등으로 국력

서태후

의 일신을 도모했지만 그것은 백성들이 원하는 본질적인 개혁이 되지 못했다.

혁명의 분위기가 고조된 현상에는 인구 증가도 큰 영향을 끼쳤다. 청조는 건륭제 대부터 인구가 폭발적으로 늘어나면서 경지 부족과 식량 부족에 시달렸다.

---

4   동치중흥(同治中興)이란 청조의 제10대 황제 동치제(同治帝) 때 국력이 일시적으로 만회된 일을 말한다. 이 시기는 전대의 태평천국의 난과 애로호사건 등 내우외환이 진압되어 평온을 되찾고 국세가 일시적으로 회복되는 비교적 안정된 상태였다. 어린 동치제를 옹립한 서태후의 섭정으로 시작되었으며, 공친왕이 내치외교의 실권을 장악하고 동치제를 도와 제반 정치를 지도했다. 그는 전통적인 궁정의 보수배외파(保守排外派)를 물리치고, 총리각국사무아문(總理各國事務衙門)을 신설하여 이를 중심으로 외국과의 화친책을 적극 추진했기 때문에 열강과의 관계도 상대적으로 평화로웠다. 다른 한편으로는 증국번·이홍장·좌종당 등을 중용하여 양무운동(洋務運動)을 적극적으로 추진하여 서양의 군사기술을 비롯한 문물 도입을 위해 노력하고, 이른바 양무파의 독무(督撫: 지방장관) 등을 독려하여 군사 분야를 위시한 공업의 진흥, 통신·운수설비의 충실화, 학당 설치, 유학생의 해외 파견 등으로 국세를 크게 떨쳤으므로 이 시기를 동치중흥이라 부른다. 그러나 이 중흥은 본질적인 것이 되지 못했다. 왜냐하면 태평천국 난의 진압을 통하여 지방에서 대두된 한인 실력파(증국번·이홍장 등)인 양무파 관료와 강경책보다는 약화된 청조를 이용하여 중국에 진출하는 것이 보다 나은 방법이라고 판단한 열강의 지지에 기반을 두었기 때문이다.

아편전쟁 이후 10여 년간 지속적으로 인구가 증가하다가 태평천국 시기에 일시적으로 감소했지만 광서제[光緒帝: 1871~1908, 재위 1875~1908], 선통제[宣統帝=溥儀(푸이): 1906~1967, 재위 1908~1912] 치세에 완만하게 회복되었다.

중국은 명나라 때 인구가 6천만 명 정도였는데 청조 만력[萬曆] 연간에 1억5천만 명에 달했고, 1790년(건륭제 55)에 이르면 3억에 이르렀다. 1839년(도광제 19)부터 1851년 사이에 4억을 넘어서면서 심각한 식량 부족 현상이 일어났다. 당시 중국 인구의 3분의 1이 기아 혹은 반[半]기아 상태에 놓여 있었다.

인구의 과도한 증가는 자본주의적 경제개발에 풍부한 노동력을 제공하기도 했지만, 반대로 늘어난 유민은 정권 불안의 요소가 되었다. 유민들은 관아의 압박하에서도 생존을 위해 단체를 조직하거나 비밀결사에 가입하여 정권에 대항하는 반정부 세력을 형성했다. 일례로 청조 당시 반청복명을 기치로 삼았던 비밀결사 천지회[5]의 구성원은 대부분 유민이었다. 건륭 연간에 대만에서 임상문[林爽文, 린슈앙원: 1756~1788]의 난[6]에 참여한 천지회의 골수분자 85명 가운데 유민이 38명이나 포

---

5   천지회(天地會)는 비밀결사인 삼합회(三合會)의 본명으로, 8세기 후반 복건성 장주에서 창립되었다. 이후 대만을 포함한 화남 지역과 동남아시아 화교들이 가세했다. 삼점회(三點會)·첨제회(添弟會)·소도회(小刀會) 등과 함께 홍문(洪門)으로 총칭되었는데, 통일 조직이 아니라 지방마다 각자의 조직이 있었다. 회원들은 교통·운수 관계의 노동자나 광산노동자·유민층이 대부분이었고, 청조 말기에는 일부 재야인물과 농민도 포함되었다. 평소에는 의형제를 맺고 상호부조의 기능을 했지만, 1786년 임상문의 난 이후 '타부제빈(打富濟貧)'·'순천행도(順天行道)' 등의 구호를 내걸고 수차례 반란을 일으켰다. 19세기 이후에는 '반청복명(反淸復明)'을 기치로 내걸었다. 신해혁명에서도 큰 역할을 담당했다.

6   임상문(林爽文)은 복건성 평화현 출신이었는데 대만의 장화현으로 이주하여 북로(北路)의 비밀결사 천지회의 지도자가 되었고, 남로(南路)의 장대전(莊大田)과 협력하여 조직을 확대했다. 당시 대만을 다스리던 청조의 관리들이 극악무도하여 인민의 분노를 사자 임상문은 1786년 봉기하여 신화(新化)와 제라(諸羅)를 점령하고 농민정권을 수립했다. 이때 그는 "탐관을 정벌하고 민생을 안정시키자."라는 강령을 내걸고 연호를 순천(順天)이라 정했으며 대맹주에 추대되었다. 청조에서는 이듬해 반란군 내부 향당(鄕堂) 간의 대립을 이용하여 한족의 총병 시대기(柴大紀)와 섬감총독 복강안(福康安)의 활약으로 반란을 진압했다. 임상문은 체포되어 북경으로 압송된 뒤 처형

함되어 있었다. 이 시기에 삼합회三合會, 가로회哥老會, 대도회大刀會 등의 비밀결사가 극성을 부렸는데 회원의 대부분이 토지를 잃은 농민이거나 일자리를 잃은 수공업 노동자들이었다.

한편, 관리들의 매관매직 때문에 관직에 진출하지 못한 지식인들의 불평불만도 혁명을 부추기는 또 하나의 변수로 등장했다. 통계에 의하면 1871년 발령받은 4품에서 7품 사이의 관리 1,790명 가운데 과반수가 과거를 거치지 않은 사람들이었다. 19세기 말 향시에 합격하여 회시會試 응시자격을 얻은 거인擧人은 1만 명 정도였는데, 과거를 치르지 않고 생원生員이 된 자가 60만 명에 달했다. 그처럼 과거에 합격하고도 벼슬을 얻지 못하자 거인들은 조정에 대한 원망이 깊어질 수밖에 없었다. 그들은 1905년 과거제도가 폐지되자 학부를 거쳐 해외유학을 떠나거나 신군新軍에 편입하여 신분 상승을 노렸다. 혁명당원에 의해 신군에 포섭된 유학생들은 청조에 위협적인 존재가 되었다.

아편전쟁 시기에 강유위康有爲, 캉유웨이: 1858~1927와 양계초梁啓超, 량치차오: 1873~1929 등 지식인들은 서구의 인권 개념을 받아들이는 진보적인 모습을 보였다. 그러나 그들은 여전히 공화주의를 외면하고 고답적인 입헌군주제를 고집함으로써 개혁이 아닌 복고復古에 머물렀다. 이러한 봉건주의 의식은 차츰 한계를 노정하게 된다. 지식인들이 수용한 천부인권사상은 결국 봉건제도에 대한 부정으로 이어지게 되었다. 특히 청일전쟁의 패배에 따른 국가 존망의 위기감은, 청조를 타도하지 못하면 중국이 멸망하고 말 것이라는 혁명적 논의로 그들을 경도하게 만든다.

되었다. 이때 반란 평정을 위해 처음으로 지역을 근거지로 하는 군사조직 향용(鄕勇)이 등장했다.

혁명은 천명도 바꿀 수 있다

중국은 제1차 아편전쟁의 패배로 영국과 남경조약을 체결하면서 문호를 개방했고, 1860년 애로호 사건에서 촉발된 제2차 아편전쟁에서 영·불연합군에게 북경의 원명원圓明園이 약탈당하는 수모를 당했다. 중국은 태평천국의 난을 진압한 다음 양무운동을 통해 서양의 신식 문물과 무기를 받아들이는 등 부흥을 꾀했지만 보수파의 반발로 별다른 성과를 거두지 못했다.

이에 반해 일본은 도쿠가와 막부를 물리고 존왕파가 정권을 잡은 뒤 메이지유신을 통해 근대산업국가로 발돋움했다. 그들은 국세가 강화되자 본격적인 대외진출에 나서 대만에 출병하고 오키나와를 병합했다. 이어서 운양호雲揚號 사건을 구실로 1876년 강화도조약을 체결하여 부산·원산·제물포를 개항시켰다.

1882년 임오군란이 일어나자 중국은 조선의 실권자인 대원군을 납치하고 전통적인 종주권을 구실 삼아 조선의 내정에 간섭했다. 1884년 일본은 개화파가 갑신정변을 일으켜 정권을 장악하자 군사를 동원하여 진압했다. 그 과정에서 청일전쟁이 일어났다. 중국은 조선 영토 내에서 벌어진 풍도 해전과 성환 전투, 평양 전투, 황해 해전, 압록강 전투에서 연이어 패배했고, 요동遼東, 라오둥의 여순旅順, 뤼순항에 이어 위해威海, 웨이하이까지 함락당하는 수모를 겪었다.

일본이 대만을 점령하고 동중국해까지 장악하자, 중국은 1895년 4월 17일 일본과 시모노세키조약7을 체결하고 전쟁배상금으로 중국의 3년 치 예산에 해당

---

7   시모노세키조약(下關條約)은 1895년 3월 20일부터 야마구치현 시모노세키에서 열린 청일전쟁의 강화회의 결과 체결된 조약으로서 정식 명칭은 일청강화조약이다. 4월 17일 일본제국의 이토 히로부미와 청국의 이홍장 사이에서 체결되었다. 이 조약은 5개 항목으로 청국의 조선 간섭을 저지하고 일본이 조선과 만주까지 지배력을 뻗칠 수

하는 2억 냥을 지불하고, 요동반도와 대만, 팽호제도澎湖諸島, 평후제도8를 할양하기에 이른다. 삼국간섭으로 요동반도는 반환되었지만 열강들의 공세는 더욱 심화되었다. 열강들은 북경北京, 베이징을 비롯한 주요 도시와 요충지에 치외법권 지대인 조계租界를 설치하고 군대를 주둔시켰다. 이를 틈타 러시아는 만주를 장악하고 나섰다.

청일전쟁의 결과에 경악한 중국의 지식인들은 신식학교를 설립하고, 구미에 유학생을 파견하는 한편 신지식운동을 통해 서양의 민주주의와 과학지식을 적극적으로 받아들였다. 그들은 과거 무술변법의 실패를 예로 들면서 현재의 봉건적인 국가체제로는 외세로부터 중국을 지켜낼 수 없다며 민주혁명의 기치를 높이 들었다. 서구의 천부인권, 공화정치, 민족주의, 진화론, 유물론 등으로 무장한 그들은 혁명사상을 전파하고 혁명을 조직하여 새로운 중국을 건설하자고 주장했다.[9]

당시 강유위와 양계초 등의 보황파保皇派가 광서제를 옹호하며 입헌군주제를 내세운 데 대해, 손문孫文, 쑨원: 1866~1925이 이끄는 민주혁명파는 민주공화론을 정신적 토대로 삼았다. 그들은 〈소보〉〈국민보〉〈대륙〉〈신호남〉〈절강호〉〈강소〉〈국민일보〉 등 다양한 간행물을 통해 자신들의 사상을 전파했다. 강유위가 러시아

있게 했다.

8   팽호제도(澎湖諸島)는 대만해협에 있는 군도로서 크고 작은 90개의 섬들로 이루어져 있다.

9   다윈, 링컨, 마르크스는 모두 1818년생이다. 마르크스는 1848년 공산당선언을 필두로 하여 프롤레타리아혁명을 주창했다. 링컨은 1865년 게티스버그 연설에서 "The government of the people, by the people, for the people, shall not perish from the earth."라 하여 민주정치를 제시했고, 다윈은 1859년 『종의 기원』에서 적자생존(Survival of the fittest)을 증명했다. 20세기의 싸움은 이 세 가지 범주에서 찾아야 할 듯하다. 이제부터 중국에서도 시간과 더불어 이 싸움의 소용돌이가 더해가고 있음을 보게 된다.

의 표트르 정권과 일본의 메이지유신을 모델로 상정한 반면, 민주혁명파는 프랑스대혁명과 미국의 독립전쟁을 표상으로 삼고 "밖으로는 열강을 막아내고 안으로는 민주주의를 이룩하자!"는 구호를 내세웠다.

민주혁명파들에게는 18세기 프랑스의 자유주의혁명이야말로 최고의 모범이었다. 그들은 "전제군주의 압박을 받으면서도 프랑스인들이 한 것처럼 할 수 없는 자는 국민이 아니요, 외국의 압박을 받으면서도 미국인들처럼 할 수 없는 자는 국민이 아니다!"고 주장했다. 그들은 20세기의 중국은 프랑스대혁명과 같은 길을 가야만 제국주의와 봉건세력의 압제에서 벗어나 과거 중화제국의 영광을 되찾을 수 있다고 믿었다.

강유위 등이 미약한 광서제의 권위에 기대어 실시했던 무술변법[10]의 실패는 그들에게 무력혁명의 당위성을 일깨워주는 적절한 사례였다. 담사동譚嗣同, 탄쓰퉁: 1865~1898[11]은 황제에게 개혁을 청원하는 상소를 올리는 등 평화적인 수단을 동원했지만 정권을 장악하고 있던 보수파의 미움을 받아 체포되어 죽임을 당했다. 개혁에 대한 현 체제의 탄압은 인민들의 극심한 반발을 불러일으켰다. 결국 민주혁명파에게는 봉건 황제체제를 일거에 무너뜨린 프랑스혁명이 더 유효한 개혁 방안으

10 　무술변법(戊戌變法)은 1898년 강유위가 추진한 변법자강운동(變法自強運動)으로 100일 변법으로 불리기도 한다. 서양의 군수기술 도입으로 근대화를 추진하려던 양무운동은 1884년 청불전쟁, 1894년의 청일전쟁의 패배로 한계점을 드러내자 서양의 기술뿐만 아니라 정치제도까지 도입하여 중국의 체질을 일신하려 했던 제2의 근대화 정책이었다. 이 정책은 과거제도 개혁, 조세 개혁, 탐관오리 혁파, 경제 개혁 등을 포괄했지만 광서제의 미약한 권위에 의존하다가 서태후를 내세운 반개혁파의 무력 탄압으로 실패하고 만다.

11 　담사동(譚嗣同)은 호남성 출신으로, 아버지는 호남순무(湖南巡撫)를 지낸 대관이었다. 여섯 차례나 향시에 낙방한 뒤 강소성 지부후보(知府侯補)로 부임했지만 관계의 비리에 회의를 품고 귀향했다. 1896년 북경에서 양계초와 친교를 맺고 강유위의 학설을 알게 되었으며, 상해에서 영국 선교사 존 프라이어를 만나 기독교에 관심을 가졌다. 1898년 초부터 호남의 시무학당(時務學堂)에 초빙된 양계초, 〈상학보(湘學報)〉의 편집자 당재상(唐才常)과

로 다가오는 것은 당연했을 것이다.

바스티유 감옥이 프랑스대혁명의 공장이었
듯, 청조의 야만적 통치는 중국혁명의 공장이었다.
민주혁명파는 혁명의 성공을 위해서라면 유혈투
쟁이 필수적이라 보고, 보황파에게 구국를 위해서
는 무력 혁명의 길로 함께 나아가야 한다고 설득
했다.

담사동

민주혁명파는 중국인들에게 천부인권설을
알리기 위해 애썼다. 봉건시대의 제왕, 장군, 재상은 폭군에 불과하며, 2천 년 동
안의 중국 역사는 폭군들이 인민들의 천부인권을 빼앗아 노예로 만든 역사라는
것, 전제체제는 인민을 노예로 만드는 그물이고, 삼강오륜은 노예주의를 만연시
키는 낚싯바늘이며, 봉건적 교육과 학문 역시 폭군에게 순종하도록 하는 노예 훈
련에 지나지 않는다는 사실을 알리기 위해 그들은 노력을 경주했다.

또한 민주혁명파는 제국주의에 대한 공격도 허술히 하지 않았다. 제국주의
는 침략주의·강도주의로서 중국이나 다른 약소국가 인민들의 천부인권을 빼앗고
노예처럼 부리며 살육을 일삼는다, 오늘날의 세계는 이런 제국주의가 번성하면서
자유가 사라진 시대다, 이런 제국주의와 봉건세력이 인민에 대한 압박을 자진하
여 포기할 리는 없다, 그러므로 인민들이 자발적으로 민권을 쟁취하고 전제정치
체제를 없애야 한다고 주장했다.

함께 호남의 혁신운동을 추진했다. 그들은 남학회(南學會)를 설립하여 호남 혁신의 거점으로 삼고, 〈상보(湘報)〉
를 발행하여 혁신사상을 고취했다. 그해 6월 무술변법이 개시되자 주동적으로 활약했지만 보수파의 정변으로 체
포되어 처형되었다.

그들은 혁명정신을 전파하는 데서 진화론을 적극적으로 활용했다. 진화는 생물계의 발전법칙일 뿐만 아니라 인류사회의 발전법칙이기도 하다면서 라마르크, 다윈, 스펜서 등의 진화론을 세계의 공리로 인식했다. 민족이나 국가는 진화하면 살고 진화하지 못하면 죽는다, 진화하면 승리하고 진화하지 못하면 패한다, 이것이 곧 진화의 공리요, 항거할 수 없는 법칙이라는 것이다. 이와 같은 민주혁명파의 주장은 역사가 진보 방향으로 발전하며 퇴화는 없다는 전제에서 비롯되었다.

진화론에 입각하여 정치제체를 살펴보면 역사적으로 전제군주제는 썩어빠진 과거의 유산일 뿐이다. 전 세계가 이미 민주공화의 시대로 진입하고 있는데 중국만이 이에 뒤처지면 선진국과의 경쟁에서 도태될 수밖에 없다. 민주공화제가 전제군주제보다 진보적인 까닭은, 전자는 대다수의 행복을 증가시킬 수 있으나 후자는 단지 소수의 행복만을 보호하기 때문이다. 결국 전자는 필연적으로 후자를 대체할 것이다. 그런데 후자는 반드시 낡은 것을 지키려 하고, 전자는 그들을 이겨내기 위해서는 용기를 짜내야 한다. 그 과정에서 유혈 충돌은 필연적이다. 민주주의는 유혈 속에서 자란다.

민주혁명파는 진화론을 무기로 보황파의 봉건적 복고론을 공격했다. 세계가 나날이 진보하고 사람의 지식도 해마다 쌓여가고 있는데, 복고파들은 그것을 풍속이 옛날 같지 않고 인심이 나빠진 것이라고 말한다. 그런 인식은 시대에 역행하여 야만시대로 돌아가 옛사람들의 노예가 되라는 말이나 다름없다는 것이다.

그들에게 복고파가 숭상하는 역대 성현들의 언행은 본받을 만한 것이 하나도 없었다. 진화론에 따르면 공자는 절대로 영원한 스승이 아니었다. 그가 최고의 성인이자 선사가 된 것은 역대 폭군들이 그런 칭호를 부여했기 때문이다. 공자는 사람들에게 충성과 복종을 가르쳤기에 폭군들은 그를 내세워 전제정치의 기반을 다졌다. 설사 공자가 살던 시대가 좋았다 하더라도 지금은 아니다. 오늘날 충성이나 복종, 법고창신 따위를 주장한다면 정신 나간 사람이다. 공자와 유교는 사회 진보의 장애물이다.

그들은 진화론의 대척점에 서 있는 여러 숙명론을 미신으로 규정하면서 혁명을 하면 천명을 바꿀 수 있다는 '혁천론革天論'을 내세웠다. 미신은 성공과 실패를 운명 탓으로 돌려 진보의 앞길을 막는다. 도학자들은 천리론天理論에서 이理를 천天에게 맡김으로써 허무맹랑한 운명론을 당연시한다. 노장사상은 '무위자연無爲自然'을 선전함으로써 맥 빠진 인류를 만들어낸다. 천당과 지옥을 운운하는 기독교 역시 이런 비판적인 시각을 피해 갈 수 없었다. 이런 숙명론들은 인류의 진보를 가로막을 뿐만 아니라 해치기까지 한다. 그것은 사람들의 투쟁 의지를 없애고 인류의 진보를 저해한다.

그들에게 영혼불멸의 신앙이란 실로 공허하고 무의미한 허상이었다. 인간의 지각과 사유능력은 인간두뇌의 산물이다. 여기에 무슨 영혼이 있단 말인가. 영혼은 육체 밖에 분리되어 있는 분체가 아니라 육체의 일부분으로서 인간이 죽으면 함께 소멸한다. 그러므로 유신론은 인간의 타락을 부추기는 공부이며 허무를 조장하는 사이비학문에 불과하다. 미신에 기대면 사람은 아무런 노력을 하지 않게 되고 자신을 경시하게 된다. 모든 것은 인간이 창조한다. 천명이란 없다.

그런 면에서 민주혁명파에게 프랑스의 유물론과 무신론은 실로 의미심장한 것이었다. 20세기는 과학이 융성하고 종교가 멸망하며, 유물론이 번창하고 관념론이 퇴색하며, 인문학에서 실증학으로 나아가는 시대다. 그들은 이처럼 유물론에 입각한 새로운 패러다임이 프랑스대혁명으로부터 시작되었다고 믿었다.

인간은 감각체이고, 육체적인 행복은 인생 최대의 지향점이다. 그러므로 행복을 실현하기 위해서는 모든 속박을 깨뜨리고, 모든 장애물을 쓸어버리고, 모든 죄악을 없애고, 모든 사람의 행복을 위해 투쟁해야 한다. 유물론이 프랑스대혁명에 공헌한 점은 이와 같은 혁명적인 의식을 불러일으키고 우매한 편견을 타파함과 동시에 진리를 발전시킴으로써 민중을 투쟁의 대열에 서게 한 것이었다. 이제 그와 같은 대혁명의 열기가 중국에 불어닥치고 있었다.

추용, 혁명을 노래하다

서구열강의 끝없는 이권 착취와 청일전쟁의 패배로 상심한 중국의 학생과 지식인들에게 혁명의 기운을 적극적으로 고취하기 시작한 것은 상해上海, 상하이의 급진적 잡지 〈소보蘇報〉였다. 1902년 신식학교가 문을 열고 서구 학문이 들어오면서 역사의 전면에 등장한 신세대 학생들은 〈소보〉를 통해 혁명의 당위성을 인식하고 혁명의 대열에 적극 동참하고 나섰다.

장사소章士釗, 장스자오: 1881~1973가 주필을 맡고 채원배蔡元培, 차이위안페이: 1868~1940, 장병린章炳麟, 장빙린: 1869~1936 등 당대의 혁명가들이 편집인으로 활동하던 〈소보〉는 1903년부터 상해에 새로 생긴 애국학사愛國學社12의 준기관지 역할을 하면서 혁명 토론의 중심 매체가 되었다. 그해 여름에는 러시아 허무주의자들의 암살 방법을 찬양

---

12   애국학사(愛國學社)는 1902년 상해의 남양공립학교 학생 5명이 학교에서 자유사상을 억압하는 데 항의하여 자퇴하자 11월 21일 중국교육회의 결정에 따라 건립된 학교다. 채원배, 오경항, 황염배, 장병린 등 혁명정신에 투철한 인사들이 교육을 맡았는데, 많은 혁명가들이 이 학교에서 공부했다. 애국학사에서는 중국 최초의 근대 여학교

하면서 만주인 관리 살해를 권장하는 논설을 싣고, 4억 중국인에게 황제 타도는 썩은 고목을 넘어뜨리는 것처럼 쉬운 일이라고 선동했고, 만주족 정부를 지지하는 강유위를 공박하면서 금기시되던 황제의 이름까지 들먹이며 비열한 놈이라고 조롱했다.

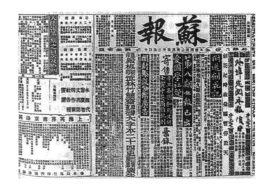

〈소보〉

이처럼 격렬한 선전선동은 상해의 조계[13]에서 행해지는 한 비교적 안전했다. 경찰은 외국 영사관이나 상해공무국과의 협의 없이는 혐의자를 체포할 수 없었기 때문이다. 급진적인 학생 추용鄒容, 쩌우룽: 1885~1905이 청조를 격렬하게 비판한 「혁명군」이라는 글이 〈소보〉에 실린 것도 이런 환경이 뒷받침되었기 때문이다.

추용

혁명은 숭고하다. 그리고 장엄하다. 혁명을 위해서라면 나는 만리장성 끝까지, 곤륜산 꼭대기까지, 장강 끝까지, 황하의 발원지까지 쫓아갈 것이다. 혁명을 위해 나는

를 설립하기도 했다.

13   상해의 조계(租界)는 미국·영국·이탈리아·일본이 국제공동조계를 유지했고, 프랑스가 독자적인 조계를 운영했다.

독립의 깃발을 꽂고 자유의 종을 울린다. 동포들을 향해 울부짖으매, 내 목소리는 하늘과 땅에 메아리치고 내 가슴은 갈가리 찢어진다. 들어라, 오늘날 우리 중국은 혁명을 하지 않으면 안 된다. 만주왕조의 굴레를 벗어던지려면 우리는 혁명을 해야만 한다. 중국이 독립하려면, 중국이 지구상의 강대국이 되려면, 중국이 20세기의 새로운 세계에서 오랫동안 살아남으려면, 중국이 대국이 되고 지도적 역할을 하려면, 오늘날 우리 중국은 혁명을 해야 한다. 아! 혁명, 혁명이여! 동포여, 남녀노소 불문하고 그 누구 없는가? 혁명을 소리 높이 외치고 혁명의 열매를 맺게 할 자가. 동포여, 혁명 속에서 서로 돕고 서로를 위하여 살아가자. 오늘 나는 혁명의 메시지가 방방곡곡에 퍼지도록 외치노라. 혁명은 보편적인 진화의 법칙이다. 혁명은 세계의 보편적 원리다. 혁명은 과도기에서 흥망성쇠의 기로를 판가름하는 투쟁의 정수다. 혁명은 하늘에 복종하고 인간의 바람에 응답한다. 혁명은 부정을 몰아내고 선을 창조한다. 혁명은 미개에서 문명으로 전진하는 것이다. 혁명은 노예를 주인으로 바꾼다.   추용의 「혁명군」 중에서

사천성四川省, 쓰촨성 파현巴縣, 바현 출신의 추용은 17세 때인 1901년 일본에 유학하여 애국운동에 참여했다가 이듬해 상해로 돌아와 애국학사에 가입했다. 무술변법 당시 희생된 담사동의 열렬한 숭배자였던 그는 양계초가 청년들에게 워싱턴이나 루소를 거부하라고 선동하자 〈소보〉의 편집진과 의기투합하여 워싱턴과 루소의 높은 정신을 따르자고 했다. 그는 중국인들에게 자유를 두려워하지 말고 스스로의 힘으로 강토를 회복하고 260년 동안 만주족의 지배에 물든 심신을 정화해야 한다고 주장했다.

현재 중국의 상태는 창녀보다 못하다. 매춘부는 제 몸값을 받으며 잘되면 손님과 결혼할 수도 있지만, 중국인은 주인의 다리 사이에서 온순하게 쉬고 있는 노새와 다를 바 없다. 중국인은 노동한 대가의 극히 일부분에 지나지 않는 사료를 얌전하게 받아먹으며 사육당하는 소와 같다. 만주왕조에 충성한 고관들, 특히 19세기 중엽의 반란을 진압했던 증국번·이홍장을 비롯한 무리들은 인간백정이다. 변발과 공작 깃털 장식, 만주식 의복을 받아들이더니 급기야 중국인은 세계의 조롱거리가 되기를 서슴지 않았다. 그 무엇으로도 현재의 이 엄청난 굴욕을 지울 수 없다. 설사 내 동포가 싼 오줌을 만주인이 마지막 한 방울까지 마시거나 내 동포가 눈 똥을 만주인이 다 핥아 먹는다 해도……. 이제 세계는 바야흐로 황인종과 백인종의 싸움을 피할 수 없게 되었다. 중국민족은 다른 황인종에 비해 선도적인 인종이다. 중국인은 고대부터 힘과 지성이 충돌해온 거대한 전쟁터이자 오랫동안 자연도태와 진보의 드라마를 연출해온 거대한 무대인 진화의 세계에서 전투의 선봉장이다. 바야흐로 우리는 살아남기 위한 혁명을 해야만 한다. 만주족을 몰아내고 황제를 처형하자! 의회를 건립하고 국민개병제를 실시하자! 추용의 「혁명군」 중에서

1903년 봄, 추용이 상해 조계에서 「혁명군」을 출간하자 〈소보〉에서는 그 내용을 자세하게 소개했다. 「혁명군」은 중국 사회의 여론을 뜨겁게 달구었다. 당시 이 책의 폭발력을 감지한 손문은 1904년 샌프란시스코를 방문했을 때 1만1천 부를 인쇄하여 현지의 중국인들에게 뿌렸다.

혁명은 진화의 일반법칙이요, 세계의 공리이며, 부패한 것을 없애고 좋은 것을 보존하며, 야만으로부터 문명으로 진입하게 하고, 사람마다 자유와 평등의 행복을 누

리게 한다.…… 혁명, 혁명, 혁명을 하면 살고 하지 못하면 죽는다. 위대하도다. 혁명

이여! 추용의 「혁명군」 중에서

장병린

이와 같은 추용의 반봉건투쟁에 관한 메시지는 영국, 프랑스, 미국의 민주혁명을 본보기로 하여 혁명사업의 위대함을 담고 있다. 청조는 이 책을 정권에 대한 도전으로 간주하고 필자인 추용과 편집인 장병린[14]을 체포하여 기소했다.

재판은 청조의 관리가 지켜보는 가운데 조계의 혼합법정에서 서양 법률로 진행되었다. 추용은 선동적인 저작물을 썼다는 죄목으로 징역 2년을 선고받았다. 하지만 몸이 허약했던 그는 출옥을 앞둔 1905년 봄에 20세의 나이로 옥사하고 말았다. 지지자들은 그의 죽음을 애도하면서 『혁명군』 수천 부를 인쇄하여 싱가포르 일대에 배포했다.

추용의 진단에 따르면 중국은 이미 내우외환의 생사기로에 서 있으므로 혁명 이외에는 어떠한 탈출구도 없었다. 그에게서 혁명이란 인류 진화가 반드시 거

---

14 장병린(章炳麟)은 '국학대사(國學大師)'라고 불렸던 근대 중국 최고의 학자다. '화이유별(華夷有別)'이라 하여 한족 중심의 민족국가 건설을 주장했던 그는 손문의 동지이자 정적이었고, 작가 노신의 스승이었다. 1906년 일본으로 건너가 손문과 함께 동맹회에 참여하여 〈민보〉의 집필과 편집을 맡았다. 이후 손문과 뜻을 달리하면서 광복회를 결성하여 수장이 되었다. 한때 원세개의 대총통 취임을 지지하여 손문과 등지기도 했다. 장병린은 중국의 문자와 언어, 전통사상과 철학도 제대로 이해하고 계승하지 못하는 주제에 중국의 가르침을 본질로 삼고 서양의 학문을 실용적 발전을 위해 이용한다는 '중체서용(中體西用)'을 주장하느냐며 당대의 지식인들에게 쓴소리를 퍼부었다. 노신은 스승의 부음을 듣자 "일곱 번 체포되고 세 번 투옥되어서도 끝까지 혁명에 대한 소신을 굽히지 않았다[七被追捕, 三入牢獄, 而革命之志, 終不屈撓者]."며 안타까워했다.

쳐야 할 길이었고, 나아가 유혈혁명은 자유·평등·독립이라는 이상을 실현하는 유일한 수단이요, 중국을 구하는 유일한 방법이었다. 때문에 그는 "청조를 반대하고 만주족을 배척하자."면서 청조의 종족 압박과 전제통치, 제국주의에 대한 매국적 투항이 지식인·농민·노동자·상인·병사의 생존권을 박탈했고, 인민들을 마소나 노예로 만들어버린 현실이 혁명을 필연으로 만들었다고 설파했다.

추용은 또 수천 년에 걸친 중국의 봉건적 전제주의를 규탄했다. 그의 시각에 24개 왕조의 역사는 하나의 거대한 노예사였다. 중국인민은 전제군주제 아래 살고 있으며 어디를 가도 노예가 아닌 자가 없었다. 이른바 임금에게 충성하고 부모에게 효도하는 '삼강오륜三綱五倫'은 실질적으로 노예의 도덕이었고, 한학漢學·송학宋學·사장詞章 등은 노예의 학문이었다. 그것들은 황제에 굴종하는 지식인들로 하여금 이익과 관록을 추구하도록 유인하고 그들이 전제통치에 안주하게 하는 도구에 불과했다.

자유주의와 애국정신에 불타는 그의 목소리는 봉건왕조의 압박 속에서 고통에 가득한 인민들의 삶을 고발하고 민주혁명사상을 전파하는 데 집중되어 있다. 「혁명군」에서 그는 민주공화국을 세우는 정치강령을 제시했고, 부르주아 민주혁명을 선명하게 표방했다. 그는 천부인권론이야말로 중국을 회생시키는 영약이요, 혼백을 되돌아오게 할 묘방이라고 선전하면서 자신이 루소와 워싱턴의 계승자임을 자임했다.

사람은 태어나면서부터 생명의 자유와 이익에 관계되는 모든 권리가 있다. 이러한 권리들은 천부적인 것이요, 빼앗을 수 없는 것이다. 인류 최초에는 자유가 없는 사람도 없었고, 불평등한 사람도 없었으며, 군신관계도 없었다. 옛날에 요·순은 전체 동포

를 위해 이익을 도모했다. 그래서 사람들은 그들을 자기들의 대표라고 여겼고 임금으로 만들었다. 사실 그들은 단체의 우두머리에 지나지 않았으며, 인민들은 여전히 평등과 자유의 권리를 누리고 있었다. 후세인들이 이런 이치를 이해하지 못했기 때문에 폭군, 대도적이 모든 사람들의 천부적인 권리를 빼앗아 한 사람이 독차지하게 만들었다. 그는 스스로를 임금으로 높이고 스스로 황제라고 불렀다. 국가는 그의 한 집안, 한 성씨의 사유물이 되어버렸고, 세상 사람들은 모두 평등과 자유의 권리를 잃어버렸으며, 수천 년 동안 전제군주 통치가 이어졌다. 오늘날 중국혁명의 목적은 우리 위에 군림하는 타민족을 함께 물리치고 우리를 전제적으로 통치하는 군주를 제거함으로써 우리의 천부적인 인권을 되찾는 데 있다. 　추용의 「혁명군」 중에서

추용은 천부인권으로 노예주의를 극복해야 한다고 믿었다. 노예는 자신의 독립적 인격, 자치 능력, 참정권, 자유의 행복을 주인에게 바치고 모든 것을 오직 주인의 명령에 따라 한다. 그러므로 중국인민이 천부인권의 귀중함을 모르고 노예의 삶에 안주한다면 반드시 국가와 민족은 망하고 말 것이다. 하지만 그는 중국의 비참한 현실을 극복하기 위해서는 영웅적인 인물이 나타나 혁명을 영도해야 한다면서 워싱턴이나 나폴레옹을 지구상에서 인류가 숭배해야 할 호걸이라고 찬양했다. 이와 같은 그의 이율배반적인 견해는 훗날 장개석蔣介石, 장제스: 1887~1975과 모택동毛澤東, 마오쩌둥: 1893~1976에 의해 전개될 비정하고 참혹한 미래상을 예고하는 것만 같다.

손문의 등장

광동봉기

'중국 혁명의 아버지' 손문이 태어난 광동성廣東省, 광둥성 향산香山, 샹산은 홍수전의 고향으로 땅이 비좁고 인구가 많아 반세기 전부터 동남아시아나 미국 등지로 집단이주를 떠난 사람들이 많았다. 손문의 집안에서도 숙부 손두맹이 캘리포니아에 건너갔다가 골드러시[15] 때 사망했다. 손문 역시 어린 시절에 형 손미孫眉, 쑨메이: 1854~1915를 따라 하와이로 건너가 영국식 교육을 받았다. 1886년에 홍콩으로 돌아온 그는 홍콩대학 의학부의 전신이었던 서의서원西醫書院에서 공부했다. 학교를 졸업하고 외과전문의가 된 손문은 중국의 고전을 섭렵한 지식인으로서 중국의 진보적 인사들과 교유했고, 영어에 능통한 기독교인으로서 서양인들과 자유롭게

---

15   가장 유명한 골드러시는 1848년 미국 캘리포니아의 새크라멘토강 근처에서 황금이 발견되자 수많은 사람들이 몰려들었는데, 1853년에는 그 수효가 250,000명에 달했다.

손문(17세 때)

소통하며 국제적인 인물로 성장하고 있었다.

중국은 1885년 북부 베트남을 차지하기 위해 프랑스와 일전을 겨루었던 청불전쟁에서 패배하면서 새삼 종이호랑이임이 입증되었다. 이에 손문은 청조의 무기력함에 분개하여 중국이 서구열강의 공세에서 살아남기 위해서는 새로운 방법을 찾아야 한다고 생각했다. 1894년 그는 이홍장李鴻章, 리훙장: 1823~1901[16]에게 글을 보내, 중국을 개혁하여 강력한 군대, 번영된 국가를 만든 서양의 방법을 배워야 한다고 역설했다. 하지만 당시 청일전쟁에 휘말려 있던 이홍장은 손문의 주장에 귀를 기울일 여력이 없었다. 이에 실망한 손문은 나약한 중국의 체질을 바꾸겠다는 일념으로 호놀룰루에 건너가 화교들을 설득하여 20여 명의 회원으로 흥중회興中會를 조직하고 구국사업에 돌입했다.

1895년 중국이 청일전쟁에서 패배하고 치욕적인 시모노세키조약을 맺자 중국인들의 분노가 하늘을 찔렀다. 손문은 6명의 화교 청년들과 함께 홍콩으로 돌아와 홍콩 최초의 비밀결사인 보인문사輔仁文社를 만든 양구운楊衢雲, 양취윈: 1861~1901[17]과 함께 흥중회본부를 조직했다. 흥중회 회원은 초기에 153명에 불과했지만 금세

16 이홍장(李鴻章)은 청조 말기에 활약한 한족계 거물급 중신 정치가다. 태평천국의 난이 일어나자 회군을 이끌고 증국번의 상군과 함께 난을 평정했으며, 조정에 들어가 북양대신으로 군권을 장악했다. 이후 외세가 밀려오자 부국강병을 위한 양무운동을 주도했지만 청일전쟁을 계기로 실각했다.

17 양구운(楊衢雲)은 중국의 혁명가로 1895년 홍콩에서 손문과 함께 흥중회본부를 조직했다. 광주봉기와 혜주봉기에 참여했으나 실패했고, 1901년 청조의 자객에게 암살당했다.

많은 회원들이 가담했다. 손문은 홍중회에 하
층민과 범죄자, 비밀결사, 제대군인들을 포섭하
여 광동에서 무력봉기를 계획했다. 당시 그는
맹세문에서 "만주족을 물리치고 중화를 회복
하며 공화정부를 수립하자."는 혁명 구호를 내
걸었다.

거사일은 10월 26일에 돌아오는 중양절重
陽節18로 잡았다. 거사인원은 홍콩의 비밀결사회
원 3,000명이 일반 승객으로 위장하여 광주 항

양구운

구로 이동하고, 무기는 '포틀랜드시멘트'라는 상표를 붙인 드럼통 속에 넣어 운반
하기로 했다. 손문은 광동 지역에서 비밀결사를 소집하고 군사작전의 감독을 맡
았고, 양구운은 홍콩에서 용병을 소집하기로 했다. 그런데 거사를 2주일 앞둔 10
월 9일 계획이 당국에 포착되고 말았다. 홍중회 회원 주기朱淇, 주치: 1858~1931가 작성
한 봉기선언문을 그의 형이 보고 가족의 안전을 염려하여 당국에 고발했던 것이
다. 다행히 봉기선언문 외에 다른 기밀은 누설되지 않았으므로 손문은 거사 준비
를 계속 진행했다.

거사 당일인 10월 26일 새벽, 뜻밖의 사건이 터졌다. 홍콩에서 모집한 용병들
이 저마다 성능 좋은 무기를 사용하겠다며 다투다 광주廣州, 광저우행 선편을 놓치고
만 것이다. 양구운은 급히 손문에게 "물건은 다음 날 보냄."이라며 거사 연기를 알

---

18   중양절(重陽節)은 음력 9월 9일로 중국의 명절이다. 중양절이 되면 사람들은 산에 올라가 국화주를 마시며 시를
      읊거나 산수를 즐겼다. 중국인들은 1년 중 홀수가 두 번 겹치는 날에는 복이 온다고 하여 중양절 외에도 음력 1월
      1일(춘절), 3월 3일(삼월삼), 5월 5일(단오), 7월 7일(칠석)을 전통적인 명절로 삼았다.

리는 전보를 쳤다. 그때 손문이 모집한 광동의 용병들은 이미 공격 준비를 마친 상태였다. 하지만 홍콩의 용병 없이는 승리를 확신할 수 없었다. 손문은 서둘러 "거사 보류"라는 전보를 홍콩으로 보내 용병들을 해산하게 했다. 그런데 손문의 전보가 도착하기 전, 홍콩의 용병들이 기선 보안호를 타고 광주로 출발했다. 이들의 무장봉기 계획을 입수한 청조 당국에서 대규모 군대를 동원하여 광주 부두를 에워쌌다. 결국 총 한 발 쏘아보지 못한 채 50여 명의 흥중회 관련자들이 체포되었고, 손문은 다급히 광주를 빠져나와 마카오를 거쳐 홍콩으로 도망쳤다.

청국 정부에서는 광동사건의 주모자인 손문에게 거액의 현상금을 내걸었다. 손문은 16년 동안 해외를 떠도는 망명자 신세가 되었지만 중국의 혁명을 주도한 인물로서 이름이 널리 알려졌다. 그가 홍콩을 떠나 일본의 고베에 도착하자 일본인들의 대대적인 환영을 받았고, 지지자들도 늘어났다.

손 문 의 삼 민 주 의

1896년 1월 손문은 변발을 자르고 구레나룻을 기른 채 양복을 입어 마치 외교관 같은 모습으로 변신하고는 일본을 떠나 하와이에 다다랐다. 현지에서 가족들과 함께 6개월 정도 휴식을 취한 다음 북미로 건너가 화교사회에 혁명정신을 전파했다. 한데 그 와중에 찍힌 사진 한 장이 청조 밀정의 손을 거쳐 본국으로 보내졌고, 그의 새로운 인상착의가 전 세계 청국 공관에 배포되었다. 국제적인 수배자가 되어 운신이 어려워진 손문은 자금은 물론 지지자조차 모으지 못했다.

손문은 새로운 돌파구를 모색하던 중 홍콩 서의서원 시절 스승이었던 한센

병의 권위자 제임스 캔틀리James Cantlie 박사를 만나러 영국으로 건너갔다. 그런데 그가 런던에 도착하자마자 청국 정부의 밀정에 포착되었다. 밀정은 손문이 포틀랜드 지역의 데본서가에 있는 캔틀리 박사의 집을 방문했다가 근처 여관에 투숙하는 것까지 지켜보았다.

얄궂게도 청국공사관은 캔틀리 박사의 집 모퉁이 골목에 자리하고 있었다. 그래서 손문은 박사를 만날 때마다 공사관 앞을 지나가야 했다. 손문은 변장한 자신을 아무도 알아보지 못할 것이라고 자신했다. 1986년 10월 10일 공사관 앞에서 만난 광동 출신의 중국인 학생과 대화를 나누었다. 손문이 다른 광동 출신의 중국인을 만나보고 싶어 하자 학생은 공사관의 통역 등鄧 씨를 소개해주었다. 손문은 진재지陳財志, 첸차이즈라는 가짜 이름을 사용했지만 눈치 빠른 등 씨는 그가 차고 있는 손목시계에 새겨져 있는 '손孫' 자를 보고 즉시 정체를 알아차렸다. 손문과 헤어지자마자 등 씨는 상사에게 1급 수배자가 근처에 있음을 알렸다.

이튿날인 10월 11일 손문은 여느 때처럼 캔틀리 박사의 집으로 가다가 공사관 어귀에서 통역 등 씨를 만났다. 등 씨는 반가운 척 손문과 대화를 나누면서 공사관 쪽으로 유인했다. 손문이 수상한 기미를 느꼈을 때는 이미 늦었다. 갑자기 2명의 건장한 중국인 청년들이 나타나 그를 옴짝달싹하지 못하게 잡아채고는 공사관 2층으로 데려가 구금해버렸다.

당시 런던 주재 청국공사는 공조원□照瑗, 꿍자오유안: 1836~1897[19]이었지만 일상 업무는 공사관 서기관인 영국인 할러데이 매카트니가 전담하고 있었다. 그는 1793년

---

[19] 공조원(龔照瑗)은 안휘성 합비 출신으로 이홍장이 양무운동을 실시할 때 군수 분야를 맡았다. 절강성안찰사, 사천포정사 등을 역임했고, 1893년부터 영국 공사 직을 맡았다. 광서제 22년 손문을 유인 구금했지만 영국의 압력으로 석방한 뒤 이듬해 중국으로 돌아왔다가 중병에 걸려 상해에서 사망했다.

최초로 청조에 영국사절단을 이끌고 왔던 조지 매카트니 백작[20]의 후손이었다. 매카트니는 공조원에게 손문을 중국으로 송환하여 사형에 처하도록 권유하는 한편, '광인'을 수송한다는 명목으로 배를 빌리기 위해 영국의 선박회사와 교섭을 벌였다.

위기에 처한 손문은 캔틀리 박사에게 연락을 취하려고 온갖 방법을 동원했지만 소용이 없었다. 창밖으로 쪽지를 던져봐도 창문에 못질만 당했을 뿐이다. 문 밖에서 보초를 서고 있는 영국인 사환 조지 콜을 매수하려 했지만 거절당했다. 하지만 손문의 처지에 동정심을 느꼈던 콜은 공사관의 가정부로 일하고 있던 하우 부인에게 그에 대한 이야기를 해주었다. 콜의 말을 듣고 의협심이 생긴 하우 부인은 캔틀리 박사의 집 우편함에 손문의 상황을 알리는 쪽지를 넣고 벨을 누른 다음 재빨리 자리를 피했다. 하지만 캔틀리 박사가 부재중이라 쪽지는 전해지지 않았다.

이튿날 하우 부인의 대담한 행동을 알게 된 조지 콜은 손문의 글이 적힌 두 장의 명함을 들고 캔틀리 박사를 찾아갔다. 갑자기 사라진 손문을 찾기 위해 백방으로 수소문하고 있던 캔틀리 박사는 동료 학자인 말라리아의 권위자 패트릭 맥슨 박사와 함께 런던 경시청과 외무성에 연락하여 손문이 청국공사관에 무단 구금되어 있다고 고발했다.

시간이 지나도 경시청과 외무성에서 아무런 조치를 취하지 않자 맥슨 박사는 청국공사관에 직접 찾아가 손문의 석방을 종용했다. 그러나 공사관 측에서는

---

20   조지 매카트니(Lord George Macartney)는 영국의 첫 번째 공식 대중국 외교사절단장이다. 1793년 청조와 서양식 무역과 외교관계를 수립하기 위해 조지 3세의 허가를 받아 영국 동인도회사가 중국에 파견했다. 그는 열하의 여름별장에서 건륭제를 만났지만 외교통상 요청은 정중하게 거절당했다.

그런 이름을 가진 사람을 알지 못한다고 발뺌했다. 캔틀리 박사가 일요일 저녁 무렵 〈타임스〉의 편집자에게 사정을 알렸지만 월요일자 신문에 손문에 대한 기사는 한 줄도 실리지 않았다. 그는 다급한 심경으로 〈글로브〉 지를 찾아가 편집자에게 자초지종을 설명했다. 이에 〈글로브〉 지에서 손문이 청국공사관에 억류되어 있다는 기사를 대문짝만 하게 실어주었다.

그날 오전 기사를 읽은 수많은 기자들이 청국공사관으로 몰려들어 공사관 담당자에게 당장 손문을 풀어주지 않으면 내일 아침 수천 명의 성난 군중이 몰려올 것이라고 위협했다. 그럼에도 아무 반응이 없자 다음 날 새벽 런던의 모든 신문은 손문에 관한 기사로 도배되었고, 중국공사관에 시민들의 항의 전화가 쇄도했다.

엉거주춤하고 있던 외무성은 들끓는 여론에 밀려 결국 매카트니에게 최후통첩을 보냈다. 10월 23일 오전 4시 30분, 손문은 감금된 지 12일 만에 공사관에서 풀려나 자유의 몸이 되었다. 이 사건으로 손문은 국제적인 유명인사가 되었고, 몇 달 뒤 그가 감금 당시의 과정과 심경을 고백한 『런던피랍기』가 출간되면서 명성이 드높아졌다.

주영청국공사관 억류 사건 이후 손문은 대영박물관을 출입하면서 훗날 신해혁명의 혁명사상이 되는 삼민주의三民主義를 정립했다. 이 사상은 서구 학자들의 민족주의와 영국의 삼권분립, 사법부 독립, 의회정치의 운영에 깊은 관심을 가지고 자본주의 사회의 소외에 따른 여러 병폐를 직시한 데서 비롯되었다. 그는 당시 미국에서 일고 있던 국민운동Populist Movement의 지도자 헨리 조지Henry George의 단세법單稅法, Single Tax System21과 창가귀공漲價歸公: 토지가치 상승분의 사회적 환수의 핵심 이론을 수용하여 융합, 조직함으로써 공화혁명이론인 삼민주의를 만들었다.

손문의 삼민주의는 오늘날의 시각으로 보면 지나치게 이상주의적인 면 때문에 여러 한계점을 보이지만 당시로는 매우 체계적이고 정비된 혁명이론으로서 중국의 혁명가들에게 커다란 영향을 끼쳤다. 손문은 서구의 과학과 민주주의를 깊이 추구했지만 그것이 서구문명에 대한 맹종은 결코 아니었다. 그의 이론은 서구 민주주의 학설과 일맥상통하는 부분이 있으면서도 현실과 정치제도 면에서는 상당한 독립성을 가지고 있었다.

민족·민권·민생으로 집약되는 손문의 3대 주의는 자유·평등·박애를 핵심으로 삼았다. 민족주의는 만주족이 세운 청조를 몰아내고 한족 중심의 새 나라를 건설하자는 것이고, 민권주의는 수천 년 동안 지속되어온 전제군주제를 타도하고 민주국가를 수립하자는 것이며, 민생주의는 지권地權의 평균을 도모하여 땅값을 일정하게 하고, 땅은 지주가 갖되 값이 오를 경우 오른 만큼의 이익을 국민들에게 환원시킴으로써 빈부격차가 없는 사회혁명을 이루자는 것이다. 손문은 1905년 11월 26일자 동맹회의 기관지 〈민보民報〉22 발간사에서, 중국이 민족주의와 민권주의를 실천에 옮긴다면 서구를 좇아갈 수 있으며 민생주의를 실천한다면 서구를 능가할 것이라고 확신했다.

---

21 단세법(單稅法)은 경제 및 사회개혁가인 헨리 조지(Henry George)가 주장했는데, 일명 지오즘(Geoism)이라고 부르는 단일세법(single tax)을 말한다. 사람은 스스로 생산하는 가치를 소유해야 하지만 토지에서 얻은 경제적 가치(천연자원과 자연적 기회 포함)는 모든 사회 구성원에게 동등하게 속해야 한다는 경제철학이다. 경제효율성을 사회와 통합하려는 토지 권리와 공공 재정의 원칙을 바탕으로 사회 및 생태 문제에 대한 해결책을 모색하고 있다.

22 손문은 일본에 머물 때 〈20세기의 지나(20世紀之支那)〉 잡지사의 사원 반 이상이 동맹회에 가입하자, 그들의 희망에 따라 이를 동맹회본부의 기관지로 삼았다. 그러나 제2기에 「일본정객의 중국경영담」이란 글이 질서를 방해한다는 이유로 일본 정부에게 몰수당하여 잡지명을 〈민보(民報)〉로 고쳐 발행했다. 손문은 1905년 11월에 창간된 〈민보〉의 창간사에서 "혁명의 목표"를 개괄하여 민족·민권·민생의 삼민주의로 설명했다.

보황파와 혁명파

일찍이 무술변법이 무산되면서 홍콩으로 피신했던 강유위는 부유한 화교들의 환대를 받으며 활력을 되찾았다. 1898년 10월 일본 총리 오쿠마 시게노부大□重信: 1838~192223의 초청으로 기세가 오른 그는 손문의 회동 제안을 거절했다. 강유위는 오쿠마의 도움을 받아 서태후에 의해 유폐된 광서제를 복위시켜 재차 중국의 개혁을 주도하겠다는 꿈에 부풀었다. 하지만 그가 일본에 도착한 10월 30일 오쿠마가 총리직에서 물러나면서 만사휴의가 되었다.

1899년 봄, 강유위는 미국의 매킨리William McKinley 대통령을 만나기 위해 워싱턴으로 건너갔지만 입국허가를 받지 못해 캐나다의 빅토리아항으로 발길을 돌렸다. 브리티시컬럼비아주 부지사가 그를 접견했으며, 밴쿠버의 화교단체에서도 그를 따뜻하게 맞아주었다. 캐나다 수상이 차를 대접했고, 총독은 무도회에 초대하기까지 했다. 하지만 강유위는 캐나다인들의 환대에도 불구하고 그들이 자신의 행보에 도움이 되지 않는다는 사실을 깨닫고 그해 5월 말 런던으로 향했다.

그때 강유위의 요청으로 자유당 지도자인 찰스 딜크Charles Dilke가 하원에 제출한 영국의 중

강유위

국 간섭안이 심의되었지만 8시간의 열띤 논쟁 끝에 14표 차로 부결되었다. 강유위는 1899년 다시 캐나다로 건너가 광서제의 폐위를 저지하기 위해 보황회保皇會를 조직했다.

그 무렵 런던의 청국공사관 사건으로 세계적인 유명인사가 되어 있던 손문은 1897년 8월 캐나다를 거쳐 일본의 요코하마에 도착했다. 2년 전 광주봉기에 실패하고 일본으로 망명했을 때처럼 풍여경馮如鏡, 펑루징을 비롯한 소수의 유학생들이 그를 맞이했다. 그때부터 손문은 일본을 근거지로 삼고 혁명운동을 펼쳤다.

중국의 해외유학 역사는 1847년 외국인 유지들의 원조로 3명의 학생이 미국 유학을 떠나면서 시작되었다. 그중 한 사람인 용굉容宏, 룽훙: 1828~1912은 1854년 예일 대학을 졸업하고 귀국한 뒤 양무운동에 뛰어들기도 했다. 청조는 1872년에 최초로 30명의 국비 유학생을 미국으로 보냈다. 그때 용굉은 유학생 감독 자격으로 동행하여 훗날 "중국 유학생의 아버지"라 불렸다. 유럽의 국비 유학은 1875년 복주福州, 푸저우 선정국船政局에서 선정학당해군사관학교의 청년 5명을 보낸 것이 처음이었다. 청일전쟁 때 전사한 정원호定遠號 함장 유보섬劉步蟾, 류부찬: 1852~1895이 그중 한 명이었다. 그 외에도 자비로 유학을 떠난 사람이 100명을 넘었다.

외국 유학 장소는 주로 미국과 유럽이었지만 일본의 도쿄 주재 청국공사관에서는 일찍부터 일본인 교사를 초빙하여 현지에 거주하는 중국 청년들을 일본어 전문요원으로 양성하고 있었다. 공식적인 일본 유학은 1896년 유경裕庚, 유경: ?~1905이 주일공사로 부임할 때 상해에서 모집한 13명의 학생을 데려간 것이 처음이었다. 이를 계기로 공사관에서 공부하던 청년들까지 국비 유학생으로 편입시켜 도쿄고등사범학교에 설치한 특별반에서 공부하게 했다. 훗날 이 특별반이 홍문학원弘文學院이 되었다.

그해 9월 일본의 학제에 따라 신학기가 시작될 무렵 손문은 영국의 청국공사관에 감금되어 있었다. 전해에 있었던 광동봉기는 보도 통제로 알려지지 않았으므로 일본 유학생들은 그때까지 손문의 이름조차 알지 못했다. 하지만 1년 동안의 일본 체류 기간 동안 그들은 혁명가 손문의 이야기를 전해 들었을 것이다. 3년의 시간이 흐른 뒤 유학생들은 비로소 혁명을 말하기 시작했다.

유학생들은 1900년 도쿄에서 여지회勵志會를 설립하고 잡지 출판과 서구계몽사상가의 저서를 번역했다. 1901년 여지회 회원 중 풍자유馮自由, 펑쯔요우: 1882~1958는 진력산秦力山, 친리산: 1877~1906 등과 함께 1901년 5월 10일 도쿄에서 〈국민보國民報〉를 창간했다. 이 잡지는 청조의 전복을 가장 먼저 주장한 잡지였다. 마지막으로 발간된 4호에는 양계초의 보황주의를 반대하는 장병린의 "원수의 만주족을 바로잡기 위한 글"이 실리면서 보황파와 혁명파 사이에 격렬한 논쟁이 벌어졌다. 하지만 그 무대는 청조의 힘이 미치지 않는 일본이었으므로 아무런 제재를 받지 않았다.

어쨌든 청조 입장에서 보면 보황파나 혁명파는 모두가 반역자 집단이었다. 그들은 현재 상황과 같은 중국에서는 도저히 살아갈 수 없다는 공통된 견해를 가지고 있었지만 전통적인 황제제도에 대한 이견 때문에 기름과 물처럼 도저히 뒤섞일 수 없었다. 보황파는 황제제도를 보전하자는 것이고 혁명파는 황제제도를 타파하자는 것이었기 때문이다. 혁명파는 애국지사들에게 보황파와 경계를 명확히 긋고 혁명파의 입장에 서라고 호소했다.

1900년부터 중국에서는 의화단운동[24]이 일어났다. 청조의 후원을 받은 의화

24　의화단운동은 청나라 말기인 1899년 11월 2일부터 1901년 9월 7일까지 산동, 화북 지역에서 의화단이 일으킨 외세 배척 운동이다. 의화단의 난이라고도 하고 1900년, 즉 경자년에 일어난 교난이라는 의미로 경자교난이라고 부르기도 한다. 또 주먹을 쓰는 비적들이라는 의미의 '권비'나 '단비'로 지칭하기도 했다.

처형된 의화단원

단원들은 서양인들이 세운 교회를 때려 부수고 교인과 선교사를 살해하는 등 과격한 행동으로 반외세투쟁을 벌였다. 그해 6월 북경에 집결한 의화단은 외국 조계를 포위했는데, 이 상황은 8월 중순 서방 8개국 연합군이 북경에 입성할 때까지 55일 동안 이어졌다.

강유위와 손문은 의화단운동이 자신들의 야망을 이루기 위한 호기라고 믿고 각자 무장봉기를 기도했다. 강유위가 먼저 한구漢口, 한커우에서 봉기를 일으켰지만 일당인 호남성湖南省, 후난성 출신 당재상唐才常, 탕차이창: 1867~1900이 명령을 듣지 않고 섣부르게 움직였다가 청조에 의해 진압당하고 지도자 30명이 체포되었다. 그 뒤를 이어 손문이 그해 10월 일본과 대만을 오가며 홍중회 멤버와 혜주惠州, 후이저우 지역 삼합회25 회원들을 부추겨 혜주에서 무장봉기를 일으켰다. 한때 참여인원이 2만 명에 달했던 혜주봉기는 손문이 무기중개상에게 속아 자금을 탕진하고, 현지 지도자들이 일관성 있는 군사전략을 세우지 못한 탓에 실패하고 말았다.

---

25 삼합회(三合會)는 홍콩을 거점으로 활동하는 범죄단체다. 청국의 만주족 황제에 대한 저항으로부터 시작되었다. 1760년 청조의 전복과 한족의 부흥을 목적으로 천지회(天地會)가 결성되었고, 이후 수많은 유사 단체가 생겨났는데 그중 하나가 삼합회였다. 삼합회는 문자 그대로 천·지·인의 조화를 뜻하는데, 삼각형 안에 칼 또는 관우의 모습을 심벌로 사용했다. 이 때문에 홍콩의 영국총독부에서는 삼합회를 '트라이어드(triad)'라고 불렀다.

삼합회 회원들은 홍중회의 탄약과 자금 지원이 끊어지자 청군으로부터 무기를 탈취하여 독자적으로 싸웠다. 그들은 "부양멸청扶洋滅淸"의 기치를 내걸고 "만민에 유익한 개혁 추진, 세계교역시장 개방"을 약속하면서 엄격하게 규율을 지켜 농민들의 지지를 받았다. 그 후에도 손문은 무력투쟁을 위한 자금 확보에 열정을 쏟았지만 화교사회에서 강유위의 명성에 밀려 뚜렷한 성과를 거두지 못했다.

강유위의 보황회는 세력이 일취월장하여 한때 손문의 형 손미까지 회원으로 끌어들였다. 그러나 한구봉기의 실패로 보황회는 심각한 내부 분열에 직면했다. 어쩔 수 없이 강유위는 국내 비밀결사와의 연계 투쟁을 포기했고, 캐나다 화교의 압력에 굴복하여 보황회를 금융·부동산·수송을 망라하는 상업 기구로 전환해야 했다.

강유위와 함께 보황회를 이끌던 양계초 역시 한구봉기가 실패하고 당재상이 처형되자 출가하여 승려가 되려 했다. 1900년 말 호주로 건너간 그는 화교를 상대로 순회강연을 하며 독자적인 목소리를 내기 시작했다. 혁명파의 뜻대로 무력혁명을 이룬 다음 광서제를 헌법상의 군주가 아니라 명예직인 대통령으로 옹립하자는 주장을 펼쳤던 것이다.

강유위의 혁명 거점이었던 싱가포르의 분위기도 심상치 않았다. 한구봉기에 25만 싱가포르 달러를 지원했던 화교 거상 구숙원丘菽園, 치우쑤웬: 1873~1941이 강유위의 지도력 부족과 자금 횡령을 따지고 들면서 결별을 선언했다. 이에 청조에서는 구숙원에게 충성을 미끼로 작위를 하사했다.

그런 상황에서 손문의 입지가 점차 강화되자 강유위는 손문이 고용한 암살자들이 자신을 노리고 있다고 생각하고 싱가포르 당국에 도움을 요청했다. 강유위에게는 오래전부터 14만 냥의 현상금이 걸려 있었다. 싱가포르 총리는 손문의 지지자들을 체포하여 감옥에 가두었다. 강유위는 얼마 후 동지들의 석방을 위해 싱가포르를 찾아온 손문을 추방하고 5년 동안 입국을 불허하도록 막후에서 영향력을 행사했다.

싱가포르의 흥중회는 지도자인 손문이 부재한 상황에서도 싱가포르의 화교 사회에서 착실하게 성장했다. 혜주봉기의 실패 후 중국을 탈출한 광동 출신의 동지들이 현지의 비밀결사와 관계를 강화하면서 세력을 넓혀나갔다. 특히 무료진료소를 차려 성병 환자들을 치료해주는 등 하층민을 대상으로 적극적인 봉사활동을 펼치면서 가난한 노동자와 농민, 창녀에 이르기까지 폭넓은 추종 세력을 확보했다. 그들은 교육이나 직접적인 포섭 활동을 통해 반청 공화주의사상을 전파했다. 그때부터 흥중회 회원이자 손문의 친구인 육호동 26이 만든 청천백일만지홍기 靑天白日滿地紅旗가 쿠알라룸푸르에서 페낭까지 휘날렸다.

강유위와 양계초

강유위는 1901년 12월 막내딸과 함께 인도 여행을 떠났다. 몇 주일 뒤 그는 히말라야산맥의 휴양지 다르질링의 한적한 별장에 칩거하면서 대동사회론에 관련된 집필에 몰두했다.

---

26 육호동(陸晧東, 루하오둥: 1868~1895)은 상해 출신으로 광동성 향산에서 손문과 함께 성장했다. 태평천국의 반제반청 혁명사상에 공감하고 손문과 함께 흥중회를 조직하여 반청운동을 벌이다 체포되어 1895년 11월 7일, 27세의 젊은 나이로 처형되었다. 중화민국의 국기인 청천백일기(靑天白日旗)를 도안했다.

그가 쓴『대동서大同書』에서는 전통적인 대동사상[27]에 중국의 진화론 격인 '공양삼세설公羊三世說', 불교의 자비평등설, 루소의 천부인권설, 기독교의 평등자유설, 유럽의 사회주의, 무정부주의 등을 두루 결합하여 "지구상의 모든 국가의 경계를 없애고 전 세계를 유일한 공정부公政府로 통합한다." "모든 계급을 없애고 무계급 사회를 건설한다." "인종을 개량하여 전 인류를 동일한 우량 인종으로 만든다." "남녀평등을 실시한다." "가족제도를 없애고 천민天民이 되게 한다." "생산 분배의 모든 기구를 공영으로 하고 사유재산에 기초를 둔 불합리한 점을 제거한다." 등의 주장을 펼쳤다.

양계초를 비롯한 수많은 지지자들이 그에게 반청 활동을 촉구하면서 여의치 않으면 광동에 독립정부를 수립하자고 촉구했다. 이에 강유위는 1903년 봄 오랜 칩거 생활을 정리하고 다르질링을 떠나 동남아와 유럽, 캐나다 등지를 오가다가 1905년 미국에 들어가 광서제를 지원하여 입헌군주제를 수립하는 데 도움을 달라고 촉구했다.

당시 그는『대동서』 집필을 마친 상태였지만 시대에 너무 앞선 내용이라 생각하여 출간하지 않았다. 만일 그 책을 냈다면 급진적인 청년 학생들에게 많은 호응을 받았을 것이다. 청년 학생들은 의화단운동과 열강 연합군의 북경 점령으로 몹시 동요하고 있었고, 공화제뿐만 아니라 사회주의와 여성의 권리 신장에 관하여 활발하게 논의하던 시기였기 때문이다.

---

27 『예기(禮記)』「예운(禮運)」편에서는 "큰 도가 행해지면 천하가 공공적인 것이 된다. 어질고 유능한 사람이 발탁되어 신의가 지켜지고 화목하게 된다. 사람들은 자기 가족만 가족으로 여기지 않아 모든 불쌍한 사람들도 외롭지 않게 된다. 재화는 한 사람의 소유가 되지 않고 사람의 노동도 자기만을 위해 쓰이지 않는다. 독점하는 이도, 도둑질하는 사람도 없게 된다. 이렇게 되면 문을 잠그지 않고도 살 수 있다. 이런 상태가 대동이다."라고 대동사회를 정의하고 있다. 대동사상의 출현 이후 대동사회는 민중이나 통치자들이 이루어야 할 최고의 이상이 되었다.

양계초

강유위는 학문적 명성도 높은 데다가 무술변법의 주동자로서 산업화와 자본주의에 대한 식견도 남달랐으므로 보수적인 화교들에게 인기가 높았다. 하지만 사회개혁을 실질적으로 주창한 사람은 손문이었다. 손문은 유럽 사회의 예를 들면서 중국은 아직 농업이 기계화되지 않아 인간의 노동력에 의존하는 단계이므로 미국이나 유럽에 비해 빈부격차가 커지기 전에 혁명적 변혁을 해야 한다고 주장했다. 양계초는 원론적으로는 강유위와 견해를 같이했지만 혁명적 변혁에 대한 부분에서는 좀 다른 생각을 갖고 있었다. 양계초는 새로운 국민국가의 깃발 아래 중국인들을 결집시켜야 한다며 다음과 같이 주장했다.

> 자연도태와 적자생존의 법칙에 따른 생존 투쟁이 현대사의 원동력이다. 여기에서 살아남기 위해서는 전통적인 유교나 전제왕조가 상상도 못 한 새로운 조직 형태, 즉 인민주권이 인정되는 참여정치가 필요하다. 루소의 정신은 전제주의와 노예근성에 물든 중국인에게 더없는 해독제다. 노예근성이야말로 지난 천 년 동안 중국을 부패와 퇴보로 이끈 주범이며, 이 병은 자유라는 약이 아니면 고치지 못할 것이다. 　양계초의 『음빙실문집(飮氷室文集)』 중에서

양계초는 이처럼 진보적인 사상을 가졌지만 비슷한 주장을 전파하는 손문과 손잡지 않았다. 그는 일본의 메이지유신처럼 청조를 전복시키지 않고도 충분

히 사회혁명을 이룰 수 있다고 생각했던 것이다. 하지만 1903년 미국을 방문한 양계초는 자신이 동경을 품었던 현지에서 민주주의에 대한 꿈이 허구에 불과했음을 깨달았다.

미국의 민주주의는 이권이 판치는 타락한 정치에 발목이 잡혀 있었다. 선거는 지도자가 일관성 있는 정책을 펴기에는 너무나 자주 치러졌고 투표는 눈앞의 이익에 좌우되기 일쑤였다. 대통령은 평범한 인간에 지나지 않았고, 덕망 높은 사람들은 정계를 멀리하는 것처럼 느껴졌다. 또 미국의 민주주의는 지방색이 짙고 뿌리가 깊어 다른 나라에 적용하기가 어려워 보였다. 양계초는 오랫동안 샌프란시스코의 차이나타운에 머물면서 중국인 특유의 가족중심주의, 이기주의, 집단적 난폭주의를 목도하고는 낙담했다. 중국인들은 아직 민주주의를 받아들일 준비가 되어 있지 않았던 것이다. 때문에 그는 미국을 떠나면서 이렇게 말했다.

"중국인들은 루소나 워싱턴을 잊어버려도 좋다. 대신 위대한 법가나 스파르타의 리쿠르고스, 영국의 크롬웰 같은 지도자들의 생애에서 영감을 받아야 할 것이다."

양계초는 옛 제정러시아는 전체주의적 개혁의 효율성을 입증했으며 사회진화론은 국가의 권력 집중을 뒷받침하고 있다고 주장함으로써 정신적으로 강유위 쪽으로 기울어 있었다. 그의 식견으로는 프랑스가 1793년에 겪은 희생이 1870년대에 이르러서야 치유되었지만 기대에 미치지 못한 면이 많았다. 만일 중국인들이 어떤 희생을 치르고서라도 자유를 얻고자 한다면 70년이 지나도 치유가 불가능할 것이다. 설사 자유가 찾아온다 해도 그것은 비극을 초래할 가능성이 농후했다. 그가 보기에 중국은 아직 급격한 변화를 맞이할 준비가 되어 있지 않았으므로, 입헌군주제야말로 가장 확실한 근대화의 길이었다. 그처럼 양계초가 강유위의 손을 들어주자 많은 지지자들이 그의 곁을 떠났다.

그 후 강유위와 양계초는 1912년 청조가 무너질 때까지 점진주의와 혁명적 행동주의의 틈바구니에서 고뇌했다. 혁명파로부터 범죄자 혹은 친청파 역적이라는 비난을 받았지만 개혁을 향하는 청조에 등을 돌릴 수 없었다. 하지만 그들에게는 혁명자금이 부족했으므로 보황회를 유지하기가 힘들었다. 미국의 화교들은 당시 보황회 대신 중국개혁회라는 명칭을 사용하고 있었다. 1906년 청국 정부가 미국과 유럽에 헌정연구회 5대신을 보내자 강유위는 조직의 이름을 국민헌정회로 바꾸었다.

강유위와 달리 양계초는 입헌회라는 이름을 선호했다. 결국 보황회라는 이름은 사라지고 화교들이 사용하던 중국개혁회란 이름이 통용되었다. 양계초는 도쿄에서 정문사政聞社라는 단체를 만들고, 국회 설립, 사법부 독립, 지방자치 확대, 대외적 평등을 주장했다. 정문사는 1908년 상인과 학자들의 후원을 받아 상해에서도 설립되었다.

그 무렵 실업가와 향신층이 주도하는 비슷한 이름의 조직들이 경쟁 상대로 등장하자 강유위의 해외 조직들은 전투적인 태세를 갖추었다. 자금 조달이 원활해져, 1906년 대지진으로 보황회 샌프란시스코 본부가 파괴되었을 때는 광주은행 설립자, 부유한 화교 등 무려 150여 명의 후원자들이 헌금하기도 했다. 이런 분위기에는 중국개혁회 산하 군사학교들의 영향력이 크게 작용했다.

미국의 21개 이상의 도시에 기반을 갖춘 군사학교에서는 제복을 갖춘 중국인 생도들이 미국 주州방위군이 버린 무기를 들고 미국인 교관들로부터 훈련을 받았다. 로스앤젤레스 웨스턴 사관학교의 중국인 생도들은 군사이론가인 대장 호머 리Homer Lea를 앞세우고 강유위가 지은 군가를 부르며 행진했다. 강유위는 여행 도중 모트 거리에서 뉴욕 화교3연대를 사열한 다음 백마가 끄는 마차를 타고 최고급 호텔인 월도프 아스토리아 호텔의 환영식장까지 가면서 엄중한 호위를 받았다.

강유위는 미국의 중국인 이민배척법을 개정하기 위해 노력했다. 그 문제로 어렵사리 루스벨트 대통령과 면담했지만 성과를 얻지 못하자 화교들을 부추겨 미국과 중국에서 동시에 미국상품불매운동을 벌이기도 했다. 그는 관료제도와 관리충원제도, 과학교육이나 지방자치단체의 개혁을 줄기차게 주장했다.

1908년 여름 강유위는 양계초와 함께 세계 120개 도시에 사는 화교의 이름으로 청국 조정에 보내는 선언문을 작성했다. 여기에는 오랜 세월 망명생활을 경험한 강유위의 정치이념이 진솔하게 요약되어 있다. 주요 내용은 국회 소집, 서태후와 환관들의 정계 축출, 관직 등용에서 중국인과 만주인의 차별 철폐, 광서제의 입헌군주 복위, 수도의 장강 상류지역으로의 이전, 총독제 폐지와 중앙정부가 통제 가능한 소단위별 지방행정청 설립, 만주·몽골·티베트·신강新疆, 신장 등 변방지역을 관장하는 특별관청 설치, 국민개병제 실시와 해군력 증강, 군수공장 건설과 군사력 증강 등이었다. 상해의 정문사가 이 선언문을 열렬히 선전하고 나서자 청조는 정문사 회원들을 체포하는 등 탄압을 강화했다.

보황파와 민주혁명파의 사이는 날이 갈수록 벌어졌다. 두 파는 유인물이나 신문을 통한 비방전에서 한 발 더 나아가 출판사 장악을 놓고 싸움을 벌였다. 싱가포르에서 강유위의 지지자들이 손문 진영의 신문사를 인수하자, 샌프란시스코에서는 손문의 지지자들이 한 신문사에서 강유위파를 쫓아내기도 했다. 미국의 화교 사관생도와 전 세계에 퍼져 있는 화교의 자금줄, 화교사회와 외국 정부의 지지, 비밀조직과 각종 협회의 주도권을 놓고 분쟁이 끊이지 않았다.

당시 강유위의 조직은 자금이 넉넉했다. 그들은 특히 캐나다와 미국에서 우세하여 보황회나 중국개혁회의 지원을 받는 무역업뿐만 아니라 금융사업, 요식업, 멕시코의 부동산업을 통해 수십만 달러를 벌어들였다. 그런데 신문사와 학교에 돈을 쏟아붓고 중국과 멕시코의 철도 건설에 지나친 투자를 했다가 자금이 바닥나고 말았다.

여기에는 강유위의 일탈도 큰 몫을 차지했다. 그는 1904년부터 1910년까지 비서 겸 아내인 17세의 화교 여성과 낭만적이고도 사치스런 여행을 즐겼다. 그녀는 1908년 강유위가 구입한 스웨덴의 작은 섬에서 아들을 낳았다. 강유위는 머무는 곳마다 최고급 호텔에 머물며 그 지역의 역사과 관련된 시를 썼다. 열기구를 타고 파리의 하늘을 날면서 나폴레옹의 권력과 운명을 노래했고, 네덜란드에서는 표트르 대제의 조선소 견학을 찬양했다. 콘스탄티노플에서는 입헌군주제를 시작한 오스만제국에 찬사를 보내며 중국의 현실을 개탄했다. 예루살렘에서는 통곡의 벽에 모여든 사람들을 보면서 인간의 비애와 약소민족의 좌절감에 젖어들었다.

재일유학생들의 반청운동

1902년 4월, 급진적인 재일유학생들은 장병린과 함께 지나망국242주년기념회支那亡國二百四十二周年紀念會를 개최하여 본격적인 반청혁명운동을 시작했다. 그해 가을 진육秦毓, 친위, 장계張繼, 장지 등이 앞장서서 중국청년회를 결성했다. 이탈리아의 청년이탈리아당을 모방한 이 청년회는 "민족주의를 종지로 하고 파괴주의를 목표로 한다."는 종지를 내건 최초의 일본 유학생 조직이었다.

1903년 들어 유학생들은 거법운동拒法運動과 거아운동拒俄運動을 통해 혁명운동의 기반을 급속하게 확대했다. 거법운동은 1902년 광서성廣西省, 광시성에서 대규모 회당會黨봉기가 일어났을 때 철도와 광산의 이권을 교환 조건으로 프랑스군에게 출병을 요청한 왕지춘王之春, 왕즈춘: 1842~1906을 대상으로 그해 4월 항의운동을 벌여 그를 면직시킨 운동이었다.

이와 비슷한 시기에 러시아의 동3성 점령 음모를 규탄하는 거아운동도 진행되었다. 그것은 제정러시아가 1902년 청조와 맺은 조약을 무시하고 의화단운동 당시 점령한 동3성에서의 철수를 거부하면서 러시아의 세력권 내에 편입을 요구한 데서 비롯되었다.

1903년 4월 29일 유학생 500여 명이 집회를 갖고 러시아에 대한 개전을 요구하면서 거아의용대拒俄義勇隊를 조직하여 군사훈련을 실시했고, 동시에 원세개袁世凱, 위안스카이: 1859~1916에게 대표를 파견하여 자신들의 주장을 받아들이라고 촉구했다. 이들의 주장은 유학생들은 물론 국내에서도 많은 호응을 얻었다. 하지만 청조는 거아拒俄를 구실로 혁명을 꾀한다 하여 그들의 주장을 일축했으며, 일본 정부에 요청하여 학생들의 군사훈련을 중단시켰다.

이에 반발한 유학생들은 5월 11일 황흥黃興, 황싱: 1874~1916, 진천화陳天華, 천티엔화 등의 급진파를 중심으로 군국민교육회軍國民敎育會라는 새로운 단체를 조직했다. 거아의용대의 경험을 기초로 성립된 이 단체는 여전히 거아를 주된 임무로 내세웠지만 아울러 '고취鼓吹, 기의起義, 암살暗殺'을 주요 투쟁수단으로 삼았다. 이는 유학생의 혁명운동이 새로운 단계로 접어드는 출발점이 되었고 화흥회, 광복회 등 국내 주요 혁명단체의 성립에 큰 영향을 끼쳤다.

1903년경 러시아의 혁명운동, 특히 허무주의와 무정부주의 사조가 일본으로 흘러들어왔다. 일본어로 번역된 러시아 관련 서적은 다시 중국어로 번역되어 중국의 지식인들 사이에서 광적으로 읽혔다. 게르첸[28], 체르니셰프스키[29], 바쿠닌[30]의 기본 사상이 속속 소개되었고, 청년 학생들 사이에는 폭력과 이상이 한데 뒤섞이면서 뜨거운 신념으로 불타올랐다.

일례로 강유위의 제자이며 무술변법과 한구봉기의 적극 가담자였던 구구갑歐□甲, 오우쥐지아: 1870~1911은 〈신광동新廣東〉이라는 잡지에서 중국인의 노예근성과 수동적인 태도를 비난하면서 남중국의 분리 독립을 주장했다. 샌프란시스코에서 보황회를 위해 일하던 그는 1902년 이후 남중국인들의 민족적 우수성을 설파하며 색다른 혁명 의지를 일깨웠다.

양계초의 제자로 역시 무술변법과 한구봉기에 가담했던 진력산은 모스크바와 상트페테르부르크에서 차르에 대항하여 일어난 1901년의 파업과 폭동 당시 대

---

28 알렉산드르 이바노비치 게르첸은 러시아의 사상가·소설가다. 처음에는 서구문화를 도입하여, 러시아의 개혁을 꾀하는 서구주의자로 활약하고 사회주의이론의 발달에도 공헌했다. 그 후 서구주의를 버리고, 러시아의 농촌공동체를 기초로 하여 자본주의를 거치지 않고 사회주의에 도달할 수 있다고 주장. 사회주의적 색채를 띠게 되었다. 그의 주저로는 『과거와 사색』이 있다

29 니콜라이 체르니셰프스키는 19세기 러시아 사상계를 대표하는 급진적인 정치적 사상가이며, 문학비평가이자 과격한 혁명가이고 소설가에 영향력 있는 저널리스트다. 대학 시절 그 유명한 페트라셰프스키 서클에서 활동하면서 당대의 급진적 문학잡지 〈동시대인〉에 과격한 진보주의적 사상과 미래에 다가올 이상적 사회와 인간상, 그 미래를 준비하기 위한 현재의 삶의 목표와 실천해야 할 점 등을 설파하다가 체포되어 페트로파블로프스크 형무소에 투옥된다. 수형생활 중이던 1863년 사회·정치소설 『무엇을 할 것인가?』를 발표했다. 기나긴 복역과 유배 끝에 1889년 61세의 나이로 세상을 떠났지만 그는 지금까지도 러시아 과격파와 공산주의자들에게 숭배와 영감의 대상으로 남아 있다.

30 미하일 알렉산드로비치 바쿠닌은 러시아의 아나키스트 혁명가이자 철학자로서 '아나키즘의 아버지'로 불린다. 그의 이론에 따라 유럽에서 산발적으로 나타나던 혁명적 좌파 세력이 '아나키스트'라는 하나의 이름으로 자칭되면서 아나키즘이 본격적인 정치세력으로 등장했다.

중을 이끌었던 러시아 지식인들의 이야기에 크게 감명 받고 중국의 지식인들도 그런 방향으로 결단해야 한다고 역설했다. 그런데 강유위가 대중을 외면하자 격분한 그는 동남아 화교사회에서 강유위 비판에 앞장섰다.

강유위를 추종하여 한구봉기에 동참한 한문거韓文擧, 한원주도 극렬한 반청의식 아래 1903년 무정부주의와 혁명을 주제로 한 소설에 대해 장문의 논평을 써 무정부주의는『예기』의 대동사상과 일맥상통한다고 주장했다. 그는 만주왕조에 대한 혁명적 공격을 촉구하면서, 세상의 모든 타락과 무질서는 전제정부로부터 비롯되었고, 이를 엉킨 실타래에 비유하여 전제정치야말로 가장 중심이 되는 고리이니 그것만 풀린다면 저절로 풀릴 것이요, 그렇지 않으면 100년이 지나도 굴레에서 벗어날 수 없다고 했다. 한문거는 특히 1881년 알렉산드르 2세 암살사건에 연루되어 처형된 러시아의 무정부주의자 소피아 페로프스카야의 행위를 찬양해 마지않았다.

소피아 페로프스카야Sophia Perovskaya는 중국의 초기 혁명가들에게 우상에 가까운 존재였다. 부유한 집안에서 자라났지만 상트페테르부르크 독서클럽에서 만난 급진적인 학생들과 어울리며 혁명 대열에 앞장섰다. 스스로 의술을 익혀 농부들에게 천연두 접종을 해주었고, 가난한 노동자들을 헌신적으로 가르쳤다. 1873년 처음 체포되었을 때 극적으로 탈출했고, 마지막으로 인민의 지팡이라 불리는 테러리스트 조직에 가담한 그녀의 일생은 자기희생으로 점철된 극적인 드라마였다.

그녀는 알렉산드르 2세 암살 작전에서 황제

소피아 페로프스카야

가 예정된 행로를 바꾸자 재빨리 동지들의 위치를 재지정해주었다. 황제를 태운 썰매와 함께 코사크 기병들이 얼어붙은 운하 위를 달려오는 것을 보고 그녀는 하얀 손수건을 흔들었다. 첫 번째 다이너마이트가 빗나가자 그리네비츠키가 폭약을 안고 뛰어들어 황제에게 중상을 입히고 죽었다. 소피아는 체포되어 의연한 태도로 법정에 섰고, 농노의 아들이었던 연인과 함께 교수대에서 27세의 삶을 마감했다.

그 무렵 중국에서는 암살에 대한 논쟁이 뜨거웠다. 강유위는 서태후의 암살 가능성을 논했고, 양계초는 암살의 효과를 지적했다. 1904년 장사長沙, 창사의 한 학생이 광서순무 암살에 나섰는데 너무 긴장한 나머지 방아쇠의 안전장치를 풀어두지 않아 실패했다. 1906년에는 강유위의 친구가 서태후 암살을 시도하다가 체포되어 처형되기도 했다.

러시아의 모델을 좇아 일본 요코하마에서 조직한 암살단은 중국에 들어와 오월吳樾, 우위에이라는 학생을 포섭하여 1905년에 그리네비츠키를 모방한 자살폭탄 작전을 진행했다. 오월은 서태후의 명령으로 입헌정부 연구를 위해 외국에 가 있던 5명의 대신이 탄 기차에 폭탄을 안고 몸을 던져 즉사했고, 대신 가운데 2명이 다쳤다.

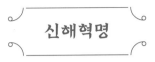

신해혁명

동맹회의 탄생

손문이 주도한 광동봉기가 실패한 뒤 중국 각처에서 수많은 혁명단체가 결성되었다. 1902년 상해에서는 채원배, 장병린 등이 중심이 되어 중국교육회中國敎育會를 조직하고, 교육을 명목으로 한 혁명운동을 전개했다. 이들은 애국학사를 조직하여 급진적인 학생들을 수용하며 학생운동을 지원했다.

1903년 11월 일본 유학에서 돌아온 황흥이 장사에서 송교인宋□仁, 쑹자오런: 1882~1913, 진천화와 장사 출신 일본 유학생 500여 명을 모아 화흥회華興會를 조직했다. 그들은 호남성의 비밀결사와 협력하여 장사에서 무장봉기를 기도했으나 사전에 발각되어 실패했다. 중국 내륙에서 첫 번째로 조직된 지역성을 띤 자본계급 혁명단체로, 기타 혁명단체 조직을 촉진시켰으며 전국 통일의 자본계급혁명정당의 조직을 마련하기 위한 초석을 놓았다.

1904년 겨울 상해에서는 장병린, 서석린徐錫麟, 쉬시린: 1873~1907 등이 광복회光復會

를 설립했다. 복고회復古會라고도 불린 이 조직은 '광복한족 환아산하光復漢族 還我山河'를 구호로 하여 주로 강소江蘇, 장쑤, 절강浙江, 저장 지방에서 지식인과 회당을 연락하여 반청혁명을 추진했다.

호북성湖北省, 후베이성에서는 여대삼呂大森, 뤼따쎈: 1881~1930, 조아백曹亞伯, 차오야보: 1875~1937 등이 중심이 되어 1904년 7월 무창武昌, 우창에서 과학보습소科學補習所를 조직하여 군대와 학생 세력의 결집을 꾀했다. 이는 지식인과 신군에 대한 혁명공작을 꾀한 최초의 조직이었다.

이처럼 중국 내 각처에서 혁명조직과 봉기 계획이 활발하게 진행되면서 이들 단체를 통합하려는 움직임이 일어났다. 1905년 8월 손문이 유럽에서 일본으로 돌아온 뒤 여러 혁명단체 가운데 송교인, 황흥 등이 이끄는 흥중회, 광복회, 화흥회가 단결하여 중국혁명동맹회中國革命同盟會를 결성했다. 드디어 전국적인 기반을 가

중국혁명동맹회 결성

진 혁명단체가 출현한 것이다. 동맹회는 손문이 제
창한 삼민주의를 혁명의 목표로 삼고 '만주족 축출'
'중화 회복' '공화국 창립' '토지 소유의 균등'이라는 4
대 강령[31]을 제정했다.

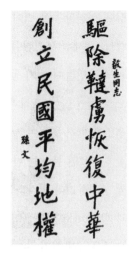

4대 강령(손문 필적)

　　동맹회는 기관지 〈민보民報〉를 창간하여 혁명의
선전에 주력했다. 손문은 〈민보〉 창간사에서 동맹회
원들에게 중국의 봉건적 정치체제를 전복하고 민주
공화국을 설립하자고 호소했다. 동맹회는 회원들의
조직적인 활동으로 날이 갈수록 역량이 강화되었
다. 세계 각국에 있던 유학생들과 국내의 진보적 지
식인들은 조직과 선전을 주도했고, 화교와 상인들은 기금을 지원했다. 농민과 노
동자를 중심으로 결성된 비밀결사 회당會黨은 폭동에 참여했으며, 신군 중에 진보
적인 사병과 하급 군관은 무장폭동을 주도했다.

　　그동안 손문도 강유위 못지않게 일본, 동남아, 유럽과 캐나다, 미국 등지를
오가며 끝없는 유랑생활을 했지만 만주정권 타도라는 뚜렷한 목표는 희석되지
않았다. 1905년부터 1910년 사이에 동맹회는 만주, 광동, 광서, 호남 등 중국 각처
에서 일어난 무력봉기에 대부분 관여했다.

　　동맹회의 첫 번째 봉기는 1906년 12월 호남과 강서江西, 장시 경계에 있는 평향萍
□, 핑샹, 유양瀏陽, 류양, 예릉醴陵, 리링 지역에서 일어났다. 일본 유학생 출신으로 동맹회
회원인 유도일劉道一, 류따오이: 1884~1906, 채소남蔡紹南, 차이샤오난: 1865~1910 등이 이 지역의 회

31　驅除韃虜·恢復中華·創立民國·平均地權.

당에 선전활동을 벌이고 홍강회란 단체를 결성하여 공화국 건설과 평균지권平均地權을 내세워 봉기했던 것이다. 이 평유례봉기萍瀏醴蜂起에는 지역의 광산 노동자들과 하층민들이 대거 동참했다. 하지만 이 봉기는 동맹회 하부의 조직원이 개인적으로 벌인 탓에 조직과 사상이 통일되지 못했고, 사전 준비가 미흡했으며, 외부 원조를 받지 못하여 청조의 군대에게 손쉽게 진압 당했다.

1907년 봄에는 한만 국경지역에서 손문을 지지하는 청년들이 비적 떼와 함께 봉기하려다 발각되었다. 그해 12월에도 동맹회원들이 광서성의 산악게릴라들과 함께 하노이 부근의 기지를 옮기려다가 실패했다. 이 사건으로 프랑스 정부가 손문을 추방하자 1908년 3월 동맹회원들은 200여 명의 혁명적인 중국인 군대와 함께 광동성 서부를 기습 공격했지만 실패했다.

그해 4월에는 베트남에서 일어난 소규모 봉기에 참여했다. 프랑스는 동맹회원들이 자신들의 식민지에서 자꾸 문제를 일으키자 모두 추방해버렸다. 1908년 11월 동맹회는 광서제와 서태후의 사망으로 정국이 혼란스러운 틈을 타 광동의 신군新軍에 회원을 잠입시켜 봉기했지만 확산시키지 못했다.

봉기에 가담한 세력들은 자금력이나 지방 권력구조의 성격, 청조의 대응 정도에 따라 이합집산이 잦았다. 하지만 잇따른 봉기 실패로 동맹회 내부에서 손문의 능력에 대해 의심하는 목소리가 높아졌다. 사임을 요구하는 사람도 있었고, 광복회의 중진급 인사들은 아예 그에게 등을 돌렸다. 이런 상황에서도 손문은 꾸준히 새로운 동지들을 받아들였다. 그와 함께 싱가포르·밴쿠버·하와이 지역 화교들의 지원을 받아 혁명신문을 발행하고 무기를 마련했다.

한편 일부 혁명가들은 폭동의 기폭제가 될 만한 잔인한 보복을 유도하기 위해서는 만주 고관을 암살해야 한다는 초기의 신념으로 되돌아갔다. 유사부劉思復,

류스푸: 1884~1915가 광주에서 고위급 장군을 암살하려다 실패하여 왼쪽 손가락을 모두 잃었고, 왕정위汪精衛, 왕징웨이: 1883□1944는 어린 선통제가 즉위한 뒤 섭정을 맡은 순친왕醇親王: 1883~1951을 암살하려다 발각되어 투옥되기도 했다.

1908년 광서제와 서태후가 연달아 사망하자 미국 등지에서 강유위의 지지층이 크게 동요했다. 상대적으로 손문에게 그것은 전화위복이 되었다. 1909년 샌프란시스코에 설립된 청년단을 통해 손문은 학생·노동자·교사들을 대거 받아들였고, 그해 10월 뉴욕에서는 혁명 세포조직을 결성하는 데 충분할 정도의 충성 서약을 받았다. 그들은 보스턴에 있는 비밀조직 책임자와 시카고의 혁명적 기독교인들과 접촉했다. 그 무렵 손문의 지지자들은 캐나다 이민국에 있는 통역관을 포섭함으로써 북미대륙을 수월하게 오갈 수 있게 되었다.

미국에서 새롭게 손문 진영에 들어온 청년들은 강유위를 맹렬히 비난하면서 결별을 선언했다. 민주주의에 대한 신념, 민족주의적 정열, 사회주의적 평등사상을 옹호하던 그들은 입헌군주제를 추구했던 강유위에 대하여 강한 적대감을 표출했다. 아울러 중국 작가가 쓴 희곡을 노래하고 추근秋瑾, 추진: 1875~190732의 이미지를 부각시키는 페미니즘 운

추근

32 추근(秋瑾)은 청조 광서제 때의 여성 혁명가다. 1899년 남편 왕정균과 결혼한 뒤 북경에 살다가 1904년에 단신으로 일본에 건너가 청산실천여학교에서 교육, 공예, 간호학과 더불어 사격과 무술, 폭약 제조법까지 배웠다. 요코하마의 홍문천지회에 입회하여 참모가 되었고, 1905년 9월부터 중국동맹회에 가입하여 절강성 책임자가 된 뒤 여성단체인 공애회를 결성했다. 귀국한 뒤 고향 소흥에 학당을 개설하여 혁명 거점으로 삼았으며, 비밀결사를 결성하고 군사훈련을 진행하는 등 무장봉기 준비에 전념했다. 1907년 1월 14일 상해에서 〈중국여보〉를 창간하여 여성인권 신장을 지원했다. 1907년 5월에 안휘성과 절강성에서 동시에 봉기를 계획했지만 시점이 어긋나 7월 6

예영전

동도 병행하는 한편, 손문의 삼민주의를 전파하는
데 심혈을 기울였다.

1910년부터 동맹회는 혁명 전략에 변화를 도
모했다. 봉기의 주체를 신군[33]으로 전환하고 중심
지역도 광동으로 옮긴 것이다. 그리고 그해 2월 광
주신군봉기와 이듬해인 1911년 4월의 광주황화강
봉기가 추진되었다.

광주신군봉기는 동맹회원 예영전(倪映典, 니잉띠엔:
1885~1910이 주동했다. 1909년에 동맹회에 가입한 광주신군 군사들과 하급관들의
수효는 3천 명이 넘은 상태였다. 그런데 청조의 광동 당국이 봉기의 기운을 감지
하고 군대와 경찰을 동원하여 광주신군과 충돌하게 되자 봉기가 급작스럽게 일어
났다. 동맹회의 계획과 어긋난 이 봉기는 필연적으로 실패했지만 이후에도 황화
강黃花岡, 황화강봉기는 계속 추진되었다.

1910년 4월에 일어난 황화강봉기는 동맹회의 정예를 중심으로 광주신군 및
민군이 가담했다. 이 봉기 역시 해외로부터의 자금 조달 지연, 일본과 베트남 등
지로부터의 무기 수송 지연, 동맹회원 온생재溫生才, 웬성차이: 1870~1911가 일으킨 광주부
도통廣州副都統 부기孚琦, 푸치: 1857~1911 암살사건으로 인해 계획적으로 진행되지 못하고

일 서석린이 먼저 봉기하는 바람에 청조에 의해 진압되었다. 당시 추근은 동료들과 함께 피신했지만 7월 13일 학
당을 포위한 청군에게 사로잡혀 이틀 후인 7월 15일 31세의 나이로 처형되었다.

33 신군(新軍)은 신건육군(新建陸軍)의 약칭이다. 청일전쟁에서 패배한 뒤 청국 정부가 독일 육군을 모델로 조직한
    근대적 장비와 편제를 갖춘 군대다. 화중 지역이나 화남의 신군 중에는 혁명사상을 지닌 병사가 많았다. 신군은
    1911년 10월 10일 무창봉기를 일으킴으로써 신해혁명의 도화선이 되었다.

86명의 희생자를 낸 채 패퇴하고 말았다. 하지만 이 황화강봉기는 청조의 통치체계에 큰 타격을 입혔고, 대중에게 미친 영향도 매우 컸다. 바야흐로 전국적인 규모의 봉기를 일으킬 만큼 혁명적 상황이 조성되었던 것이다.

매년 끊임없이 무력봉기가 일어난다는 사실 하나만으로도 당대 중국인들의 절망감이 얼마나 컸는지를 짐작할 수 있다. 그들은 열강이 지배하는 냉엄한 국제질서 속에서 약소국가의 서러움을 뼈저리게 느꼈고, 혁명이 성공하기 전에 섭정을 맡은 순친왕이 군사와 제도 개혁을 통해 권력 기반을 다지는 것을 경계했다.

새 정부는 절대다수의 황족으로 구성된 내각을 발표하고, 철도 국유화 명령을 내렸다. 1909년 6월 영국·독일·프랑스 3국 은행단 사이에서 550만 파운드에 달하는 호광湖廣, 후광철도차관에 관한 가조약을 체결했지만 성민들의 강한 반대로 실패하자 다시 미국이 추가된 4국 차관 협정을 맺었다.

청조는 청일전쟁과 의화단운동을 겪으며 재정이 피폐한 상태였으므로 철도를 국유화하여 이를 담보로 외국에서 차관을 얻고자 했다. 이는 그동안 철도민영화를 위해 많은 자금을 투자한 지역민들의 직접적인 이익을 침해하는 것이었기에, 격렬한 저항을 불러일으켰다. 철도국유화정책에 가장 격렬하게 반대한 지방은 사천성이었다.

1905년 이후 사천성에서는 대소 지주, 소농민에게 강제로 철도 주식을 세금처럼 징수했는데, 정부가 국유화를 빌미로 보상을 머뭇거리자 불만이 증폭되었다. 이들은 국유화령 공포와 함께 현금 상환을 요구하며 군중대회와 철시, 동맹휴학 등으로 대응했지만 차츰 유혈사태로 확산되었다. 그와 함께 보로동지회保路同志會가 결성되어 10만여 명이 가입하자 청조는 타협적이었던 총독을 해임하고 조이풍趙爾豊, 자오얼펑: 1845~1911을 임명했다.

조이풍은 초기에 성민들의 견해에 따라 철도민영화를 건의했으나, 조정의 뜻에 따라 탄압정책으로 돌아서서 보로운동의 지도자를 체포했다. 이에 분개한 수천 명의 군중이 총독아문을 포위하고 석방을 요구했다가 군대의 발포로 수십 명이 사망했다. 그때부터 무장반란이 일어났고, 조이풍은 성도成都, 청두 전역에 계엄령을 내렸다. 그러자 각 지역에서 동지군同志軍이 일어나 성도를 포위했다. 청조는 급히 각 성에 연락하여 사천을 지원하게 했다. 그 빈틈을 타고 호북성 무창에서 봉기가 일어났다.

손문은 중국인들의 불만과 분노의 파도를 타고 있었지만 내분이 심화되고 있던 동맹회의 역량으로는 어떤 문제도 해결할 수 없었다. 동맹회원 중에는 손문이 제창한 삼민주의 가운데 민생주의에 해당하는 평균지권을 반대하는 사람들이 있었다. 손문은 세계혁명의 추세와 국내 민생의 중요성을 설파하며 자신의 뜻을 관철시켰지만 대부분의 회원들은 청조의 전복과 정권 찬탈만을 꿈꾸었다. 그들은 국수주의, 무정부주의 등 다양한 성향을 지니고 있었고, 동맹회 본부의 통제에서 벗어나 독자적으로 행동할 수도 있었다.

황흥

1907년 동맹회 본부에서 일어난 사건도 분열을 조장하는 데 일조했다. 일본에 있던 동맹회 본부는 손문이 일본을 떠나고 일본 유학생들이 귀국하면서 명목만 유지하는 상태였다. 당시 손문이 일본 정부로부터 받은 거금의 일부를 〈민보〉의 경비로 사용하라고 장병린에게 주었는데, 이것이 회원들의 불신과 불만을 야기했던 것이다. 송교인, 장병린, 장계 등이 손문에게 반기를 들었고,

손문이 지원한 무장봉기의 실패를 빌미로 지도자를 황흥으로 교체하려 했다.

1907년 들어 상황은 더욱 악화되었다. 양자강 유역의 동맹회 회원들이 도쿄에서 공진회共進會라는 별도의 단체를 조직하고 손무孫武, 쑨우: 1879~1939를 회장으로 선출했다. 이들은 손문의 평균지권을 평균인권平均人權으로 수정하는 등 손문의 노선에 반기를 들었다. 동맹회를 탄생시켰던 광복회 역시 독자적으로 혁명활동을 전개하다가 손문에게 혁명자금 지원을 거절당하자 적대적인 태도를 취했다. 공진회는 1908년 호북공진회를 조직한 다음 양자강 중·하류의 회당과 연락하여 중화산中華山을 조직했고, 신군에 역점을 두었다.

문학사文學社는 호북의 동맹회가 신군의 사병들을 포섭하여 만든 혁명단체였다. 1906년 일지회日知會가 해산되자 1908년에 '군대동맹회'를 조직하고 이를 '군치학사君治學社'로 개조했다. 최초에는 군대 내부에만 활동을 전개했으나 곧 회당과 연락을 취했는데 조직이 대단히 탄탄했고 행동도 신중했다.

혁명파는 1910년 9월 군치학사를 기초로 '진무학사振武學社'를 조직했는데 회원이 1천 명에 가까웠다. 신군 상부에서 진무학사의 동태를 파악하고는 주요 간부들을 제대 조치하자 장익무蔣翊武, 장이우, 1883~1913, 유복기劉複基, 류푸지: 1884~1911 등이 조직을 재건하고 안전을 도모하기 위하여 '문학사'로 이름을 바꾸었다. 이들은 1911년 초에 정식으로 출범한 뒤 손문의 혁명 노선을 옹호하면서 신군 내부로 조직을 확장하고, 학계와도 연계하여 〈대강보大江報〉를 통해 혁명을 선전했다.

한편 동맹회의 송교인, 담인봉譚人鳳, 탄런펑: 1860~1920, 진기미陳其美, 천치메이: 1878~1916 등은 손문이 변경지역에만 관심을 기울이자 황화강봉기 실패 이후 중단된 중부지방의 혁명을 수행하겠다는 목적으로 그해 7월 호북중부동맹회를 결성하고 상해에서 정식으로 발족했다. 중부동맹회는 명목상 동맹회 하부조직을 자처하면서 지도자로 황흥을 추대했다. 그들은 중앙혁명을 상책, 장강 유역을 차선책, 변방을 하책이라 규정하고, 차선책을 선택하여 양자강 중류지역을 혁명의 목표로 삼았다. 이들은 호남분회를 조직하고, 담인동을 파견하여 공진회와 문학사를 연합하여 호북분회를 조직했다.

동맹회 본부의 통제를 벗어난 이들 혁명조직은 제각기 활동을 개시했다. 제일 먼저 혁명에 나선 조직은 동맹회의 직접 영도를 받지 않는 호북성의 신군이었다. 그들은 청조 말기의 지방분권주의를 쉽게 받아들이고 반ᄧ중앙정부 경향을 띠고 있었다. 호북성에서 군사폭동이 일어나니 각 성에서 신군의 주동으로 독립을 선포하는 등 청조에 반기를 들었다. 이 시기에 동맹회는 내부 투쟁과 개인의 충돌, 이론의 불일치, 혁명 방법의 대립 등으로 혁명의 주도권을 잡지 못했다. 그 결과 양자강 유역의 혁명은 공진회와 문학사, 중부동맹회 멤버들에 의해 추진되었다.

무창봉기

1911년 중반, 호북성에 주둔하고 있던 신군 병력 가운데 3분의 1 정도인 6천여 명이 공진회와 문학사의 회원이었다. 두 단체는 황화강봉기가 실패한 뒤부터 긴밀하게 협조하고 있었다.

그해 9월 문학사와 공진회는 통합 지휘부를 설립하고, 문학사 지도자인 장익무를 총사령관으로, 공진회 회장 손무를 참모장으로 임명했다. 그들은 헌장의 제정과 깃발 제작, 폭탄 제조 등 무력봉기에 필요한 무기와 장비 제작을 시작했다.

거사일자는 추석인 10월 16일로 정하고 상해에 사람을 보내 송교인과 황흥을 무창으로 불렀다. 그런데 예기치 않은 사고가 일어나 계획에 차질이 빚어졌다.

10월 9일 한구의 러시아 조계 안에 있는 공진회에서 손무가 폭탄을 제조하던 도중 폭발이 일어나 얼굴에 화상을 입었다. 이 폭발 소리를 듣고 달려온 러시아조계 경찰이 동맹회원 30여 명을 체포하고 봉기를 위해 준비한 깃발, 도장, 선언문, 명단 등을 빼앗아 청군에 넘겼다. 청군은 체포한 회원들을 처형하고 명단에 있는 회원에 대한 체포령을 내렸다.

한편 강 건너 무창에서 폭발사고 소식을 들은 혁명군 총사령관 장익무는 그날 밤 12시를 기해 거사를 시작하기로 결정하고, 동족이나 외국군을 살상하지 않으며, 각 군은 중화기의 포성을 신호로 일제히 맡은 지역을 공격하도록 했다. 그러나 이미 혁명파의 봉기 계획을 알아챈 호광총독 서징瑞徵, 루이지: 1864~1912은 시내에 삼엄한 경비망을 펼치고 검문검색을 강화하여 체포한 신군 장교 3명을 참수했다. 그 때문에 장익무의 명령은 전달되지 않았고 봉기는 불발되었다.

10월 10일 아침부터 무창은 혁명파를 색출하려는 군경들로 가득했다. 연락 두절로 애를 태우던 신군 공병 제8영의 책임자 웅병곤熊秉坤, 슝빙쿤: 1885~1969은 재차 오후 3시로 변경된 봉기시간을 동지들에게 알리려 했지만 연락할 방법이 없었다. 봉기시간은 다시 오후 7시 이후로 연기되었다.

7시가 다가오자 공병 제8영 2소대 소대장 도계승陶啓勝, 타오치성: 1883~1911이 부하 8명을 이끌

웅병곤

고 2층에 있는 병영에 나타나 혁명파 김조룡金兆龍, 진짜우룽: 1889~1933을 체포했다. 그러자 동지인 정정국程定國, 청띵궈: 1885~1916이 분개하여 도계승을 소총의 개머리판으로 공격하고, 황급히 도망치는 그에게 사격을 가했다. 무창혁명을 알리는 첫 총성이었다. 그 소리를 듣고 달려온 웅병곤이 방아쇠를 당기자 도계승은 허리에 총탄을 맞고 1층으로 굴러떨어졌다. 대대장 완영발阮榮發, 루안롱포이 그를 혁명파로 오인하고 사살한 다음 수하들과 함께 2층을 향해 난사했다. 혁명군 병사들도 의자와 책상을 내던지며 응사했다. 한동안의 교전 끝에 완영발을 사살한 웅병곤은 40여 명의 동지들과 함께 초망대楚望臺의 무기고로 달려갔다.

이들의 기세에 호응하듯 7시 정각, 혁명을 알리는 포성이 무창 시내에 울려 퍼졌다. 무창성 밖의 당각에 있던 제21혼성여단 제11연대의 책임자 이붕승李鵬升, 리펑선: 1880~1931은 건초더미에 불을 질러 봉기를 알리는 봉화를 올리고, 1백여 명의 동지들과 함께 성안으로 달려갔다. 성안에 있던 제29표標의 채제민蔡濟民, 차이지민: 1887~1919이 호응하여 웅병곤 부대와 합류했다. 그들과 가까운 곳에 포진해 있던 포병 제11영에 진압 명령이 내려졌지만 혁명에 호응하는 병사가 많아 부대가 분열되었다. 혁명군은 초망대 무기고에서 독일제 7.9㎜ 모젤소총 1만여 정, 일본제 6.5㎜ 보병소총 1만5천여 정, 한양병공창 제조 6.5㎜ 단구소총 수만 정, 탄환, 포탄 등 다량의 무기를 탈취하여 중무장을 갖추는 데 성공했다.

혁명군은 웅병곤을 대표 겸 대대장으로 추대하여 호북혁명군이라 칭하고, 사산蛇山, 서산과 초망대에 포병진지를 구축했다. 성 밖의 남호南湖, 난후에 있던 포병 제8표에 연락하여 성내로 진입하도록 했다. 한데 웅병곤은 대부대를 지휘해본 경험이 없었으므로 전투체계가 혼선을 빚었다. 이에 혁명군 지도부는 숨어 있던 초망대 경비당직사관 오조린吳兆麟, 우짜오린: 1882~1942에게 협력을 요청했다. 오조린은 처음에 망설였지만 혁명군의 규모와 무장을 보고 마음을 바꾸었다.

오조린은 첫 공격 목표를 만주인이 장악하고 있는 제30헌병영으로 하고, 다른 혁명군 동지들에게 협공을 요청하는 한편 '홍한興漢'이라는 암호를 사용하여 아군끼리의 오인 교전을 예방했다. 혁명군은 일사불란하게 공격을 개시하여 불과 30분 만에 헌병영을 점령했다. 그러자 정세를 관망하던 청군 병사들이 앞다투어 혁명군에 투신했고, 병력은 금세 2천여 명으로 불어났다.

청군은 상황을 제대로 파악하지 못하고 있었다. 총독서와 제8진사령부에서는 그날 오후 9시경 오조린의 형 참모장 오조기吳兆祺, 우짜오치를 초망대로 파견했다. 그러나 오조기는 동생 오조린을 도와, 총독서의 방위체계가 허술하고 병력도 보잘것없으며 6정의 기관총이 고장 나서 사용할 수 없다는 등의 고급 정보를 전해주고 돌아갔다.

혁명군 제3표는 곧 보병 제30표를 돌파하고 호광총독 서징의 관저로 몰려갔다. 보안문保安門, 바오안먼에 포진한 제8진 장표張彪, 장뱌오: 1860~1927가 맹렬하게 저항했다. 2시간이 넘는 혈투 끝에, 웅병곤이 이끄는 결사대 40여 명이 보안문 위로 올라가 교두보를 확보함으로써 보안문을 빼앗는 데 성공했다.

서징은 측근들과 함께 성 밖으로 탈출하여 양자강에 정박되어 있던 초예호楚豫號를 타고 한구로 도주했다. 혁명군과 물러서지 않고 싸우던 장표도 서징의 도주 사실을 알고는 급히 배를 타고 한구 북동쪽의 유가묘劉家廟, 류지아먀오로 도망쳤다. 혁명군 제2표가 총독서 부근의 상가에 불을 질러 어둠을 밝히니 수많은 포탄이 총독서로 날아갔다. 총독서가 불바다가 되는 장면을 뱃머리에서 지켜보던 서징은 가까이에 있던 영국 군함에게 함포 사격을 요청했지만 승선해 있던 영국공사가 국제적인 분쟁을 일으킬 소지가 있다며 거절했다.

호북군정부 수립

10월 11일 새벽, 혁명군은 무창의 주요 거점을 대부분 장악했다. 서징의 도주 사실을 알게 된 청군은 전의를 상실하고 투항하거나 도망쳤다. 마지막까지 저항 하던 사산 북쪽의 번서蕃署, 판쑤는 포격으로 쑥대밭이 되었다. 청조의 관리들도 자 취를 감추었다. 드디어 모든 관공서가 혁명군의 수중에 들어왔다.

여원홍

웅병곤, 채제민 등 혁명군 지도자들은 호북군정부를 수립했지만 수천 명으로 불어 난 병력을 이끌 지휘관이 없었다. 그들은 숙 의 끝에 혁명 소식을 듣고 친구 집에 숨어 있 던 신군 제21혼성여단장 여원홍黎元洪, 리위안훙: 1866~1928을 찾아내 군정부 도독으로 임명했다. 여원홍은 북양수사학당北洋水師學堂을 졸업하고 북양해군에서 복무했는데, 1909년 철도 이권 회복운동 당시 성민들에게 동정을 표하여 신군의 신임을 얻었다. 그는 혁명군 가담을 거부했지만 결국 그들의 제의를 수락할 수밖에 없었다. 혁명군은 여원홍의 명의로 안민고시安民告示34를 반포하고, 중화민국 건립 선포도 그의 이름으로 했다.

여원홍은 10월 13일 하오의 군정부 군사회의에서 혁명 가담을 공식 선포했다. 그날 밤 혁명군은 한구를 장악했고, 이튿날인 12일에는 문학사의 호옥진胡玉珍, 후위쩐: 1890~1915의 지휘하에 거대한 무기공장이 있는 한양漢陽까지 함락함으로써 무한3진武漢三鎭을 확보했다.

무창봉기의 불꽃은 곧 엄청난 화마가 되어 중국 전역으로 번져나갔다. 그로부터 40여 일 사이에 산서성山西省, 산시성 등 북방 2성과 운남성雲南省, 윈난성, 귀주성貴州省, 구이저우성, 강소성 등 남방 14개 성이 독립35을 선포하고 혁명군의 편으로 돌아섰다.

11월 1일 청조의 섭정왕 순친왕은 육군대신 음창蔭昌, 인창: 1859~1928에게 북양군을 지휘하여 반란군을 진압하도록 했다. 그런데 음창을 따라 출병한 풍국장馮國璋, 펑궈장: 1859~1919, 단기서段祺瑞, 돤치루이: 1865~1936 등은 원세개의 지시에 따라 행군 도중 군대를 정지시키고 꼼짝도 하지 않았다. 그것은 무력에 합당한 지위를 내놓으라는 원세개의 무력시위였다. 순친왕은 어쩔 수 없이 원세개를 총리대신으로 임명하고 청조의 전권을 넘겨주었다. 그제야 원세개는 북양군을 이끌고 무창으로 진군했다.

---

34 안민고시(安民告示)는 청의 관리를 숨기는 자, 외국인을 해치는 자, 상민(商民)을 해치는 자, 방화 약탈하는 자, 상무(商務)를 방해하는 자, 상단(商團)에 반항하는 자, 멋대로 철시하는 자 등은 목을 벤다는 내용이다.

35 각 성의 '독립' 선언은 미국 독립혁명의 경험을 차용한 것이다. 왕조 교체가 빈번했던 중국에서는 이런 형식의 반란이나 혁명은 거의 일어난 적이 없었다.

북양군은 지휘체계가 확립되어 있을 뿐만 아니라 병사들의 훈련도 잘 되어 있고 장비 면에서도 뛰어나 혁명군으로서는 감당하기가 어려웠다. 북양군은 한구와 한양을 잇달아 함락하고 무창 앞에 이르렀다. 하지만 북양군은 강을 건너지 않고 구산龜山, 구이산 위에 포대를 설치해놓고 간헐적으로 포격만 하게 했다.

원세개는 이미 청조의 운명이 다했음을 알아차리고 있었다. 그래서 혁명군에게 자신의 능력을 과시하는 한편 혁명파와 청조의 강화회담을 성사시킴으로써 차기의 대권을 거머쥐고자 했던 것이다. 당시 청조의 운명은 영국의 태도에 달려 있었다. 하지만 영국은 청조를 지원할 생각이 조금도 없었고, 다른 열강들도 마찬가지였다. 그들은 중국의 진정한 독립을 원하는 혁명파보다는 기회주의적이고 노회한 원세개를 후원하여 앞날을 도모하려 했다.

한편 혁명파는 임시정부 수립을 위한 회의를 호북군정부 도독 여원홍의 요청에 따라 한구의 영국조계에서 열고, 중화민국임시정부 조직대강 21조를 의결했다. 12월 2일 혁명군이 남경을 장악하자 대표회의는 남경을 수도로 정했다. 그리고 영국공사 및 한구 주재 영국영사의 조정으로 상해에서 남북화의를 모색하는 회의를 열었다.

그 무렵 미국의 콜로라도 덴버에 머물고 있던 동맹회 회장 손문은 아침 신문을 보고 무창봉기의 성공 사실을 알게 되었다. 그는 워싱턴으로 달려가 미 국무장관 녹스Philander Chase Knox에게 면담을 신청했지만 거절당했다. 이에 영국으로 건너가 외무성과 접촉했지만 중국 문제에 개입하지 않고 중립을 지키겠다는 상투적인 답변만 들었다. 손문은 다시 파리로 건너가 클레망소Georges Clemenceau 총리에게 중국 문제에 협조해달라고 요청했으나 성과를 거두지 못했다. 서구열강은 중국의 안정을 결코 바라지 않았던 것이다. 그들의 속셈을 간파한 손문은 마르세유

국민정부 수립

항구에서 배를 타고 귀국길에 올랐다.

1911년 12월 25일 손문은 중국인들의 열렬한 환영을 받으며 상해에 도착했다. 이미 남중국은 혁명의 성공을 당연시하고 있었다. 수많은 혁명가들이 공화정부에 합류하기 위해 남경으로 모여들었다. 그들은 남경에서 열린 임시대총통 예비선거에서 손문을 중화민국의 임시대총통, 여원홍을 부총통으로 선출했다. 이어서 1월 28일 정식으로 출범한 임시참의원은 동맹회 회원 33명, 입헌파 8명, 기타 2명으로 구성되었다. 그렇듯 임시정부와 임시참의원은 혁명파가 장악했다.

남경임시정부 수립 후 여러 개혁이 뒤따랐다. 양력기원의 사용, 고문과 인신매매 금지, 아편 재배 및 흡입 금지, 상공업과 화교의 본토 투자 장려, 교육 개선 등이다. 하지만 이런 조치는 실질적인 성과를 거두지 못했다. 남경정부 자체가 명목상만의 중앙정부였기 때문이다.

손문은 무창봉기로 인해 발화된 무정부 상태를 수습할 능력이 없었다. 광동성 일부 지역은 동맹회에 호의적인 군벌이 장악하고 있었지만, 광서성의 군벌들은 동맹회의 활동을 마뜩잖은 시선으로 바라보고 있었다. 운남성은 보황파 양계초를 지지하는 일본육사 출신의 채악蔡鍔, 차이어: 1882~1916이 그해 7월부터 도독을 맡고 있었으므로 손문의 통제 밖에 있었다.

중부의 상황은 더욱 불확실했다. 호남에서는 입헌군주제를 지지하는 비밀결사가 동맹회 지도자들을 살해하고, 보수적인 성의회省議會 의장이 실권을 잡았다. 호북성은 오랫동안 동맹회를 반대해온 직업장교가 새로운 군사령관이 되어 공화파 군대를 강압으로 다스렸다. 동맹회가 온전하게 장악한 곳은 진기미가 통솔하고 있는 상해뿐이었다. 하지만 진기미는 급진적인 광복회를 용인하지 않았다. 1912년 초 장개석이 광복회 대변인을 사살하고 일본으로 도피하는 등 여러 가지 문제를 일으켜 손문의 골치를 아프게 했다.

장 개 석 의 등 장

일본 유학 시절의 장개석

손문 이후 군벌시대를 거쳐 장차 중원을 놓고 모택동과 자웅을 겨루게 될 장개석은 신해혁명 이후 혜성처럼 등장했다. 장개석은 1887년 10월 31일 절강성 봉화현奉化縣, 평화현 계구진溪口鎮, 시코우진에서 부유한 소금상인이었던 장조총蔣肇聰, 장짜오총: 1842~1895과 왕채옥王采玉, 왕차이위: 1863~1921의 장남으로 태어났다. 어릴 때는 서원瑞元, 청년 시절에는 지청志清이란 이름을 썼다. 본명은 중정中正이다.

장개석이 여덟 살 때 아버지가 갑자기 세상을 떠나는 바람에 집안 형편이 어려워지자 어머니와 함께 살림을 꾸리느라 몹시 고생했다. 이때의 불행한 경험 때문에 장성한 뒤에도 곧잘 눈물을 흘리거나 화를 참지 못했으며 우울증에 시달렸다. 그는 이런 성품을 고치기 위해 동트기 전에 일어나 팔짱을 긴 채 창밖을 바라보며 명상에 잠기는 습관을 길렀다. 14세가 되었을 때 어머니의 소개로 1901년에 한마을에 살던 다섯 살 연상의 모복매毛福梅, 마오푸메이: 1882~1939와 결혼했다.

장개석은 소년기에 여러 스승으로부터 한학을 배워 전통학문과 민족문화에 대한 상당한 소양을 쌓았다. 그 무렵 한 스승이 '개석介石'이라는 자를 지어주었다. 17세 때인 1904년 봉화현의 봉록학당鳳麓學堂에 진학하여 신식교육을 받았고, 이듬해 영파寧波, 닝보의 전금공학箭金公學으로 전학했을 때 고청렴高淸廉, 가오칭리안이라는 선생으로부터 손문의 혁명운동에 관해 교육받았다. 그때부터 장개석은 일본에 가서 군사학을 배울 결심을 하게 된다.

1906년 4월 일본의 육군사관학교에 들어가기 위해 도쿄로 건너갔다. 하지만 당시 사관학교는 청국 정부의 추천장을 받은 학생만 입학할 수 있었다. 장개석은 6개월여 동안 현지에 머물며 혁명파의 분위기에 동참했다.

그 무렵 일본에는 장개석과 동향으로 열정적이고 재기 넘치는 한 청년이 있었다. 그의 이름은 진기미로 상해의 견직물공장에서 노동자로 일하다가 혁명에 심취하여 반청비밀결사인 청방靑幇에 가입했는데, 그를 눈여겨본 보스 황금영□金榮, 황진롱: 1868~1953의 권유로 일본 유학길에 올랐다.

도쿄의 경찰학교에 입학한 진기미는 동맹회에 가입하여 모집책으로 활동하던 중 만난 장개석과, 청조에서 군사교육을 위해 파견한 황부黃□, 황푸: 1880~1936에게 깊은 관심을 기울였다. 이윽고 절친해진 세 사람은 결의형제를 맺었다. 당시 장개석은 두 개의 검에 "안위타일종수장安危他日終須仗 감고래시요공상甘苦來時要共嘗"이란 글귀를 새겨 두 의형에게 보냈다. "편안함과 위태로움이 어느 날에는 서로 기대는 친구가 된다." "즐거움이나 고통이 닥치면 두루 맛보아야 한다."는 뜻이다. 이때부터 세 사람은 평생 우의를 지켰다.

그해 겨울 누이의 결혼식 때문에 귀국한 장개석은 진기미의 조언에 따라 사관학교 추천장을 얻기 위해 하북성 보정保定, 바오딩에 있는 단기 군관학교에 입학했다. 이를 통해 소원하던 정부의 사관학교 입학 추천장을 거머쥔 장개석은 1908년 도쿄의 진무학당振武學堂에 들어가 3년 동안 군사교육을 받을 수 있게 되었다. 진무학당은 일본이 밀려드는 중국 유학생을 대상으로 군사학을 가르치기 위해 만든 예비학교였지만, 훗날 장개석은 자신이 일본사관학교 출신이라고 떠벌렸다. 이 당시 그는 진기미의 권유에 따라 동맹회에 가입함으로써 손문과 관계를 맺었다. 그가 일본으로 떠나기 직전 아내가 장남 장경국蔣經國, 장징궈: 1910~1988을 낳았다.

진무학당에 들어간 장개석은 방학 때면 고향으로 돌아와 어머니를 뵌 뒤 상해로 가서 혁명활동에 매진하고 있는 진기미와 함께 무장강도나 살인사건 등에 가담했다. 그의 이런 행동은 혁명파와 비밀결사를 구분할 수 없는 형태로 이루어졌다. 1908년 여름에는 혁명가와 청방의 조직원을 구출하기 위해 감옥을 습격했는데, 그 사건을 계기로 청방에 가입했다.

1910년 진무학당을 졸업한 장개석은 일본육군 다카다 연대에 배속되어 야전훈련을 받았다. 이때에도 그의 중국 내 범죄 행각은 계속되었다. 당시 공동조계를 관할하던 영국경찰은 살인, 협박, 강탈, 무장강도사건 등의 혐의로 그를 기소했지만 한 차례도 재판을 받지 않았다.

1911년 여름 장개석은 상해에서 또 한 차례 암살사건에 가담한 뒤 일본으로 돌아갔다. 그런데 얼마 지나지 않아 10월 10일에 벌어진 무창봉기의 성공 소식이 들려왔다. 서둘러 귀국한 그는 상해에서 혁명군을 지휘하고 있던 진기미로부터 38여단을 지휘하라는 명령을 받았다. 38여단은 청방의 보스 황금영이 혁명파에게 제공한 3천 명의 살인청부업자들로 구성된 부대였다.

진기미

당시 진기미는 주변 사람들로부터 사첩四捷, 즉 말이 빠르고, 생각이 빠르고, 수단이 빠르고, 행동이 빠른 것으로 유명했다. 이런 그가 상해탄에서 희원戱院, 차관茶館, 조당□堂, 주루, 기원 등지를 출입하자 누군가 양매도독楊梅都督이라고 비난했다. 큰일을 맡은 사람이 풍류에 너무 빠져 있다는 것이다. 그러자 진기미는 겸연쩍어하면서 이렇게 대답했다.

"옛날에 비밀결사에 몸담으면서 화간花間, 화류계을 논의 장소로 이용했고, 나는 있는 그대로 살면서 자잘한 것에 신경 쓰지 않으니 감출 것도 없다."

진기미는 무창봉기 이후에도 여전히 청조의 지배하에 놓여 있는 상해와 항주杭州, 항저우를 공략하기로 결정했다. 그해 11월 3일 그는 38여단을 동원하여 강남제조총국을 공격했다. 하지만 그곳은 군수기업이라 무장력이 뛰어난 데다 방어태세가 막강하여 쉽게 함락되지 않았다. 이에 진기미는 단신으로 적진 앞에 나아가 투항을 권고했지만 적은 오히려 그를 생포해 가두어버렸다. 그러자 돌연 강남제조총국의 노동자들이 혁명군 편에 서서 총부리를 역으로 겨누었다. 기겁한 총판 장사연張士衍, 장스옌이 도망치고, 자유의 몸이 된 진기미는 상해를 완전히 장악하여 호군도독이 되었다.

11월 4일 진기미는 장개석에게 1백 명의 결사대를 주어 항주 공략을 명했다. 장개석은 곧바로 현지에 달려가 절강 순무아문을 공격했고, 동시에 진기미가 파견한 혁명파가 당국에 강화 협상을 요청했다. 11월 5일 강소순무 정덕전程德全, 청떠취안: 1860~1930이 항주에서 독립을 선언하여 청조에 큰 타격을 입혔다. 진기미는 장개석의 공로를 인정하여 제5연대장에 임명하고, 강소절강연합군을 조직하여 12월 2일 남경을 함락시킴으로써 남쪽에 강력한 공화국의 기반을 마련했다. 이때의 공적에 대하여 손문은 다음과 같이 치하했다.

"한구를 잃자 영사英士, 진기미의 자는 상해를 얻어 이를 막아냈고, 상해를 가지고 남경을 얻었다. 나중에 한양을 잃자 우리 당은 다시 남경으로 이를 막아냈다. 혁명대국은 이로 인하여 더욱 떨칠 수 있었다."

그해 말, 장개석은 진기미의 라이벌로 등장한 광복회의 지도자 도성장陶成章, 타오청장: 1878~1912을 살해할 계획을 세웠다. 도성장은 혁명파에서 내로라하는 지도자였는데 상해의 정치지도권을 둘러싸고 진기미와 불화를 빚고 있었다. 당시 도성장이 남양南陽, 난양에서 자금을 마련해 왔을 때 진기미가 상해에 필요한 군비를 요청하자 "네가 계집질을 하도록 돈을 줄 수 없다."며 모욕을 가한 적이 있었다. 그 뒤로 앙숙이 된 두 사람은 회의 때마다 의견 충돌을 빚었다. 이를 보고 참다 못한 장개석은 1912년 1월 14일 도성장이 요양하고 있던 병원에 잠입하여 그를 사살하고는 일본으로 달아났다.

진기미도 남경 공략에 공을 세운 민군 참모장 도준보陶駿保, 타오쭌바오: 1878~1911를 총살하고, 청방의 거물이자 양주도독이었던 서보산徐寶山, 시바오산: 1866~1913을 폭살했으며, 2차 혁명 뒤에는 상해진수사 정여성鄭汝成, 정루청: 1862~1915을 암살했다. 그 와중에 조선의 독립운동가 신규식申圭植: 1879~1922과 함께 신아동제사新亞同濟社를 조직하여 독립운동을 지원하기도 했다.

손문이 원세개에게 공화국의 임시대총통 자리를 넘겨준 뒤부터 혁명파 요인에 대한 암살이 빈발했다. 진기미와 장개석은 경찰이나 밀정, 살인청부업자의 주요 표적이 되었다. 1913년 두 사람은 원세개 정권의 위협이 극에 이르자 일본으로 도피한 다음 수시로 상해를 들락거리며 혁명활동을 벌였다.

이듬해 중국으로 되돌아온 장개석은 청방의 두목 두월생杜月笙, 두웨성: 1888~1951과 더불어 방탕한 생활을 즐겼고, 수시로 상해의 비밀결사 두목들과 어울렸다. 이와 같은 일탈은 개인의 취향도 작용했겠지만 훗날 상해의 자본가들과 관계를 맺는 데 도움을 주었다. 그 무렵 상해에서는 열 집 가운데 한 집 꼴로 창가였고, 주민 130명 가운데 한 명은 창녀였다. 공동조계에만 668개의 창가가 있었는데 대부분 청방의 관리하에 놓여 있었고, 프랑스조계는 청방이 완전히 지배하고 있었다.

장개석은 청루에서 요이금姚怡琴, 야오이친이라는 아름다운 여인에게 푹 빠져 있었다. 마침내 그는 요이금을 첩으로 삼고 계구진에 있는 어머니께 데려갔다. 장개석 덕분에 음지에서 빠져나온 요이금은 어머니를 극진하게 모셨고, 얼마 지나지 않아 장개석은 밖에서 낳은 장위국蔣緯國, 장웨이궈: 1916~1997이라는 아들을 데려왔다.

장개석은 서양인들에게 '골동품 장'으로 불리던 백만장자 장정강張靜江, 장징장: 1877~1950과 친교를 맺었다. 장정강은 걸을 때 한쪽 발을 절었으므로 프랑스인들은 그를 『노틀담의 꼽추』에 나오는 '콰지모도'라고 불렀다. 은행가이자 주식중개인으로 별명처럼 골동품상을 겸하고 있던 그는 평생 장

장정강

개석의 중요한 후원자가 된다.

장개석에게 청방을 소개시켜주고 끈끈한 우의를 과시했던 진기미는 1916년 5월 18일 프랑스조계의 일본교민 야마다 준사부로山田純三郎의 집에서 자객의 손에 목숨을 잃었다. 범인은 같은 혁명회 소속 장종창張宗昌, 장쭝창: 1881~1932의 부하였다. 풍문에 따르면 장종창은 군벌 풍국장의 지시에 따라 그를 암살하도록 사주했다고 한다. 손문은 그 소식을 듣고 "나의 장성長城을 잃었다."[36]고 탄식했다. 제문에서는 "살아서는 인걸이요, 죽어서도 귀웅이다."라고 썼다. 갑작스런 의형의 죽음에 큰 충격을 받은 장개석은 장례식장에서 추도사를 통해 이렇게 통탄했다.

"오호! 이 무슨 날벼락인가! 이제 나는 어디에서 당신처럼 나를 알고 그토록 깊이 사랑해주는 사람을 찾을 수 있겠는가?"

진기미가 죽은 뒤 그의 정치적 유산은 조카 진과부陳果夫, 천궈푸: 1892~1951와 진립부陳立夫, 천리푸: 1899~2001에게 고스란히 이어졌다. 두 형제는 장개석의 최측근이 되어 공화파와 청방에서 빠르게 발판을 굳혔다. 장개석도 진기미의 죽음에 따른 국민당의 인사 개편에 따라 손문의 고위 참모가 되었다.

비밀결사 청방의 암약

중국의 비밀결사는 오랜 전통을 지니고 있다. 이민족 정권이 들어설 때마다 한족 부흥운동의 배후에는 늘 그들이 있었다. 그중 하나인 청방은 명나라 때 결

---

36 失我長城.

성된 가로회糧老會의 지파로 양선糧船 수송 노동자와 하급 병사들로 구성되었는데, 청조 말기 화중 지방을 중심으로 도시와 농촌의 하층민사회에 침투했다. 중화민국 성립 이후에는 소금과 아편 밀매, 도박장 등을 장악하고 간부들이 정계와 재계에 진출하여 상해를 지배하고 있었다.

두월생

두월생은 청방의 우두머리로서 상해 프랑스 조계의 아편 매매 총본산인 동흥공사同興公司와 최대의 도박장인 공흥구락부公興俱樂部를 경영하여 엄청난 재산을 모았다. 14세 때 생계를 위해 상해의 과일가게 종업원으로 거리에 나온 그는 23년 만에 황금영, 장소림張嘯林, 장샤오린: 1877~1940 등과 함께 소위 '상해탄삼대형上海灘三大亨'이라는 트로이카 체제를 이끄는 거물이 되었다. 그의 전력을 살펴보면 실로 입지전적이다.

황금영

어린 시절 홍방紅幇의 패거리와 어울리던 그는 두목 황금영의 심복이 되어 충성을 다했다. 스스럼없는 태도와 임기응변으로 하층민들을 사로잡은 그는 노점상을 괴롭히는 전당포 주인을 혼내주기도 하고 친구들의 억울한 일을 해결해주는 등 정의로운 협객 노릇을 하면서 신망을 얻었다.

두월생은 황금영의 주 수입원이었던 아편 판매에서 놀라운 수완을 발휘하여 신임을 얻었다. 경쟁 상대인 폭력조직을 설득하여 아편시장의 카르텔을 만들어 공평하게 이익을 분배함으로써 중국 전체의 아편 거래시장을 장악했던 것이다. 이때 청방의 두목이 그 제안에 반대하자 두월생은 그를 제거하고 두목이 되었다. 이를 본 남방南幇의 두목 장소림은 재빨리 그의 제안을 수락했다. 그리하여 상해에는 3개 조직의 우두머리가 공존하면서 이웃에 있는 절강성·강소성·장강 유역을 넘어 중국 전역의 아편 유통을 장악하기에 이른다.

그동안 상해 공동조계의 아편 거래는 광동 출신의 왕수를 우두머리로 하는 삼합회가 장악하고 있었다. 두월생은 왕수를 카르텔로 끌어들여 공동조계의 지배력을 거머쥐고, 삼합회를 서서히 약화시켜 청방에 흡수시켰다. 그 덕분에 재산이 생겼지만 두월생은 돈에 연연하는 인물이 아니었다. 정계나 문화계 사람들은 물론이고 과부나 노동자, 고아 등 수많은 사람들에게 아낌없이 돈을 뿌렸다.

청방의 우두머리로 암흑가를 공포에 떨게 하는 그였지만 보통 사람들에게는 구세주나 다름없었다. 두월생은 권력에도 연연하지 않았다. 자신의 세력이 누구도 넘볼 수 없는 수준에 이르렀어도 은인 황금영의 자리를 결코 넘보지 않았다. 게다가 그는 당대의 지식인과 문화예술인들을 적극 후원하면서 그들의 존경을 받았다. 그들은 두월생에게 '선생先生'이라는 칭호를 붙이면서 제자나 학생을 자처했다. 육경사陸京土, 루징스: 1907~1983는 그의 전기를 써주며 제자를 자처했고, 국학의 최고봉 장병린은 고전을 뒤져 새 이름과 호를 지어주면서 그 고향 포동浦東, 푸둥에 두씨사당杜氏祠堂을 지으라고 권유했다. 변호사 진련규秦聯奎, 친롄쿠이는 도박으로 잃은 거금을 돌려받은 뒤 그의 영원한 부하가 되었다. 두월생은 평소 언론계 인사들에게 효도하라며 연 200만 은원銀元을 풀었다. 상해의 대표적인 신문 〈대공보大公報〉 총편집장 서수성徐壽成, 쉬서우청은 그의 사후 평전을 집필하여 애도의 정을 드러내기도 했다. 그러기에 당대의 문호 노신口迅, 루쉰: 1881~193637은 유학儒學으로 무장된 폭력이 가장 두렵다고 말했다.

1910년 이래 청방은 범죄 집단이었지만 홍방은 애국적인 노³⁷혁명가들의 사교집단으로 계속 존속했고, 황금영은 트로이카 체제의 우두머리였다. 두월생은 그들 조직의 총책임자였고 '상해'라는 인형극의 연출가였다. 그가 실을 당기면 상해는 그의 리듬에 맞춰 춤을 추었다. 부두노동자와 거리의 사람들, 우편배달부에서 은행의 출납원에 이르기까지 많은 이들이 그의 영향력 아래 놓여 있었다. 우편배달부조합은 그가 다른 사람의 편지를 뜯어보는 것도 허용할 정도였다.

두월생은 공갈과 테러로 이사회를 굴복시켜 상해의 여러 기업들을 간접적으로 지배했다. 그의 부하들은 그 회사의 노동자들을 끌어들여 노동조합을 결성하기도 했다. 1921년 상해에서 열린 중국공산당 창립대회를 감시하던 사람도 바로 두월생의 부하였다. 두월생은 중국의 지식인들과 수상쩍은 러시아인들의 만남이 궁금했던 것이다.

300년 청방 역사상 최고의 인물로서 상해의 황제로 군림했던 두월생은 손문의 부인 송경령宋慶齡, 쑹칭링: 1892~1981의 언니이자 은행가 공상희孔祥熙, 쿵샹시: 1881~1967의 부인 송애령宋愛齡, 쑹아이링: 1889~1973과 교분이 두터웠다. 두 사람은 일요일 오후 교회가 파하면 공상희의 집에서 밀담을 나누곤 했다. 그것은 청방의 방대한 조직력이 금융제국을 구축한 공씨 집안, 정계의 거물인 송씨 일족과 한통속이 되어 있음을 의미했다.

그들은 1916년부터 1940년까지 힘을 합쳐 거액의 투자를 하거나 회사를 빼

---

37 노신(魯迅)은 중국의 소설가로 본명은 주수인(周樹人, 저우수런), 자는 예재(豫才)다. 노신은 필명이다. 그 밖에 영비(令飛), 하간(何干) 등 100개가 넘는 필명을 사용하면서 반정부 논객으로 활동했다. 신문학 운동가인 주작인(周作人, 저우쭤런)과 생물학자 주건인(周建人, 저우젠런)이 그의 동생이다. 대표작으로 『아큐정전(阿Q正伝)』, 『광인일기(狂人日記)』 등이 있다.

앗았다. 송씨 일족의 기독교도로서의 이미지와 미국에서 대학 교육을 받은 배경은 외국인들에게 매력적으로 작용했고, 두월생의 어두운 그림자는 중국인의 저항력을 원천봉쇄했다. 두월생은 말을 듣지 않는 상대에게 화려하게 꾸민 관을 보내곤 했다. 이처럼 그는 상류사회와 교류하는 한편 밑바닥 세계인 남원藍苑이나 청방에서 경영하는 요정을 들락거렸다. 당시 그의 곁에는 성미 급하지만 강인한 눈빛을 지닌 야심만만한 청년 장개석이 있었다.

청조의 멸망과 손문의 실각

중화민국의 선포와 함께 중국은 북양군벌 원세개가 청조의 총리대신으로서 북부를 지배하고, 혁명정부의 임시대총통이 된 손문이 남부를 지배하면서 만주인 섭정이 버티고 있는 청조와 밀고 당기는 샅바싸움을 하게 되었다. 남경정부는 각 성의 연합으로 이루어졌으나, 민주공화제를 향한 개혁에도 불구하고 중앙정부로서의 요건을 충분히 갖추지 못했고, 강력한 군대를 장악한 원세개와의 무력 충돌을 피하기 위해 평화회담을 통한 타협을 하지 않을 수 없었다.

당시 각 지방이 독립을 선언하고 소수민족이 집중적으로 거주하는 변경지역 역시 독립의 움직임을 보이면서 중국 전체가 분열·와해될지도 모른다는 우려가 커져갔다. 이러한 상황은 오히려 더 이상의 내전이나 혁명의 진전을 크게 가로막는 작용을 했다. 중화민국의 국기로 우창 신군이 내건 18성기十八省旗38가 아니라 '오족

---

38   18성기(十八省旗)는 동맹회의 강령에 나와 있듯이 '오랑캐를 내쫓고 중화를 회복하는 것'을 위해 만주족뿐만 아

공화五族共和39를 의미하는 오색기五色旗가 채택된 것도 이런 상황의 반영이었다.

1912년 2월 12일 선통제의 칙서를 통해 청조가 공식적으로 종말을 고하자, 13일에 손문이 임시대총통에서 사임했고, 15일 원세개가 남경 참의원에서 임시대총통으로 선출되었다. 그 때문에 혁명파는 오랜 황제체제를 끝내고 공화정부를 수립했다는 기쁨을 만끽할 수 없었다.

당시 원세개는 열강이 정통성을 인정하고 있는 북경정부를 장악하고 영국의 후원을 받고 있었으므로 손문의 남경정부는 그의 협력 없이는 아무 일도 할 수 없었다. 어린 황제 부의溥儀, 푸이는 원세개의 꼭두각시가 되어 가까스로 청조의 명맥만 유지하고 있을 뿐이었다.

원세개를 추종하는 세력들은 공화파가 국민 전체를 대표할 수 없다는 점을 부각시키기 위해 북부 여러 성에서 유혈폭동을 빈번하게 조장했다. 북경정부는 국민들에게 공포심을 안겨주는 동시에 군대와 경찰력을 동원하여 폭동을 진압함으로써 자신들의 능력을 과시했다.

손문과 동맹회는 속수무책이었다. 당시 공화정부는 1911년 신해혁명의 시발점인 무창혁명을 성공시킨 혁명파와 상해와 남경에 근거지를 둔 손문의 동맹회로 분열되어 어느 쪽도 주도권을 쥐지 못하는 상태였다. 군사적 기반을 잃은 혁명파에게 남은 길은 국회와 정당을 통해 원세개를 견제하는 것뿐이었다. 이에 따라 송

니라 모든 소수민족을 새로운 공화국의 범위 밖으로 배제하려는 사고방식에서 나왔다. 전통적인 중국의 영역인 관내(關內), 즉 만리장성 남쪽의 중국왕조 영역인 18성만을 포함시켰던 것이다.

39 청조를 세운 만주족과 한족, 신강성의 위구르족, 내·외몽골의 몽골족, 티베트의 티베트족이라는 5대 민족의 협조에 의한 공화제라는 뜻이다. 이는 한족이 중화민국의 성립 이후에도 나머지 다른 민족을 끌어안고 가기 위해서 고안해낸 정책이었다. 소수민족의 동화를 전제로 하는 한족 중심주의적 발상이라고 할 수 있다.

교인의 주도로 중국동맹회가 개조되어 1912년 8월 25일 국민당이 창설되었다.

원세개는 자신만이 중국의 혼란을 잠재우고 단일정부를 세울 수 있는 유일한 존재임을 과시하며, 공화정부의 각 파벌 대표들을 회유했다. 그는 가능하면 북경정부의 주요 각료들과 함께 국민당에 가입하겠다는 메시지까지 던졌다. 또 공화정부의 총통 자리에 오르면 황제 부의를 퇴진시킴으로써 청조를 끝장내겠다는 약속도 했다. 손문은 중국 해방이라는 원대한 목표는 달성했다고 자위했지만 그 후속 조치에서 무기력함을 인정하지 않을 수 없었다. 원세개가 황제 폐위와 정부기구의 남경 이전이라는 카드까지 내밀자 결국 손문은 사직서를 썼다.

손문의 양보를 끌어낸 원세개는 청조에 강력한 압박을 가했다. 일부 황족들이 종사당宗社黨을 결성하여 청조의 퇴위를 결사반대했지만 그 수뇌부가 동맹회 회원에게 피살되었다. 결국 청조는 1912년 2월 12일 황제퇴위조서를 발표했고, 이로써 청조는 268년 만에 멸망했다.

임시정부는 약속대로 2월 15일 원세개를 임시대총통으로 선출했다. 그러나 정국은 손문의 기대와 전혀 다른 방향으로 전개되었다. 3월 10일 중화민국 총통에 취임한 원세개는 자신의 추종자들을 주요 각료에 임명함으로써 중립적 태도를 견지하던 내각의 공화파 지도자들을 고립시켰다. 또한 원세개는 내각을 북경에 존치함으로써 남경으로 수도를 이전하겠다는 약속을 헌신짝처럼 내던졌다. 북방의 질서를 유지하기가 쉽지 않고 군대가 많아서 재배치해야 한다는 것이 구실이었다. 결과적으로 혁명의 성과물인 남경임시정부는 원세개가 이끄는 북경정부의 수하로 들어간 셈이었다. 그사이에 북부의 모든 성은 북양군벌의 손아귀에 들어갔고, 국민당 내부의 공화파 지도자들이 자객에 의해 하나둘씩 스러져갔다. 차츰 원세개의 1인 독재정권이 구체화되고 있었다.

한편, 강유위는 1911년 여름 일본에서 양계초와 재회했지만 무창봉기에 이은 수많은 봉기 소식을 듣고 실망감을 감출 수 없었다. 입헌군주제의 꿈이 허무하게 사라지는 것만 같았다. 강유위는 난국을 타개한 외국의 사례를 주시했다. 프랑스의 대혁명 사후처리 과정, 인도의 분열에 따른 식민지화, 미국의 공화정부가 추진하는 각종 정책들이 그것이었다. 하지만 어느 경우도 중국에 대입시킬 수 없었다.

미국은 독립혁명 당시 인구가 많지 않았고, 영국은 조건상 민주적 전통이 오래전부터 사회 깊숙이 뿌리 내린 상태였다. 결국 강유위는 왕조국가인 중국이 갑자기 혁명적 민주주의로 비약하는 것은 야만인에게 비행기를 띄우라는 것이나 마찬가지라는 결론을 내고, 비판적인 입장을 견지했다.

양계초의 생각도 강유위와 크게 다르지 않았다. 그는 중국이 민주 체제를 서두르다가 내란과 쿠데타의 소용돌이에 휘말리고 있는 멕시코의 전철을 밟지 않을까 우려했다. 그 무렵 멕시코에서는 프란시스코 마데로Francisco Madero가 디아스Porfirio Diaz 대통령을 내쫓고 정권을 장악했지만 다시 에밀리아노 사파타Emiliano Zapata와 권력을 다투며 극도의 혼란상을 연출하고 있었다.

강유위와 양계초는 그 후 몇 달 동안 중국의 점진적인 변화를 이끌어낼 수 있는 방법을 궁리했다. 강유위는 완전한 입헌군주제 대신 공화국에 명목상 실권 없는 세습군주를 추대함으로써 국가의 영속성을 부여하는 방법을 고안해냈다. 제위는 만주족 부의나 공자의 직계 후손이 맡을 수 있다고 보았다. 양계초의 계획은 좀 더 구체적이었다. 북경 황실호위대와 접촉하여 쿠데타를 일으킨 후 광서제의 동생이자 황제 부의의 아버지인 순친왕을 총리대신으로 옹립한다는 계획이었다.

그해 11월 두 사람의 추방령이 취소되었다. 양계초는 서둘러 만주에 들어가 군대 지휘관들에게 자신의 계획을 설명했다. 하지만 그를 만난 장교 한 사람이 암살되고 다른 장교들은 반란죄로 체포되어 처형되었다. 그 무렵 봉천奉川, 펑톈: 지금의 선양(沈陽) 주변에서는 장작림張作霖, 장쭤린: 1875~1928이 기세를 올리고 있었다. 신변의 위험을 느낀 양계초는 불과 열흘 만에 일본으로 되돌아왔다. 강유위와 양계초 지지 파들이 광동성을 장악하려던 두 번째 봉기 역시 실패로 끝났다.

1912년 2월 원세개에 의해 황제 부의가 하야하고 청조가 종말을 고하자 강유위는 변화한 현실을 받아들이는 것 같았다. 그는 해외의 지지자들에게 유혈사태는 통탄할 일이지만 이제 공화국이 들어섰으니 국민당에 참여하라고 권유하기까지 했다. 양계초는 원세개로부터 입각 제안을 받고 공화국 정부에 협력하기로 했다. 이 때문에 강유위와의 관계가 소원해졌고, 그해 10월 양계초는 일본을 떠나 중국으로 갔다.

국민당 지도자들은 원세개를 견제하기 위해 총리에게 국가의 최고 권한을 부여하는 임시약법을 추진했다. 국회 양원의 다수당이 내각을 구성하고 총리는 내각에서 선출한다는 계획이었다. 그대로만 된다면 총통은 행정권의 수반이 아니라 형식적인 대표자가 될 것이었다.

이와 같은 계획을 주도한 인물은 일본에서 법학을 공부한 동맹회의 주역 송교인이었다. 그는 1911년 4월 광주봉기에 참여했고, 그해 여름 동맹회본부의 설립을 돕는 등 정력적으로 활동하고 있었다. 1913년 2월에 치러진 총선거 당시 그는 고향 호남성에서 출마하면서 국민당의 선거운동을 이끌었고, 그 결과 국민당이 중의원 596석 가운데 269석, 참의원의 절대다수를 점하는 데 큰 역할을 했다. 하지만 그는 3월 20일 총선을 마무리하고 상해역에서 북경행 열차를 기다리다가 자객에게 2발의 총탄을 맞고 이틀 동안 고통을 겪다가 숨을 거두었다.

그로부터 사흘 만에 상해전보국 국장 오패황吳佩潢, 우페이황: 1887~?이 북경정부와 상해와의 전보 왕래 기록에서 사건의 단서를 잡았다. 범인은 진기미의 동향인이자 수하인 공진회 응계형應桂馨, 잉꾸이씬: ?~1914의 사주를 받은 자객 무사영武士英, 우스잉: ?~1913의 소행으로 밝혀졌다. 응계형은 동맹회가 국민당으로 개조되는 과정에서 송교인에 의해 청방이나 홍방 등 비밀결사가 소외되는 것에 불만을 품었고, 이를 감지한 원세개의 회유를 받아 일을 벌인 것이었다. 응계형은 즉시 체포되었지만 살아남았고, 무사영은 즉각 처형되었다. 이런 조치 때문에 송교인 암살사건의 배후에 진기미가 있다는 풍문이 떠돌았다.

이런 상황에서 원세개는 국민당원인 3개 성의 도독을 자신의 심복으로 교체해버렸다. 사태의 심각성을 깨달은 손문은 1913년 7월 12일 강서성 성장 이열균李烈鈞, 리레쥔: 1882~194640에게 독립을 선언하게 한 다음, 원세개를 강력히 비난하고 나섰다. 바야흐로 손문의 제2차 혁명이 시작되고 있었다.

암살과 혼란으로 얼룩진 현 정세에 대한 책임은 분명히 원세개에게 있었다. 증거도 충분했다. 하지만 이익에 현혹된 각 정파들은 그를 공격하기보다는 국민당 내부에서 이익을 챙기기에 바빴다. 그중 대표적인 정파는 선거에서 참패한 정파들의 연합체인 진보당이었다. 그들의 대표자인 양계초는 손문을 외면하고 원세개의 불법행위를 방조하고 있었다.

---

40 이열균(李烈鈞)은 강서성 남창 출신으로 일본육사 포병과를 졸업했는데 산서독군 염석산과는 육사 동기였다. 일본 유학 시절 손문의 중국동맹회에 가담했고 신해혁명이 일어난 뒤 혁명군을 조직하여 북양군과 여러 차례 싸웠지만 매번 패배하여 상해와 홍콩 등지로 도망쳐야 했다. 광주에서 손문이 정부를 수립하고 북벌을 준비하자 이열균도 여기에 가담하여 대본영 총참모장이 되었다.

그해 국무총리 겸 재정총장에 취임한 장사의 웅희령熊希齡, 슝시링: 1870~1937은 원세개가 외국 은행으로부터 2500만 파운드의 차관을 얻으려 하자 공개적으로 지지하고 나섰다. 그러나 국민당은 새로운 정권이 외세의 꼭두각시가 될 우려가 있다며 차관 도입에 반대했다. 이에 분개한 원세개는 국민당의 정치활동을 금지하고, 그들을 지지하는 성의 도독들을 모조리 해임하는 한편 남쪽에 있는 풍국장의 군대를 움직여 남경을 공격했다.

1913년 9월 1일 남경이 장훈張勳, 장쉰: 1854~1923에게 함락되면서 국민당에 위기가 닥쳐왔다. 웅희령이 내각을 재구성하고 양계초가 사법총장이 되었다. 10월 국회는 '공민단'이라 자칭하는 정치깡패 폭도들로부터 협박을 받는 가운데 원세개를 정식 대총통으로 선출했다. 곧이어 원세개는 국민당의 해산을 명하고 대총통의 권한을 대폭 강화시킨 '신약법新約法'을 제정하여 대총통은 임기 10년에 연임할 수 있도록 했다. 11월 초에는 국민당 지지자들을 국회에서 추방하고 북경의 모든 국민당원을 축출하라는 명령을 추인시켰다. 궁지에 몰린 손문은 다른 성 도독들의 지원을 받고자 했지만 실패하고, 그해 12월 일본으로 망명하고 말았다.

중국의 군벌
현대 중국의 춘추전국시대

1925년 당시 주요 군벌 지도

거대한 영토를 자랑하는 중국은 중앙정부가 쇠약해지거나 왕조 교체 시기가 되면 지방에서 통제에서 벗어난 무력집단이 나타나 힘을 과시하곤 했다. 춘추전국시대나 후한 말기처럼 그들은 난세에 정치적인 발언권을 행사하거나 역사의 중요한 사건을 일으키다가 통일국가에 흡수되곤 했다. 20세기 초 신해혁명 이후 난립한 군벌들 역시 행로는 엇비슷했지만, 외세의 침탈 속에 세계대전이 벌어지고 일본의 대륙 침공이 구체화하는 시대 상황에서 옛날과 다른 규모와 색깔을 보여주었다.

중국 최초의 공화국이었던 중화민국은 북양군벌과 공화파 간 타협의 산물이었다. 원세개 사후 북양군과 신군의 지휘관들은 주둔지의 행정 공백을 이용하여 봉건 제후들처럼 현지에서 권력을 행사했다. 하지만 그들의 영역에서도 수많은 중소 군벌들이 활동하면서 숱한 분쟁을 야기했기 때문에 국가로서의 체제는 갖추지 못했다.

중국 통일에 대한 명분이나 전략이 전혀 없었던 군벌들은 오로지 세력 확보를 위해 싸웠다. 거대 군벌들은 중소 군벌들을 휘하에 끌어들이기 위한 자금 확보를 위해 무슨 짓이든 서슴지 않았다.

1910년부터 10여 년 동안 할거하던 군벌들은 손문이 제1차 국공합작을 벌이고 1924년 6월 16일 국민혁명군을 구성하면서 타도 대상이 되었다. 장개석의 북벌로 1928년 군벌은 공식적으로 소멸되었지만 군벌의 실세들은 정부의 요직을 차지하면서 여전히 세력을 유지했고, 독재를 강화하려는 장개석에 맞서 중원대전이라는 대규모 전쟁을 치렀으며, 중일전쟁이 진행되는 동안에도 정치적 발언권을 행사했다.

중일전쟁 당시 중화민국 장성 계급을 가지고 있던 군벌들은 국공내전이 벌어지자 장개석의 명령에 따라 공산당 토벌전에 나섰다. 그중 일부는 장개석에 반기를 들고 공산당에 가담하기도 했다. 국민당과 공산당은 이들을 철저히 견제하여 명예직만 주고 실권은 배제했다. 공산당이 대세를 장악하자 운남, 귀주, 호남성의 군벌은 일찌감치 항복하기도 했다. 국공내전이 끝나고 중화인민공화국이 건국되면서 군벌은 흔적도 없이 사라졌다.

몇몇 군벌들은 한때 국가원수를 지냈거나 거기에 버금가는 권세를 휘둘렀지만 국가 경영에는 문외한이었다. 그 때문에 대부분 쓸쓸한 만년을 보냈고, 개중에는 암살당한 사람도 있었다. 저명한 학자 호적(胡適, 후

스: 1891~1962)은 이들을 일컬어 "군대 지휘관이라면 어디에 내놓아도 손색이 없는 사람들이 총통이 될 수밖에 없었던 것이 중국의 비극"이라고 탄식했다.

북양군벌

청조의 북양군에 기반을 둔 군벌 세력이다. 북양(北洋)이란 청조 말기 하남·직례(直隸, 즈리: 지금의 하북)·산동 3성(省)을 말한다. 태평천국의 난을 진압하고 북양대신에 오른 이홍장은 휘하의 안휘성(安徽省, 안후이성) 군대를 현대화하고 함대를 제조하여 이른바 북양군과 북양함대로 키웠다. 이 부대가 청일전쟁을 기점으로 중국 최강의 군대로 성장했다.

1901년 이홍장이 죽고 원세개가 북양군을 장악하여 실권을 쥐었다. 원세개는 신해혁명이 일어나 청조가 축출되자 중화민국의 임시대총통이 되었지만 1916년 황제를 칭하다가 군웅들의 반발에 굴복하여 퇴위했다가

군벌의 효시, 북양군

그해 6월 화병으로 숨졌다. 이후 북양군벌은 안휘파·직례파·봉천파의 세 파벌로 갈라졌다. 북경과 화북, 동북 등지를 장악한 이들은 이합집산을 거듭하면서 전국에 걸쳐 실질적인 정치력을 행사했다.

안휘파   환계군벌(晥系軍閥)이라고도 한다. 원세개 사후 직례파와 함께 성립된 군벌로 주요 인물은 단기서, 서수쟁(徐樹錚, 쉬 수정: 1880~1925)이다. 총통 여원홍이 불러들인 안휘도 독 장훈이 복벽운동(復辟運動)을 펼치면서 힘을 잃자 단기 서가 북양군벌의 도움을 받아 정권을 장악했다. 안휘파는 일본의 지원을 받아 권력을 유지했는데 조직력이 떨어지고 군권이 미약했다.

이들은 손문이 호법운동(護法運動)을 펼치며 북양군벌에 맞서자 남벌을 계획했지만 직례파와의 갈등으로 무산되고, 봉천파를 끌어들여 재차 남벌을 시도했지만 역시 무산되었다. 이어서 제1차 세계대전 참전을 빌미로 일본의 차관을 이용하여 독자적인 군사력을 확보하려 했지만 국민적 저항을 불러일으켰다. 결국 1920년 안직전쟁(안휘-직례전쟁)이 발발했을 때 일본의 지원을 받은 봉천파에 패배하여 실권을 상실했다.

직례파   직계파(直系派), 혹은 직례군벌(直隸軍閥)로 불린다. 안휘파 와 함께 성립된 군벌로 주요 인물은 풍국장, 조곤(曹錕, 차오

쿤: 1862~1938), 오패부(吳佩孚, 우페이푸: 1873~1939)다.
강대한 군사력을 가지고 있었지만 호법군(護法軍)과의 협
상을 통해 북양정부의 정당성을 인정받으려 했다. 이에 불
만을 품은 안휘파와의 마찰로 1920년 안직전쟁이 일어나
자 미국의 지지를 배경으로 승리를 거두고 봉천파와 함께
북경을 장악했다. 그 후 세력 확장을 기도하던 봉천파와의
갈등으로 일어난 1922년의 제1차 직봉전쟁(직례-봉천전쟁)
에서 승리하여 기세를 올렸지만 1924년에 벌어진 제2차 직
봉전쟁에서 풍옥상(馮玉祥, 펑위샹: 1882~1948)의 배신으
로 패배하여 북경을 잃었다.

봉천파 안휘파, 직례파와 달리 만주 봉천 일대에서 세력을 쌓은 장
작림에 의해 성립되었으므로 봉천군벌이라고 했다. 장작림
은 신해혁명 당시 동북지방의 혁명군을 제압하고 군권을
장악한 다음 원세개에게 충성을 맹세하여 봉천·길림(吉林,
지린)·흑룡강(黑龍江, 헤이룽장)을 관할하는 동북 3성 총독
이 되었다. 원세개 사후 관내에 진출하기 위해 안휘파와 직
례파가 전쟁을 벌일 때 직례파를 응원했고, 안휘파가 몰락
한 뒤에는 직례파와 두 차례에 걸쳐 쟁패전을 벌였다. 제1
차 직봉전쟁에서는 패했지만 제2차 직봉전쟁에서 풍옥상
의 도움을 받아 승리했다.

그 후 풍옥상이 곽송령(郭松齡, 궈쑹링: 1886~1925)을 포

섭하여 반란을 일으켰고, 봉천 남부에서 새롭게 등장한
손전방(孫傳芳, 쑨촨팡: 1885~1935)의 공세로 인해 고난
을 겪었지만 일본의 지원과 장종창, 염석산(閻錫山, 옌시산:
1883~1960)의 지지를 바탕으로 북경 장악에 성공했다. 국
민혁명군의 북벌 당시 장작림은 오패부, 손전방 등과 함께
싸우면서 협상을 시도했지만 무산되었다. 국민혁명군이 제
남(濟南, 지난)까지 북상하자 북경을 포기하고 만주로 돌아
가다 1928년 6월 4일 일본군에 의해 황고둔(皇姑屯, 황구툰)
역 입구에서 기차 폭발로 사망했다.

동북군벌

장작림이 사망한 뒤 북벌군의 북상과 함께 동북을 노리는 일본군의
위협이 이어지자 장작림의 아들 장학량(張學良, 장쉐량: 1898~2001)은 장
개석에게 투항하여 위기에서 벗어났다. 그때부터 봉천군벌은 국민정부의

동북군벌

동북변방군으로 바뀌었다.

　　장학량은 장개석과 군벌들의 결전이었던 중원대전 막바지에 장개석을 지원하여 승리한 뒤 화북 일대를 장악하여 개가를 올렸다. 그러나 일본이 만주사변을 일으켜 동북을 빼앗고, 여타 군벌들의 공세로 궁지에 몰렸을 때 장개석의 명령에 의해 서안(西安, 시안)으로 이동하여 공산당 토벌에 동원되었다.

　　동북군벌은 거점인 만주를 잃고 점차 세력이 약화되었지만 장학량의 지휘하에 결속력이 대단히 높았다. 일본에 대한 원한이 깊었던 그는 항일 공동전선을 수립하기 위해 장개석을 유폐하고 국공합작을 약속받은 서안 사변을 일으켜 큰 파문을 일으켰다. 장학량은 이때 앙심을 품은 장개석에 의해 장기간 연금되었고 동북군벌은 소멸된다.

서북군벌

　　직례파 휘하에 있던 풍옥상은 국민당의 북벌에 호응하여 국민군이라 지칭하고 북경을 장악했다. 하지만 손문의 사후 후계자로 등장한 장개석의 독재에 반감을 품어, 광서군벌 이종인(李宗仁, 리쭝런: 1891~1969)과 함께 반장(反蔣)전쟁을 일으켰다가 큰 타격을 입고 군권을 잃었다. 이후 서북군벌은 구심점을 찾지 못한 채

서북군벌

와해되었다.

서북군벌은 지역에 기반을 둔 여타 군벌과 달리 풍옥상 개인의 영향력이 크게 작용했다. 독실한 기독교도였던 풍옥상은 부하들에게 글을 가르치고 소방호스로 물을 뿌려 세례를 하는 등 기행을 일삼았다. 그의 휘하에는 중일전쟁 당시 명장들이 많았는데, 송철원(宋哲元, 쑹저위안: 1885~1940)[41]은 노구교사건, 양호성(楊虎城, 양후청: 1893~1949)은 서안사건 당시 활약했다.

산서군벌

산서성이 옛날 진나라의 영역이었으므로 진군(晉軍)이라고 부르기도 한다. 산서군벌은 여타 군벌과는 달리 국가적인 체계를 갖춘 염석산의 개인 왕국이었다. 그는 산서성을 차지한 뒤 공업 양성과 화폐 개혁을 통해 민생을 안정시킴으로써 민심을 얻었다. 그들이 운영한 군수공장에서는 세계 각국의 유명한 소총류를 카피하여 생산했는데 성능이 매우 좋았다. 염석산은 어린 시절 공산주의에 심취했지만 소련의 중앙집권 형식과 달리 지방분권 형식을 취했다.

장개석이 북벌전쟁에 나서자 염석산은 일찌감치 귀순하여 제3집단군 수장이 되어 앙숙이었던 제2집단군 수장 풍옥상과 함께 장작림, 오패부,

---

41   송철원(宋哲元)은 군벌 풍옥상의 심복으로 1924년 국민군 사장, 1925년 열하 도통 등을 역임했다. 1927년 북벌에 참여했으며 1929년부터 이듬해까지 벌어진 중원대전에서 장개석에 맞서 싸웠다. 그 후 장학량의 수하가 되어 일본군과 싸웠다. 1937년 7월 7일 노구교사건으로 중일전쟁이 시작되자 사천성으로 피신했다가 병사했다.

손전방 연합의 안국군(安國軍)을 궤멸시켰다. 그 덕분에 중국은 장개석을 중심으로 20년 만에 통일되었고, 염석산은 그 대가로 화북 일대와 북경을 차지함으로써 거대 군벌이 되었다. 당시 그의 휘하에는 조선 최고의 비행사이며 독립운동가인 안창남(安昌男: 1901~1930)이 일본에서 건너와 산서비행학교 교장으로 복무했다.

그 후 장개석이 군벌들을 통제하기 위해 추진한 군축 문제로 인해 이종인, 풍옥상 등과 불화를 일으켜 두 차례의 반장전쟁이 일어났다. 염석산은 풍옥상, 이종인과 손잡고 중원대전을 일으켜 승리를 눈앞에 두었지만 서북군벌 장학량이 장개석 편에 가세하면서 완패하고 말았다.

장개석이 공산당 토벌작전을 벌일 때 홍군이 황하를 넘어 산서성으로 들어오자 산서군은 중앙군, 서북군, 동북군과 합동작전을 펼쳤다. 그러나 제2차 국공합작이 성립되었을 때는 국민혁명군 제8로군으로 재편된 홍군을 지휘했다. 중일전쟁 때 산서성은 일본군의 진격로였기에 근거지 태원(太原, 타이위안)을 제외한 전 지역을 잃었다. 하지만 염석산은 전쟁이 끝날 때까지 태원을 효과적으로 경영하면서 병력을 유지했다.

중일전쟁이 끝나고 국공내전이 발발하자 장개석의 편에 서서 공산군과 맞섰지만 1949년 3월 섭영진(聶榮臻, 녜룽전: 1899~1992), 서향

염석산(말년)

전(徐向前, 쉬샹첸: 1901~1990)이 지휘하는 화북병단의 공격으로 태원이 함락되면서 염석산의 왕국이 붕괴되고 말았다. 이후 대만으로 도주한 염석산은 명예직인 국민당 평의회 의원이 되어 한가로운 말년을 보냈다.

상계군벌

호남성과 호북성을 호령하던 군벌로 일찍이 태평천국의 난을 진압한 증국번(曾國藩, 쩡궈판: 1811~1872)이 조직한 상군(湘軍)이 모태다. 지역 특성상 북양정부와 광동정부 사이에서 눈치 보기에 급급했는데, 호북은 직례파, 호남은 광동정부의 영향을 받았다. 그 때문에 주요 지휘관들이 다른 지역에 배치되거나 실권이 없는 고위직에 임명되곤 했다. 1920년대 초반, 지방의 안정을 도모하는 연성자치운동(聯省自治運動)의 중심지였다.

그 후 상계(湘係)군벌은 담연개(譚延闓, 탄옌카이: 1880~1930)가 조항척(趙恒惕, 자오헝티: 1880~1971)과의 불화로 국민당에 투항하고 호북성을 직례파가 점령하면서 입지가 크게 흔들렸다. 1926년 북벌 당시에는 호남군 제4사단장 당생지(唐生智, 탕성즈: 1889~1970)가 국민당에 투항하고 조항척을 축출하면서 북벌의 첫 탈환지가 되었다. 당생지는 중일전쟁 당시 남경방어선 총사령관이었는데, 1937년 12월 12일 방어를 포기하고 도주하는 바람에 일본군의 남경대학살을 초래했다.

광서군벌

광서군벌

광서성을 기반으로 하는 군벌로 통칭 계군(桂軍)이라고 한다. 이종인,
백숭희(白崇禧, 바이충시: 1893~1966), 육영정(陸榮廷, 루룽팅: 1959~1928)
등이 주도했다. 북벌이 끝난 뒤에도 국민정부에 협력하지 않았고, 1929년
에는 편견회의(編遣會議) 문제로 한 차례 국지전을 벌였다. 이종인은 1930
년 염석산, 풍옥상과 함께 반장전쟁을 일으켰다가 패배하여 두 차례나 일
본으로 망명하는 곤욕을 치렀다. 1931년 광주 국민정부 선언 후에는 거의
독립 상태가 되었다.

1937년에 또다시 항일투쟁에 미온적인 정부와의 불화로 전쟁 일보
직전까지 갔지만 이종인이 일본군과 맞서겠다는 장개석의 약속을 받아내
고 철군함으로써 무마되었다. 중일전쟁 시기에는 태아장(台兒莊, 타이얼쫭)
전투에서 승리했지만 병력 보전을 위해 철수하면서 반격의 기회를 놓쳤다.
광서군벌은 장개석의 견제 세력으로 끝까지 남았고, 국공내전 시기에는 이종인이 부총통이 되어 발언권을 행사했다. 용맹무쌍하여 철혈계군으로 불렸지만 내전 말기 장강대전이 벌어졌을 때 우수한 전력에도 불구하고 군기가 무너진 탓에 패퇴하고 만다.

광동군벌

광동성을 기반으로 하는 군벌로서 통칭 월군(粵軍)이라 한다. 진형명(陳炯明, 천중밍: 1878~1933), 진제당(陳濟棠, 천지탕: 1890~1954), 이제심(李濟深, 리지선: 1885~1959), 장발규(張發奎, 장파쿠이: 1896~1980), 설악(薛岳, 쉐웨: 1896~1998), 채정개(蔡廷鍇, 차이팅카이: 1892~1968) 등 수많은 인물이 활약했는데, 광서군벌과 함께 협력과 배신을 거듭하여 손문과 장개석을 괴롭혔다.

1922년 진형명은 북벌을 앞두고 손문과 협력했다가 반기를 들었고,

광동군벌

1933년에는 이제심과 채정개가 복건(福建, 푸젠)사변을 일으켜 중화공화국을 선언했다가 패배했다. 진제당은 1936년 장개석을 몰아내기 위해 광서군벌과 손잡고 2차 양광(兩廣, 량광)사변을 일으켰다. 중일전쟁이 끝난 뒤 광동군벌의 수장으로 등장한 이제심은 손문의 부인 송경령과 함께 국민당 혁명위원회를 조직하고 장개석의 독재를 비판하면서 공산당에게 협력했다.

운남군벌

전계군벌(滇系軍閥)이라고도 한다. 운남성은 산림에 둘러싸인 탓에 타 지역과 왕래가 어려워 토착민 출신의 군벌들이 많았다. 운남군벌의 시초는 1911년 신해혁명 당시 운남육군사관학교장 채악이 운남도독에 추대되면서 시작되었고, 1915년 그가 원세개에게 북경으로 소환되고 당계요(唐繼堯, 탕지야오: 1883~1927)가 후임 운남도독이 되면서 군벌이 형성되었다. 그해 원세개가 황제를 참칭하자 북경을 탈출한 채악이 운남군을 호국군으로 개칭하고 호국전쟁을 일으키면서 사천과 귀주까지 영향력을 확대했다.

원세개 사후 운남군벌은 일시적으로 손문과 협력했지만, 채악이 죽은 뒤 북양군벌과 화친하면서 손문을 축출했다. 그 후 고품진(顧品珍, 구핀전: 1883~1922)의 반란으로 내분이 일어나자 당계요는 국민당과 합류했지만 중앙의 명령에 불복종하고 반란을 일으켰다가 토벌되기도 했다.

당계요는 1922년 고품진을 제거하고 운남성장이 되어 권력을 되찾았

당계요

지만 국민당과의 관계가 악화되었고, 1925년 손문 사후 후계자를 자처하다 광서군벌 이종인, 백숭희의 공격을 받아 참패하고 말았다. 1927년 용운(龍雲, 룽원: 1884~1962)이 반란을 일으켜 당계요를 쫓아내고 정권을 잡은 다음 국민혁명군에 합류했다. 그러나 대장정을 개시한 홍군이 운남성에 진입하고 중앙의 토벌군이 뒤쫓아 들어오면서 군벌로서의 독립적인 지위가 무너져버렸다.

중일전쟁 당시에는 항일전을 수행했지만 종전 직후 장개석은 용운을 운남성장에서 해임하고 그의 의형제인 노한(盧漢, 루한: 1896~1974)을 임명함으로써 전계군벌은 사실상 해체되었다. 국공내전이 끝난 뒤 용운과 노한은 사천군벌 유문휘(劉文輝, 류원후이: 1895~1976)와 함께 중국공산당에 귀순했다.

신강군벌

소수민족인 위구르족의 거주지인 신강성은 청조가 멸망한 뒤 독립을 선언했다. 신강성장 겸 독군 양증신(楊增新, 양쩡신: 1864~1928)은 1928년 6월 11일 남경정부에 충성을 맹세했지만 부하인 번요남(樊耀南, 판야오난: 1879~1928)에게 암살당한다. 이후 번요남을 암살한 김수인(金樹仁, 진

쑤런: 1879~1941)이 정권을 잡았으나 1933년 백계 러시아인들의 반란으로 쫓겨나 소련으로 망명했다. 그러자 동북 요녕성(遼寧省, 랴오닝성) 출신으로 김수인에게 중용되어 신강군관학교의 교관으로 복무하던 성세재(盛世才, 성스차이: 1897~1970)가 정권을 잡았다.

성세재

　그해 11월 신강성 주민들이 반란을 일으켜 동투르키스탄을 건국했을 때 성세재는 소련의 원조를 받아 이들을 진압한 이후 중국공산당에 적극 협력하여 신강소비에트공화국의 독립을 선언했다. 그러나 제2차 세계대전 초기에 소련이 독일에게 밀리자 장개석의 편으로 돌아서 반공을 선언하고, 모택동의 동생 모택민(毛澤民, 마오쩌민: 1896~1943)을 죽이고 공산당원 300명을 체포하여 처형했다.

　전쟁 말기 독일이 소련에 밀리는 형국에서 그는 재차 소련에 접근했다. 하지만 소련은 더 이상 그를 신뢰하지 않았고, 장개석에게도 믿을 수 없는 인간으로 낙인찍히고 말았다. 1944년 9월 국민당군 3개 사단이 우루무치를 장악했을 때 그는 장개석의 부름에 따라 중경(重慶, 충칭)으로 가서 명예직을 얻었지만 죽을 때까지 다시는 신강으로 돌아가지 못했다.

마가군

마가군벌

감숙성(甘肅省, 간쑤성), 청해성(靑海省, 칭하이성), 영하성(寧夏省, 닝샤성) 등 서북지방에서 기세를 올리던 회족 군벌이다. 마가군(馬家軍)이란 명칭은 이 군벌의 핵심 인사들이 모두 마(馬)씨 집안사람들이었기 때문이다. 서북삼마(西北三馬)로 불린 마홍규(馬鴻逵, 마훙쿠이: 1892~1970), 마보방(馬步芳, 마부팡: 1903~1975), 마홍빈(馬鴻賓, 마훙빈: 1884~1960)이 주도했다.

마가군벌은 막강한 기병대를 운영했는데, 제2차 직봉전쟁에서 승리한 풍옥상과 협력하다가 중원대전이 벌어지자 장개석에게 충성하는 등 자신들의 이익에 따라 배신을 밥 먹듯이 했다. 그들의 점령 지역은 가난하고 낙후되어 주민들이 기아에 허덕였지만 자신들의 부귀영화를 위해 약탈을 일삼아서 "관모에 달린 진주는 회족 동포들의 피로 붉게 물들었다."라는 원성을 들었다. 중국공산당의 장정 말미에 장국도(張國燾, 장궈타오:

1897~1979)의 제4방면군에서 갈라져 나와 황하를 도강하는 서로군을 섬멸시켰다. 중일전쟁 당시에는 서북군, 산서군과 함께 서북지역에서 일본군, 몽강군(蒙疆軍)과 싸웠다.

국공내전 때 마가군벌은 호종남(胡宗南, 후쭝난: 1896~1962)의 지휘를 받아 공산군과 맞섰지만 1949년 8월 완전히 궤멸되었고, 서북삼마 중에 마홍규는 미국으로, 마보방은 사우디아라비아로 도주했으나 마홍빈은 투항하여 영하성 부주석, 감숙성 부성장 등에 임명되었다.

사천군벌

사천성은 경제적으로 풍족했지만 교통이 불편한 특수 환경 때문에 엇비슷한 세력을 가진 중소 군벌들이 난립했고, 인근 운남성과 귀주성에서 들어온 객군(客軍)까지 독자적인 세력을 형성하여 국공내전이 끝날 때까지 분열 상태를 벗어나지 못했다.

중앙정부의 행정력이 미치지 못했고, 성 정부의 통제력도 미약한 가운데 유상(劉湘, 류샹: 1890~1938)과 유문휘가 세력을 키워 혼란을 잠재우는 듯했지만 중일전쟁의 와중에 장개석이 중경으로 천도하자 자연스럽게 국민당의 영역으로 편입되면서 와해되었다.

제2부

국민당과 공산당

손문을 몰아내고 권력을 공고히 다진 원세개는 민주정부를 원하던 중국인들의 소망을 뒤로 한 채 중화제국을 선포하고 황제가 되려 했지만 운남군벌 채악을 비롯하여 측근들까지 반기를 들자 제위를 포기하고 실의한 나머지 병사했다. 그의 사후 북경정부가 이어졌으나 중앙의 통제가 풀려버린 중국 전역은 수많은 군벌들이 난립하면서 혼란 상태에 빠졌다. 일본에서 돌아온 손문은 북양군벌이 전횡하고 있는 북경정부에 맞서 광동정부를 수립하고 통일중국을 위한 청사진을 그렸다. 제1차 세계대전이 끝난 뒤 베르사유에 모인 열강들에게 중국이 외면당하고, 일본이 중국정부와 맺은 21개항의 밀약 이행을 종용하자 분노한 중국의 지식인들과 학생들이 민족의 독립과 자존을 요구하는 5·4운동을 일으켰다. 그 무렵 중국의 공산주의자들은 볼셰비키혁명으로 공산화된 소련의 지원을 받아 중국공산당을 창립했다. 손문은 소련의 지원으로 군벌들과 싸우면서 중국공산당과 제1차 국공합작을 맺는 한편, 황포군관학교를 설립하고 국민혁명군을 창설했다. 이때 황포군관학교 교장이 되어 군권을 쥔 장개석의 약진이 시작되었다.

5·4운동

원 세 개 와 채 악

그 무렵 양계초는 정치적 편의주의라는 실타래에 감겨 있었다. 그는 1914년 1월 원세개가 국회를 해산하고 새로운 황제가 되려는 사실을 깨달을 때까지 그를 위해 열심히 일했다. 원세개의 약진은 그의 야심이 중국의 새 정부가 직면한 정치적 정통성이나 재정적 위기를 군주제로 해결할 수 있다는 양계초의 판단과 맞아떨어진 결과였다. 새로운 공화국은 통일된 재정계획이나 조세정책을 갖추지 못했다. 원세개는 군사개혁과 교육개혁을 통해 중앙집권체제를 강화하고 중국을 부강하게 만들고자 했지만 거기에는 너무나 많은 자금이 필요했다. 그 때문에 과도한 조세 부과로 각 성에서 불평불만이 고조되자 원세개는 정권의 존립을 위해 외국 차관에 의존했다.

1914년 7월 유럽에서 제1차 세계대전이 발발함에 따라 영국·프랑스·러시아·독일 등은 중국을 지원해줄 여력이 없었고, 대신 일본이 배타적인 외국 세력으로 등장했다. 일본은 중국의 신생 공화국을 좋아하지 않았지만 차관 교섭을 통해 영토적, 경제적 이익을 챙길 수 있음을 간파하고 적극적으로 협력했다. 그들은 원세개의 다급한 처지를 역이용하여 과감한 대가를 요구했다.

1915년 5월 7일 일본은 차관 도입에 목마른 원세개에게 만주의 농지차용권과 치외법권적인 거주권 보장, 일본경찰 주둔 등을 골자로 하는 21개 조항을 디밀고, 만주와 산동성, 장강 상류 지방의 경제적 특권을 차지하려 했다. 원세개가 일본과 굴욕적인 밀약을 맺었다는 사실이 알려지자 중국 전역에서는 연일 시위가 벌어졌고, 여론이 등을 돌렸다. 하지만 원세개는 이를 기화로 군주제를 재건하여 중앙집권체제를 구축하겠다고 결심했다.

이는 강유위의 정견과 일치하는 것이었다. 강유위는 중국의 역사발전단계로 볼 때 공화제는 비현실적이라고 경고해왔다. 공화제의 틀 안에서 명목상의 군주를 세우고 유교를 국교로 삼아야 한다는 것이 그의 대안이었다. 그런데 마침 원세개가 유교의 의식을 좇아 천단에서 제사를 지냈던 것이다. 하지만 강유위는 중국이 외국 차관에 지나치게 의존하고 서구의 가치관을 신봉하며 전통적인 유교적 도덕체계를 버림으로써 도래할 위기를 지적했다. 아울러 비적과 거지들이 차지한 현재의 정부가 티베트·몽골·만주 등 변방지역의 통제권을 잃을 가능성이 높다고 우려했다.

1913년 12월 손문이 일본으로 망명했을 때 강유위는 87세로 세상을 떠난 어머니의 장례식을 치르기 위해 일본에서 중국으로 돌아왔다. 때마침 원세개 정부가 무술변법 당시 죽은 6군자를 떠받들고 신성시했으므로, 그중 한 명인 강유위의 동생 강관인康廣仁, 캉광런: 1867~1898의 이장移葬도 할 수 있었다. 강유위는 당시 정부의 입각 요청을 거절하고 상해에 머물며 집필 활동에 몰두했다.

1915년 8월 주안회_{籌安會}1, 전국청원연합회, 기녀청원단, 거지청원단 등 온갖 기묘한 단체들이 생겨나 공화제를 폐지하고 군주제를 부활시키자는 서명운동을 벌였다. 원세개 일당의 공작이었다. 이때 채악은 12명의 장군이 작성한 "중국의 국체는 군주제가 됨이 마땅하다."는 문서에 서명하고는 사창가에 틀어박혀 주색잡기에 탐닉했다. 하지만 원세개는 그런 채악의 일탈을 믿지 않았다. 다만 자신이 황제가 되는 것을 직접 반

채악

대하지는 않겠다는 뜻으로 받아들였다. 채악이 병색이 완연한 얼굴로 요양 차 일본에 다녀오겠다고 청하자 원세개는 선선히 허락했다. 그렇게 호랑이가 철망에서 벗어났다. 채악은 11월 11일 북경을 떠나 2년 전까지 자신의 근거지였던 운남으로 향했다.

1915년 12월 마침내 원세개는 자신의 야망을 공식화했다. 참정원을 조정하여 중화제국 대황제2를 자처하고는 이듬해인 1916년 1월 1일 황제를 참칭하면서 그해를 홍헌_{洪憲} 원년으로 선언했다. 그러자 강유위와 양계초가 분노로 가득한 탄핵문을 발표했다. 그들은 운남성에 자리잡은 채악에게 원세개 타도를 주문했다.

당시 채악은 비밀리에 일본을 방문하여 손문에게 원세개 타도를 약속한 상

---

1   1915년 원세개는 측근이었던 양도(楊度), 손육군(孫毓筠), 엄복(嚴復), 유사배(劉師培), 이섭화(李燮和), 호영(胡瑛) 여섯 명으로 하여금 주안회(籌安會)를 구성하여 황제제도를 널리 퍼뜨리는 일을 맡겼다. 세간에서는 이들을 두고 '주안회 6군자'라고 비아냥거렸다.

2   홍헌제(洪憲帝).

원세개의 황제 즉위식

태였다. 이윽고 그가 '토원討袁'의 기치를 내걸고 운남에서 거병했다. 그러자 기다렸다는 듯이 귀주, 광서, 광동, 절강, 산서, 호남, 사천성 등의 지방군이 일제히 봉기했다. 아울러 일본과의 밀약에 분개한 전국의 시민과 학생들도 연일 원세개를 성토하면서 반대시위를 벌였다. 급기야 원세개의 지지 기반이었던 북양군의 일부와 측근들까지 반기를 들었다.

채악은 중경을 거쳐 성도에 진입한 다음 원세개에게 최후통첩을 내렸다. 목숨은 살려줄 테니 당장 퇴위하고 출국하라는 것이었다. 더불어 황제 즉위를 공모한 주안회 회원의 전 재산을 몰수하고 그들의 증손자까지 공민권을 박탈하겠다고 위협했다. 이때 채악은 '국적國賊'이라는 용어를 처음 사용했다. 이에 맞서 원세개는 대황군大皇軍 10만을 편성했지만 대황군의 지휘관은 "채악 장군의 말고삐를 잡아보는 게 소원이었던 내가 어쩌다 이렇게 됐는가." 하고 개탄했다고 하니, 싸움이 될 리가 없었다.

당시 〈순천시보順天市報〉의 애독자였던 원세개는 전 국민이 자신의 황제 즉위에 찬성하고 채악을 비난한다는 기사를 굳게 믿었다. 하지만 그 신문은 아들이 매일 따로 만든 가짜 신문이었다. 그러던 어느 날 하녀가 원세개의 딸에게 길거리의 만두를 사다 주었는데 포장지가 진짜 〈순천시보〉였다. 우연히 그 신문을 집어든 원세개는 자신을 비난하는 기사가 가득한 것을 보고 큰 충격을 받았다. 3월 22일 원세개는 제위 포기를 선언하고, 공화국을 회복하여 대총통을 맡겠다고 한

발 물러섰다. 하지만 이미 때는 늦었다. 전국 각처에서 토원군이 일어나고 국내외의 비난이 쇄도하자 그는 병석에 드러눕더니 1916년 6월 5일, 57세의 나이로 숨을 거두었다. 한때 중국을 쥐락펴락했던 권력자의 초라한 최후였다.

원세개의 부음을 들은 채악은 즉시 호국군을 해체하고 은퇴했다. 원세계의 뒤를 이어 총통이 된 여원홍이 사천성장으로 임명하자 몇 차례 거절 끝에 수락했지만 부임 1주일 만에 사직하고 일본으로 건너갔다. 11월 8일 그는 지병인 폐병으로 세상을 떠났다. 채악의 장례식은 중화민국 최초의 국장으로 치러졌다. 그의 수하로서 훗날 홍군의 아버지로 불린 주덕朱德, 주더: 1886~1976은 이렇게 채악을 회상했다.

"내게 훌륭한 스승이자 좋은 친구는 채악과 모택동뿐이었다."

복벽운동과 제1차 광동정부 수립

원세개의 죽음과 함께 공화국 체제가 정상화되면서 헌법 절차에 따라 부총통 여원홍이 대총통의 자리를 이어받았고, 단기서가 국무총리가 되었다. 1914년에 해산되었던 의회도 다시 소집되었다. 그러나 제1차 세계대전이 진행되는 형국에서 두 사람은 수많은 정적들에게 둘러싸여 곤혹스런 상황을 맞이했다.

대전 초기 중국은 중립을 선언한 상태였다. 그런데 독일의 무제한 잠수함 작전에 피해를 입은 미국이 연합국 편에 서면서 중립국들의 동참을 요구하자 중국도 연합국 편에 섰다. 단기서가 이를 기화로 일본의 협조를 받아 북양군벌 내에서 자신의 군대인 안휘파의 세력을 강화시키려다 여원홍과 불화가 빚어졌다. 1917년 5월 단기서는 여원홍이 자신을 해임하자 서주徐州, 쉬저우로 내려가 부하들을

장훈

소집하여 무력시위를 벌였다. 그와 함께 단기서를 지지하는 지방의 도독들이 대거 독립을 선포했다.

곤혹스런 입장에 처한 여원홍은 사태 해결을 위해 안휘제독 장훈을 북경으로 불러들였다. 장훈은 일찍이 원세개를 따라 산동성에서 의화단운동을 진압하여 총병[3]이 된 이래 북경의 황궁 수비를 맡았고 서태후와 광서제를 수행한 바 있던 근왕파였다.

장훈은 1911년 강남도독으로 있을 때 신해혁명이 일어나자 제9신군을 이끌고 남경을 수비하다가 혁명군에 패하여 서주로 후퇴한 뒤 청조에 의해 강소순무 겸 양강총독서리 남양대신에 임명되었다. 중화민국 정부의 수립 때 그는 부대 이름을 무위전군武衛前軍으로 바꾸고 청조에 변함없는 충성을 다짐했다. 장훈은 부대원의 단발을 엄금한 탓에 변수辮帥: 변발한 장군로 불렸고 군대는 변자군□子軍이라는 별명을 얻었다. 장훈은 그때의 공로를 인정받아 강소독군이 되었고, 장강순열사로 임명되어 서주에 머무르고 있었다.

1917년 6월 중순, 장훈은 3천 명의 병력을 이끌고 북경에 들어와 의회를 해산하는 등 무력시위를 벌였다. 이때 전쟁 기간 동안 중국의 중립을 바라던 독일이 그에게 자금과 무기를 지원했다. 장훈은 평소 청조의 부활과 선통제의 복위를 주장하고 있었으므로, 같은 견해를 갖고 있는 강유위를 초청했다. 강유위는 6월 30

---

3   총병(總兵)은 총독과 순무의 감독을 받으며 각 성의 군무를 맡은 2품 무관으로 수백 명에서 1만5천 명의 군사를 지휘했다. 청조에서는 전국에 80여 명의 총병이 약 63만 명의 병력을 관리했다.

일 그와 함께 어전회의를 열고 선통제의 복위[復□, 복벽]와 청조 부흥을 논의했다. 장훈은 그날 밤 북경의 기차역과 전신국 등을 점령하고 여원홍에게 협력을 강요했다. 하지만 여원홍은 그의 요구를 거절하고 일본대사관으로 피신했다.

이튿날인 7월 1일 장훈은 정식으로 선통제의 복위를 공포하고, 자신은 의정대신과 직례총독 겸 북양대신에 올라 정권을 장악했다. 강유위는 필덕원[4] 부원장으로서 관료제도를 강화하고 입헌군주제 이행을 골자로 하는 20개 항의 개혁칙령을 입안했다.

이때 강유위는, 1660년 영국에서 공화정을 펼치던 크롬웰이 죽고 찰스 2세를 복위시켜 입헌군주제를 정비한 사례를 활용했다. 강유위는 독립된 의회에 강력한 권한을 부여하고 군주는 명목상으로 군림할 뿐 통치권을 행사하지 못하도록 했다. 하지만 장훈이나 선통제의 측근들은 공화제의 폐지와 황제권의 완전한 부활을 원하고 있었다. 그 때문에 강유위는 자연스럽게 황제 주변에서 소외되고 말았다.

뜻밖의 복벽 소식이 알려지자 중국 전역이 분노의 함성으로 뒤덮였다. 원세개의 사후에 혼란스런 정국을 안정시킬 목적으로 귀국한 손문은 장훈의 폭거에 분개하면서 혁명당원들에게 반역자를 토벌하라는 격문을 발표했다. 분위기가 험악해지자 풍국장을 비롯하여 장훈을 지지하던 군벌들이 차례차례 등을 돌렸다. 7월 3일 일본으로부터 군자금을 받은 단기서는 천진天津, 톈진

단기서

---

4   필덕원(弼德院)은 청조 말기에 설립된 황제의 고문 기관이다.

에서 군사를 일으켜 장훈의 군대를 몰아붙였다. 궁지에 처한 장훈은 네덜란드대 사관으로 도피했다. 7월 12일 선통제 부의는 다시 퇴위를 발표했고, 14일 단기서 가 북경에 들어와 정부를 장악했다.

그 무렵 군벌들은 수만 명의 군대를 거느리고 엄청난 면적의 영토를 지배하 고 있었다. 그들의 출신 배경은 실로 다양했다. 청조의 군관학교나 원세개의 북양 군에서 성장했거나 일본의 사관학교나 군대에서 근대적인 군사훈련을 받은 인물 이 많았다. 개중에는 독일에서 공부하고 돌아온 유학파도 있었다. 장작림처럼 비 적 떼를 이끌다 정부의 관직을 받았거나, 동맹회나 광복회, 급진파 출신도 있었 다. 청조 충성파 혹은 원세개 충성파, 손문 충성파도 있었다.

상당수의 군벌 지도자들은 분파주의자였지만 철저한 민족주의자였고, 기독 교인도 있었다. 총통이나 총리, 장관, 도독 등 최고의 관직을 노리는 이들, 아편 밀수, 통행세, 농촌세 등으로 얻는 수입이나 휘하 군사령관과 지역정부가 상납하 는 준조세에 만족하는 이들도 있었다. 그들은 필요에 따라 일본·프랑스·러시아 등 에 이권을 보장하고 이득을 취했으며, 장거리 철도를 통제하여 운임과 운송비를 착취하고 철로 주변의 상업도시에서 세금을 받았다. 통치구역 내에서 양귀비를 재배하여 대규모 아편무역을 통해 수입을 올리는 군벌도 있었다.

군벌들의 성격도 매우 다양했다. 포악한 자도 있었지만 학식을 갖추고 자신 의 군대에 도덕성을 주입하려는 이도 있었다. 산서군벌 염석산처럼 일본 육군사 관학교 출신으로 유럽과 미국의 영웅들을 모방한 기묘한 군벌도 있었다.

중국은 이 시기 군벌들의 군웅할거로 인해 춘추전국시대와 같은 혼란기를 맞이했다. 이는 청조 말기 통치기반 계승자들이 겪었던 것보다 훨씬 고약한 상황 이었다. 그럼에도 불구하고 군벌들은 총통과 총리 체계라는 공화국의 유산을 파괴하지 않았다. 대신 자신을 지지하는 인물을 들어앉혀 특권을 보장받고자 했다. 그 대표적인 인물이 1916년 총리가 된 단기서였다.

1917년 7월 17일 헌법에 따라 여원홍이 퇴진하고 북양군벌 풍국장이 대총통에 취임했다. 그러나 국정은 여전히 총리 단기서의 손아귀에서 놀아나고 있었다. 그해 9월 손문은 단기서의 헌정 파괴와 전횡에 항의하면서 광동에서 새로운 정부를 구성하고 호법군을 결성했다. 소위 제1차 호법운동이었다. 하지만 이는 자신들이 지키겠다는 중화민국 임시정부의 헌법에 근거한 것이 아니라 서남지역 6개 성의 군벌들과 손잡고 반정부군을 규합한 것이었다. 손문의 직위는 군대를 통치한다는 의미의 대원수大元帥였다. 이로써 북경정부와 호법군 사이에 호헌전쟁이 일어났다.

당시 진형명은 복건, 절강 일대에서 전투를 벌였고, 당계요와 육영정의 지원을 받아 광주에서 공화국 수립에 협조했다. 하지만 광동정부는 광동 일대만을 지배했을 뿐이고, 주변은 북양군벌에 충성하는 세력으로 둘러싸인 형세였다. 어려운 상황에서도 군벌과 비적, 비밀결사에서 용병을 끌어들여 병력을 확충했지만 늘 그들의 손에 쥐여줄 자금이 문제였다.

손문은 전적으로 진형명에게 기대고 있었지만 한편으로는 자신에게만 충성할 수 있는 군대가 필요했다. 이를 위한 외국의 원조를 받으려고 동분서주하다 보니 일상 업무가 지체되어 주변 사람들에게 행정사무를 맡겼다. 하지만 그들은 효과적으로 실무를 처리하기에는 실력이 부족했고, 몇 되지 않는 유능한 추종자들은 암살되기

진형명

일쑤였다. 결국 손문은 수시로 극단적인 성격을 표출하는 장개석을 상해에서 불러냈다. 그러나 장개석은 실권도 없는 일에 자신의 능력을 발휘할 생각이 조금도 없었다. 그는 손문이 호출하면 불만스런 표정으로 광주에 왔다가 며칠, 혹은 몇 주일 동안 머문 뒤 상해로 돌아가버리곤 했다.

그 무렵 장개석은 상해에서 장정강과 함께 대부분의 시간을 보냈다. 장정강은 뉴욕과 런던 등지에 상점을 두고 중국의 고미술품이나 궁정의 보물을 부유한 서양인 수집가들에게 팔아넘기는 일을 하고 있었다. 또 두월생과 함께 증권과 상품거래소를 열고 극우파 상인들을 얼굴마담으로 내세워 거액의 자금을 벌어들였다. 장정강과 두월생은 국민당에서 자신들의 기반을 쌓기 위해 손문에게 혁명자금을 보내주었고, 장개석에게는 거래소의 중개인 자리를 주선해주었다.

암흑가의 지저분한 사업에 손대고 있던 장개석으로서는 별다른 일도 없으면서 수입도 좋고 품위 있어 보이는 중개인 역할이 마음에 들었다. 평소처럼 기루를 들락거리며 여성 편력에 나섰던 그는 진결여陳潔如, 천제루: 1902~1971라는 여인에게 빠져들었다. 그녀는 재색이 뛰어났고 남자를 즐겁게 만드는 능력이 있었다. 결국 장개석은 고향에 있던 본부인 모복매毛福梅, 마오푸메이: 1882~1939와 이혼하고 첩 요이금까지 쫓아내고는 불교식으로 진결여와 결혼했다.

1917년 12월 15일 장개석은 상해 몰리에르가에 있는 손문의 집에서 열린 크리스마스 파티에 참석했다가 몹시 쾌활하고 아름다운 처녀를 보고 한눈에 반했다. 송자문宋子文, 쑹쯔원: 1894~1971의 누이동생이자 사업가 찰리 송5의 막내딸이고, 손

---

5   찰리 송(Charles Jones Soong)의 본명은 한교준(韓敎準)이었는데 12세 때 외삼촌에게 입양되어 송가수(宋嘉樹)란 이름을 얻었다. 3년 동안 동인도제도에서 생활한 뒤 미국으로 건너가 신학을 공부하여 감리교 선교사가 되었다. 1886년 중국에 돌아와 비밀결사에 가담하고 출판업에 뛰어들어 중국어 성서를 출판했다. 선교사를 사임

문의 부인 송경령의 동생인 송미령宋美龄, 쑹메이링: 1897~2003이었다. 그녀는 암흑가의 보스 두월생의 친구인 송애령의 동생이기도 했다.

12월 말, 손문의 호출을 받고 광동으로 달려간 장개석은 손문에게 처제를 소개시켜달라고 청했다. 그는 시골 출신의 아내와 최근 이혼했고 첩으로 들인 요이금도 버렸다는 사실은 고백했지만, 진결여에 대해서는 입을 다물었다. 장개석은 손문에게 과거를 깨끗이 정리하고 혁명에 전심전력하겠다고 호소했다. 그러자 손문은 송씨 집안의 성향으로 볼 때 별 기대는 하지 않는 게 좋을 것이라고 솔직하게 말했다.

손문으로부터 장개석의 뜻을 전해 들은 송경령은 분개했다. 그녀는 동생이 광동에서 숱한 엽색 행각을 저지르고 아내와 자식까지 있는 남자와 결혼하느니 차라리 죽는 꼴을 보는 게 낫겠다며 격렬하게 반대했다. 하지만 송경령 자신 역시 아내와 첩에 아들까지 있었던 손문과 결혼한 사람이었다.[6]

1918년경 광동정부에서는 손문의 지위가 내각의 권위를 넘어서는 것이라는 비판이 제기되면서 그해 5월의 비상회의에서 대원수 제도를 없애고 7인의 선출직 위원으로 구성된 국무위원회를 신설했다. 또다시 반대파와 군부에 의해 권력을 상실한 손문은 대원수 직을 사임하고 상해로 돌아왔다.

그 무렵 단기서의 북경정부도 정상이 아니었다. 휘하의 안휘파 일부 장군들과 직례파가 광동정부와의 전쟁에 반대하며 협상을 종용했던 것이다. 그들은 일

한 뒤 미국인 사업가의 도움으로 담배, 면화 등의 사업을 벌여 굴지의 실업가로 성장했다. 1894년 상해에서 손문을 만나 중국 혁명에 공감해 후원자가 되었고, 1918년 위암으로 세상을 떠났다.

6   손문의 조강지처는 어린 시절 광동에서 결혼한 노모정(盧慕貞, 루무전)이었고, 첩 진수분(陳粹芬, 천추이펀)은 동맹회 시절 실질적인 아내 노릇을 했다.

서세창

본의 자금과 무기를 사용하여 동족을 살상하는 현실을 받아들이고 싶어 하지 않았다. 1918년 10월 1일 북양군벌의 원로인 서세창徐世昌, 쉬스창: 1855~1939이 단기서의 환계군벌□系軍閥, 안휘군벌이 장악한 국회선거에서 제4대 대총통으로 당선되었다. 그는 '언무수문偃武修文: 무력을 배제하고 문치를 편'을 표방하면서 정전명령을 내렸다. 마침내 1919년 2월 상해에서 남북의 대표가 협상 테이블에 마주앉았지만 단기서의 안휘파가 일본의 자금과 무기를 공급받고 있다는 사실이 드러나면서 협상이 결렬되었다. 이는 5·4운동을 촉발하는 하나의 계기가 되었다.

5 · 4운동

1919년 5월 1일 〈북경신문〉에 파리강화회담에서 조인된 베르사유조약에 중국의 요구가 반영되지 않았다는 기사가 실렸다. 이에 분노한 북경 시민들이 거리로 쏟아져 나왔다. 5·4운동의 시작이었다. 식민지 조선에서 3·1독립만세운동이 일어난 지 2개월 뒤에 일어난 5·4운동은 일본의 침탈에 저항했다는 점, 윌슨의 민족자결주의에 영향을 받았다는 점에서 공통점이 있지만, 다른 한편으로는 내부의 분열에도 불구하고 무심했던 수많은 중국인들이 냉엄한 국제정치의 현실을 깨닫고 자존의 깃발을 높이 내걸었으며, 그 과정에서 중국문화에 대한 자부심을 갖게

5·4운동

되었다는 점에서 역사인식의 신기원을 이룩한 운동이었다.

　5월 4일 자금성 남쪽 끝을 따라 천안문에 모여든 13개 대학 학생 3천여 명은 '북경학생계선언北京學生界宣言'을 발표하고, 각국 공사관이 모여 있는 동교민항東交民巷, 둥자오민샹으로 행진을 시작했다. 그들은 "청도를 반환하라." "일본 상품을 사지 말자." 등의 반일 구호가 적힌 깃발을 들고 있었다. 그들이 배포한 2만5천여 장의 유인물에는 산동 지역에 대한 일본의 상업적·영토적 요구를 조목조목 반박하고, 중국인민의 권리를 결코 일본에 넘겨서는 안 된다는 내용이 담겨 있었다.

**　아, 국민이여! 경애하는 애국 동포여! 5대국은 일본이 우리에게 강요한 치욕적인 비밀조약과 오랫동안 희구하던 청도와 산동의 독일 이권의 반환에 관한 그들의 결정에 대해 우리에게 동의를 구하기로 약속했다. 그러나 이제 그들은 이 문제들을 중일 간**

의 직접 협상으로 처리하기로 했다. 이 흥보에 하늘도 빛을 잃었다. 파리강화회의가 열렸을 때, 정의·인도·공정이 세계에 널리 퍼지는 것이 우리의 희망이며 행복한 기대가 아니었던가? (중략) 산동의 상실은 중국 상실이다. 이 땅의 소유자로서 이 땅에 거주하고 있는 우리 동포는 어떻게 모욕과 억압, 우리를 노예화시키는 시도를 방관하면서 최후의 구원을 절규하지 않을 수 있겠는가? 알자스로렌을 위한 투쟁에서 프랑스인은 "우리에게 희망이 아니면 죽음을 달라."고 외쳤다. 아드리아해협을 위한 투쟁에서 이탈리아인은 "우리에게 희망이 아니면 죽음을 달라."고 외쳤다. 조선인도 독립투쟁에서 "우리에게 희망이 아니면 죽음을 달라."를 외쳤다. 우리는 이제 나라가 복속의 위협을 당하고, 영토가 할양되려는 위기에 임박해 있다. 만일 국민이 아직도 나라를 구하려는 최후의 노력으로 분연히 단합될 수 없다면, 그들은 정말 20세기의 가치 없는 종족이며 인간으로 간주될 수 없다. 노예와 소나 말 같은 고통을 참을 수 없기에 **구국을 바라는 동포는 없는가?** "전북경학생선언문" 중에서

경찰이 치외법권지역인 공관 입구를 봉쇄하자 학생 시위대는 "밖으로는 국권을 찾아내고 안으로는 국적을 몰아내자!"라는 구호를 외치며 교육총장 조여림 曹汝霖, 차오루린: 1877~1966의 집으로 향했다. 그들의 손에는 오색기와 함께 "육종여, 장종상, 조여림의 이름은 천 년간 악취가 나리라. 북경 학생들은 눈물로 그들을 애도한다."는 장의용 두루마리가 들려 있었다.

육종여陸宗輿, 루쭝위: 1876~1941는 폐제국幣制局 총재였고, 장종상章宗祥, 장쭝샹: 1879~1962은 일본 주재 공사였으며 조여림은 외교부 차장이었다. 특히 중국 최초의 변호사였던 조여림은 1915년 일본이 21개 조항을 요구했을 때 협상에 참가했고, 1918년에는 단기서의 뜻에 따라 일본으로부터 대규모 차관 도입 교섭에 앞장섰다. 최근

에는 정부에 베르사유조약을 비준하라고 압력을 넣고 있었다. 위험을 느낀 그가 가족들과 함께 피신하자 학생들은 그의 집에 들어가 응접실을 부수고 집을 불태웠으며 남아 있던 식솔들을 닥치는 대로 구타했다. 불길이 거세지자 시위대는 해산했고, 그제야 경찰이 나타나 남아 있던 학생 32명을 체포했다.

당시 교수와 학생들의 존경을 받고 있던 북경대학교 총장 채원배는 학생들의 시위를 지지하여 박수갈채를 받았다. 다음 날 아침에는 이 운동을 전국적으로 확산시키기 위해 북경학생연합회가 결성되었다. 이에 동조하여 교사, 기자, 자유직업인, 일부 상공업자들까지 지지성명을 발표했다. 정부의 시위 진압에 대항하여 천진과 상해를 비롯한 전국 여러 도시에서 파업과 항의집회가 잇따랐다.

손문은 단 한 명의 학생도 처벌해서는 안 된다고 주장했다. 강유위는 공화국이 수립된 이래 처음으로 민권이 정당하게 발현된 고귀한 사건이라고 찬사를 보냈다. 사면초가에 몰린 정부는 32명의 학생을 석방했다. 학생들은 13대의 자동차를 타고 동료 학생들의 호위를 받으며 의기양양하게 대학으로 돌아왔다.

5·4운동의 열기는 요원의 불길처럼 타올랐다. 시위 중에 부상을 입은 학생이 사망하자 분위기는 더욱 고양되었다. 중국 내 모든 도시에서 학생연합이 결성되었고, 경제사회단체와 연대하기 시작했다. 상해에서는 각급 학교 61개가 연합체를 결성한 다음 상인과 노동자 등 외부 세력과 손잡고 일본상품 불매운동이나 파업을 논의했다. 그들은 노동자들과 연락을 위해 노동부를 설치했다. 부두노동자들은 일본상품 하역을 거부했고, 상인들은 진열대에서 일본상품을 치워버렸다. 항주의 인력거꾼들은 일본인을 태우지 않았다. 5월 중순, 북경의 대학과 중학교 교원들은 직원연합회를 결성했다. 그 와중에도 매일 시위가 계속되었는데 5월 말경에는 수십만 명으로 불어났다.

전국적으로 반일시위가 확대되자 무한3진의 친일파 군벌은 모든 집회와 시위를 즉각 해산하라고 예하부대에 명령했다. 수백 명의 학생이 군인들에게 폭행당하고 한 명이 살해되었다. 친일 군벌은 반일 언동을 일삼은 학생을 체포하여 처형하라는 명령까지 내렸다. 살벌한 분위기가 거리를 덮치면서 공개적인 집회는 중단되었다.

북경대학교 채원배 총장이 학생들의 시위를 지지했다는 이유로 해임되자 학생들은 전면적인 수업거부에 들어갔다. 북경정부의 서세창 대총통은 시위 참가 학생을 전원 체포하라고 명령했다. 학생들은 이에 굴하지 않고 12~13명씩 무리 지어 거리를 지키고 공원과 길모퉁이에서 구호를 외치면서 시민들에게 일본상품 배척을 호소했다.

수천 명의 학생들이 침구와 음식을 짊어진 채 반일 구호가 적힌 팻말을 들고서 거리로 나왔다. 투옥을 두려워하지 않겠다는 태도였다. 정부가 450명을 체포하여 투옥했지만, 다음 날에는 더 많은 학생과 시민들이 거리로 쏟아져 나왔다. 급기야 체포된 사람이 1,100명을 넘어서면서 북경의 모든 감방이 넘쳐나자 정부는 대학 건물을 임시구치소로 사용하기까지 했다.

5·4운동의 물결은 좀처럼 식을 줄 몰랐다. 천진에서 170개가 넘는 교육·경제·종교단체들이 연대하여 구국동맹을 결성했다. 또 여러 도시의 학생연합단체들이 중국학생연합회 지부로 편입되었다. 상해에서는 40여 개 업체와 공장에서 동조파업을 선언했다. 방직공장, 주물공장, 철도, 연초제조창, 부두 등지에서 일하던 노동자 5만여 명이 작업을 중단했다. 이때 조국의 분위기에 고무된 일본 유학생 주은래周恩来, 저우언라이: 1898~1976는 학업을 중단하고 천진으로 돌아와 학생연합지의 주간을 맡았다.

5·4운동은 여성문제에 대해서도 새로운 분위기를 이끌었다. 전국 각처에 여성교육기관이 설립되었고, 해방적인 사고방식을 지닌 남녀 교사들의 모임도 결성되었다. 자유로운 사고방식을 가진 외국 여성을 소재로 하는 소설이 유행했고, 중국 여성들의 낭만적인 이야기가 널리 소개되었다. 1907년 출간된 추근의 시집은 서점에서 순식간에 동이 나버렸다.

청년 시절의 주은래

시위를 주도한 남학생들이 대거 투옥되자 여학생들이 바통을 이어받았다. 천진의 여학생들과 여교사들은 애국여성동지회와 손잡고 특별선언문을 발표했다. 첫 검거가 이루어진 6월 4일에는 1백여 명가량의 여학생들이 북경에서 시위를 벌였지만 이튿날에는 1천여 명 넘게 총통 관저 앞으로 모여들었다. 그들의 메시지는 마침내 대총통 서세창을 움직였다. 6월 10일 서세창은 조여림을 비롯한 친일파 각료 3명을 해임했고, 6월 28일 파리강화회담의 대표인 고유균顧維鈞, 구웨이전: 1888~1985은 베르사유조약에 조인하지 않았다. 그렇지만 일본의 중국에 대한 지위에는 아무런 영향을 끼치지 못했다.

이와 같은 북경정부의 양보는 학생이나 지식인들을 만족시키지 못했지만 상인들에게는 희소식으로 받아들여졌다. 그들은 다음 날부터 가게를 열고 일상으로 복귀했다. 반면 학생들은 끝까지 투쟁하자는 측과 이만하면 됐다는 측으로 갈렸다. 5·4운동은 외세는 물론 그들과 결탁한 중국인들까지 과녁으로 삼고 있었다. 이는 저간의 중국 혁명에서는 볼 수 없었던 새로운 현상이었다. 그로 인해 상공업자들은 비밀결사에게 불안감을 품게 되었다. 외국의 조계나 그 가장자리에서 안전하고 쾌적하게 살고 있던 상해의 자본가들에게는 운동이 사악한 방향으로 나아가는 것처럼 보였다. 자신들의 생활과 경제에 대한 지배력을 위협한다고 느꼈기 때문이다.

모택동의 등장

5월에 시작된 5·4운동의 불꽃은 학생과 노동자들의 조직화를 부추겼고, 지식인들의 국가관과 인생관에도 중대한 변화를 가져왔다. 백화문으로 쓰인 잡지가 4백 개 이상 창간되었고, 신식학교도 100개 넘게 세워져 급진적인 내용의 교과목을 가르쳤다. 그 여파로 국제정치와 국내의 사회조직 형태가 새로운 관심사로 떠올랐다.

당시 북경의 학생운동을 지휘한 인사 가운데 북경대학 문과대학장 진독수

陳獨秀, 천두슈: 1879~1942가 있었다. 그는 북경대학에 봉직하고 있던 2년 동안 일상적인 구어체인 백화문으로 쓰인 〈신청년〉과 〈매주평론〉을 통해 종래의 봉건주의적 사고방식을 공격하면서 학생들에게 혁명적 좌익사상을 전파하고 있었다. 그는 〈신청년〉 창간호에서는 여성운동을 옹호했고, 1918년에는 입센의 『인형의 집』을 소개하여 사회에 큰 반향을 일으킨 바 있었다.

진독수의 곁에는 당대에 급진 사상의 대

진독수

명사로 손꼽히던 이대소李大釗, 리다자오: 1888~1927를 비롯하여 노신, 호적 등 신문화운동의 기수들이 포진하여 우매하고 낙후한 중국의 현실을 날카롭게 비판했다. 당시 진독수는 현재진행형인 학생들의 시위와 투옥을 이렇게 격려했다.

〈신청년〉

> **세계 문명의 원천에는 두 가지가 있다. 하나는 연구실이고 다른 하나는 감옥이다. 한 번은 연구실에서 감옥으로 가고, 한 번은 감옥에서 연구실로 갈 각오를 하지 않으면 안 된다. 오직 이 길만이 가장 높고 숭고한 삶을 보장한다. 이 두 곳에서 태어난 문명만이 생명과 활력을 함께 지니는 진정한 문명이다.** 진독수의 「연구실과 감옥」 중에서

진독수는 북양군벌이 장악한 정부를 비판하는 소책자를 만들어 배포한 혐의로 3개월 동안 투옥되어 고문을 당했다. 석방된 뒤에는 상해로 가서 젊은 무정부주의자, 사회주의자, 마르크스주의자를 규합했다. 그의 영향으로 모택동, 유소기劉少奇, 류사오치: 1898~1969, 주은래, 등소평鄧小平, 덩샤오핑: 1904~1997 등 수많은 신청년들이 중국 도처에서 용틀임을 시작했다. 그들 가운데 가장 주목되는 인물은 역시 모택동이었다.

청년 시절의 모택동

모택동은 1893년 12월 26일 호남성 상담현湘潭縣, 상탄현 소산충韶山冲, 사오산충7에서 모순생毛順生, 마오순성: 1870~1920과 문칠매文七妹, 원치메이: 1867~1919의 장남으로 태어났다. 자는 '영지□芝'인데 훗날 '윤지潤之'로 바꾸었다. 아버지 모순생의 본명은 모이창毛貽昌, 마오이창인데 미곡 소매상으로 재산을 모았지만 가부장적인 성격으로 모택동과 자주 충돌했다. 어머니 문칠매는 문맹이었으나 성품이 온화하고 불심이 깊었다. 그녀가 1919년 10월 5일 52세의 나이로 사망하자 모택동은 「제모문祭母文」으로 어머니를 추모했다. 모택동의 강인한 체력은 아버지로부터, 내면적 감수성은 어머니로부터 이어받은 것이었다.

모택동은 1902년 소산의 남안南岸사숙에 들어가 『삼자경三字經』과 『사서』를 배웠고 서당을 나온 13세 무렵 시국을 비판한 정관응鄭觀應, 정관잉: 1842~1922의 『성세위언盛世危言』을 읽고 중국의 현실에 주목하기 시작했다. 1907년부터 어머니의 고향인 상향현湘鄉縣, 상상현의 동산東山고등소학당에 들어가 신식교육을 받았는데 강유위와 양계초의 글에 크게 공감했다.

1911년 모택동은 장사의 상향중학에 입학했지만 신해혁명이 일어난 10월에 혁명군에 입대했다. 하지만 손문과 원세개의 협정에 따라 남경정부가 해산되자, 1912년 2월 군대에서 제대했다. 1913년에는 호남의 제일사범학교第一師範學校에 입학하여 양창제楊昌濟, 양창지: 1871~1920 등을 통해 혁명정신을 배웠다. 당시 그는 친구 채화삼蔡和森, 차이허썬: 1895~1931과 함께 조식, 심호흡, 정좌, 냉수욕, 야숙, 겨울수영 등 체력단련에 열중했다.

---

7   호남성은 유명한 동정호를 끼고 있으며 소산충은 옛날 전설에 의하면 우순이 남쪽 순행 시 소산충에 머무르며 소소구성(簫韶九成)이라는 음악을 연주하도록 하여 소악(韶樂), 소산(韶山), 소수(韶水), 소산충(韶山冲), 소봉(韶峰) 등의 이름이 유래했다.

모택동은 1917년 4월 1일에 출판된 〈신청년〉에 '28획생'[8]이라는 가명으로 생애 첫 논문인 「체육의 연구」를 게재했다. 이 글에서 모택동은 청조의 유학자 고염무顧炎武가 운동을 좋아하여 노년에도 천하를 주유했고, 한나라의 대학자 가의賈誼나 당나라 초기 문호 왕발王勃 등은 운동을 등한시한 탓에 일찍 죽었다며 강건한 신체를 길러 나라를 지키자고 주장했다. 훗날 천하를 거머쥔 모택동은 호남성의 교육계 인사들을 접견하는 자리에서 『홍루몽』의 두 주인공을 빗대어 체력단련의 중요성을 설파하기도 했다.

청년 학생들의 체육단련을 중시해야 한다. 혁명에 참가하는 학생들은 반드시 신체를 단련해야 한다. 그렇지 않으면 혁명을 말할 수 없다. 모두들 홍루몽을 보지 않았나. 두 주인공들은 별 볼 일 없다. 부잣집 도련님인 가보옥은 손 하나 꼼짝 안 하고 몸종들이 모든 수발을 든다. 임대옥은 쉽게 감상에 빠진다. 툭하면 눈물을 질질 짠다. 대관원의 큰 집에서 각혈하고 폐병에 걸린다. 이런 사람들이 어떻게 혁명을 할 수 있겠는가. 당신들은 학교에서 우리 학생들을 가보옥이나 임대옥 같은 사람으로 키워서는 안 된다. 우리들은 이런 청년들이 필요 없다. 우리들은 굳센 청년들, 신체와 의지가 모두 강인한 청년들이 필요하다.

1918년 제일사범학교를 졸업한 모택동은 친구들과 함께 신민학회新民學會를 만들어 사회주의를 연구했다. 그해 9월에는 북경으로 가서 스승 양창제의 도움으로 이대소를 만나 북경대학 도서관에서 사서 보조로 근무했다. 이때 그는 마르크

---

8   모택동 이름의 전체 필획.

스와 레닌의 저작을 마음껏 읽으며 공산주의사상에 심취했다. 그러므로 중국의 공산혁명은 도서관에서 시작된 셈이다.

1919년 모택동은 상해에서 진독수를 만난 후 장사로 돌아와 마르크스주의에 대한 공개강연을 했다. 이때 그는 〈상강평론湘江評論〉을 발간하고 군벌 장경요張敬堯, 장징야오: 1881~1933 추방운동을 벌였다. 1920년 여름부터 마르크스주의자를 자처한 그는 자신의 정치사상에서 무정부주의, 공상적 사회주의, 개혁주의 등을 완전히 치워버렸다. 이때 제일사범학교 부속 소학교의 교장이 되었으며 좌익 서적 출판을 위해 문화서사文化書社를 설립하기도 했다. 당시 모택동은 별로 주목받지 못하던 지방의 열렬한 마르크스주의자에 불과했지만, 향후 그의 행보는 중국의 공산주의에 커다란 족적으로 기록된다.

중국공산당의 등장

중국의 공산주의 태동

제1차 세계대전이 벌어지는 동안 상해에서는 상전벽해桑田碧海의 변화가 일어나고 있었다. 전쟁 중에 서양 기업인의 관심과 역량이 유럽으로 이동하자 숨어 있던 중국 자본의 실체가 모습을 드러냈던 것이다. 그들은 줄지어 철수하는 서양 기업체를 매입하고, 일본 자본과 손잡고 새로운 사업을 벌여 엄청난 이윤을 창출했다. 이로부터 거액의 자금을 운용하는 중국인 은행이 속속 생겨났다.

바야흐로 상해는 사회적 안정을 원하는 졸부들로 가득 차게 되었다. 장강을 대동맥으로 하는 광동이나 무한 등의 공업도시도 급격한 경제성장으로 시끌벅적해졌다. 상해는 자본가와 매판, 폭력조직의 두뇌이자 입이며 지갑이 되었고 매음굴과 쓰레기장으로 넘쳐났다. 종전과 함께 서양 기업이 한꺼번에 상해로 복귀하는 과정에서 몇몇 기업은 망했지만 살아남은 기업들은 중국의 다른 지역에 약탈적 공세를 벌이면서 상부상조의 관계를 구축했다.

주머니가 두둑해진 중국 기업인들은 입으로는 민족주의를 외치면서도 실제로는 외국과 이어진 끈을 놓치고 싶어 하지 않았다. 공동조계와 프랑스조계의 치외법권 덕분에 그들은 아무런 감시나 규제를 받지 않고 불법거래를 통해 이윤을 챙겼다. 상해처럼 자유로운 시장은 전 세계 어디에도 없었다.

자산의 증가만큼이나 도시도 확장되었다. 해안을 따라 늘어서 있던 19세기의 건물들이 헐리고 드높은 석조건물이 들어서면서 차타드은행, 화풍은행, 뉴욕은행, 런던은행 지점들이 입주했고 고관대작들의 화려한 저택도 늘어갔다. 이와 같은 번영의 뒤안길에는 긴 노동시간과 낮은 임금 속에서 신음하는 노동자들이 있었다. 열 살도 되지 않은 아이들이 공장에서 기계를 돌리다 지쳐 잠들었다. 거리에는 거지들이 가득했고 하수구나 개천에는 버려진 아이들의 시체가 매일 발견되었다.

농촌지역도 마찬가지였다. 수시로 벌어지는 군벌들의 전쟁으로 농토가 파괴되고 농업생산성이 급격히 악화되었다. 쌀과 밀을 수입해야 했고 매점매석하는 상인들의 등쌀에 농민들은 기아에 허덕였다. 견디다 못해 아이들을 매음굴이나 공장에 파는 부모들도 생겨났다.

영국의 〈타임스〉는 이런 중국의 현실을 직시하면서 "문제는 북경이다."라고 진단했다. 북경을 장악하는 것은 곧 중국을 대표할 자격을 얻는 것이다. 외국 정부는 오로지 북경정부와 교섭했다. 어떤 군벌이든 북경을 차지하면 자동적으로 이권을 보장받으며 중앙정부라는 이름으로 세금을 확보할 수 있었다. 그 무렵 북경정부는 북양군벌들로 하여금 단단히 빗장을 질러놓게 하고 외국 기업에 자원채굴권을 팔아넘겼으며 농민들에게 몇 년 치의 세금을 빼앗아 권력과 군대를 유지했다. 지방도시나 농촌의 생존력은 뿌리째 뽑혀나갔다.

그 무렵 중국에서는 공산당이 출현하지 않았지만 이데올로기의 분화 조짐이 완연했다. 1918년 진독수가 발행하는 잡지 〈신청년〉이 처음으로 마르크스주의를 소개하고, 일부 지식인들 사이에 사회주의이론에 대한 토론이 활발하게 벌어졌다.

이보다 앞선 1909년 제2인터내셔널 브뤼셀대회에 중국 대표가 참가한 이래 상해에는 몇 개의 사회주의 모임이 생겼다. 1913년에는 사회당이 창당되었고, 청조의 '근공검학'9 프로그램에 따라 프랑스에 유학한 청년들 사이에 사회주의에 대한 관심이 증폭되었다. 제1차 세계대전 당시 연합군을 지원하기 위해 20만 명의 중국인 노동자들이 프랑스로 건너가 군수공장에서 일하거나 참호 건설, 수송 지원에 동원되었는데, 그 과정에서 많은 중국인들이 사회주의를 접하게 되었다. 그들은 전쟁 말기 볼셰비키혁명이 연합군의 전력에 미친 영향을 생생하게 체험했다.

한편, 1905년 도쿄에서 손문의 동맹회가 결성될 무렵 비밀결사를 기원으로 하는 본래의 부르주아 계층이 있었고, 급진적인 학생들로 이루어진 새로운 지지자들이 있었다. 이들은 제1차 세계대전을 계기로 서로를 적대시하게 되었다.

학생들은 부르주아 계층의 이중성을 꼬집으며 자본주의를 비판했다. 그들은 민족주의자를 자임하면서도 무정부주의와 민주주의, 마르크스주의의 토지개혁 사상이 뒤얽힌 유토피아를 꿈꾸었다. 그들은 백여 년 동안 중국을 지배하고 있는

---

9   근공검학(勤工儉學)이란 1900년 의화단사건이 서구 제국의 승리로 끝난 후 청조가 프랑스에게 내놓은 배상금을 기금으로 세워진 장학재단 중불교육위원회가 주관하던 반공반학(半工半學)의 유학프로그램이다. 중국의 청년들을 유학생으로 선발하여 전후 노동력이 부족한 프랑스에 데려가 노동과 공부를 겸하게 했다. 이 프로그램의 지원을 받는 중국 학생들은 거주지가 프랑스로 제한되었고, 학교에 정식으로 등록하지 않으면 장학금 지급이 거부되거나 중국으로 되돌려보내졌다.

외세를 몰아내고 토지를 농민에게 재분배하며, 모든 경제적 특권을 없애야만 혁명이 완결된다고 주장했다. 이들 급진파는 예전의 동지였던 부르주아 계층의 상공업자들이 외세와 한통속이 되어 이익을 챙기자 이들을 반혁명적, 반애국적 분자들로 규정했다.

이와 같은 혁명파의 좌우 분열은 일본의 개입으로 가속화되었다. 제1차 세계대전에 참전한 일본은 산동반도에서 독일군에게 승리한 것을 내세워 만주와 산동 지방의 이권을 거머쥐었고, 영국과 프랑스, 이탈리아는 이를 인정하는 비밀협약을 맺었다. 중국정부는 파리강화회의에서 이를 추인한 원세개와 일본의 밀약을 인정할 수 없다고 주장했지만 묵살당했다. 그 소식을 전해 들은 중국인들은 일제히 궐기했다. 중국인들은 미국 대통령 윌슨의 민족자결주의를 지지하면서, 이 독트린이 다른 나라 정부에 중국의 주권을 존중하도록 압력을 행사할 것이라 믿었다. 하지만 미국정부는 입을 닫았다.

1917년에 일어난 러시아혁명은 중국의 학생들과 중산계급 사이에 큰 관심을 불러일으켰다. 세계의 각국 정부, 상공업자, 교회의 지도자들은 볼셰비키 발發 적색테러에 전전긍긍했다. 공산주의혁명에 대한 공포가 전염병처럼 번지면서 그 반동으로 다양한 반공산주의 현상이 벌어졌다. KKK단 같은 극우폭력조직의 백색테러가 공공연히 자행되고, 유대인은 자동으로 빨갱이가 되었다. 우파들은 노동이란 단어조차 혐오했다.

1920년 소련 정부는 카라한선언Karakhan Declaration을 통해 제정러시아와 청국 사이에 맺은 불평등조약과 동청東淸철도에 대한 관리권을 포기한다고 발표함으로써 양국 관계에 훈풍을 불어넣었다. 소련은 또한 극동대학을 설립하여 중국의 급진적인 청년들을 초청했다.

진독수와 일부 지식인들은 마르크스와 레닌주의가 중국의 혁명에 적합하다는 결론을 내리고, 그 사상을 적용시킬 단계에 이르러 중국공산당을 창립하기로 결정했다. 당시 코민테른에서 파견한 보이틴스키^{Georgii Voitinskii}의 지도도 한몫했다. 진독수는 대학 재직 시절의 동료와 학생들을 규합하여 중국 각처에 마르크스 레닌주의 연구 서클을 설립했다. 이는 곧 도래할 경천동지의 공산혁명을 위한 기초 작업이었다.

중국공산당의 창립과 초기 활동

1920년 2월 중순, 상인으로 변장한 북경대학 문과대학장 진독수와 도서관 주임 이대소를 태운 마차가 북경성 조양문^{朝陽門}을 빠져나갔다. 당시 진독수는 보석 중이었고, 이대소는 중국에서 마르크스 레닌주의를 처음으로 연구한 인물이었다. 두 사람은 경찰의 눈을 피해 천진으로 가서 공산당을 만들기로 합의했다.

1920년 4월 볼셰비키는 중부시베리아를 점령하여 중국과 연결되자 코민테른 공작원 보이틴스키를 중국에 파견했다. 그해 5월 상해에 코민테른[10] 지부를 설

---

10 코민테른(Communist International)은 제3인터내셔널 혹은 국제공산당으로 불리는데, 1919년 3월 러시아공산당에서 설립했다. 이 조직의 목표는 "모든 가능한 수단을 동원해 무장군대를 포함하여 세계의 부르주아 타도와 완전한 국가 철폐의 과도기적인 단계로서 세계 소비에트공화국의 창립을 위해" 싸우는 것이다. 코민테른에 가입하기 위해 각국의 공산당은 21개 조항을 수락해야 했다. 그중에는 "공산주의 선전과 선동 활동을 하며 대중 앞에 프롤레타리아 독재의 이상을 떠받는다." "중책을 맡은 개량주의자들과 중도주의적 의견의 지지자들을 제거한다." "체제 전복 임무를 위한 불법조직을 창립한다."와 같은 조항이 포함되어 있었다. 최초의 코민테른 의장 지노비예프는, 트로츠키를 지지한다는 이유로 스탈린이 해임할 때까지 7년 동안 재임했다. 스탈린은 1928년 후임자 부하린을 해임하고 스스로 코민테른의 의장이 되었다.

마링

립한 보이틴스키는 이대소와 진독수를 만나 중국공산당 창당을 후원했다.

1920년 8월 레닌은 네덜란드 출신의 코민테른 집행위원 마링Hendricus Maring을 모스크바로 호출하여, 중국에 소련공산당 지부를 설립하고 각처에 산재한 소조들을 통합하라고 지시했다. 이듬해인 1921년 5월 네덜란드 외교부는 중국 주재 공사에게 긴급전문을 보내 위험분자가 다음 달 상해에 도착한다고 알렸다. 하지만 마링은 통상적인 경로를 피해 수에즈운하, 홍해, 인도양, 싱가포르 루트를 거쳐 상해에 다다랐다. 이르쿠츠크 소재 코민테른 원동遠東 서기처가 파견한 니콜스키Nikolsky도 상해에 모습을 나타냈다.

그들의 노력으로 10월 중국공산당 최초의 조직인 '상해공산주의 소조小組'가 발족되었고, 외국어학사가 설립되었다. 보이틴스키는 소조의 책임자를 러시아공산당의 관례에 따라 '서기'로 부를 것을 제안했다. 진독수가 상해공산주의 소조의 최초 서기가 되었는데, 이때부터 서기는 중국공산당의 대표자를 지칭하는 용어가 되었다. 상해 소조에는 청년 유소기, 임필시任弼時, 런비스: 1904~1950, 가경시柯慶施, 커칭스: 1902~1965를 비롯하여 훗날 중앙정치국 상무위원이 되는 나역농羅亦農, 뤼이눙: 1902~1928, 신중국 해군의 대부 소경광蕭勁光, 사오징광: 1903~1989 등이 가입했다. 10월에는 북경에도 소조가 출범했다.

보이틴스키는 상해의 영국조계인 애화덕로愛華德路, 아이화더루에 러시아의 '지즈나야 가제타 기자 사무실'이라는 팻말을 걸고 기자 신분으로 진독수가 운영하는

〈신청년〉 편집진 등 다양한 인사들과 접촉했다. 그의 지도에 따라 소조원들은 각 처의 공산주의자들에게 조직 설립을 독려했다.

호남의 모택동, 호북의 동필무董必武, 둥비우: 1886~1975, 광주의 진공박陳公璞, 천공푸•담평산譚平山, 탄핑산: 1886~1956•담식당譚植棠, 탄즈탕: 1893~1952을 비롯하여 일본 유학생 시존통施存統, 스춘퉁: 1899~1970과 주불해周佛海, 저우푸하이: 1897~1948, 프랑스 유학생 조세염趙世炎, 자오스옌: 1901~1927과 주은래 등도 현지에서 소조를 구성했다. 당시에는 체계가 잡히지 않아 공산당, 마르크스주의연구회, 공산당 소조, 사회당 등 명칭도 뒤죽박죽이었다.

마링과 니콜스키는 상해 소조 대리서기 이달李達, 리따: 1890~1966과 이한준李漢俊, 리한쥔: 1890~1927과 만나 중국공산당을 창립하기로 합의하고 조직 유지에 필요한 자금을 건네주었다. 이달은 〈공산당〉이라는 잡지를 창간하고 편집장을 맡았다. 그들은 중국공산당 창당을 위한 전국대표자회의를 열기 위해 연락망이 확보된 7개 지역의 소조에 각각 2명의 대표를 참가하도록 하는 초대장을 보내고, 상해까지 오는 데 필요한 경비 200위안을 동봉했다. 초대장에는 "제1차 중국공산당 대표자대회를 상해에서 개최한다. 2명씩 참석하라. 개막일은 7월 1일이다."라는 내용이 담겨 있었다.

이때 마링의 고집으로 대표자들은 상해 도착과 함께 100위안을 받고, 돌아갈 때 50위안을 받게 된다는 말이 추가되었다. 그중 한 장이 호남성 장사에 있던 모택동에게 전달되었다. 그의 손에 쥐어진 200위안은 모택동의 2년 치 월급에 해당하는 큰돈이었다. 당시 모택동은 창당대회 회의 참석자들을 가흥嘉興, 자싱으로 안내한 이달의 부인 왕회오王會悟, 왕후이우:

왕회오

1898~1993를 '중국에서 가장 겁 없는 여인'이라고 불렀다.

1921년 7월 하순, 중국공산당 제1차 전국대표대회가 상해의 프랑스조계 패륵로貝勒路, 베이러루에 있는 동맹회 원로 이서성李書城, 리수청: 1882~1965의 집에서 열렸다. 2명의 코민테른 대표가 배석한 가운데 13명의 참석자들은 언론인, 교사, 학생 등 비슷한 직업을 가진 57명의 공산당원을 대표하고 있었다. 그러나 중심인물인 이대소는 학기말 성적을 내느라 참석하지 못했고 광동성 교육청장으로 일하던 진독수는 다른 사람을 대리로 보냈다.

마링이 영어로 개막 연설을 했고 의장을 맡은 장국도가 회의를 이끌었다. 장국도는 소련 유학파로 진독수의 제자였다. 대표들은 2주일 동안 당 강령을 토의했다. 그런데 수상한 청년이 대회를 감시하고 있다는 사실을 알고 즉시 회의를 중단하고는 교외에 있는 가흥의 명승지 남호南湖로 장소를 옮겨 유람선11 상에서 낚시와 식사를 하며 토의를 계속했다.

마링은 중국공산당이 자동적으로 코민테른의 지부가 되고 모든 회의가 모스크바의 감독을 받아야 한다고 주장했다. 여기에는 자금 문제가 개입되어 있었다. 현실적으로 문건을 발간하고 노동운동을 조직하는 등 각종 공산당 활동을 운영하려면 모스크바의 돈이 절실했다. 중국공산당 당원들은 자신들이 모스크바의 자금 지원을 받는다고 해서 그들의 지시까지 따라야 하느냐고 반발했다. 마링은 당원이 모든 시간을 바치는 직업적인 혁명가가 되기를 원했지만, 그들은 직장에서 혁명이념을 퍼트리는 전위가 되기를 원했다.

현실주의자였던 모택동은 마링의 견해를 전폭적으로 지지했다. 전국대표대

---

11   畵舫.

회 이후 모택동은 호남성 지부 비용으로 매월 50위안을 받았고, 곧 100위안, 170위안으로 늘어났다. 그 돈으로 1921년 10월 청수당淸水塘에 아내 양개혜楊開慧, 양카이후이: 1901~1930와 함께 살 집을 마련하고 이곳을 중국공산당 호남성 지부로 사용했다. 이어 모택동은 호남자수대학湖南自修大學을 설립하고 마르크스주의를 선전하기 위해 〈신시대新時代〉를 발간했다.

1922년 초, 프랑스 리옹대학에서 유학생들과의 불화로 추방된 모택동의 친구 채화삼과 부인 향경여向警予, 샹징위: 1895~1928가 상해에서 중국공산당 총서기 진독수를 만났다. 그해 6월 두 사람은 당 중앙위원으로 선출되었다. 향경여는 새로 발족한 당 여성부부장에 임명되어 상해 견직공장과 연초공장의 여성노동자를 조직하는 작업에 착수했다. 그해 8월에 발생한 상해 견직여성노동자들의 파업은 중국 역사상 최초의 여성노동자들의 집단행동이었다. 채화삼은 당 선전부장을 맡아 당내 개량주의자들을 추방하는 데 앞장섰다. 호남성에서는 모택동, 유소기, 이립삼李立三, 리리싼: 1899~1967 같은 젊은 지도자들이 광산과 철도노동자들 사이에 파고들어 파업을 선동했다.

1922년 1월 초, 홍콩의 선원들이 집단파업을 일으켰다. 그들은 선원을 고용할 때 브로커가 아니라 해원노조의 의견을 들을 것, 임금을 인상할 것 등을 요구했다. 여기에 부두노동자와 잡역부들까지 가세하여 한 달 사이 참가자들이 3천 명으로 불어났고, 150척의 선박이 발이 묶였다. 이어서 광주의 부두노동자들이 선적을 거부하는 등 성내 주요 항구로 파업이 확산되면서 상황은 일파만파로 커져갔다. 상해 공산당노동지부는 파업 이탈자들이 다른 곳에 취업하는 것을 효과적으로 저지했다.

2월 말경 홍콩의 야채장수, 전차노동자, 물통제조업자, 하인들까지 파업에 동참하여 식민지의 경제활동이 마비될 지경에 이르자 홍콩 당국은 결국 선원의 임금을 15~30퍼센트 인상하고, 종전의 노동계약을 백지화했으며, 노조를 탄압하기 위해 내렸던 각종 명령을 취소했다. 이와 같은 소식이 알려지자 중국 내륙의 공장과 철도노동조합까지 파업에 뛰어들었다.

1922년 12월 무한3진에서 광산노동자, 주물공장노동자, 철강노동자, 운하노동자 등이 파업을 일으켰다. 그들의 요구는 노동시간과 임금문제를 뛰어넘어 질병이나 상해에 대한 보상, 사적 노동 금지, 공평한 이윤 분배, 휴게실과 오락시설 설치, 연금 지급 등 포괄적인 내용으로 발전했다.

파업 참가자들 중에는 장인, 길드나 사회단체 회원, 무정부주의자, 공산당원 등이 뒤섞여 있어 통제가 되지 않아 당국의 탄압에 효과적으로 대응할 수 없었다. 호남성 정부는 장사 방적공장의 파업이 기계와 유리창을 부수는 폭동 수준에 이르자 노동자협회 소속 무정부주의자 2명을 체포했다. 영국경찰은 홍콩 선원들의 파업이 끝나기 직전 광주로 떠나는 파업 참가자들에게 발포하기도 했다. 남부 철도 파업에는 군대가 출동하여 노동자들을 사살했고, 외국 군대도 군벌이나 회사경비원들과 함께 진압에 가세했다.

군벌과 외세의 결탁은 1922년 후반 영국인이 경영하는 북경 동남쪽의 당산唐山,탕산광산 파업 당시 영국군이 오패부 휘하 군대의 지원을 받으면서 시작되었다. 오패부는 낙양을 근거지로 북경과 한구 사이를 지배하고 있던 강력한 군벌이었는데 초기에 공산당에게 타협적인 태도를 취했다. 그는 이대소 등의 공산주의자들은 북경과 한구를 잇는 경한선京漢線을 따라 조직된 하남, 하북, 호북 등지의 노동단체를 하나의 단체로 규합하고자 했다. 그런데 1923년 초반 경한선 북부의 중심 도시인 정주鄭州,정저우에 노동자 대표들이 집결하자 오패부는 불쾌감을 드러내며 그중 일부를 체포했다.

　오패부의 변심에 분개한 공산당과 노조 지도자들은 2월 4일부터 총파업을 지시했다. 이에 오패부는 자신의 통치권에 대한 위협으로 간주하고 다른 군벌들과 연계하여 강력하게 대응했다. 30여 명의 노동자가 사망하고 수많은 부상자가 발생했다. 강남역의 한 노조 지도자는 작업 재개 명령을 어겼다는 혐의로 노동자들이 지켜보는 가운데 플랫폼에서 목이 잘리기도 했다. 때맞춰 상해의 군벌과 자본가들도 노조 탄압에 동참했다. 그렇듯 전국적으로 노조에 대한 압력이 가중되니 무력에서 상대가 되지 않았던 노동조합은 자연히 위축될 수밖에 없었다. 궁지에 몰린 공산주의자들은 타개책으로 국민당과의 동맹을 구상하게 되었다.

　1922년 초반, 모스크바에서 열린 제1차 극동노동자대회에서 코민테른의 지도자 지노비예프Grigorii Evseevich Zinovyev는 국공합작을 제안했다. 중국공산당이 제국주의 세력을 몰아내고 토착 봉건세력을 분쇄하기 위해서는 민족 부르주아와 연합해야 한다는 것이었다. 그해 7월에 열린 중국공산당 제2차 전국대표회의에서는 이 제안을 받아들이고 구체적인 전략을 논의하기 위해 재차 당대표로 선출된 진독수를 모스크바로 파견했다.

　진독수는 소련과 국공합작의 필요성을 논의한 뒤 통역으로 일하던 작가 구추백瞿秋白, 취추바이: 1899~1935을 대동하고 상해로 돌아왔다. 5·4운동 당시 북경학생애국운동의 지도자였던 구추백은 1920년에 이대소가 조직한 마르크스학연구회에 참가했고 1922년 2월 중국공산당에 가

구추백

입한 인물이었다. 그는 러시아문학에 대한 폭넓은 지식과 소비에트 문학이론, 사회주의 국가에 대한 높은 식견으로 사람들의 주목을 받아 귀국한 지 몇 달 만에 사회학과 주임교수가 되었다. 이어서 1923년 여름 광주에서 열린 제3차 전국대표회의에서 24세의 젊은 나이로 중앙위원에 선출되었다.

1923년의 상해대학은 매우 활기에 차 있었다. 구추백 외에도 노동운동가이자 프랑스 유학파인 채화삼이 역사사회학을 강의했고, 소설가이자 비평가로 혁명문예의 창시자로 일컬어지는 모순茅盾, 마오둔: 1896~1981이 문학부 주임교수였다. 신극운동의 창시자이자 중국국가 〈의용군행진곡〉을 작사한 희곡작가 전한田漢, 톈한: 1898~1968은 영문학을 가르쳤으며, 광주코뮌 때 죽은 장태뢰張太雷, 장타이레이: 1898~1927는 정치학을 강의했다.

한편, 강유위는 장훈의 복벽운동이 실패한 뒤 북경의 미국공사관에 7개월가량 피신해 있다가 1918년 5월 상해로 되돌아와 부인 5명, 출가하지 않은 딸 6명, 2명의 아들, 10명의 하녀와 간호사, 30명의 하인들로 이루어진 대가족을 거느리고 살았다. 강유위는 군벌이나 고위 관리들에게 전보나 편지를 보내 손문을 비방하고, 국민당의 노선과 목표를 맹렬히 비판했다. 그것은 손문의 권력 기반을 와해시키려는 의도였다. 반면 양계초는 파리강화회의가 끝나자 귀국하여 교육과 저술 활동을 하며 가족과 소박한 삶을 영위하고 있었다.

손문은 상해에서 국민당 재건을 위해 지지자들을 규합하는 한편, 광주를 근거지로 삼아 통일중국을 꿈꾸고 있었다. 하지만 군벌들이 그를 외면하고 서구 제국과 일본도 등을 돌리자 소련과의 협력을 모색하면서 학생, 노동자 계층과 동맹을 시도했다. 아울러 새롭게 등장한 중국공산당과의 연대를 시도했다. 강유위는 이런 손문의 행보를 견제하기 위해 1924년 오패부에게 편지를 보내 한때 동맹회 회원이었던 호남군벌 조항척을 지원하여 통일운동의 주도권을 잡으라고 부추겼다.

제2차 광동정부 수립

1차 호법운동이 실패하자 손문은 상해에 머물며『손문학설』,『실업계획』등 자신의 삼민주의를 뒷받침하는 서적을 저술하고, 〈성기평론星期評論〉, 〈건설〉 등의 잡지를 통해 반제 언론활동을 전개했다. 5·4운동의 확산 과정에서 대중의 위력을 실감한 그는 1919년 10월 10일 중화혁명당을 중국국민당으로 개조하여 군중을 중시하는 노선을 채택했다.

1920년 초반, 광동에서는 손문을 몰아낸 광서군벌 육영정이 학정을 펼쳐 주민들의 불만이 고조되었다. 이에 손문은 그해 6월 당소의唐紹儀, 탕사오이: 1862~1938, 오정방伍廷芳, 우팅팡: 1842~1922, 당계요와 손잡고, 계계桂系군벌이 호법의 이름으로 악행을 저지르고 있다며 복건 남부에 주둔하고 있던 진형명에게 도움을 요청했다. 그러자 진형명은 "광동은 광동인이 다스려야 한다."는 구호를 내걸고 복건 남부에서 봉기했다. 그가 조주潮州, 차오저우와 혜주 등지를 점령하자 광동성 경찰청장 위방평魏邦平, 웨이방핑: 1884~1935, 광동진수사 이복림李福林, 리푸린: 1872~1952 등이 독립을 선포하여 호응했다. 그 결과 육영정과 막영신莫榮新, 모롱신: 1853~1930 등이 광동에서 쫓겨났다.

1920년 11월 진형명은 상해에 머물고 있던 손문을 광주로 불러들였다. 손문은 제2차 호법운동을 개시했고, 이듬해인 1921년 4월에는 제2차 광동정부를 수립하여 비상대총통에 취임했다. 하지만 이 정부는 광동에서 암약하던 비밀결사로 구성된 지방정부 수준에 불과했다. 이웃 군벌들의 관계에 따라 세력 규모가 강약을 오르내리는 상황에서, 손문은 장개석을 광동군 작전부장에 임명하고 북벌을 적극 추진했다.

진형명은 광동정부의 육군부장 겸 내무부장으로서 군정을 장악하고 있었는데, 손문의 북벌에 회의적인 입장이었다. 그는 광동의 부흥과 개혁에 관심을 기울이면서 정부의 예산 가운데 군사비를 30퍼센트 이하로 제한하고, 진독수의 제안을 받아들여 교육개혁에 20퍼센트의 예산을 할당했다. 그는 전도유망한 학생이라면 보수파든 공산주의자든 가리지 않고 유학을 보내는 등 진보적인 정책을 폈다.

진형명은 북벌 같은 장밋빛 꿈보다는 이 남부공화국을 살뜰하게 발전시키는 것이 효과적이라고 생각했다. 서둘러 북벌을 떠날 경우 인근 군벌들의 침략 가능성이 농후했다. 당시 그는 군벌들의 독립적인 영토를 인정하고 중앙정부가 조정하는 느슨한 연방제에 기울어져 있었다. 그런데 1921년 10월 손문이 국회에서 북벌정책을 통과시키고 계림桂林, 구이린에 대본영을 설치했다. 이처럼 손문이 북벌에 올인하면서 행정권을 무능력한 측근들에게 떠넘겨버리자 광동성은 사분오열되었고, 광주시는 치안부재 상태가 되었다. 그 무렵 모친상을 당해 고향으로 갔다가 광주로 돌아온 장개석은 진형명에게 강서와 사천군벌과의 연합, 군사비 3천만 원의 지원을 요구했으나 거절당하자 화를 내며 상해로 돌아가버렸다.

곤혹스런 처지에 빠진 손문은 광동군의 임무가 중원을 평정하는 데 있으며, 자신은 북벌의 성패 여부를 떠나 광동을 당신에게 맡길 테니 무기와 군량만 보급해달라고 간청했다. 이에 대하여 진형명은 매월 군사비 50만 원을 지원하겠다고 약속했지만 제대로 이행하지 않았다. 1922년 초에 광주로 돌아온 장개석이 재차 진형명을 찾아가 북벌에 대한 지원을 요청했지만 소용이 없었다. 실망감을 안고 계림의 대본영으로 이동한 장개석은 진형명 토벌을 주장했지만 손문은 진형명과 결별할 생각이 없었다.

1922년 봉천파와 직례파가 맞붙은 제1차 직봉전쟁이 일어났다. 그해 2월 손문은 광주를 찾아온 단기서의 특사 서수쟁을 만나 단기서, 장작림과 반직反直 삼각동맹을 결성하여 직계直系를 축출하고 손문을 대총통, 단기서를 부총통으로 추대하기로 합의했다. 손문은 이때야말로 북벌을 달성할 수 있는 절호의 기회로 여겼다. 하지만 진형명은 직계군벌인 오패부, 호남독군 조항척과 연계하여 북벌을 강력하게 반대했다. 그는 3월 21일 북벌 자금을 마련하기 위해 홍콩에 다녀온 광동군 참모장 등갱鄧鏗, 덩컹: 1886~1922을 암살하기까지 했다. 깜짝 놀란 손문은 요중개廖仲愷, 랴오중카이: 1877~1925와 왕정위의 반대에도 불구하고 진형명을 광동성장, 내무부장, 월군사령관 직에서 해임하고 육군부장 직함만 남겨두었다. 이에 진형명이 격노했지만 손문은 꿈쩍도 하지 않았다.

5월 3일 손문은 대본영을 광동과 강서의 경계에 있는 남웅南雄, 난슝으로 옮기고 광동, 광서, 운남 3성의 군대 3만 명으로 북벌을 시작했다. 총사령 이열균이 강서로, 허숭지許崇智, 쉬충즈: 1887~1965가 호남으로 출동했다. 손문도 용병들을 지휘하기 위해 5월 6일 송경령과 함께 5백 명의 국민당 병사들을 이끌고 북쪽에 있는 소관韶關, 사오관으로 향했다. 북벌은 그의 의도대로 순조롭게 진행되어 조기에 강서성을 평정했다. 그런데 직봉전쟁에서 오패부가 장작림을 완파하면서 저간의 노력이 수포로 돌아가버렸다.

손문을 제거하기로 결심한 진형명은 그해 6월 13일 4천여 명의 병력을 이끌고 광주를 점령했다. 현지에 남아 있던 국민당 지도부는 아무런 대처도 할 수 없을 만큼 무능했다. 손문은 송경령과 함께 급히 광주의 총통 관저로 돌아온 후 장개석에게 급전을 띄워 지원을 요청했다.

6월 18일 새벽, 손문은 진형명의 부대가 공격할 것이라는 전화를 받고 50명의 경호부대원들에게 총통부를 사수하라는 명령을 내리고는 총통부를 떠났다. 송경령은 그의 운신을 염려하여 동행을 거절했다. 과연 반란군이 총통부로 이어지는 대로를 통해 공격해 왔다. 양측이 맹렬하게 교전하는 가운데 포탄이 날아와 침실을 산산조각 냈다.

송경령은 부대장의 간곡한 권유에 따라 외국인 고문, 경호원 2명과 함께 다리를 건너 도주하기 시작했다. 경호부대는 시간을 벌기 위해 현지에서 사투를 벌이다 모두 전사했다. 송경령 일행은 총통부에 난입한 반란군 병사들이 약탈에 한눈을 파는 사이 농가에 숨어들어가 시골노파로 변장하고 간신히 사지에서 벗어날 수 있었다.

송경령

그날 밤 손문은 광주 시내 곳곳에 깔려 있던 반란군의 시선을 피해 국민당의 포함에 올랐다. 그는 재차 장개석에게 위급을 알리는 전문을 보내고 영국과 미국에도 도움을 요청했지만 소식이 없었다. 얼마 후 아내 송경령이 합류하여 한시름 놓았지만 당장 반란을 일으킨 진형명의 군대를 물리칠 뾰족한 대책이 없었다.

며칠 후 장개석이 영풍함永豊艦에 도착하자 손문은 56일 동안 그 배에 머물며

영풍함에서의 손문가 송경령 부부

역전의 묘수를 구상했다. 당시 장개석이 광주에 달려간 것은 상해 우파들의 작전에 따른 것이었다. 상해 우파는 장개석이 국민당의 상층부에 파고들어갈 천재일우의 기회를 잡았다고 판단했다. 그들은 손문이 소련과 손잡을까 봐 조바심을 내던 차였다.

영풍함에 있던 사이, 장개석은 자신에 대한 손문의 생각을 바꾸기 위해 애를 썼다. 밤이면 코난 도일의 『셜록 홈스』를 읽고, 돌격대를 이끌고 상륙하여 식량을 조달했으며, 갑판 청소를 자청하기도 했다. 결국 장개석의 의도는 먹혀들어, 손문은 장개석을 색다른 시선으로 바라보게 되었다. 포함 생활에 지친 일행은 변장을 하고 홍콩을 경유해 상해로 가서 재기를 노렸다.

진형명 부대는 광주의 총통부를 불사르고 서류를 모조리 불태웠지만 손문이 소련에 원조를 요청하려 했다는 문서들은 고스란히 남았다. 진형명은 손문과 중국 주재 독일대사 폰 헨테가 계획한 중·소·독 삼국동맹 결성계획 원본을 공개하면서 손문에 반기를 든 자신의 정당성을 주장했다. 그 문서의 내용이 홍콩의 〈텔레그래프〉 지에 게재되자 중국 사회가 발칵 뒤집혔다. 그 시기에 중국인들은 제정러시아를 무너뜨린 볼셰비키에 대하여 두려움을 품고 있었기 때문이다.

한편, 북벌의 중단과 함께 강서성으로 퇴각한 허숭지는 9월 말 북양군벌 왕영천王永泉, 왕융취엔: 1880~1942과 연합하여 복건으로 진격하여 10월 12일 복주를 점령했다. 손문은 북벌군을 동로토적군으로 바꾸고 허숭지를 총사령관, 장개석을 참모장으로 임명하여 반란을 일으킨 진형명 토벌을 명령했다. 복주에서 전열을 가다듬은 동로토적군은 12월 19일 천주泉州, 취안저우를 함락하여 복건을 완전히 장악하고 광주로 진군했다. 이때 광서의 계계군벌 유진환劉慶□, 류천후안: 1890~1972, 운남의 전계군벌 양희민楊希閔, 양시민: 1886~1967 등이 동참하면서 편성된 서로토적군이 오주梧州, 우저우를 함락시켰다.

1923년 1월 손문은 「중국국민당 선언」을 통해 "호법과 비법의 싸움에서 최후의 승리를 거둘 때까지 결코 전진을 멈추지 않겠다."고 선언했다. 1월 9일 토적군이 조경肇慶, 자오칭을 함락시켰고 10일에는 삼수三水, 산수를 점령했다. 진형명이 혜주로 물러나자 토적군은 당일 광주에 입성함으로써 7개월 만에 광주를 수복하는 데 성공했다.

손문은 1923년 3월 2일 광주에 대본영을 발족하고 세 번째 광동정부를 조직했다. 이에 대항하여 4월 16일 광서군벌 심홍영이 반란을 일으켰지만 운남·광서·광동 연합군의 공세에 밀려 5월 9일 서강西江, 시장으로 패주했다. 같은 날 진형명이 용문을 거쳐 석룡으로 진격하면서 광동 동부를 장악했다. 이에 손문은 직접 혁명군을 지휘하여 석룡을 사수했다.

1923년 6월 오패부를 등에 업은 직계의 우두머리 조곤이 북경에서 부정선거를 통해 총통에 당선되었다. 조곤이 그해 10월 총통에 취임하자 손문은 더 이상 호법운동이 무의미하다고 판단하고, 광동정부만이 혁명정부이며 군사 시기의 정부임을 선언하면서 대원수에 취임하고 재차 북벌을 준비했다. 국민당을 개편하여 임시중앙집행위원회를 조직하고 호한민胡漢民, 후한민: 1879~1936, 등택여鄧澤如, 덩저루: 1869~1934, 요중개 등 9인을 위원으로 임명했다. 영풍함 사건 당시 영국과 미국의 싸늘한 반응을 경험한 바 있는 손문은 국공합작을 모색하는 과정에서 독자적인 군대 창설을 추진했다.

소련과 국민당

제1차 국공합작

볼셰비키[12]는 1919년 코민테른제3인터내셔널을 조직하여 전 세계에 공산주의혁명을 전파하려 했다. 그들은 중국 민중에게 제국주의로부터의 독립을 호소하면서 차르 시대에 맺은 모든 불평등조약을 포기한다고 선언했다. 파리강화회담의 결과에 실망하고 있던 중국인들은 깊은 감명을 받았다. 중국의 정세를 파악한 볼셰비키는 북경으로 사절단을 보내 어떤 혁명세력을 지원할 것인지를 탐색했다.

---

12 볼셰비키란 '다수파'라는 뜻의 러시아어로, 1903년 러시아사회민주노동당이 두 파로 분열될 때 블라디미르 레닌이 이끄는 좌익의 다수파를 일컫는 말이다. 1903년 런던에서 열린 러시아사회민주노동당 2차대회에서 당규약 문제로 레닌 안과 마르토프 안이 대립했을 때, 표결에서 이긴 레닌파가 스스로를 '볼셰비키'라 불렀고 마르토프파를 '멘셰비키(소수파)'라고 불렀다. 하지만 실제 숫자로는 멘셰비키가 다수였고, 볼셰비키가 소수였다. 멘셰비키는 온건파로 부르주아 민주혁명을 당면 과제로 삼아 민주적 투쟁방식을 강조한 반면 볼셰비키는 무산계급에 의한 정권 탈취와 체제 변혁을 위해 혁명적 전략 전술을 앞세웠다. 레닌과 트로츠키, 부하린 등은 1917년 11월 7일 "모든 권력을 소비에트로"라는 기치를 내걸고 10월혁명을 일으켜 소비에트정권을 출범시키고, 1918년 7차대회에서 당명을 '러시아공산당'으로 고쳤다.

코민테른 창립대회

코민테른의 지원으로 1921년 7월 창립한 중국공산당은 6개항의 당 목표에
관한 결의를 채택했는데, 특히 기성 정당에 대한 태도와 코민테른의 관계에 중점
을 두었다. 그들은 우선 기성 정당에 대하여 원칙적으로 비타협과 배척의 태도를
취한다고 못 박았는데, 그 대상은 손문의 국민당이었다. 반면, 코민테른에 대해서
는 "중국공산당은 매월 코민테른에 보고서를 제출하며 정식 대표를 이르쿠츠크
에 설치된 코민테른 극동국에 상주시킨다. 그 밖의 인원을 극동 각국에 파견하여
계급투쟁의 연합을 기한다."고 하여 소련공산당에 대한 충성과 아시아 각국을 대
상으로 한 혁명 전파를 명기했다. 그러나 코민테른에서 볼 때 중국공산당은 불과
몇 십 명에 불과한 소수 집단으로 독자적인 발전이 불가능한 조직이었다. 이에 마
링은 중국공산당이 기성세력에 붙어 세력을 확장하는 것이 효과적이라 판단하고
그 무렵 사면초가에 빠져 있던 손문과 접촉하기에 이른다.

1921년 말, 마링은 계림에서 북벌 준비에 여념이 없던 손문을 찾아가 사흘 동안 두 차례에 걸쳐 회담을 가졌다. 마링은 혁명에 대한 소련의 지원을 담보로 다음과 같은 조건을 제시했다.

첫째, 국민당을 개편하여 사회의 각계각층, 특히 노동자·농민대중과 연합할 것.
둘째, 군관학교를 창설하여 혁명군의 기초를 만들 것.
셋째, 국민당과 중국공산당의 합작을 도모할 것.

그와 함께 마링은 소련이 실시하고 있던 신경제정책을 예로 들면서 소련 당국의 유연성을 강조했다. 손문은 소련의 신경제정책이 자신의 민생주의와 유사하다고 보고 흥미를 느꼈다. 1922년 모스크바에서 열린 극동노동자대회에서 레닌은 중국공산당 대표 장국도에게 중국공산당이 뿌리를 내리려면 일단 국민당과 손을 잡는 것이 필요하다고 조언했다. 중국공산당은 그해 6월「시국에 관한 주장」을 통해 국민당과 민주연합전선을 형성하여 봉건적인 군벌에 맞서 투쟁하자고 제의했다. 이어서 7월에는 제2차 전국대표대회를 열어 국민당과 통일전선을 형성한다는 방침을 정했다.

제2차 전국대표대회에 앞서 코민테른은 다시 손문에게 사절을 보내 연합전선을 제의했지만 거절당했다. 손문은, 다만 공산주의자들이 국민당에 들어와 당의 혁명정신과 정강정책에 복종한다면 허락할 수 있다는 단서를 붙였다. 8월 항주에서 열린 중국공산당 중앙특별회의에서 마링은 중국공산당원들이 개인 자격으로 국민당에 가입하는 방안을 제시했다. 진독수가 공산당의 계급성 약화를 이유로 반대했지만 마링은 코민테른의 지시를 내세우며 자신의 뜻을 관철시켰다. 중국공산당원들은 중국혁명의 2단계론, 즉 우선 반봉건 반식민 상태를 해소하기 위해 부르주아민주혁명을 완성한 다음 프롤레타리아혁명을 추진하기로 결정했다. 마링과 진독수 등은 진형명의 반란으로 상해에 머물고 있던 손문을 찾아가 국민당 입당을 허락받았다.

9월 6일 손문은 중국공산당 총서기 진독수를 국민당개혁안 기초위원 9인 멤버 중 한 사람으로 임명했다. 그러자 북경에 와 있던 소련외교관 아돌프 요페Adolf Joffe가 손문에게 접견을 요청했다. 그는 신생 소비에트정권의 승인을 위해 정식으로 북경에 파견되었지만 북양정부가 영국과의 회담을 빌미로 외면하자 손문에게 손을 내민 것이다. 당시 소련에서는 손문을 유순한 인물로 판단하고 쉽게 조종할 수 있을 것으로 판단했다.

1923년 1월 18일 손문 부부는 요페를 집으로 초청하여 만찬을 함께하고, 이후 며칠 동안 합작에 관한 회담을 나누었다. 이때 요페는 소련이 중국에 대하여 어떠한 야심도 갖고 있지 않다면서, 소련이 과거 제정러시아와 중국 사이에 맺은 모든 특권을 포기한다는 내용을 문서로 확인해주었다. 이 문서는 1월 23일 영문으로 된 공동성명으로 공개되었다. 그러나 요페는 국민당에 자금 지원을 약속한 사실은 발표하지 않았다. 자금을 지원받기 위해서는 손문이 화남의 근거지와 광동의 지배권을 확보하여 스스로의 위력을 보여주어야 했고, 아울러 공산당을 국민당 조직 안에 받아들여 정치적 신뢰를 얻어야 했다.

다행히도 화남의 세력 판도에 극적인 변화가 창출되었다. 손문이 진형명과 경쟁하던 운남 및 광서의 군벌들과 동맹을 맺은 것이다. 손문은 이들과 북벌군의 잔여 병력, 진형명 부대의 탈주병까지 끌어 모아 광동을 포위했다. 궁지에 몰린 진형명은 정계 은퇴를 선언하고 홍콩으로 도주했다. 이와 같은 일련의 상황은 요페가 몰리에르가를 방문하기 이틀 전에 벌어졌다. 손문은 즉시 광동으로 내려가 비상

대총통의 직무에 복귀했고, 이로써 소련의 지원을 보장받기 위한 첫 번째 조건이 충족되었다. 그로부터 석 달 뒤인 5월 소련에서 원조금을 보냈다는 전보가 왔다.

그해 10월 레닌이 파견한 코민테른 중국파견대표 미하일 보로딘^{Mikhail Borodin}이 광동에 도착했다. 그의 임무는 손문의 국민당을 중앙집중의 레닌식 조직으로 개편하는 한편, 혁명군을 소련의 붉은군대 방식으로 개편할 수 있도록 자금과 장비를 제공하고 군사훈련을 시키는 것이었다. 특히 그는 여러 당파가 모여 있는 국민당을 강력한 대중조직을 거느리는 규율 있는 당으로 변화시키는 데 역점을 두었다.

그에 앞서 같은 해 1월 12일 코민테른 집행위원회는 "중국공산당은 국민당과 협력하여 국민당이 전국적인 혁명의 중심 세력이 되도록 후원한다."는 결의를 통

(앞줄 오른쪽부터) 왕정위, 장태뢰, 보로딘

과시킨 바 있었다. 중국공산당이 그 이상을 구현하려면 어떤 군벌에도 기대지 않는 완전히 새로운 군대의 기반을 마련해야 했다. 이를 위해 소련은 중국에 군관학교를 세우고 소련인 교관으로 교수진을 구성할 계획을 세웠다.

보로딘의 시야에 비친 광동군의 모습은 한심하기 그지없었다. 손문에게 충성하는 2백여 명의 혁명군 외에 여러 군벌의 병사들이 잡다하게 뒤섞인 군대는 오합지졸의 집합소에 불과했다. 국민당의 위치는 너무나 불안했다.

그해 11월 정치적 재기를 꾀하고 있던 진형명이 광동에 돌아와 군사들을 성문 근처까지 접근시켜도 손문의 용병들은 무신경하게 거리를 배회할 뿐이었다. 이에 경각심을 품은 보로딘은 중국공산당에서 540명을 선발하여 군사훈련을 시킨 후 손문에게 넘겨주려 했다. 그런데 순문은 진형명의 움직임에 놀라 도주할 생각뿐이었다.

보로딘은 자신이 직접 광동을 방어하기로 하고 러시아에서 검증된 바 있는 잔혹한 공격 일변도의 전법을 사용했다. 그의 부대는 단순하면서도 엄정한 규율에 따라 수천 명에 달하는 진형명의 군대를 몰아붙였다. 그리고 술집이나 도박장에 틀어박혀 있던 군벌의 병사들을 끌어내 전면에 세우고는 무차별 돌격과 살육을 명령했다. 겁먹고 후퇴하는 자들은 가차 없이 사살해버렸다. 이 같은 보로딘군의 엄정한 전투태세를 감당하지 못한 진형명은 수하 장교들만 거느린 채 도망쳐야 했다.

보로딘의 등장은 손문에게 천군만마를 얻은 것과 다름이 없었다. 손문은 당시 원인 모를 열병에 시달렸지만 북벌이라는 숙원을 버리지 않았다. 하지만 광동에 머문 지 5년이 되었어도 그의 권위나 지배력은 주강珠江, 주장 하구 일대에서나 통용될 뿐이었다. 대규모 군대를 동원하여 멀리 떨어진 농촌지역을 장악하려 하면 현지 군벌들은 징이나 똥통을 두드리며 저항하다 일시적으로 후퇴한 다음 군대가 물러나면 다시 돌아오는 식이었다. 광동 중심부에서도 마찬가지였다. 손문이 고용한 용병들은 마치 점령군처럼 거리를 휘젓고 다녔으므로 주민이나 상인들의 지지를 받을 수 없었다.

이런 상황에서 보로딘이 보여준 군사적 역량은 손문에게 큰 감동을 안겨주었다. 용의주도한 보로딘은 손문의 비위에 거슬리는 말은 하지 않았고 그의 전략을 경청하면서 신뢰감을 쌓아나갔다. 보로딘의 눈에 비친 손문은 자신만이 영웅이고 타인은 모두 오합지졸이라는 허영에 물든 지방관리 정도였다. 하지만 그것은 앞으로의 행로에 아무런 문제가 되지 않았다. 그를 골치 아프게 하는 사람은 손문이 아니라 장개석이었다.

황포군관학교와 국민혁명군

장개석은 1920년부터 두월생과 장정강의 권유에 따라 러시아어를 공부하는 등 소련에 깊은 관심을 기울였다. 그는 소련처럼 내부를 안정시킨 후에 외부를 노리는 것이 올바른 혁명의 방향인 것 같다고 손문에게 편지를 쓰기도 했다. 내부를 안정시킨다는 것은 곧 엄정한 규율을 세우는 것이다. 장개석은 현재의 중국에는 어떤 원칙이나 규율이 없고 그것을 원하는 조직조차 없으므로 아무것도 이룬 것이 없다고 푸념했다. 그것은 자신에게 명령하고 복종시킬 수 있는 충분한 권위가 주어질 때까지 광동정부에 참여하기를 거부하겠다는 뜻이었다.

볼셰비키는 초기에 체카[13]를 통해 규율을 바로잡았다. 그들은 붉은군대와 협력하여 전국적으로 당의 지배권을 강화하고 백계 러시아의 저항이나 그 밖의 반동적 이단분자를 처단함으로써 반대의견을 봉쇄했다. 트로츠키 휘하의 붉은군대와 제르진스키의 체카는 적색테러의 온상이었다. 그 시절 체카 요원에 의해 죽임을 당한 사람이 무려 50만 명 이상이었는데, 그 살인은 당이 허용한 것이었다.

제르젠스키는 "우리는 조직적인 테러를 목적으로 한다."고 선언했고, 레닌은 "체카는 법정이 아니다. 체카는 혁명을 지키고 적을 무찌른다. 그 칼날이 때론 죄 없는 시민의 머리에 떨어지는 경우가 있다 해도……"라고 하여 체카를 적극 옹호했다. 레닌은 당의 이상주의자들을 경멸하고 내쫓았으며 테러의 에너지와 대중 통제력은 강화되어야 한다고 주장했다. 때문에 체카의 살인자들에게 전보를 띄워 더 무자비하고 더 큰 규모의 테러 수단을 동원하라고 부추겼다. 체카의 적색테러는 세계의 모든 신문에서 보도했고, 상해까지 도망쳐 온 백계 러시아인들의 증언을 통해 잘 알려져 있었다.

이런 소련의 강력한 규율에 흥미를 느낀 장개석은 1923년 8월 모스크바로 향했다. 출발 전 친구들에게 5년이나 10년쯤 러시아에 머물 것이라고 농담을 하기도 했다. 하지만 9월 2일 모스크바에 발을 내딛은 순간 그는 자신의 상상이 무참하게 깨어지는 것을 느꼈다. 무미건조한 세계, 우울한 농촌, 지독하게 권태로운 프롤레타리아의 모스크바……. 볼셰비키의 선전 자료에는 그 모든 것들이 찬란하게 덧칠되어 있었다. 게다가 슬라브인들이 동양인에게 표출하는 일상적인 적개심에 공포심마저 느꼈다.

개인적인 감정이야 어떻든 간에 장개석의 소련 방문은 국민당에 정치적 승리

---

13   체카(Cheka)는 1917년 10월혁명의 성공 이후 국내외 상황을 타개하기 위해 창설한 소련의 비밀정보기관이다.

를 안겨주었다. 장개석은 소련에 도착하자마자 개최된 코민테른 집행위원회에서 중국의 혁명이 2, 3년 안에 완수될 것이라고 단언했다. 그리고 코민테른에서 중국의 혁명 상황을 이해하기 위해서는 좀 더 많은 요원을 보내야 할 것이라고 주장했다.

이후 장개석은 적군赤軍 부대를 시찰하고 군관학교와 당 기관을 견학했다. 혁명의 성지 상트페테르부르크에서 가까운 크론슈타트의 해군기지를 찾아갔을 때는 2년 전에 벌어진 수병들의 반란 후유증에서 벗어나지 못한 소련 해군의 실상을 파악할 수 있었다. 그는 소련에 머무는 동안 대부분의 시간을 체카 연구에 몰두하면서 중국에 적용시킬 수 있는 방법을 궁리했다.

장개석은 그 무렵 혼수상태에 빠져 있던 레닌을 대신하여 트로츠키와 몇 차례 회담을 가졌다. 트로츠키는 중국혁명에 대한 러시아의 임무는 최대한의 도덕적 물질적 지원에 있으며 군사력 동원은 하지 않을 것이라고 단언했다. 장개석은 또 지노비예프 등 여러 인사들과 접촉하면서 트로츠키와 스탈린의 권력투쟁이 가열되고 있음을 알게 되었다. 차기 소련의 대권을 놓고 두 사람은 물론 공산당원들까지 분열된 상태였다.

11월 29일 귀국길에 오른 장개석은 이번 여행으로 말미암아 자신이 국민당 내부에서 매우 특별한 존재가 될 것이라는 사실을 깨달았다. 시베리아를 횡단하는 기나긴 여행 끝에 상해에 돌아온 장개석은 고향 계구진溪口鎭, 시코우진에 틀어박힌 채 국민당 보수파들의 연락을 기다렸다.

당시 국민당 내부에서는 소련의 지원을 받아 창설하게 될 군관학교에 대한 논의가 진행되고 있었다. 장개석은 장차 권력을 움켜쥐려면 군관학교를 통해 심복들을 양성하고 최신식 무장을 갖춘 정예군대를 차지해야 한다는 사실을 알고 있었다. 이번의 소련 방문은 그런 면에서 장개석이 경쟁자들보다 우월한 위치에 설 수 있게 해주었다. 과연 12월 6일 군관학교 창설에 대한 모든 권한을 주겠다는 전보가 도착했다. 12월 30일에는 하루 빨리 광동으로 와서 상황을 보고하고 중·소협력계획을 작성하라는 손문의 전보가 날아왔다.

장개석은 서두르지 않았다. 그는 제1차 국민당 전국대회의 개최 시기에 맞춰, 해를 넘긴 1924년 1월 16일이 되어서야 광동으로 출발했다. 대회가 개막되자 국민당 요인들은 그를 황포군관학교 준비위원회 위원장에 임명했다. 그런데 소련인 고문과 공산주의자들이 그의 개인적인 결점을 들추며 이의를 제기했다. 게다가 손문이 군벌 출신의 허숭지를 교장으로 임명할 심산임을 알게 된 그는 울화통을 터뜨리면서 자리를 박차고 일어났다.

고향으로 돌아온 장개석은 손문에게 편지를 보내 자신의 심경을 토로했다. 저들이 제기한 것은 사소한 문제이고, 정작 자신이 화를 낸 것은 국민당 내부의 새로운 세력, 즉 공산주의자와 소련인들이 대립을 부추긴 데 있다고 주장했다. 국민당은 새로운 세력을 받아들일 때 전통적인 태도를 견지해야 하며 어떤 상황에서도 당을 지킬 수 있는 인물을 버려서는 안 된다고 역설했다. 또 현재 손문이 신뢰하는 인물의 대부분은 기회주의자에 아첨꾼이며, 당신에게 필요한 사람은 1922년 영풍함 사건 때처럼 언제나 믿을 수 있고 충성을 맹세한 자신 같은 사람이라고 했다.

장정강을 비롯한 국민당 보수파들은 소련에 의지하려는 손문과 국민당 내부에 침투한 극좌 인사들 및 공산주의자에 대하여 극도의 경계심을 품고 있었다. 그들은 손문에게 허숭지 대신 장개석을 교장으로 적극 추천했다. 결국 1924년 5월 3일 장개석은 황포군관학교 교장이자 신설된 국민당 군참모장에 임명되었다.

요중개는 군관학교 당 대표, 손문은 군관학교 총리직을 맡았고, 장개석과 절친했던 대계도戴季陶, 다이지타오: 1891~1949는 정치부 주임을 맡았다.

소련인 고문들은 보로딘의 뜻에 따라 장개석 임명에 부정적이었지만 군이 결정된 사항을 뒤집으려 하진 않았다. 하지만 이는 실로 치명적인 실수였다. 그들은 중국인들의 전통적인 사제관계를 알지 못했던 것이다. 중국인은 예로부터 국가에 충성하고, 부모님께 효도하며, 사제 간의 정리에 절대적으로 복종해왔다. 그러므로 향후 황포군관학교의 학생들은 모두 교장인 장개석의 제자가 되는 셈이었다.

보로딘과 손문은 이미 소련식 군대의 창설과 북벌을 위한 기지 구축에 합의하고 자금과 고문을 지원해주기로 약속한 상태였다. 이전에는 외국의 화교나 국내 기업인들에게 의존하던 국민당이 이제는 소련으로부터 받은 거액의 차관을 통해 몸집을 불려나갔다. 자금이 풍부해진 덕에 황포군관학교의 설립도 순풍에 돛을 단 듯 진행되었다.

바실리 블류헤르

자금 문제가 해결되었으므로 군사훈련을 맡을 교관을 섭외해야 했다. 보로딘과 북경의 소련 대사 미하일로비치 카라한Lev Mikhailovich Karakhan은 모스크바에 전문을 보내 전투 경험이 풍부하고 자질이 뛰어난 현역 군사위원 50명을 보내달라고 요청했다. 그런데 맨 처음 광동에 도착한 소련 장교 팔로프가 주강에서 수영하다가 익사하고, 10월에 후임자인 바실리 블류헤르가 광동에 도착했다. 그는 중국에서

1924년 6월 16일 황포군관학교 입학식

갈렌Galen이라는 가명으로 활동했다.

국민당에서 엄청난 거금을 들여 설립한 황포군관학교는 광주 남쪽 황포나루
터 건너편에 있는 장주도長洲島, 창저우다오에 세워졌다. 본래 청조의 광동육군학교와
해군학교 부지였던 곳이었다. 교명은 육군군관학교였지만 황포黃口, 황푸에 있다 하
여 황포군관학교라고 부르다 그대로 굳어져버렸다. 교사와 숙소 등 학교 건물이
완성되자 학생을 모집하기 시작했다. 곧 잡지 〈신청년〉에 황포군관학교 학생 모집
공고가 실렸다.

광주에서 15km 떨어진 초목이 무성한 작은 섬이 중국혁명을 완수할 열혈 청년들
을 기다린다.

손문은 국민당의 각 지역 대표들에게 우수 학생 추천을 부탁했다. 공산당도 뒤질세라 전국의 당원들에게 통지문을 보내 건강하고 건전한 선발들을 황포로 보내라고 독촉했다. 북경의 이대소도 학생들에게 군관학교 입학을 권유했다. 장사의 하숙형何叔衡, 허수형: 1876~1935과 무한의 동필무, 상해의 모택동 역시 학생들을 황포로 보냈다.

"황포로 가자!"[14]는 구호가 전국에 울려 퍼졌다. 이에 북방군벌 오패부는 황포군관학교 응시생을 발각 즉시 총살하라는 명령을 내렸지만, 중국을 되살리겠다는 뜨거운 열정으로 무장한 열혈 청년들의 행보를 막을 수는 없었다. 청년들은 신해혁명이 목적을 달성하지 못하고 중국을 암흑기로 몰아넣은 원흉이 군벌이라며, 그들을 타도하는 것이 자신들의 사명이라고 믿었다.

산서성의 미지현米脂縣, 미즈현에서 중학교를 갓 졸업한 두율명杜聿明, 두위밍: 1904~1981은 아버지가 자식을 군인으로 만들 수 없다고 창고에 가두자 평소 그를 짝사랑하던 과부의 도움으로 집을 뛰쳐나왔다. 하서촌河西村, 허시촌의 소학교 교사 서상겸徐象謙, 쉬상첸: 1901~1990은 복통 때문에 화장실에 갔다가 우연히 〈신청년〉에 난 학생 모집 기사를 읽은 뒤 혁명을 반대하는 교장에게 똥물을 끼얹고 퇴직했다. 그는 양자강을 건너는 뱃전에서 소동파의 시를 읊조리다가 "이제부터 미래를 향해 나아가겠다."며 이름을 향전向前, 샹첸으로 고쳤다. 호북 출신의 임표林彪, 린뱌오: 1907~1971는 아리따운 유부녀에게 연서를 보낸 것이 발각되어 마을에서 쫓겨나자 군인이나 되겠다며 형들과 함께 광주행 기차에 올라탔다. 몽골 출신의 영요선榮耀先, 룽야오셴: 1896~1928, 운남군관학교 출신의 조선인 최용건崔庸健: 1900~1976, 베트남의 홍수이도 풍운의 꿈

---

14   到黃埔去.

을 안고 광주로 달려왔다.

황포군관학교 제1기생의 모집인은 500명이었는데 3천여 명이 지원하여 손문을 놀라게 했다. 게다가 군벌들이 운영하던 군관학교의 학생들이 대부분 문맹이었던 것에 비해, 황포군관학교 지원자들은 대부분 중학 졸업자로서 지식수준이 높았다. 이들은 엄격한 선발 과정을 거쳐 639명이 추려졌다.

여기에는 손문이나 보로딘이 결코 알 수 없는 비밀이 하나 있었으니, 응모자 중 많은 사람들이 청방의 조직원이었다는 사실이다. 학생들의 선발은 진기미의 조카로 장개석의 비호를 받고 있던 진과부에 의해 수행되고 있었다. 훗날 군관학교 생도들은 장개석의 개인막료집단으로 성장하게 된다. 생도들은 1924년 5월 5일부터 한 달 동안 기초교육을 받은 다음 1924년 6월 16일 열린 개교식에 참석했다. 그 자리에서 손문은 다음과 같이 말했다.

우리 중화민국의 기반은 거의 존재하지 않았다. 그 이유는 간단하다. 우리들의 혁명이 혁명당의 투쟁을 통해 이루어졌을 뿐이지 혁명군으로서 수행되지 않았기 때문이다. 혁명군을 갖지 못했기에 민국은 군벌이나 관료의 손에 놀아났다. 이런 상태가 계속되면 우리들의 혁명은 결코 성공하지 못할 것이다. 이 학교를 설립함으로써 우리들에게는 새로운 희망이 생겼다. 이제 혁명의 새로운 시대가 왔다. 이 학교는 혁명군의 기초이고, 학생 여러분이 혁명의 주체가 되는 것이다.

이후 황포군관학교는 국민당의 호전적인 우파 장개석이 교장으로 복무했고, 미국에서 교육받은 좌파 요중개가 국민당 대표로서 상주했다. 장개석과 요중개 밑에는 6개 부서가 있었는데, 정치부 부주임은 공산당의 주은래, 교수부 부주임은 섭검영葉劍英, 예젠잉: 1897~1986이었다. 교관들은 소련인 교관 외에는 모두 일본사관학교나 보정군관학교, 또는 운남강무당 졸업생들이었다. 개교 초기에 학생들은 이데올로기와 상관없이 잘 어울렸다. 국민당 최고고문 보로딘의 조수였던 장태뢰의 부인 왕일지王一知, 왕이즈: 1901~1991는 당시의 상황을 이렇게 회상했다.

교장 장개석은 학내의 공산당원들과 별 탈 없이 잘 지냈다. 장태뢰와 주은래 등 공산당원들과도 잘 어울리며 가끔 춤도 추었다. 보로딘의 측근이었던 황포 출신 공산당원 중에는 장개석이 아끼는 제자들도 많았다. 이들 청년 장교들은 틈만 나면 장개석의 집에 가서 진결여가 해주는 밥을 먹고 때론 시장까지 따라다녔다. 주은래는 진결여가 무거운 물건을 들고 가면 재빨리 달려가 받아들곤 했다. 그가 장개석 부부와 풀밭에 나란히 앉아 얘기 나누는 모습을 먼발치에서 본 적이 있다. 한 폭의 수채화 같았다. 그랬던 사람들이 훗날 사생결단을 벌였다. 정치가 뭐고, 권력이 뭔지 지금 생각하면 끔찍하다. 나도 현장에 있었지만 왜들 그랬는지 이해가 안 된다. 그때는 그런 시대였다는 말 외에는 달리 표현할 방법이 없다.

그런데 개교 한 달 만에 중대한 변수가 발생했다. 정치부 주임 대계도가 실종된 것이다. 국민당 측에서는 공산당을 의심했지만 사실은 정치교육에 싫증을 느낀 그가 스스로 도피한 것이었다. 대계도의 빈자리는 정치부 부주임 주은래가 이어받았다. 그는 취임과 동시에 중공특별지부를 만들고 당원들을 포섭했다.

지적이고 인간적인 주은래의 매력에 학생은 물론 섭검영 같은 교관들까지 푹 빠져들었다. 수많은 사람들이 입당을 자원하면서 황포군관학교 내부에 작은 공산당이 만들어졌다. 주은래가 황포군관학교와 오군강무학교, 계군군관학교, 비행학교 등 인근 학교에서 훈련 중이던 청년들을 모아 청년군인연합회를 만들고, 공산당 최초의 혁명무장세력이자 후일 홍군의 주력부대의 하나가 되는 철갑차대 鐵甲車隊를 만들자 국민당원들은 손문주의학회를 만들어 대항했다. 손문주의학회 는 훗날 국민당 부총재가 된 진성陳誠, 천청: 1898~1965이 교육을 맡았고 호종남과 장영 보張靈甫, 장링푸: 1903~1947가 주도했다.

주은래는 광동군벌과 전투가 벌어지기 직전 지역 방언에 능통한 학생 20여 명을 선발하여 '무장선전대武裝宣傳隊'를 조직하고 작전지역에 "열강 타도, 군벌 제 거"와 같은 전단을 살포했다. 그가 이끄는 정치부는 군벌 병사들에게 포고문을 살포하여 중국의 통일을 위해 투항하라고 설득했다. 이와 같은 정치공작이 효과 를 발휘하자 장개석은 주은래에게 군관학교의 군사관제법 판공실과 자신의 직계 들로 구성된 국민당군 제1군의 정치부를 통째로 맡기기까지 했다.

황포군관학교는 1927년 4월 폐교될 때까지 24기 1만5400여 명의 장교를 배출 했다. 장개석은 교장으로서 5기생까지 생도들에게 직접 강의를 했다. 그의 제자 들 가운데 4기생이었던 임표는 훗날 공산군을 지휘하여 장개석에게 가장 큰 타격 을 입히게 된다.

장개석은 임표를 "황포가 배출한 가장 우수한 전략가"로 꼽았다. 임표는 매 우 약골이어서 재학 시절 교관들의 눈에 띄지 않는 생도였다. 하지만 장개석이 교 장 시절 생도들과 함께 혜주 전투를 치른 뒤 생도들에게 승리의 원인이 무엇인지 분석하게 했을 때 다른 생도와 달리 임표는 혜주의 지형지물에 대한 분석을 토대 로 용병술의 요체를 설명함으로써 장개석의 찬탄을 자아냈다.

그날 밤 장개석은 일기에 "임표는 내게 전쟁 예술의 정수를 보여주었다. 대전 략가의 자질을 타고났다."고 썼다. 임표가 학교를 졸업하자 장개석은 그가 공산당원임을 알면서도 "곁에 두면서 붉은 물을 빼놓겠다."며 사령부에 자리를 마련해주었다. 하지만 임표는 얼마 지나지 않아 "교장의 신임과 키워준 은혜에 감사한다."는 편지를 남기고 장개석의 곁을 떠났다.

황포군관학교에서는 중국 최초의 근대화되고 기계화된 군대를 양성했다. 당시 군벌들은 총포를 불꽃놀이 도구처럼 생각하여, 대포를 전시展示용 폭음을 내는 데 사용하고 명중에는 관심조차 없었다. 사실, 중국 도시의 성벽은 대부분 토성이라 도시 하나를 무너뜨리는 데 포탄 한 발이면 충분했다. 하지만 황포군관학교 교관들은 생도들에게 대포로 적을 대량 살상하는 방법을 가르쳤다.

그때까지 국민당의 병기창은 실탄의 호환성이 전혀 없는 13종류의 소총과 구식 기관총, 소량의 탄약 제조능력밖에 없었다. 게다가 중국은 베르사유조약에 따라 무기 구입이 제한되어 있었다. 하지만 소련은 그런 제한으로부터 완전히 자유로웠으므로 수많은 무기를 국민당에 지원했다. 1925년 한 해 동안 250만 루블 상당의 무기가 국민당으로 반입되었고, 그 이상의 무기가 매일 블라디보스토크 항구에서 선적을 기다렸다.

장개석은 그렇듯 볼셰비키와 중국공산당을 이용하여 자신을 위한 군대를 만들었다. 1925년, 드디어 국민당은 국민혁명군國民革命軍15을 발족시켰다. 공식적인 출범일은 1924년 6월 16일로 기록되어 있다. 손문이 그토록 염원했던 이 새 군대의 총사령관은 장개석이었고, 간부는 대부분 장개석의 제자인 황포군관학교 출

---

15 국민혁명군(國民革命軍)은 1924년 6월 16일 중국 국민당의 군대로 창설된 당군(黨軍)이다. 1947년 12월 25일 중화민국 국군으로 전환되었다. '국민당 정부의 군대'라 하여 국부군(國府軍)으로 불렸다. 국민혁명군은 370개의 정규사단, 46개의 신사단[新編師], 12개 기병사단[騎兵師], 8개 신기병사단[新編騎兵師]과 13개의 예비사단 등으로 구성되었다. 총병력은 430만 명이었다. 그러나 대부분의 사단은 무장이 형편없었고 각 군벌 소속 병력이 많았으며 명령체계도 일원화되지 않았다. 국민혁명군의 최상위 명령계통으로 국민정부군사위원회가 있었는데 장개

신들로 채워졌다.

송자문의 등장

자기 군대의 창설 문제가 소련의 도움으로 해결된 후 손문에게 급선무로 떠오른 일은 북벌을 위한 자금 마련이었다. 이를 위한 새로운 인물이 등장했으니, 그는 바로 처남 송자문이었다. 송자문은 하버드대학교에서 경제학박사 학위를 따낸 민국정부 최초의 국비유학생이었다. 그는 자금 문제에서 타의 추종을 불허할 만큼 유능한 사람이었다. 송자문의 등장은 의심스런 소련인들이 거리를 활보하고 공산당원들이 국민당의 일원이 되는 것에 불안해했던 광동 상인들의 경계심을 누그러뜨리는 데 실로 안성맞춤이었다.

손문은 황포군관학교 준비단계에서부터 송자문에게 국민당의 재정에 관한 자문을 요청한 상태였다. 중국 경제는 제1차 세계대전 중에 외국 기업들이 떠나면서 무너져버렸고, 종전 후 돌아온 외국 기업들은 중국의 자본을 훑어내고 있었다. 송자문에게 제일 먼저 부여된 임무는 국민당에서 소용되는 일상적인 업무자금을 창출하는 것이었다. 그리고 광동성의 경제를 재편

석이 주석이었다.

하고 조세의 질서를 바로잡는 일도 시급했다. 하지만 이런 정도의 과제는 송자문에게 손바닥을 뒤집는 것보다 쉬워 보였다. 얼마 지나지 않아 그는 손문이 만족할 정도로 자금을 끌어내고 경제를 안정시킴으로써 사람들의 탄복을 자아냈다.

송자문은 1915년 하버드대학을 졸업한 뒤 뉴욕의 인터내셔널은행에서 근무했다. 낮에는 은행에서 일하고 밤에는 컬럼비아대학의 야간강좌를 들으며 화교들이 고향에 있는 가족이나 기업가들과 어떻게 비밀거래를 하는지 알게 되었다. 그는 미국에서 공부한 만큼 서구적인 자유주의에 익숙해서 동서 간 서로 다른 입장 차이를 충분히 경청하고 받아들일 수 있는 아량과 인내심을 갖춘 사람이었다.

1917년 귀국한 송자문은 탄광, 철광석, 제철소를 운영하는 한야평공사漢冶萍公司에 들어갔다. 본래 중국 기업이었지만 원세개와 일본이 맺은 21개조의 밀약에 따라 1915년 주인이 일본으로 바뀐 회사였다. 송자문은 그곳에서 놀라운 업무 실력을 발휘하여 찬사를 받았고, 실업계에 머물기에는 재능이 너무 아깝다는 평판을 얻었다. 이런 동생의 행보를 유심히 지켜보던 누나 송경령이 국민정부의 재정적 난관을 해결해줄 수 있을 것이라며 남편 손문에게 천거했던 것이다.

1923년 10월 광동에 도착한 송자문은 먼저 국민당의 경상활동비를 조달할 수 있도록 하는 긴급조치를 입안했고, 이듬해인 1924년 1월부터 시행에 착수했다. 그중에는 고무, 메틸알코올, 비료용 황산암모늄 따위에 대한 수입세가 포함되어 있었다. 3월에는 요릿집의 음식에 10%의 세금을 부과했고, 4월에는 술을 제외한 모든 음료에 세금을 부과했다. 5월에는 과세 범위를 더욱 넓혀 의약품, 화장품, 혼례용품, 장의용품, 종교행사, 인력거까지 조세대상에 포함시켰다. 이런 획기적인 조세제도를 시행하면서 국민당의 자금이 산처럼 쌓여갔다. 세금의 가짓수가 제법 많아 보이지만 모든 거래에 세금이 붙는다는 원칙만 지킨다면 그 액수는 소소했으므로 송자문의 조치는 농민이나 상인들의 환영을 받았고, 이에 정비례하여 국고는 튼실해졌다.

1924년 8월 국민당 정부는 소련에서 1000만 달러의 차관을 받아 중앙은행을 설립했는데, 당연히 송자문이 은행장으로 취임했다. 이로써 정부는 광동 지방의 자금 흐름을 원활하게 조절할 수 있었다. 당시 중국 내 대다수 은행의 은 준비율이 5% 이하였던 데 반해 중앙은행은 25%에 달했고, 새로 발행한 지폐는 국민당 점령지역 밖에서도 유통될 정도로 신용도가 높았다. 중앙은행은 송자문의 뛰어난 경영능력이 빛을 발하면서 1926년 들어 개인 예금이 여섯 배로 늘어났다.

송자문이 긴급자금을 확보하고 중앙은행의 기초를 다지는 데 성공하자 손문은 그를 국민당의 재정부장으로 임명했다. 그때부터 수천 년 동안 이어져 내려온 봉건주의적 조세방식이 사라지기 시작했다. 예로부터 중국에서는 지방의 군벌이나 관리가 중앙정부를 대신하여 세금을 징수하고 일부를 수수료로 챙겼다. 하지만 부정부패가 심화되면서 농민들은 1년에 수차례의 세금 독촉에 시달려야 했다. 소금세나 소금전매제도 마찬가지여서 수많은 단계의 위탁징수인들이 농민들의 고혈을 쥐어짰다. 어떤 상품이든 관문을 지나거나 다리를 건널 때 붙이는 이금釐金이란 제도도 있었다. 하지만 이제부터는 적어도 국민당 정부의 지배영역 안에서는 그런 악습이 존재할 수 없었다. 송자문은 자신에게 소속된 무장조직을 통해 징세를 감독했고 관리의 부정을 발견하면 즉결처분도 망설이지 않았다.

송자문은 스스로 방아쇠를 당겨본 적이 없지만 무력이 동반된 펜의 힘을 잘 알고 있었다. 그는 국민당의 관료들에게 조세수입의 책임을 지웠다. 그러나 새로 조직된 국민당군이 직접 징세하는 것은 금하고 당의 문관이나 지방관에게 물자나 자금을 공급받게 함으로써 견제와 균형을 꾀했다. 이는 군대에 의존하는 정부로서는 매우 파격적인 억제 정책이었다.

송자문이 광동정부의 재정부장으로 복무한 2년 동안 광동성의 수입은 10배로 늘어났다. 그는 과세대상을 늘리지 않고도 세금의 수수료를 없애고 중복부과를 원천봉쇄함으로써 그와 같은 성과를 이루어냈다. 농민들의 세금은 줄어들고 일반 주민의 세금은 변화가 없었으며 부유층은 조세비율이나 절대액수에서 약간의 부담이 늘어났을 뿐이다. 전체적으로 불만이 있을 수 없는 상황이었다.

그렇지만 송자문의 조치로 인해 달콤한 수입원이 차단된 부패 관리들과 악덕 상인들은 원한을 품었다. 그들은 자본주의자인 송자문을 색깔만 다른 볼셰비키로 규정하고 손문과 소련의 우호관계를 호도했다. 그들의 부추김을 받은 광동의 총상회 회원들이 국민당에 대한 무력저항을 논의하기 시작했다. 그와 함께 1913년 군벌의 협박에 저항하기 위해 결성했던 상단군商團軍의 병력이 은밀하게 늘어나고 있었다. 그들의 시야에 손문도 군벌의 한 사람이었고, 송자문은 그의 세금 징수원일 뿐이었다.

피의 수요일

광동의 상공업계는 손문이 공산당과 제휴하는 상황을 불만에 가득한 시선으로 주시하고 있었다. 보수 자본가인 매판세력과 오래된 개인사업자, 은행가, 신흥 실업가, 유지 등 중산계층까지도 그들의 비판적인 태도에 동조했다. 그들은 경험을 통해 손문의 새로운 군대가 화남 전체를 장악하면 어떤 저항도 소용없으리란 사실을 알고 있었다.

광동성 광주는 중국에서 가장 유서 깊은 상업항으로 자금력이 막강했다. 광동 상인들은 동향인 손문에게 혁명자금을 지원해주었고, 신해혁명이 성공하자 이권 유지를 위해 상단商團을 조직해 자위권을 행사했다. 원세개가 전국의 상단을 탄압했지만 광동의 상단은 꿈쩍도 하지 않았다. 광동상단의 초대 단장은 부유한 비단장수였는데 그가 퇴임한 후 민족기업가 진계원陳啓元, 천치위안: 1834~1903의 장남 진염백陳廉伯, 천롄보: 1889~1974이 뒤를 이었다. 진염백은 광동에서 견직물공장, 보험사, 10개의 은행을 경영했고, 국내외에 수많은 부동산과 저택을 소유한 거부였다. 화남에 있는 비밀결사의 장로급으로 냉혹하고 잔인한 인물이기도 했다.

1923년 가을, 진염백은 손문이 북벌군을 모집하고 황포군관학교를 설립하면서 일부 군벌과 국민당만을 비호하자 자구책을 강구했다. 그것은 상인들의 이권을 보호해줄 상단군의 창설이었다. 진염백은 자치제를 주장하던 광동군벌 진형명의 허락을 받아 무기와 탄약을 구비하는 한편 건장한 청년들을 모집하여 상단모범대商團模範隊를 조직하고 영국인 교관을 초빙하여 군사훈련을 시켰다.

상단군은 상인들을 괴롭히는 토비를 소탕했으며 강도와 도둑을 잡아 처벌했다. 또한 소방서와 무료 급식소, 상업학교 등을 운영하여 각계의 지지를 받았다. 진염백은 광동의 각 기업에 압력을 넣어 상단군 병사 한 명을 6개월 동안 고용할 수 있는 경비를 갹출했다. 그해 말경에 이르러, 상단군 병력은 5만 명을 상회할 정도가 되었다. 영국의 상인들도 본국의 동의하에 무기와 활동비를 지원했다.

"볼셰비키로부터 광동을 구하자!" 송자문이 부임하여 국민당의 자금 확보를 위해 긴급조치를 실행할 즈음 상단군은 엄청난 무장력을 갖추고 이와 같은 구호를 외치며 일전불사를 다짐했다. 때맞춰 화풍은행의 한 직원이 광동정부의 허가증을 가지고 독일회사와 소총 5천 정, 연발권총 5천 정, 일반 권총과 탄약 수입 계약을 맺었다.

　화물은 암스테르담에서 노르웨이 화물선에 선적되어 중국으로 건너왔다. 그런데 1924년 8월 무기를 실은 화물선이 광동에 도착했을 때 이를 기다리고 있던 국민당군이 나포하여 황포로 끌고 갔다. 당시 황포군관학교 생도들은 상단군의 공격에 대비하여 엄중한 경계태세를 취하고 있었다. 그런 와중에 공산주의자들은 시내에서 시위를 벌이며 양측의 충돌을 부추겼다. 8월 26일 광동 주재 영국총영사는 국민당군이 상단군을 공격한다면 영국 해군이 개입하겠다고 협박했다. 이에 격노한 손문은 영국의 맥도널드James Ramsy MacDonald 수상에게 항의 전문을 띄우고 국제연맹에도 제소했지만 아무런 응답도 받지 못했다.

　사실 국민당군의 무기 압수는 손문이 아니라 사전에 정보를 입수한 보로딘과 장개석의 명령에 따른 것이었다. 분개한 총상회는 무기 반환을 요구하며 항의시위에 돌입했다. 이에 대응하여 보로딘은 공산당 소속 노동자와 농민들을 동원하여 맞불시위에 나섰다. 그런데 손문이 사소한 일로 원대한 계획을 미룰 수 없다며 한 발자국 물러섰다. 때맞춰 북방에서 직봉전쟁이 일어나자 북벌에 나선다며 광동을 떠난 것이다. 그로 인해 보로딘은 분노했고 장개석은 공황상태에 빠졌다.

　그 무렵 소련의 기선 보로포스키호가 대포와 기관총 등 중화기를 가득 싣고 광동에 도착했다. 손문이 보로딘에게 그 무기를 전선으로 보내라고 명령했지만, 장개석은 보로딘을 설득하여 그 명령을 묵살시켰다. 지금은 비상시국인 만큼 손문의 무모한 북벌정책에 장단을 맞춰선 안 된다는 것이었다. 장개석은 손문의 참전 종용을 들은 척도 하지 않았다. 그해 10월 총상회는 20만 원의 자금을 제시하며 압수한 무기의 반환을 요구했다. 소련의 무기로 여유가 있던 손문은 절반만 되돌려주기로 약속했다. 장개석은 손문의 의견에 동의하면서도 탄환은 반환하지 않고, 반환 시기도 소련의 무기 배치가 끝난 뒤로 미루도록 했다.

　1924년 10월 10일 광동에서는 신해혁명을 기념하는 대규모 축하행진이 펼쳐졌다. 황포군관학교 생도들도 거리에 나섰고, 국민당의 노동자단체인 공단군과 학생들도 혁명적인 플래카드를 들고 국민당의 슬로건을 외치면서 행진에 가담했다. 행진 대열은 강변을 따라 나아가다가 총상회의 상단군이 막 반환된 무기를 끌어내리고 있는 지점에 이르렀다. 시위대의 행로가 막히면서 두 집단이 대치했다. 시위대가 상단군에게 길을 열라고 소리치며 밀고 당기던 도중 총성이 울렸다. 양측의 돌발 충돌로 10여 명의 시위대가 상단군의 총에 맞아 사망했고, 수많은 부상자가 발생했다.

　10월 13일 전선에서 사건 보고를 받은 손문이 급히 광동으로 돌아왔다. 보로딘과 장개석은 비로소 눈엣가시 같은 상단군을 처리할 수 있는 기회가 왔음을 알고 서둘러 공격 채비를 갖추었다. 동원 병력은 약 4천여 명으로, 세분하면 황포군관학교 생도 800명, 호남과 운남강무당에서 각각 200명과 500명, 장갑부대 250명, 경찰관 2,000명, 소련군사고문단 전원, 모택동이 지휘하는 무장노농대 320명이었다. 상단군의 규모는 5만 명에 육박했으므로 병력의 차이가 엄청났지만 보로딘과 장개석은 승리를 자신했다. 송자문은 만일의 경우에 대비하여 국민정부의 자금을 모두 배로 옮겼고, 손문을 비롯한 국민당 지도부가 탈출하는 데 필요한 만반의 조치를 취했다.

　10월 14일 화요일 오후 10시, 장개석이 지휘하는 황포군관학교 생도들은 공산당 간부와 노동자들이 합세한 가운데 시내 전역에서 상단군을 공격하기 시작했다. 광범위한 시가전이 펼쳐지면서 시내 곳곳에서 불길과 연기가 치솟았다. 전황은 근대적인 전술과 군사훈련을 받은 국민당 측의 절대 우세로 진행되었다. 그들은 일찍이 보로딘이 진형명 부대를 파괴했던 것처럼 잔혹하고 냉정하게 적을 살육하면서 전진했다.

이튿날 아침까지 상인들은 자신들의 재산이 파괴되고 상단군이 궤멸되는 장면을 지켜보며 전율하지 않을 수 없었다. 결국 그들은 교전이 시작된 지 24시간 만에 백기를 들었다. 일방적인 학살 속에서 간신히 살아남은 상단군 병사들은 황포군관학교 생도들에게 무장해제되어 모진 구타를 당했다.

상단군의 무참한 패배 소식을 듣고 진염백이 조계로 피신하자 영국은 그를 홍콩으로 빼돌렸다. 이틀 뒤 상단의 부단장이 황포군관학교를 찾아와 화의를 청했다. 장개석은 이를 수락하고, 진염백을 비롯한 수뇌부 9명에 대한 수배령을 내리고 상단군을 무장해제하는 선에서 사태를 종결지었다. 장개석은 이날의 승리로 자신의 입지를 굳게 다졌다. 황포군관학교 생도들과 사제지간을 넘어 생사지교를 맺었고, 상단이 소유했던 엄청난 분량의 무기를 황포군관학교에 비축하는 이득을 얻었다.

물론 좋은 일만 있었던 것은 아니었다. 이날 장개석은 죽을 고비를 넘겼다. 전투 도중 학생군 14명으로 구성된 기관총부대를 이끌던 진갱陳□, 천겅: 1903~1961이 상단군 지휘관을 사로잡았다. 진갱은 그 지휘관의 군도를 압수하고는, 격려차 방문한 장개석에게 바쳤다. 그 순간 포로가 된 지휘관이 갑자기 학생군의 틈을 헤집고 들어왔다. 그는 진갱으로부터 자신의 군도를 낚아채어 말을 타고 있는 장개석을 찌르려 했다. 위급의 순간 진갱이 몸을 날려 그자의 손목을 잡아채 바닥으로 내동댕이쳤다. 천만다행으로 목숨을 건진 장개석은 진갱에게 고마워했다. 훗날 국공내전에서 패배하고 대만으로 도피한 장개석은 생명의 은인 진갱이 북경에서 인민해방군 대장으로 임명되었다는 소식을 듣자 몹시 기뻐했다고 한다.

이른바 피의 수요일은 장개석에게 눈부신 승리를 안겨주었고, 광동의 상인들에게는 근대적인 군대의 위력을 실감하게 해준 하루였다. 보로딘이 만들고 장개석이 훈련시킨 군대는 기계처럼 효과적으로 움직이며 적을 제거했고, 소련인 고문들은 중간에서 톱니바퀴처럼 그들의 전술을 완벽하게 조율했다. 손문은 참전명령을 거부한 장개석의 태도에 기분이 상했지만 자신을 괴롭히던 강력한 장애물을 단번에 해치워주었으므로 달리 할 말이 없었다.

손문의 최후

1924년 2차 직봉전쟁에서 동북군벌 장작림과 합세하여 일거에 북경을 점령한 서북군벌 풍옥상은 보로딘을 통해 소련에 원조를 요청했다. 아울러 그는 손문을 북경으로 초청하여 전국 대총통으로 추대하겠다는 뜻을 밝혔다. 소련은 그의 요청을 받아들여, 소련 교관과 고문단이 막대한 무기와 원조물자를 북경으로 실어 날랐다. 그 무렵 58세의 손문은 소화기 계통의 질환으로 사경을 헤매고 있었다.

손문은 광동을 떠나기 전에 주변을 정리하고 주요 부관들을 정부 요직에 임명했다. 상해의 보수파를 안심시키기 위해 우파인 호한민을 대원수 대리로 지명했다. 그해 11월 17일 손문은 송경령과 보로딘, 18명의 국민당원과 함께 광동을 떠나 일본의 고베에 기착했다. 일본 정부는 공식만찬을 열어 그를 환영하는 척했지만, 내심으로는 소련과 밀월관계에 있는 그를 달갑잖게 여겼다. 손문은 고베의 강연회에서 그런 일본의 태도를 꼬집었다.

"오늘날 일본에게 놓인 문제는 서유럽 패도의 앞잡이가 되느냐, 동양의 자강의 성채가 되느냐이다. 일본 국민은 어느 쪽을 선택하겠는가?"

12월 4일 천진에 도착한 손문은 장작림과 회담 도중 발작을 일으켜 쓰러졌다. 현지에서 3주 동안 치료를 받고 12월 31일 특별열차 편으로 북경에 도착했다. 하지만 병세가 악화된 그는 북경역에 운집한 10만여 명의 환영 인파에게 한마디도 할 수 없었다.

1925년 1월 20일 협화병원에 입원하여 진찰한 결과 간암이 회복 불가능할 정도로 진행된 상태였다. 사람들은 운신이 불가능해진 손문을 파리강화회의 당시 중국전권대표였던 고유균의 저택으로 옮겼다. 급보를 듣고 친척과 동지들이 찾아왔지만 그에게 가장 중요한 세 사람, 우파의 호한민, 좌파의 요중개, 심복 장개석은 광동의 불안한 정세 때문에 꼼짝도 할 수 없었다.

손문은 북경에서 자신을 대신할 국민당 중앙집행위원회를 구성했다. 그중에는 당대의 미남으로 손꼽히는 왕정위도 있었다. 그는 1910년에 벌어진 순친왕 암살사건으로 체포되어 유명해졌지만 실제로는 그 거사에 참여한 것은 아니었다.

그런데 신해혁명으로 출감한 뒤 그 사건을 자신이 주도했다고 주장함으로써 정치적 위상을 높였다. 왕정위는 원세개의 아들과 의형제를 맺는 등 눈앞의 이익을 위해서는 어떠한 원칙도 버릴 준비가 되어 있는 사람이었다. 그 덕분에 국민당 내부에 많은 추종자들을 거느리고 있었고, 이제 손문의 후계자가 될 수 있는 절호의 기회를 맞이하고 있었다.

손문의 죽음을 앞두고 급조된 중앙집행위원회

왕정위

의 당면과제는 두 가지였다. 첫째, 누구를 대원수로 임명하여 손문의 업적과 과제를 이어갈 것인가. 둘째, 국민당과 소련, 중국공산당과의 합작을 언제까지 유지할 것인가. 위원회에서는 이런 내용을 논의하면서 암묵적인 권력투쟁에 돌입했지만 막상 적임자가 없었다. 보로딘은 이와 관련하여 모스크바의 지령을 요청했으나 답변을 듣지 못했다. 당시 소련에서는 레닌 사후 스탈린과 트로츠키의 치열한 사투가 벌어지고 있는 중이었다.

3월 11일 수요일, 임종을 앞둔 손문의 병상에는 부인 송경령과 장남 손과孫科, 쑨커: 1891~1973를 비롯하여 송자문, 송애령, 공상희 등 송씨 일족들이 도열하여 유언 절차를 지켜보았다. 먼저 왕정위가 손문의 정치적 유언으로 남은 「유촉遺囑」의 초고를 낭독했다. 이 유언장에는 중국의 미래에 대한 그의 애타는 기원이 담겨 있다.

내가 국민혁명이라는 대의에 투신한 지 어언 40년, 그 목적은 오로지 중국인의 자유와 평등을 되찾는 것이었다. 40년의 경험으로 나는 이 목적을 이루기 위해서는 민중이 봉기해야 하며, 세계에서 우리를 평등하게 대우하는 민족과 연합하여 함께 분투해야 한다는 것을 깊이 깨달았다. 혁명은 아직 성공하지 못했다. 모든 우리 동지는 내가 쓴 『건국방략』, 『건국대강』, 『삼민주의』 그리고 「제1차 전국대표대회선언」에 따라 노력을 계속하여 그것을 관철하라. 무엇보다도 내가 최근에 주장한 국민회의 개최와 불평등조약의 폐기가 빨리 실현되기를 기대한다. 이것이 나의 뜻이고 나의 부탁이다.

「유촉」에서 개인적인 내용이라면 자신의 장서, 문헌, 개인소지품과 함께 상해 몰리에르가의 집을 송경령에게 준다는 것뿐이었다. 평생 엄청난 혁명자금을 다

손문의 장례식

루었지만 그가 소유하고 있던 것은 달랑 집 한 채뿐이었다. 이어서 송자문이 나
서서 보로딘과 진우인陳友仁, 천유런: 1878~1944이 준비한 소련에 대한 고별편지를 낭독
했다. 이 내용은 얼마 후 소련의 공산당 기관지〈프라우다〉에 전문이 게재되었다.
유언에 관련된 모든 절차가 끝나자 손문은 이 두 가지 서류에 서명한 다음 간호
사에게 자신을 야전용 간이침대에 옮겨달라고 요청했다.

　3월 12일 오전 9시 30분, 한 시대의 거인이 숨을 거두었다. 북경의 소련공사
관이 반기를 게양하자 중국 전역의 모든 사무소가 뒤따랐다. 하지만 다른 나라의
대사관들은 이튿날까지 침묵을 지켰다. 3월 19일 협화協和병원 내의 교회에서 공
식장례식이 치러졌다. 손문의 유해는 2주 동안 북경 교외의 벽운사碧雲寺, 비윈스에 안
치되었고, 50만 명의 조문객이 다녀갔다. 그는 생전에 남경 교외의 자금산紫金山, 쯔
신산에 있는 명태조의 능 곁에 묻히기를 바랐다. 이런 그의 소원의 이루어지기까지
는 5년여의 시간이 걸렸다.

직봉전쟁

천하를 놓고 싸운 오패부와 장작림

직봉전쟁은 직계군벌 오패부와 봉천군벌 장작림이 두 차례에 걸쳐 중국 대륙을 놓고 벌인 전쟁이다. 제1차 직봉전쟁은 장작림이 완패했지만, 제2차 직봉전쟁에서는 오패부가 완패했다. 그들은 실로 전국시대에 오왕 부차와 월왕 구천 사이에 벌어진 와신상담(臥薪嘗膽)의 고사를 연상케 하는 각축전을 벌였다. 하지만 그처럼 천하쟁패를 다투었던 두 군벌은 장개석의 북벌과 일본의 대륙 침략, 국공내전의 소용돌이 속에서 모래성처럼 흩어지고 만다.

장작림은 청일전쟁 직후 청군에 입대했다가 제대한 후 고향에서 1백여 명의 부하를 이끌고 치안대장을 자처했다. 얼마 후 부하들을 데리고 군대에 편입되어 승승장구하던 그는 손문을 밀어내고 중화민국 대총통이 된 원세개 휘하에서 육군중장으로 승진하고 제27사단장이 되었다.

장작림의 부대는 보병 2

장작림

개 여단과 기병 1개 여단, 포병 1개 여단, 공병과 수송대대까지 갖춘 병력 3만 명의 신식 군대로 변모하면서 만주에서 최강의 무력을 자랑했다. 1916년에는 봉천성장 겸 독군이 되었고, 경쟁자 풍덕린(馮德麟, 펑더린: 1867~1926)의 제28사단까지 장악했으며, 3년 뒤에는 길림성과 흑룡강성까지 진출하면서 '동북왕'을 자처했다.

원세개 사후 북경정부는 환계군벌 단기서가 서세창을 대총통으로 세워두고 일본의 지원을 받아 국정을 농단했다. 그에 맞서 직계군벌 풍국장과 조곤이 힘을 합쳐 권력을 다투었다. 1920년 7월 10일 직환(直皖) 전쟁이 일어나자 장작림은 직계 편에 서서 부하 장작상(張作相, 장쭤상: 1881~1949)과 최정예부대 제27사단을 지원했다. 이때 직계군벌이 열흘 만에 승리를 거두면서 장작림은 중앙정계에 발을 디디게 되었고, 그 인연으로 조곤과 사돈까지 맺었다. 하지만 직계의 실세인 오패부와 불화를 빚으면서 견원지간이 되고 말았다.

오패부

오패부는 청조 말엽 치러진 동시(童試)에 합격하여 '수재(秀才)'가 된 인물이다. 청일전쟁에서 중국이 패배하자 충격을 받은 그는 관리가 아닌 군인이 되기로 결심하고 원세개가 설립한 북양무비학당에 들어갔다. 졸업 후에는 보정육군사관학교를 거쳐 1906년 조곤 휘하의 북양

육군 제3진 포병 제3연대 제1대대에서 장교로 복무했다.

신해혁명 이후 원세개를 토벌하려는 호국전쟁이 벌어졌을 때 오패부는 승승장구하여 여단장으로까지 승진했다. 원세개가 죽은 뒤 북양군은 단기서의 환계(안휘파)와 풍국장의 직계(직례파)로 분열되었고, 1919년 풍국장이 죽으면서 직례독군 조곤이 직임을 승계함에 따라 조곤의 부하였던 그가 실권을 장악했다.

제1차 세계대전이 일어나자 국무총리 단기서는 허울뿐인 대총통 서세창을 압박하여 1917년 8월 독일과 오스트리아에 선전포고했지만 산동성에 주둔하고 있던 독일군과 오스트리아군과 직접적인 전투는 벌이지 않았다. 단기서는 참전을 빌미로 일본으로부터 1억4천5백만 엔의 자금을 지원받아 병력 2만 명으로 3개 사단과 4개 혼성여단을 편성함으로써 직례파를 견제했다. 그리고 손문의 광동정부를 목표로 남벌을 선포하면서 장작림에게 동참을 요구했다. 이에 장작림은 주력인 27, 28, 29의 3개 사단과 1개 혼성여단 5만의 병력을 이끌고 북경에 들어왔다. 이 같은 환계와 봉계의 연합으로 직계는 위축될 수밖에 없었다.

그런데 단기서의 부하인 서수쟁이 봉군에 지급하기로 한 자금 일부를 가로채 개인의 세력 확장에 이용한 것을 알고 장작림이 크게 반발했다. 단기서가 그를 무마하기 위해 군비 100만 원과 3개 혼성여단을 봉군에 편입시켜 사태를 무마했지만 앙심을 품은 서수쟁이 장작림을 암살하려다 실패하면서 양측은 완전히 결별하게 되었다.

한편, 호북을 기반으로 호남을 공략하던 오패부는 단기서의 명령에 불복하고 손문의 광동정부와 휴전에 합의한 다음 "무력통일 반대"를 외치며 낙양으로 진군했다. 직계군벌 왕승빈(王承斌, 왕청빈: 1874~1936)과 소요남(蕭耀南, 샤오야오난: 1877~1926)도 북경 아래 있는 보정으로 가서 조곤과 합류했다. 오패부는 천진에서 장작림을 만나 환계를 격멸하기 위해 동맹을 맺었다.

개전 초기 8개 사단, 5개 혼성여단으로 구성된 환군이 경한(京漢)철도를 따라, 오패부의 제3사단을 선봉으로 1개 사단, 3개 혼성여단으로 구성된 직군을 몰아붙였다. 하지만 장작림의 봉군이 환군의 배후를 돌파하면서 전세가 완전히 역전되었다. 오패부의 제3사단은 환군 제15사단을 격파하고 곡동풍(曲同豊, 취통펑: 1873~1929)이 지휘하는 환군 제1사단까지 포위하여 섬멸시켰다. 이에 서수쟁이 북경으로 도주하자 단기서는 백기를 들었다.

직환전쟁의 결과 단기서가 국무총리에서 물러나고 근운붕(靳雲鵬, 징윈펑: 1877~1951)이 그 자리를 이어받았지만 실세는 직군의 조곤과 봉군의 장작림이었다. 그 후 오패부는 직례, 하남을 비롯하여 호북, 호남성까지 장악하고 양호순열사가 되어 장작림과 동등한 계급이 되었다.

일본은 자신들이 막후 조종하던 단기서가 퇴진하자 차기 주자로 손꼽히는 장작림을 지원하기 시작했다. 한편, 반일주의를 지향했던 오패부는 영국과 미국의 지원을 받고 있었다. 이후 북경정부가 일본으로부터 차관을 들여온 것에 대해 오패부는 장작림의 매국 행위를 규탄했고, 영국과 미국도 동참했다.

1922년 4월 3일 중국 내의 반일 분위기를 끌어올린 오패부는 전국 11개 성의 군벌 500명을 모아 장작림 토벌을 선포했다. 오패부 측의 병력은 7개 사단, 2개 혼성여단으로 구성된 10만 병력이었다. 봉군도 이에 맞서 3개 사단, 10개 혼성여단 등 12만 명의 대군을 동원했다. 9일 동안 치러진 제1차 직봉전쟁에서 오패부는 뛰어난 용병술로 봉군을 대파하여 산해관(山海關, 산하이관)까지 밀어붙였다. 그런데 일본군 측에서 오패부가 산해관을 넘으면 전쟁에 개입하겠다고 협박하는 바람에 봉군을 궤멸시킬 기회를 잃고 말았다.

어쨌든 승리를 거둔 오패부는 북경정부를 장악하고 장작림의 모든 직책을 파직함으로써 봉군의 분열을 획책했다. 그러나 장작상, 오준승(吳俊升, 우쥔성: 1863~1928) 등 봉군 지휘관들이 장작림에 대한 충성을 철회하지 않아 작전은 실패하고 만다. 이후 중국 최강의 실력자로 부상한 오패부는 산해관 이남을 장악하여 중국 전역의 절반을 차지했고, 병력도 50만 명에 달했다. 세계 언론들은 그가 곧 천하의 주인이 되리라 전망했다. 오패부는 대총통 서세창을 몰아내고 여원홍을 추대했다가 다시 그를 몰아내고 조곤을 추대했다. 오패부의 독주가 이어지자 천진파·보정파·낙양파로 삼분되어 있던 직계 내부에서 암투가 일어났다. 천진파와 보정파가 합세하여 오패부의 낙양파를 견제하더니 그들끼리 또 대립했다. 이로 인해 오패부의 천하일통 행보는 자꾸만 더뎌졌다.

한편, 치욕적인 패배를 당하고 산해관 너머로 쫓겨난 장작림은 아들 장학량의 건의를 받아들여 군 현대화에 몰입하고, 군자금 확보를 위해 동3성의 경제부흥에 매진했다. 당시 봉천 외곽에 세워진 병기창은 단일 공장으로는 동아시아 최대 규모를 자랑했는데, 연간 생산량이 대포 150문, 포탄 20만 발, 소총 6만 자루, 중기관총 1천 정에 달했다. 게다가 비행기 300

풍옥상

대와 군함 21척을 보강하여 해·공군력을 대폭 확충했다. 그처럼 장작림은 차근차근 복수의 칼을 갈면서 몰락한 단기서와 손잡고, 오패부 휘하에서 괄시받던 풍옥상[16]을 포섭했다. 이런 상황에서 오패부는 남방의 영토 확장에 골몰했지만 자금 부족으로 제동이 걸렸다.

1924년 9월 상해 외곽에서 환계 군벌 노영상(盧永祥, 루융샹: 1867~1933)의 절강성과 직계 군벌 제섭원(齊燮元, 치시에위안: 1885~1946)의 강소성 사이에 소위 절강전쟁이 일어났다. 제2차 직봉전쟁의 전초전으로 불리는 이 전쟁은 제섭원을 응원하는 손전방의 협공으로 노영상이 패배했다. 절강성이 직군에 점령당하자 장작림은 9월 13일 산해관을 통해 총공격에 나섰다. 제2차 직봉전쟁의 발발이었다. 봉군의 병력은 4개 사단, 13개 여단의 15만 명에 달했다. 이에 대하여 오패부는 토벌령을 내리고 6개성 11개 사단, 1개 독립연대, 11개 여단, 항공기 70대 등 총 25만 명을 동원했다. 봉

16 풍옥상(馮玉祥)은 어린 시절 청군에 입대한 뒤 뛰어난 역량을 발휘하여 장교가 되었고, 직례파 군벌 육건장(陸建章)의 처조카사위가 되었고, 신해혁명 직전에 직례성 난주(灤州)에 주둔한 제20진의 대대장이 되었지만 손문의 혁명 과업에 공감하여 혁명파에 가담했다. 청조가 몰락하자 군대를 만들어 섬서성과 하남성 등지에서 군벌로서의 기반을 다졌다. 제2차 직봉전쟁 당시 장작림과 내응하여 오패부를 몰락시킨 다음 북경을 장악하고 황제 부의를 추방했다. 전성기에 서북 5성(섬서성·감숙성·청해성·영하성·하남성)을 지배하여 '서북왕'으로 불렸다. 장개석의 북벌에 호응하여 국민당에 가입했지만 장개석과의 불화로 두 차례의 장풍전쟁을 치렀고 중원대전에서 패배하여 세력을 잃었다. 중일전쟁 당시 잠깐 참전했다가 해임되었고, 국공내전 말기 미국으로 건너가 장개석의 독재를 비난하며 공산당과 화의를 추진하다가 흑해의 오데사 근해에서 의문의 사고로 사망했다.

군은 개전 초기 장학량과 곽송령의 제1군이 산해관으로, 이경림(李景林, 리징린: 1885~1931)과 장종창의 제2군이 열하(熱河, 러허)를 공략했다.

직군은 봉군의 남하에 대비하여 산해관 일대에 벙커와 요새를 구축했다. 봉군은 압도적인 화력과 공군의 지원에도 불구하고 산해관 돌파에 실패했다. 오패부는 전방에서 봉군의 진격이 지체되는 동안 후방에 해군을 상륙시켜 협공하려 했다. 그러나 곽송령이 구문구(九門口, 지우먼코우)를 기습 점령함으로써 산해관을 돌파하는 데 성공했다. 이때 오패부는 수많은 병력이 남쪽에서 고립되어 자금 부족으로 증원군 투입이 불가능한 상태였다. 엎친 데 덮친 격으로 10월 23일 증원군으로 투입한 풍옥상이 돌연 북경을 점령하고 오패부를 역적으로 선포했다. 분노한 오패부는 1만 명의 병력을 이끌고 북경으로 가다 풍옥상의 공격으로 전멸당하고 만다. 겨우 살아남은 오패부가 소수의 패잔병을 이끌고 남쪽으로 도주함으로써 제2차 직봉전쟁은 장작림의 승리로 귀결되었다.

이윽고 장작림이 대군을 이끌고 북경으로 들어가니, 세력이 약한 풍옥상은 북경 서쪽으로 물러나야 했다. 장작림은 여세를 몰아 노영상과 장종창에게 10만의 병력을 주어 산동성을 장악했고, 상해와 남경, 안휘성까지 점령했다. 바야흐로 천하통일이 눈앞에 다가왔나 싶었을 때 오패부처럼 내부의 분열이 일어났다. 특히 산동성을 점령한 장종창의 무단통치로 주민들의 저항이 심화되었다. 결국 봉군은 손전방이 지휘하는 5개 성 연합군의 공격으로 3개 사단이 궤멸되면서 북으로 밀려났다.

1925년 11월 23일에는 휘하의 곽송령이 반란을 일으켜 충격을 주었다. 곽송령은 봉군 근대화의 주역으로 민족주의적 성향이 강했는데 장작림의 친일 행위에 분개하여 장학량을 추대하려 했던 것이다. 그가 지휘하는 제3방면군의 3개 군단 7만 명의 병력은 봉군 최강의 부대로 연승을 거두지만 일본의 관동군이 개입하면서 한 달 만에 궤멸되고 말았다.

이처럼 장작림이 내분으로 곤경에 처해 있는 사이에 풍옥상이 북경과 천진을 장악했다. 장작림은 위기를 타개하기 위해 직봉전쟁의 적수 오패부와 연합했다. 그 무렵 한구에 근거지를 두고 장강 유역을 호령하고 있던 오패부는 손전방의 추대로 14개 성 연합군 총사령관이 되어 풍옥상을 공격했다. 장작림·오패부·염석산 3개 군벌의 협공에 직면한 풍옥상은 3개월의 항전 끝에 패배하고 감숙성으로 도망쳤다. 이때부터 장작림은 북경을 완전히 장악하고 천하의 주인을 자처했다. 그런 장작림의 앞길에 다시 암운이 드리웠다. 1926년 7월 손문의 유지를 이어받은 장개석이 국민혁명군 10만 명을 이끌고 북벌을 개시했던 것이다.

국민혁명군은 혁명사상으로 무장된 근대식 군대였고, 지휘관들은 황포군관학교에서 장개석이 직접 교육한 엘리트 장교들이었다. 게다가 광서군벌 이종인, 호남군벌 당생지, 산서군벌 염석산, 서북군벌 풍옥상이 가세해 있었다. 장작림은 오패부, 손전방과 동맹을 맺고 80만 명의 대군으로 맞섰지만 돈에 팔려 온 용병들은 사명감으로 똘똘 뭉친 데다 최신식 무기와 전술로 싸우는 국민혁명군의 상대가 되지 않았다. 그해 10월 10일 오패부의 근거지인 무창이 함락되면서 오패부가 패망했다. 11월에는 손전방군이 구강(九江, 주장), 남창(南昌, 난창)에서 대패했다.

장작림과 손전방은 안국군을 결성하고 저항했지만 일찌감치 대세가 기울었다. 1927년 3월, 북벌군은 장종창·손전방 연합군을 격파하고 상해, 남경을 점령했다. 풍옥상의 국민군도 낙양을 점령하고 당생지의 북벌군과 합류했다. 염석산은 부작의(傅作義, 푸줘이)를 선봉으로 북경 남쪽에 있는 탁주(涿州, 줘저우)를 점령하고 북경으로 진격했다.

장작림은 북경에서 대원수 직을 자처하고 최후의 결전에 대비했다. 그런데 과거 오패부처럼 거듭된 전쟁으로 재정이 바닥나자 봉급을 받지 못한 병사들의 탈영과 투항이 이어졌다. 4월 들어 장개석이 산동성을 장악하니 장작림은 결국 장개석과 밀약을 맺고 산해관을 넘어 본거지인 동3성으로 퇴각하고 만다. 이때 일본의 요시자와 겐기치(芳澤謙吉) 공사가 협약을 내걸어 관동군의 도움을 제안했으나 단호하게 거절했다. 이에 관동군은 6월 4일 열차를 타고 봉천으로 돌아오는 장작림을 황고둔(皇姑屯, 황구툰)의 경봉선(京奉線)과 만철(満鉄) 연장선의 입체교차점 사이에서 폭사시켜버렸다.

장작림을 제거한 관동군은 장작림의 총참모장으로 친일 성향을 갖춘 양우정(楊宇霆, 양위팅: 1886~1929)을 후원하려 했지만 부음을 듣고 서둘러 돌아온 장학량이 권력을 장악했다. 그 때문에 만주를 석권하려던 일본의 야심은 만주사변이 일어난 1932년까지 미뤄졌다. 상황 판단이 빠른 장학량은 새해를 앞둔 12월 29일 동북역치(東北易幟)[17]를 선언하면서 북벌군을 이끌고 북상하던 장개석에게 투항하고 동북 3성의 통치권을 보장받았다. 이후 동북군은 반장전쟁 말기에 관내에 들어와 풍옥상과 염석산을 굴복시키고 화북 일대를 차지했지만, 관동군이 만주사변을 일으키고 만

---

17   역치(易幟)란 '깃발을 바꾼다.'는 뜻으로 승자에게 싸우지 않고 복종하는 중국의 전통적인 항복 표현이다.

주국을 세워 동북지역을 장악하고, 군벌들의 공세로 북경과 천진을 제외한 기반 지역을 잃자 장개석에 의해 섬서성(陝西省, 산시성)으로 파견되어 국공내전에 동원되었다.

오패부는 1930년 장개석의 독재에 반발한 풍옥상·이종인·염석산 등이 연합하여 반장전쟁을 일으켰을 때 사천에서 거병하여 재기를 노렸지만 장개석의 명령에 따른 사천군벌 유상의 재빠른 진압으로 실패했다. 이후 오패부는 북경으로 가서 장학량에게 의탁하는 가련한 신세로 전락했다. 1937년 7월 7일 노구교사건으로 중일전쟁을 일으킨 일본은 오패부를 끌어들여 화북에 괴뢰정권을 수립하려 했지만 반일주의자였던 오패부는 일거에 거절했다. 남경 괴뢰정권을 이끌던 왕정위 역시 오패부를 회유하려 했지만 실패했다. 1939년 12월 4일 오패부는 충치 치료를 위해 일본인 병원에 입원했다가 의문의 죽임을 당한다.

제 3 부

장개석의 중화민국

손문의 죽음과 함께 국민당은 내부 분열과 정권 다툼으로 얼룩졌다. 중산함사건을 통해 전격
적으로 광동정부의 권력을 움켜쥔 장개석은 스탈린의 암묵적인 동의하에 북벌을 개시했다.
무한정부의 출범과 함께 정부 내에 소련과 공산당의 입김이 강해지자 장개석은 국민당 우파
와 청방의 도움으로 쿠데타를 일으켜 일거에 정권을 장악했다. 남경에 정부를 세운 그는 반
공을 빌미로 백색테러를 자행하면서 공산당 축출에 나섰다. 스탈린과 트로츠키의 권력투쟁
이 한창이던 소련은 무한정부를 외면함으로써 중국혁명에 대한 주도권을 장개석에게 내주고
말았다. 중국공산당은 1927년 한 해 동안 상해의 봄, 남창의 여름, 호남의 가을, 광동의 겨울
등 사계절에 걸친 봉기가 모두 실패했다. 결국 당 서기 주은래는 당 중앙을 상해로 옮겨 지하
당 활동을 개시했고, 모택동과 주덕은 홍군을 이끌고 정강산 일대에 숨어들어 무력투쟁에 돌
입했다.

손문의 후계 투쟁

요중개의 암살과 장개석의 약진

손문의 죽음은 안팎으로 수많은 난제를 양산했다. 이를 예견한 보로딘은 장례식에도 참석하지 않고 서둘러 광동으로 내려갔다. 손문은 북경으로 가기 전에 진형명 토벌작전을 개시할 예정이었다. 이 작전은 소련에서 새로 파견된 군사고문 갈렌의 작품이었다. 갈렌은 매우 저돌적인 성품을 지녔는데, 지붕 없는 자동차의 발판에 권총을 치켜든 경호원을 매달고 거리를 질주하곤 했다. 하지만 그는 병사들에게 추상같은 군기를 강조하여 장개석의 마음을 흡족하게 했다.

이때까지 국민당 내부에서 장개석은 손문의 후계자로 여겨지지 않았다. 선두주자는 당연히 우파 호한민, 중도파 왕정위, 좌파 요중개였다. 상해 청방의 우두머리 두월생도 우파에 막강한 발언권을 가지고 있었지만 직접적으로 국민당의 지배권을 차지할 가능성은 전무했다. 그 때문에 두월생은 자신의 야심을 대신 충족시켜 줄 수 있는 인물을 물색했다. 그가 염두에 두고 있는 인물은 15년 동안 후

요중개

원해온 장개석과 오랜 동료 장정강이었다. 어쨌든 보로딘이 버티고 있는 한 반공주의자가 선택되기는 힘든 상황이었다.

그 무렵 국민당의 선두주자는 요중개였다. 그는 보로딘이 가장 아끼는 인물로 누구에게나 인정을 받았으며, 특히 손문의 미망인 송경령이 좋아했다. 요중개와 비교해볼 때 우유부단한 기회주의자 왕정위는 권력을 휘두를 만한 강단이 없었고, 호한민은 왕정위와 경쟁하면서 자신의 역량을 낭비하고 있었다.

요중개는 샌프란시스코 상인의 아들로 일본 유학 도중 손문의 혁명 대열에 동참했다. 좌파의 선두주자로 나선 그는 철저한 사회개혁을 외쳤다. 요중개는 재산에 대한 욕망이 오랜 세월 중국을 좀먹었다고 판단하고 자본주의를 제한하며 농민에게 토지를 나누어 주고, 소비조합을 통해 공산품을 소비할 수 있도록 해야 한다는 신념을 갖고 있었다. 또 농민을 근간으로 하는 광범위한 민주주의를 역설했다.

이런 주장은 1920년대 중국의 공산주의자들에게도 과격하게 비쳤다. 공산주의자들은 러시아혁명을 모델로 도시노동자에 토대를 둔 혁명을 추구하고 있었다. 당시 국민당을 살리기 위해 모스크바의 원조를 받으라고 손문을 부추긴 사람이 요중개였다. 보로딘은 이런 요중개를 광동정부의 차기 지도자로 낙점하고 어떤 일이든 그와 상의했다. 손문이 세상을 떠났을 때 요중개의 위치는 황포군관학교 정치위원 겸 국민당 광동성장이었다.

국민당에서 손문의 후계자를 결정하기 위해 중앙위원회가 소집되었다. 하지만 결론을 내리지 못하고 왕정위·호한민·요중개의 삼두체제를 승인했다. 왕정위는 주석, 호한민은 외교부장, 요중개에게는 행정권이 주어졌다. 이는 보수적인 국민당 내부에서 좌파가 약진한 모양새로 비쳤다.

1925년 봄과 여름에 걸쳐 남부에서 노동운동이 거세게 일어났다. 공산당과 국민당 좌파는 노동자와 학생들을 끊임없이 선동했다. 더불어 반외세 시위가 요원의 불길처럼 번졌고, 이에 수입이 줄어든 공장주, 은행가, 외국 상인들이 격렬하게 반발했다.

그해 5월 5일 상해방직공장에서 일본인 감독이 파업 중인 노동자를 사살하자, 5월 30일 공산당 주도하에 항의 시위가 일어났다. 이른바 5·30사건이다. 흥분한 군중의 대규모 시위로 확산되자 공동조계의 경찰이 진압에 나섰고, 합세한 영국경찰이 시위대를 향해 발포하여 12명이 죽고 50여 명이 부상당했다. 전국에서 동조파업과 시위가 줄을 이었다.

6월 23일 광동에서 52명의 시위대가 영국인과 프랑스인에게 사살되면서 중국인들의 영국에 대한 깊은 증오심이 되살아나 홍콩의 장기간 파업을 불러왔다. 이에 홍콩의 우파 신문은 국민당 좌파 지도자를 암살하라는 기사를 싣기까지 했다. 영국은 송자문에게 파업을 멈추게 해준다면 1000만 달러의 차관을 제공하겠다고 제안했다. 그러나 국민당 좌파와 우파의 권력투쟁이 표면화되는 것을 보고 금세 제안을 철회했다. 이를 기화로, 장개석을 후원하는 우파들은 당내 좌파를 몰아내기로 작정하게 된다.

상해에서 공산당의 영향으로 새롭게 발족한 노동조합 총공회[1]는 1년에 500회가 넘는 파업을 벌였다. 총공회의 출현은 청방이 지배하고 있던 노동조합에 직접적인 위협이었다. 두월생이나 황금영은 자신들이 움켜쥐고 있던 노동자에 대한 권리를 어떤 누구와도 나누어 가질 생각이 없었다. 당시 두월생은 중국 내에서 가장 일사불란한 조직을 지닌 반공주의자였다. 그가 현 상황을 타개하기 위해 행동에 나섰다. 이런 불길한 움직임의 첫 단계는 장정강의 상해 파견이었다.

1925년 8월 20일 요중개가 국민당 중앙위원회 회의에 참석하기 위해 자동차를 타고 광동에 도착했다. 그가 차 문을 열고 땅에 발을 디디는 순간 다섯 명의 남자가 나타나 총탄 세례를 퍼부었다. 전도유망하던 국민당 좌파 지도자가 현장에서 즉사하는 장면이었다. 범인은 끝내 드러나지 않았는데, 일각에서 우파인 호한민의 소행이라는 풍문이 떠돌았다. 그 때문에 신변에 위험을 느낀 호한민과 가족 친지들은 광동을 떠나 국내와 블라디보스토크 등지로 뿔뿔이 흩어졌다.

보로딘과 장개석은 정황상 내부 소행으로 단정하고 체카 방식으로 범인 색출에 나섰다. 그 결과 한 명의 용의자가 끌려왔다. 그런데 심문 도중 장개석이 권총으로 사살해버렸다. 요중개의 암살에는 청방의 그림자가 어른거렸다. 이 사건의 최대 수혜자는 다름 아닌 장개석이었기 때문이다.

좌파 지도자가 죽고 우파 지도자가 광동에서 사라지자 국민당 지도부에 공백이 생기면서 기묘한 상황이 벌어졌다. 1926년 5월 29일의 국민당 상무위원회에서 장정강이 주석으로 선출되었다가, 몇 주 뒤에 장개석이 그 자리를 넘겨받았다. 이로써 황포군관학교 교장에 불과했던 장개석이 일약 손문의 후계자로 자리매김하게 된 것이다.

---

1   중화전국총공회(中華全國總工會). 배일운동이 한창이던 1919년 러시아혁명의 영향을 받은 중국의 노동자계급이 중국노동조합 서기부를 발족했고, 1925년 5·30사건 이후 중국공산당의 주도로 광주에서 열린 제2회 전국노동대회에서 총공회가 결성되었다.

사실, 이런 갑작스런 상황 변화는 국민당 우파집단의 술수였다. 요중개 암살 사건이 일어나고 석 달 뒤인 1925년 11월 8일 두월생과 장정강, 대계도 등 국민당 우파 인사들은 손문의 유해가 안장된 북경 교외 서산의 벽운사에서 비밀회합을 갖고 국민당의 미래를 위해서는 공산주의자와 중도파 왕정위를 축출해야 한다는 데 동의하고 장개석을 새로운 지도자로 낙점했던 것이다.

그들은 왕정위를 몰아내는 작업에 전력을 기울였다. 당시 왕정위는 일시적으로 국민정부를 이끌고 있었지만 공산주의자들을 상대하기에는 역부족이었다. 왕정위는 정부의 요직에 주은래 등을 임명하려 했다. 우파들의 입장에서 보면 그것은 중국을 볼셰비키에게 넘겨주는 것과 같았으니, 그들에게 연장반왕[2]은 실로 급선무였다.

작전의 주모자 중 한 사람인 장정강이 광동 정계의 전면에 모습을 드러냈다. 오랫동안 국민당을 후원하던 그의 등장에 많은 사람들이 호의를 보였고 초면인 왕정위도 환영의 뜻을 표했다. 지병으로 휠체어 신세를 지고 있던 장정강은 우유부단한 중도파의 권력을 빼앗아 장개석에게 넘겨줌으로써 공산주의자들과 좌파에 한 방 먹일 준비를 하고 있었다.

1926년 초반, 장개석은 공산주의자인 이지룡李之龍, 리즈룽: 1897~1928 해군국장이 지휘하는 중산함中山艦에 주목했다. 중산함은 장개석이 평소 황포와 광주를 오갈 때 이용하던 해군 함정 중 하나였다. 장개석은 왕정위가 이지룡에게 자신을 납치하여 블라디보스토크로 보내라는 밀명을 내렸다는 정보를 입수했다. 장개석은 중산함이 광주에 와 있을 때 왕정위가 수차례 전화를 걸어 황포에 언제 가는지

---

2   연장반왕(聯蔣反汪): "장개석을 옹호하고 왕정위에 반대한다."

묻는 것을 보고 의심이 가중되었다. 결국 장개석은 중산함을 공격하기로 결심하고 때가 오기만을 기다렸다. 마침 보로딘이 북경에서 열리는 회의에 참석하고 모스크바로 가기 위해 2월 4일 레닌호를 타고 광동을 떠나자 공산당의 경계가 느슨해졌다.

3월 19일 밤, 중산함이 황포 앞바다에 정박했다는 보고가 들어왔다. 장개석은 이튿날인 3월 20일 저녁, 황포군관학교 병사들을 소집하여 전격적으로 중산함을 습격하여 이지룡과 선원을 체포하고 황포군관학교의 정치공작원 전원과 소련고문관 전원을 구금했다. 이때 장개석은 자신에게 반감을 품고 있던 소련고문단 주임 키상가Kissanga를 광주에서 쫓아버렸다. 이어서 광동과 홍콩에서 노동쟁의를 선동하던 공산당 사무소를 접수하고 각종 무기와 서류 일체를 압수했다. 날이 밝기 전에 장개석은 광동 시가를 완전히 장악했다.

이 사건이 세칭 3·20사건, 혹은 중산함사건으로 일컬어지는 장개석의 쿠데타다. 최근 연구결과에 다르면 왕정위나 이지룡의 장개석 납치 계획은 없었던 것으로 밝혀졌다. 하지만 장개석은 자신이 저지른 일을 끝까지 밀어붙였다. 갑작스런 그의 정변에 기겁한 국민당 지도부는 중앙위원회 긴급회의를 소집하고 다음과 같이 무기력한 결의문을 채택한 다음 해산했다.

장개석이 항상 혁명에 분투해왔음을 감안하여 이번 사건에서 자신이 저지른 잘못을 깨닫기 바란다.

왕정위는 송자문의 조폐창에서 지병을 핑계로 장개석에게 국민당의 당인을 넘겨주고 요양을 핑계 삼아 프랑스로 떠났다. 공산당의 주요 인물들은 종적을 감추었고 소련 고문단도 광동에서 떠날 채비를 갖추었다. 그런데 며칠 후 장개석이 갑자기 사과문을 발표하면서 이지룡을 비롯하여 체포했던 공산주의자들을 모조리 석방했다. 모든 것이 오해에서 비롯되었다며 책임자 처벌까지 약속했다. 이것은 분명 그의 스타일이 아니었다. 사태를 해결하는 과정에 청방의 입김이 고스란히 배어 있었던 것이다.

국민당의 고삐를 움켜쥔 우파들은 중도파를 실각시켰지만 좌파의 핵심 세력과 중국공산당을 제외하고 독자적으로 당면한 중국 문제를 해결하기에는 힘이 부쳤다. 북벌을 눈앞에 둔 시점에서 귀중한 소련의 원조나 공산당의 조직력을 버리고 싶지 않았다. 국민당은 5월 15일 열린 중앙집행위원회에서 예정된 수순대로 장개석을 당수로 지명했다. 장정강이 중앙집행위원회 주석대리로 임명되면서 당의 모든 결정은 두 사람이 좌지우지하게 되었다. 장개석은 북벌계획이 승인되고 비상대권까지 쥐면서 국민정부의 모든 기구를 장악했다. 거기에는 병기공장, 정치부, 육군과 해군의 군관학교 등이 포함되었다.

장개석의 전격적인 정권 탈취에 대하여 소련에서는 별다른 반응을 보이지 않았다. 레닌이 죽은 뒤 경쟁자 트로츠키를 밀어붙이고 있던 스탈린은 장개석의 쿠데타를 애써 모르는 척했다. 소련이나 서방의 공산주의 언론매체들은 중국의 정변 소식을 전혀 다루지 않았다. 코민테른의 지도부도 마찬가지였다. 그들은 비공산세계의 장개석 관련 기사를 일체 부정했다. 미국의 〈데일리 워커Daily Worker〉는 "광동에 정변 따위는 없다."고 단언했다.

보로딘이 광동으로 돌아왔을 때 장개석은 그간의 정황에 대해 사죄하면서 당내의 균형을 맞추기 위해 우파를 숙청하겠다고 제안했다. 하지만 그것은 정부에 남아 있는 온건우파를 쓸어버리려는 술수였다. 청방에 보호비를 치르지 않는 정적들을 목표로 삼은 것이다.

　장개석이 보로딘에게 우호적인 태도를 취한 데는 다양한 해석이 있다. 그 무렵 광동에서 활동하던 기자 조지 스콜로프스키는 장개석이 자신의 북벌계획을 반대하면 러시아인들을 추방하겠다고 협박하자 보로딘이 굴복했다는 주장을 펼쳤다. 중국공산당의 실패는 트로츠키의 실패이지 스탈린의 실패가 아니라는 것이다. 보로딘이 스탈린의 지시에 따라 장개석이 싫어하는 소련인 고문을 돌려보낸 것에 대하여 트로츠키는 이렇게 언급했다.

　"사형집행인의 역할을 맡기 위해 장개석은 세계 공산주의라는 외투를 원했고, 마침내 그것을 얻었다."

　한편, 훗날 스탈린의 전기작가 루이스 피셔Louis Fischer는 장개석은 용기가 없어 자신의 행위에서 비롯된 결과에 겁을 먹었다고 분석한다. 하지만 이는 다소 편파적인 시각이다. 국민정부에서 유혈사태가 일어나면 득을 보는 것은 광동의 군벌들뿐이었다. 그러므로 장개석과 보로딘은 묵시적으로 이 문제를 국민당 군대가 장강 연안에 이를 때까지 미루어놓았던 것으로 볼 수 있다. 이는 중국공산당의 무기력과 소련의 무대책을 확인한 청방이 더 큰 덫을 놓기에 안성맞춤인 상황이었다. 장개석은 공산주의자들이 그 덫에 걸릴 때까지 무슨 일이든 그들과 협상했다.

　얼마 후 장개석은 매파를 통해 과부가 된 송경령에게 청혼했다. 송경령은 당혹할 수밖에 없었다. 그가 송미령과 결혼하고 싶다며 남편 손문에게 애원했던 일이 엊그제 같았기 때문이다. 장개석과 그의 후원자들은 손문의 명망과 송씨 집안의 재력을 움켜쥐고 싶은 욕망에 그렇듯 코미디 같은 행동조차 서슴지 않았다. 송경령과 인터뷰했던 미국 기자 에드거 스노[3]는 그 우스꽝스런 청혼의 결과에 대하여 이렇게 썼다.

"그녀는 그것이 정치일 뿐 사랑이 아니라며 거절했다."

무한정부의 출범

1926년 여름부터 북벌이 시작되었다. 최초의 목표는 동북방 약 1만km 지점의 장강 연안이었다. 북벌군은 두 갈래로 진행되었다. 공산당과 좌파가 주력인 서북방면군은 소련인 전술가 갈렌 장군과 함께 무한을 목표로 빠르게 진격했다. 장개석의 황포 부대를 주축으로 하는 동북방면군은 남창과 상해 쪽으로 진로를 잡았다.

서북방면군에 속한 공산당 간부들은 행군 도중 도시나 농촌에서 봉기를 선동했다. 현지에 할거하고 있던 작은 군벌이나 북방 군벌들은 그들이 미리 침투시킨 농민 첩자나 공산당원의 공작으로 인해 내부에서 무너졌다. 그 과정에서 철도 노동자와 전신노동자들은 교통과 통신을 두절시킴으로써 외부와의 연락을 차단했다.

공산당은 치밀한 준비를 통해 지주와 군벌을 응징했다. 그 과정에서 간혹 농민들은 해묵은 원한을 풀기 위해 지방의 토호들을 잔인하게 살해하기도 했다. 국민당 보수파는 이런 상황에 우려를 표명했지만 장개석의 동북방면군은 느긋하게 전투를 피하면서 진군했고, 휘하의 공산당 간부에게는 지주나 유지에 대한 보복

---

3 에드거 스노(Edgar Parks Snow)는 미국의 기자로 1928년부터 13년 동안 중국에서 활동했다. 서방기자로는 최초로 모택동을 직접 취재하여 『중국의 붉은 별』을 출간했다.

행위를 금지했다. 이에 대한 공산당의 응답은 1927년 3월에 작성된 모택동의 「호남농민운동 고찰보고」에 다음과 같이 요약되어 있다.

> **농민들은 조금도 미친 것이 아니다. 누가 나쁘고 누가 나쁘지 않은가, 누가 가장 심하고 누가 덜한가, 누구는 호되게 처벌하고 누구는 가볍게 처벌해야 하는가 하는 계산을 농민들은 매우 정확하게 했다. 올바르지 않게 처벌하는 경우는 좀처럼 없다. 혁명은 손님을 맛있는 식사에 초대하는 것도 아니고 문장을 다듬거나 그림을 그리거나 수를 놓는 것도 아니다. 혁명은 그렇게 고상하고 느긋하게, 차분하고 얌전하게, 정중하고 부드럽게, 우아하고 조심스럽게 하는 것이 아니다. 혁명은 폭동이며, 한 계급이 다른 계급을 쓰러뜨리는 투쟁이다.**

모택동은 이미 두 해 전인 1925년 12월 「중국사회의 계급 분석」, 이듬해에는 「국민혁명과 농민운동」이란 글에서 "만약 촌락에서 농민들이 들고 일어나 봉건적인 지주계급의 특권을 타파하기 위해 싸우지 않는다면, 군벌이나 제국주의의 세력을 결코 물리칠 수 없을 것이다."라며 혁명이 농민에 의해 달성되어야 한다고 결론지은 상태였다.

이와 같은 공산당의 혁명에 대한 인식과 활동은 장개석의 의도와는 완전히 다른 것이었다. 장개석은 공산당에게만 피를 묻히게 하고 자기의 손은 깔끔하기를 원했다. 서북방면군의 과격한 행보는 공산당과 좌파가 농촌에서 무자비한 살육을 자행하고 있다는 인상을 주었다. 상대적으로 장개석의 온건한 태도는 외국인들에게 이성적이고 책임 있는 유일한 군인으로 비치기에 충분했다. 군대의 무책임하고 잔인한 행위에 대한 비난은 모조리 좌파의 몫이 되었던 것이다.

그해 10월 무한을 함락시킨 국민당의 진보파와 공산주의자들은 호남성과 호북성을 지배하게 되었다. 마침내 국민정부는 신해혁명의 발상지인 무한으로 본거지를 옮겼다. 광동을 떠난 제1진에 보로딘, 송경령과 아들 손과, 진우인, 송자문이 포함되어 있었다. 이들은 좌파 군인 몇 명과 소련인 고문을 대동하고 열차로 북상했다가 종점에서 가마를 타고 적지를 피해 육로로 나아갔다. 중도에 거룻배와 정크선, 당나귀도 탔지만, 대부분 굵은 빗발, 하천의 거센 물살, 진창길을 뚫고 걸어가야 하는 힘든 행보였다. 그들이 무한에 도착하자 노동자로 구성된 정예 대군이 열렬하게 반겨주었다. 아울러 30만 명의 지지자들이 대규모 환영시위를 벌였다. 하늘에는 축하비행이 펼쳐졌고 폭죽소리가 귀청을 뚫을 것만 같았다. 이제 무한은 프롤레타리아의 도시가 되었다.

1927년 1월 3일 무한의 시민들은 한구에 있는 영국조계를 점령했고, 다른 무리들은 구강의 영국조계를 빼앗았다. 무한정부는 이를 위대한 중국인들의 승리로 규정했다. 어쩔 수 없이 두 조계를 포기한 영국은 가장 중요한 상해조계를 지키기 위해 대규모 원정군을 동원했다.

이때 동북방면군을 이끌던 장개석은 남창을 임시 거점으로 삼고 청방과 긴밀하게 연락을 주고받았다. 그들은 좌파와 공산주의자들이 무한처럼 상해에서도 대중봉기를 획책하고 있음을 간파했다. 그 무렵 상해의 공산주의자들은 스탈린의 새로운 지시 때문에 투쟁방법과 목표에서 혼란을 겪고 있었다. 하지만 그들은 1926년 10월 노동자와 공산당 간부들을 중심으로 봉기를 계획했다. 장개석의 주력군이 상해에 도착하기 전에 위력을 과시한 다음, 그의 도착을 계기로 대규모 봉기를 일으켜 상해를 손에 넣으려는 전략이었다.

첩자들로부터 상해봉기의 정보를 입수한 장개석은 두월생 및 황금영과 논의하고, 청년 장교 유영건紐永建, 뉴용지엔을 상해의 좌파에게 보내 황포 병사로 구성된 특별부대를 봉기에 참여시키겠다고 제안했다. 좌파들은 순진하게도 그의 제안을 환영하여 봉기의 세부 전략을 유영건에게 알려주었다. 청방은 유영건으로부터 입수한 봉기 전략을 당시 상해를 지배하고 있던 군벌 손전방에게 전했다. 그 결과 봉기가 시작되자마자 대기하고 있던 손전방 군대의 기습으로 수많은 노동자와 공산당 간부들이 살해되었다. 그들의 봉기를 지원하겠다던 장개석의 특별부대는 전혀 모습이 보이지 않았다.

거리가 피바다로 변한 것을 본 상해 사람들은 공포에 질린 채 이 모든 것이 공산당 때문이라고 생각했다. 그로 인해 상해의 공산당이 와해될 지경에 이르자 당을 재조직하기 위해 주은래가 급히 달려왔다. 파리 유학 시절 파리코뮌을 답사했던 도시볼셰비키 주은래는 보로딘과 일한 적도 있고 황포군관학교에서 장개석과 일한 적도 있었으므로 그 임무에 적격이었다.

그해 11월 장개석은 구강으로 황금영을 불러들여 밀담을 나누었다. 그들이 지난해 서산회담에서 합의한 전략은 장정강의 연출에 따라 국민당군이 장강 유역에 도착하면서 결실을 맺었다. 이제는 장개석의 군대와 청방의 힘으로 공산당을 매장시키는 절차만 남았다.

상해에서는 좌파와 공산당의 봉기로 벌어진 유혈사태 때문에 볼셰비키에 대한 공포심이 극에 달했다. 바야흐로 국민당군이 들어와 공산당의 만행에 가담할 것이라는 소문까지 번졌다. 겁에 질린 상인들은 가족과 함께 프랑스조계나 공동조계로 피신했다. 조계 주변에는 철조망과 바리케이드가 설치되었고, 중무장한 경찰과 병사, 민병대가 삼엄한 경계망을 펼쳤다.

중국에 진출한 열강은 자국의 이익과 거류민 보호를 위해 30만 명이 넘는 군대를 상해에 주둔시키고 있었다. 영국의 경우 거류민 1명당 군인이 2명꼴이었다. 매일 영국 비행기가 항구 상공을 순찰했다. 그 밖에 미국, 프랑스, 이탈리아, 포르투갈 등의 군함 30여 척이 황포강에 정박한 채 언제라도 무력시위를 벌일 준비를 갖추고 있었으며, 봉기 소식이 전해진 뒤 더 많은 전함이 상해로 몰려오고 있었다. 외국인들은 러시아혁명에 이은 학살과 만행의 기억을 떠올리며 공산당이 상해에서 그와 같은 짓을 자행할 것을 우려했다. 상해의 영자신문 〈노스차이나 데일리뉴스North China Daily News〉는 이런 분위기에 편승하여 연일 공포심을 부추기는 기사를 실었다.

그때까지도 장개석의 의도를 감지하지 못한 좌파와 공산주의자들은 간절하게 장개석 부대의 도착을 기다렸다. 그들은 장개석의 선봉대가 2월 22일 당도한다는 소식이 전해지자 사흘 전인 2월 19일부터 총파업에 돌입했다. 시내에 전차가 끊기고 황포강의 거룻배가 멈췄으며 기선은 발이 묶였다. 우체국의 문도 잠겼고, 남경루의 백화점도 불이 꺼졌다. 공장의 굴뚝에서는 연기가 피어오르지 않았다. 하지만 장개석 부대는 남창에서 한 발자국도 움직이지 않았다. 그들 대신 시내에 진입한 것은 외국 경찰의 지원을 받는 중무장한 경찰부대와 손전방 군벌의 용병들이었다.

경찰과 용병들은 파업을 선동하기 위해 전단지를 돌리는 학생과 소수의 시위자들을 붙잡아 구타하고 목을 잘랐다. 경찰들이 조계 내에서 전단지를 휴대한 학생들을 가려내 밖으로 쫓아내면 기다리고 있던 용병들이 도륙했다. 19일 하루 동안 200여 명이 참수당했다. 희생자들의 머리는 장대 끝에 매달리거나 큰 그릇에 놓여 조리돌림을 당했다. 그런 끔찍한 장면을 목격한 군중들은 소스라치게 놀라며 도망쳤다.

좌파와 공산주의자들이 이런 학살에 대항하면서 이틀 동안 시가전이 벌어졌다. 그런 상황을 예견하고 있던 군벌군은 봉기군을 사방에서 협공하여 살육전을 벌였다. 그러나 봉기군이 애타게 기다리던 장개석의 선봉대는 상해 교외 40km 지점에서 꼼짝도 하지 않았다. 거리에 널부러진 시체들의 손에는 "환영 장개석, 영웅적인 광동군 사령관"이란 전단이 들려 있었다. 몇 주 뒤 봉기군의 학살을 주도한 군벌의 지휘관 이보장李寶章, 리바오장은 그 장개석에 의해 국민혁명군 제8군단장으로 임명되었다.

1927년 2월 19일 장개석은 국민당에서 공산주의자를 일소하겠다고 공식 선언했다. 너무나 많은 이단분자, 반동분자, 반혁명분자들로 인해 혁명 사업이 가로막혔고, 그들이 진정한 동지일 수 없으므로 쫓아낼 때가 되었다고 역설했다. 자신은 손문주의의 충실한 신봉자로서 자신이 제시한 목적과 방법에 반대하는 사람은 적이라고 규정했다.

3월 10일 무한정부는 이런 장개석의 적대적인 발언에 대하여 논의한 끝에, 북벌을 결정하면서 장개석에게 부여한 특별권한을 취소했다. 그러자 장개석은 중앙위원회 위원장 자리에서 사임했다. 하지만 무한정부는 그의 사임을 정식으로 발표하지 않았다. 장개석이 혁명을 포기했다는 사실을 믿고 싶지 않은 좌파와 중도파 간부들이 많았기 때문이다.

상해의 시가전이 잠시 소강상태에 이르자 노동자들은 일터로 돌아갔다. 당시의 상황에 대하여 상해에 머물고 있던 3명의 소련 대표는 코민테른 본부에 불만으로 가득한 보고서를 제출했다. 중국공산당 지도부와 코민테른 대표 보이틴스키가 전력을 다해 이 도시를 탈취할지, 장개석 부대를 기다릴지 결정하지 못한 탓에 공산혁명을 달성하여 국민당에서 힘의 변화를 유도할 수 있는 천재일우의 기회를 놓쳤다는 것이었다.

이윽고 장개석의 지배하에 놓인 지역에서 본격적인 탄압이 시작되었다. 총공회 주석을 처형하고, 공산당원·좌파지도자·학생지도자·노동조합원을 체포했으며, 좌파의 메신저 역할을 하던 국민당 신문의 발행을 금지했다. 좌파가 반발하면 즉시 군대를 보내 진압했다.

장개석은 사령부를 장강에 정박해 있는 포함으로 옮기고 주력부대를 하류 쪽으로 이동시켰다. 제3군은 서쪽에서 서주철도를 따라, 제4군은 남쪽의 항주철도를 따라 진군했는데 아무런 저항도 받지 않았다. 그때 상해에는 군벌이 철수한 뒤라, 조계에 주둔하고 있는 열강의 군대 외에는 실질적인 군사력이 전무했다.

공동조계의 외국인 관료들이 청방과 손잡은 것은 바로 그 무렵이었다. 프랑스조계 행정당국은 하노이의 프랑스식민성에 소속되어 있었는데, 청방을 통해 아편과 헤로인 밀매에 가담했다. 두월생은 프랑스 당국 관리와 조계경찰에 거액을 상납하면서 밀월관계를 유지했다. 프랑스인들은 공산당과 노조의 위협을 두려워했기에, 좌익 척결에 앞장선 청방에 대한 군사지원에 나섰다. 청방은 5천 정의 소총을 준비하고서, 공동조계 공무국 주석인 미국인 스텔린 피센든에게 청방의 부대가 공동조계를 통과할 수 있게 해달라고 부탁했다. 피센든은 즉시 조계참사회의 허락을 받아냈다.

풍부한 무기에 공격로까지 확보한 청방 부대는 좌익과 공산당에 대해 총공격을 개시했다. 좌파는 장개석의 배신을 알아차리고 더 이상 그를 기다리지 않았다. 항주에서 출동한 국민당군이 3월 22일 이전에 상해에 도착할 예정이었으므로 좌파는 3월 20일 밤에 봉기를 일으키기로 결정했다.

주은래는 라파예트가 29번지에 있는 아파트에서 봉기를 지휘했다. 그는 11월의 실패를 교훈 삼아 5천 명의 공산당군을 30명 단위의 소부대로 나누었다. 이들은 점원, 노동자, 실업자들의 도움을 받고 있었지만 무장은 곤봉, 도끼, 단도 정도에 불과했다. 무기고에는 150정의 총기가 있었는데 대부분이 모젤권총이었다.

3월 20일 밤, 약 80만 명의 노동자들이 파업을 선포하고 시위에 나서면서 상해 시가지가 마비되었다. 주은래가 직접 이끄는 300명의 공산당군이 경찰서를 습격하고 전신전화국과 발전소를 탈취했다. 21일 해질 무렵까지 봉기군은 홍구虹口,홍커우, 황포강 하구의 오송吳淞,우쑹과 포동, 프랑스조계 남쪽의 중국인지구, 노동자들이 밀집한 갑북閘北,자베이 등지를 점령했다. 3월 22일 오후, 끝까지 저항하던 군벌부대가 항복하면서 상해는 완전히 좌파와 공산주의자들의 손에 넘어갔다.

장개석의 부대가 도착한 것은 바로 그 무렵이었다. 노동자들에게 동정적이었던 병사들은 도시 교외에서 대기하라는 상부의 명령에 불복하면서 지휘관들에게 참전을 요구했던 것이다. 국민당군의 선봉대가 상해의 마크햄가에 나타나자 갑자기 사태가 진정되었다. 그들이 피아간 어느 편에 설지 아리송했던 것이다.

한편, 장강 하류로 이동하던 장개석군은 안경과 총호 두 도시를 점령한 뒤 남경 공략 채비를 갖추었다. 남경에서도 청방의 폭도들이 노동조합회관을 습격했고, 좌파가 반격하는 사이에 국민당군이 입성하자 시가지가 혼란에 빠졌다. 그사이에 약탈과 방화가 이어졌고 외국인 선교사와 영사관 직원들이 정체를 알 수 없는 폭도들에 의해 살해되었다. 미국 여성 한 사람이 세 명의 병사에게 사로잡혀 강간당할 위험에 처했다가 가까스로 풀려나기도 했다. 이 사건이 남경의 외국인 사회에 널리 퍼졌고, 미국인 선교사가 상해의 신문사에 제보하면서 좌파의 소행으로 보도되어 국제적으로 물의를 일으켰다.

장개석은 포함을 타고 혼란이 극에 달한 남경을 떠나 좌파가 상해를 점령한 지 나흘째인 3월 26일에 도착했다. 상해는 외국인조계를 제외한 전 지역이 주은 래를 주축으로 하는 임시정부의 손아귀에 놓여 있었다. 시내에 있는 장개석의 군대는 그들에 비해 소수였다. 게다가 거기에는 좌파에 동정적인 병사들이 포함되어 있었다.

장개석은 프랑스조계 근처의 옛 외교부 건물에서 황금영을 만나 추후 행보를 논의했다. 이어서 공동조계의 경찰 책임자인 패트릭 깁슨을 찾아가 언제든지 무장경호원과 함께 공동조계로 들어올 수 있는 허가증을 받았다. 이는 국민당의 다른 사람들에게는 절대로 주어지지 않은 특권이었다.

장개석은 또 장정강과 함께 북경대학 전 총장 채원배, 북경고궁박물관 원장 이석증李石曾, 리스청: 1881~1973, 반공학자 오취휘吳稚暉, 우즈후이: 1865~1953 등을 만났다. 오래 전부터 장정강에게 매수된 이석증과 오취휘는 자금성의 보물 목록을 작성하는 위원회에서 보물을 빼돌리는 데 협조했고, 그 공로로 이석증은 고궁박물관 원장까지 올라갔다. 북벌 기간에 이 네 사람은 장개석의 특별고문이 되어 주요 사안을 논의하곤 했다. 장개석은 이 외에도 절강성의 은행가들, 보수파인 상해 총상회 대표와 회담했고, 마지막으로 황금영, 두월생, 청방의 장소림을 불러 공산당으로부터 상해를 되찾을 계획을 짰다.

좌파와 공산당이 상해를 점령했지만 외국인들의 염려와 달리 볼셰비키혁명 같은 유혈사태는 일어나지 않았다. 3천여 명의 노동자들이 중무장한 채 경찰 대신 시내를 활보하고 다녔다. 공산당이 장악한 임시정부는 이때까지만 해도 장개석이 자신들에게 적대행위를 할 것이라고 상상조차 하지 못했다. 그들은 국민당과 동맹하여 연합정부를 구성하겠다는 희망에 젖어 있었다. 그리고 장개석의 속셈을 간파한 사람들도 무력대결보다는 타협에 방점을 찍고 있었다.

3월 30일 항주에서 장개석의 군대와 청방이 함께 노동조합 사무실을 습격하여 폐쇄해버렸지만 상해의 좌파는 이 사건의 심각성을 알지 못했다. 장개석은 "분열은 없다. 국민당원은 단결되어 있다."고 강조하면서도, 상해 도착 다음 날 계엄령을 선포했다. 이에 발맞춰 청방은 노동조합의 힘을 약화시키기 위해 어용노동조합을 만들었다.

그 후 2주에 걸쳐 장개석은 단결을 호소하는 성명을 발표하는 등 과거 중산함사건 때처럼 종잡을 수 없는 발언과 행보를 거듭함으로써 좌우 모두 혼란에 빠뜨렸다. 이에 〈노스차이나 데일리뉴스〉는 3월 28일자 기사에서 "만약 장개석이 공산당으로부터 동포를 구할 요량이라면 더 이상 시간을 미루지 말고 단호하게 행동하라."고 촉구하고, 4월 8일자 기사에서는 "공산당에 대한 어정쩡한 비난들은 변명처럼 들린다.'며 불만을 표했다.

4·12 쿠데타

그 무렵 유럽에 체재하던 왕정위가 귀국하자 장개석은 무한정부의 재정부장 송자문과 함께 회담을 제의했다. 오랜만에 조우한 세 사람은 국민당에서 공산당을 축출한 뒤의 결과에 대한 이익과 손실을 꼼꼼히 따졌다. 그런 뒤 4월 3일 무한정부는 장개석이 국민당 중앙위원회에 완전히 복종하기로 했다는 의미의 전문을 발표했다.

나는 믿는다. 왕정위의 귀국으로 당이 진짜 단결하고, 우리들은 분열하지 않으며,

민족운동의 궁극적 성공을 획득할 것이다.

장개석은 왕정위에게 국민당 주석 자리를 물려주겠다며, 그를 중심으로 국가와 당의 이익에 관련된 모든 사항을 처리하자고 역설했다. 하지만 장개석이 진짜 기다리고 있던 것은 상해 자본가들의 굴복이었다. 장개석과 청방의 세 두목은 이 도시를 인질로 거액의 몸값을 받아내려 했던 것이다. 그들은 공산주의자들의 손으로부터 요새를 되찾는 과정에서 자본가들로부터 최고의 보호비를 긁어내려 했다. 공산주의체제가 되면 모든 것을 다 잃게 된다. 발등에 불이 떨어진 총상회와 은행가 집단, 소규모 동업조합 대표들은 발이 닳도록 장개석의 관저를 들락거렸다. 이런 상황에 대하여 작가 앙드레 말로Andre Malraux는 소설 『인간의 조건』에서 이렇게 묘사했다.

돈을 주기 때문에 장개석이 공산주의자를 해치우는 것이 아니다. 그가 공산주의자를 해치우기 때문에 돈을 주었다.

장개석의 금고에 돈이 넘쳐나기 시작했다. 4월 4일 견직물상조합, 국수제조업조합, 차제조업조합, 은행가연맹, 은행조합 등 50여 개의 상인단체로 결성된 연맹의 대표가 장개석을 찾아와 300만 원의 차관을 건넸고, 며칠 뒤에는 700만 원이 더해졌다. 또 다른 대표들도 찾아와 재량껏 쓰라며 1500만 원을 건넸다. 2주 뒤에는 남경에 온건한 정부를 세우기 위한 자금으로 3000만 원의 차관이 들어왔다. 하지만 이는 공개된 금액일 뿐이었다.

이처럼 상해에서 전개되고 있는 장개석과 우파의 음모는 스탈린에게 낱낱이 보고되고 있었다. 스탈린은 4월 1일 장개석이 소련을 적대시할 준비를 갖추고 있다면서 그가 발톱을 드러낸다면 용서하지 않겠다고 단언했다.

장개석은 약삭빠르게 승부를 걸고 있다. 눈먼 것은 그쪽이다. 우리는 그를 레몬즙처럼 쥐어짜버릴 것이다.

스탈린은 장개석에 관한 많은 정보를 입수하고 있었지만 그에 대한 중국공산당의 무력행동은 허락하지 않았다. 공식적으로 크렘린이나 코민테른은 장개석과의 단결을 강조했다. 프랑스 공산당기관지 〈뤼마르테〉는 장개석의 상해 입성을 세계혁명의 새 단계라고 추켜세웠다. 〈프라우다〉도 비슷했다. 스탈린은 중국의 공산주의자들에게 노동자를 일깨우라고 명령하면서 장개석이 그들을 무장해제할 수 없게 무기를 숨기라고 지시했다. 이 단계에서 스탈린은 중국 공산주의자들을 제물로 삼고자 했던 것이다.

4월 초, 장개석은 돌연 상해에 머물던 휘하 부대에 철수를 명령했다. 이 부대는 노동자 계층에 온정적이었던 바로 그 부대였다. 장개석의 명령에 반발한 지휘관 설악4은 중국공산당 중앙위원회로 달려와 그를 반혁명분자로 체포하자고 제안했다. 그때 장개석의 곁에는 소규모 친위대와 계엄감시부대 외에는 아무도 없었기 때문이다. 하지만 장개석에게 미련을 두고 있던 공산당 지도부는 설악에게

---

4   설악(薛岳)은 광동성 출신으로 항일전쟁 당시 일본군을 가장 많이 죽인 중국 군인으로 일컬어졌다. 자는 백릉(伯陵). 손문과 동향인으로 초기에 국민당에 가담하여 손문에게 절대적 충성을 바쳤다. 장개석과 반목하면서 국민당 내의 비장개석계 군벌로 간주되었다. 국공내전에서 국민당이 패퇴하자 대만으로 도피한 뒤 실권에서 배제되었다. 별명은 아시아의 조지 패튼이다.

병을 핑계로 출발을 늦추라고 권고했다. 그로 인해 기회는 사라졌고, 며칠 후 설악의 부대는 상해를 떠났다.

설악

한편, 북경에서는 서방 외교단의 사전 승인을 받은 봉천군벌 장작림의 병사 500명이 경찰 및 밀정과 함께 소련공사관을 습격했다. 공사관 직원들은 장비를 파괴하고 서류를 불태우려 했지만 미수에 그쳤다. 당시 공사관에 숨어 있던 20여 명의 중국 공산당원들이 체포되었는데, 그중에는 북경대학 도서관장 출신으로 중국공산당 창당 멤버인 이대소와 두 딸이 포함되어 있었다. 이대소는 모진 고문을 당한 뒤 4월 12일 교수형에 처해졌다. 17세에 불과한 딸 필리스도 사흘 동안 고문에 시달린 뒤 죽임을 당했다. 며칠 후 장개석은 모스크바에 전보를 보내 분노와 함께 유감을 표명했다.

상해에서는 공동조계의 사무관들이 소련영사관 주위에 삼엄한 경계망을 펼치고 행인들을 검문했다. 4월 11일 영국과 일본의 군대가 공동조계 안의 좌파 아지트를 습격했고, 조계 바깥에서도 숨어 있던 좌파를 체포했다. 그들은 상해 교외에 있는 장개석의 재판소에 넘겨져 모조리 처형되었다.

4월 12일 새벽 4시, 장개석의 사령부에서 나팔소리가 울려 퍼지고, 해안에 정박하고 있던 포함도 뱃고동을 울렸다. 이를 신호로 사방에서 기관총 소리가 요란하게 퍼졌다. 청방이 공격에 나선 것이다. 청방은 사전에 숙지한 계획에 따라 공산당의 세포조직, 노조사무소, 개인 주택, 노동자 거주 지역으로 몰려갔다.

장개석 휘하의 황포군관학교 정예부대는 시내로 진입하여 청방부대와 합류한 다음 노조 집회장과 공산당이 장악하고 있던 경찰서로 달려가 '공工'이라는 완장을 찬 사람을 제외한 모든 인원을 사살했다. 완장은 청방의 저격수라는 표시였다. 노조 집회장의 좌파가 반격에 나서자 장개석 부대의 병사들은 아군을 가장하여 중재에 나섰다. 그리고 노동자들이 무기를 내려놓는 순간 인근 건물에 숨어 있던 수많은 청방 부대원들이 뛰쳐나와 그들을 때려죽이고 기차 화통에 집어넣어 불태워버렸다.

상해 전 지역이 피로 물들고 공산당 지도부가 산산조각 나는 상황에서 주은래를 비롯한 인사들은 3월부터 좌파의 사령부로 사용하던 상무인서관 건물로 몸을 피했다. 그곳에서 400여 명의 좌파 인사들과 함께 1천여 명의 청방 부대원과 맞서 싸웠다. 하지만 정오 무렵 대부분이 전사하고 주은래는 생포되었다. 그는 처형장으로 끌려가던 길에 극적으로 탈출하여 무한으로 도망친다.

그날 9시간여에 걸쳐 진행된 학살극을 통해 수많은 좌파 인물들이 굴비 엮이듯 거리로 끌려 나와 사살되거나 목이 잘렸다. 트럭에 태워져 용화龍華, 룽화의 국민당군 병영으로 이송되어 처형당한 사람도 부지기수였다. 그 후 장개석 부대와 청방 부대는 상해 주변의 영파, 복주, 하문廈門, 샤먼, 산두汕頭, 산터우, 나아가 광동까지 달려가 똑같은 방식으로 백색테러를 자행했다.

4월 13일 살아남은 상해의 좌파 지도자들이 전 시가의 파업을 호소하자 10만여 명의 노동자들이 일손을 놓았다. 시위대가 장개석의 사령부를 향해 행진할 때 길 양편에 설치된 기관총좌에서 총알세례가 쏟아졌다. 도망치는 시위대를 향해 병사들의 총검이 번쩍였다. 이때의 만행에 대하여 작가 한소음韓素音, 한슈인: 1916~2012은 이렇게 전했다.

다음 주에는 또 8천 명쯤이 살해되었다. 노동자의 아내와 딸 6천 명이 상해의 기생 집이나 공장으로 팔려갔다. 총두목 두월생은 상해에 살고 있는 유럽 여성들의 영웅이 되었다. 장개석은 그를 상해의 기둥이라고 칭송했다. 상해는 장개석과 청방의 손에 떨어졌다. 그리고 몇 달 뒤에는 중국의 주요 지역도 같은 운명이 되었다.

4월 말경이 되자 대부분의 사람들은 장개석이 청방과 거래하고 있다는 사실을 알게 되었다. 그처럼 오랜 세월 음지에서 권력을 쥐락펴락하던 청방은 중국의 혁명 단계에서 나치돌격대와 같은 역할을 했다. 그 무렵 소련의 권력투쟁도 마무리되었다. 트로츠키의 국제공산주의가 몰락하고 스탈린의 일국사회주의가 정립되었다.

공포의 4월 이후 무한정부가 할 수 있는 일이라곤 아무것도 없었다. 정부는 무한에 있지만 무력은 남경에 있었다. 배신자 장개석을 체포하고 싶었지만 명령을 집행할 수단이 없었다. 무한정부의 병력은 북방군벌과 싸우느라 정신이 없었고, 그들의 충성심도 믿을 수 없었다. 얼마 전 상해에서 장개석 체포를 건의했던 설악도 이미 장개석에게 포섭된 상태였다.

사실 무한정부는 좌파라기보다 현상 유지를 바라는 기회주의자들의 본거지였다. 2년 전 요중개가 암살된 후 중앙위원회에 진정한 좌파는 존재하지 않았다. 그나마 좌파라고 규정할 만한 사람은 송경령과 의붓아들 손과, 진우인, 왕정위 정도였다. 나머지는 공산당의 과격한 행동에 겁을 집어먹은 중도와 왕정위에게 기대고 있었다. 보로딘이 반 장개석운동을 벌이려 했지만 이런 기회주의자들 때문에 시도조차 하지 못했다. 실망한 그는 저간의 서류를 모조리 소각하고 중국을 떠나려 했다.

보로딘이 손문과 함께 벌인 성과는 이제 장개석과 청방에게 모조리 탈취당했다. 장개석의 배신은 트로츠키의 불길한 예언이 적중했음을 말해주고 있다. 하지만 스탈린은 트로츠키에 관한 모든 것을 부정해야 했다. 중국의 실패는 트로츠키의 실패여야 했고, 그러기 위해 스탈린은 장개석의 행보를 방조했다.

적색테러의 공포에 떨던 상해의 외국인들은 백색테러가 고개를 쳐들면서 생기를 되찾았다. 그들은 좌파를 비웃는 일이라면 무엇이든 망설이지 않았다. 무한의 부녀협회가 나체시위를 벌였다는 소문도 아무런 검증 없이 보도되었다.

1927년 4월 25일 〈타임〉지는 상해의 학살극을 장개석의 좌파 탄압사건 정도로 치부함으로써 그의 행위를 정당화시켜주었다. 소련에 있던 장개석의 큰아들 장경국이 아버지를 공개 비난하자 이 매체는 그가 크렘린의 영향을 받고 있다고 보도했다.

장경국은 1922년 부모가 이혼한 뒤 상해에서 공부하면서 반제시위에 참가했고, 아버지가 반공학자 오치휘吳稚暉, 우즈후이: 1865~1953가 운영하는 북경의 사립학교로 보냈지만 그곳에서도 반제시위에 적극 나섰다. 소련 유학을 소망하던 그는 1925년 가까스로 장개석의 동의를 얻어 소역자[5]를 따라 모스크바의 손문대학에 들어가 콤소몰[6]에 가입했다. 상해사건은 그가 손문대학을 졸업한 직후 발생했다. 장경국은 〈모스크바신문〉에 이렇게 썼다.

---

5   소역자(邵力子, 사오리즈: 1882~1967)는 감숙성·섬서성 정부 주석, 전국인민대표대회 상무위원회 위원, 인민정
     치협상회의 전국위원회 상무위원 등을 지냈다. 국민당혁명위원회에 참가하여 공산당과의 화평을 주장했고, 국공
     화평회의의 국민당 측 대표로 교섭하던 중 중공정권에 참가했다.

6   콤소몰(Comsomol)은 1918년에 조직된 소련의 공산주의 청년정치조직이다. 청년들에게 공산주의 교육을 실시
     하고 공산당과 국가기관에 적극 참여시키는 것을 목적으로 하는 공산당원 양성단체이다. 대상은 15~26세 남녀로
     서, 가입 당시 학업, 사회노동, 일상의 규율성 등 엄격한 심사를 받았다.

장개석은 내 아버지이자 혁명동지였지만, 이제는 나의 적이 되었다. 며칠 전까지만 해도 혁명가이던 아버지는 이제 반혁명도당으로 굴러떨어져버렸다. 혁명에 관해 번 지르르한 말을 지껄이면서 가장 어려운 시기에 혁명을 배신했다. 장개석을 타도하자! 배신자를 타도하자!

이윽고 백색테러의 손끝은 부유한 상인들에게로 향했다. 상인들은 공산당 을 색출한다는 이유로 병사들에게 붙잡혀가 거액의 군자금 상납을 강요받았다. 이런 반공테러는 상해와 강소성 전역에서 벌어졌다. 그제야 상해의 재산가들은 자신들이 구세주로 받든 장개석이 실제로는 날강도 같은 인간임을 깨달았다. 이 에 대하여 〈뉴욕타임스〉는 다음과 같이 보도했다.

상해와 그 주변 지역의 상인들은 요즘 애처로운 상황에 놓여 있다. 재산 몰수, 융 자 강요, 처형 가운데 어떤 일이 내일 자신에게 닥쳐올지는 장개석의 가슴에서 모두 결정되기 때문에 누구도 마음을 놓을 수가 없다. 상해에 부종휘(博宗輝)라는 대부호 가 있었다. 총상회의 회장이자 중국상업은행 총재, 중국상선회사 총지배인인 그에게 장개석은 1000만 원을 요구했다. 만약 그 요구를 거부하면 당장 그를 체포하고 모든 재산을 몰수하겠다는 암시를 주었다. 부종휘는 공동조계로 도망친 뒤 안전하게 재 산을 지키려고 재산관리를 외국인에게 맡겼다. 그러나 장개석이 청방의 도움을 받아 부종휘의 거의 모든 재산을 찾아내자 마침내 부종휘는 거액을 개인적인 형식으로 기 부해야 했다. 장개석은 이 일을 트집 잡아 총상회의 감독을 두월생에게 맡겼다.

장개석은 단기정부공채를 발행하고 군대와 청방의 조직원들을 동원하여 구멍가게 주인들로부터 은행총재에 이르기까지 모든 사람들에게 채권을 사게 했다. 어떤 부자는 공채 구입을 거절했다가 자식이 유괴당하고, 어떤 상인은 유괴된 일곱 살짜리 아들을 구하기 위해 100만 원을 바치기도 했다. 이런 방식의 강탈은 청방의 오랜 수법이었는데 장개석은 이를 정부 차원에서 사용했던 것이다. 하지만 이것이 끝은 아니었다.

장개석은 매달 군비에 소요되는 2000만 원을 마련하기 위해 자본가들에게 차관을 요구했다. 자본가들은 차관의 상환조건이 담긴 서류에 재정부장 송자문의 이서를 원했는데, 만일 장개석에게서 돌려받지 못할 경우 송자문을 추궁할 수 있기 때문이었다. 하지만 송자문은 장개석의 강탈에 대해 자신이 위험을 떠맡을 생각이 조금도 없었으므로 이서를 거부했다. 이 일로 장개석과 송자문의 관계가 얼어붙었다.

1927년 4월 18일 장개석은 남경에 새로운 국민정부를 수립하고 송자문에게 무한정부와 관계를 끊고 새 정부의 재정부장에 취임해달라고 요청했다. 송자문은 고심 끝에 장개석이 자본가들에게 강탈한 차관에는 이서해줄 수 없다는 성명을 발표했다. 장개석은 다른 사람을 재정부장으로 임명하고는, 송자문의 상해사무소를 폐쇄하고 그의 모든 은행자산을 몰수해버렸다. 이쯤 되자 천재적인 재정 전문가도 그의 앞에 무릎을 꿇을 수밖에 없었다.

국민당과 공산당의 결별

무한정부의 종말

제1차 세계대전이 끝난 뒤 전 세계적으로 혁명에 대한 환멸과 실의가 퍼져갔지만 혁명도시 무한은 언론들의 호들갑과는 달리 매우 평온했다. 소련에서 스탈린과 트로츠키가 극한투쟁을 벌이면서 골수 공산주의자들조차 뿔을 맞대던 시기였다. 지쳐가는 그들에게 장강 연안의 이 공업도시는 혁명에 대한 희망을 건네주고 있었다.[7]

송경령은 바로 이곳에서 남편 손문이 남기고 간 혁명의 씨앗을 갈무리하고 있었다. 어떠한 위협에도 흔들리지 않은 강인함을 지닌 그녀는 장군과 혁명가들

---

[7] 1922년 토니(R. H. Tawney)는 『착취사회(The Acguisitive)』에서 자본주의의 착취성을 고발했고, 칼 클라우스(Karl Klaus)는 『인류 최후의 날들(The Last Day of mankind)』에서 자본주의와 과학이 몰고 온 전쟁의 파괴성을 아마겟돈으로 설명했다. 또 엘리어트(T. S. Eliot)는 「버려진 땅(The Waste Land)」이라는 장편 서사시에서 과학전쟁의 폐허상을 읊었다.

송경령과 손문

이 항복하고 도망치고 침묵하는 현실 속에서도 결코 좌절하지 않았다. 그러나 장개석을 당에서 추방한 이후, 장개석을 지지하는 열강의 압박이 고조되었다. 미국과 영국의 포함이 무한의 대동맥인 장강을 봉쇄하고 쌀, 기름, 석탄의 보급을 차단했다.

1927년 5월 21일 호남성에서 장개석에게 충성하는 국민당 제35군 제33단장 허극상許克祥, 쉬커샹: 1889~1964이 반공의 기치 아래 장사를 점령한 마일사변馬日事變이 일어났다. 분개한 수천 명의 농민들이 장사를 되찾기 위해 공격했다가 큰 피해만 입은 채 물러났다. 불길한 사태가 자꾸만 이어지자 왕정위는 추종자들에게 무한을 떠나 장개석의 보호를 받으라고 권고했다.

공산주의자들은 우리에게 대중과 함께 진군하라고 말한다.…… 대중은 어디에 있는가? 칭송을 한몸에 받던 상해 노동자들의 힘은 어디에 있는가? 또 호남 농민의 힘은 어디에 있는가? 그것은 힘이 아니다. 장개석은 대중이 없어도 저렇듯 강대해지지 않았는가? 대중과 함께 진군한다는 것은 군대를 적으로 삼는 것이다. 소용없는 일이다. 대중과 함께하는 것이 아니라 군대와 함께하는 편이 낫다.

왕정위는 한 해 전 광동에서 받은 치욕을 까맣게 잊어버린 듯했다. 그는 다가을 공포의 시간을 피하기 위해 힘센 쪽에 붙을 생각만 하고 있었다. 5월 21일 스탈린은 보로딘에게 전보를 보내 현지의 토지를 몰수하고, 믿을 수 없는 무한정부 군사령관을 축출하며, 공산당원 2만 명을 무장시키고, 5만 명의 노동자부대를 조직하라고 명령했다.

코민테른의 대표인 인도인 로이M. N. Roy는 스탈린의 또 다른 지령에 따라 전보의 사본을 왕정위에게 보여주었다. 겁에 질린 왕정위는 보로딘을 찾아갔다. 그런 방식으로 장개석과 정면대결했다간 살아남지 못할 터였다. 보로딘은 스탈린의 명령일지라도 실행되기 어렵다며 그를 달랬다. 송경령과 진우인도 그 전문을 보고 깜짝 놀랐다.

6월 중순경 갈렌 장군에 대한 독살 시도가 있었지만 그는 간신히 죽음을 모면했다. 엎친 데 덮친 격으로 전선에서 우울한 소식이 들려왔다. 무한정부 북벌군이 북방군벌과의 전투에서 승리했으나 그 과정에서 병사 1만7000명을 잃는 엄청난 대가를 치른 것이다. 이제 그들에게는 장개석과 대결한 만한 최소한의 병력도 없었다.

무한정부는 풍옥상을 설득하여 최후의 방패막이로 삼으려 했다. 풍옥상은 최근 소련을 방문하여 스탈린으로부터 200문의 포, 200정의 신식기관총, 20만정의 소총 원조를 받았다. 당시 그는 〈프라우다〉에 실린 기고문에서 자신의 군대가 국가의 해방과 국민혁명의 완성을 위해 투쟁할 것임을 천명했다. 풍옥상은 모스크바에서 등소평8, 유백승劉伯承, 류보청: 1892~1986 등과 교유하기도 했는데, 당시의 인연

8   등소평(鄧小平)은 사천성의 농촌에서 태어나 1920년대 공산당에 입당했다. 청조의 근공검학 계획에 참여하여 프랑스에 유학했다. 대장정에 참여하여 혁혁한 공을 세웠고, 중화인민공화국 수립 후 1960년대까지 중앙위원회 고위직에 근무했다. 문화혁명기에 박해를 받았다가 복권한 뒤 1980년 화국봉을 몰아내고 당 주석이 되었다. 4대

으로 등소평은 장개석이 4·12쿠데타를 일으켜 국공합작을 깨뜨릴 때까지 풍옥상의 정치장교로 복무하기도 했다.

송경령을 포함한 무한정부의 대표들과 풍옥상은 정주에서 회담을 시작했다. 이때 풍옥상은 자신의 부대를 이끌고 북벌군에 합류하기로 약속했다. 송경령과 동지들은 비로소 안도의 한숨을 내쉬었지만 이내 뒤통수를 맞고 만다. 풍옥상이 서주에서 장개석과 비밀회담을 한 다음 무한정부에 다음과 같이 통보했던 것이다.

> 여러분과 정주에서 회담할 때 상인 및 지방유지에 대한 압박, 공장주에 대한 압박, 지주에 대한 압박에 대해 논의했다. 대중은 이러한 전제의 폐지를 원한다. 이 상황에서 우리는 새로운 정책에 대해서도 논의했는데 내 의견은 다음과 같다. 이미 사직한 고문 보로딘은 본국으로 돌아갈 것, 무한정부의 집행위원회 구성원 중에 휴식을 위해 외유를 원하는 사람은 허락해줄 것, 그 밖의 사람들 중에 희망하는 자는 남경정부에 참가하도록 할 것. 남경이나 무한이나 서로의 문제를 이해하고 있다고 믿는다. 나라에 지금 중대한 위협이 닥쳐왔다는 것은 두말할 필요조차 없다. 공동의 적과 맞서기 위해 지금이야말로 국민당이 단결해야 한다. 부디 이와 같은 해결책을 받아들여 신속하게 결론을 내려주기 바란다.

7월 12일 송자문이 남경정부의 특사로 무한에 도착했다. 그가 중앙위원회와의 협의 때 공개한 장개석의 전문은 최후통첩이나 다름이 없었다. 공산주의자와

현대화를 실시하여 중국의 개방을 주도했고, 1989년 민주화운동을 진압했다.

보로딘을 즉각 당에서 추방하고 남경과 동맹하지 않으면 뒷일을 책임질 수 없다는 것이었다. 무한정부는 7월 15일 이 결정을 통과시켰다.

그날 밤 송자문은 어머니와 자매들의 협박과 위협, 애원을 이유로 송경령을 회유하려 했지만, 그녀는 이를 단호히 거절했다. 자신은 장개석에게 협력할 뜻이 전혀 없으며, 무한정부가 무너지면 상해로 돌아가 계속 투쟁하겠다고 선언했다.

무한정부의 조치에 따라 공산당원들은 휴직하거나 사직했다. 그들은 강제로 쫓겨나느니 자발적으로 철수할 것을 보로딘에게 건의했다. 그러나 보로딘은 모스크바가 동의하지 않을 것이라며 말렸다. 공산당은 산산조각 나기 시작했다. 당 간부들은 자취를 감추었고 당 사무실은 빈집이 되어버렸다. 이윽고 백색테러가 무한까지 들이닥쳤다. 우파는 치안경찰이나 깡패 집단의 모습으로 공산당 사무실을 이 잡듯 뒤지고 다녔다.

송자문이 또다시 송경령을 찾아가 설득했지만, 그녀는 오히려 장개석에 대한 반박성명을 내고 무한에 머물겠다고 했다. 7월 12일 송자문은 공상희를 통해 장개석에게 암호전문을 보냈다. 거기에는 왕정위가 즉각적인 투항의 대가로 내건 몇 가지 요구사항이 담겨 있었다. 이튿날인 13일 오후 공상희로부터 답신이 도착했다.

"구매자가 요구 가격을 지불하는 데 동의했다는 뜻을 판매자에게 전하라. 기일 안에 상품을 넘기기 바람."

보로딘이 이런 일련의 과정을 모스크바에 보고하자 답신이 왔다.

"무한정부의 혁명적 역할은 끝났다. 그들은 반혁명세력이 되고 있다."

모스크바는 공산당에게 무한정부에서 총퇴각할 것을 지시했다. 무한에 남아 있던 공산당 간부들이 깨끗이 사라졌다. 이제 무한정부에서 꿋꿋하게 버티

등연달

고 있는 사람은 송경령 혼자뿐이었다. 그녀의 뜻에 동조하는 국민당 간부는 등연달鄧演達, 덩옌다: 1895~1931밖에 없었다.

등연달은 황포군관학교에서 교장 장개석의 부하가 아니라 자립파로 처신한 간부였다. 1926년 북벌전쟁에서 총정치부 주임으로 복무했는데 지성과 인품을 두루 갖추어 병사들로부터 많은 신망을 얻었다. 만일 청방이나 모스크바의 참견 없이 지도자를 선발했다면 그가 가장 유력했을 것이다. 등연달은 무한과 남경의 분열 속에서 장개석을 향해 손문의 이념을 찬탈하고 배신한 사람이라고 비난했다. 장개석은 그를 공산주의자라고 맞받아쳤다.

7월 14일 송경령은 장개석의 혁명 찬탈을 비판하는 성명을 발표하고 노동자, 농민을 배척한 혁명은 허위라고 주장했다. 손문의 아내인 그녀의 선언은 장개석 일파가 손문의 이름으로 자기 정책의 정당화를 시도하는 길을 막아버리는 것이었다. 그들은 성명서 공개를 가로막으려 기를 썼지만, 송경령은 〈차이나위클리 리뷰〉에 이를 기고해버렸다.

그럼에도 불구하고 7월 15일 무한정부는 공산당원을 당에서 내쫓았다. 국민당에 남아 있으려면 공산당 당적을 버려야 했다. 보로딘은 종적을 감추었고 송경령과 등연달도 사라졌다. 장개석과 청방, 스탈린과 코민테른의 음모 속에서 광동에서 시작하여 장강 연안을 휩쓸었던 혁명도시 무한의 운명은 그렇게 끝장나고 말았다.

떠 나 는 보 로 딘

무한에서 빠져나온 송경령은 일부 동지들과 함께 밀항선을 타고 상해로 갔지만 그곳에 오래 머물 수는 없었다. 백색테러에 의해 암살되거나 연금될 위험성이 다분한 데다, 장개석이 그녀의 이름으로 화중, 화남 지역의 학살을 정당화할 수도 있었다.

송경령은 한밤중에 노파로 변장하고 프랑스조계의 집을 빠져나왔다. 그녀는 모스크바로 가서 반 장개석 운동을 벌일 작정이었다. 거룻배를 타고 황포강에 다다르자 빨갛게 녹슨 소련 화물선이 기다리고 있었다. 새벽녘 진우인과 두 딸을 만난 송경령은 블라디보스토크로 떠났다.

한편, 보로딘은 한구 강둑에 있는 한 아파트에 몸을 숨기고 있었다. 몇 주 후 소련과 남경정부가 러시아인들의 안전한 출국에 합의하자, 보로딘과 수행원들은 육로인 고비사막을 거쳐 귀국하기로 했다. 송자문은 화북 지방을 통과해야 하는 보로딘 일행을 위해 엄청난 양의 은화를 준비했다. 은화는 갱지로 싸서 국민당 당인을 찍은 다음 나무상자에 넣었다. 이 은화를 챙길 사람은 화북 지역을 지배하고 있던 기독교 장군 풍옥상이었다.

7월 27일 무한에서 보로딘과 일행 30명 그리고 중국인 호위대를 실어 나를 특별열차가 출발 준비를 마쳤다. 악대가 행진곡을 연주하는 가운데 배웅 나온 송자문은 객차 안에서 보로딘과 차를 마시며 작별을 고했다. 왕정위도 우호의 마음을 전하는 중앙위원회의 편지를 건넸다. 열차가 출발하자 악대는 국민당가를 연주하며 그들을 전송했다.

사막의 관문인 정주에 다다르니, 풍옥상이 기다리고 있었다. 풍옥상은 사흘 동안 보로딘을 묶어두고 잔치를 벌이다가 약속된 은화를 지불받자 열차를 출발하게 했다. 보로딘 일행은 풍옥상의 군악대가 연주하는 〈진군하라. 기독교 병사여〉를 들으며 정주역을 빠져나갔다. 철로의 종착지인 영보靈寶,링바오에 도착하여 네 대의 닷지와 한 대의 뷰익으로 갈아타고 동관潼關,통관으로 향했다.

일행이 동관에 도착했을 때 생각지도 않은 등연달이 그들을 맞이했다. 농민으로 변장하여 무한을 탈출한 등연달은 한구와 북경을 잇는 경한철도를 따라 400km를 걸어 정주에 다다랐다가 보로딘 일행의 소식을 듣고 재차 북상하여 동관에서 기다리고 있었던 것이다. 보로딘은 그의 동행을 허락하고 차에 태웠다.

내몽골에 접어들고 만리장성에 다다랐을 즈음, 지난해부터 말라리아와 골절에 시달리던 보로딘의 건강도 눈에 띄게 회복되었다. 하지만 갈 길은 멀었다. 지금까지 1,300km를 왔지만 외몽골의 수도 울란바토르까지는 온 길만큼을 더 가야 했다. 그들은 염석산의 영역인 산서성을 외곽으로 빙 돌아 울란바토르에 도착했고, 사흘 뒤 소련에서 마중 나온 구조대와 조우했다.

보로딘은 비행기편으로 베르프네도힌스크에 가서 시베리아 횡단열차를 타고 모스크바로 향했고, 송경령과 진우인 일행은 블라디보스토크에서 특별열차편으로 모스크바까지 갔다.

그들이 모스크바에 도착했을 때 그곳에서는 또 하나의 비극이 잉태되고 있었다. 레닌 사후 중국에 관심을 기울이던 부하린, 라델, 트로츠키의 운명이 종국으로 치닫고 있었던 것이다. 송경령이 모스크바에 발을 디딘 지 20일도 채 되지 않아 트로츠키는 코민테른 집행위원회에서 추방되었다. 그의 패배와 함께 소련은 엄청난 숙청의 회오리바람에 휩쓸렸고, 그것은 스탈린이 죽을 때까지 25년 동안 지속되었다.

트로츠키를 쫓아낸 사람 중에는 인도인 로이도 포함되어 있었다. 로이는 1920년에 열린 인터내셔널 2차대회에서 레닌이 부르주아계급과 관계 맺는 일을 자제하라고 촉구했을 때 격렬하게 반대했던 인물이었다. 7년 뒤 무한에서는 스탈린의 비밀전보를 왕정위에게 보여줌으로써 무한의 실험에 결정적인 한 방을 먹이기도 했다. 무한정부의 실패는 트로츠키를 비운에 빠뜨린 치명타였다. 이런 로이를 두고, 『트로츠키 전기』를 쓴 작가 도이처Isaac Deutscher는 "중국공산당을 장개석 앞에 무릎 꿇리기 위해 온갖 노력을 다한 사람"이라고 했다.

중국공산당에 대한 스탈린의 경멸은 모스크바극장에서 공연된 본 글리에르의 발레 작품 〈붉은 양귀비〉에서 여과 없이 표출되었다. 이 작품은 중국혁명에 대한 풍자극이었는데, 영웅적인 러시아인이 원시적인 중국인을 도와준다는 내용이었다. 송경령 일행의 숙소가 처음에는 메트로호텔이었다가, 얼마 후 과자공장을 개조한 슈거팰리스로 옮겨진 것도 같은 맥락이었다.

등연달은 제3인터내셔널에 초청받아 연설하는 자리에서 스탈린을 자극하는 발언을 쏟아냈다. 그는 크렘린을 향해 중국에 대한 태도를 명확하게 하지 않을 요량이면 아예 간섭하지 말라고 요구했다.

"친구로서 코민테른의 지원은 최초에 중국 민중의 환영을 받았지만, 중국의 혁명은 어디까지나 중국의 문제이므로 코민테른의 목적에 봉사하도록 해서는 안 된다. 원래 공산주의혁명은 유럽의 현상으로서 아직 중국에 이식될 수 없다."

격노한 스탈린은 체카의 담당자에게 등연달을 체포하라고 명령했다. 하지만 사전에 위험의 조짐을 감지한 등연달은 모스크바 친구들의 도움으로 도시를 탈출하여, 코카서스를 가로질러 터키 국경 쪽으로 향했다. 송경령은 몇 주일이 지나도록 그의 소식이 오기만을 기다렸다.

보로딘은 정치적 연금 상태로, 종적이 묘연했다. 과거 손문에게 우호적이었던 소련 외교관 요페는 결핵으로 병상에 누워 있던 도중, 트로츠키가 당에서 추방되었다는 소식을 듣고는 오랜 친구의 정당성을 옹호하는 편지를 쓴 뒤 권총으로 자살했다. 보로딘은 그보다 오래 살았지만 오랫동안 감시에 시달리며 신문 편집자로 일하다가 1949년 체포되었고, 2년 뒤 수용소 군도에서 생을 접었다.

이역만리에서 송경령은 차츰 지쳐갔다. 불과 2년 사이에 퍼스트레이디에서 발붙일 곳 없는 과부 신세가 되어버렸다. 그러나 중국의 혁명을 말하는 사람들에게 그녀는 둘도 없는 보물이었다. 그러던 어느 날 〈뉴욕타임스〉가 송경령이 진우인과 결혼할 것이라고 보도했다.

충격을 받은 송경령이 3주일이 지나서야 몸을 추슬렀을 때, 이번에는 송미령이 장개석과 결혼한다는 뉴스가 터져 나왔다. 그것은 송경령을 깎아내리고 송미령을 부각시키려는 우파의 고등술책이었다. 좋은 소식도 있었다. 등연달이 터키를 거쳐 베를린에 머물고 있다는 것이었다. 송경령은 주변이 정리되는 대로 독일로 가서 등연달과 합류하기로 결심했다.

송미령과 송경령

상해대학살 3주일 뒤, 상해를 필두로 전국에서 백색테러의 공포가 가라앉지 않은 상황에서 송미령은 장개석의 청혼을 승낙했다. 이로써 장개석은 처형인 송경령을 통해 손문의 명성을 이용할 수 있었고, 송미령을 통해 영국과 미국의 지원을 끌어낼 수 있으며, 처남인 송자문의 재정 능력을 이용할 수 있게 되었다. 그 무렵 중국인들의 손문에 대한 애착은 신앙에 가까울 정도였다. 가는 곳마다 그의 사진이 걸려 있었고, 그와 조금이라고 관계를 맺은 정치가나 장군에게는 무형의 신뢰를 보냈다.

장개석은 송씨 일족과 손잡으면서 자신의 이미지에 손문의 권위를 덧칠하고 자 했다. 게다가 정권의 기초를 닦는 데 유럽과 미국의 자금과 물자 원조는 필수적이었다. 청방이란 조직이 아무리 방대하고 튼튼하다 해도 정부에서 필요한 비용을 조달하는 것은 불가능했고, 사업가나 상인들을 쥐어짜는 데도 한계가 있었기 때문이다. 그동안 장개석은 정부요인이나 지방군벌을 매수하기 위해 많은 돈을 썼지만 그가 지배하고 있는 부는 중국 전체로 보면 극히 일부에 지나지 않았다.

장개석의 남경정부가 외국의 원조 외에 자신에게 필요한 중국의 부를 끌어낼 수 있는 방법은 송씨 일가, 그중에서도 송자문을 얻는 것이었다. 송자문은 외국의 정부와 은행, 기업은 물론 워싱턴에 영향력이 있는 미국선교사협회 같은 조직과도 오랜 교분을 나누고 있었기 때문이다.

장개석과 송미령

송자문이 1927년 4월부터 6월까지 몰리에르가의 집에 칩거하고 있을 때 송애령과 공상희는 장개석의 편에 서도록 끊임없이 그를 세뇌했다. 장개석이 송미령에게 결혼을 간청하고 있을 때 송자문은 상해 거부의 딸 로라 장張樂怡, 장러이: 1907~1988과 결혼했다. 그해 6월 송자문은 결국 남경정부의 재정부장이 되어 재정과 경제를 도맡았고, 송애령과 공상희를 도와 어머니 아계진(倪桂珍, 나꾸이전: 1869~1931)을 설득하는 데 동참했다. 송애령은 동생의 결혼을 극구 반대하는 아계진을 일본의 가마쿠라온천으로 여행을 보내는 등 다양한 방법으로 구워 삶았다.

그즈음 순탄하던 장개석의 행보에 브레이크가 걸렸다. 북방군벌들이 그와 휘하 장군들을 이간질했기 때문이다. 그들은 장개석과 비밀 교섭을 제안하면서 장군들에게 비밀로 하자고 제안하고는, 그 사실을 장군들에게 은밀히 흘렸다. 북방군벌과 치열하게 싸우고 있던 장군들은 배신감에 치를 떨었다. 장개석은 애써 변명했지만 상황은 계속 나빠졌다. 북방군벌들이 분열된 장개석의 부대를 몰아붙여 장강 연안까지 밀어냈던 것이다. 게다가 휘하의 장군 이종인, 백숭희, 당생지 세 사람이 더 이상 총사령관 장개석의 명령에 복종하지 않겠다고 선언했다.

처지가 옹색해진 장개석은 1927년 8월 13일 장정강, 두월생과 협의한 끝에 당의 단합을 위해 정계에서 은퇴하겠다고 선언한 뒤 남경을 떠나버렸다. 장개석은 300명의 호위대를 거느리고 무릉촌(武陵村, 우링촌) 지역의 막간산(莫干山, 모간산)에 있는 사찰에 은신했다.

장개석은 송미령과 결혼하기 위해 21세의 부인 진결여에게 미국 유학을 권유했다. 정권을 장악하면 경제 건설에 착수해야 하는데 서양의 기술이 필요하니 새로운 문화를 익히고 돌아오라는 것이었다. 진결여가 열흘 뒤 하와이에 도착하자 중국영사관 직원들이 영접에 나섰고, 국민당 열성당원들이 '국민당군 총사령관 부인 환영'이라는 현수막을 내걸었다. 미국 언론도 중국 통일을 눈앞에 둔 장개석 부인의 미국 방문 기사를 내보냈다. 그런데 며칠 후 주미 중국대사관 공보처는 그녀가 장개석 총사령관의 부인이 아니라고 공식 부인했다. 아연실색한 진결여는 황급히 뉴욕으로 몸을 피했다.

그로부터 한 달 뒤인 9월 16일 송애령은 세이에가의 자택에서 기자회견을 열고 장개석과 송미령의 결혼을 발표했다. 그 뉴스가 전 세계의 신문과 잡지에 대서 특필되었다. 9월 28일 장개석은 일본의 가마쿠라온천으로 송미령의 어머니 아계진을 찾아가 결혼의 허락을 간청했다. 아계진은 장개석에게 크리스천이 될 의향이 있는지 묻고 그가 흔쾌히 허락하자 비로소 고개를 끄덕였다.

12월 1일 장개석과 송미령은 손문의 초상화 아래서 채원배의 주례로 결혼식을 올렸다. 부부는 그날 밤 상해를 떠나 장개석이 은신했던 막간산의 사찰로 신혼여행을 떠났다. 이때 청방의 두목들도 동행했다. 뉴욕에 있던 진결여는 친구의 편지를 통해 남편의 결혼 사실을 알았다. 그녀는 훗날 컬럼비아대학에서 교육학을 공부하고 상해로 돌아와 정착했다.

장개석이 자리를 비운 사이 중도파가 이끄는 남경정부의 상황은 그야말로 엉망진창이었다. 회심의 북벌전쟁도 교착상태에 빠졌다. 견디다 못한 국민당 요인들은 장개석에게 복귀를 간청했다. 장개석은 결혼식을 치르고 불과 9일 뒤인 12월 10일 국민혁명군 총사령관에 복귀했고 중앙집행위원회 주석으로 선출되었다.

장개석이 분란을 딛고 중국의 최강자에 오르니 그의 믿음을 되찾은 휘하 장군들이 승승장구하기 시작했다. 북방군벌들은 북쪽으로 퇴각했고, 일본은 그들이 만리장성을 넘어와 만주의 안정을 침해하지 말라고 경고했다. 1928년 6월 4일 봉천군벌 장작림이 열차 폭발로 사망하자 장개석과 동맹을 맺은 염석산이 북경을 공격하여 국민당의 보루를 마련했다. 10월 10일 장개석의 남경정부는 드디어 중국의 정식 정부가 되었다. 장개석은 북경北京이라는 도시명을 북방을 평정했다는 뜻에서 북평北平, 베이핑으로 바꾸었다.

한편, 모스크바에 머물고 있던 송경령은 1927년 12월 벨기에의 브뤼셀에서 열리는 국제반제국주의회의를 핑계 삼아 독일의 베를린으로 갔다. 그곳에서 등연달과 조우한 그녀는 반파시스트운동과 반제국주의에 전념하면서 두 차례에 걸쳐 반제동맹 의장으로 선출되었다. 그녀는 등연달과 함께 중국의 국민당과 공산당을 대신할 제3세력의 결집을 모색했다. 당시 미국의 한 외교관은 송경령이 얼마나 힘들게 살아가고 있는지를 다음과 같이 워싱턴에 보고했다.

친구에게 들은 바에 따르면 손문 부인은 3주째 베를린에 머물러 있는데 경찰조차 알 수 없는 비밀을 갖고 있다. 그녀는 반년 동안 모스크바에 살면서 볼셰비즘과 중국 공산당의 선전에 환멸을 느꼈다. 현재 국민당 혁명정부가 이끄는 중국에도 희망을 버렸다. 그녀는 정치를 통해 부자가 된 이복아들 손과를 비롯하여 모든 사람들이 부패했다고 말한다. 손과는 세계여행 도중 어제 베를린에 도착했는데 그녀는 은신처에서 나오지 않았다. 그래도 중국과 밀접하게 소통하고 있으며, 남편의 삼민주의를 충실하게 실천하면서 조국을 구하고자 애쓰고 있다. 그녀는 베를린에서도 가난하다고 할 만큼 매우 검소하게 살고 있다. 미국에서 한 회 500달러짜리 강연 30회를 부탁했지만 아직 수락하지 않았다.

남경정부는 송경령을 귀국시켜 장개석의 그물 안에 가두려는 음모를 꾸미고 있었다. 손문의 유해를 북경의 벽운사에서 남경 교외 자금산의 영구묘소로 이전하겠다는 계획이 바로 그것이었다. 이는 동시에 장개석의 선행을 널리 선포함으로써 우파정권에 정통성을 안겨주려는 시도이기도 했다. 장개석은 자금산에 거금을 쏟아부어 대리석으로 치장된 거대한 중산릉中山陵을 조성했다.

송씨 집안에서는 장개석의 부탁에 따라 송경령을 귀국시키기 위해 동생 송자량宋子良, 쑹쯔량: 1903~1987을 베를린으로 보냈다. 가족 가운데 그녀와 틈이 벌어지지 않은 사람은 송자량뿐이었기 때문이다. 남편의 묘소를 이장하는 일이었으므로 송경령은 돌아오지 않을 수 없었다. 그녀는 귀국에 앞서 성명을 통해 장개석 정부와는 어떤 관계도 맺지 않겠다고 밝혔다. 그녀가 시베리아 철도를 이용하여 중국의 하얼빈에 도착했을 때의 장면은 실로 감동적이었다.

열차가 국경을 넘자 철도역마다 수많은 인파가 모여들었다. 송경령이 하얼빈역에 도착하니 군중들이 반겼고, 정부 관리와 철도 간부, 상인, 금융업자, 사회 각계 대표는 물론 소련과 일본의 총영사까지 나타났다. 그녀는 빠른 걸음으로 열차에서 내려 특별대합실로 갔다. 거기에는 샴페인과 과일이 준비되어 있었다. 기념촬영이 끝나자 호텔로 이동했고, 오후 7시부터 만찬이 열렸다. 오후 10시 40분에 그녀는 역으로 되돌아와 북경을 향해 여행을 재개했다. 많은 꽃다발이 그녀에게 바쳐졌고, 크고 작은 깃발들이 휘날리는 가운데 군악대의 행진곡을 타고 열차가 움직이기 시작했다.

송경령은 기자들을 만날 때마다 남편 손문의 유업이 배신자들에 의해 훼손되고 있다고 강조했다. 현재 국민혁명을 이끄는 자들은 죄다 반혁명분자들이고, 그들이 개인적 이익과 권력을 위해 무력분쟁을 야기하고 있다는 것이었다. 그러나 서방의 뉴스 편집자들은 그녀를 볼셰비키로 묘사하면서 비판 기사를 내보냈다.

그때부터 송경령은 사람들과의 접촉을 피했다. 모두가 장개석의 지지자였던 것이다. 무더운 남경에서 가까스로 남편의 이장을 마친 그녀는 도망치듯 상해의 집으로 돌아왔다. 두 달 뒤인 8월 1일 송경령은 장개석에게 일격을 가했다. 그것은 베를린의 국제반전연맹 앞으로 보내는 전보 형식으로 공개되었다.

　　반동적인 남경정부는 제국주의자들과 공모하여 중국 민중을 가혹하게 억압하고 있다. 배신자로서 반혁명적인 국민당 지도자들의 성격이 오늘만큼 뻔뻔스럽게 세계에 드러난 적은 없다.

　　송경령의 발언 속에는 사람의 폐부를 찌르는 예기가 담겨 있었다. 이에 장개석보다 더 심한 반응을 보인 사람은 두월생이었다. 며칠 동안 송경령의 주변에는 죽음의 그림자가 배회했지만 그녀는 꿋꿋했다. 그녀는 친구에게 그 전보를 치고 나니 기분이 상쾌하다면서 자신의 신변에 문제가 생기더라도 후회하지 않겠다고 했다. 이런 그녀의 메시지는 지지자들의 손에 의해 상해 거리에 뿌려졌다. 이로 인해 송경령은 남경정부와 형제자매들의 공격을 온몸으로 감당해야 했다. 당시 그녀에게 가장 위험한 적은 친정인 송씨 가문이었다. 이에 대하여 미국 기자 안나 루이스 스트롱Anna Louise Strong은 이렇게 썼다.

　　지난날의 동료가 흑색선전을 퍼뜨려 그녀의 위신과 이름을 땅에 떨어뜨리려고 했다. 러시아나 독일에서 그녀가 여러 남자와 결혼했다는 것이다. 송경령에게 협력을 부탁했던 뛰어난 중국의 혁명가는 누구라도 그녀의 새로운 남편이 되었다.

　　송경령에게 이와 같은 서방언론의 마타도어보다 괴로운 것은 자신의 독자적인 판단능력을 부정하는 보도 태도였다. 기자들은 그녀가 성명을 발표하면 대부분 모스크바의 지령에 따른 것이 아닌가 의심했다. 그 무렵 등연달도 중국에 들어와 공동조계에 은신하면서 제3세력의 규합에 몰두했는데, 송경령은 그와 수시로 연락을 취하면서 마음의 안정을 되찾았다.

등연달은 새로운 정치세력을 통해 남경정부가 민중을 배반하고 군벌·관료·지주·금융업자의 도구가 되었다고 비난했다. 공산당에 대해서는 중국 농민의 이익을 크렘린의 이익보다 뒤에 둔다면서 억압받는 일반 민중을 위해 자본주의도 공산주의도 아닌 사회주의국가로 가는 전면적인 사회변혁을 호소했다.

장개석은 공동조계에서 암약하는 등연달을 체포하도록 했다. 결국 등연달은 영국과 미국 경찰을 움직인 두월생의 마수에 걸려들고 말았다. 청방으로부터 그의 신병을 넘겨받은 남경정부의 비밀경찰은 교외의 감옥에 가두고 몇 달에 걸쳐 잔인한 고문을 가했다.

뒤늦게 등연달의 체포 사실을 알게 된 송경령은 그를 석방시키기 위해 필사적으로 노력했다. 몇 차례나 성명서를 발표했고, 그토록 혐오하던 제부 장개석을 만나기 위해 남경으로 갔다. 그녀는 등연달을 풀어달라고 애원했지만, 장개석은 냉소를 보내며 이미 그가 처형되었다고 말했다.

사실 송경령이 남경에 달려오기 직전인 1931년 11월 29일 등연달은 장개석의 명령에 따라 교살된 상태였다. 송경령은 상해로 돌아오자마자 기자회견을 열고 장개석의 잔혹한 살인행위를 신랄하게 규탄했다.

공산당의 도시폭동

남창봉기

국민당에서 공산당이 축출되고 무한정부까지 해체되자 1927년 7월 스탈린은 중국공산당에 도시폭동을 지시했다. 이에 중국공산당은 8월의 남창봉기, 9월의 추수폭동, 12월의 광동코뮌까지 극한투쟁을 계속했다. 하지만 봄부터 겨울까지 시도한 봉기가 모두 실패로 끝나고, 당 중앙위원회는 지하로 숨어들었다. 모택동과 주덕은 정강산井岡山, 징강산 일대에서 무장투쟁에 돌입했다.

주덕

이 고난의 시기에 최고의 활약을 보인 인물은 주덕이었다. 주덕은 장개석보다 1년 빠른 1886년 12월 1일 사천성의 용현□縣, 룽현에서 빈농의 아들로 태어났다. 어머니가 7남매를 낳았지만 전쟁과 기근을 견디다 못해 마지막으로 낳은 두 아이는 강물에 던져버렸다. 그는 아들이 없는 큰아버지의 양자가 되어 서당에 다니다 19세 때 향시에 급제했다. 하지만 관직을 살 만한 돈이 없었으므로 그 무렵 생긴 간이사범학교 체육과에서 1년 동안 공부한 뒤 소학교에서 체육교사 생활을 했다.

그 후 군인이 될 것을 결심한 주덕은 운남강무당에 들어가 군사훈련을 받고 1911년 소위로 임관했다. 채악 휘하에 복무하면서 지방군벌들과의 전투에서 많은 공을 세워, 1921년 35세의 나이로 소장이 되었다. 주덕은 승승장구한 덕분에 많은 재산을 모아 여러 명의 첩을 두었고 아편을 피우는 등 방탕한 생활을 즐겼다. 그런데 그해 운남군벌 당계요, 능극무能克武, 넝커우와의 전투에서 대패하고 쫓기는 신세가 되었다.

이때 공산주의자인 친구 손병문孫炳文, 쑨빙원: 1885~1927이 건네준 공산당 서적을 읽고 감명 받은 주덕은 첩들에게 재산을 나누어 주어 고향으로 돌려보내고, 아편까지 끊고 상해로 건너갔다. 주덕은 공산당에 가입하기 위해 당시 공산당 당수 진독수를 찾아갔지만 현재 국민당원이라는 이유로 거절당했다.

1922년 9월 손병문과 함께 프랑스로 간 주덕은 화교 상인의 집에 머물던 중국 유학생들이 중국공산당 프랑스지부를 창립한다는 소식을 들었다. 중심인물은 주은래를 비롯하여 진의陳毅, 천이: 1901~1972[9], 섭영진[10], 이립삼[11], 이부춘李富春, 리푸

---

9   진의(陳毅, 천이: 1901~1972)는 사천성 출신으로 1923년 중국공산당에 가입했고, 1931년 중화소비에트임시정부 중앙 집행위원이 되었다. 장정 때는 복건 일대에 남아서 활동했다. 1934년 신사군 제1지대 사령원, 신사군사건 후 신사군 대리군장, 1945년 당 제7기 중앙위원, 화동야전군 사령원, 1949년 제3야전군 사령원, 화동군구사령원 겸 당화동국 제2서기를 지냈다. 중화인민공화국 성립 이후 상해시장, 국무원 부총리, 외교부장 등을 역임했다.

10 섭영진(聶榮臻)은 사천성 출신으로 상해에서 노동자 조직을 결성했고 남창봉기에 참가했다. 강서소비에트에서 활동했고, 제1군 정치위원으로 산서지구의 항일전에서 활약했다. 제2차 세계대전 이후 화북인민정부위원, 1949년

춘: 1900~1975과 채창蔡暢, 차이창: 1900~1990 [12]부부 등이었다. 주덕은 주은래를 만나려 했지만 독일지부를 만들기 위해 베를린으로 떠난 뒤라 보지 못하고, 10월 말 손병문과 함께 베를린으로 가서야 그를 만났다.[11] [12]

30대 중반을 넘긴 주덕은 20대 중반인 주은래가 자리에 앉으라고 권유함에도, 부동자세로 선 채 자신은 운남성의 장교 출신으로 국민당원이고 그 이유로 진독수로부터 입당을 거절당했다는 사실을 밝혔다. 그러고는 중국공산당에 가입시켜준다면 공산혁명을 위해 견마지로를 다하겠다고 다짐했다.

주은래는 이 강인해 보이는 장군의 발언을 주의 깊게 경청한 뒤 출신성분과 군대 경력을 재차 확인하고는 고개를 끄덕였다. 그 자리에서 주은래는 주덕을 후보당원으로 받아들이고, 진독수에게 입당원서와 추천서를 보내주었다. 몇 달 후 중국에서 주덕의 입당을 허락하는 회신이 당도했다. 주덕은 그렇게 공산당원이 되었지만 이 사실은 외부에 공개되지 않았다. 그는 언제라도 국민정부에서 불러낼 수 있는 인물이었기 때문이다.

주덕은 베를린에서 공산당 집회와 선전활동 등의 경호 임무를 맡았다. 그 과정에서 몇 차례나 독일 경찰에 체포되어 곤욕을 치렀지만 꿋꿋하게 버텨냈다.

제5야전군 사령·중국공산당 중앙위원을 거쳐 중국군 부참모장 겸 북경시장, 전국인민대표대회 대표, 국무원 부총리를 역임했다.

11 이립삼(李立三)은 초기 공산주의 노동조직가로 1928년 구추백을 대신하여 공산당 지도자가 되었다. 그는 1930년 농민이 아니라 도시 프롤레타리아트가 중국혁명에서 주도적 세력이 될 것이라는 주장을 펼쳤다가 당의 비난을 받고 지도적 지위에서 물러났다.

12 이부춘(李富春)은 호남성 출신으로 프랑스에 유학하여 1922년 주은래 등과 중국공산당 프랑스지부를 결성했다. 이 일에 그의 아내 채창도 함께했다. 1924년 귀국한 뒤 북벌에 참가하여 제2군 정치부주임으로 활동했다. 국공분열 후 소비에트구에 들어갔고 장정에도 참가했다. 국무원 부총리 겸 국가계획위원회 주임, 중앙정치국 위원, 전국인민대표대회 대표 등을 역임했다.

1924년 제1차 국공합작 과정에서 황포군관학교가 개교했을 때 주은래, 등연달, 손병문 등이 귀국하여 간부로 배치되었고, 주덕은 베를린에 남았다.

이듬해 상해에서 5·30사건이 일어나자 주덕은 베를린에서 중국유학생들과 독일노동자들을 선동하여 두 달 동안 10여 차례의 반영집회를 열었다. 그 때문에 주덕과 동지 3명은 독일 경찰로부터 24시간 내 출국하라는 통보를 받았다. 귀국 준비를 하던 주덕은 진독수로부터 한동안 더 체류하면서 경제와 국제정치를 체계적으로 연구하라는 지령을 받고 현지에 남았다. 하지만 1926년 독일 경찰에 체포되어 결국 추방당하고 말았다.

4년 만에 귀국한 주덕은 진독수로부터 북상 중인 장발규[13]의 국민혁명군 제4군이 무한3진을 점령할 수 있도록 현지의 군벌

장교들을 설득하고, 이후 제4군에 대한 적화사업을 실시하라는 명령을 받았다. 당시 제4군 지휘관이나 군벌 장교는 대부분 그의 후배들이었다. 주덕은 상해에 있는 옛 동료들의 도움을 받아 남경군벌 손전방 휘하 장교들로부터 호남 지역 군벌에 대한 정보를 수집했다.

1927년 당시 북경정부는 봉천군벌 장작림의 수중에 놓여 있었고, 산동성은 일본을 등에

장종창

---

13 장발규(張發奎)는 1912년 광동육군소학을 졸업하고 중국동맹회에 참가했다. 1925년 국민혁명군 제4군 제12사 사장으로 북벌전쟁에 참가한 뒤 제4군 군장이 되었다. 항일전쟁 시기에는 집단군총사령, 병단총사령, 점구사령장관, 방면군 사령관 등을 역임했다. 1947년에는 총통부 전략고문위원회 위원이 되었다. 1949년 3월 중화민국 육군총사령으로 임명되었고, 7월 사직한 뒤 홍콩으로 건너갔다.

업은 장종창이 할거하고 있었다. 장종창은 거구에 잔혹한 성격을 지녔는데 휘하에 백계 러시아인 부대를 거느리고 있었으며 여러 나라 태생의 첩을 50명이나 둔 호색한이었다. 서북의 산서성은 염석산이 지배했고, 장강 유역은 영국의 지원을 받는 손전방과 오패부의 영역이었다. 손전방은 상해와 남경 남쪽을 차지했고, 오패부는 장강 서쪽으로 사천성까지 양안 지역을 지배했다. 그때 호남을 지키던 오패부의 부하 당생지는 북벌군이 몰려오자 국민당과 협상을 모색하는 중이었다.

이들 가운데 가장 강력한 군벌은 오패부로, 본부를 무한에 두고 있었다. 강 건너 한구에는 중국 최대의 병기창이 있었다. 사천성에서는 유상과 양삼楊森, 양썬: 1884~1977이 할거하다 유상에게 밀려난 양삼이 10만 병력을 이끌고 만현萬縣, 완현으로 옮긴 후 오패부의 보호를 받았다. 양삼은 주덕과 오래전부터 친분이 깊은 인물이었다.

상해와 남경에서 정보 수집을 마친 주덕은 사천 행 선박을 타고 장강을 거슬러 올라갔다. 여행 도중 그는 한구에 잠입하여 현지의 공산당 서기에게 당의 지령을 전달하고, 무한의 군사문제와 노동운동을 담당하는 국민당의 공산당 간부를 만나 국민당군이 진격해 오면 총파업을 벌여 교통과 통신을 마비시키고 한구 노동자들이 병기창을 점령하도록 하라는 지령을 전달했다.

한구에서 임무를 마친 주덕은 사천성 동부에 있는 만현으로 가서 양삼에게 국민당군에 가담하라고 권유했다. 하지만 양삼은 잠시 상황을 관망하겠다며 거절했다. 그사이에 북벌군은 각처에서 봉기한 노동자, 농민들이 열어놓은 길을 따라 파죽지세로 진격했다. 곤경에 처한 당생지는 결국 항복하고 말았다.

1927년 7월 하순, 국민당군이 무한3진을 점령하면서 주덕은 남창에 합법적 근거지를 마련했다. 무한의 국민당 좌파정부가 국민당원 자격을 갖고 있는 그를 남창공안국장 겸 군관학교 교장으로 임명했
던 것이다. 그 자리는 공산당의 지령으로 무장
봉기를 추진하던 주덕에게 실로 안성맞춤이었
다. 이때 섭정葉挺, 예팅: 1896~1946의 소개로 제4군
제24사단 소속 임표[14] 소령을 부관으로 기용
했다. 그때부터 주덕과 임표는 평생 전우이자
의형제로서 굳게 뭉쳤다. 주덕의 나이 41세, 임
표의 나이 19세 때의 일이었다.

섭정

　그해 7월 18일 밤, 남창에서 공산당 비밀
회의가 열렸다. 그 자리에는 주은래와 모택동을 비롯하여 사천성에서 공산당 토
벌을 피해 온 유백승[15], 중국노총 총책 소조징蘇兆徵, 쑤자오정: 1885~1929, 농업부장 담평
산[16], 제4군 소속 11군단 사령 섭정, 20군단 사령 하룡賀龍, 허룽: 1896~1969[17], 이립삼 등
이 참석했다. 주덕이 회의장에 들어서자 섭정과 하룡 등 군 지휘관들이 선배인 주
덕을 반갑게 맞이했다. 모택동도 그에게 다가와 인사했다. 이날 회의에서 남창 인
근에 주둔하고 있는 국민당 소속 부대를 홍군으로 전향시키자는 안건이 대두되

14　임표(林彪)는 호북성 출신으로 만주에서 동북인민해방군을 조직했으며 사령원, 당 중앙 동북국 서기를 지내며 만
　　주를 장악했다. 중화인민공화국 수립 후 국방위원회 부주석, 국방부장 등을 역임했다.

15　유백승(劉伯承)은 중화인민공화국이 성립된 후 국방위원회 부주석, 당 중앙 정치국원을 지냈다.

16　담평산(譚平山)은 광동성 출신으로 1921년 중국공산당에 입당했으나 1924년 국공합작 때 국민당에도 입당하
　　여 조직부장을 지냈다. 국공분열로 국민당에서 제명된 뒤 남창봉기에 참가했으며, 1926년 코민테른 확대집행위
　　원회의 중국공산당 대표가 되었지만 기회주의자라는 이유로 제명되어 홍콩으로 망명했다. 중일전쟁이 일어나자
　　삼민주의동지연합회를 결성했고 전국인민대표대회 상임위원·인민감찰위원회 주임 등을 지냈다.

17　하룡(賀龍)은 장정에서 홍군 제2방면군을 지휘했다. 국무원 부총리, 국방위원회 부주석 등을 지냈다.

었고, 주은래는 이를 위해 우선 남창에서 무장봉기를 일으키자고 제안했다.

> 우리는 국민당에 대한 종래의 방침을 바꾸어 반제·반군벌 투쟁으로 나아가야 합니다. 그러기 위해서는 노동자와 농민을 무장시켜 농촌혁명을 시작해야 합니다. 이같은 정책을 수행하려면 우선 제4군이 남창에서 무장봉기를 일으킨 다음 광동으로 진격하여 혁명정부를 수립해야 합니다. 이 무장봉기를 신호로 농민들이 추수폭동을 일으킬 수 있도록 지주들의 무장조직인 민단으로부터 무기를 탈취하여 무장을 갖추도록 도와주어야 합니다.

2시간의 열띤 토론 끝에 참석자들은 주은래의 제안대로 남창봉기를 일으켜 광동에 공산당정부를 세우기로 결정했다. 봉기 시각은 8월 1일 자정, 남창 외곽에 주둔하고 있는 제4군 예하부대가 국민혁명군 제6군을 기습하여 무장해제하는 것이 1차 목표였다. 제6군은 운남군을 주축으로 하여 조직체계가 잘 잡혀 있고 무한정부에 대한 충성심도 매우 강한 만큼 공산당 프락치 조직이 미약했다.

남창봉기를 현장에서 지휘할 전적위원회도 구성되었다. 의장에 유백승, 부의장에 주은래가 선정되었고, 주덕·섭정·하룡은 전적위원회 군사작전 담당위원, 섭검영·이립삼·장국도·담평산은 참모장과 정치위원에 임명되었다. 회의를 마친 뒤 그들은 제각기 임지로 떠났다. 모택동은 한구에서 대기하고 있다가 남창봉기가 성공하면 국민당군에 소속되어 있는 다수의 황포군관학교 생도와 함께 호남성으로 가서 봉기를 조직하기로 약속했다. 소조징은 장강 유역의 노동자조직을 찾아가 봉기를 선동할 참이었다.

운명의 8월 1일[18], 주덕은 부관 임표의 아이디어에 따라 저녁나절에 남창 강서호텔로 제6군의 연대장급 이상 고급장교들을 모두 초청하여 연회를 베풀었다. 부대의 지휘체계를 마비시킴으로써 손쉽게 기습을 성공시키기 위한 책략이었다. 제6군의 장교들은 주덕을 운남 출신의 장군이자 국민당 소속으로 알고 있었으므로 기꺼이 초대에 응했다. 봉기 예정 부대인 20군단 사령 하룽도 그 자리에 모습을 드러냈다.

임표

저녁 7시경 연회가 시작되자 임표는 호텔을 빠져나와 제4군 소속 출동 예정 부대의 준비 상황을 점검했다. 선봉부대인 하룽과 섭정 부대의 장교들은 대부분 황포군관학교 출신으로 공산당원이 많이 포함되어 있었다. 그는 지휘관들에게 기밀 유지를 위해 남창 시내는 물론 제6군 주둔지로 통하는 길목을 철저하게 봉쇄해달라고 부탁했다.

한편, 강서호텔에서는 밤 9시경 공식 연회가 끝나고 참석자들이 삼삼오오 흩어져 마작판을 벌였다. 주덕은 자정까지 그들을 잡아둘 요량으로 연회장을 배회하며 술을 권하고 농담을 건넸다. 그러던 9시 30분경 20군단 소속 대대장 한 명이 연회장 안으로 뛰어들어와 큰 소리로 사령 하룽을 찾았다. 주덕은 서둘러 그를 막아서고, 하룽이 좀 전에 부대로 복귀했다고 알려주었다. 그 대대장은 주덕을 알아보고 연대장으로부터 자정을 기해 운남군을 무장해제시키라는 명령을 받았다며 항의했다. 당황한 주덕은 그를 한쪽으로 데려갔다. 미심쩍은 상황이 벌어지

---

18   중국공산당이 남창봉기를 일으킨 8월 1일은 훗날 중국 인민해방군의 건군기념일로 지정되었다.

자 제6군 지휘관들이 하나둘 마작판에서 일어나더니 주덕에게 작별인사를 고했다. 주덕은 행여나 그들을 저지하면 의심을 살까 싶어 태연한 표정으로 전송했다.

금세 연회장은 텅 비었고 주덕은 망연자실한 표정으로 자리에 앉아 있었다. 보아하니 오늘 밤 거사는 실패할 것이 분명했다. 그때 부대 점검을 마치고 돌아온 임표가 나타났다. 주덕으로부터 정황을 전해 들은 그는 거사 시간을 앞당기자고 제안했다. 현재 모든 부대가 출동 준비를 갖추고 있으므로 새로운 명령을 하달한다면 충분히 성공할 수 있다는 것이었다.

임표는 거사 계획이 이미 누설되었으므로 후일로 미룬다면 더 큰 낭패를 볼 것이라고 주덕을 설득했다. 호텔의 시계는 9시 45분을 가리키고 있었다. 마음을 정한 주덕은 전적위원회로 달려갔다.

주덕은 임표의 말대로 위원들에게 봉기 시각을 앞당기자고 제안했다. 장국도와 섭검영 등은 반대했다. 적이 습격 사실을 알고 있는데 거사를 진행하는 것은 섶을 지고 불 속에 뛰어들어가는 꼴이라는 것이다. 주은래는 오늘 밤을 놓치면 사태가 악화될 것이라며 주덕의 주장에 합세했다. 전적위원들 사이에 격렬한 찬반논쟁이 일어나는 사이 시간이 흘러갔다. 10시 40분, 몸이 단 임표는 정중히 양해를 구한 다음 당장 거사에 돌입해야 하는 이유를 다음과 같이 설명했다.

첫째, 지금 더없이 귀중한 시간을 흘려보내고 있다.

둘째, 운남군 지휘관들은 상황을 막연히 추측하고 있을 뿐이라 부대 내에 비상조차 걸어놓고 있지 않다.

셋째, 그러므로 우리가 행동을 개시하면 목적을 달성할 가능성이 대단히 높다.

임표의 깔끔한 설명을 들은 주은래는 그의 주장에 전폭적으로 찬동하면서 봉기 시각을 자정에서 30분 앞당기자고 제안했다. 이에 위원들 대다수가 동의하였고, 반대하던 장국도와 섭검영은 입을 다물었다. 지체 없이 출동부대에 새로운 명령이 하달되었다.

그날 임표는 주덕을 수행하여 봉기군의 선봉에 참여했다. 전투는 새벽까지 간헐적으로 이어졌고 결과는 대성공이었다. 국민혁명군 제4군 소속 섭정의 11군단과 하룡의 20군단 일부 병력이 운남군 제6군 소속 부대를 급습하여 무장해제시킴으로써 남창이 공산당의 수중에 들어갔던 것이다. 남창봉기의 성공을 기점으로 중국공산당은 본격적인 무력투쟁을 할 수 있게 되었다. 공농홍군工農紅軍 제9군으로 재편성된 공산군의 병력은 봉기군 약 1만7000명과 운남군에서 투항한 인원을 합쳐 약 3만 명에 달했다. 이 부대의 총사령은 주덕, 부사령은 섭검영이었고, 결정적 장면에서 자신의 존재감을 한껏 끌어올린 임표는 작전과장에 임명되었다.

1927년 8월 5일 홍군은 광동성을 향해 이동하기 시작했다. 혁명위원회 서기 주은래를 비롯하여 유백승, 담평산 등이 동행했다. 강서성 남창에서 광동까지는 약 800km 정도 떨어져 있었다. 그들은 행군 도중 수시로 이어지는 국민당군의 공격과 험준한 지형지물 때문에 엄청난 수난을 겪었다. 병사들은 중화기를 등에 지고 험준한 산길을 오르내리느라 체력이 고갈되었고, 식량과 식수마저 부족해 굶주림과 기갈에 시달렸다. 지친 군관과 사병들은 땅바닥에 눕기만 하면 깊은 잠에 빠져들었다.

광동에 가까워질수록 국민당군의 공세는 험악해졌다. 그 와중에 운남군 출신 채정개의 제10사단이 행로를 이탈하여 복건성 방면으로 도주해버렸다. 부대가 서금瑞金,루이진 지역에 가까워지자 적의 공격이 더욱 심화되었다. 복건성에 들어서자마자 국민당군이 재차 강력한 공세를 취하는 바람에 엄청난 타격을 입었다. 예하 각 부대를 오가며 작전을 지휘하던 임표는 팔목에 관통상을 입기도 했다.

10월 초, 홍군은 보녕현普寧縣, 푸닝현 유사流沙, 류사에서 광동군벌 진제당 부대의 공격을 받고 뿔뿔이 흩어졌다. 동랑董郎, 둥랑이 이끄는 일부 병력은 해륙풍海陸豊, 하이루펑: 광동성 해풍현과 육풍현으로 들어가 현지의 농민군과 합류했고, 쫓기던 하룡은 부대를 버리고 유백승과 함께 홍콩으로 도주했다가 상해로 밀항했다. 주덕은 진의, 임표 등과 함께 패잔병을 수습하여 강서성 쪽으로 진로를 바꾸었다가 다시 호남성의 의장宜章, 이장, 침현□縣, 첸현 등지를 거쳐 천신만고 끝에 내양耒陽, 라이양에서 유격전을 펼치게 된다.

이때 악성 열병에 걸려 사경을 헤매고 있던 주은래는 동행하던 섭정과 섭영진의 노력으로 간신히 추격대를 따돌렸다. 그들은 현지의 공산당원 양석혼楊石魂, 양스원: 1902~1929의 도움으로 작은 배를 구해 홍콩으로 도주했다. 주은래는 그곳에서 보름 동안 치료를 받고서야 거동할 수 있게 되었다.

그즈음 중국공산당은 새로운 봉기를 계획하고 있었다. 팽배彭湃, 펑바이: 1896~1929[19]의 농민군과 주덕·진의가 지휘하는 패잔병 약 1,000명이 합세하여 육풍 방면으로 반격하며 호남 진격을 도모하고 있었다. 당 중앙위원회는 무한에서 회의를 열어 진독수의 총서기 직무를 박탈하고 후임으로 구추백을 선출했다. 그들은 토지혁명을 통해 국민당 반동파에 대항하며, 호남성·호북성·광동성·강서성 등지에서 농민 추수폭동을 일으키기로 결정했다. 이때 모택동이 추수폭동의 총지

---

19   팽배(彭湃)는 광동성 해풍현의 대지주 아들로 일본 와세다대학 정경과를 졸업했다. 최초의 소비에트 창설자다. 국공합작 아래에서는 농민운동에 힘썼으며, 국공분열 이후 남창봉기에 참가했다. 소비에트가 무너진 뒤 상해에서 중국공산당 강소성 위원으로 활동했다.

휘자로 선정되었다.

추수폭동

1927년 8월 7일 상해에서는 구추백, 모택동, 장태뢰를 비롯하여 코민테른 대표 등 20명이 참석한 가운데 중국공산당 상임위원회 회의가 열렸다. 이때 모택동은 현재 중국공산당이 처한 4가지 방면의 문제점을 제기했다.

첫째, 국민당 문제와 관련하여, 통일전선 과정에서 영도권 쟁탈을 둘러싸고 공산당이 줄곧 모호한 인식으로 우물쭈물하는 바람에 국민당에 당하는 씻을 수 없는 큰 과오를 저질렀다고 비판했다.

둘째, 농민 문제에 대해서는 자신이 1927년 1월 4일부터 2월 5일까지 장장 32일 동안 호남의 5개 현 1천4백여 리를 돌며 고찰, 조사 연구하여 작성한 「호남농민운동 고찰보고」가 현지에 큰 반향을 일으켰지만 당 중앙에서 무시했다고 울분을 토했다. 그는 "광대한 당 내외의 군중들은 혁명을 필요로 했는데 당의 지도는 거꾸로 불혁명, 실제적으로는 반혁명의 혐의가 짙다."고 질타했다.

셋째, 군사 문제에 대해서는 "종전에 우리 당은 늘 손중산의 군사 운용에 대해 호되게 비판했는데 우리가 그 길을 따라가고 있다. 장개석과 당생지가 모두 무력으로 권력을 탈취하고 혁명을 진압했다. 이에 대해 당 중앙은 보고도 못 본 체 외면하고 있다. 군사투쟁의 중요성에 주의해야 하는데도 여전히 선명한 의식이 없다. 상임위원회는 시시때때로 이 문제에 주목해야 한다. 정권은 총구에서 얻는다는 것을 반드시 알아야 한다."고 했다. 바로 여기서 "정권은 총구에서 나온다."는 말이 나왔다. 모택동은 훗날 이와 같은 무력주의槍杆子主義에 대하여 이렇게 말했다.

  그때 내가 정권은 총구에서 나온다[20]고 말하자 나에게 '총구주의자'라는 딱지를
  붙였다. 그들은 정권이 어떻게 총구에서 나오느냐고 힐난했다. 마르크스가 말한 일
  이 없고, 책에도 그런 말이 나와 있지 않다. 때문에 마르크스주의자인 내가 잘못을
  저질렀으니 '총구주의'를 쓰지 말라는 것이었다. 정확한 말이다. 마르크스는 이런 말
  을 한 적이 없다. 그러나 마르크스는 "무력으로 정권을 탈취한다[武裝奪取政權]."는
  말을 한 바 있다. 내가 말한 뜻도 바로 무력으로 정권을 빼앗는다는 말과 같은 것이
  다. 결코 소총을 말하는 것이 아니라, 기관총 그곳에서 정권이 뛰쳐나온다.

  모택동은 또 공산당의 토지혁명 규정의 문제점을 지적하면서 50무 이상의
밭을 소유한 지주를 '대중지주大中地主'로 확정하여 토지를 몰수하자고 제안했다.
빈농과 단결하고, 중농을 이끌고, 부농을 단속하여 농촌에서 광범위한 통일전선
을 결성해 지주제도와 지주정권을 뒤엎자고 했다. 이날 회의에서는 임시정치국을
구성하고 모택동을 정치국 후보위원으로 선출하여, 호남성의 추수혁명을 이끌도
록 지시했다. 그때부터 중국공산당은 혁명의 실패를 딛고 토지혁명이라는 새로
운 투쟁의 길로 나섰다.
  호남성 장사로 돌아간 모택동은 본격적인 당의 중앙특파원 신분으로 호남성
당위원회를 이끌었다. 모택동은 당 위원들과 마주한 자리에서 혁명을 이행하기
위해서는 농민을 장악하여 군대를 창설해야 하는데, 이를 가능하게 하려면 지주

20   槍杆子里頭出政權.

의 토지를 몰수하여 농민에 나누어 주는 일이 필수적이라고 역설하면서 추수폭동의 구호를 "토호를 쳐부수고 농지를 나누어 갖자."로 제안하여 박수갈채를 받았다.

추수폭동의 참가 인원은 약 3,000명 남짓이었는데 평강현平江縣, 핑장현 농민군, 유양현瀏陽縣, 류양현 농민군, 무한경위단과 안원安源, 안위안탄광의 무장노동자들이 주력이었다. 위원회에서는 이들을 모두 통합하여 혁명군 제1사단으로 재편성하고 전적위원회를 구성했다. 모택동은 위원회의 서기를 맡았다. 거사를 앞둔 모택동은 가족과 장모를 반창板倉, 빤창에 있는 집에 데려다 주고 안원으로 가서 폭동 준비회의를 소집했다. 회의가 끝난 뒤 유양 동고銅鼓, 퉁구로 가서 동지들에게 회의 결과를 통보했다.

그 과정에서 어처구니없는 해프닝도 일어났다. 연락 임무를 마친 모택동이 유양의 장가계張家界, 장자제에 있는 식당에서 아침식사를 하던 도중 두 명의 자위대원에게 검문을 받았다. 모택동은 통행증을 꺼내 보이며 안원탄광의 회계원이라고 신분을 밝혔지만 뒤따라온 안원 출신 자위대 소대장의 의심을 받아 체포되고 말았다. 포박당한 채 자위대 사무소로 끌려가던 모택동은 소대장의 눈을 피해 자위대원들에게 뇌물을 건네주고 숲속으로 도망쳤다.

1927년 9월 9일 추수폭동을 시작하면서 혁명군은 유양을 공격했지만 큰 손실을 입고 물러나야 했다. 원래 계획은 장사를 먼저 공략하기로 했는데 국민당군의 대비가 막강하여 공격할 엄두를 내지 못했다. 모택동은 신속하게 신강과 유양을 떠나 호남성과 강서성 경계지점인 나소산맥羅□山脈, 뤄샤오산맥으로 들어가 근거지를 만들 것을 전적위원회에 제안했다. 회의 참석자들은 격론 끝에 그의 견해를 따르기로 결정했다.

부대가 재편성되자 여쇄도余灑度, 위사두: 1898~1934가 총사령, 모택동이 정치위원이 되었다. 혁명군은 남쪽으로 이동하면서 천신만고 끝에 국민당군의 포위망을 뚫고 전진했지만 숱한 패퇴로 전의를 상실해갔다. 농민들로 이루어진 부대원들은 빈약한 무장에다 정치의식도 낮았으므로 낙오자와 탈출자들이 속출했다. 급기야 총사령 여쇄도마저 부하에게 배신당하자 국민당 쪽으로 도주하고 말았다.

10월 즈음에는 남아 있는 부대가 2개 대대 정도에 불과했다. 모택동이 영신현永新縣, 융신현 삼만三灣, 산완에 이르러 부대를 재편성하니 전투 가능한 병사는 1,000여 명에 불과했다. 그중에는 병자와 부상병도 많았고, 건강한 사람도 얼굴빛이 누렇게 떠 있었다. 모택동은 그들을 이끌고 나소산맥 허리에 있는 정강산으로 들어갔다.

이보다 앞선 그해 봄 정강산 동쪽의 영신현에 중국공산당 임시위원회가 설치되었다. 이때 하賀씨 집안의 민학敏學, 허민쉐: 1904~1988·자진子珍, 허쯔전: 1910~1984·이怡, 허이: 1911~1949 3남매가 모두 위원에 당선되니 사람들은 이들을 '영신3하永新三賀'라고 불렀다. 얼마 후 하자진이 길안현吉安縣, 지안현에 있을 때 우파가 영신현을 공격하여 하민학을 비롯한 당원들을 체포했다. 길안현에 집결한 당원들은 원문재袁文才, 위안원차이: 1898~1930와 왕좌王佐, 왕쭤: 1898~1930가 이끄는 농민자위군과 함께 영신현을 공격하여 현성을 점령하고 동지들을 구출했다. 국민당군이 토벌에 나서자 18세의 하자진은 적위대를 이끌고 현성 남문에서 맞섰다. 그녀는 쌍권총이 백발백중이었으므로 '쌍권총'이라는 별명으로 불렸다. 당 중앙의 철수령이 내려, 공산당원들은 농민자위군과 함께 정강산으로 들어가 농성하고 있었다.

정강산에서 그들과 조우한 모택동은 원문재와 왕좌를 설득하여 부대를 1개 연대로 편성했다. 모택동은 유격생활 중 원문재의 집에서 학질을 치료하고 있던

하자진과 가까워지면서 동거를 시작
했다. 이듬해 1928년 7월에는 간소한
결혼식까지 치렀다. 하자진은 모택동
곁에서 비서 노릇을 했다. 3년 후 하
자진의 동생도 모택동의 막내동생 모
택담毛澤覃, 마오쩌탄: 1905~1935과 결혼했다.

정강산은 호남성과 강서성 경계
에 있었는데 사방의 둘레가 100km나

1937년 연안에서 모택동과 하자진

되는 거대한 산악지대로 이루어져 있었다. 상정上井·하정下井·대정大井·중정中井·소
정小井으로 십자 모양의 우물 다섯 개가 있었고, 그 주변에 다섯 개 마을이 있었으
므로 정강산井岡山이라는 이름이 붙었다. 정강산 동쪽에는 만양산萬洋山, 완양산 등 험
준한 산들이 나란히 솟아 있어 강서성 방향에서 접근이 곤란했다. 서쪽 역시 또
다른 산맥을 끼고 있었으므로 호남성 방향에서도 쉽게 접근할 수 없는 지형이었
다. 모택동은 이처럼 천혜의 요새 지역에 근거지를 마련하고 겨울을 나면서 병사
들의 군사훈련과 인근 주민들에 대한 정치공작을 전개했다.

한편, 상해에서 국민당의 탄압이 극에 이르자 중국공산당 중앙 군사부장 주
은래는 당 중앙의 거점을 무한에서 상해로 이전했다. 11월부터 그는 중앙 특과를
설립하고 지하전쟁을 시작했다.

중앙위원 고순장顧順章, 꾸순장: 1903~1935은 배신자 암살을 전담했던 홍대紅隊를 지
휘했다. 그는 일찍이 상해에서 노동자들의 무장봉기가 일어났을 때 노동자규찰대
로 참가하여 남다른 용맹함과 정세 예측으로 규찰대 총대장이 되었던 인물이다.
고순장은 예전에 화광기化廣奇, 화광치라는 예명으로 활동하던 마술사였는데 종합 오

락장인 대세계大世界의 인기스타였다. 하지만 분장을 지운 그의 맨 얼굴을 사람들은 알아보지 못했다.

정보과장 진갱은 황포군관학교 1기생으로 장개석의 시위 참모를 역임하기도 했다. 그는 본래 공산당원으로서 무장봉기에 참가하여 부상당하자 총상을 치료하러 상해에 왔다가 주은래에게 발탁되어 특과 공작에 투입되었다. 진갱은 적의 심장부에 요원을 침투시켜 고급정보와 체포된 동지들을 탈출시키는 임무를 맡았다.

1928년 4월 상해 경찰국에서 공산당의 아지트 한 곳을 급습하여 그곳에서 활동하던 공산당원들을 체포했다. 진갱이 급히 상황을 알아보니 독일어에 능통한 여성이 현금 5만 원과 여권 발행을 조건으로 당원 명단과 아지트 주소를 제공했다는 사실이 밝혀졌다. 그 여성은 홍군의 사령관 주덕의 전처 하기화何基華, 허지화였다.

하기화는 주덕과 함께 독일에 갔을 때 불화를 일으켜 이혼하고 모스크바로 떠났는데, 그 무렵 귀국하여 새 남편과 함께 지하공작에 종사하던 중 변심하여 동지들을 팔아넘긴 것이었다. 진갱은 고순장과 함께 하기화의 집에 처들어가 보관하고 있던 당원 명단을 회수하고 부부를 사살했다. 하지만 하기화는 부상만 입은 채 살아남았고, 고향 사천성으로 돌아가 평생을 숨어 살았다. 진갱은 전선에서 분투하고 있던 주덕의 입장을 배려했던 것이다.

양개혜의 죽음

양개혜는 북경대학교 철학교수 양창제의 딸
로 모택동의 두 번째 부인이다. 1901년 호남성 장
사의 시골에서 태어난 그녀는 아버지가 일본, 영
국, 독일 등지에서 유학생활을 하는 동안 어머니
와 둘이 살았다.

양창제는 1913년 귀국하여 장사사범학교에
서 교편을 잡았을 때 모택동의 스승으로서 많은
영향을 주었다. 유럽의 생활방식이 몸에 밴 그는

양창제

주말이면 제자들을 집으로 초대하여 식사를 대접했다. 이때 딸 양개혜를 제자들
과 어울리게 했는데, 아름다운 데다 똑똑하고 언변까지 뛰어나서 청년들의 가슴
을 설레게 했다.

1918년 북경대학교 철학교수로 전임한 양창제는 모택동이 장사를 떠나 북경
으로 오자 북경대학교 도서관에 직장을 마련해주고 자신의 집에서 거처하게 했
다. 모택동은 자신보다 8년 연하인 17세의 양개혜를 좋아했지만 그녀는 아무 반
응도 보이지 않았다. 2년 후인 1920년 1월 양창제가 폐렴으로 세상을 떠났다. 때
마침 두 번째로 북경을 방문한 모택동은 상심한 양개혜를 위로하면서 사랑에 빠
졌다. 하지만 그녀가 아버지의 유해를 장사로 옮기면서 두 사람은 헤어졌다.

장사에 돌아온 양개혜는 선교사가 운영하는 학교에 다녔는데, 장개석은 그
녀를 그리워하는 연서를 수없이 보냈다. 양개혜는 모택동의 친구로부터 그가 자
신을 만나지 못해 몹시 슬퍼하고 있다는 이야기를 전해 듣고 그와 평생을 함께하

양개혜와 두 아들 모안영과 모안청.
모안영은 한국전쟁에 참전하여 전사했다.

기로 다짐했다. 그해 말 모택동이 장사로 돌아오자마자 재회한 두 사람은 자연스럽게 연인이 되었다. 양개혜는 모택동이 근무하면서 숙식까지 해결하던 소학교를 찾아갔다가 밤이 되면 집으로 돌아갔다. 당시에는 미혼남녀가 함께 사는 일은 상상조차 할 수 없었다. 어느 날 밤 모택동은 잠 못 이루고 있다가 다음과 같은 시를 썼다.

베개 위에 쌓이는 슬픔, 너는 어떤 모양이냐.

강과 바다의 물결처럼 너는 끝없이 출렁인다.

밤은 너무 깊고 하늘은 너무 어둡다. 언제 빛이 나타날 것인가.

어깨에 가운을 걸친 채 추위 속에 잠 못 이루며 멍하니 앉아 있다.

마침내 새벽이 올 때 내 백 가지 생각은 타고 재만 남으리.

이 시 덕분에 모택동은 양개혜와 밤마다 함께 보낼 수 있게 되었다. 양개혜는 자신의 모든 것을 모택동을 위해 바치기로 결심했다. 하지만 바람둥이 기질이 농후했던 모택동은 그녀를 사랑하면서도 다른 여자들을 외면하지 않았다. 그중에 어린 나이로 과부가 된 도자용陶子容, 타오즈룽은 모택동의 모금운동에 적극 협력하다가, 몰래 여행을 다니기도 했다. 뒤늦게 그 사실을 알게 된 양개혜는 "어느 날 폭탄이 내 머리 위에 떨어졌다."고 회고할 정도로 큰 충격을 받았지만, 모택동이 보통 사람이 아닐 뿐더러 자신을 배신할 생각이 없었다는 이유로 용서해주었다.

양개혜는 혼인신고도 하지 않고 모택동과 동거를 시작했고, 그 때문에 학교에서 쫓겨났지만 개의치 않았다. 결혼 후에도 모택동은 두 여자와 새로운 관계를 맺는 등 외도를 멈추지 않았다. 개중에는 양개혜의 사촌도 있었다. 하지만 그녀는 모택동을 비난하거나 불편한 관계를 만들지 않았다. 다만 훗날 이런 방식의 글을 남겼을 뿐이다.

육체적 결점이 없는 사람은 두 가지 속성이 있는데, 하나는 성적 충동이요, 다른 하나는 사랑에 대한 정서적 욕구다. 나의 태도는 모택동의 이런 속성을 이해하는 것이었다.

양개혜는 추수폭동 당시 반창에서 모택동과 하룻밤을 보내고 헤어진 이래 죽음에 이르기까지 3년 동안 공산주의와 모택동에 관하여 여덟 편의 글을 써서 집 안 깊숙한 곳에 감추어두었다. 그중 일곱 편은 1982년 집을 개축하는 과정에서 발견되었고, 한 편은 1990년 집수리 도중 대들보 아래서 발견되었다. 그녀의 글에는 남편이 떠난 뒤 겪은 고통, 자식에 대한 모택동의 무정함에 대한 실망과 원망, 공산주의 신념에 대한 갈등이 진솔하게 담겨 있다.

1928년 10월, 헤어진 지 1년이 지났지만 모택동은 단 한 차례 편지를 보냈을 뿐이었다. 양개혜는 그해 6월 남편의 사촌이라는 공산당원이 남편이 있는 정강산으로 간다는 소식을 듣고 모택동이 가장 좋아하는 발효된 콩이 들어간 칠리고추 향신료 한 병을 보내주었다. 하지만 모택동은 아무런 소식도 전해 오지 않았다. 기다림에 지친 양개혜는 10월의 어느 날 「사색」이라는 제목의 시를 썼다. 그 안에 다음과 같은 구절이 있다.

아픈 발은 나았을까?

겨울옷은 마련했을까?

혼자 자는 당신을 누가 돌봐줄까?

당신도 나처럼 외롭고 슬픈가요?

하지만 이때쯤 모택동은 정강산에서 하자진과 즐거운 나날을 보내고 있었다. 이듬해 3월 7일 호남성의 〈공화일보〉에 주덕의 아내 오약란(伍若蘭, 우뤄란: 1906~1929)이 참수형을 당해 목이 장사의 거리에 내걸렸다는 기사가 실렸다. 불안해진 양개혜는 자식들을 삼촌 모택민에게 맡기기로 했다. 당시 그녀는 "왠지 모르게 염라대왕이 보낸 독사 같은 밧줄에 목이 걸려 점점 죄어드는 기분을 떨쳐버릴 수 없다."고 토로했다.

양개혜는 신문을 통해 남편이 저지르고 있다는 잔혹한 살상에 대한 기사를 보고 있었다. 모택동이 주덕과 함께 지휘하는 군대는 늘 불태우고 죽이고 납치하며 약탈하는 화적떼였다. 그들이 세 방향에서 포위되어 곧 전멸될 것이라는 내용도 있었다. 양개혜는 모택동이 그런 일을 그만두고 자신에게 돌아오기를 원했지만 겉으로 표하지는 않았다.

1929년 5월 중순, 양개혜는 사촌으로부터 모택동이 상해로 갈 것이라는 편지를 받고 재회를 학수고대했다. 그녀는 본래 핍박받는 사람들에 대한 동정심에서 공산주의에 이끌렸지만 그 무렵에는 그 믿음이 사라져가고 있었다. 하지만 모택동에 대한 사랑만큼은 변치 않았다. 기다림의 시간은 그 후로도 계속되었다. 춘절을 이틀 앞둔 1930년 1월 28일 그녀는 모택동과 헤어지고 나서 3년 동안의 소회를 네 쪽 분량의 글로 썼다. 그로부터 얼마 지나지 않아 사촌오빠가 체포되어 처형되었다.

1930년 9월 모택동이 장사를 공격한다는 소문이 퍼졌다. 양개혜는 남편을 만날 수 있다는 희망에 들떴지만 곧 실망으로 바뀌었다. 모택동이 지휘하는 홍군이 장사를 공격하다가 국민당군의 거센 반격을 받고 3주 만에 철수해버렸기 때문이다.

모택동을 놓친 호남성장 하건何健, 허젠: 1887~1956은 양개혜를 잡아들이라고 명령했다. 하건의 부하 하나가 물 항아리를 둘러매고 매일 반창 시내를 배회하다가 마침내 그녀의 소재를 알아냈다. 10월 중순 양개혜는 당원들과 함께 체포되었다.

하건은 양개혜를 미끼로 반창의 공산당 지하조직을 제거할 생각이었다. 하건의 뜻에 따라 장사에서 가장 영향력이 큰 신문사의 기자가 육군형무소에 수감되어 있는 양개혜를 찾아갔다. 그는 모진 고문으로 탈진 상태에 빠져 있는 그녀를 보고 탄식하면서 전향을 권했다.

양개혜는 기자가 하건으로부터 임무를 띠고 왔음을 짐작하고 입을 다물었다. 기자는 자신이 하건의 명령으로 방문했음을 솔직하게 털어놓고, 현재 각계각층의 인사들이 그녀의 보석을 청원하고 있다고 했다. 그리고 호남성장이 내건 세 가지 석방 조건을 알렸다. 첫째, 반성문을 쓸 것, 둘째, 지하에서 암약하고 있는 공산당원의 명단을 제출할 것, 셋째, 모택동과 부부의 연을 끊는다는 성명서를 발표하라는 것이었다.

양개혜는 이를 거절하고, 모택동을 자신의 목숨보다 더 사랑한다고 말했다. 기자는 모택동이 2년 전부터 정강산에서 하자진이라는 여성과 동거하고 있으며 둘 사이에 아이까지 있다는 사실을 전해주었다. 양개혜는 기자의 말이 거짓이 아니라는 것을 알았지만 단호히 말했다.

"당신의 말이 사실이라면 오히려 다행입니다. 객지를 떠도는 남편의 뒷바라지를 해줄 사람이 있으니까요. 저는 모택동과 절대로 이혼하지 않을 겁니다. 우리는 사랑하는 부부고 혁명동지며 전우입니다."

양개혜에 대한 전향공작은 실패로 돌아갔다. 1930년 11월 14일 새벽, 무장군인들이 감방 안으로 들어와 양개혜의 등에 파란색 깃대를 꽂고 마당으로 끌고 나왔다. 그곳에는 미리 연락을 받은 친척들이 큰아들 모안영과 함께 와 있었다. 모안영이 엄마를 부르며 울었지만 양개혜는 눈길 한 번 주지 않았다. 간수장과 사형집행관이 본인 여부를 확인한 다음 재차 물었다.

"부인, 지금이라도 모택동과 관계를 끊겠다고 한다면 사형집행을 중지할 수 있습니다."

양개혜는 고개를 세차게 저었다.

"그런 말씀은 더 이상 하지 마세요. 나는 죽어서도 모택동의 아내가 될 것입니다."

집행관은 더 이상 설득하지 않고 양개혜를 총살형에 처한다고 선언했다. 홑겹 무명옷 차림의 양개혜는 29세의 나이로 목숨을 잃었다. 사형집행이 끝나자 병사 한 명이 그녀의 신발을 벗겨 멀리 내던졌다. 그러지 않으면 귀신이 찾아와 괴롭힌다는 속설 때문이었다. 양계혜의 시신은 얼마 전에 죽은 사촌오빠의 무덤 곁에 매장되었다.

광동 코뮌

1927년 8월 1일 벌어진 남창봉기의 궁극적 목표는 광동으로 진격하여 공산당 정권을 수립하는 것이었다. 남창봉기의 성공으로 병력이 증강된 홍군이 광동으로 가다가 국민당군의 강력한 공격을 당해 궤멸되고 말았지만 그들은 애초의 계획을 포기하지 않았다. 그해 11월 강서성과 호남성의 경계인 차릉茶陵에서 최초의 중화 소비에트[21]가 창설되어 공산당을 지원했다.

광동은 1926년 이래 군벌 이제심이 지배하고 있었는데, 장발규가 이끄는 국민혁명군 제12사단이 그의 부대를 성 밖으로 몰아내고 서로 대치 중인 상태였다. 공산당은 양군의 갈등을 틈타 가능한 한 서둘러 폭동을 일으키기로 결정했다.

당시 장발규 휘하 부대에는 무한군정학교 출신의 급진적인 사관후보생이 중심이 된 교도단이 있었다. 대부분이 공산주의자인 교도단 대원들은 공산당의 지령에 따라 봉기의 주역으로 등장했다. 그들 중에는 한국인도 80명이나 포함되어 있었다.

1927년 12월 10일 이립삼, 섭검영, 섭정을 비롯하여 장태뢰, 운대영□代英, 윈다이잉: 1895~1931 등의 봉기군

장발규

---

21 소비에트란 러시아 제국의 노동자·농민·병사들의 민주적 자치기구다. 1905년 10월 상트페테르부르크에서 노동자 대표 소비에트가 창설된 이래 각지에서 자주적인 소비에트가 설립되었다. 1917년 2월혁명 당시에는 노동자 소비에트와 병사 소비에트 간의 연합 세력이 형성되었고 혁명 이후에 탄생한 러시아 임시정부에서 소비에트가 실권을 잡았다. 이어진 10월혁명으로 볼셰비키가 정권을 잡으면서 러시아는 소비에트 러시아가 되었고 1922년 소련(소비에트 연방)이 탄생했다.

지도자들과 2,000명의 교도대원들이 성 밖의 집결지에 모였다. 그들은 거사에 참가한 사관후보생의 명단을 보면서 반마다 지도자를 뽑고, 혁명위원회 위원들도 선출했다. 이때 섭룡葉龍, 예룽이 교도단 사령으로, 모스크바적군대학을 졸업한 한국인 이영李英이 참모장으로 뽑혔다. 그들은 교도단이라는 명칭을 '적군赤軍'으로 바꾸었다. 봉기에 참여할 무장노동자 2,000명도 사령부에 합류했다. 봉기의 총지휘자인 섭정은 국민당군의 사령부와 병기고, 포대, 경비대 등의 위치를 알려주고 출동을 명령했다.

작전은 한밤중에 시작되었다. 성안에 있는 국민당군 병력은 봉기군보다 훨씬 많았고, 교외의 주강 맞은편에 있는 하남에는 이복림이 지휘하는 국민당군 7개 연대가 주둔하고 있었으므로 신속하게 행동해야 했다. 그들은 먼저 사령부를 기습하여 장발규를 생포하려 했지만 실패했다. 장발규는 잠옷차림으로 사령부를 빠져나가 주강 건너에 있는 이복림의 진지로 도망쳤다.

한국인 교도대원 양달부梁達夫와 김산金山: 1905~1938은 200여 명의 병력을 이끌고 4km 밖에 있는 사하沙河, 사허의 포대를 탈취하기 위해 달려갔다. 양달부는 모스크바 유학생 출신으로 포술 실력이 뛰어나 중국인 장군들로부터 인정받고 있던 인물이었다. 공격지점을 포위 사격하자 30명 정도의 국민당군 병사들이 쓰러지고, 지휘관이 금세 백기를 들었다. 양달부는 그의 부하들을 무장해제한 다음 노획한 대포와 총기를 혁명위원회 사령부로 보냈다. 그러고는 현장에 50명의 수비 병력을 남겨두고 다시 성안으로 돌아가 봉기군과 합세했다.

새벽이 가까워오는 가운데 성내는 간간이 총소리가 들려올 뿐 의외로 조용한 편이었다. 경찰서 건물이었던 혁명위원회 사령부에서는 섭정과 독일인 공산주의자 하인츠 노이만Heinz Neumann이 결과보고를 기다리고 있었다. 노이만은 코뮌에 가담한 유일한 서양인이었다. 새벽 5시경 노획한 대포와 함께 수많은 포로들이 끌려왔다.

양달부는 포로들 가운데 봉기에 동참하기를 원하는 병사 200명을 선발하여 총과 탄약을 지급하고 대기시켰다. 봉기군은 강변에 있는 장발규의 사령부를 향해 갔는데, 그즈음 목표했던 지점들은 모두 점령했고 사령부만 남아 있는 상태였다. 양달부는 그곳에 보관되어 있는 체코제 최신형 소총을 탈취할 생각이었다. 이제심의 집을 통해 사령부로 접근하는 순간 수비군의 강력한 저항으로 동료들이 쓰러졌다.

소진된 병력을 메꾸기 위해 양달부는 봉기에 동참한 포로 200명을 공격에 가담시켰다. 그러나 적의 수류탄 투척과 기관총 난사로 더 이상의 진격이 불가능했다. 양달부는 노획한 대포와 다섯 발의 포탄을 가져와 사령부를 조준했다. 발사한 첫 포탄이 이제심의 저택 꼭대기를 날리면서 제12사단을 지켜주던 장애물이 사라졌다. 두 번째 포탄은 아슬아슬하게 빗나갔지만 세 번째 포탄이 사령부 2층에 명중했다. 저항이 둔해지자 봉기군이 돌격하려 했지만 다른 부대가 사령부 주위에 화염병을 던져 불길에 휩싸인 안으로 진입할 수 없었다.

아침 7시경 봉기군은 성안의 주요 지점을 완전히 확보했지만 안심할 수는 없었다. 강 건너 하남지구에 이복림의 7개 연대가 있었고, 국민혁명군 제12사단이 사령부에 남아 있었기 때문이다. 게다가 관음산觀音山, 관인산 기슭으로 달아난 적병 3,000여 명도 반격을 노리고 있었으며, 멀지 않은 서강 지역에 수천 명의 병력이 주둔하고 있었다.

1927년 12월 11일 9시, 광동에서는 중국 최초의 소비에트 정권이 출범했다. 수많은 노동자, 농민, 학생, 상인들이 운집한 가운데 혁명가요 〈인터내셔널The Inter-

nationale〉22이 울려 퍼지고, 수백 개의 적기赤旗가 펄럭였다.

> **깨어라, 노동자의 군대! 굴레를 벗어던져라!**
> **정의는 분화구의 불길처럼 힘차게 타온다!**
> **대지의 저주받은 땅에 새 세계를 펼칠 때,**
> **어떠한 낡은 쇠사슬도 우리를 막지 못해!**
>
> **들어라, 최후 결전, 투쟁의 외침을!**
> **민중이여, 해방의 깃발 아래 서자!**
> **역사의 참 주인들, 승리를 위하여!**
> **인터내셔널 깃발 아래 전진 또 전진!**

11명으로 구성된 소비에트 집행부는 의장으로 광동 출신의 노동자 소조징을 선출했지만 그는 동강東江, 둥장에서 농민군을 조직하고 있었으므로 집회에 참석하지 못했다. 이날 집회에서는 "농민에게 땅을 주자." "가난한 민중과 노동자에게 먹을 것을 주자." "병사들에게 평화를 주자." 등의 구호가 울려 퍼졌다. 집행부에서는 노동자를 위해 하루 8시간 노동 보장, 노동법, 실업보험, 노동조건 개선, 농민

---

22 〈인터내셔널〉은 노동자 해방과 사회적 평등을 담고 있는 민중가요다. 원곡은 프랑스어로 되어 있는데 1871년 파리코뮌 당시 프랑스의 철도노동자 외젠 포티에(Eugène Pottier)가 작사했고, 1888년 가구세공인 피에르 드제이테(Pierre Degeyter)가 작곡했다. 이 노래의 러시아어 판이 1922년부터 1944년까지 소비에트 연방의 국가로 사용되었다. 그 후 스탈린이 제2차 세계대전 도중 코민테른을 해체하면서 새 국가를 채택했고, 1944년 이후에는 〈인터내셔널〉 대신 〈소련 찬가〉로 대체되었다. 여기에서 인터내셔널은 사회주의자들의 국제기구인 제1인터내셔널을 뜻한다.

과 병사들을 위한 지주의 토지 재분배, 빈민들의 식량 보장, 여성과 남성의 동일 임금과 동일한 법적 지위 보장 등을 채택했다.

군중집회가 끝난 뒤 김산은 7명의 동료와 함께 노농무장부에 배정되어 사흘 동안 약 4,000정의 무기를 봉기군에게 분배했다. 제12사단 사령부를 점령하지 못한 탓에 모든 병력을 무장시킬 수는 없었다. 많은 노동자들이 앞다투어 봉기에 가담했지만, 성능 좋은 총은 파업위원회에 소속된 인원에게만 지급됐다. 소비에트 집행부는 이들 무장한 노동자부대를 적위대赤衛隊라고 불렀다.

혁명위원회는 봉기군에게 시민 살상을 금지하고, 반동분자를 체포하여 재판에 회부하도록 했다. 가장 악질적인 반동분자 30명이 재판을 받고 처형되었다. 코뮌 기간 동안 봉기군에 살해된 사람은 100명 정도였다. 시가전 당시 3명의 여자가 죽었는데 신원을 확인하기 위해 혁명위원회 앞으로 시신을 옮겼을 때 누더기 차림의 소년이 죽은 여인의 머리를 돌로 짓이겼다. 그는 노예였고 여인은 잔인한 주인이었던 것이다.

전선에서 죽은 병사의 수효는 집계되지 않았지만 대다수의 수비군이 도망치거나 무장해제를 당했으므로 200~300명을 넘지 않았을 것이다. 노동자들에 의해 상인과 지주들도 체포되었지만 한 명도 살해되지 않았다. 그들은 사적인 복수를 하지 말라는 명령을 철저히 준수했다.

봉기군이 장악하고 있던 기간 동안 도시는 평온했다. 학생들의 투쟁도 없었다. 학생들은 대중운동이나 무장투쟁에 참가하지 않았다. 과시용으로 총을 멘 채 거리를 배회하는 학생이 몇몇 눈에 띄었을 뿐이다. 지식인들은 공산당원과 공산청년동맹 50여 명이 개인적으로 무장했지만 그들이 거둔 성과는 없었다. 여성들은 간호사들의 활동이 돋보였을 뿐 전투에 참여한 사람은 하나도 없었다. 가장 뛰어난 활약을 보인 것은 무기를 들어본 경험이 있거나 혁명사상의 기초가 잘 닦인 사람들이었다.

그럼에도 혁명의 성공 여부는 불투명했다. 공산당은 조직이 빈약했고, 동조자를 포섭하기 위한 집회나 시위도 조직하지 않았다. 그들은 승리의 낙관에 취해 있었다. 봉기에 참가했던 노동자들은 대부분 집으로 돌아갔다. 적으로서는 도시 탈환을 위한 좋은 기회가 오고 있었다.

12월 13일 국민당군의 반격을 돕기 위해 영국 군함이 사격 준비를 하고 있었다. 영국군은 조계를 떠나 광동 지역에 발을 디뎌놓았고, 일본군도 도시에 들어와 있었다. 영국 군함에서 함포를 발사하자 도시는 아수라장이 되었다. 뒤이어 이복림이 지휘하는 7개 연대가 총공격을 실시했다. 견디다 못한 봉기군이 사방으로 흩어졌다.

그날 오후 도시에 진입한 국민당군 병사들은 노동자들을 보이는 대로 사살했다. 노동자들은 무장을 갖추고 저항했지만 대적이 되지 않았다. 장태뢰도 노동자들과 함께 끝까지 싸우다 죽임을 당했다. 공안국에 갇혀 있던 30여 명의 죄수들은 풀려나자마자 거리로 뛰쳐나가 빈민들을 닥치는 대로 죽였다. 시체는 트럭에 실려 주강에 던져졌다.

학살은 18일 저녁이 되어서야 진정되었다. 대량학살은 마지막 이틀 사이에 벌어졌다. 국민당군의 살인 행각이 극에 달할 무렵, 팔에 흰 띠를 두른 청방의 깡패들까지 나타나 동조했다. 사흘 동안 무려 7,000명 이상이 죽임을 당했는데, 희생자의 대부분이 노동자였고, 그중에는 인력거꾼 2,000명도 포함되어 있었다.

이날 병사들은 소련영사관으로 난입하여 영사와 부영사 부부, 세 명의 어린이를 체포했다. 이튿날 아침 그들은 부영사를 거리로 끌고 나가 사살하고, 시체의 등에 '로스케 비적'이란 글씨를 붙여놓고 사흘 동안 효시했다. 석방된 사람들도 3일 이내 출국하라는 통지를 받았다. 소련에서는 이와 같은 폭거의 책임이 영국에게 있다고 비난하면서 중국과 외교관계를 단절했다.

한편, 섭룡이 이끄는 교도단은 국민당군의 추적을 피하기 위해 산을 돌아 번우^{番□,판위}로 이동했다. 그들과 함께 퇴각한 노동자는 극소수에 불과했다. 14일 밤 화현^{花縣, 후아현}에 도착한 섭룡은 집회를 열고 현지에서 광동성 위원회의 명령을 기다렸다가 광동을 재탈환하자고 했지만, 15일 오후까지도 아무 소식이 오지 않았다. 다시 종화현^{從化縣, 충화현}으로 이동하던 중 민단의 기총소사를 받았지만 이는 쉽게 격퇴했다.

종화현은 교도단을 두려워한 것인지, 총상회에서 환영 대표를 보내고 폭죽까지 터뜨리며 맞이했다. 교도단은 다음 행선지를 해륙풍으로 결정했다. 해를 넘긴 1928년 1월 7일 교도단이 해륙풍에 도착하니 수천 명의 소비에트 인민들이 반겨주었다. 광동코뮌을 총지휘했던 섭정은 광동을 탈출하여 홍콩으로 가라는 명령을 받았다. 그때까지 당 중앙이 왜 아무런 조치를 취하지 않았는지는 밝혀지지 않았다. 광동의 실패는 섭정의 탓으로 돌려졌다.

정강산 투쟁

주모군 창설

남창봉기의 실패로 국민당군의 거센 공세에 직면한 주덕과 임표 부대는 천신
만고 끝에 1928년 4월 정강산 부근에 다다랐다. 지난해부터 정강산에 터전을 잡

중국공농홍기

고 있던 모택동은 친동생 모택담을 보내 합
류를 제의했다. 4월 24일 모택동 부대와 주
덕의 부대는 영강寧岡, 닝깡에서 합류대회를 열
고 공농홍군23 제4군으로 재편성했다. 주덕
은 군 사령, 모택동은 당 대표인 정치위원을
맡았다. 그때부터 이 군대는 주모군朱毛軍으

---

23 공농홍군(工農紅軍)은 1920~1930년대 중국공산당의 무장조직이다. 1928년 5월 중국공농혁명군으로 창립되
    었다. 1937년 제2차 국공합작이 개시되자 편제상 국민당군에 편입되어 팔로군과 신사군으로 불렸다. 일본의 항
    복 후 국공내전이 시작되자 인민해방군으로 이름을 바꾸었다.

로 불렸다. 군대의 정식 명칭을 공농홍군 제4군이라 한 이유는 주덕이 끌고 온 부대가 수효도 많고 전투 경험도 풍부했기 때문이다. 군기는 붉은색 바탕 한복판에 흰색 별과 낫, 망치를 그려넣었다.

두 사람은 홍군의 군규軍規인 '3대 규율'과 '8항주의八項注意'를 만들었다. 3대 규율은 첫째, 명령에 즉시 복종할 것, 둘째, 가난한 농민들로부터 어떠한 것도 징발하지 말 것, 셋째, 지주로부터 압수한 모든 물품들은 즉시 직송하여 그 처분을 정부기관의 관할 아래 둔다는 것이었다.

8항주의는 첫째, 가옥으로부터 떠날 때는 모든 문짝을 본래의 위치에 복귀시켜놓을 것, 둘째, 잠자고 난 뒤에 멍석은 개어서 원래의 위치에 둘 것, 셋째, 인민들에게는 공손하고 가능한 한 힘껏 그들을 도와줄 것, 넷째, 빌린 물건은 모두 반납할 것, 다섯째, 손상된 물품은 고쳐서 원상회복시킬 것, 여섯째, 농민들과 거래할 때는 정직할 것, 일곱째, 물건을 살 때에는 반드시 대금을 지불할 것, 여덟째, 위생 처리에 유의하며 특히 화장실은 인민의 거주지로부터 안전거리를 유지하여 지을 것 등이었다.

이처럼 엄격한 규율로 무장하고 농민의 군대임을 자처한 주모군은 근거지인 정강산을 중심으로 본격적인 군사 활동을 펼쳤다. 주모군의 활약은 오늘날 다음과 같은 시로 칭송받고 있다.

혁명의 정예부대가 정강산에 모여
역량을 집중하니 더욱 굳세졌네.
홍군의 영도를 끌어 올려,
다섯 차례의 포위공격을 물리치고 전장을 지켰다.[24]

1990년 중국인민은행에서 발행한 100위안 지폐의 정강산 주봉 경관

1928년 6월 주모군은 정강산 주변 6개 현의 지주와 국민당군에 대한 공세를 시작했다. 일주일 동안 3개 현에서 국민당군을 몰아내고 보급품을 노획했으며 1,000여 명을 생포했다. 잡힌 자들 중에는 300여 명의 지주와 관리가 포함되어 있었다. 주모군은 현지에서 투쟁대회를 열고 지주와 관리를 대부분 학살하고, 현청 소재지에 인민위원회를 구성하여 지주에게서 빼앗은 토지를 빈농과 소작농에게 나누어 주었다. 이어서 마을마다 농민들을 무장을 갖추게 하고 훈련시켰으며, 여성·청년·노동자동맹을 결성했다.

임표는 주모군의 정예인 제28연대 1대대장이 되어 늘 선봉을 자청했다. 6월 하순, 임표는 국민당군과의 접전에서 실력을 유감없이 발휘하여 아군은 물론 적군에게도 군사적 재능을 인정받게 되었다. 장개석은 정강산 북쪽의 영신에 주둔하고 있던 강서군벌 양지생楊池生, 양즈성: 1891~1962 휘하의 최정예 5개 연대에게 주모군을 섬멸하라고 명령했다.

주덕은 영신에서 정강산으로 이어지는 두 갈래 산길 가운데 비교적 폭이 넓은 신작로를 통해 국민당군이 공격해 올 것으로 예측하고 그쪽 고개에 주력군 1개 연대와 1개 대대를 배치했다. 좁은 구도로에는 1개 연대를 배치하고 나머지 2개 연대는 예비대로 남겨두었다. 그런데 국민당군은 반대로 구도로에 3개 연대,

24 革命雄師井岡, 集中力量更堅强, 紅軍領導提高後, 五破圍攻固戰場.

신작로에 2개 연대를 동원했다.

국민당군 가운데 이문빈李文彬, 리원빈이 지휘하는 21연대는 맹호부대라는 별칭으로 불릴 만큼 용맹스러웠다. 그들은 신작로 방어를 맡은 주모군이 방어진지를 구축하기 전에 재빨리 공격, 섬멸하고 구도로 쪽으로 진격했다. 구도로에 배치된 주모군은 칠계령七溪嶺, 치시령이란 고지를 먼저 점령한 국민당군의 맹공으로 곤란한 처지에 놓여 있었다. 게다가 배후의 신작로 쪽에서 맹호부대가 다가오고 있었으므로 꼼짝없이 당할 판국이었다. 연대장 왕이탁王爾琢, 왕얼쮜: 1903~1928은 즉각 연대 참모 및 대대 간부를 소집하여 전투냐 후퇴냐를 놓고 회의를 열었다. 그런데 갑론을박이 이어지면서 결론을 내지 못하자 20세에 불과한 제1대대장 임표가 질타했다.

"동지들, 대체 무엇을 겁내고 무엇 때문에 허둥대는 것입니까? 우리의 앞길에는 맹타猛打, 맹격猛檄, 맹추猛追의 3맹만이 있을 뿐입니다."

왕이탁은 연대의 지휘권을 임표에게 일임했다. 임표는 1시간여에 걸쳐 전장을 살핀 끝에, 길은 좁고 삼림은 깊은데 주모군의 병력은 부족하고 화력도 약하다는 것에 주목했다. 고지에 집결한 국민당군의 병력은 주모군의 3배가량이었고 화력은 비교조차 할 수 없을 정도였다. 임표는 기발한 작전을 생각해냈다. 소규모 단위부대를 편성하여 육박돌격전을 펼쳐 적을 혼란에 빠뜨리기로 한 것이다.

임표는 고참병, 당원, 초급지휘관 등 특공대 240명을 선발하고, 24명씩 10개의 돌격대를 편성했다. 24명의 구성원들에게는 기관단총 3명, 창 5명, 소총 7명, 구식엽총 9명으로 임무를 나누어 무장시켰다. 그들이 은밀하게 적진으로 다가서고 있을 때 고지의 맹호부대 병사들은 무장을 풀어놓고 점심식사를 하거나 나무 밑에서 쉬고 있었다. 주모군의 돌격대 240명이 고함을 지르며 진영에 난입한 순간, 대부대의 기습으로 오인한 국민당군 병사들은 무장도 챙기지 못한 채 혼비백산 산 아래로 달아났다. 임표의 결단과 냉정한 판단이 완패의 조건을 완승의 조건으로 바꾸어놓은 것이다. 최신식 기관총 등으로 무장한 국민당군은 창과 구식 소총을 들고 달려드는 주모군에게 속수무책으로 궤멸당하고 말았다.

정강산 칠계령 전투의 승리는 임표의 명성을 드높였다. 주덕과 모택동은 그의 전법을 높이 평가하여 주모군의 한 가지 전술로 채택했다. 아울러 임표를 28연대장 및 주모군사령부 군사훈련과장으로 임명하여 지휘관들의 교육을 맡겼다. 임표는 지휘관들에게 다음과 같은 자신의 군사전략을 강조했다.

우리는 적의 대규모 공세를 되도록 많은 소규모 개별 전투로 바꾸어 적을 포위 섬멸해야 한다. 적의 전략적 우세를 우리의 전술적 우세로 국면을 전환시키는 것이다. 적이 전략적 강자의 지위에 있더라도 충분히 약자의 위치로 끌어내릴 수 있다. 그리하여 아무리 강력한 적이라도 격파할 수 있다. 이러한 작전은 내선작전 가운데서 외선작전, 포위 중 포위섬멸, 봉쇄 중 봉쇄, 약자 중에서 강자, 수동 가운데 주동이라고 할 수 있다. 우리의 전략은 1을 가지고 10을 당하는 것이지만, 우리의 전술은 10을 가지고 1을 당하는 것이다. 우리는 적을 공격할 때 적의 전 부대를 동시에 소멸하려고 덤벼서는 안 된다. 이는 우리의 힘을 분산시켜 아무도 충분한 병력이 없게 하고, 시기를 놓쳐 목적을 달성하지 못하게 할 뿐이다. 우리는 적의 약한 고리를 찾아 거기에 절대 우세한 병력을 집중하여 맹타를 가해야 한다.…… 우리가 전장에서 우세한 적을 패주시키는 것만으로 만족해서는 안 된다. 적의 1개 부대라도 완전히 섬멸시켜야 하는 것이다. 10개의 손가락에 약간의 상처를 입히는 것은 손가락 한 개를 완전히 부러뜨리는 것보다 못하다. 적의 10개 연대에 조금씩 골고루 상처를 입히는 것보다는 1개 연대를 완전히 섬멸하는 쪽이 더 효과적이라는 뜻이다.

임표가 주모군 지휘관들에게 군사전략을 강의할 때면 주덕과 모택동이 반드시 참석하여 귀를 기울였다. 모택동은 한 번도 군사교육을 받아본 적이 없었고 실전 경험도 미미했다. 모택동은 정강산 시절과 서금에서 고난을 겪을 때 임표와 같은 지휘관들의 전략과 고대의 군사전략, 마르크스·레닌의 정치사상에 자신의 경험을 대입하여 훗날 자신만의 군사전략을 정립했다.

임표는 모택동이 홍군의 군법인 3대 규율, 8항주의를 만드는 데 큰 공을 세웠다. 애초에는 3대 규율과 6항주의였는데 임표가 홍수전의 경험에서 얻은 2개항을 추가하여 8항주의가 된 것이다. 임표는 또 16자 전법으로 요약되는 유격전 4원칙[25]을 창안하여 홍군에게 전파했다. 이것을 임표는 '유동적 유격전'이라고 불렀는데 훗날 홍군의 병력이 늘어나면서 모택동의 이른바 '16자결'[26]로 개선되었다.

주모군 정벌에 계속 실패하자 장개석은 그해 7월 호남·강서·광동 3개 성의 병력 4만 명을 동원하여 정강산을 포위함으로써 주모군을 아사시키고자 했다. 그런데 장개석의 명령을 받은 호남성의 국민당군 여단장 팽덕회彭德懷, 펑더화이: 1898~1974와 대대장 황공략黃公略, 황공뤼에: 1898~1931이 반란을 일으켰다. 팽덕회가 먼저 여단 병력을 이끌고 강서성으로 들어가 농민들을 규합하고 독자적으로 게릴라 활동 근거지를 마련하니, 황공략이 곧바로 부대를 뛰쳐나와 합류했다.

25　강한 적이 쳐들어오면 약한 아군은 달아나고[敵進我退], 적이 한곳에 머무르면 아군은 적을 교란시키고[敵據我擾], 적이 지치면 아군은 공격하고[敵疲我打], 적이 달아나면 아군은 추격한다[敵退我追].

26　유격전에 승산이 있다. 빠르게 진격하고 퇴각한다[大步進退]. 적을 깊숙이 유인한다[誘敵深入]. 병력을 집중한다[集中兵力]. 각개 격파한다[各個擊破]. 운동전으로 적을 섬멸한다.

파르티잔 운동

팽덕회

1928년 9월 말부터 주모군과 국민당군의 전투는 소강상태에 들어갔다. 주모군은 질병과 기아에 시달리며 고통스런 하루하루를 보내고 있었다. 땅굴이나 허름한 움막에 설치한 병원과 막사에서 신음하는 환자들이 2,000명을 넘어섰다. 그중에는 부상자도 있었지만 대부분은 영양실조, 결핵, 폐렴으로 시달렸다. 날씨는 점점 차가워지는데 추위를 견딜 만한 옷가지도 부족했다.

12월 중순, 팽덕회가 국민당군의 삼엄한 경계망을 뚫고 정강산으로 들어왔다. 그의 병력은 한때 4,000명을 상회했지만 그간의 전투에서 절반을 잃었고, 남은 2,000명 중에 1,000명은 황공략에게 넘기고 1,000명만 데려왔다. 모택동은 그의 합류를 반겼지만 식량부족과 추위 때문에 함께 굶어 죽거나 얼어 죽을 판국이었다.

주모군은 고심 끝에 국민당군의 봉쇄망을 돌파하여 게릴라전으로 국민당군을 분산시키기로 했다. 팽덕회의 부대는 환자들과 함께 정강산에 남겨두고 모택동과 주덕이 2,000명의 병사를 이끌고 출동했다. 지휘관들은 병사들에게 주먹밥한 덩이씩을 지급했다. 그것이 마지막 군량이었다. 임표가 지휘하는 300명의 선봉대에게만 탄약을 분배하고 나머지는 팽덕회에게 넘겨주었다.

넓고 험준한 정강산을 빠져나가는 길은 그곳에서 오래 거주한 화전민 외에는 아무도 몰랐다. 1929년 1월 4일 주모군은 화전민의 안내를 받으며 협곡 사이에 있는 험로를 따라 조심스럽게 전진했다. 깎아지른 듯한 벼랑 아래로 떨어지지 않기 위해 모두가 손에 손을 부여잡았다. 칼날 같은 바람 앞에서도 그들은 한 발자국도 멈춰 서지 않았다.

그날 저녁 경사가 좀 누그러진 공간에서 주먹밥으로 허기를 채우고 바위에 기대어 팔짱을 낀 채 서로의 온기를 나눈 그들은 새벽이 되자 또다시 남쪽으로 행군했다. 해질 무렵 주모군은 한 마을로 통하는 오솔길에 접어들었다. 그곳에는 국민당군 1개 대대가 주둔하고 있었다. 주덕과 임표는 적을 해치우고 무기와 식량을 빼앗기로 했다. 주모군은 날이 어두워지자 오솔길을 따라 내려가 그 마을을 포위했다. 그러나 임표 부대 외에 총이나 실탄이 없던 그들은 허장성세의 작전을 펼치기로 했다. 사방에서 일제히 함성을 지르며 징과 꽹과리를 두드리니, 국민당군은 대부대의 기습으로 오판하고 전의를 상실했다. 그 순간 소총과 창칼로 무장한 임표의 선봉대가 국민당군을 간단히 제압했다.

그날 밤 전투에서 주모군은 국민당군의 대대장을 비롯하여 400여 명의 병사를 생포하고 무기와 탄약을 노획했다. 빼앗은 군량으로 배를 채운 주모군은 남쪽으로 이동하면서 지주와 민단을 공격하여 식량과 물자를 조달했다. 강서성 남부에 있는 텅스텐 광산도시 대유大庾, 다이위를 점령했을 때는 사흘 동안 머물면서 투쟁대회를 열어 수십 명의 지방 관리와 광산 간부를 처단했다.

대유를 떠난 주모군은 강서성과 광동성 접경지역의 산악지대를 통과하면서 추격해 온 국민당군과 혈전을 벌였다. 임표의 선봉대가 맹활약을 펼쳤지만 열흘 동안의 전투로 식량과 탄약이 바닥나버렸다. 주모군은 국민당군을 피해 낮에는 산속에 숨어 있다가 야음을 틈타 하루 40km가 넘는 강행군을 거듭했다.

행군하다가 마을이 가까워지면 선봉대가 달려가 농민들에게 식량을 거두고 부상병과 환자들을 수용할 공간을 마련했다. 마을을 떠날 때는 그들을 모두 남 겨두고 농민들에게 치료와 간호를 부탁했다. 그것은 다음에 돌아와 확인해보겠 다는 일종의 협박이기도 했다. 그곳에 남겨진 부대원에게는 소총과 실탄을 나누 어주고 스스로를 지키면서 농민들을 조직하고 훈련하게 했다.

주모군의 정강산 탈출 작전은 국민당군의 집요한 추격으로 엄청난 대가를 치렀다. 엄동설한에 국민당군이 앞에서 막아서고 뒤에서 추격하는 형국이었다. 그런 와중에 주덕의 두 번째 부인 오약란이 임신한 몸으로 생포되어 모진 고문 끝 에 총살당했다. 그녀의 목은 장사로 보내져 효시되었다. 아내의 사망 소식을 들은 주덕은 몹시 슬퍼하며 다음과 같은 시를 써 그녀를 애도했다.

맑고 그윽한 난초 향기 풍기니
변함없이 풀숲에 뿌리를 휘어 감았네.
비록 감상하는 사람 하나 없어도
의연하게 스스로 향기를 머금고 있네.[27]

주덕은 평생 아내의 처참한 최후를 고통스러워했고, 그녀의 이름 마지막 자 인 '난蘭'의 난초를 끌어안고 다니면서 그리움을 달랬다.

궁지에 몰린 주모군은 국민당군에 위장 투항하기도 했다. 황포군관학교 출신 장교 한 사람이 20명의 부하와 함께 항복하고, 강서성 남부의 작은 마을에서 수비

---

27   幽蘭吐喬林下, 仍自盤根衆草傍. 縱使無人見欣賞, 依然得地自含芳.

대로 배치되었다. 하지만 몇 개월 후 그가 소속된 연대 전체 병력이 반란을 일으켜 그곳을 공산당 게릴라 지역으로 만들었다.

1929년 1월 중순, 서금 근처에 이른 주모군은 농민으로 가장한 편의대를 성안으로 침투시켜 분위기를 살폈다. 정찰을 마치고 돌아온 편의대는 전날 오후 지방군 1개 연대가 작전에 나섰다가 귀환하였고 그들을 위로하는 잔치가 예정되어 있어 경계망이 흐트러져 있다고 보고했다. 이에 주모군은 어두워지면 서금을 기습하기로 결정했다.

그날 저녁 7시 서금에서는 현청의 고급관리들이 베푸는 연회가 시작되었다. 널따란 연회장에 붉은 양초가 명절 분위기를 풍기고 자리마다 술과 음식이 넘쳐났다. 가수와 무희들이 노래와 춤으로 신명을 돋우는 가운데 대취한 지방군 장교와 병사들은 홍군을 섬멸하고 잔당을 복건성으로 몰아냈다며 저마다 무용담을 늘어놓았다. 연회가 한창 무르익고 있을 때 수류탄이 날아와 연회장 한복판에서 터졌다. 참석자들이 도망치려 했지만 그들 앞에는 주모군이 총을 겨누고 있었다. 임표의 선봉대였다.

주모군은 연회장에 있던 사람들을 모두 포박하여 창고에 가두고, 새벽이 되자 동북 방향의 산으로 숨어들었다. 국민당군 1개 사단 병력이 두 갈래로 나누어 추격해 왔다. 임표는 야음을 틈타 1개 연대를 인솔하여 16km를 우회하여 국민당군의 배후를 쳤다.

당시 홍군은 탄약이 1인당 20발에 불과했으므로 탄약이 떨어지면 총검과 몽둥이를 휘둘러야 했다. 밤샘 전투를 거쳐 동틀 무렵이 되었을 때 홍군은 국민당군 1개 사단을 완전히 제압했다. 주모군은 생포한 1,000여 명 가운데 빈농 출신의 100여 명에게 홍군 참가를 권유하고, 나머지는 석방했다. 이 전투는 현지의 농민들은 물론 국민당군에게 큰 영향을 끼쳤다. 그날 이후 국민당군은 주모군을 추격할 때 상대의 속도전을 의식하여 일정한 거리를 유지했다.

며칠 후 주모군은 강서성 중부의 영도寧都, 닝두를 점령했다. 국민당군 수비대와 관리, 지주들은 모조리 도망치고 총상회 간부들이 나와 국민당기를 내리고 홍기를 게양했다. 모택동과 주덕은 그들로부터 5,000원을 헌납 받고, 지주들의 식량과 재산을 몰수하여 일부를 빈민들에게 나누어 주었다. 투쟁대회를 열어 미처 도주하지 못한 지주 여섯 명을 처단하고, 감옥에 갇혀 있던 죄수들을 죄목에 관계없이 모두 석방했다.

사흘 뒤 주모군은 영도를 떠나 임표의 황포군관학교 동기생 이문림李文林, 리원린: 1901~1932이 농민 게릴라 운동을 벌이고 있는 동고산東固山, 둥구산으로 향했다. 동고산 기슭의 마을 주민들은 주모군을 환대했다. 모택동과 주덕은 이문림의 안내로 동고산 일대를 시찰했다. 그곳은 정상에 넓고 비옥한 고원지대가 있어 화전민들이 많이 살고 있었다. 주모군은 동고산 남쪽 25km 떨어진 지점에 있는 흥국興國, 싱궈을 점령하여 소비에트를 만들었다.

주모군은 오랜 고난의 행군 끝에 동고산에서 휴식을 취했다. 매일 아침 중대 단위로 군사훈련을 하면서 혁명의지를 다졌고, 식사 후에는 지휘관이나 정치위원으로부터 정치사상과 문자 교육을 받았다. 지휘관들은 주모군 병사들의 문맹 퇴치에 각별한 관심을 기울였다. 당시 주모군은 모든 장교와 병사들이 합석한 자리에서 그간의 작전 내용을 자유롭게 토론하고 의견을 개진했다. 그들은 이런 교육 방식을 통해 홍군을 민주적인 혁명군으로 발전시키려 했다.

동고산 지역에 자리잡은 뒤 주모군의 병력은 4,000명으로 불어났다. 그중에 3,000명은 주덕, 임표, 진의 등의 지휘 아래 군사작전을 수행했고, 나머지 1,000명은 요새에서 농사를 지으며 경계 임무를 맡았다. 그러나 여전히 병력 가운데 반수가 소총이 없었고, 복장도 군복이 아닌 허름한 차림이었다. 어깨에 비스듬히 멘 소시지 같은 양식 자루에는 배급을 받았을 경우 2~3일 분량의 식량이 들어 있었고, 소총을 소지한 병사들의 탄띠에는 불과 몇 발의 실탄이 담겨 있을 뿐이었다. 연일 계속되는 행군과 중노동, 굶주림으로 인해 비쩍 마르고 검게 그을린 그들의 모습은 몹시 추레했다. 이런 행색은 모택동이나 주덕 같은 지휘관들도 마찬가지였다. 두 사람은 낡고 해진 노동복 차림이었고, 임표는 국민당군 시절의 낡은 군복을 착용하고 있었다.

국민당군은 동고산 서쪽과 남쪽을 포위했지만 동쪽은 뚫려 있었다. 그곳을 담당한 복건성 군대가 도착하지 않았던 것이다. 주모군은 동쪽 기슭을 통해 산을 빠져나가, 국민당군에 대한 각개격파에 나섰다. 임표는 동고산 남쪽을 한바탕 교란시킨 다음 주덕의 본대와 합류하여 정주汀州, 팅저우로 이동했다.

정주 공격은 주모군의 투쟁에 하나의 전환점이 되었다. 애당초 정주를 공격할 생각이 없었던 주모군은 수적으로 우세한 국민당군과 지방군을 피해 강서성과 복건성 접경지역을 따라 남쪽으로 길게 뻗은 산맥으로 진입했다. 그곳에서 정주까지의 거리는 얼마 되지 않았다.

그 무렵 정주는 비적 두목 출신의 쿼광밍[28]이 지배하고 있었는데, 수천 명의 사병을 거느리고 국민당군에 편입하여 장군이 되었다. 쿼광밍과 부하들은 거의가 아편중독자들이었으므로 그들을 성 밖으로 끌어내면 쉽게 궤멸시킬 수 있

---

28   Quo Kwang-ming. 이 인명과 관련된 내용은 Jung Chang, Jon Halliday가 쓴 *Mao: The Unknown Story* (Knopf, 2005)에서 가져온 것이다. Quo Kwang-ming의 한자명을 찾지 못하여 일단 영어명을 한글 발음으로 표기하고, 추후 찾는 대로 반영키로 함을 양해 바란다.

을 것 같았다. 주모군 지휘부가 회의에서 이런 안건을 내놓자 대부분의 장교들이 반대했다. 쿼광밍을 건드리면 대규모의 국민당군이 몰려올 것이니 타초경사打草驚蛇[29]의 우를 범하지 말자는 것이었다. 임표와 진의는 반대의견을 개진했다. 정주성에는 막대한 양의 군수품 창고와 피복공장이 있으니, 정주성을 공략하여 그것을 탈취하자는 것이었다.

여타 지휘관들은 정주성은 장개석이 중시하는 도시라 쉽게 내주지 않을 거라면서 임표의 주장에 동의하지 않았다. 주덕 역시 마찬가지 생각이었다. 그러자 임표는 예의 신념에 찬 연설로 좌중을 설득했다.

"동지들, 대체 무엇이 두렵단 말입니까? 비록 우리의 무장은 미약하지만 승리하고자 하는 의기는 최강입니다. 제 뜻에 반대하시는 분은 불참하셔도 좋습니다. 저는 결사대를 이끌고 나가 기필코 정주성을 해방시키겠습니다."

그래도 공격 여부에 대한 찬반양론은 팽팽하게 갈렸다. 그때 모택동이 임표의 손을 들어줌으로써 정주성 공격이 결정되었다. 총지휘는 주덕, 선봉장은 임표, 진의가 부지휘관을 맡았다. 임표는 그날 밤 정주성으로 농민들을 들여보내 소문을 퍼뜨렸다.

"소규모의 홍군이 지금 성 밖에서 야영하고 있는데 보잘것없는 무기에다 탄약까지 떨어져 철수하기 위해 날이 새기만을 기다리고 있다."

이튿날 아침 과연 쿼광밍의 부대 2개 연대가 성을 빠져나와 홍군 진영 쪽으로 진격해 왔다. 승리를 확신한 듯 가마 위에 앉은 쿼광밍은 느긋한 표정이었다. 임표는 계략이 성공했음을 알고 우선 전초병 몇 명을 보내 공격한 뒤 숲속으로

---

29   타초경사(打草驚蛇)는 "풀을 쳐서 뱀을 놀라게 한다."는 뜻으로 공연히 문제를 일으켜 화를 자초하는 일을 말한다.

후퇴하게 했다. 쿼광밍의 부대가 산속으로 추격해 왔다. 그들이 비좁은 계곡 사이로 들어서니, 주모군이 일제사격을 가했다. 오도 가도 못하게 된 쿼광밍군은 결국 무기를 버리고 투항했다. 쿼광밍은 계곡 아래로 도망치다 사살되었다.

쿼광밍 부대의 주력을 격파한 주모군은 곧장 정주성으로 진격하여 해질 무렵까지 잔여 병력을 무장해제시켰다. 주모군은 정주성을 중심으로 반경 50km 이내의 넓은 지역을 손에 넣었다. 그들은 즉시 투쟁대회를 열어 미처 도망치지 못한 관리와 지주를 처형하고 공산당 조직을 만들었다.

임표는 농민들을 선동하여 3,000명의 청년들을 적위대로 편성하고 주모군의 보충 병력으로 활용했다. 그들은 국민당군 후방에서 순찰병이나 연락병을 생포하고 통신시설 파괴, 공산주의 선전 선동 등을 수행했다. 심리전의 내용은 단순했다.

형제들이여, 지주나 장교들을 위해 헛되이 목숨을 버리지 맙시다. 당신들을 구타하고 모욕하는 장교들을 사살하십시오. 빈민이 다른 빈민과 싸워서는 안 됩니다. 형제들이여, 우리에게 오십시오.

정주성에는 일본의 기술로 만들어진 두 개의 소규모 병기공장이 있었다. 주모군이 쿼광밍의 부대로부터 노획한 2,000정의 소총과 10정의 기관총은 모두 일본제였다. 그곳에는 일제 재봉틀을 갖춘 피복공장도 있었으므로 홍군은 처음으로 병사들에게 군복을 만들어 입힐 수 있었다. 붉은 별을 단 모자에 청회색 상하의를 갖춰 입은 주모군 병사들은 혁명의 대열에 서 있다는 자부심으로 빛나 보였다. 그때부터 주모군은 이동할 때 병기공장과 피복공장의 노동자들을 대동했다.

노동자들은 기계설비나 재봉틀을 분해하여 메고 다니다 형편이 되면 어디서나 부품을 조립하여 필요한 작업을 수행했다.

정주성을 점령하고 나서 며칠 뒤 상해의 당 중앙에서 국내외 정세에 관한 보고서와 몇 가지 문건을 휴대한 특사가 도착했다. 주모군과 당 중앙의 접촉은 실로 오랜만이었다. 주덕과 모택동이 그동안 당 중앙의 지시가 아니라 독자적인 신조에 따라 움직였기 때문이다. 특사가 가져온 문서에는 모스크바에서 열린 제6차 중국공산당대회(1928년 여름)의 경과보고와 결의내용, 대회 직후에 열린 코민테른의 결의내용이 포함되어 있었다. 또한 당 중앙의 중앙조직과 군사담당 정치위원 주은래의 편지도 있었다.

주은래는 이 편지에서 주모군의 과격하고 호전적인 태도를 비판하면서 군벌주의의 잔재 같고 비적 같은 정신 상태에 빠져 있다고 비판했다. 혁명의 이름으로 지주의 재물을 약탈하고 비교적 양심적인 사람들까지 처단한 데 대한 우려였다. 그런 행위는 혁명 원칙과 프롤레타리아 조직의 규율과 정면으로 어긋난다며, 앞으로 이를 배제하지 않으면 홍군의 앞날에 위험이 닥칠 것이라고 경고하기도 했다.

모택동은 주은래의 비판에 분개했다. 자신이 위험에 빠져 있을 때는 외국으로 도망쳐 연락조차 없더니 주모군이 혁명의 요충지인 정주를 점령하자 잔소리를 늘어놓는 것이 한심하다고 보았던 것이다. 주덕과 임표도 뒷전에서 참견이나 하는 주은래를 비겁한 작자라고 몰아세웠다. 특히 임표는 무력을 갖추지 못한 당 중앙의 권위를 배제하고 현재의 방식대로 투쟁해나가자며, 자신들이 강력한 중앙 소비에트를 건설하면 당 중앙은 어쩔 수 없이 동참할 수밖에 없을 것이라고 했다.

"프롤레타리아혁명에서는 당이 군을 지도하는 것이 원칙이지만 때론 잠시 군이 당을 이끌어야 할 때도 있습니다. 지금이 바로 그때입니다."

모택동은 임표의 주장에 동의했지만, 마음 한구석으로는 찜찜했다. 빼어난 군사전략에 정치적 식견까지 갖추고 있는 임표에 대한 경계심이 피어올랐던 것이다.

주은래는 주모군의 혁명과정에서 돌출된 과격행위는 신랄하게 비판했지만 정강산에서 벌인 국민당군에 대한 끈질긴 저항과 군사적 전술은 높이 평가했다. 그는 모든 홍군부대에 보낸 회람문에서 주모군의 정강산 투쟁을 본보기로 삼으라고 했다.

홍군 제4군은 정강산에서 많은 귀중한 경험을 얻었다. 이와 같은 경험은 지금까지 듣지도 보지도 못한 특이한 성격의 경험이다.…… 전국의 모든 당 지부와 홍군부대 는 이 경험으로부터 교훈을 얻어야 할 것이다.

정주성의 주모군 사령부에 농민으로 위장한 팽덕회의 부하가 편지 한 통을 가져왔다. 국민당군의 삼엄한 검문검색을 뚫고 400리를 달려온 것이었다. 수신인은 제4군 정치위원 모택동이었다. 이 편지에는 정강산을 빠져나온 이후 팽덕회 부대의 행적이 자세하게 그려져 있었다. 팽덕회는 지금 잔존 병력을 이끌고 정강산을 탈출하여 서금에 머물고 있었는데, 자신이 정주로 가야 할지 서금에서 대기해야 할지 여부를 물었다.

서금과 정주는 이틀사흘 거리다. 모택동이 서금으로 가려 하자 주덕과 임표가 반대했다. 정치위원인 그가 정주를 하루라도 비워서는 안 된다는 것이었다. 하지만 모택동은 현재 정주가 안정된 상태이고 팽덕회와 만나 향후 일정을 논의해

야 한다며 두 사람도 동행하자고 제안했다. 결국 모택동은 진의와 나영환羅榮桓, 뤄룽
환: 1902~1963에게 정주의 수비를 맡기고 1개 대대의 호위를 받으며 서금으로 향했다.
팽덕회는 서금에 도착한 모택동 일행에게 그간의 상황을 자세히 보고했다.

1월 초, 주덕과 모택동이 주모군을 이끌고 정강산을 빠져나간 뒤 국민당군은
기습공격을 가하여 부상자와 환자 투성이던 홍군의 방어망을 뚫었다. 팽덕회가
홍군을 이끌고 숲속으로 도주하자 국민당군은 막사와 병원에 남아 있던 홍군을
닥치는 대로 살해하고 건물과 방어시설을 파괴했다.

팽덕회는 700여 명의 병사들과 함께 과거 주모군의 탈출로를 따라 정강산
을 빠져나왔다. 팽덕회는 국민당군을 기습하고 도주하는 방식으로 이동하면서
주모군의 행방을 찾았지만 종적이 묘연했다. 결국 그는 주모군이 전멸한 것으로
판단하고 독자적으로 활동하면서 병력을 증강해왔다. 그런데 강서성 서부에 다
다랐을 때 주모군이 정주성을 함락했다는 낭보가 들려왔다. 이에 팽덕회는 동진
하여 서금을 접수하고 농민들의 호응으로 1,500명의 군대를 조직했다. 팽덕회로
부터 그동안의 상황을 보고받은 모택동은 격려를 아끼지 않았다.

주모군의 향후 계획을 수립하기 위한 회의가 시작되었다. 주요 의제는 상해
의 당 중앙이 주모군에게 전해준 국내외 정세보고서와 당 중앙과 코민테른의 결
정서에 대한 분석 및 앞으로의 투쟁방법에 대한 검토였다.

사흘 동안 이어진 회의 결과 팽덕회 부대는 다시 주모군의 지휘를 받게 되었
다. 아울러 강서성 중남부 지역의 반혁명세력을 분쇄하고 복건성 서부 지역과 함
께 이 지역을 혁명기지로 삼아 화남 일대의 다른 대중적 저항거점들과 연결하기
로 했다. 팽덕회는 다시 정강산으로 들어가 대중운동을 부활시키고 옛 근거지인
강서성 서부의 광산지역으로 가서 공산당의 기반을 강화하고 인접한 호남과 호북

지역으로 세력을 확장시켜 장차 주모군이 세울 중앙소비에트와 연결 통합하기로 결정했다.

2주일 뒤 팽덕회 부대는 정주에서 제작한 홍군 군복을 착용하고 정강산으로 출발했다. 정주로 돌아온 모택동과 주덕 일행은 계획대로 주모군을 지휘하여 강서성 중부와 남부, 서부 및 복건성 서부에서 유격전을 벌여 국민당군 수비대를 몰아냈다. 1929년 말경 주모군은 서금을 중심으로 중앙혁명기지를 만드는 데 성공했다. 그사이 임표는 영도를 탈환하고 복건성 남부 상항上杭, 상항을 공략하는 등 수많은 전투에서 주모군을 승리로 이끌었다.

1929년 12월 중순, 복건성 고전古田, 구텐에서 주모군의 당대표회의가 열렸다. 이 자리에서 모택동은 「당내의 잘못된 사고방식에 대하여」라는 보고서를 통해 남창봉기 이래 2년여 동안의 투쟁 경험을 복기하면서 군대는 당이 지배해야 한다는 원칙을 강조했다. 나아가 장병들에 대한 정치훈련 강화와 군대 내부에 정치위원 제도를 확립하자고 제안했다. 이때부터 모택동은 적극적으로 자신의 위상을 강화하기 시작했다.

모택동의 변신

레닌 사후 소련에서는 스탈린의 일국사회주의가 승리하고 트로츠키의 국제주의가 패배했다. 때마침 국공합작이 깨진 중국에서도 미증유의 권력투쟁이 벌어지면서 국공합작을 주도했던 코민테른 대표들은 소련으로 소환되고 새로운 스탈린의 정보요원들이 파견되었다. 스탈린은 중국공산당에 도시폭동을 일으켜 5

만 명의 붉은군대를 조직하고 소비에트 정권을 만들라고 지시했다. 그에 따라 중국공산당은 1928년 여름에 남창봉기, 가을 호남의 추수폭동, 겨울의 광동코뮌에 이르기까지 무장봉기를 일으켰다.

추수폭동을 이끌었던 모택동은 국민당군에 쫓기자 정강산으로 들어가 주덕과 함께 주모군을 만들었다. 그리고 국민당군에 반기를 든 팽덕회와 손잡고 강서성, 호남성, 복건성 등지에서 혁명 활동을 주도했다. 1929년 초반, 정강산에서 빠져나온 주모군은 강서성의 변방지대를 떠돌면서 혁명 역량을 비축했다.

주모군은 점령지의 관리와 부자들을 숙청하고 농민과 빈민들에게 농토를 나누어 주는 등 자신들을 정의의 군대로 인식시켰다. 하지만 당시 주모군의 병사들은 가난하고 무지한 인민들로 생존이 최고의 목적이었다. 이들에게 정치적 신념을 심어주고 사명감으로 무장시키는 일은 쉬운 것이 아니었다. 더군다나 이들에게 극한의 전투력을 기대하는 것은 불가능했다. 인간은 극한 상황에 처하면 배신이나 돌발행위를 거리낌없이 하게 되기 때문이다. 이들에게 무엇보다도 공산혁명에 대한 믿음과 확신을 심어주는 것이 급선무였다.

그 무렵 일본이 만주 일대를 점령하자 스탈린은 중국이 일본군을 현지에 묶어두기를 바랐다. 그러기 위해서는 중국공산당에서 자신의 뜻에 적극 호응하고 강력한 지도력을 발휘할 인물이 필요했다. 일찍이 중국공산당을 탄생시킨 진독수, 구추백, 이립삼 등은 우파기회주의자, 좌파모험주의자로 규정되어 숙청되었고, 모스크바 유학생 출신의 왕명王明, 왕밍: 1904~1974[30], 박고博古, 보구: 1907~1946[31] 등이 앞

30　왕명(王明)의 본명은 진소우(陳紹禹)로 안휘성 금채에서 태어났다. 왕명은 별명이다. 모스크바 중산대학을 졸업한 뒤 상해에서 공산당 활동을 했다.

31　박고(博古)의 본명은 진방헌(秦邦憲)으로 강소성 무석에서 태어났다. 모스크바 중산대학을 졸업하고 귀국하여 전

서가고 있었지만 그들의 운명은 오로지 스탈린의
선택에 달려 있었다.

왕명

모택동은 당시 상해의 당 중앙이나 모스크바
에 기반이 전무한 파르티잔의 우두머리에 불과했
다. 하지만 모택동은 주덕·임표·팽덕회의 지지를
바탕으로 차곡차곡 자신의 명성을 쌓아나갔다. 주
모군이 요충지 정주를 점령하고 난 뒤 주은래로부
터 그간의 잔혹하고 비정한 투쟁방식에 대하여 비

판을 받았다. 그런데 이런 모택동의 현실주의적 혁명방식은 오히려 스탈린의 시선
을 사로잡았다.

모택동은 일찍이 레닌이 발휘했던 비타협의 혁명정신, 스탈린의 무자비한 공
포정치의 효용을 알게 되었다. 모택동은 "승자는 비판받지 않는다."는 스탈린의 정
치방식과 "두려워하며 복종하게 하라."는 체카의 밤의 정치를 받아들였다. 죽여야
만 살 수 있고, 살아야 이길 수 있다. 잔인하고 비정한 투쟁만이 내부에서 승리할
수 있고, 우두머리가 될 수 있다. 자신이 승자가 되어야만 당과 국가와 인민의 지
지를 받을 수 있다.

1929년 초반, 모택동이 주모군을 이끌고 이문림의 근거지인 동고산에 머물다
떠나갈 때 자신의 옛 친구 류스치[32]를 동고지구 책임자로 남겨두었다. 류스치는
성격이 험하고 직설적인 인물이었다. 1년 뒤 모택동이 동고산을 재차 방문했을 때

국총공회 선전부 간사를 맡았다. 1931년 당 중앙위원, 정치국위원, 당 중앙위원회 총서기가 되었다.

[32] 劉埼i. 이 인명과 관련된 내용은 Jung Chang, Jon Halliday가 쓴 *Mao: The Unknown Story* (Knopf, 2005)에
서 가져온 것이다.

류스치는 현지에 확고한 기반을 확보한 상태였다.

그해 모택동은 강서성 내의 공산당 대표들에게 2월 10일 피두陂頭에서의 합동 회의를 통보했다. 그런데 류스치가 갑자기 개회날짜를 나흘이나 앞당겨 2월 6일에 회의를 시작했다. 이때 모택동은 이 지역의 지배자로, 류스치는 현장책임자로 추인되었고, 이문림은 그 예하에 소속되었다.

이와 같은 결정에 대부분의 대표들이 반대하자 류스치는 테러로 맞섰다. 류스치는 피두에서 4명의 지역 공산당 대표를 반혁명분자로 낙인찍어 처형해버렸다. 모택동의 하수인으로 등장한 류스치는 처형을 이용하여 공산당 내부에 공포 분위기를 조성했다. 그들이 상용했던 수법 중 하나가 스탈린 시대에 소련에서 유행했던 쿨라크kulak, 부농였다. 모택동은 강서성 공산당의 도처에 쿨라크들이 우글거린다고 주장했다. 그로부터 시작된 처형은 집안 배경이나 개인의 경력에 이념의 낙인을 찍는 방식으로 행해졌다. 그와 동시에 모택동은 상해의 당 중앙과의 관계를 조정해나갔다.

당시에는 교통이 불편하고 통신수단도 발달하지 않았으므로 모택동은 상당 기간 당 중앙과의 연락을 끊고 독자적으로 활동했다. 당 중앙에서 특사를 보내면 회유와 소외, 살해까지 다양한 방식으로 대응했다. 상해에 정기적으로 당에 충성한다는 내용의 뻔한 서한을 보내다가, 급기야 연락을 단절했을 뿐만 아니라 소환명령도 무시했다. 그 목적은 오로지 자신이 현지의 권력을 장악하고 있다는 사실을 인식시키는 것이었다. 그 때문에 상해에서는 모택동이 죽었다는 오보가 게재되었고, 그해 3월 20일자 코민테른 잡지 〈국제보도〉에도 그 내용이 실렸다.

중국 소식에 따르면 중국공산당의 창시자이자 중국유격대의 창립자이며 중국홍

군의 창건자의 한 사람인 모택동 동
지가 오랜 동안 폐결핵으로 앓아오
다 상태가 악화되어 복건 전선에서
서거했다. 이것은 중국공산당과 중
국홍군 및 중국 혁명사업의 중대한
손실이다. 당연히 추호의 의심할 여
지 없이 적들은 기뻐할 것이다.

1930년대 홍군

그로부터 보름이 채 지나지 않은 시점에서 상해와 모스크바는 모택동이 엄
연히 살아 있을 뿐만 아니라 강서성의 홍군을 완벽하게 통제하고 있음을 알게 되
었다. 4월 3일 상해에서는 모든 홍군부대에게 오직 당 중앙의 명령에만 복종하라
는 강력한 회람을 보냈다.

그해 5월 이 문건이 강서성에 도착하자 지역의 공산당원들이 모택동에게 강
력히 저항했다. 그들의 조종을 받은 농민들은 "조용한 삶과 조용한 일을 달라."
는 슬로건을 내걸고 모택동과 류스치를 규탄했다. 모택동과 류스치는 이런 농민
들의 저항을 무자비하게 해산시켰다. 류스치는 당 지부의 서기가 된 AB분자들이
소요를 주도하고 있다면서 누구든지 믿음이 흔들리거나 잘못된 행동을 하면 즉
시 체포하겠다고 협박했다.

'AB단'은 제1차 국공합작 당시 만들어진 국민당 신우파의 반공조직으로 'AB'
는 영문이니셜 Anti-Bolshevik반볼셰비키의 약자였다. AB단은 북벌군이 남창을 점
령한 뒤 공산당이 장악한 강서성 국민당부의 지배권을 빼앗기 위해 국민당 중앙
당 조직부장인 진과부가 단석붕段錫朋, 돤스펑: 1896~1948 등을 보내 1927년 1월 비밀리

에 조직한 단체였다. 이 단체는 4월 국민당 좌파와 공산당이 이끌었던 4·2폭동을 진압한 뒤 해체되었는데, 모택동과 류스치는 현지의 반대자들을 공격하기 위한 빌미로 이를 되살려낸 것이었다. 한 달 동안 수천 명의 농민과 공산당원이 살해되었다.

1930년 8월 초, 모택동 일행이 팽덕회 부대를 만나 호남성에서 새로운 기지를 개척하고 있을 때 강서성 공산당원들은 이문림과 합세하여 류스치를 축출했다. 죄목은 "권력만을 생각하는 군벌이 되어 당을 큰 위험에 빠뜨렸고, 동지들을 너무 많이 처형했으며, 악질적인 적색테러를 저질렀다."는 것이었다. 모택동은 그 소식을 듣고 호남성 장사에서 강서성으로 돌아오던 중인 10월 14일 상해에 강서성의 공산당원들을 비난하는 편지를 보냈다. 현지의 모든 당이 쿨라크 지배하에 놓여 있고 AB 잔재들로 가득 차 있는데, 그들을 소탕하지 않는다면 당을 구해낼 방법이 없다는 내용이었다.

그 무렵 모택동은 스탈린이 자신을 중국의 지도자로 점찍었다는 사실을 알게 되었다. 이에 고무된 모택동은 강서성에서 대규모 숙청을 통해 반대파를 모조리 제거하고, 공포분위기를 조성하여 반대파의 도전 의지를 차단하기로 결심했다. 이런 그의 행동을 상해의 당 중앙은 저지할 수 없었다. 그쪽에서도 극렬한 권력투쟁이 벌어지고 있었기 때문이다.

11월 하순, 모택동은 홍군의 모든 장병들을 대상으로 쿨라크와 AB분자 색출을 명령했다. 얼마 지나지 않아 팽덕회 휘하부대에서 AB동맹이 적발되었다고 발표했다. 곧 잔인한 체포와 처형이 이어졌다. 주모군에서도 똑같은 검열이 시작되었다. 이런 모택동의 처사에 많은 홍군 장교들이 반발했다. 그들은 치열한 전투를 마치고 귀대한 뒤에도 수시로 펼쳐지는 모함과 누명 속에 동지들이 죽어가자 모택동을 사악한 모략가라고 비난했다.

모택동은 숙청작업에 리샤오저33라는 심복을 동원했다. 리샤오저는 몇 사람을 체포하여 지독한 고문을 가함으로써 다른 사람의 이름을 불게 했다. 그렇게 수많은 사람들이 꼬리에 꼬리를 물고 잡혀 와 고문당했다. 불과 한 달 사이에 주모군 내부에서 수천 명의 장병이 AB분자로 지목되어 살해되었다. 공포와 살육을 통해 군대를 확실하게 장악한 모택동은 다음 목표로 강서성 공산당원들을 겨냥했다.

모택동은 12월 3일 리샤오저를 공산당 간부들이 많이 거주하고 있는 부전富田, 푸텐으로 파견했다. 리샤오저는 현지에 도착하자마자 미리 지목한 사람들을 잡아들여 혹독한 고문으로 자백을 강요했다. 그의 고문은 실로 악랄했는데, 특히 지뢰 터뜨리기라는 방법은 손가락을 천천히 부러뜨려 엄청난 고통을 주는 것이었다. 심지어는 공산당 간부의 부인을 발가벗겨 불붙은 심지로 음부를 지지고 젖꼭지를 칼로 도려내기까지 했다. 이런 잔학행위는 필연적으로 반란을 촉발시켰다.

리샤오저에게 체포된 주모군 장교 류디34는 모택동에게 충성을 맹세하여 위기를 모면했다. 하지만 그는 함께 잡혀 들어온 장병들이 고문당하며 지르는 비명에 치를 떨어야 했다. 이튿날 리샤오저로부터 연대에 있는 AB분자를 소탕하라는 지시를 받고 귀대한 류디는 동료들에게 상황을 설명하고 반란에 동참을 요청했다. 류디의 이야기를 들은 동료들은 함께 행동하기로 약속했다. 12월 12일 아침,

---

33 李韶力. 이 인명과 관련된 내용은 Jung Chang, Jon Halliday가 쓴 *Mao: The Unknown Story* (Knopf, 2005)에서 발췌한 것이다.

34 劉敵. 이 인명과 관련된 내용은 Jung Chang, Jon Halliday가 쓴 *Mao: The Unknown Story* (Knopf, 2005)에서 발췌한 것이다.

류디는 부대원들을 이끌고 부전교도소를 습격하여 수감되어 있던 공산당원들을 모두 풀어주었다. 리샤오저와 일당들은 도망쳤지만, 훗날 리샤오저는 원한을 품은 사람들에게 살해되었다.

그날 밤 부전에는 "모택동은 물러가라."는 포스터가 나붙었고, 이튿날에는 반 모택동 집회가 열렸다. 그날 오후 류디를 추종하는 홍군 장병들이 모택동의 세력권에서 벗어나기 위해 도시를 떠났다. 그들은 자신들의 행위를 정당화하기 위해 다음과 같은 통지문을 상해에 보냈다.

모택동! 그는 교활하고 이기적이며, 과대망상증에 걸린 사람이다. 그는 동지들에게 이런저런 지시를 내리고 얼토당토않은 죄목으로 겁을 주면서 희생양으로 삼는다. 그는 당의 여러 문제에 관하여 토론하는 경우가 거의 없다. 그의 의견에 모두 동의해야만 한다. 그렇지 않으면 당 기구를 동원해 사람들에게 족쇄를 채우거나 어떤 이론을 날조해서 생명을 위태롭게 한다. 모택동은 항상 정치적 비난으로 동지들에게 타격을 준다. 그가 당 간부들에게 쓰는 상투적인 수법은 그들을 자기의 개인적인 도구로 이용하는 것이다. 그는 혁명지도자가 아닐 뿐 아니라 볼셰비키도 아니다. 그의 목표는 당의 황제가 되는 것이다.

류디가 상해로 파견한 대표들은 모두 모택동의 하수인들에게 고문당한 사람들이었다. 하지만 소련 사절과 주은래를 비롯한 상해의 공산당 지도부는 피해자들에게서 고문의 흔적을 발견하고도 모택동에 대한 지지를 철회하지 않았다. 주은래가 소련에서 온 폴란드인 릴스키에게 모택동의 행동이 실제로 벌어진 일이라고 말하자, 릴스키는 이렇게 대답했다.

"스탈린주의 세계에서는 숙청하는 자가 항상 승리자였다. 모스크바는 강인한 사람을 찾고 있다."

결국 주은래는 강서성의 당원들을 반혁명분자로 규정하고 모택동에게 복종하지 않으면 전멸을 면치 못할 것이라고 경고했다. 주은래는 소련이 모택동의 정책을 근본적으로 지지하고 있음을 밝히고, 혁명의 적들에 대한 잔혹한 무장투쟁은 지속되어야 한다고 덧붙였다. 모택동을 비난하는 희생자들의 호소문은 강서로 되돌려보내졌다. 상해의 지지를 등에 업은 모택동은 류디와 동료들을 체포하여 인민재판에 회부했다. 그들은 거리를 끌려 다니며 온갖 치욕을 당한 끝에 처형되었다.

AB분자를 색출하여 살해하는 상황은 더욱 지독하게 진행되었다. 두 사람이 이야기를 주고받아도 AB분자로 의심받았다. 매일 끔찍한 고문이 자행되었다. 이 끔찍한 숙청작업을 통해 군대에서 1,000여 명이 처형되었고, 강서성에서 수천 명이 목숨을 잃었다. 그 때문에 강서성의 공산당조직은 산산조각이 나고 말았다. 이 사건은 중국공산당에서 일어난 최초의 대규모 숙청으로 스탈린의 대숙청보다 훨씬 먼저 발생했다.

강서성의 공산당원들은 모택동에 저항하는 류디의 반란이 일어났을 때 주덕과 팽덕회에게 도움을 요청했다. 하지만 그들은 동조하지 않았다. 당시 모택동은 주덕과 팽덕회까지 옭아매려 했다. 모택동은 주덕의 참모 5명 중에 2명을 AB분자로 몰아붙여 처형했다. 게다가 상해와 모스크바의 지지가 확고부동해지자 류디를 죽음에 몰아넣는 재판관으로 주덕을 임명하기도 했다. 그 과정에서 조금이라도 허점을 보였다면 주덕은 살아남지 못했을 것이다.

중원대전

장개석, 중원을 평정하다

1928년 6월 8일 북벌전쟁을 수행하고 있던 장개석과 동맹을 맺은 산서군벌 염석산의 제3집단군 휘하 군장 부작의가 제1군을 이끌고 북경에 입성했다. 그로부터 6개월 뒤인 12월 29일 장학량이 일본의 회유를 물리치고 동북역치(東北易幟)를 선언하며 장개석에게 귀순했다. 당시 국민당 내부의 분열로 고심하고 있던 장개석은 몹시 기뻐하며 장학량에게 동북 지역의 자치를 보장해주었다.

이로써 신해혁명 이래 군벌들의 난립으로 군웅할거시대를 맞았던 중국이 외면적으로나마 통일된 모습을 갖추었다. 하지만 남경정부의 세력 범위는 남경과 상해를 중심으로 강서성, 강소성, 복건성, 광동성 등지에 불과했고, 그 외의 지역에서는 강력한 군사력을 지닌 군벌들이 여전히 독립 상태를 유지하고 있었다. 풍옥상은 서북과 하남성을, 염석산은 산서성과 찰합이성(察哈爾省, 차하얼성), 하북성을 다스렸으며, 이종인은 광서성, 귀주성, 호남성을 장악하고 광동성과 복건성, 안휘성 등지에 영향력을 행사했다. 동북 지역은 여전히 장학량의 통제하에 있었다.

1926년 7월 북벌 개시 당시 국민혁명군의 총병력은 8개 군 15만 명정도였다. 이후 풍옥상, 염석산, 이종인 등 군벌들과의 동맹을 통해 12월에는 26만 명, 1927년 초기에는 40만 명으로 병력이 대폭 불어났고 북벌

종료 시기에는 무려 4개 집단군 84개 군 220만 명에 이르렀다. 세부적으로는 장개석의 제1집단군 55만 명, 풍옥상의 제2집단군 40만 명, 염석산의 제3집단군 20만 명, 이종인의 제4집단군 20만 명이었다. 그 외에도 장학량의 동북군 30만 명, 이제심의 광동군 15만 명이 있었고, 사천성의 유문휘, 중경의 유상, 호남성의 하건 등 중소 군벌들의 병력도 무시 못 할 수준이었다.

장개석은 남경정부의 울타리 안에 들어온 이들 군벌들의 병력을 정리하고 세력권을 재조정함으로써 자신의 영향력을 극대화하고자 했다. 북벌전쟁이 마무리 단계에 이르자 장개석은 군벌에 대한 논공행상과 국민혁명군의 정예화를 내세워 대규모 군축 작업을 시도했다.

편견회의

1928년 6월 27일 장개석은 상해에서 열린 제2차 전국경제회의에서 병사들을 공업 발전에 이용하자는 '재병화공(裁兵化工)'이라는 주제로 군축안을 제시했다. 주요 내용은 전국의 84개 군 272개 사단, 18개 독립여단, 21개 독립연대 등 300만 명이 넘는 군대의 연간 소요예산이 5억4600만 원에 달하므로, 이를 50개 사단 80만 명으로 축소하여 연간 군사비를 2억 원 수준으로 줄이자는 것이었다.

장개석은 또 집단군과 군, 군단 등 복잡한 군대의 편제를 없애고 사단을 기본 단위로 하여 중앙군에 배속시키며, 전국을 12개의 군구로 나누고, 군과 행정을 분리하자고 제안했다. 하지만 여기에는 두 가지 난제가 있었다. 첫째, 병력을 감축하면 많은 병사들이 실업자로 전락하여 사회문제를 일으킬 가능성이 농후했다. 둘째, 군벌들이 자신들의 권력기반인 군대를 쉽게 포기할 리 만무했다.

장개석은 이런 논제를 가지고 북벌전쟁의 종료를 앞둔 1928년 7월 11일 북경 교외의 탕산(湯山, 탕산)에서 4개 집단군의 수장과 남경정부의 군사지휘관, 여타 주요 군벌을 불러모아 정식으로 제1차 편견회의(編遣會議)를 열었다. '편견(編遣)'이란 '엮고(編)' '내보낸다(遣)'는 뜻이니 곧 군대의 정리와 축소에 관해 논의하는 자리였다. 군벌들은 이 자리에서 장개석이 앞서 제기한 군축의 필요성에 동의했지만 구체적인 방안에서 이견을 보였다.

풍옥상은 일률적인 병력 감축에 반대하면서 제1, 제2집단군을 각 12개 사단으로, 제3, 제4집단군을 각 8개 사단으로 개편하고, 기타 병력은 8개 사단으로 편성하자고 제안했다. 또한 군사위원회가 모든 군대를 접수하여 지휘권을 일원화하고 군벌의 수장들이 남경에 상주하여 중앙의 직무를 맡아야 한다고 주장함으로써 장개석의 인사권 독점을 견제했다.

염석산은 제1, 제2, 제3, 제4집단군은 동일하게 11개 사단으로 개편하고 기타 군대는 6~8개 사단으로 개편하며, 별도로 중앙 편견구를 정하여 11개 사단을 할당하자고 제안했다. 그러면 중앙에 있는 장개석이 2개의 편견구를 차지하게 된다. 여기에는 장개석과 풍옥상을 이간시키려는 의도가 담겨 있었다. 하지만 이 제안은 이종인의 거센 반대로 무산되었다.

편견회의에서는 무주공산이 되어 있는 하북성의 지배권을 놓고 분란이 조성되었다. 당시 장개석은 풍옥상의 제2집단군이 산동성과 섬서성,

감숙성, 영하성, 청해성 등 6개 성을 장악하고 있지만 염석산의 제3집단군은 하북성과 산서성, 수원성(綏遠省, 쑤이위안성), 찰합이성 등 4개 성에 불과하다며 풍옥상에게 하북성을 양보하라고 종용했다. 이는 당대 최강의 군벌이었던 풍옥상과 염석산을 함께 몰락시키려는 장개석의 장기적인 책략이었다.

장개석과 풍옥상은 의형제이면서 사돈이었다. 아들 장경국의 첫 아내가 풍옥상의 맏딸 풍불능(馮弗能, 펑푸넝)이었던 것이다. 장경국 부부는 결혼 1년 만에 모스크바에서 헤어졌지만 강직하고 단순한 성품의 풍옥상은 장개석과 맺은 인연의 끈을 놓지 않았다. 반면, 장개석은 자신의 권력을 공고히 다지기 위해 그를 제거할 속셈을 품고 있었다. 편견회의는 이처럼 장개석과 주요 군벌들의 모략이 교차되면서 별다른 결론을 내리지 못하고 해산되었다.

장개석은 8월 1일 남경에서 제5차 중앙위원회 전체회의를 열고 이 문제를 재론했다. 하지만 염석산은 아예 불참했고, 이종인과 장개석도 회의 내내 의견 충돌을 빚다가 중간에 상해로 떠나버렸다. 홀로 남은 풍옥상은 장개석에게 남경 복귀를 종용했으나 이뤄지지 않자 8월 24일 본거지로 돌아갔다.

1929년 1월 1일부터 26일까지 남경에서 제2차 편견회의가 소집되었다. 이 자리에서 참석자들은 염석산의 제안에 따라 전국을 6개 편견구로 나누고, 총병력은 65개 사단 80만 명으로 감축하며, 해군과 공군은 중앙정부가 지휘하기로 결정했다. 그 결과 장개석이 중앙편견구와 제1편견구를 차지하여 절대적으로 유리한 입장에 서자 격분한 풍옥상은 2월 5일 신

제2차 편견회의 폐막 기념 사진

병을 핑계로 하남성 휘현(輝縣, 후이현)의 백천촌(百泉村, 바이치엔촌)으로 들어가 두문불출했다. 그처럼 장개석과 풍옥상의 사이가 멀어지니 독재자 장개석을 타도할 시기가 왔다고 판단한 이종인이 반장운동의 기치를 내걸었다.

장계전쟁

계계군벌의 수장 이종인은 일찍이 광서육군소학당을 졸업하고 광서도독 육영정 휘하에 들어가 세력을 키우다가, 황소횡(黃紹竑, 황샤오홍: 1895~1966), 백숭희와 손잡고 육영정을 쫓아낸 뒤 광서성을 장악한 인물이었다. 그는 광서성을 탐내던 운남군벌 당계요를 물리치며 명성을 날렸는데, 장개석과 의형제를 맺고 북벌에 참여했다. 북쪽으로 진격하면서 오패부를 격파하는 전공을 세웠고, 장개석이 4·12쿠데타로 국민당 정권을

이종인, 장개석, 백숭희(왼쪽부터)

장악하고 왕정위 정권을 축출하는 데도 적극 협력했으며, 무한군벌 당생지 토벌에도 일조했다. 하지만 자신의 세력권인 호남성장에 장개석이 측근인 정잠(程潛, 청치엔: 1882~1968)을 임명한 데 분개하여 등을 돌렸다.

1928년 5월 이종인은 자신에게 복종하지 않는 정잠을 권력남용 혐의로 체포하고 대신 호남군벌이자 제4집단군의 제1군장 노척평(魯滌平, 루디핑: 1887~1935)을 호남성장에 임명했다. 그런데 이번에는 장개석이 노척평을 포섭하여 무기와 자금을 지급하자, 이종인은 호남군벌 하건과 섭기(葉琪, 예취: 1896~1935)를 막후조종하여 노척평의 군대를 공격하게 했다.

장개석은 이 사건을 반란으로 규정하고 이종인을 체포하려 했다. 이종인은 상해의 공동조계로 도망쳤다가 홍콩을 거쳐 본거지인 광서성으로 들어갔다. 이종인과 장개석이 맞붙을 조짐을 보이자 광동성장 이제심이 중재에 나섰다. 하지만 장개석은 이제심을 체포해버리고, 진제당, 장발규, 여한모(余漢謀, 위한모우: 1896~1981) 등 광동파 군벌을 회유함으로써 이종인을 고립시켰다.

1929년 3월 21일 남경정부는 광서군벌 이종인, 백숭희, 이제심의 모든 직위를 박탈하고 반란군 토벌을 선언했다. 중원이 통일된 지 겨우 4개월 만에 다시 내전이 발발한 것이다. 하북성 북부에서 제4집단군의 주력인 제36군을 이끌고 있던 광서파의 2인자 백숭희는 장개석에 맞서 남경을 토벌하기로 결심했다. 그는 진포철도(津浦鐵道, 진푸철도)를 따라 서주를 점령하고, 무한에 있는 광서파 군대와 연합하여 남경을 양면에서 공략할 작정이었다.

장개석의 최측근인 북평행영주임 하성준(何成浚, 허청준: 1882~1961)은 백숭희의 제36군이 원래 당생지의 휘하 부대였던 점에 착안하여 일본에 망명 중이던 당생지를 불러들이자고 제안했다. 장개석은 일본에 사람을 보내 당생지를 사면하고 귀국하게 한 다음 풍옥상과 염석산을 회유하여 이종인과의 연합을 차단했다. 이어서 백숭희 휘하의 제8군 군장 이품선(李品仙, 리핀셴: 1890~1987) 등을 매수하여 반란을 일으키게 했다. 이처럼 다방면에 걸친 장개석의 책략으로 부대가 와해되자 백숭희는 홍콩으로 탈출했다가 4월 초 광서성에 들어가 이종인과 합류했다. 백숭희가 남기고 간 제4군의 잔여 부대는 염석산에게 투항함으로써 하북에 있던 광서파의 군대는 완전히 사라져버렸다.

이제 광서파는 장개석이 파견한 토벌군의 공격에 직면하게 되었다. 이종인은 호남성에 하건의 3만 명을, 강서성·안휘성·호북성의 경계에는 제

3사단, 제12사단 등 6만 명, 의창(宜昌, 이창)에 제4사단 등 3만 명의 병력을 배치했고, 일부 병력을 호북성과 하남성 경계에 배치하여 혹시 모를 풍옥상과 염석산 군대의 협공에 대비했다.

장계전쟁이 벌어지자 풍옥상과 염석산은 중립을 선언하고 한동안 양측의 대결을 관망했다. 그런데 장개석이 풍옥상에게 행정원장 자리와 호남성·호북성을 준다는 조건으로 파병을 요청했다. 풍옥상은 이에 호응하여 심복인 이슬람계 장군 마복상(馬福祥, 마푸샹: 1876~1932)을 남경으로 보내 정부에 대한 지지의사를 표명하고, 한복구(韓復榘, 한푸쥐: 1890~1938), 석우삼(石友三, 시요우산: 1891~1940)의 5만여 서북군을 무한 방면에 투입했다.

한복구

석우삼

한복구의 선봉대는 4월 초 호북성에 들어가 무한에 있는 광서군의 측면을 위협했다. 그런데 풍옥상은 남경정부로부터 이종인과 내통했다는 의심을 받자 결국 광서파와 손잡기로 결심했다. 전부터 풍옥상을 의심하고 있던 장개석은 은밀히 풍옥상의 심복 한복구와 석우삼을 매수하고, 광서군에게 이종인과 백숭희의 죄상을 알리며 투항을 권고했다. 장개석이 무한으로 대규모 군대를 이동시키자 하건, 섭기, 호종탁(胡宗鐸, 후쭝두어: 1892~1962) 등이 항복했고, 무한에 있던 광서파는 광서성으로 철수했다. 4월 4일 토벌군은 광서파의 주요 근거지 무한에 입성했다.

이종인은 5월 5일 호당구국군(護黨救國軍)을 조직하고 자신은 총사령관, 백숭희와 황소횡은 부사령관으로 하여 장개석 타도를 선언했다. 그달 15일 백숭희가 진제당의 광동군을 격파하고 광주로 진격하자 풍옥상이 반장대열에 동참을 선언했다. 이때 장개석이 포섭한 선봉장 한복구와 석우삼이 중앙군 쪽에 합세하면서 풍옥상의 처지가 옹색해졌다. 장개석은 중앙에서 파견한 토벌군 외에도 호북군과 호남군, 귀주군, 운남군, 사천군 등을 총동원하여 광서성을 포위했다.

백숭희의 광서군은 5월 22일 심천(深圳, 선전)에서 광동군과 일대 결전을 벌였다가 패퇴하고 병력이 와해되었다. 황소횡이 계림으로 남하하는 호남·운남·귀주 연합군을 상대로 승리를 거두었지만 전세에는 영향을 미치지 못했다. 중앙군과 군벌 연합군이 유주(幽州, 요우저우)와 계림, 오주 등지를 점령하니 광서파는 베트남 국경지대인 용주(龍州, 룽저우)까지 쫓겨났다. 6월 27일, 마침내 이종인, 백숭희, 황소횡은 패배를 선언하고 각각 홍콩과 베트남 등지로 망명함으로써 3개월여에 걸친 장계전쟁은 종식되었다.

제1차 장풍전쟁

1929년 3월부터 벌어진 장계전쟁은 4월 들어 토벌군이 광서파의 주요 근거지인 무한을 점령하면서 이종인의 패배가 명백해 보였다. 그런데 5월 초순 풍옥상이 반장대열에 동참함으로써 장풍전쟁이라는 전혀 새로운 양상으로 비화되었다.

풍옥상의 명령에 따라 서북군이 하남성 정주(정저우)에서 평한철도(平漢鐵道, 핑한철도)를 가로막고 국민당군의 군수물자를 수송하던 열차를 억류하자 장개석은 호북성과 산동성으로 진입하던 서북군의 이동을 가로막았다. 5월 16일 풍옥상은 호당구국군을 조직하고 총사령관이 되어 장개석 토벌을 선언했다. 제1차 장풍전쟁의 시작이었다.

풍옥상은 장개석이 당과 정무를 전횡했고 독재를 일삼으며 비적을 원조하는 등 반혁명적인 행동을 했다는 이른바 '7대 죄목'을 발표하여 장개석을 국민당과 전국의 공적으로 지목했다. 그러고는 동관과 정주, 개봉, 낙양에 서북군의 주력을 배치하고 안휘성과 강소성 방면을 위협하면서 염석산이 웅거하고 있는 산서성을 공격하려 했다. 서북군의 병력은 기병 2개 사단, 보병 20개 사단 등 약 30만 명이었다.

장개석은 풍옥상을 비롯한 서북파 주요 장령 20여 명에 대한 국민당적을 파기하고 모든 직위에서 해임했다. 이어서 서주와 산동 남부에 방진무(方振武, 팡천우: 1882~1941)의 2개 여단, 안휘성에 서원천(徐源泉, 쉬위엔촨: 1886~1960)의 제48사단과 웅식휘(熊式輝, 슝스후이: 1893~1974)의 제5사단을 배치하여 서북군의 남하를 저지하는 한편, 하응흠(何應欽, 허잉친: 1890~1987)을 무한 방면 총사령관으로 임명하고 무한과 정주 선로를 따라 오호상장(五虎上將)[35]의 한 사람인 유치(劉峙, 류쉬: 1892~1971)의 제1사단과 고축동(顧祝同, 구주퉁: 1893~1987)의 제4사단, 요배남

(繆培南, 먀오페이난: 1895~1970)의 제9사단, 장정문(蔣鼎文, 장딩원: 1893~1974)의 제11사단 등 약 8만 명의 최정예 병력을 배치하여 풍옥상의 하남성을 위협했다.

무한 점령의 여세를 몰아 광서성을 공략하려던 장개석에게 풍옥상의 배반은 큰 충격이었다. 장개석은 수도 남경 방어와 백숭희의 광동 침입에 대비해야 했으므로 서북군을 견제할 수 있는 병력이 제한적이었다. 더군다나 염석산의 태도가 불분명했고, 20만 명의 산서군은 오합지졸처럼 보였다. 최근 일본에서 귀국한 당생지의 동태도 의심스러웠다.

5월 23일 장개석은 정식으로 풍옥상 토벌을 선언하고 동로군 총사령관이 되었으며, 염석산을 북로군 총사령관, 하응흠을 남로군 총사령관에 임명했다. 이에 풍옥상은 동관에 총사령부를 두고 제1로 총사령관 손양성(孫良誠, 쑨량성: 1893~1952)에게 산동성을 맡겼으며, 제2로 총사령관 한복구에게 평한철도 남단을 지키게 했다. 제3로 총사령관 석우삼에게는 평한철도 북단, 제4로 총사령관 송철원에게 섬서성 방면을 맡겼다.

양군의 주력이 무한과 정주, 개봉 등지에 집결했다. 5월 20일 유치의 제1사단이 하남성과 호북성 경계에 있는 신양(信陽, 신양)을 공격하자 한복구는 싸우지도 않고 후퇴했다. 산동성 남부에서는 방진무와 손양성이 대치하여 본격적인 싸움을 벌이려는 찰나 의외의 상황이 벌어졌다. 일찍부

---

35 장개석에게는 유치, 고축동, 장정문, 진성, 위립황 등 다섯 명의 유능한 장군들이 있었는데 사람들은 그들을 『삼국지』에 나오는 촉의 오호장군에 빗대어 오호상장이라고 불렀다. 이들은 모두 고위직에 중용되었는데, 유치는 제5전구 사령관, 서주공비소탕사령관, 고축동은 제3전구 사령관, 육군총사령관, 참모총장을 지냈고, 장정문은 제1전구 사령관, 기찰전구 총사령관, 진성은 제9전구 사령관, 중국원정군 사령관, 참모총장을 지냈고, 위립황은 중국원정군 사령관, 동북공비소탕사령관을 지냈다.

터 독립군벌의 야심을 품고 있던 한복구와 석우삼이 돌연 중앙군에 귀순을 선언하고 풍옥상의 하야를 요구했던 것이다.

두 사람은 장개석의 심복 하응흠으로부터 거금과 함께 각각 하남성과 안휘성을 보장받은 상태였다. 손양성이 병력을 되돌려 한복구의 제2로군을 물리치고 낙양을 점령했지만 풍옥상군은 이미 치명상을 입고 말았다. 남쪽에서 백숭희가 패배하여 광동성에서 쫓겨났고 광서성까지 위험해졌다. 결국 풍옥상은 하야를 선언하고 산서성 태원으로 가서 염석산에게 신변보호를 요청했다. 손양성군도 동관으로 철수했다. 이로써 풍옥상은 반란을 선언한 지 불과 보름 만에 무너져버렸다.

장개석이 동관으로 진격하여 서북파를 소탕하려 하자 염석산이 중재에 나서 풍옥상에 대한 체포령을 취소하라고 종용했다. 이종인의 광서파와 풍옥상의 서북파가 몰락한다면 자신이 다음 목표가 될 것이 뻔했기 때문이다. 장개석은 풍옥상 체포령과 서북군 토벌을 중지하고 연금하고 있던 이제심을 석방했다. 이처럼 장개석은 장계전쟁과 장풍전쟁이라는 군벌들의 반란을 거의 동시에 진압하여 자신의 입지를 공고히 했다. 하지만 내전의 불꽃이 완전히 꺼진 것은 아니었다. 대소 군벌들은 여전히 장개석의 독재와 군축의 결과에 불만을 품고 있었기 때문이다.

반장연맹의 결성

반년 동안 벌어진 장계전쟁과 장풍전쟁은 서북군벌 풍옥상의 하야와 광서파의 수장 이종인·백숭희·황소횡 3인의 해외 출국으로 일단락되었다. 장개석은 염석산의 중재에 따라 반란군 지휘관들을 모두 사면함으로써 내전의 확산을 예방했다. 그러나 중국의 완전한 통일을 원하는 장개석과 자신들의 왕국에서 안주하기를 원하는 군벌들의 승부는 아직 끝나지 않았다. 1929년 8월 1일 장개석은 각 집단군과 동북군 대표를 남경으로 불러 편견회의를 열고 군축의 세부사항을 논의했다. 이때 결정된 내용은 다음과 같다.

첫째, 장교는 정규 사관학교 출신자, 경험과 공로가 인정되는 자는 남기며, 사병은 20세부터 30세까지 체격이 좋고 무기를 갖춘 자 외에는 모두 제대시킨다.

둘째, 편견은 각 집단군에서 책임지고 추진하되, 이를 감독하기 위해 중앙과 현지에서 각기 인원을 파견하여 점검한다. 특히 이종인의 제4집단군에 대해서는 중앙에서 직접 개편을 담당한다.

셋째, 지휘권의 일원화와 관련하여 군, 군단, 사단, 여단 등이 무질서하게 섞여 있는 편제를 사단으로 통일한다. 전국의 군대는 65개 사단으로 감축한 다음 구식무기를 버리고 신식무기와 장비로 무장시킨다.

넷째, 모든 재정을 중앙으로 일원화하고 군 지휘관들이 지방행정직을 겸직하지 못하게 한다.

편견회의가 이처럼 중앙정부의 권위를 강화하고 군벌들의 세력을 축소하는 방향으로 진행되니, 군벌의 수장들이 거세게 저항했다. 풍옥상은 서북군에 군비가 지급되지 않고 있으며, 소련과 일본에서는 일찍부터 군구제(軍區制)[36]를 통해 군정과 행정을 일치시키고 있다며 반대했다. 염석산을 비롯한 여러 군벌들이 이에 동조했다. 하지만 장개석이 조금도 물러서지 않자 9월 17일 호북성 의창에 있던 광동군벌 장발규가 제4사단 2만 명의 병력을 이끌고 장개석 반대와 정부 개조를 외치며 호남성으로 남진했다.

장개석은 무한에 있던 유치의 제1사단에게 토벌령을 내리고 호남성과 안휘성에 있는 각 부대에 장발규를 가로막게 했다. 하지만 광서파 군벌들이 일제히 장발규에 호응했고, 서북파 역시 '반장통전(反蔣通電)'을 선언했다. 또다시 군벌들의 반란에 직면한 장개석은 동북군을 동원하여 그들을 제압하려 했다. 그런데 때마침 동북의 장학량이 소련이 소유하고 있던 중동철도(中東鐵道, 중둥철도)[37]를 빼앗으려다 소련군의 대대적인 공격으로 치명상을 입었다.

1929년 7월 10일 장학량은 전격적으로 중동철도의 회수를 선언하고 소련인 간부와 직원들을 추방했으며, 하얼빈(哈爾濱)에 있는 소련영사관을 강제로 수색했다. 소련은 즉각 장개석의 군사 고문이었던 콘스탄티노비치 블류헤르(Konstantinovich Blyukher) 장군에게 극동특별적기군[38]의 지휘를 맡겨 장학량을 응징하게 했다. 그해 9월 19일 약 10만 명의 소련군이 북만주를 침공하여 흑룡강과 송화강(松花江, 쑹화강)에서 동북군

---

36   군구(軍區, Military district)란 특정 지역에 따라 군의 권한을 독립적으로 배치하는 것을 말한다. 일반적으로는 군령권보다 군정권을 뜻할 때가 많다.

37   중동철도는 만주리와 수분하를 연결하여 북만주를 관통하는 철도로서 시베리아 횡단철도와 연결되어 있다.

38   Separate Red Banner Far Eastern Army, OKDVA.

을 연파했다. 11월 17일 만주리(滿洲里, 만저우리) 전투에서 동북군 제17여
단이 괴멸되고, 제15여단이 항복했다. 동북군은 전사자 1,500명에 포로
는 9천여 명이 넘었지만 소련군의 사상자는 600여 명에 불과했다. 같은 날
밀산(密山, 미산) 전투에서도 동북군은 1,500여 명이 넘는 사상자를 내고
130여 명이 포로가 되었다.

당시 장학량은 직계 부대의 출동을 거부하고 길림성과 흑룡강성의 지
방부대만 출동시켰으며, 장개석의 중앙군 출동 제안조차 묵살했다. 중앙
군이 동북으로 들어올 경우 자신의 입지가 흔들릴 가능성을 우려했기 때
문이다. 결국 일선의 동북군이 괴멸되자 장학량은 중동철도를 소련에게
반환하고 말았다. 동북의 상황이 이런 지경이라 장개석은 반장전선에 동
북군을 출동시키려던 생각을 접을 수밖에 없었다.

장개석의 독주에 제동을 건 장발규는 호한민, 진제당, 이제심 등과
함께 광동파의 핵심 군벌이었다. 장발규는 광동성 북단의 시흥현(始興縣,
스싱현) 출신으로 무창육군중학을 졸업한 뒤 광동신군에 들어갔고, 이제
심의 광동군 제1사단 독립연대장 등을 지냈다. 손문의 광동정부에 대항했
던 광동군벌 진형명을 토벌했고, 북벌전쟁에서는 이종인의 제4군을 이끌
고 오패부를 격파하여 '철군(鐵軍)'이라는 명성을 얻었다. 장발규의 휘하
에는 공산군의 주요 장군인 섭정이 있었다. 훗날 제2차 국공합작 당시 화
남 일대에서 활동하던 공산군 부대를 개편하면서 '신4군'이라고 이름붙인
것도 장발규의 제4군에서 따온 것이다.

장발규는 북벌전쟁의 와중에 국민당이 왕정위의 무한정부와 장개석
의 남경정부로 갈라졌을 때 왕정위의 편에 서서 제2방면군 총사령관이 되

었다. 얼마 후 왕정위와 장개석이 타협하며 내분이 종식되자 장발규는 남경정부에 등을 돌리고 광동성을 공략하려다 장개석의 지원을 받은 이제심의 공격으로 대패하고 해외로 도주했다.

1929년 3월 장계전쟁이 발발함에, 장개석은 장발규를 사면하고 제4사단장에 임명하여 호북성에 머물게 했다. 그즈음 프랑스에 있던 왕정위가 귀국하여 당내 불만세력을 규합하고 풍옥상, 염석산, 이종인 등과 함께 반장연맹을 결성하니, 장발규를 비롯하여 산동성 주석 진조원(陳調元, 천댜오위안: 1886~1943), 안휘성 주석 방진무 등 장개석을 지지하던 군벌들까지 대거 동조했다. 이런 상황에서 편견회의가 끝나자마자 장발규가 군사를 일으킨 것이다.

그사이 장개석 암살미수사건이 일어나 세상을 떠들썩하게 했다. 8월 29일 상해를 방문하여 상해은행연합회로부터 편견에 소요되는 비용을 마련하려던 장개석이 프랑스조계에 머물던 중 호위병으로부터 복부에 한 발의 총탄을 맞았다. 다행히 중상을 모면한 장개석은 열흘 동안의 치료를 마치고 9월 9일 남경으로 돌아왔다. 사건 직후 암살에 연루된 20여 명이 체포되어 총살당했다. 남경정부는 사건의 배후로 왕정위와 풍옥상을 지목했다. 얼마 후 재정부장 송자문도 피습당했고, 절강재벌연합회는 국정을 전횡하는 장개석에게 경제적 도움을 주지 않겠다고 선언했다.

또한, 해외에 있던 백숭희도 귀주로 돌아와 군대를 규합하고 광서성을 탈환하려 했다. 이에 광서성 주석 유작백(俞作栢, 위줘바이)과 이명서(李明瑞, 리밍루이: 1896~1931), 여환염(呂煥炎, 뤼후안옌: 1890~1930), 양등휘(楊騰輝, 양텅후이: 1889~1939) 등 광서군 장령들이 백숭희에게 동조하며 광서성의 독립과 장개석 타도를 내걸었다. 장개석은 즉각 그들을 파면하고 광동성 주석 진제당에게 광서성 공격을 명령하는 한편 중앙군 제3사단과 제8사단을 급파했다.

제2차 장풍전쟁

장발규에 이어 백숭희까지 군사행동에 나서니 그동안 잠잠하던 서북군도 움직였다. 9월 8일 섬서성 주석 송철원, 감숙성 주석 유욱분(劉郁芬, 류위펀: 1886~1943)을 위시하여 풍옥상 휘하의 서북군 장령 20여 명이 재정부장 송자문의 불공평한 군비 배분으로 서북군이 굶주리고 있으며, 외교부장 왕정정(王正廷, 왕정팅: 1882~1961)이 소련군의 동북 지역 침공을 좌시함으로써 중국의 주권이 침해받았다고 규탄했다.

9월 17일 풍옥상, 염석산, 주배덕(朱培德, 주페이더: 1889~1937), 장발규, 방진무 등은 남경정부의 개조를 촉구하면서 왕정위를 국가 주석으로 추대했다. 장개석은 장발규의 반란은 대수롭지 않게 여겼지만 풍옥상, 염석산에 이어 동북의 장학량까지 반란에 가세할까 봐 우려했다. 그렇게 되면 회수(淮水, 화이수이) 이북 전체가 반란에 가담하는 형국이 되기 때문이었다.

10월 11일 서북군과 산서군 장령 27명이 반장 대열 동참을 선언하고 태원에 있던 풍옥상의 서북 귀환을 촉구했다. 그들은 풍옥상과 염석산을 대표로 하여 난국을 수습할 것을 요구했다. 장개석은 서북군 토벌을 선언하고 염석산에게 전문을 보내 반란군에 가담하지 말라고 종용하면서 풍옥상을 남경으로 압송하라고 요구했다. 또한 하남성의 한복구와 안휘성의 석우삼에게 각각 산동성과 광동성으로 출동하여 반란을 진압하라고 명령했다.

이제 양측의 대결은 기정사실이 되어버렸다. 병력 면에서는 60만 명에 달하는 장개석이 25만 명의 서북군보다 유리했지만, 장개석에게 직접 지휘를 받는 병력은 10만 명에 불과했다. 게다가 양광의 반란으로 남북으로 협공당하는 형세인지라 쉽게 승리를 장담할 수 없었다. 그나마 다행스러운 것은 반장연맹에 가담한 염석산이 애매한 태도를 취하고 있으며, 서북군은 군비가 부족했고, 한복구와 석우삼은 언제라도 배신할 수 있는 기회주의자들이라는 점이었다. 결국 승부는 어느 쪽이 주변의 군벌 세력을 많이 규합하느냐에 달려 있었다.

당생지가 이끄는 중앙군과 손양성의 서북군 14만 명이 하남성 개봉, 낙양, 정주 방면의 농해철도(隴海哲道, 룽하이철도) 주변에서 일전을 벌였다. 10월 중순, 서북군은 정주성과 허창(許昌, 쉬창)을 점령하고 평한철도를 따라 무한을 향해 남하했다. 장개석은 서북군과 광서군의 합류를 막기 위해 직계부대를 호북성과 하남성 경계에 배치했다. 그리고 당생지의 중앙군을 하남성 동쪽에 배치하여 서북군의 서진을 저지하게 했다. 그때 신양에 있던 하두인(夏斗寅, 허두런: 1885~1951)의 제13사단이 반란을 일으켜 무한을 위협했고, 산동성 주석 진조원은 천진과 남경을 잇는 진포철도를 장악한 뒤 한복구군과 함께 남하했다.

반장전쟁이 본격화함에 따라 각처의 군벌들은 어느 편에 서는 것이 유리한지 저울질하느라 바빴다. 염석산은 양측을 중재하는 척하며 눈치를 봤고, 당생지는 일찌감치 장개석의 편에 서 있었다. 호남성 주석 하건이 반란군을 토벌하라는 장개석의 명령에 엉거주춤한 자세를 취한 덕분에 장발규는 손쉽게 호남성을 통과하여 광서성에 진입했다. 하지만 광동성으로 들어간 유작백과 이명서의 광서군은 진제당에게 대패하여 남녕(南寧: 난닝)을 빼앗기고 귀주성으로 물러났다. 반장연맹이 남북에서 협공해 오자 장개석은 하응흠을 무한 방면으로, 주배덕을 진포철도 방면으로, 당생지를 평한철도 방면으로 배치하고 자신은 한구에 있는 총사령부에서 토벌작전을 총지휘했다.

10월 26일 손양성이 이끄는 서북군이 흑석관(黑石關, 헤이스콴)을 점령하고 황하를 도강하려다 당생지의 공격을 받고 퇴각했다. 이틀 뒤인 10월 28일부터 장개석은 작전을 공세 위주로 전환했다. 곧 무한의 중앙군과 정주의 당생지군이 서북군을 양면에서 공격했다. 하지만 서북군은 물러서지 않고 중앙군의 방어선을 돌파하여 양양(襄陽, 상양)과 노하구(老河口, 라오허커우) 방면으로 진출했다. 11월 2일 당생지군은 여점진(呂店鎭, 뤼디엔젠)에서 서북군을 대파했지만 노하구에서는 유치군이 서북군에게 완패했다.

11월 초, 중앙군이 맹공을 펼쳐 하남성 동부의 등봉(登封, 덩펑), 밀현(密縣, 미현), 숭산(崇山, 충산), 임여(臨汝, 린루) 등지를 탈환하자 서북군은 낙양을 버리고 서쪽으로 철수했다. 11월 19일 왕선옥(王善玉, 왕산위)이 이끄는 중앙군 제10군이 낙양에 입성했다. 이때 호남성 개봉에서 당생지를 후원하던 한복구가 반장연맹으로 돌아서면서 전황이 혼돈에 빠져들었다. 11월 20일 장발규의 광동군이 진제당군을 물리치고 광동성 북부의 요충지인 소관을 점령했다. 궁지에 몰린 진제당과 하건이 반장 대열에 동참할 기미를 보이고, 남경정부의 호한민, 허숭지, 손과 등 서산파[39]는 장개석의 독선을 비난하며 서북군에 대한 지지를 선언했다.

12월 3일에는 광동성으로 이동하던 석우삼이 반란을 일으켜 강소성 포구(浦口, 푸커우)를 급거 점령하고 남경을 위협했다. 진포철도의 종착지인 포구는 양자강을 사이에 두고 남경을 마주보고 있는 곳이었다. 급히 남경으로 돌아온 장개석은 수도경비부대 6천여 명과 중앙군관학교 생도를 출동시켜 석우삼군을 공격했다. 포구에서 전투가 시작되자 정부 요인들은 가족들과 함께 상해를 빠져나갔고, 일본을 비롯한 각국의 전함들은 남경과 상해 항로를 감시하며 사태의 추이를 지켜보았다.

전세가 반란군 쪽으로 기울자 장개석의 편에 섰던 당생지가 변심했다. 당생지는 12월 4일 하남성 정주에서 장개석의 하야와 내전 중지를 요구했다. 6일에는 산동성 주석 진조원이 독립을 선포했다. 기세가 오른 반란군은 중앙군을 세차게 밀어붙였다. 손양성의 서북군이 농해철도를 따라 산동성 남쪽과 서주 방면으로 동진했고, 당생지군은 호북성에 진입했다. 장발규군은 광동군을 몰아내고 성도인 광주를 위협했다.

남경이 풍전등화의 처지가 되었을 때 염석산의 측근이었던 감찰원장 조대문(趙戴文, 자오다이원: 1867~1943)이 상해로 도망쳤다. 이는 염석산의 변심이 의심되는 대목이었다. 경각심을 느낀 장개석은 전선의 축소를 결심하고 무한에서 싸우고 있던 제2사단과 제22사단을 남경으로 불러들

39   서산파(西山派)는 손문 시절의 국민당 원로들이 주축이 된 당내 주요 파벌 중 하나다.

여 석우삼군을 공격하게 했다. 이 때문에 고립무원 상태에 빠진 석우삼은 안휘성 주석 자리를 보장받는 조건으로 재차 장개석에게 항복한 뒤, 산동성의 진우인군을 공격했다.

장개석은 그처럼 표리부동한 군벌들을 하나둘씩 매수하여 위기를 극복해나갔다. 자금이 떨어지면 거액의 공채를 발행했고 사재까지 털어 넣었다. 송미령도 진제당, 여한모 등 광동파 군벌에게 뇌물 공세를 펼쳐 장개석의 휘하로 끌어들였다. 그 덕분에 군벌들의 결속이 무너져 전선에 여유가 생기자 장개석은 반란군에 대한 각개격파에 나섰다.

장개석은 먼저 하응흠을 광동행영주임으로 임명하고 광동에 대규모 증원군을 파견하여 장발규군을 몰아붙였다. 장발규군은 2,000명의 병력만이 살아남아 광서성 오주로 퇴각했다. 진제당의 광동군도 광서군을 격파하고 광서성을 장악했다. 패퇴한 이종인과 백숭희는 장계전쟁 때처럼 또다시 베트남 국경까지 밀려났다. 무한을 공격하던 당생지는 장개석의 뇌물 공세에 넘어간 서원천과 하두인의 배신으로 패퇴하여 이듬해 1월 8일 일본으로 도망쳤다. 중앙군의 승리가 확실해지자 염석산은 장개석의 편에 서겠다며 하남성으로 병력을 출동시켰다.

반장연합군 결성

풍옥상은 장개석의 뇌물 공세로 군벌들이 속속 이탈하고 전세가 급격히 악화되자 앙숙이었던 염석산과 동북군벌 장학량을 회유하기로 했다. 1926년 직봉전쟁 때 염석산은 풍옥상의 배후를 공격하여 수원성을 탈취한 악연이 있었다. 북벌전쟁 당시 두 사람은 장개석과 힘을 합쳐 장작림을 격파했지만 전쟁이 끝난 뒤 하북성 문제로 골이 깊어졌다.

장개석 역시 풍옥상과 마찬가지로 염석산 회유 공작에 나섰다. 1930년 1월 10일 장개석은 염석산이 하남성과 산동성을 내주는 대가로 투항한 당생지군 병사 5만여 명을 산서군에 편입시켰다. 장개석은 또한 염석산이 서북군 토벌에 동참하면 향후 풍옥상의 영토를 모두 넘겨주겠다고 제안했다. 그달 21일 서북군 지휘관들이 염석산에게 반장 대열에 동참하지 않으면 산서성을 침공하겠다고 협박했다. 배신을 밥 먹듯이 하던 한복구, 석우삼은 다시 장개석에게 등을 돌리고 염석산에게 들러붙었다.

장개석은 한복구와 석우삼을 토벌한다는 명분으로 서주에 대규모 병력을 배치하고 진포철도를 따라 북상하려 했다. 이에 자신의 영역이 침해당할 위기에 놓인 데 반감을 품은 염석산은 2월 9일 장개석에게 전문을 보내 자신과 풍옥상, 장개석 세 사람이 모든 직위에서 물러나 해외로 출국해 내전을 종식시키자고 제안했다. 예상대로 장개석이 거절하자 염석산은 풍옥상과 손잡고 반장대열에 동참을 선언했다.

3월 14일 서북군과 산서군, 광서군의 주요 장령 57명이 태원에 모여 반장연합군을 결성했다. 총사령관에 염석산, 부총사령관에 풍옥상, 이종인, 장학량이 추대되었다. 이때 자신의 의사에 관계없이 부총사령관이 된 장학량은 동북 4성은 일본, 소련과의 관계가 복잡하여 남경과 손을 끊을 수 없다며 양해해달라는 비밀 전문을 보냈다. 그리고 장개석의 출병 요청에 대하여 동북의 상황이 불안정하다는 이유로 완곡하게 거절했다. 장학량 역시 정세를 관망하다가 유리한 쪽에 붙을 심산이었던 것이다. 이 때문에 동북군과 규합하여 장개석을 축출하려던 염석산의 음모는 수포로 돌아갔다. 반장연합군은 주요 군벌들의 병력을 4개의 방면군으로 편성하고 전체적인 공격 전략을 확정했다.

제1방면군: 이종인의 광서군은 광서성에서 호남성으로 북상하여 무한으로 진군한다.

제2방면군: 풍옥상의 서북군은 하남성에서 농해철도와 평한철도를 따라 서주와 무한으로 각각 진군한다.

제3방면군: 염석산의 산서군은 진포철도와 교제철도(膠濟鐵道, 자오지철도)[40]를 따라 서주를 공략하고 남경으로 진군한다.

제4방면군: 석우삼 부대는 산동성 제녕과 연주를 거쳐 제남으로 진군한다.

반장연합군은 명목상 장학량의 동북군을 제5방면군, 유문휘의 사천군을 제6방면군, 하건의 호남군을 제7방면군, 번종수(樊鍾秀, 판중슈: 1888~1930)의 하남군을 제8방면군으로 삼았다. 반장연합군의 총 병력은 약 80만 명이었다.

장개석은 하성준을 하남성과 산동성, 호북성 일대의 중소 군벌들에게 파견하여 회유하고 반장연합군의 공세에 대비하여 전체 진용을 재정비했다. 서주 방면은 호종남의 제1사단 제1여단, 고축동의 제2사단, 진계

---

[40] 산동성 청도와 제남을 연결하는 철도.

승(陳繼承, 천지청: 1893~1971)의 제3사
단, 이운걸(李雲杰, 리윈지에: 1899~1936)
의 신편 제22사단, 팽진지(彭進之, 펑진즈:
1891~1950)의 제12여단 등 직계부대를
파견하고 유치에게 총지휘를 맡겼다. 무한
방면은 중앙군 외에 양호성의 신편 제14
사단, 서원천의 제10군, 위익삼(魏益三, 웨
이이싼: 1884~1964), 유계당(劉桂堂, 류꾸

유치

이탕) 등 중소 군벌들을 배치했다. 이때 산동군벌 진조원도 뇌물을 받고 장
개석의 편으로 돌아섰다.

장개석은 우선 평한철도와 진포철도를 따라 북상하여 한복구, 석우
삼, 손전영(孫殿英, 쑨뎬잉: 1889~1947) 등의 소규모 군벌을 제압한 뒤 서
북군과 정면대결을 펼치기로 했다. 하지만 그동안 중립을 지키던 염석산이
풍옥상과 합세하면서 승부가 미궁 속으로 빠져들고 있었다.

반장연합군 총사령관 염석산은 제3방면군을 북경으로 보내 현지
의 정부 인사들을 모조리 체포하고, 하북성 주석 서영창(徐永昌, 쉬융창:
1887~1959), 찰합이성 주석 양애원(楊愛源, 양아이위엔: 1887~1959)을 부
총사령관으로 임명했다. 마침내 손초(孫楚, 쑨추), 양효구(楊效救, 양샤오쥐),
관복안(款福安, 쿠안푸안) 등이 이끄는 산서군이 정주를 지나 하남성 동쪽
의 요충지 난봉(蘭鳳, 란펑)으로 진군했다. 진포철도 방면에서는 부작의와
장음오(張蔭梧, 장인우: 1891~1949)가 이끄는 15만 명의 대군이 산동성의
덕주(德州, 더저우), 제남 방면으로 진출했다. 아울러 산동성 남부에는 석

우삼군이, 하남성에는 한복구군이 각각 3만 명의 병력을 이끌고 있었다. 안휘성에는 손전영군 2만 명이 활동을 개시했다. 그 외에도 유춘영(劉春榮, 류춘룽), 번종수, 유무은(劉茂恩, 류마오언: 1898~1981) 등 하남성과 호남성, 호북성, 안휘성 일대의 군벌들이 합류했고, 광서성에서는 이종인과 백숭희가 부대를 재정비하고 있었다.

한편, 동관에 제2방면군 사령부를 마련한 풍옥상은 녹종린(鹿鍾麟, 루중린: 1884~1966)을 전방 총사령관으로 임명하고, 장유새(張維璽, 장웨이시: 1889~1944)에게 제1로, 손양성에게 제2로, 방병훈(龐炳勳, 팡빙쉰: 1879~1963)에게 제3로, 송철원에게 제4로, 손연중(孫連仲, 쑨롄중: 1893~1990)에게 제5로, 만선재(萬選才, 완쉔차이)에게 제6로를 맡겼다. 서북군의 군세는 총 26만 명에 달했다. 풍옥상은 서북군을 반으로 나누어 남로군은 무한 방면으로, 동로군은 개봉으로 진군하게 했다. 감숙성 주석 유욱분에게는 후방지원업무를 맡겼다.

그해 4월 2일 반장연합군 수뇌부가 태원에 모여 반장공동선언을 발표하고 장개석 토벌과 국민정부 개조에 합의했다. 진공박(陳公博, 천궁보: 1892~1946), 추로(鄒魯, 쩌우루: 1885~1954), 왕법근(王法勤, 왕파친: 1870~1941) 등 국민정부의 왕정위 지지파들이 군정 분리를 선언하고 군사는 염석산, 풍옥상, 이종인에게, 정치는 왕정위에게 맡기기로 합의했다

반장연합군의 위세는 실로 막강해 보였지만 군벌들의 속성에 따라 내부적으로는 모래알 같았다. 총사령관 염석산은 자신의 오랜 기반인 산서성에 만족했을 뿐 중국 전역을 지배하겠다는 의지가 없었다. 게다가 한복구와 석우삼 같은 위인들이 언제 태도를 바꿀지도 알 수 없었다. 당시 남

쪽의 장발규와 이종인의 광서군은 패주하고 있었으며 서북군도 열세에 놓여 있었다.

풍옥상은 장개석을 물리친 다음 염석산을 제거할 마음을 품고 있었고, 염석산도 마찬가지였다. 그 때문에 산서군의 행보는 매우 더뎠다. 이런 모호한 정세는 장개석 진영이나 반장연맹에 가담한 중소 규모 군벌의 움직임에 큰 영향을 끼쳤다. 중소 군벌들은 언제라도 형세에 따라 유리한 편에 가담할 자세가 되어 있었던 것이다. 과연 장개석으로부터 산동성 주석 자리를 제안 받은 한복구가 3월 22일 또다시 변절하여 장개석 측에 가담했다.

장개석은 그처럼 모래알 같은 군벌들을 자극하여 분열을 조장하는 한편, 4월 5일 반장연합군의 토벌을 선언하고 4개 군단의 토역군(討逆軍)을 편성했다. 한복구의 제1군단은 황하 이남의 수비와 산서군의 침입을 저지하는 임무를 맡았고, 유치의 제2군단은 강서성과 강소성, 안휘성을 담당했다. 하성준의 제3군단은 하남성과 호북성을 평정하게 했고, 진우인의 제4군단은 산동성 서쪽에서 석우삼 부대를 격퇴하기로 했다. 양호성의 신편 제14사단이 하남성 남양을 맡았으며, 범석생(范石生, 판스성: 1887~1939)의 제51사단이 양양(襄陽, 상양)과 번성(樊城, 판청) 방면을 맡았다.

중원대전

1930년 3월 말부터 하남성과 호북성, 산동성 일대에서 장개석과 반장연합군이 오랜 소강상태를 끝내고 전투를 개시했다. 개봉에 주둔하고 있던 한복구 부대는 석우삼, 손전영, 녹종린, 만선재 등 반장연합군의 협공으로 일거에 궤멸되었다. 한복구는 패잔병을 이끌고 제녕(濟寧, 지닝)으로 퇴각하여 마홍규의 제64사단과 합류했다. 북쪽에서는 산서군, 서쪽에서는 서북군이 정주에 집결하여 산동성 성도 제남으로 진군했다. 허창을 점령한 번종수의 제8방면군은 하성준의 제3군단과 대치했다.

풍옥상은 무한과 서주, 제남을 공략한 다음 남경으로 진군하고자 했다. 그러나 열차와 차량이 부족해 이동 속도가 매우 느렸다. 5월 초순 서영창의 산서군이 녹종린의 서북군과 합세하여 약 15만 명의 대군으로 농해철도를 따라 산동성 서남부의 하택(菏澤, 허쩌)으로 동진했다. 북쪽에서는 석우삼의 제4방면군 4만 명과 부작의의 산서군 10만 명이 진포철도를 따라 제남으로 남하했다. 만선재의 서북군 제6로군은 귀덕(歸德, 구이더)을 거쳐 서주의 관문인 당산으로 진군했고, 손전영은 박주(亳州, 보저우)를 지나 숙주(宿州, 쑤저우)와 방부(蚌埠, 벙부)로 남하했다.

5월 11일부터 양군의 전면전이 시작되었다. 유치의 토역군 제2군단은 귀덕과 박주에서 남하한 만선재와 손전영 부대를 공격했다. 만선재 부대가 귀덕으로 물러나자 교도사단이 귀덕을 포위하고 맹공을 가하여 5월 20일 대승을 거두었다. 만선재는 북벌전쟁 당시 제2집단군 제1군을 맡아 산동군벌 장종창을 격파한 명장이었지만 이 전투에서 포로가 되어 총살되었다.

한편, 장정문의 토역군 제9사단이 난봉을 포위하여 박주로 퇴각한 손전영 부대를 고립시켰다. 산동성 북쪽에서는 진조원이 석우삼 부대를 가로막았다. 유치의 제2군단 주력은 난봉에 도착하여 포위망을 강화하고 항공기를 동원하여 손정영 부대에게 맹공을 퍼부었다. 염석산이 난봉에 증원군을 급파하고 방어진지를 강화하여 토역군에 저항하자 장개석은 진성의 제11사단을 동원하여 산서군의 우익을 기습하여 큰 타격을 입혔다. 풍옥상은 함락 위기에 놓인 난봉을 구하기 위해 정주에 있던 손양성과 길홍창(吉鴻昌, 지훙창: 1895~1934)의 서북군을 파견하여 반격에 나섰다. 정대장(鄭大章, 정다장: 1891~1960)이 이끄는 기병집단과 장갑열차의 막강한 화력에 굴복한 제11사단은 퇴각하고 말았다.

　토역군이 개봉과 난봉 방면에서 격전을 벌이는 동안 장개석은 호북성 방면에 배치된 하성준의 제3군단에게 허창을 공격하여 서북군의 증원을 저지하게 했다. 하지만 서원천, 왕금옥(王金鈺, 왕진위: 1884~1951), 양호성 등 중소 규모의 군벌로 구성된 제3군단은 적극적으로 전투에 임하지 않았다. 5월 16일 하성준의 명령에 따라 왕금옥 부대가 허창을 포위하고 번종수 부대를 공격했으나 특별한 전과는 올리지 못했다. 그런데 6월 4일 허창을 지키던 번종수가 전선을 시찰하다가 폭격으로 죽으니, 풍옥상은 다급하게 손연중 부대를 허창에 파견했다.

　5월 27일 이종인이 이끄는 광서군이 호남군벌 하건, 사천군벌 유문휘 등과 함께 형양(衡陽, 형양)을 점령한 뒤 북진하여 6월 5일 장사까지 점령했다. 6월 10일부터 서북군이 공격을 개시하자 남북으로 협공 당하게 된 제3군단이 주마점(駐馬店, 주마뎬)으로 퇴각하면서 무한이 위태로운 지경에 빠졌다. 장개석은 장광내(蔣光鼐, 장광나이: 1888~1967)의 광동군 제11군을 형양으로 급파하여 광서군을 저지하게 하고 하응흠에게 장사 탈환을 지시했다. 이에 하응흠은 제13사단에 악주(鄂州, 어저우)를 사수하도록 하고, 제4로군과 제6로군을 증원하여 장사로 진격했다.

이종인은 6월 8일 악주를 점령했지만 이튿날 장광내에게 형양을 빼앗기고 급히 장사로 퇴각했다. 때맞춰 하응흠이 총공격을 가하여 광서군을 궤멸 상태로 몰아넣었다. 이종인은 잔존 부대를 수습하여 광서성으로 후퇴했다. 이로써 광서군과 연합하여 무한을 공략하려던 풍옥상의 전략이 무산되었다.

연일 승패를 장담할 수 없는 혼전 속에 중원이 난장판이 되자 장개석은 반장연맹의 정치적 지도자인 왕정위에게 전문을 보내 전쟁을 중지하고 국민당 임시전국대회를 열어 문제를 해결하자고 제의했지만 거절당했다. 장개석은 국민당 원로 이석증을 봉천으로 보내 장학량의 출병을 요청했으나 응답이 없었다.

장개석은 유치 휘하의 장정문, 진성, 장치중(張治中, 장즈중: 1890~1969) 등 직계부대 3만 명과 포병부대를 동원하여 개봉을 공격했다. 이에 맞서 풍옥상은 손양성, 방병훈, 길홍창을 퇴각시켜 토역군을 유인했다. 항공정찰을 통해 서북군의 동태를 파악한 토역군이 추격해 오자 풍옥상은 손양성과 방병훈 부대에게 전면을 맡기고 손연중과 장자충 부대를 배후로 우회하게 했다. 아울러 산서군은 수비를 맡고 손전영 부대가 토역군의 후방을 교란하게 했다. 풍옥상의 작전에 말려든 토역군은 서북군에게 포위되어 퇴로를 차단당한 채 괴멸되고 말았다. 장개석으로서는 북벌전쟁 이래 최악의 패배였다.

박주에서 손전영 부대가 토역군의 왕균(王均, 왕쥔) 부대에 포위당하여 고립되자 손연중 부대가 급히 출동하여 구원했다. 손전영의 부대는 서태후의 묘를 도굴한 비적 집단이었다. 풍옥상은 손전영과 손연중에게 진포철도를 장악하고 남경 방면으로 남하하라고 명령했다. 하지만 탄약과 군량이 고갈된 그들은 전투를 포기하고 서쪽으로 퇴각해버렸다. 그 무렵 최전선에서 싸우던 서북군 병사들은 군량 부족으로 기아에 허덕이고 있었다. 그들은 후방에 있는 염석산의 산서군이 전투도 하지 않으면서 풍족한 대접을 받는 것을 알고 분개했다. 반장연합군의 결속이 뿌리째 흔들리고 있었다.

6월 3일 석우삼과 부작의가 이끄는 산서군이 황하를 건너 진조원 부대를 격파하더니 6월 25일에 제남을 점령했다. 염석산은 여세를 몰아 진포철도를 따라 남하하면서 공세를 펼쳤다. 하지만 장개석의 증원군이 당도하면서 힘을 되찾은 진조원, 한복구 부대가 산서군을 간단히 물리쳤다. 호남성 방면의 승리로 여유를 되찾은 장개석은 7월 중순부터 산서군을 집중 공략했다. 그러자 풍옥상은 산서군을 지원하면서 서주 공략에 최후의 승부를 걸기로 했다.

강소성 북서쪽에 위치한 서주는 중국 최대의 곡창지대이자 진포철도와 농해철도가 교차하면서 산동성·하남성·안휘성·강소성을 잇는 교통의 요지였다. 서주를 얻으면 남경 공략은 시간문제였다. 풍옥상은 서북군의 병력을 셋으로 나누고, 좌로군의 손양성·길홍창 부대는 수현(睢縣, 쑤이현)을 거쳐 영릉(寧陵, 닝링)으로 진격하게 하고, 중로군의 손연중 부대는 태강(太康, 타이캉)을 거쳐 귀덕으로 진군하고, 우로군의 손전영 부대는 척성(拓城, 저청)을 거쳐 서주 북서쪽의 마목집(馬牧集, 마무지)으로 진격하게

송철원

하여 세 방향에서 서주를 포위하도록 했다. 북쪽에서도 유춘영의 산서군과 석우삼 부대가 진포철도를 따라 서주를 향해 남하하고, 정대장의 기병집단은 서주 방면으로 우회 침투하여 적의 후방을 교란하게 했다. 송철원의 부대는 정주에 예비대로 남겨두었다.

풍옥상의 명령에 따라 그해 8월 6일부터 서북군이 총공세를 개시했다. 손연중의 중로군 선두부대가 토역군의 방어선을 돌파하면서 영릉과 마목집 부근에서 혈투를 벌였다. 풍옥상은 손양성의 좌로군이 강력한 저항에 부딪히자 남겨두었던 송철원 부대를 투입하여 영릉을 점령하고 귀덕 서쪽을 제압하여 토역군의 방어망을 와해시켰다. 급박해진 전황 앞에서, 토역군 총참모장 양걸(楊杰, 양지에: 1889~1949)과 군정부 육군처장 조호삼(曹浩森, 차오하오센: 1886~1952)은 장개석에게 반장연합군의 취약 지점인 산서군과 석우삼 부대 공략을 건의했다.

당시 염석산은 산서군의 전력을 보전하기 위해 그들을 후방으로 돌려놓은 상태였다. 장개석은 진우인과 한복구 부대를 비롯한 직계부대 10만 병력을 총동원하여 산동성에 주둔하고 있던 산서군을 공격했다. 예기치 못한 기습에 혼비백산한 산서군은 숱한 시신을 남긴 채 황하를 건너 도망쳤다. 비로소 승기를 잡은 토역군은 8월 15일 장광정의 제11군이 제남을 탈환하는 개가를 올렸다. 북방이 안정되자 장개석은 서북군 공략에 총력을 기울였다. 풍옥상은 섬서성으로 퇴각령을 내렸고, 토역군은 진포철도, 평한철도, 농해철도를 따라 추격전을 벌였다.

7월 하순, 귀국한 왕정위가 북경에 들어와 풍옥상, 염석산 등과 손 잡고 9월 9일 신정부 수립을 공표했다. 정부 주석에 염석산이 취임했고, 왕정위와 풍옥상, 이종인, 장학량, 국민당 원로인 사지(謝持, 시에츠: 1876~1939) 등을 위원으로 추대했다. 이렇게 중국은 북경정부와 남경정부로 분열되었지만, 반장연합군은 이미 도처에서 패퇴하고 있었다.

풍옥상의 패배가 가시화된 상황에서 그동안 사태를 관망하던 동북 군벌 장학량이 움직이기 시작했다. 장학량은 산서군이 괴멸되고 서북군이 섬서성으로 철수하던 중인 9월 18일 "중앙을 옹호하고 내전을 반대한다."는 이른바 '화평통전(和平通電)'을 전국에 타전하고 동북군 7만 명을 이끌고 관내로 들어왔다. 우학충(于學忠, 위쉐중: 1890~1964)이 지휘하는 동북군 3개 여단은 신속하게 산해관을 돌파하여 북경으로 진격했다. 9월 22일 마침내 장학량은 산서군을 물리치고 북경과 천진을 장악하는 데 성공한다. 염석산의 북경정부가 수립된 지 열흘 만에 와해되는 순간이었다. 25일에는 동북군 제27여단 5천여 명이 보정을 점령했다.

동북군의 기습적인 출병으로 반장연합군은 지리멸렬 상태에 빠져들었다. 제남에서 산서군이 패배한 뒤 황하 이북으로 퇴각했던 석우삼이 장학량에게 항복하고, 손전영은 장개석에게 항복했다. 풍옥상은 서북군이 동관으로 철수를 마칠 때까지 송철원에게 낙양을 사수하라고 명령했지만, 서북군의 주력은 여전히 정주 방면에 고립되어 있었고, 양호성 부대가 낙양으로 다가오고 있었다. 9월 말부터 10월 초까지 난봉, 개봉, 정주가 차례로 함락된 데 이어, 10월 7일 낙양마저 함락되자 농해철도를 따라 퇴각하던 손양성, 손연중, 장유새, 길홍창 등 서북군 주력 15만 명이 고립되었다.

한편, 동북군에게 쫓기던 염석산은 장학량에게 하북성과 산동성을 넘겨주는 대가로 산서군의 철수를 보장받았다. 장학량으로서는 풍옥상이나 염석산의 세력을 연명케 함으로써 장개석을 견제할 심산이었다. 그 덕분에 염석산은 몰락을 피할 수 있었고 장학량은 광대한 화북 지역을 장악했다.

10월 8일 풍옥상은 석가장(石家莊, 스자좡)에서 염석산을 만나 서북군의 철수와 정전 방안을 논의하고, 장개석에게 항복 의사를 전달했다. 장개석은 항복 조건으로 염석산과 풍옥상의 해외 출국, 서북군을 녹종린에게, 산서군을 서영창에게 맡길 것을 요구했다. 풍옥상은 서북군의 잔존 부대를 섬서성으로 돌려보내고 싶었지만 허용되지 않았다. 10월 15일 서북군을 지휘하던 송철원, 장자충, 유여명(劉汝明, 류루밍: 1895~1975) 등이 장학량에게 투항했다. 장학량은 이들을 동북군 제29군으로 개편하고 송철원을 군장으로 임명했다.

10월 25일 양호성 휘하의 제27여단이 풍옥상의 사령부가 있는 동관을 점령했다. 장학량은 감숙성과 청해성까지 진격하여 서북군을 전멸시키고자 하는 장개석을 만류하여 정전협상을 맺게 했다. 마침내 11월 4일 염석산과 풍옥상이 하야를 선언하면서 군벌 최대의 내전이었던 중원대전이 막을 내렸다. 이 전쟁은 130만 명의 병력이 동원되었고, 20여 개 성에서 전투가 벌어졌으며, 중앙군의 사상자는 약 10만 명, 반장연합군의 사상자는 약 20만 명에 달했다.

승자와 패자

11월 12일 장학량은 장개석으로부터 남경정부의 권위를 인정하는 조건으로 자신이 점령한 화북 지역의 군권을 보장받았다. 장학량은 하북성, 수원성, 찰합이성을 차지함으로써 장개석에 버금가는 영토를 움켜쥐었다. 그런데 얼마 후 석우삼이 반란을 일으켜 석가장을 탈취했다. 장학량은 중앙군과 산서군, 한복구 부대의 도움으로 석우삼을 격파했지만 그 대가로 많은 땅을 내주고 북경과 천진을 장악하는 것으로 만족해야 했다.

장학량이 화북에서 세력 확장에 부심하는 동안 그의 근거지였던 동북 지역이 군사적 공백상태에 놓였다. 1931년 9월 18일 일본군이 만주사변을 일으켜 만주 일대를 장악했다. 장학량이 외교적 타협에 나섰지만 일본군은 신속하게 광대한 동북 전역을 평정했고, 이듬해인 1932년 3월 1일 선통제 부의를 회유하여 만주국을 세웠다.

장학량이 근거지인 동북 지역을 잃고 약세에 빠지자 산동성을 차지한 한복구가 북상하여 북경과 천진을 위협했고, 산서파 군벌 부작의가 수원성을 점령했으며, 서북파 군벌 송철원이 찰합이성을 차지했다. 결국 장학량은 장개석의 명령에 따라 동북군을 이끌고 섬서성으로 이동하여 공산당 토벌에 투입되었다.

풍옥상은 하야한 뒤 산동성 태산(泰山, 타이산)에서 은거하다가, 만주사변 이후 일본의 화북 침략이 본격화하자 과거의 부하들과 함께 항일동맹군을 결성하고 무력투쟁에 나섰지만 별다른 성과를 거두지 못했다. 중일전쟁 때 잠시 제6전구를 맡았으나 화북전선에서의 패전을 빌미로 해임되었다. 국공내전 말기에 미국으로 건너간 그는 장개석의 독재를 비난하며 공산당과 화의를 추진하다가 흑해의 오데사 근해에서 의문의 사고로 사망한다.

염석산은 일본의 영역이었던 요동반도의 대련(大連, 다롄)으로 가서 관동군의 보호를 받았다. 1931년 8월 5일 산서성으로 돌아온 그는 만주사변 이후 장개석과 화해하고 재차 산서성을 지배했다. 중일전쟁 시기에 제2전구 사령관에 임명되어 산서성과 섬서성을 방어했고, 국공내전 당시에는 행정원장으로서 장개석 정권을 보좌했다. 장개석이 국공내전에서 패배하고 대만으로 도주할 때 동행한다.

중원대전에서 패하고 천진으로 도주했던 왕정위는 1931년 5월 광동군벌이 주동한 양광사변[41] 당시 광동성 광주로 가서 합류했지만 금세 화의가 이루어짐에 따라 아무런 성과도 거두지 못했다. 왕정위는 만주사변 이후 일본과의 밀약설로 궁지에 몰린 장개석이 일시 퇴진했을 때 남경에 돌아와 정권을 이어받았지만 일본의 거듭된 침략과 정부의 분열상을 해결하지 못하고 장개석에게 복직을 요청하여 연합정권을 수립했다. 그 후 수차례 장개석과 대립하던 왕정위는 중일전쟁 시기에 일본의 지원을 받아 괴뢰정부의 수장이 됨으로써 중국 최고의 매국노 반열에 오르게 된다.

중원대전 중에 수차례 배신을 반복했던 석우삼의 말로는 비참했다. 장학량은 투항한 석우삼의 부대를 제13로군으로 편제하여 하북성 형태(邢台, 싱타이)에 주둔시켰다. 양광사변 때 석우삼은 손전영과 함께 북상하

---

41 1931년 5월 장개석이 훈정약법(訓政約法)의 제정을 놓고 반기를 든 광동군벌의 영수 호한민(胡漢民)을 탕산에 감금하자 광동군벌들이 광주에서 반장투쟁을 선언했다. 이 사건을 제1차 양광사변이라고 한다.

여 장학량을 공격했으나, 남쪽에서 하응흠, 하성준, 유치가 이끄는 중앙
군이, 북쪽에서는 우학충의 동북군이 양면에서 협격을 가해 왔다. 석우삼
은 한때 석가장을 점령하고 보정까지 위협하는 기세를 올리기도 했지만, 8
월 초 중앙군에다 동북군과 산서군까지 가세한 3면 협공으로 괴멸당하고
말았다. 혈혈단신이 된 석우삼은 한복구의 그늘 아래 잠시 은신하다가, 천
진의 일본조계에서 친일활동을 벌이며 도히하라 겐지(土肥原賢二) 등 일본
특무요원의 보호를 받았다.

석우삼의 군사적 재능을 중시한 장개석은 중일전쟁 시기에 제69군장
과 제10군단장에 그를 임명했다. 공산당이 화북 지역의 일본군 점령지역
에서 세력을 확장하자 장개석은 그를 기찰전구(冀察戰區)[42] 부사령관으로
임명하여 유격전을 지휘하게 했다. 그런데 홍군에게 연전연패하던 석우삼
은 장개석의 추궁을 면하고자 일본군에 투항하려 했다. 대립(戴笠, 다이리:
1897~1946)으로부터 이 정보를 입수한 장개석은 석우삼 휘하의 신편 제
8군장 고수훈(高樹勳, 가오수쉰: 1897~1972)에게 석우삼 제거를 지시했다.
석우삼은 부하들에게 체포되어 모래벌에 생매장 당한다.

중원대전은 신해혁명 이래 20년 동안 자행된 군벌들의 마지막 불꽃
이었다. 장개석은 최종적인 승리를 거머쥐었지만 군벌들을 말살하는 데는
실패했다. 풍옥상과 염석산의 퇴진에도 불구하고 산서파와 서북파의 병력
은 건재했으며, 장학량은 화북의 지배자로서 장개석과 어깨를 나란히 하
게 되었다. 광서성의 이종인과 광동성의 군벌들도 언제라도 장개석에게 등

---

42   하북성과 찰합이성 전구.

을 돌릴 태세를 갖추고 있었다.

1929년 12월 15일 열린 편견상무회의에서 편견회의 취소를 결의한 뒤로 다시는 군축이 논의되지 않았다. 만주사변을 시작으로 일본이 노골적으로 중국을 침략하는 상황에서 장개석은 군벌들과 타협할 수밖에 없었다. 하지만 역설적으로 이때부터 장개석의 권위에 도전할 수 있는 사람은 깨끗이 사라졌다.

중원을 평정한 지금 장개석의 적은 중국공산당이었다. 공산당은 장개석이 군벌들과 중원대전을 벌이고 있을 때 남창과 장사, 무한 등지에서 무력봉기를 일으켰다가 실패하고 정강산 구역으로 숨어들어 은밀하게 세력을 넓히고 있었다. 정부의 토벌군이 압박해 오자 주모군은 정강산을 탈출하여 강서성 서금 방면으로 진출했다. 장개석은 공산당 잔당을 제압하는 동시에 그때까지 자신에게 복종하지 않는 사천성, 귀주성, 운남성의 군벌들을 장악하기로 했다.

제 4 부

공산당의 대장정

중원대전을 통해 군벌들의 공세를 이겨내고 진정한 중원의 패자로 거듭난 장개석은 1930년 겨울부터 공산당 토벌작전에 돌입했다. 총 다섯 차례에 이르는 대규모 작전을 통해 홍군은 궤멸적인 타격을 입었지만 끈질긴 생명력으로 공산혁명의 끈을 이어갔다. 남의사에 의해 상해의 조직이 무너진 와중에도 공산당은 서금에 최초의 중화소비에트공화국을 수립하고 공산주의 사상을 전파했다. 그러나 공산당은 내부의 권력 다툼과 전략적 실패로 큰 타격을 입고 뿔뿔이 흩어져 생존을 위한 대장정에 돌입한다. 그 후 박고 등이 지휘하는 중앙홍군 지휘부가 상강전투에서 대패하여 주도권을 상실하자 주은래는 실각했던 모택동을 불러들여 군사지휘권을 맡겼다. 장정 중반 준의회의에서 당권을 장악한 모택동은 장국도의 제4방면군과 합류하기 위해 서북쪽으로 진군했다. 금사강과 대도하를 건너 사천성에 접어든 홍군은 대설산을 지나 마침내 제4방면군과 합류에 성공한다. 그러나 모택동과 장국도의 권력 다툼으로 홍군은 다시 두 갈래로 나뉘었고, 북상을 계속한 모택동 부대는 섬북 지역에 안착하여 장정을 끝냈다. 반면, 남하하던 장국도 부대는 국민당군의 파상공세에 밀려 부대가 찢겼고, 이로부터 파생된 서로군은 신강의 회족 지역에서 궤멸되었다. 결국 장국도는 모스크바의 중재로 모택동에게 굴복하고 회령에서 제1방면군과 재차 합류함으로써 대장정이 마무리되었다.

장개석의 체카

CC단과 남의사

모스크바와 상해의 지지를 얻은 모택동이 강서 소비에트에서 공포정치를 통해 당내 권력을 다지고 있을 무렵 국민당 정부에서는 장개석 1인 체제 강화를 위한 비밀조직이 만들어졌다. 국민당 비밀경찰 CC단Central Club과 군 비밀경찰 남의사藍衣社가 그것이다.

CC단의 조직과 운영은 진기미의 두 조카인 진과부와 진립부가 담당했다. 국민당 조직국의 수장이었던 진과부는 당원들의 충성도를 확인하기 위해 여러 정부기관에 CC단의 정보원을 배치하고 이들의 지휘를 동생 진립부에게 일임했다. 진립부는 미국 피츠버그대학에서 광산학을 공부하다 중퇴하고 1928년 귀국하여 장개석의 정치특무기관인 중앙조사통계국 국장으로 근무하고 있었다.

국민당에는 당내 특무기관과 별도로 군 조사통계국이 있었는데, 그 책임자가 중국의 히틀러라고 불리는 대립이다. 군 조사통계국의 주 임무는 공산당 분

대립

쇄, 대일 정보수집, 매국노[漢奸] 제거, 침투와 전복, 선전 등이었다.

대립은 장개석과 같은 절강성 출신으로 어린 시절부터 두월생의 심복으로 일했다. 중국 고전에 해박했던 그는 서양 물건이라면 무기와 음식 외에는 좋아하는 것이 없었다. 높고 넓은 이마에 유쾌한 웃음기를 가득 머금은 모습은 누구 봐도 온화했지만 실제로는 전혀 빈틈이 없는 인물이었다.

1926년 청방의 추천으로 황포군관학교에 들어가 장교가 된 대립은 북벌전쟁 당시 장개석과 지방 청방 두목들 사이의 연락책을 맡았다. 그는 장개석의 의도에 따라 은밀하게 공산당 와해 공작을 벌였다. 국민당군이 북상할 때 공산당의 간부들이 농민을 선동하기 위해 앞서가면 대립은 현지 결사대에 지령을 내려 그들을 배후에서 공격하곤 했다.

대립은 남경정부가 출범한 뒤 일본군에 대한 방첩 활동, 공산당에 대한 백색테러, 반 장개석 활동에 대한 탄압의 총 책임자가 되었다. CC단의 실적 외에 1930년대 중국에서 벌어진 모든 비밀작전은 그의 조종을 받았다고 해도 과언이 아니다. 중국은 물론 전 세계에 중국인이 있는 곳이라면 어디에나 대립의 공작원이 있었다. 그의 명령을 받는 공작원의 수효는 작게는 10만 명에서 많게는 100만 명 이상이었다. 대립이 조종하는 청방 조직원의 수효는 그 두 배에 이르렀을 것으로 추정하는 사람도 있다. 태평양전쟁 말기에는 교토의 궁성 안에도 그의 조직원이 있었다고 한다.

근대적인 도청기법의 창시자로 알려진  대립은 미국 전략정보국OSS의 동업자로서 정보를 독점했는데, 조직의 운영도 매우 효율적이었다. 대립이 1946년 3월 비행기 사고로 사망한 뒤 국공내전이 터졌고 3년 뒤 국민당은 패배했다. 그의 애인이었던, 상해경비사령관

진화

양호楊虎, 양후: 1889~1966의 부인 진화陳華, 천화는 훗날 그의 죽음을 자살이라고 술회했다. 평생 그를 신뢰했던 장개석은 대만으로 탈출한 뒤 총통관저 좌우로 난 길을 우농로雨農路라고 이름 지었다. 우농은 대립의 자字였다. 그를 잘 알았던 미국의 장군은 "대립이 죽지 않았다면 공산당은 결코 승리하지 못했을 것"이라고 단언하기도 했다.

남경정부 초기에 대립이 조직한 남의사는 일본의 극우단체인 흑룡회黑龍會, 고쿠류카이1를 모방하여 만들어졌다. '남의藍衣'라는 이름은 중국 국민당의 남색 제복에서 따온 것이다. 남의사의 임무는 분쟁 조정, 정치적 암살, 부패한 관리나 국가의 적을 숙청하는 거친 방법을 통한 중국의 개조였다.

남경정권의 유력 집단은 제각기 남의사에 자신들의 대표를 보냈다. 진씨 형제의 CC단, 국방부장 하응흠2이 두목인 황포파, 당이나 군보다는 대립이나 두월

---

1   흑룡회(黑龍會)는 1901년 2월 23일, 일본의 조선 병탄을 목표로 삼았던 천우협의 두목 우치다 료헤이가 한반도, 만주, 시베리아 등지에서 활동하던 낭인들을 모아 결성한 우익단체다. '흑룡'이라는 명칭은 일본이 흑룡강 일대의 주도권 장악을 목표로 했기 때문에 만들어졌다

2   하응흠(何應欽)은 귀주성 출신으로 만주사변이 일어나자 일본과의 타협을 모색하여 하응흠·우메즈협정을 체결했고, 서안사건 당시에는 무력 해결을 주장했다. 국민정부의 반공 공작을 주도했다.

하응흠

생에게 충성하는 살인청부업자의 무리가 그들이었다. 장개석은 그들 전원에게 손을 베어 피를 합치는 청방 식의 혈맹의식을 치르게 했다.

이와 같은 비밀정보기관의 지하공작은 장개석의 오랜 지지자들을 실망시켰다. 그중에는 5·4운동 당시 북경대학 총장이자 우파 지도자인 채원배도 있었다. 채원배는 장개석과 송미령의 결혼식 주례를 맡았고, 정부에서 감찰원원장과 교육부장도 지내는 등 친 장개석파의 대표적인 인물이었다. 그는 남경정부의 폭주를 지켜보면서 자신이 괴물의 탄생을 위한 산파 역할을 한 게 아닌가 하는 자괴감에 빠져들었다.

결국 채원배는 공직에서 물러나 송경령을 지지하면서 1932년 12월 중국인권보장협회의 설립에 동조했다. 이 협회의 목적은 반대자들을 무조건 빨갱이로 몰아붙이는 장개석의 선전선동에 맞서는 것이었다. 중국인권보장협회가 제일 먼저 한 일은 수감 중인 중국공산당 총서기 진독수 석방운동이었다.

진독수는 일본의 간첩이라는 명목으로 공산당에서 제명당했고, 남경정부로부터 현상금 1만 원에 수배되는 등 정치적 이중고를 겪다가 1932년 10월 15일 체포되었다. 이를 두고 언론에서는 공산당이 진독수에게 상처를 입히고 국민당이 그 상처에 일격을 가해 혼수상태에 빠뜨렸다고 조소했다. 진독수의 체포 소식이 알려지자 아인슈타인, 버트런드 러셀, 존 듀이 등 해외의 석학들이 성명서를 발표하고 구명운동에 나섰다. 하지만 장개석은, 현재 공산당의 우두머리가 아니지만 최근 발생한 모든 살인과 방화의 배후에 그가 있었다며 석방을 거부했다.

진독수는 재판을 앞두고 호적과 채원배가 변호사를 소개해주겠다고 하자 "공산당원은 본래 명이 길다."면서 간곡하게 거절했다. 재판에서 8년 형을 언도받은 진독수는 "문명의 발원지는 연구실과 감옥이다. 두 곳을 오가며 만들어낸 문명이야말로 진정한 문명이다."라며 옥중에서 집필활동에 몰두하여 12권의 책을 저술했다.

중국인권보장협회는 창설된 지 1년도 지나지 않아 당국의 탄압으로 와해될 위기에 처했다. 채원배와 절친했던 코넬대학 출신의 중앙연구원 부원장 양전楊銓, 양취엔: 1893~1933이 남의사에 의해 살해되었던 것이다. 양전은 장개석이나 두월생과도 막역한 사이였고, 남경정부의 속사정에도 밝았다. 1933년 일본군은 만주에 이어 열하성熱河省, 러허성을 장악하고 만리장성을 넘어서고 있었다. 양전은 이런 중차대한 상황에서 장개석과 국방부장 하응흠이 침묵하는 이유를 알아냈고, 그와 동시에 목숨을 잃었다.

장개석의 공포정치는 당대에 문학혁명을 이끌던 작가 노신에게까지 미쳤다. 노신은 『아큐정전』에서 1911년 신해혁명 당시 문맹인 하급노동자 쿨리coolie가 항상 모욕을 당하면서도 자신의 패배를 정당화할 이유를 찾아내는 가련한 모습을 그려냈다. 주인공 아큐는 자신이 무고하게 처형될 처지에 놓였는데도 유행하는 경극의 노래 "20년 뒤에는 영웅으로 다시 태어나리라"를 즐겁게 부르며 사형장으로 끌려간다.

이 작품은 의미 없는 환상을 심어주면서 희생자를 끌고 가는 권력 때문에 개인과 국가가 퇴화해가는 현실을 풍자한 것이었다. 노신은 농민들이 스스로 마취에서 깨어나 자신들의 혁명을 이루어야만 중국이 잃어버린 위대함을 되찾을 수 있다고 강조했다.

민국 이전에 우리는 노예였다. 그 뒤에 우리는 예전 노예의 노예가 되었다.

그렇듯 남경정부를 신랄하게 비판했던 노신은 비열한 암살자들의 공격을 피하기 위해 늘 몸을 숨겨야 했다. 노신은 공산당 지도자들과 교분이 깊었지만 스스로 공산주의자가 되는 데는 회의적이었다. 노신은 송경령의 주장에 심정적으로 동의하면서도 현실정치에는 늘 거리를 두었다.

장개석은 송경령과 노신, 그들을 추종하는 좌익작가연맹에 대하여 체포령을 내렸다. 남의사 요원들은 풍달馮達, 펑다을 비롯하여 다섯 명의 청년 작가들을 체포했다. 1931년 2월 7일 이들이 손발이 묶인 채 생매장되었다는 소식을 들은 송경령은, 동생 송미령과 결혼하기 위해 크리스천이 된 장개석을 향해 이렇게 비웃었다.

"우리의 총사령관은 중국에서 가장 뛰어난 청년들을 산 채로 묻었다. 그의 성서 공부는 분명히 고린도전서에 이르지 못한 모양이다."

상 해 사 변

러일전쟁 이후 만주를 지배하고 있던 일본은 봉천군벌 장작림과 밀월관계를 이어갔다. 하지만 1928년 장작림이 국민혁명군과 밀약을 맺고 일본과의 매국적인 협약을 거절하자 그가 북경에서 봉천으로 돌아오는 길에 황고둔이란 마을에서 열차를 폭파시켜 제거해버렸다. 이에 분개한 아들 장학량은 동북역치를 선언하면서 남경정부와 손잡았다.

일본은 1931년 만주의 공업지대를 공격하여 식민지로 삼고, 북경 방향으로 세력을 뻗쳤다. 국제연맹은 이와 같은 일본의 침략행위에 입을 다물었고, 미국 역시 미적지근한 태도로 일관했다. 그런데 중국인들을 더욱 분개하게 한 것은 장개석의 태도였다. 장개석은 침략자 일본과의 무력대결을 기피하고 국민에게 냉정을 유지해달라고 요구했던 것이다.

분노한 중국인들은 일본에 대한 항의운동에 나섰다. 상해에서는 일본 기업을 습격하고 일본상품 불매운동까지 벌였다. 그 와중에 장개석이 일본과 비밀협약을 맺었는데, 그 실상이 백일하에 드러나는 것을 막기 위해 남의사가 양전을 살해했다는 소문이 파다하게 퍼졌다. 친일파인 국방부장 하응흠, 수석정치고문 대계도가 장개석의 손발을 묶고 있으며, 장개석과 송씨 일가가 일본의 재벌과 연계되어 있고, 두월생과 관계 깊은 기업들이 일본 재벌의 소유라는 이야기까지 나왔다.

갈수록 여론이 악화되자 1931년 12월 15일 장개석은 공직에서 물러나 송미령과 함께 막간산의 절로 들어가버렸다. 원래 장개석은 상대가 온힘을 다해서 덤비면 살며시 몸을 비킴으로써 상대가 균형을 잃고 쓰러지게 한다는 태극권의 원리를 즐겨 활용했다. 자신의 허점은 모른 척 흘려보내고 적이 실수하기를 기다려 반격하는 식이었다.

장개석의 퇴진으로 권력이 진공상태에 빠진 상황에서 남경정부의 행정원장에 손과, 외교부장에 진우인이 임명되었다. 하지만 그들이 손에 쥔 것은 텅 빈 국고와 명령에 따르지 않는 군대뿐이었다. 군대는 여전히 장개석에게 충성하고 있었다. 재정부장 송자문은 장개석의 밀명에 따라 금고에 있던 모든 문서를 비우고 남경을 떠났다.

지방정부에서는 손과의 정부에 세금을 내지 않았고, 절강성과 강소성의 사령관은 껍데기뿐인 손과에게 군대 유지비를 내놓으라고 독촉했다. 무기력한 새 정부는 시작부터 난관에 봉착했다. 거기에다 상해에 머물던 송자문이 손과의 정부는 석 달 안에 넘어질 것이라고 단언함으로써 치명타를 맞았다. 상해의 금융업자들은 위기 타개를 위한 채권과 차관 발행을 종용하는 정부의 요구를 외면했다.

손과는 1932년 1월 12일 정부의 모든 채권 상환을 6개월 동안 정지시켰다. 그러자 이튿날부터 상해의 은행들은 예금을 찾으려는 고객들로 아수라장이 되었다. 투자자들은 중국 경제가 거덜나기 전에 원금을 찾으려 했고, 그 바람에 정부의 채권은 폭락했다. 두월생이 조종하는 중국채권보유자협회 회원들의 항의가 연일 이어졌고, 일본 정부도 남경정부의 조치를 맹비난했다.

궁지에 몰린 손과 정부는 두월생, 장정강 등과 논의 끝에 그들이 일정한 차관을 제공하는 대신 채권상환을 재개하기로 합의했다. 이에 따라 정부는 채권시장을 다시 열고 투자자에 대한 지불조건을 이행했지만, 두월생 일당이 제공하기로 한 차관 제공 약속은 끝내 이행되지 않았다. 결국 손과 정부가 출범한 지 불과 3주일 만에 장개석은 남경으로 되돌아왔고, 송자문 역시 재정부장 겸 행정원 부원장으로 화려하게 복귀했다.

그 무렵 상해의 반일감정은 격화일로를 걷고 있었다. 일본 상품에 대한 보이콧으로 일본인 거리의 많은 상인들이 파산했다. 1932년 1월 18일 일련종日蓮宗, 니치렌슈 소속의 승려 5명이 수건공장 근처에서 성난 중국인들의 습격을 받아 그중 한 명이 사망했다. 그러자 이튿날인 19일 일본청년동지회 회원 50명이 칼과 몽둥이를 들고 수건공장을 습격하여 두 명의 중국인이 목숨을 잃었다. 중국인들과 일본인들의 충돌이 격화하자 일본 정부가 본격적으로 대응에 나섰다.

일본은 중국에 공식적인 사과와 보상, 반일조직 해산을 요구하고, 24일 상해에 군함을 파견하여 무력시위에 나섰다. 일본의 상해 총영사는 여러 외국 수비대 사령관에게 상해 시장의 만족할 만한 조치가 없다면 1월 28일을 기해 군사행동을 취하겠다고 통보했다. 이와 같은 일본의 최후통첩에 상해시 참사회는 긴급사태를 선포했다.

1월 28일 밤, 일본 육전대는 일본인 거류지역의 법과 질서 유지를 빌미로 갑북閘北, 자베이 지역에 상륙했다. 그리고 철도를 따라 진군하면서 무장 거류민들과 함께 요소요소에 병력을 배치했다. 이들이 한밤중에 철도 선로방향으로 진격하던 중 중국 정규군과 충돌이 벌어졌다. 이튿날 일본의 비행기가 역사와 철로를 폭격했다. 주변의 건물들이 소이탄의 공격으로 불길에 휩싸였다.

상황이 이런데도 장개석은 일본과의 전면전을 기피했다. 그는 국제연맹에 형식적으로 일본의 만행을 규탄하는 전보를 치고는 정부를 낙양으로 옮겼다. 상해를 지키던 채정개의 제19로군[3]은 장개석의 명령이 아니라 시민들을 지키기 위해 자발적으로 일본군과 싸우다 죽어갔다.

채정개군은 폭이 100미터도 되지 않는 소주하蘇州河, 쑤저우허를 건너

상해사변 시가전

---

3   제19로군은 손문의 광동정부 산하 월군 제1사단 제4연대에서 시작하여 광동군벌 이제심 휘하 제4군으로 확대되었는데, 북벌전쟁 당시 철군(鐵軍)으로 불릴 만큼 용맹을 떨쳤다. 만주사변 이전에는 강서성의 홍군 토벌에 투입되었고, 장개석의 하야 후 남경정부의 실세로 등장한 광동군벌에 의해 상해와 남경의 수비 임무를 맡았다.

한밤중에 물자를 보급 받으면서 끈질기게 저항했다. 장개석은 10만 명의 증원군을 보내주겠다고 약속했지만 정작 도착한 것은 제88사단의 9,000명과 제87사단의 6,000명뿐이었다. 이들은 실전 경험도 없었고 전략에도 무지해서 일본군과 부딪히자마자 금세 병력의 대부분을 잃었다.

일본군은 상해에 국제적인 시선을 묶어놓고, 1932년 3월 1일 동3성에 괴뢰국인 만주국을 건국했다. 수도는 장춘長春, 창춘으로 하되 이름을 신경新京, 신징으로 바꾸었으며, 집정에는 선통제 부의, 총리는 부의의 스승 정효서鄭孝胥, 정샤오쉬: 1860~1938로 했다. 물론 만주국의 모든 실권은 관동군이 장악했다. 남경정부가 만주국의 승인을 거부하고 국제연맹이 일본의 괴뢰정권이라는 점을 추인하며 해체를 종용하자 3월 27일 일본은 국제연맹을 탈퇴해버렸다.

1932년 3월 3일 상해의 격전은 끝났지만 그 피해는 엄청났다. 60만 명에 달하는 난민이 발생했고, 무역활동이 끊어지면서 관세 수입이 75%나 줄어들었다. 약 900여 개의 공장과 기업이 부서지거나 폐쇄되어 자본 손실은 1억7000만 원이나 되었다.

이에 상해의 기업가들은 내전반대동맹을 결성하고 남경정부가 일본의 침략에 대응하지 않고 내전에만 집중한다면 앞으로 어떤 자금도 제공하지 않겠다고 선언했다. 정부의 임무는 무엇보다 외세의 침략에 맞서 중국을 지키는 것이다. 그런데 두월생 등 청방의 두목과 자본가들이 중국공산당을 소비에트 러시아의 연장선상에 있는 외세로 규정하면서 논란이 벌어졌다. 결국 동맹은 몇 차례의 어설픈 토론회를 끝으로 흩어져버렸다.

장개석은 혈전을 벌인 제19로군을 복건성으로 이동시켜 산악지대에서 활동하고 있던 공산당 토벌에 동원했다. 제19로군의 영웅적인 전투에 대한 보상은 공

만주국 건국 선포

산당과의 전투를 통한 양패구상[4]이었던 것이다. 제19로군의 이동으로 상해의 방위력이 약화되자 재계의 불만이 고조되었다.

　1932년 6월 4일 송자문이 상해의 여론 악화를 이유로 행정원 부원장 직을 사임하자, 장개석은 행정원장 왕정위를 쫓아내고 송자문을 행정원장 대리로 임명했다. 송자문은 중국인들에게 일본의 침략에 맞서자고 호소하면서 일본상품 불매운동을 촉구하고, 일본에 대한 국제연맹의 애매모호한 태도를 비난했다. 일본이 열하성을 침공한 1932년 2월 송자문은 현지로 날아가 병사들을 위로했고, 돌아오자마자 대일전쟁에 필요한 군비 조달을 위해 상해의 은행가들에게 새로운 공채 매입을 종용했다.

4　　양패구상(兩敗俱傷): 서로 싸우다가 양측이 모두 아무 이익도 얻지 못하고 손해만 입게 됨.

이런 송자문의 적극적인 행보는 곧 장개석의 제지를 받았다. 장개석은 열하성에서 일본군과 대치하던 군대를 철수시키고, 다시 왕정위를 행정원장으로 복귀시켰던 것이다. 왕정위는 장개석의 뜻에 따라 1933년 5월 31일 일본과 당고정전협정塘沽停戰協定, 탕구정전협정5을 체결하여 열하성과 이웃한 하북성의 실질적인 지배권을 넘겨주었다. 원래의 위치인 행정원 부원장과 재정부장의 자리로 되돌아온 송자문은 자신이 장개석의 손바닥 위에서 환각에 젖어 있었음을 깨달았다.

송 자 문 과 공 상 희

송자문은 정치에서는 패배했지만 경제에서는 소기의 성과를 거두고 있었다. 일찍이 그는 1928년에 상해 금융가의 손아귀에 놓여 있던 중국은행과 교통은행으로부터 자금을 지원받아 11월 1일 국책은행인 중앙은행을 발족시킴으로써 중국 금융계를 안정시킨 바 있었다.

1933년 1월 미국의 〈타임〉지는 중국의 재정부장 송자문이 뛰어난 능력을 발휘하여 중화민국이 성립 이래 처음으로 국가예산의 균형을 맞추었다고 극찬했다. 특히 발행인 헨리 루스Henry Robinson Luce6는 송자문이 미국에 오면 금융계나 정부 지

---

5   당고정전협정(塘沽停戰協定)을 통해 장개석은 국민당군이 화북 북부 지역에서 철수하고, 일본군은 장성 이북으로 철수하여 기동(冀東, 하북성 동북부)에 완충지역을 두기로 했다. 이 협정으로 중국과 일본의 군사적 대립은 중단되었지만 결과적으로는 만주국을 승인하는 결과를 낳았다.

6   헨리 루스(Henry Robinson Luce)는 미국의 잡지 발행인이자 출판업자다. 1898년 4월 3일 중국 산동성의 장로교 선교사의 아들로 태어났고, 1912년 미국으로 건너갔다. 예일대학교에 재직하던 1923년 동창 브리턴 헤이든과 함께 당시 미국 주요 신문들과 잡지들이 해외 뉴스를 거의 외면하고 있는 것에 착안하여 세계 뉴스를 분야별로

도자들이 환영할 것이라며 그의 미국행을 부추겼다.

헨리 루스

그해 5월 〈포춘〉지는 "전설적인 인물 송자문"이라는 제하의 기사에서 재정에 관한 그의 능력을 대서특필했다. 5월 16일 밤, 미국의 라디오 방송은 송자문이 영국에서 행한 강연을 방송했고, 그 내용이 이튿날 〈뉴욕타임스〉에 보도되었다. 이 방송에서 송자문은 중미 관계의 특수성을 내세우며 미국을 찬미함으로써 미국인들이 스스로 지갑을 열게 했다.

미국은 혁명 직후 영국과의 모든 교역이 중단되면서 심각한 불황이 찾아왔습니다. 하지만 18세기 초부터 갑자기 호황기에 접어들면서 발전을 시작했습니다. 그것은 미국 상인들이 중국과의 교역에 눈을 떴기 때문입니다. 미국의 가장 앞섰던 가문들이 중국 무역에 종사했습니다.…… 몇 백만 달러가 계약서 하나 없이 손에서 손으로 건네졌습니다. 이것이야말로 서로 믿고 존중했다는 증거입니다.…… 모두가 총을 들이대고 우리들의 목에 상품을 밀어 넣기 시작했습니다. 그 물건 자체를 우리들이 욕심냈기 때문에 그것을 팔았던 것입니다. 처음에 우리는 그것이 대단히 훌륭한 것이라고 생각했습니다. 하지만 서서히 우리들도 알게 되었습니다. 우리가 새로운 국제 정의를 믿어야 하고 그것을 위해서 애쓰는 사람들과 사귀기 시작했다는 것을.…… 지

요약, 보도, 논평하는 뉴스 잡지 〈타임〉을 창간했다.

금 중국의 정부 각료가 절반 넘게 미국 대학의 졸업생이라는 사실을 알고 계십니까? 저 역시 하버드대학 출신이라는 것을 자랑스럽게 생각하고 있습니다. 저와 가까운 사람들 가운데 장개석 부인인 누이는 웰슬리대학에 다녔으며, 누나인 손문 부인과 공상희 상공부장의 부인은 조지아주 메이컨의 웨슬리언대학 출신입니다.

이와 같은 송자문의 구애가 제대로 먹혀들면서 중국은 미국으로부터 엄청난 자금을 끌어들일 수 있었다. 더불어 송씨 일족은 미국의 아첨꾼, 시녀, 매판이라는 세간의 조롱에도 불구하고 중국을 좌지우지할 수 있는 위치로 뛰어올랐다.

1933년 8월 송자문은 워싱턴을 떠나기 직전 미국 농산부와 5000만 달러어치의 밀과 면화에 대한 차관 도입을 성사시켰다. 송자문은 중국의 공업 발전을 위한 국제자문위원회를 만들기 위해 분주하게 활동했다. 하지만 일본의 압력을 의식한 모건 재벌, 잉글랜드은행, 그 밖에 유수의 금융기관들이 그의 계획을 외면했다.

송자문이 귀국하자 일본 언론은 그에게 적대적인 기사를 내보냈고, 일본 외교관들은 장개석과 왕정위에게 그를 쫓아내라고 종용했다. 3개월 만에 재정부에 복귀한 송자문에게 더욱 놀랄 만한 상황이 기다리고 있었다. 장개석이 공비토벌 자금으로 상해은행에 6000만 원을 빌리고 그 장부를 송자문 앞으로 돌려놓았던 것이다. 1933년 10월 25일 그 문제로 송자문과 장개석 사이에 거친 말다툼이 벌어졌다.

송자문은 장개석이 돈을 쏟아붓고도 공비토벌은 실패했다고 비난했고, 장개석은 송자문이 충분한 자금 지원을 했다면 벌써 토벌은 끝났을 것이라며 언성을 높였다. 그 와중에 흥분한 장개석이 송자문의 뺨을 후려갈기기까지 했다. 장개석의 집무실을 박차고 나온 송자문은 행정원 부원장과 재정부장 자리를 집어던져 버렸다. 장개석은 송자문의 사임 이유를 지병 때문이라고 발표했다.

나흘 뒤인 10월 29일 송자문의 자리에 송애령의 남편 공상희가 임명되었다. 공상희는 그때부터 11년 동안 장개석의 충실한 화수분[7]이 되었다. 공상희는 장개석의 비위를 맞추느라 그동안 처남 송자문이 중국의 독립된 재정 기반을 닦기 위해 해왔던 노력을 물거품으로 만들어버렸다. 시어도어 화이트Theodore Harold White는 공상희가 비대하고 온화한 얼굴에 말다툼이나 위험한 일을 좋아하지 않는 성품을 지녔으며, 슬픈 이야기 하나만으로 어떤 일이든 하게 만들 수 있는 착한 영감님이라고 조소했다. 에드거 스노 역시 공상희의 능력을 다음과 같이 혹평했다.

> 국민당 안에서 그는 아무런 권위도 없었다. 장개석은 자신의 요구에 결코 반대하지 않는 그를 좋아했다. 그는 근대적인 은행 업무에 문외한이었다. 잉글랜드은행 중국 대표인 시릴 로저스는 그의 지능이 열두 살짜리 아이 같다고 말했다. 만약 내가 그와 은행에 대하여 나눈 이야기를 녹음한 뒤 외국에서 재생하면 아무도 장개석 정권을 제대로 상대하지 않을 것이다.

공상희와 송자문은 중국인과 서양인의 차이만큼이나 근본적으로 다른 사람이었다. 잡지 〈뉴리퍼블릭〉에 의하면, 송자문이 재정부장에 있을 때 직원들은 개인적인 식사 약속이나 잡담 등 업무와 관계없는 일탈을 전혀 할 수 없었다. 그래

---

7   화수분이란 안에 온갖 물건을 넣어두면 새끼를 쳐서 끝이 없이 나온다는 전설적인 보물단지다. 재물이 자꾸 생겨 아무리 써도 줄지 않음을 이르는 말이다.

공상희와 히틀러

서 한 사람에게 망을 보게 하고 노닥거리다 송자문이 도착하면 책상 위에 얼굴을 묻곤 했다. 하지만 송자문의 자리를 공상희가 차지한 뒤로 그들은 더 이상 보스의 눈치를 볼 필요가 없게 되었다.

송자문은 뉴욕의 거물들처럼 재정부를 운영함으로써 서양인들의 호감을 샀지만, 남경에는 많은 적이 생겨났다. 반면 공상희는 송경령이 붙여준 '성인聖人'이라는 별명처럼 타고난 여유와 친화력으로 상해의 재계 인사들을 끌어안으며 국고를 거덜냈다.

재정부장에 취임한 공상희가 맨 먼저 벌인 일은 공비토벌을 위한 모금이었다. 그는 공비토벌이야말로 예산의 균형보다 중요하다고 선언했다. 송자문이 5년 동안 심혈을 기울였던 재정지출 억제정책이 무너지는 순간이었다. 이어서 담배세를 50% 인상하니 상해의 담배공장 12개가 문을 닫았다.

공상희는 공채를 발행하면서 인수자인 은행에게 극도로 유리한 조건을 내걸었다. 은행에서 공채대금으로 은화를 지불하자 전국의 은화가 상해로 몰려들었다. 그 은화를 남경정부의 공채로 바꾸면서 은행은 2년 동안 대호황을 누렸다. 1934년 중반에 상해에 있는 여러 은행의 수익 가운데 3분의 1은 정부에서 얻어낸 것이었다. 정부는 공채를 팔아 장개석과 군사작전에 쏟아부었다. 공장이나 농업에 투입되어야 할 자금 흐름이 이렇게 왜곡되자 농촌과 산업계는 격심한 불경기로 고통 받았다.

얼마 지나지 않아 은행가들의 낙원은 금세 지옥으로 변했다. 세계대공황의 여파가 상해까지 밀어닥쳤던 것이다. 1933년 미국은 금본위제를 폐지하고 재기 불능에 빠진 광산업자들을 위해 은으로 재무성 준비금을 적립했다. 미국 의회는 은의 가격을 1온스(약 28.35g)당 50센트로 정했다. 상해의 금융업자들은 은으로 남경정부의 공채를 사는 것보다 미국에 파는 쪽이 10센트나 남는다는 사실을 알아챘다.

중국경제는 곤두박질치기 시작했다. 중국의 은이 미국으로 휩쓸려 들어가면서 정부의 공채 매매가 마비되었다. 공채가 팔리지 않으면서 장개석의 공산당 토벌작전도 벽에 부딪혔다. 돈이 없으니 군대가 제대로 돌아갈 리 만무했던 것이다. 그 기회를 틈타 홍군은 수렁에서 빠져나와 1934년 10월부터 대장정에 나설 수 있었다.

은의 막대한 유출은 중국의 금융시장을 압박하여 은행의 대출금리가 크게 올랐다. 이는 정부의 재정적자를 가속화시켜 남경정부의 존속 자체를 위협했다. 공상희는 외화 매매를 전면 금지한다고 선언했지만 그의 목소리에 귀 기울이는 사람은 아무도 없었다.

1934년 10월 15일 재정부는 은 수출에 10%의 관세를 부과한다고 발표했다. 이미 엄청난 은이 유출된 상태였지만 세금을 내면 중국의 은 가격은 미국시장과 비슷했으므로 사태가 조금은 진정되었다. 하지만 이미 상해의 은 수량은 거의 반밖에 남아 있지 않았고, 은 수출 금지로 인해 중국의 은 가치는 20%가량 떨어져 있었다.

정부공채에 대한 시장의 급속한 축소와 자금 수요의 긴급성이라는 딜레마 속에서 공상희는 정부가 관리하는 중앙은행을 이용하기로 했다. 송자문이 재정부를 맡았을 때는 중앙은행의 정부공채 인수액 상한선이 1300만 원이었는데, 공상희는 이 금액을 1억7300만 원으로 늘림으로써 장개석의 금고를 가득 채워주었다. 중앙은행에서 정부의 어음이나 공채를 사들이게 하여 비용을 마련했던 것이다.

공상희는 또 투기꾼들 때문에 금값이 폭등하자 중앙은행이 금 거래를 독점하게 하여 폭리를 취하게 했고, 은의 수출관세도 면제해주었다. 이런 중앙은행의 특권 부여로 인한 이익은 고스란히 정부로 흘러들어갔다. 하지만 중앙은행을 통한 방식만으로는 정부에서 필요로 하는 막대한 자금을 감당하기에 역부족이었다. 이제 장개석은 정부의 파산을 막을 수 있는 근본적인 대책을 세워야 한다고 생각했다. 그것을 할 수 있는 사람이 누구인지는 그 자신이 가장 잘 알고 있었다.

송자문은 장개석에게 뒤통수를 맞은 뒤 상해에서 외국 기업의 투자를 중국에 유치하는 부중공사의 경영에 전념하고 있었다. 장개석이 재차 그에게 입각을 제의했으나 지난날의 배신 행각을 용서하고 싶은 생각이 없던 송자문은 단언지하에 거절했다. 이에 공상희가 중재에 나섰고, 두월생이 막후에서 그들을 조종했다. 결국 송자문은 민간금융가로서 장개석의 자문에 응한다는 선에서 타협하지 않을 수 없었다.

1934년 7월 남경정부는 저축은행법을 제정하여 모든 은행 자산의 25%를 정부공채나 증권에 투자하도록 강제했다. 그리고 각 은행이 사들인 공채나 증권은 신탁을 받아 중앙은행이 보관하도록 했다. 이는 장개석이 은행금고에서 4분의 1을 강탈하는 것과 마찬가지였다. 은행의 항의가 빗발쳤지만 소용이 없었다. 그런데 남경정부는 이 법률을 일률적으로 공평하게 적용하지 않고 선별적, 징벌적으로 집행했다. 남경정부가 거느린 중앙은행과 농민은행에는 이런 법률을 적용하지 않았던 것이다.

당시 중국 전체 은행 자산의 4분의 3가량을 지배하고 있던 상해은행가협회는 이 사실에 주목했다. 중국은행 총재이며 교통은행의 주인이었던 장가오張嘉□, 장쟈아오: 1889~1979는 남경정부의 음모를 눈치채고 분개했다. 그가 소유한 두 개의 은행 자산은 중앙은행의 3배, 중국의 모든 은행 자산 총액의 3분의 1에 이르고 있었다.

장가오는 중국의 진짜 적은 일본이며 공산당 토벌작전에 낭비하는 군비가 너무 많다고 지적하면서 남경정부의 공채는 헛된 일이라고 맹렬하게 성토했다. 그러고는 자신의 은행을 지키기 위해 보유하고 있던 공채를 투매해버렸다. 그 때문에 4000만 원의 공채를 팔려 했던 공상희의 계획에 차질이 빚어졌다.

1935년 2월 28일 장개석은 송자문, 공상희와 상의한 뒤 장가오의 은행을 접수하라고 명령했다. 공상희는 중국은행과 교통은행을 비난하면서 현재 중국이 처한 대출의 어려움과 높은 이자율 등이 대은행가들의 욕심 때문에 벌어진 일이라고 비난했다. 여기에 송애령과 송자문, 두월생이 합세하여 여론을 더욱 악화시켰다. 특히 두월생은 상해 유력자들을 불러모은 자리에서 중앙은행과 중국은행, 교통은행이 합병하면 경기가 호전되고 이자율이 낮아져 대출이 활성화될 것이라고 했다. 이런 공작으로 인해 은행가들 사이에 은행 국유화에 대한 기대감이 생겼다.

분위기가 고양되자 1935년 3월 23일 남경정부는 돌연 중앙은행이 중국은행과 교통은행을 접수한다고 발표했다. 공상희는 이 결정이 은행의 대부 능력을 높임으로써 실업가들에게 더 많은 융자를 가능하게 해줄 것이라고 했다. 하지만 합병이 마무리되자 공상희는 언제 그랬냐는 듯 기업 대출에 관하여 일언반구도 하지 않았다.

정부에 의한 강제적인 은행 합병으로 장가오는 허울 좋은 중앙은행 부총재가 되었고, 송자문이 중국은행의 이사장으로 부임했다. 장가오는 장개석에게 항의했지만 돌아온 것은 모욕과 소외뿐이었다. 장가오는 사표를 제출하고 미국으로 건너가 로스앤젤레스의 대학 강단에 섰다. 공상희는 합병의 후속조치로 3월 30일 송자문, 송자량, 두월생이 포함된 중국은행의 새로운 이사진을 구성했다. 송자문과 송자량은 중앙은행의 이사까지 겸했다.

6월에는 상해의 영파통상저축은행, 중국통상은행, 중국실업은행에 대한 조직적인 전복 작업이 개시되었다. 정부는 세 은행의 신용을 끌어내린 후 이를 빌미로 각 은행의 총재들에게 사임을 강요했다. 이후 세 은행은 공상희의 상업주주은행으로 편입되었고, 이사로 송자문, 송자량, 송자안이 영입되었다. 송자안宋子安, 쑹쯔안: 1906~1969은 1928년 하버드대학을 졸업한 송씨 가문의 막내둥이였다. 두월생은 중국통상은행 이사장이 되었다.

이어서 정부는 신화저축통상은행의 지배권을 손에 넣고 송자문을 이사로 임명했다. 그리고 흑색선전으로 광주은행을 재정적자에 몰아붙여 송자문에게 구제받도록 하고는 송자문을 이사장, 송자안을 이사로 맞아들여 업무를 재개토록 했다. 송자량은 또한 중국실업은행의 이사가 되었고, 광동성의 은행들이 남경정부의 손아귀에 들어오자 광동성립은행과 광주시립은행의 총재가 되었다. 이처럼 송씨 일족들은 장개석의 비호하에 금융계와 재계를 한 손에 움켜쥠으로써 송가황조[8]라는 별명을 얻었다.

송자문의 두 동생의 약진은 이후에도 계속된다. 송자안은 상해의 소금 전매

---

8   미국의 감리교 목사이자 사업가인 중국인 찰리송의 사위 세 사람은 20세기 초 중국 역사에 큰 획을 그었다. 돈을 사랑한 송애령은 중국 최고의 은행가 공상희와 결혼했고, 중국을 사랑한 송경령의 남편은 손문이었으며, 권력을 사랑한 송미령의 남편은 장개석이었다. 찰리송의 맏아들 송자문은 국민정부의 행정원장, 재무장관, 외무장관을

를 도맡았고, 소금세 경비를 위한 3만 명의 군대를 지휘한 것은 송자문의 아내 로라 장의 동생이었다. 반더빌트대학 출신의 송자량은 공상희가 주인으로 있는 상업주주은행 총재이자 황포강 관리위원회 주임이기도 했다. 그곳은 청방의 관할 지역이었는데 물가에 관한 모든 일은 두월생의 부하 고죽헌顧竹軒, 구주센: 1885~1956이 처리했다. 고죽헌은 장개석의 고위 참모인 고축동의 형으로 중국에서 내로라하는 살인청부업자들조차 두려워하는 인물이었다.

송자문은 이후 정치무대에 발을 끊고 막후에서 상황을 관망했다. 중국은행 이사장의 권한으로 자신의 손에 쥐어진 주식·채권·국제차관협정 등을 관리하는 한편, 국제적인 우량주에 주목하여 제너럴모터스, 듀폰 같은 회사의 주식을 매입하기도 했다.

공상희가 벌인 다음 정책은 화폐개혁이었다. 1935년 11월 3일 정부는 새로 발행하는 법폐法幣9를 국가의 공식통화로 결정하고, 은행과 개인이 가지고 있는 은화를 석 달 안에 새 지폐로 바꾸라는 포고령을 내렸다. 그리고 중앙은행, 중국은행, 교통은행, 중국농민은행에 법폐를 발행할 수 있는 권한을 부여했다. 화폐 발행은 통화감시국의 감시 아래 진행되었다. 통화 팽창을 막기 위해 준비은을 확보하는 통화저축위원회가 구성되었다. 여기에는 많은 인사들이 이름을 올렸는데 공상희, 송자문, 송자량, 두월생도 포함되었다. 그때부터 공상희는 국고에 적자가 생길 때마다 법폐를 발행하여 빈틈을 메꾸었다.

1935년 11월부터 1937년 6월까지 법폐의 발행 잔고는 4조5300억 원에서 14

역임했고 둘째아들 송자량은 뉴욕에서 사업가로 성공했으며, 셋째아들 송자안은 홍콩의 광동은행 총재를 맡는 등 엄청난 권력과 부를 누렸다. 그리하여 사람들은 송씨 일가를 '송가황조(宋家皇朝)'라고 불렀다.

9   중국의 국민당 정부가 화폐제도 개혁으로 1935년 11월부터 1948년 8월까지 통용시킨 지폐.

조7700억 원까지 급증했다. 그러나 법폐의 가치를 뒷받침하는 준비은은 그 금액의 절반 정도에 지나지 않았다. 나머지 5억 원 이상은 빌린 돈을 갚기 위해 찍어낸 종이쪽지에 불과했다. 인쇄기로 경제문제를 해결하려는 공상희의 방식은 엄청난 인플레를 일으켜 중국 경제를 파멸로 몰아넣었다. 중국인들은 달걀 몇 개를 사기 위해 지폐로 가득 찬 바구니를 들고 집을 나서야 했다.

공산당 토벌작전

국민당군의 대공세

장개석은 1930년 겨울부터 본격적으로 공산당 토벌작전에 돌입했다. 총 5차례에 걸쳐 시행된 국민당군의 대규모 공세로 홍군은 엄청난 타격을 입었지만 장정長征10을 통해 고난을 견뎌냄으로써 훗날 극적인 대반전을 이끌어낼 수 있었다.

제1차 토벌작전은 1930년 12월 19일부터 강서성 주석 겸 제19로군 총사령관 노척평 휘하에 장휘찬張輝瓚, 장후이짠: 1884~1931의 강서성 7개 사단 10만 명의 병력이 동

10　'장정(長征)'이란 용어는 초기에 '장거리 행군을 겸한 전투', '전략적 이동', '원정' 등으로 부르다가 홍군 지휘부의 지시로 '서정(西征)', '포위 돌파' 등으로 바꾸어 썼다. 1935년 5월 홍군이 대량산의 소수민족 지구에 진입했을 때 총사령관 주덕이 농공홍군에게 보내는 포고문에서 '홍군의 만리 장정은 가는 곳마다 기세가 대나무를 자르는 듯하다.'고 하여 처음으로 '장정'이란 표현을 썼고, 6월 12일 제4방면군과 회합한 뒤 총 정치부 선전대에서 경축노래 가사에 '만여 리 장정'이라는 단어를 썼다. 그해 8월 5일 개최된 중앙 정치국회의에서 중앙홍군의 '1만8천 리 장정'을 중국 최초의 위대한 사업으로 결의했다. 1935년 11월 모택동이 '2만5천 리 장정'이라 규정하면서 중국공산당 중앙과 중화소비에트공화국 명의로 발표하는 선언문 등에 공식적으로 사용하기 시작했다.

원되었다. 모택동의 홍군은 4만 명 남짓으로, 장휘찬은 홍군의 장비가 엉성하고 병사들은 오합지졸이라 상대가 되지 않는다고 자신했다. 반대로 모택동은 국민당군이 장개석의 정예군이 아니라 지방군으로 충성심도 없으므로 충분히 싸울 만하다고 판단했다.

길안에서 홍군과 조우한 장휘찬 부대는 자신만만하게 정면대결을 펼쳤다. 이에 홍군은 짐짓 패퇴하는 척하며 적을 용강龍江, 룽쟝 방면의 계곡으로 유인하여 일거에 포위 공격을 가했다. 장휘찬 부대는 제대로 응사조차 하지 못한 채 지리멸렬 흩어졌다. 불과 두 시간 동안의 교전으로 홍군은 대승을 거두고 9,000명을 생포했다. 이때 포로로 잡힌 장휘찬의 신분을 확인한 홍군 장교 한 사람이 죽은 동지들의 복수를 해야겠다며 즉시 목을 베고 수급을 대나무 뗏목에 매달아 강물에 떠내려 보냈다.

패주하던 국민당군 병사들은 용강 하류에서 장휘찬의 수급을 건져 총사령관 노척평에게 전달했다. 한 신문에 "강물은 말없이 장군의 목을 싣고 돌아오다江水無聲載元歸"라는 제하의 기사가 실렸다. 모택동은 그해 봄에 지은 「어가오반제일차위초漁家傲反第一次圍剿」란 시에서 이날의 승리를 다음과 같이 표현했다.

> 빽빽하게 들어찬 나무 추운 겨울 붉은색이 흐드러졌네.
> 천병(天兵)의 노기가 하늘을 찌른다.
> 용강을 자욱하게 뒤덮은 안개 수많은 산봉우리 감추었네.
> 선봉에서 장휘찬을 사로잡았다며 일제히 소리친다.[11]

---

11   萬木霜天紅爛漫 天兵怒氣冲霄漢 霧滿龍岡千樟暗 齊聲喚 前頭捉張輝瓚.

승기를 잡은 홍군은 도주하는 국민당군을 추격하여 동소東昭, 둥자오에서 다시 1개 사단을 섬멸함으로써 제1차 토벌작전을 분쇄했다. 임표는 이때 두 차례의 전투에서 승리했는데, 그 과정에서 국민당군의 무전기 15대를 노획하는 개가를 올렸다. 당시 상해에서는 전국적인 홍군 활동을 효율적으로 제어하기 위해 중앙통신대를 신설하고 무선통신장비를 갖추었다. 그들은 무선통신 훈련반을 운영하여 통신요원을 양성하고 중앙통신대와 연락할 수 있는 암호문을 주어 각처의 홍군 근거지로 파견했다. 당 중앙을 이끌고 있던 주은래는 임표 부대가 길안에서 무전기를 획득했다는 보고를 받자마자 즉각 통신요원을 파견했다.

임표는 포로가 된 뒤 홍군에 투신한 장휘찬의 통신병 유인劉寅, 류인, 당 중앙에서 파견한 무전병 증삼曾三, 쩡싼: 1906~1990, 왕쟁王靜, 왕정: 1909~1978 세 사람으로 무선통신대를 발족시켰고, 1931년 4월 하순 최초로 상해의 당 중앙 무전실에 신호를 보냈다. 그런데 신호를 아무리 반복해서 보내도 회신이 없어, 홍군 지휘부는 당 중앙에 변고가 생기지 않았을까 긴장했다. 그해 말 주은래가 주모군이 주둔하고 있는 서금에 도착하면서 그 이유가 밝혀졌다.

제1차 토벌작전에 실패한 장개석은 3개월 후 12개 사단 약 20만 명의 병력을 동원하여 제2차 토벌작전을 시작했다. 총사령관은 국방부장 하응흠이었고, 채정개의 제19로군, 손연중의 제26로군, 주소량朱紹良, 주사오량: 1891~1963의 제8로군이 주력이었다. 토벌군은 남창에 전선사령부를 설치하고 강서성에서 복건성에 이르는 거대한 포위망을 갖추어 중앙소비에트 지구를 밖에서 안으로 서서히 조이는 올가미 전법을 동원했다.

이때 강서성에서 활동하던 주모군 병력은 3만여 명으로 임표와 진의 부대가 선봉을 맡았다. 이들은 국민당군의 전술상 약점이 느린 부대이동이라는 점을 간파하고 신속한 움직임으로 국민당군을 고립시킨 다음 각개격파를 노렸다. 양군의 본격적인 전투는 5월 16일부터 30일까지 약 15일 동안 치러졌다. 모택동과 주덕은 백운산白雲山, 바이윈산 정상에 올라 전투를 지휘했다.

용강龍岡, 룽강 주변에 집결한 홍군은 동고東固, 둥구 동남쪽에서 국민당군의 우익부대인 공병번公秉藩, 공빙판: 1902~1982 사단을 포위 섬멸했다. 이어 계속 동진하여 곽화종郭華宗, 궈화쭝 사단을 섬멸했으며, 부전富田, 푸톈 동쪽에서 손연중 사단을, 광창廣昌, 광창에서 주소량 사단을 격파했다. 이어서 복건성으로 들어간 홍군은 건녕建寧, 젠닝 부근에서 유화정劉和鼎, 류허딩: 1894~1969 사단을 격파했다.

이 전쟁의 결과, 홍군은 국민당군 6개 사단을 섬멸하고 각종 무기 2만여 점을 노획했다. 이때 홍군이 이동한 거리는 무려 500km였다. 모택동은 이 승리를 기념하여 지은 시 「어자오漁子傲」에서 장개석의 무능함을 은근히 비웃었다.

7백리를 15일 동안 내달렸네.

공수는 아득하고 민산(閩山)은 푸르구나.

적의 대군을 일거에 휩쓸었으니,

어떤 사람 눈물 흘리며,

촘촘하게 쌓은 진지 어찌할지 탄식하네.[12]

이 시에서 '어떤 사람有人'은 바로 장개석이다. 그처럼 참패를 당한 장개석은

---

12   七百里驅十五日 贛水蒼茫閩山碧 橫掃千軍如卷席 有人泣 爲營步步嗟何及

남창에서 소집된 고위 지휘관회의에서 휘하 지휘관들의 무능을 질타하면서 통곡했다고 한다. 장개석은 1931년 7월 제3차 토벌작전을 발동했다. 이번에는 장개석이 직접 전선총사령이 되어 30만 병력을 지휘했다. 장개석이 그간의 작전 실패에 얼마나 통분했는지 알 수 있다. 그는 병력을 셋으로 나누어 우익은 길안, 좌익은 남풍南豊, 난펑, 중앙은 남창으로 진격하여 서금의 홍군 근거지에 이르는 이른바 '장구직진분진합격長驅直進分進合擊'이라는 전법을 구사했다. 단숨에 홍군을 박살내겠다는 뜻이다.

7월 2일부터 작전을 개시한 국민당군은 압도적인 화력으로 광창 부근에서 홍군을 격파했다. 7월 10일에는 광창, 7월 20일에는 석성石城, 스청, 7월 25일에는 동고를 탈환함으로써 홍군 주력을 본거지인 서금으로 몰아붙였다. 8월 1일에는 요충지 흥국興國, 싱귀과 우도于都, 위두를 점령하여 포위망을 좁혀갔다. 마침내 9월 13일 국민당군은 서금을 점령하고 진격을 계속했다. 그런데 때마침 장맛비가 쏟아져 길이 무너진 탓에 행군이 느려지고 탄약과 식량 보급이 마비되었다.

반격의 기회를 잡은 홍군은 예의 신속한 움직임으로 양촌良村, 량춘에서 국민당군 상관운상上官雲相, 상관원상: 1895~1969과 학몽령□夢齡, 하오멍링: 1892~1937의 2개 사단을 격파하고, 황피黃陂, 황피에서 모병문毛炳文, 마오빙원: 1891~1970 사단에게 치명적인 타격을 가했다. 이어서 후퇴하는 국민당군을 추격하여 방석령方石嶺, 팡스링에서 장정문 사단과 한덕근韓德勤, 한더친: 1892~1988 사단을 격파하는 등 17개 사단을 궤멸시켰다. 그러던 중 9월 18일 만주사변이 발생하자 장개석은 제3차 토벌작전을 중지하고 모든 부대를 철수시켰다.

그해 12월 손연중의 제6군 참모장으로서 장개석에 반대하고 공산당에 우호적이던 조박생趙博生, 자오보성: 1897~1933, 동진당董振堂, 둥전탕: 1895~1937, 계진동季振同, 지전통:

1901~1934이 1만7000여 명을 이끌고 영도에서 봉기를 일으켜 홍군에 투항했다. 홍군은 이들을 대부분 홍군에 편입시켰고 2만5000정이 넘는 소총, 기관총, 박격포 등을 노획하여 전력을 크게 향상시켰다. 이에 모택동은 "장개석은 홍군에게 물자를 공급하는 보급부장"이라고 비꼬았다.

한편, 상해의 중앙 특과 과장 고순장은 주은래 휘하에서 공산당 내부에 침투한 프락치들을 발본색원하는 등 많은 공을 세웠지만 방탕한 사생활로 평판이 좋지 않았다. 주은래는 그를 강생康生, 캉성: 1898~1975으로 교체하려 했다.

눈치 빠른 고순장은 장국도와 심택민沈澤民, 선쩌민: 1900~1933을 무한까지 호송하는 임무를 자청했다. 고순장은 일을 마친 뒤에도 무한에서 귀환을 미룬 채 음주가무를 즐기다 돈이 떨어지자 한 극장에 취업했고, 얼마 후 극장 앞에 '돌아온 마술사 화광기'라는 벽보가 대문짝만 하게 나붙었다. 왕년의 인기 마술사를 보기 위해 구경꾼들이 구름처럼 몰려들었다. 그의 정체를 알아챈 남의사 요원들이 극장을 안팎으로 포위하고 체포하려 했다. 낌새를 챈 고순장은 천연덕스럽게 무대에 올라가 자신의 주특기인 대궤장인大櫃藏人이라는 마술을 펼쳤다.

이 마술은 사람이 큰 궤짝에 들어갔는데 열어보면 텅 비어 있고 엉뚱한 곳에서 마술가가 출현하는 탈출 마술이었다. 조수가 궤짝이 비어 있는 것을 확인시켜준 뒤에도 고순장이 나타나지 않자 남의사 요원들이 권총을 빼 들고 무대 위로 올라갔다. 비밀통로로 무대를 벗어난 고순장은 극장 2층으로 달아났다가 계단을 통해 밖으로 나가려 했지만 입구에서 지키고 있던 정보요원에게 잡히고 말았다.

1931년 4월 25일의 일이었다. 고순장은 남의사의 회유에 넘어가 자신이 알고 있던 상해의 당 중앙에 대한 정보를 모두 털어놓았다. 그러면서 무한 지역 정보책임자인 하성준에게 남의사 본부에도 공산당원이 있으니 자신의 체포 사실을 남경에 보고하지 말아달라고 부탁했다. 하지만 자기 공로를 인정받고 싶었던 하성준은 그날 밤 남의사 남경 총책인 서은증徐恩曾, 쉬언쩡: 1896~1985에게 고순장의 자백 내용을 보고했다.

공교롭게도 그 시각 서은증은 상해의 술집에 있었고, 남경본부에는 그의 비서 전장비錢壯飛, 첸좡페이: 1895~1935만 남아 있었다. 그가 바로 남의사에 침투한 공산당 지하요원이었다. 전장비는 무한에서 타전된 6통의 전보를 받았는데 모두 '대외비 서은증 친람'이라고 되어 있었다. 미리 복사해둔 음어책으로 본문을 해독해보니 상해의 공산당 조직과 지휘자들의 거처가 낱낱이 드러나 있었다. 전장비는 즉시 공산당원인 조카딸을 불러 상해에 급보를 알리도록 지시하고, 그 전문을 모조리 삭제하고는 그녀를 뒤따라갔다.

전장비의 조카딸로부터 고순장의 배신 소식을 전해 들은 주은래는 즉각 진운陳雲, 천원: 1905~1995, 이극농李克農, 리커농: 1899~1962, 진갱陳庚, 천겅: 1903~1961 등을 소집하고, 고순장이 알고 있는 각 기관의 아지트를 오늘 밤 안에 이동시키며 고순장이 얼굴을 알고 있는 당원들을 모두 상해 밖으로 탈출시키라고 명령했다. 아울러 고준장과 연결되어 있는 모든 연락망을 차단했다. 이때 공산당은 변절에 대한 보복으로 고순장의 노모를 포함한 가족들을 생매장해버렸다.

사흘 뒤 무한의 남의사 요원들이 고순장을 앞세우고 남경본부에 도착했다. 그들은 서은증이 아무 조치도 취하지 않은 것을 알고, 뒤늦게나마 상해의 공산당 체포에 나섰지만 이미 그들은 온데간데없이 사라진 뒤였다. 당시 임표의 무선통신대가 상해에 아무리 무전을 쳐도 연락이 안 된 것은 바로 그런 이유 때문이었다.

얼마 후 당 총서기 향충발向忠發, 상중파: 1879~1931이 상해에서 체포되어 모진 고문 끝에 변절했다. 주은래 부부도 수사망에 걸려들었지만 간발의 차이로 위기를 넘겼다. 상해의 공산당 조직이 궤멸 상태에 빠지자 당 중앙은 주은래를 서금으로 파견하여 중앙국 사업을 맡도록 했다.

1931년 12월 초, 노동자로 변장한 주은래는 여섯 명의 경호원들과 함께 배편으로 상해에서 빠져나왔다. 산두汕頭, 산터우에 이르러서는 화가로 변장하여 기차편으로 조안潮安, 차오안까지 가고, 거기에서 기선에 올라 대포大口, 다부까지 이동했다. 일행은 낮에는 잠자고 밤에는 걸으며 열흘 동안 행군한 끝에 상항의 소비에트 지역에 다다랐다. 잠시 휴식을 취한 주은래는 곧장 서금으로 이동했다. 그가 서금에 도착했을 때 현지의 홍군은 장개석의 제3차 토벌작전을 물리치고 병력을 5만 명으로 불린 상태였다. 주은래는 한 달 전 이곳에서 수립한 중화소비에트공화국의 중앙서기국을 맡았다.

중화소비에트공화국 수립

1931년 11월 7일 러시아혁명 14주년 기념일을 기해 서금에서 중화소비에트공화국이 수립되었다. 이 공화국은 당시 파르티잔 지역이었던 강서성·복건성·호남성·호북성·하남성·안휘성·절강성 등지에 점점이 흩어진 형태였는데, 한때 15만~16만 km²의 영토에 1000만 명의 인구를 관할했다. 모택동이 장악하고 있던 강서성과 복건성 지역은 면적이 5만km²에 인구가 350만 명에 이르렀다.

정부 청사는 서금 외곽의 한 사당이었는데, 수백 명이 들어설 수 있는 커다란 홀이 있었다. 제단이 있던 자리에는 소비에트 연단이 세워졌고, 정면에 마르크스와 레닌의 붉은 목각 초상화와 함께 금색별과 망치, 낫이 그려진 깃발이 걸렸다. 그 위에는 붉은 바탕에 금색 글씨로 "전 세계 프롤레타리아여 단결하라!", 그 옆에는 은색 글씨로 "계급투쟁 만세!"라는 슬로건을 걸었다.

중화소비에트공화국의 주석은 모택동, 부주석은 장국도와 항영項英, 상임: 1895~1941, 군사위원회 주석은 주덕이었다. 하지만 이 신생 정부의 실질적인 지도자는 당 서기 주은래였고 모택동은 15인의 군사위원 중 한 사람일 뿐이었다. 이는 모스크바에서 자신들의 지도를 성실하게 따를 수 있는 사람을 선택한 결과였다.

공산당 체제에서는 당 서기가 국가 주석 위에 있는 가장 높은 권력자다. 주은래가 현지에 자리잡으면서 당 중앙의 기능도 서금으로 옮겨졌고, 상해는 소련과 연락을 취하는 연락사무소로 격하되었다. 상해 연락사무소의 책임은 박고가 맡았다. 조직화의 대가인 주은래는 중화소비에트공화국을 스탈린주의 국가로 건설하는 데 전력을 기울였다.

주은래의 지휘하에 마을마다 모병위원회, 토지위원회, 몰수위원회 등 수십 개의 위원회가 만들어졌다. 6세 어린이들은 아동대에 들어가야 했고, 15세 소년 소녀들은 청년여단에 편입되었다. 노인과 불구자를 제외한 모든 성인들은 적위대에 소속되었다. 이처럼 주은래는 모든 인민들을 조직화시켜 거대한 기계의 톱니바퀴처럼 서로 맞물려 돌아가게 했다.

주은래는 소련의 체카를 모방하여 만든 정치보위국 시스템을 도입하여 긴장과 공포분위기 속에 정권을 유지했다. 이와 같은 주은래의 조직 관리는 모택동을 새롭게 각성시켰다. 주은래가 부임하기 전까지 그는 파르티잔 지역을 주먹구구식으로 통치해왔다. 모택동은 이제 새로운 통치방식의 이점과 잠재력을 이해했고,

그것을 자신의 방식으로 진화시켜나갔다.

주은래는 자백과 고문, 대중집회를 통한 모택동의 일방적인 숙청방식에 이의를 제기하고, 일부 숙청자들을 복권시켰다. 그런데 예기치 못한 상황이 벌어졌다. 더 이상 체포나 처형이 없을 것이라고 낙관한 반혁명분자들이 공산당의 지시에 저항하기 시작한 것이다.

소비에트 정권에서 인민은 돈, 식량, 노동, 군사의 원천이다. 공산당은 국민당군과의 전쟁과 통치지역의 안보를 위해 이 원천을 효과적으로 활용해야 했다. 당시 서금 지역에는 세계 최대의 텅스텐 광산이 있었다. 병사들과 인민들이 채굴한 텅스텐을 남쪽의 광동군벌들에게 넘기고 대가로 소금·의약품·옷감·무기 등을 받았다. 국민당군과의 전투가 한창일 때도 광동 지역과의 교역은 계속되었다.

홍군은 전투가 없을 때는 마을에 배치되어 농민들과 함께 농사를 지으며 협력관계를 강화했다. 인민들은 공산당과 공동운명체라는 믿음을 갖게 되었고, 전쟁은 나와 이웃의 토지를 얻을 수 있는 유일한 수단이라는 사실을 알게 되면서 자발적으로 공산정권에 협조했다. 공산당은 혁명전쟁채권을 만들어 주민들에게 판매하고, '전쟁채권 되돌려주기' 운동을 펼쳐 자금을 축적했다. 곡물세를 낸 농민들에게는 "혁명적 인민들이여! 홍군에 곡물을 빌려주자."라는 슬로건을 내걸어 자발적인 기부를 유도했다.

국민당군의 토벌작전이 강화되고 마을에 일할 수 있는 남자들의 수효가 급격히 줄어들자 여자들이 총동원되어 농사일은 물론 장비 운반, 부상자 치료 등을 담당했다. 주민들은 매달 5일 넘게 회의에 참석하여 공산주의 사상교육을 받았고, 아이들은 레닌학교라는 초등학교에서 기본적인 선전을 이해할 수 있을 정도의 교육을 받았다. 중등학교는 모두 폐쇄되었다. 10대 청소년들은 정찰병이나 보초병으로 활용했고, '목욕팀'이란 조직에 가입시켜 징병을 부추기고 탈영병을 귀대시키는 임무도 부여했다. 훗날 문화혁명 시기의 홍위병처럼 반혁명분자를 처형시키는 일에 동원하기도 했다.

주은래가 당권을 쥐고 중화소비에트공화국을 주도하자, 허울뿐인 주석 자리에 앉아 있던 모택동은 1932년 1월 말 병가를 내고 서금을 떠나 산속 빈 절로 들어갔다. 그곳에서 재기의 기회를 엿보던 어느 날, 신문에서 필자가 주은래의 가명으로 등재된 "주장 철회"라는 공고문을 발견했다. 공산주의를 비난하고 모스크바에 대한 중국공산당의 굴종을 비난하는 내용이었다. 가짜임에 분명하고 당 중앙에서 반박성명을 내기도 했지만, 이 기사가 주은래의 권위를 손상하고 공산당에 적잖은 타격을 입힌 것은 분명했다. 모택동은 이를 기화로 주은래를 이용하여 주덕을 밀어내고 군 통수권을 차지하고자 했다.

3월 초순 모택동은 서금에서 100km 떨어진 공주□州, 간저우 외곽으로 와서 비상군사회의에 참석하라는 통보를 받았다. 공주는 홍군이 포위하고 있었지만 아직 점령하지 못한 곳이었다. 모택동은 말을 타고 세찬 빗발을 뚫고서 그곳으로 달려갔다.

이 회의에서 공산당 지휘부는 공주의 포위를 풀고 서쪽으로 진군하여 강서성과 호남성 경계의 소비에트 지역과 연락망을 구축해야 한다고 주장했다. 반면, 모택동은 지휘부의 의견을 비판하면서 반대 방향인 복건성을 해방시켜야 한다고 주장했다. 양쪽의 주장이 팽팽하게 맞서자 주은래는 두 가지 계획을 모두 승인하고 다수파에게 병력의 3분의 1을, 모택동에게 3분의 2를 주었다.

모택동은 홍군을 이끌고 동쪽으로 떠났다가 갑자기 진로를 바꾸어 남동쪽으로 열흘 남짓 행군하더니 해안 도시 장주□州, 장저우를 공격하겠다는 연락을 보냈다. 주은래는 모택동의 의지를 꺾을 수 없었다. 4월 20일 임표 부대를 앞세워 장주를 점령한 모택동은 중산복 차림에 백마를 타고 장주 거리를 행진했다. 여러 신문에 그에 대한 뉴스가 줄을 이었다.

"홍군 장주 입성, 전 해안이 충격에 휩싸이다."

"10만 명 이상이 도주, 28척의 외국 군함이 하문에 집결."

이런 헤드라인이 신문 1면에 실리면서 모택동의 명성은 더욱 높아졌고, 모스크바의 지지도 올라갔다. 이때 모택동은 동생 모택민에게 지시하여 장주에서 약탈한 책과 금은보화 한 트럭분을 빼돌렸다. 그것은 장래를 위한 보험 장치 같은 것이었다. 모택동이 장주에 머무르고 있을 때 주은래의 당 중앙은 모택동의 행동이 기회주의적이고 코민테른의 지시에 어긋나는 행위라는 내용의 전문을 모스크바에 보냈다. 그러나 모스크바에서 돌아온 답은 모택동이 중국혁명에 반드시 필요한 사람이라는 것이었다.

1933년 2월부터 소비에트 정권은 "숨어 있는 지주와 쿨라크를 찾아내자."라는 운동에 돌입했다. 이는 부족한 재정을 충당하기 위해 합법적으로 재산을 몰수하고 노동력을 창출하기 위한 방편이었다. 이런 서슬에 질려 마을을 떠나고 싶은 사람도 통행권이 없으면 한 발짝도 밖으로 나갈 수가 없었다. 보초병들은 24시간 마을 길목을 지키면서 통행자들을 감시했다. 마을로 들어온 방물장수나 외지인도 보안을 이유로 절대 돌려보내지 않았다. 외지인을 보고도 신고하지 않으면 온가족이 생매장당하는 일도 잦았다. 친지나 손님을 재워주었다가 발각되면 즉시 처형되었으므로 주민들은 살벌한 공포분위기에 떨어야 했다. 이로 인해 자살하는 사람들이 생기자 당은 "혁명가가 자살하는 것은 부끄러운 일이다."라는 플래카드를 곳곳에 내걸기도 했다. 중화소비에트공화국이 장악한 5년 동안 현지의 인구는 전쟁과 잔혹한 숙청으로 20%나 줄었다.

공격과 방어

1932년 5월 22일 장개석은 90개 사단 50만 병력을 동원하여 제4차 공산당 토벌작전을 개시했다. 이번에는 우선 강서 중앙 근거지의 외곽지대인 대별산맥大別山脈, 다베산맥과 호북·하남·안휘를 지칭하는 악예환鄂豫晥, 어위완 지점의 공산당을 일소하는 것이 목표였다. 6월에서 10월 사이에 전개된 이 작전으로 홍군은 엄청난 피해를 입었다.

서향전, 장국도 등이 이끄는 제4군은 금가채金家寨, 진쟈짜이, 신집新集, 신지을 거점으로 하는 근거지를 포기하고 서쪽의 사천성으로 들어가 새로운 근거지를 만들었다. 호북성 남부의 홍호洪湖, 훙후지구에 있던 하룡의 제2군도 국민당군에 몰려 근거지가 대폭 축소되었다. 당 중앙의 명령에 따라 서금으로 회군한 모택동은 국민당군과 분전을 거듭하면서 끊임없이 자신이 군사지휘권을 움켜쥘 명분을 만들었다. 결국 주은래의 제의에 따라 8월 8일 모택동은 군 최고정치위원이 되었다.

국민당군은 여름에 접어들자 호북·호남·강서의 성 접경지구에 있는 중앙 홍군 근거지를 공격했다. 홍군은 정강산 부근으로 남하하여 팽덕회의 제3군과 합류했다. 국민당군은 여세를 몰아 강서성 북쪽의 소비에트 지역에 총공세를 펼쳤다. 이때 장개석은 국민당군 수뇌부를 불러모아 여산廬山, 루산과 한구에서 작전회의를 열고 멸공작전은 '군사삼분軍事三分 정치칠분政治七分'임을 강조하면서 적화된 마을을 완전히 초토화시키는 창광정책燼光政策을 펼치게 했다. 기겁한 작전지구 주민들은 마을을 빠져나와 피난길에 올랐다.

서금의 지도자들은 강서 지역이 위기에 빠지자 모택동에게 전력을 다해 그들을 지원하라고 촉구했다. 하지만 모택동은 군사위원회에 참석한 자리에서 홍군이 국민당군에 비해 병력과 장비 면에서 열세에 놓여 있으므로 우선 아군의 전력을 분산시켜놓고 때를 기다려야 한다고 주장했다. 이런 그의 견해는 당 중앙으로부터 지도부를 무시하고 조직 개념이 결여되어 있다는 비난을 받았다. 특히 상해에 있던 박고는 모택동의 행동은 용인될 수 없으니 군에서 축출해야 한다는 전문을 보냈다. 결국 당 중앙은 모택동의 군사지휘권을 박탈하고, 모스크바에는 그가 병이 나서 후방으로 물러나게 되었다고 보고했다.

영도에 머물던 모택동은 상해에 있는 모스크바의 정보요원에게 전보를 보내 도움을 요청했다. 이에 응하여 모스크바는 "동지적 방식으로 그를 활동전선에 복귀시켜라. 모택동의 군사지휘권 박탈에 단호히 반대한다."는 회신을 보내왔다. 하지만 그때는 이미 회의가 끝난 뒤였다. 어쨌든 모스크바의 지지를 재확인한 모택동은 10월 12일 영도를 떠나 정주로 갔다. 그가 맡고 있던 최고정치위원 자리는 주은래가 인수했다.

연전연승으로 진행되던 국민당군의 제4차 토벌작전은 뜻밖의 상황 때문에 난관에 부딪혔다. 1933년 1월 말부터 일본군이 상해사변을 일으켜 국제도시 상해를 혼란으로 몰아갔고, 2월에는 만리장성을 넘어 북부로 밀고 들어와 북경을 위협하면서 동북3성에 부의를 앞세워 만주국을 건국했던 것이다. 게다가 남경정부와 외교관계를 회복한 소련 역시 많은 정보요원을 투입하여 중국공산당을 지원했다.

그 때문에 장개석의 공세가 일시 중단되자 수세에 처했던 홍군이 공세로 전환했다. 홍군은 그해 3월 황피에서 국민당군을 기습하여 3개 사단을 섬멸했고, 초대강草台崗, 차오타이깡에서도 1개 사단을 섬멸했다. 이때의 전투에서 국민당군 사단장 2명과 여단장 3명을 생포하고 총포 1만 정을 노획하는 대전과를 올렸다. 내우외환이 겹친 국민당군은 4월 들어 모든 병력을 철수시켰다. 네 차례에 걸친 국민당군의 토벌작전이 실패로 귀결되면서 홍군의 세력은 크게 불어났다. 병력이 총 30만 명에 이르렀는데, 강서성의 중앙 근거지에만 10만 명이 넘었다.

제4차 공세 기간에 홍군의 지휘자는 주은래였다. 홍군의 승리로 그의 권위가 높아지니 모스크바에서도 그를 새로운 시선으로 바라보았다. 모택동이 모스크바의 지시를 이행하지 않았기에 주은래의 가치는 더욱 높아졌다. 이제 모스크바가 자신을 신임하지 않는다는 사실을 알게 된 모택동은 1933년 2월 요양지에서 서금으로 나와 주은래에게 협조하지 않을 수 없었다.

1933년 5월 장개석은 일본과 당고정전협정을 맺고 일본과의 전쟁을 일단락시킨 후 공산당 토벌에 집중하기 시작했다. 9월 초순, 장개석은 강서성 여산에서 국민당군 지휘관들을 모아 비밀전략회의를 열고 제5차 공산당 토벌작전을 논의했다. 작전명은 '철통포위소탕전[鐵桶圍剿]'이었다. 총병력 100만 명에 270대의 비행기, 대포 200문으로 서금, 우도, 회창會昌, 후이창 등 중앙소비에트 혁명 근거지를 사면팔방으로 완벽하게 포위하여 홍군을 궤멸시키는 작전이었다. 포위 반경은 서금에서 150km였다.

장개석은 이전의 실패를 감안하여 이번에는 독일인 한스 폰 젝트Friedrich "Hans" von Seeckt 장군을 초빙하여 보루전술堡壘戰術이라는 새로운 전술을 펼쳤다. 보루전술의 기본은 홍군 지역을 점령하면 도주하는 적을 즉각 추격하지 않고 점령지역을 완전히 확보하기 위해 많은 토치카를 주변에 구축하여 진지를 굳힌 뒤 출격하여 적을 소탕하고, 또다시 이런 방식으로 진지를 전진시켜나가는 것이었다.

시간은 걸리지만 한 발 한 발 착실하게 포위망을 형성하면서 나가는 전법은 홍군의 위장·유인전술을 원천적으로 막을 수 있는 전법이었다. 국민당군은 적을 격파하지 못하는 한 절대로 진지를 버리고 전진하지 않았다. 당시 국민당군이 쌓아올린 토치카는 강서성에만 1934년 1월까지 2,900개소나 되었고 늘어선 토치카는 마치 홍군의 중앙 근거지를 둘러싼 장성 같았다.

장개석군은 경제봉쇄와 도로 건설도 병행했다. 경제봉쇄란 홍군의 중앙 근거지에 대한 모든 물자 반입을 통제하고, 특히 병기, 탄약, 의약품, 식량 등의 반입을 철저하게 막는 것이었다. 이는 산악지대에 근거지를 마련하고 유격전술을 펼치는 홍군에게는 심각한 타격이 아닐 수 없었다. 특히 소금 부족이 큰 문제였다. 도로 건설은 3차 작전 이후 취해왔던 것으로, 점령지역에 종횡으로 도로를 건설하여 기동력을 높이고 후방으로부터 보급을 용이하게 하려는 목적이었다.

한편, 1933년 1월, 공산당 상해 책임자인 25세의 박고가 서금으로 와서 주은래를 밀어내고 당 서기로 선출되었다. 그를 위시한 28인의 모스크바 유학파들은 소련의 후원 아래 강력한 영향력을 행사했다. 이들 가운데 왕명은 코민테른 중국 대표로 활동하고 있었다. 박고는 진작부터 모택동을 축출하고 싶었지만 모스크바의 대리인 에베르트의 당부 때문에 감히 손을 쓰지 못했다. 그러다가 2월부터 왕명과 낙보[13] 등 모스크바 유학파 동료들을 이용하여 모택동을 패배주의자 및 우경주의자로 몰아붙였다.

오토 브라운

새로운 홍군 지도부는 코민테른에서 파견한 독일인 고문 오토 브라운Otto Braun, 중국명 李德, 리더: 1900~1974의 견해에 따라 국민당군을 홍군 근거지에 유인하여 분할 섬멸하던 종래의 전략을 적과 정면 대결하는 전략으로 바꾸었다. 홍군이 중화소비에트공화국이라는 국가체계를 갖추었고 병력도 증강되었으므로 이젠 영토 밖에서 선제공격을 통해 위력을 과시해야 한다는 것이었다.

주덕과 팽덕회, 진의, 임표 등 최전선에서 전투를 이끌어온 지휘관들은 강력히 반대했지만, 지도부는 그들을 최신 전략에 무지한 구식 군인으로 치부하고 독자적인 활동을 금지했다. 종래의 유인전략은 퇴각·도망의 우경주의로 매도되었고, 정규전과 선제공격이 새로운 홍군의 전략방침이 되었다. 홍군은 적의 의도대로 보루전, 진지전, 소모전을 벌이면서 화를 자초했다. 게다가 홍군은 복건성에서

---

13 낙보(洛甫, 뤄푸: 1899~1976)의 본명은 장문천(張聞天, 장원톈)이다. 강소성 출신으로 난징의 공업학교를 마치고, 1922년 미국으로 건너가 캘리포니아대학에서 1년간 공부했다. 귀국한 뒤 교사로 일하며 '낙보'라는 이름으로 서구의 고전을 번역했다. 진운의 추천으로 중국공산당에 입당하고, 1928년 중앙위원으로 선출되었다. 1931년 상해에서 정치국원, 중앙위원회 조직국장이 되었다. 그는 이른바 '28인의 볼셰비키' 그룹의 일원으로 모택동의 농민노선과 강서성의 중화소비에트공화국 정책을 비판했지만 인민위원회 주석으로 활동했다. 1934년 장정 도중 준의회의에서 모택동을 지지했고, 당 총서기로 선출되어 1943년까지 직위를 유지했다. 연안에 도착한 후 사상 및 선전 분야에서 일했다. 모택동이 왕명 및 장국도와 권력투쟁을 벌일 때 모택동과 연합함으로써 지위를 보전했다. 중화소비에트공화국의 인민위원회 주석, 준의회의에서 총서기로 선출되어 1935년부터 1943년까지 중국공산당 총서기를 역임했다. 제8차 전국인민대표대회에서 중앙위원, 중앙정치국 후보위원에 뽑혔으나 1966년 해임되었다.

일어난 반장항일민정정권反蔣抗日民政權과의 공조에 실패함으로써 국민당군의 포위망을 벗어날 수 있는 절호의 기회를 놓쳤다.

1934년 봄, 서금을 향한 국민당군의 포위망이 좁혀지는 상황에서 홍군 지휘부는 아무런 대책을 세우지 못하고 있었다. 모택동은 서금 정부의 총리 직을 낙보에게 빼앗기고 주석 직위만 유지한 채 정치국 위원으로 임명되었다. 3월 27일 박고 일당은 모택동을 축출하기 위해 그를 신병 치료차 소련으로 보내겠다고 통지했다. 그러자 4월 9일 모스크바는 회신을 통해 모택동이 포위된 백색지역을 통과하는 것은 위험하니 현지에서 치료하라고 명령했다.

홍군은 1934년 4월 중앙 근거지의 앞문에 해당하는 광창을 잃고 전사 4,000명, 부상 2만 명이라는 엄청난 피해를 입었다. 더욱이 뒷문에 해당하는 균문령筠門領, 준먼링까지 빼앗겨 패색이 완연했다. 다행히 봄비가 쏟아져 국민당군의 추격이 더뎌진 덕에 도주하던 홍군은 광창의 남쪽 두피頭陂, 터우피 일대에서 간신히 군을 재정비할 수 있었다.

광창전투에서 가장 큰 타격을 입은 것은 팽덕회의 제3군단이었다. 그는 첫날 전투에서 1,000여 명이 넘는 부하를 잃었다. 그중에는 오토 브라운의 명령에 따라 토치카를 사수하다 죽은 병사들이 많았다. 국민당의 중화기와 공중폭격이 그들을 오도 가도 못하게 만들었기 때문이었다.

팽덕회는 전황을 둘러보기 위해 나타난 오토 브라운에게 격렬히 항의했다. 국민당군의 5차 토벌작전이 시작된 이래 홍군이 단 한 차례도 승리하지 못한 것은 그의 잘못된 전략 때문이며, 만일 병사들이 목숨을 걸고 싸우지 않았다면 홍군 제1군단과 제3군단은 완전히 궤멸되었을 것이라고 맹비난했다. 팽덕회는 오토 브라운을 일컬어 "자기 아버지의 땅을 몰래 팔아먹은 아들 같은 놈"이라고 욕설을 퍼부었다. 통역을 맡은 양상곤楊尙昆, 양상쿤: 1907~1998으로부터 그 말을 알아들은 오토 브라운은 팽덕회에게 "봉건주의 잔재에서 빠져나오지 못한 무지렁이"라고 맞받아쳤다.

주변 사람들이 급히 말렸지만 팽덕회는 자리를 뛰쳐나와버렸다. 그러나 눈앞에 닥친 전투마저 거부할 수는 없었다. 팽덕회의 제3군단은 고호뇌高虎腦, 가오후나오 방어작전에 투입되었다. 고호뇌는 소나무 숲이 울창한 해발 460m의 토산지대로, 북쪽의 광창과 남쪽의 석성을 잇는 도로가 실개천 옆을 따라 전개되어 있다. 그곳은 석성으로 남하하는 국민당군이 반드시 통과해야 하는 군사요충지였다. 이 고호뇌의 전투와 그곳으로부터 15km쯤 떨어진 만년정萬年亭, 완니엔팅전투 그리고 대채뇌大寨腦, 다자이나오전투 등 3차례에 걸친 전투를 합쳐 고호뇌전역戰役이라 부른다.

팽덕회가 이끄는 제3군단 예하 제5사단 13연대가 이 지역의 방어를 맡았다. 이 연대는 1년 전 상해에서 용맹을 떨쳤던 국민당 제19로군 336연대를 두세 시간 만에 궤멸시킨 정예부대였다. 홍군은 적의 최신무기를 의식하여 통나무를 몇 겹으로 쌓아 진지를 만들고 그 위에 흙을 덮어 목조 토치카를 조성했다. 바깥쪽에는 깊은 참호를 팠다. 적의 돌격전에 대비하여 전방에 지뢰를 매설하고 대못을 박은 널빤지를 참호 앞에 늘어놓은 뒤 마른 풀과 흙으로 가려놓았다.

모든 준비를 마치고 팽덕회는 국민당군의 공격을 기다렸다. 며칠 후 아침 일찍부터 10여 대의 국민당군 비행기가 폭격을 개시하는 동시에 전방의 국민당군 진지에서 맹렬하게 포격을 퍼부었다. 2시간 남짓 포격이 계속되다가, 고호뇌를 향해 국민당군의 선봉부대가 진격해 왔다. 남의사 특무대였다. 홍군이 박격포와 기관단총으로 대응했지만 그들은 맹렬히 달려들었다. 그러나 남의사 부대의 진격은 지뢰 폭발과 바닥에 깔린 대못판자 때문에 속도가 늦춰졌다. 이 틈에 홍군 병사들이 일제히 수류탄을 던지고 집중사격을 가하니 남의사 부대는 퇴각하지 않을 수 없었다. 일단 적을 물리치기는 했지만 홍군 지휘관들은 처음 겪는 진지전에 큰 충격을 받았다. 앞에서 돌격하고 뒤에서 포탄을 쏘아대는 전혀 새로운 전쟁 방식이었던 것이다.

이어진 국민당군의 두 번째, 세 번째 공격을 버티며 진지를 사수했지만, 그 대가로 홍군 3대대의 수는 400명에서 수십 명으로 줄어 있었다. 팽덕회의 제3군단은 막강한 전투력을 지녔으나 진지전에서는 실력을 발휘할 수가 없었다. 애써 쌓은 진지는 국민당군의 융단폭격과 포격으로 허무하게 무너졌다. 게다가 홍군의 병기창에서 만든 탄약은 기관단총에 장전할 수 없었고, 소총의 사거리는 터무니없이 짧았다. 그 때문에 홍군 병사들은 국민당군이 가까이 접근할 때까지 기다릴 수밖에 없었다. 홍군의 패배는 명약관화한 사실이었다.

이전의 4차에 걸친 장개석의 토벌작전에서 연승을 거두며 세력을 확장하던 홍군이 이렇게 패퇴하게 된 원인은 국민당군의 새로운 전략과 우수한 전력에 기인한 점도 있지만 근본적으로는 역시 새로운 홍군 지휘부의 전략 변경 때문이었다. 패색이 짙어가던 1934년 7월 5일 임표가 오토 브라운에게 유격전을 제안했지만 돌아온 것은 사상에 대한 의심과 힐난뿐이었다.

그날 임표는 정주 부근에서 종래의 유인작전으로 국민당 증원군 8개 연대를 끌어들여 3,500명을 사살하고 2,500명을 생포하는 막대한 전과를 올렸다. 이는 국민당군의 제5차 토벌작전에서 홍군이 유일하게 승리한 전투였다. 하지만 전선에 나타난 오토 브라운은 치하는커녕 자신의 전략을 따르지 않은 임표를 강하게 질책했다. 이 같은 새 지도부의 독선으로 홍군은 1년도 되기 전에 전력의 절반에 가까운 5만 명의 병력을 잃었고, 영토 역시 6개의 현만 남게 되었다. 공산당은 최악의 붕괴를 피하기 위해서는 강서성을 탈출해야 한다는 인식에 도달했다.

9월 초순, 여산회의에서 결정된 국민당군의 '철통포위소탕전' 계획서가 비밀당원이었던 국민당군 강서 제4구 보안사령관 모웅項雄, 모슝: 1891~1980의 손을 거쳐 항여년項興年, 상위녠: 1894~1978과 노지영盧志英, 루즈잉: 1906~1948의 손에 들어왔다. 그들은 홍군의 생사가 걸린 이 극비문서의 핵심 내용을 서금에 급히 타전하고, 항여년은 거지로 위장하여 국민당군의 봉쇄구역을 뚫고 서금에 도착, 문서를 군 총정치위원이자 3인단의 한 사람인 주은래에게 전달했다.

당 지도부는 적의 포위망이 완성되기 전에 일단 서금을 탈출하기로 결정했다. 어디로 갈 것인지는 계획도 없는 상태였다. 박고와 오토 브라운의 생각은 복건성 북쪽을 거쳐 상강湘工, 샹장을 건너고 이후 호남과 호북 일대에 있는 하룡의 제2방면군과 합류하여 새로운 소비에트 근거지를 만든다는 것이었는데, 이는 당군 고위간부들과 상의한 것이 아니었다. 9월 29일 홍군의 신문인 〈홍색중화紅色中華〉는 당시의 상황을 이렇게 보도했다.

소비에트 지구를 보위하기 위해 5차 포위공격을 분쇄했다. 우리는 경우에 따라서 적의 우세한 병력에 의한 공격을 피하기 위해 잠시 몇몇 소비에트 지구와 도시들을 포기하지 않을 수 없다.

이런 절체절명의 와중에도 모택동에 대한 박고의 압박은 계속되었다. 박고는 국가 주석인 모택동을 현지에 남겨두어 중화소비에트공화국의 건재함을 과시하자고 제안했다. 그 시점의 서금에 남겨진다는 것은 곧 죽음을 의미했다. 훗날 확

박고

인된 내용이지만, 서금에 남았던 모택동의 막내동생 모택담과 공산당 창당 멤버인 하숙형, 당 서기 구추백은 국민당군에 사로잡혀 처형되었다.

이제 모택동에게 중요한 것은 오로지 살아남는 일이었다. 모택동은 2년 동안 산속에 숨겨두었던 보물 상자를 박고에게 넘겨주고 앞으로 처신을 조심하겠다며 고개를 조아렸다. 뇌물 공세에 넘어간 박고는 그의 동행을 허락했다.

모택동은 수행원들을 시켜 임신한 아내 하자진을 데려왔지만, 두 살배기 아들은 데려갈 수 없어 민가에 맡겼다. 그것이 부자간의 마지막이었다. 출발 직전 모택동은 말라리아에 걸려 고열로 혼수상태에 빠졌다. 치료 끝에 가까스로 정신을 수습했지만 철수하는 동안 내내 들것 신세를 져야 했다.

고난의 대장정

홍군의 서금 탈출

제5차 공산당 토벌작전이 시작될 즈음, 남로군 총사령관에 임명된 광동군벌 진제당은 장개석이 이참에 광동군의 힘을 약화시켜 자신의 지배 지역인 광동 지역을 차지하려 한다는 사실을 알아챘다. 그는 홍군과 싸우지 않고 퇴각로를 열어줌으로써 자신의 전력을 보존하기로 하고 서금에 밀사를 파견했다. 10월 8일 진제당과 홍군의 대표들은 오라당烏羅塘, 우뤄탕의 진지에서 비밀회담을 갖고 5개 항에 걸친 비밀협약을 맺었다.

첫째, 전쟁을 중지하고 모든 적대행위를 하지 않는다.
둘째, 유선전화를 통해 서로 정보를 교환한다.
셋째, 봉쇄를 해제한다.
넷째, 양쪽은 서로 통상을 하며, 필요 시에 홍군은 진제당군 방어구역 후방에 병원을 세울 수 있다.

다섯째, 필요 시에 양쪽은 서로 길을 빌릴 수 있다. 홍군은 행동하기 전에 진제당군에게 통보하면 진제당군은 40리를 철수한다. 홍군은 단지 길을 빌려 지나가며, 광동 내지로 들어오지 않는다는 것을 보증한다. 홍군 인원이 진제당군 방어구역으로 들어올 때는 진제당군이 발급한 신분증을 사용한다.

홍군은 국민당군의 내분에 힘입어 간신히 탈출로를 확보할 수 있었다. 1934년 10월 10일을 기해 홍군 제1방면군 10만 명이 복건성 서부의 정주·영화, 강서성 남부의 서금·우도 등지에서 탈출을 시작했다. 이것이 향후 370일 동안 9,600km에 이르는 대장정의 시작이었다. 대장정은 군사적으로는 일방적인 패주였지만 중국 전역에 홍군의 이념을 널리 알리고 재기의 발판을 마련했다는 점에서 오늘날 중국에서는 승리를 향한 고난의 행군으로 인식되고 있다.

대장정에 나서는 홍군

이들의 첫 목표지점은 오토 브라운의 뜻에 따라 하룡의 제2방면군이 자리잡고 있던 호남성으로 결정되었다. 제1방면군 소속 임표의 제1군단, 팽덕회의 제3군단을 선두로 홍성종대紅星從隊, 군사위원회 종대, 홍장종대紅章從隊, 노농정부 종대 등이 군수품종대의 뒤를 따르고 제5군단, 제8군단, 제9군단이 후미에서 호위를 맡았다.

탈출 인원에는 군사위원회의 주은래, 박고, 낙보, 오토 브라운을 비롯하여 주덕, 왕가상, 섭검영, 동진당, 나병휘 등 대부분의 지휘관이 포함되었다. 모택동은 1주일 뒤인 10월 16일에야 탈출 통보를 받고 수행원 20여 명과 함께 우도에서 출발했다. 이들이 떠난 뒤 중앙 근거지에는 항영 부주석과 부상 중이던 진의, 그리고 제24사단과 부상병 2만 명이 남았다.

홍군이 빠져나간 중화소비에트공화국의 수도 서금은 국민당군에 의해 철저히 짓밟혔다. 서금의 인구는 250만 명에서 150만 명으로 줄어들었다. 홍군에게 후퇴 시간을 벌어주기 위해 서금을 사수하던 항영과 진의는 국민당군에 패퇴하자 부대를 이끌고 산속으로 들어가 유격전을 벌였다.

홍군의 행군은 적기의 정찰과 폭격을 피하기 위해 야간에만 이루어졌다. 10월 21일 선두부대인 제1군단과 제3군단이 강서성 공주와 광동성 남웅 사이, 강서성 신풍新豊, 신펑과 안원 사이의 대로에 나타나 국민당군의 제1봉쇄선을 돌파했다. 그곳을 지키던 광동군벌 진제당의 부대는 약속대로 몇 차례 교전을 벌이는 척하다가 퇴각함으로써 길을 열어주었다.

홍군은 광동군이 열어준 혈로를 통해 귀주성에서 호남성으로 길게 뻗어 있는 오령산맥五口山脈, 우링산맥 중의 한 줄기인 대유령大庾嶺, 다위링을 넘어 호남성 남부로 진입했다. 그사이 낮에는 국민당군과 치열한 전투를 벌이고 밤에는 끊임없이 이동해야 했기에 병사들은 기진맥진할 수밖에 없었다. 선두부대가 제1봉쇄선을 돌파했을 무렵 후미의 군사위원회와 사흘 거리나 떨어져 있었다.

호남군벌 하건이 호남과 광동성 경계에 있는 여성汝城, 루청 입구에 제2봉쇄선을 쳤지만 11월 4일 홍군에 의해 돌파당했다. 그제야 장개석은 홍군이 포위망을 벗어나 탈출하고 있음을 깨닫고 호남성 중부 도시에 수비를 강화했다. 당시 전황을 〈국문주보國聞周報〉는 이렇게 보도했다.

우리가 가장 걱정하는 것은 광동군과 중앙군의 통일적이지 못한 작전 조율의 약점을 비적들이 이용하는 것이다. 현재 비적부대들은 봉쇄선을 돌파해 강서와 광동 변경 서쪽으로 달아났다. 이것은 정말로 대단히 원통한 일이다.

한편, 홍군 병사들은 국민당군을 피해 달아나고 있다는 것은 알았지만 적이 어디에 있는지, 목적지가 어디인지를 전혀 알지 못하고 있었다. 그만큼 홍군의 퇴각 계획이나 작전은 체계가 없이 진행되었다. 그들은 오직 정치보위연대 병사들의 "당과 함께 걷자, 우리들의 장래는 밝다."는 구호 속에 움직일 뿐이었다.

그런데 장개석군 후방의 제5군단은 10여 명이 달려들어야 겨우 움직일 수 있는 산포, 기관단총 제작기계, 인쇄기, 화폐주조기, 직기, 재봉틀까지 실은 노새와 말, 무전기와 충전기 등을 짊어진 수송대를 호위하면서 오령산맥의 좁은 길을 행군하느라 생고생을 하고 있었다.

장개석은 진제당과 하건을 질책하고, 월한□漢, 웨한철도의 양편으로 길게 제3봉쇄선을 쳤다. 그러나 홍군은 기전령騎田嶺, 치톈링 남쪽 고개를 넘어 의장과 백석도白石渡, 바이스두를 점령함으로써 국민당군의 방어망을 꿰뚫었다. 의장의 주민들은 국민당군의 민단이 빠져나가면 성문을 활짝 열고 홍군을 환영했다. 홍군은 입성한 즉시 민중대회를 열고 300여 명의 농민들에
게 지주들로부터 몰수한 물품을 나누어 줌으
로써 민심을 얻었다.

모택동의 고향인 호남의 농민들은 주모朱
毛 선생, 즉 주덕과 모택동이 오면 지주를 몰아
내고 토지를 나누어 준다고 굳게 믿었다. 주
덕은 총을 맞아도 죽지 않는다고 믿는 사람도
있었다. 홍군은 장정 도중 국민당 정부기관과
관료, 지주의 재산을 몰수하고 토지문서를 파

백숭희

기했으며, 세금을 폐지하고 유격대를 조직했다. 하지만 홍군이 떠난 뒤 그들에게
협력했던 사람들은 뒤쫓아온 국민당군에게 처참한 보복을 당했다.

그동안의 전황을 통해 홍군의 진로를 간파한 장개석은 설악薛岳종대와 주혼
원周渾元, 저우훤위안: 1898~1938종대를 비롯하여 이종인·백숭희의 광서군에 호남군과 광
동군을 더하여 40만 명이 넘는 대군으로 호남 서쪽의 상서湘西, 상시에 최후의 제4봉
쇄선을 쳤다. 장개석은 상강이라는 천혜의 장애물을 이용하여 홍군을 전현全縣, 취
안현·흥안興安, 싱안·관양灌陽, 관양으로 이어지는 자루 모양의 지대로 몰아넣어 전멸시킬
요량이었다.

상강전투

홍군 지도부는 국민당군에게 쫓기는 와중에도 호남성에 있는 하룡의 제2방

면군과의 합류에 희망을 걸고 있었다. 지도부는 전군에 홍성紅星, 붉은별종대를 사방에서 방비하게 하고 상강 돌파를 명령했다. 임표의 제1사단과 제2사단이 전현 부근에서 국민당군의 호남군 4개 사단, 설악종대 5개 사단과 격전에 돌입했다. 그들은 이틀 밤낮으로 계속된 이 전투에서 국민당군 비행기의 폭격과 소나기처럼 쏟아지는 포격을 견뎌내면서 홍성종대의 우측을 지켜냈다.

팽덕회의 제3군단과 후미의 제8군단, 제9군단은 호남군의 공격에 맞섰다. 제3군단 제5사단의 14, 15연대는 광서군 2개 사단이 상강으로 내려오는 것을 저지하기 위해 관양현의 신허新墟, 신쉬 부근에서 사흘 밤낮으로 사투를 벌였다. 그들은 포병의 엄호를 받으며 소나무가 우거진 숲을 방패 삼아 분전을 펼쳤다. 첫날 광서군의 공세를 물리치기는 했지만 진지를 구축하지 못해 많은 병력을 잃었고, 다음 날 홍군을 포위한 광서군의 공격으로 몇 개의 고지를 빼앗겼다. 시간이 지날수록 전황은 불리해졌다.

14연대 정치위원과 연대장이 부상당하고 두 명의 대대장이 전사했으며 500명 이상의 병력이 전사했지만 지휘부는 제5사단장 이천우李天佑, 리톈요우: 1914~1970에게 어떤 대가를 치르더라도 홍성종대가 도하를 마칠 수 있도록 3, 4일 동안 버티라고 명령했다. 이미 사단 참모장, 연대장 2명, 연대 정치위원 2명 등 대부분의 지휘관이 전사하거나 부상당한 상태였다. 사흘째 되는 날 오후 늦게 홍성종대가 상강 도하를 완료했다는 소식이 들려왔다. 이천우는 군단장 팽덕회의 지시에 따라 제6사단에 광서군 저지 임무를 맡기고 잔여 병력과 함께 상강을 건넜다.

홍성종대는 제5사단이 막대한 희생을 치르며 광서군의 공격을 저지하는 동안 방대한 후방 기관을 이끌고 5일 밤낮 동안 강행군을 계속했다. 11월 26일 소수를 건너 영안관永安關, 융안관을 통해 오령산맥의 한 줄기인 도방령都龐□, 도우팡링을 넘었고, 27일에는 문시文市, 원스로 전진하여 관강灌江, 관장을 건넜으며, 28일에 관산關山, 관산, 29일에는 상계湘桂, 상구이철도의 시점에 도착했다. 여기에서 상강을 건너 30일 마침내 강 서안에 이르렀다. 상강 양쪽 기슭은 국민당군의 진격을 저지했던 홍군의 시체로 둑을 이루고 있었다. 국민당군 비행기는 폭격을 계속했다. 긴 군수품 행렬은 그들의 좋은 먹잇감이었다.

홍성종대, 제1군단, 제3군단이 상강을 건너자 국민당군은 즉시 상강 연안을 점령하고 교두보를 확보했다. 그때까지 홍군 제5군단 제13사단은 상강에서 60km 떨어진 지점에서 국민당군의 추격을 막고 있었다. 그들은 천신만고 끝에 강변에 도착했지만 국민당군이 지키고 있어 도하지점을 찾을 수 없었다. 하는 수 없이 총과 탄약 외의 모든 소지품을 버리고 강물로 뛰어들었다.

제8군단은 영원寧遠, 닝위안에서 광서성의 관양灌陽, 관양으로 들어갔을 때 전투부서가 바뀐 데다 도현道縣, 다오현으로 되돌아가 서진하느라 적진 속에 고립되었다. 제8군단은 5일 밤낮을 행군하여 수차촌水車村, 수이처춘에서 후퇴 행렬의 맨 뒤에 있던 제5군단 제34사단을 따라잡은 다음 그들을 앞질러 제9군단의 뒤를 쫓아갔다.

제8군단이 상강을 20km 앞둔 촌락에 도착했을 때 제9군단의 주력부대가 도하에 성공했다는 소식이 들려왔다. 하지만 제8군단이 강을 건너가 보니 건너편 언덕에 있는 군단 사령부에는 고작 4명밖에 남아 있지 않았다. 그들이 추월한 제34사단은 도하에 실패하고 국민당군의 포위망에 갇혀 집중공격을 받은 끝에 전멸당하고 말았던 것이다.

그 무렵 호남성 상식桑植, 쌍즈 소비에트에 주둔하고 있던 하룡의 제2방면군은 국민당군의 포위망이 좁혀오자 11월 19일 휘하 제2군단과 임필시의 제6군단 총 2만여 명을 이끌고 유가평劉家坪, 류지애핑을 떠났다. 이때 "소수가 다수에 복종한다."는 원칙하에 무거운 장비와 물자를 포기하고 병사들에게 사흘 치 식량과 세 켤레의 짚신만 휴대하도록 했다. 이들이 근거지를 떠나면서 제1방면군의 목표도 사라져 버렸다. 당 중앙은 갈피를 잡지 못했다.

장 개 석 의 생 각

국민당군은 제5차 토벌작전이 시작되면서 공산당의 근거지를 네 겹의 토치 카로 철통같이 에워쌌다. 그럼에도 홍군은 숱한 고난을 겪기는 했지만 포위망을 헤집고 사지에서 빠져나올 수 있었다. 외면적으로 이것은 기적 같은 일이었지만 따지고 보면 결코 기적이 아니었다. 여기에는 장개석의 교묘한 모략이 작용했던 것이다.

장개석은 제1봉쇄선에 그간 서금의 소비에트 정부와 텅스텐 거래로 큰돈을 번 광동군벌을 배치함으로써 홍군의 대규모 탈출을 유도했다. 제2봉쇄선에서도 광동군은 홍군과 접전을 벌이는 척하면서 통과시켜주었고, 호남군벌 하건도 적당한 선에서 그들을 풀어주었다. 제3봉쇄선에서도 비슷한 일이 벌어졌지만 장개석은 하건을 책망하지 않았다. 모든 정황이 자신의 뜻

대장정, 홍군 제1방면군 이동경로

대로 진행되고 있었기 때문이다. 하지만 홍군이 마지막 제4봉쇄선인 상강을 건널 때 장개석은 엄청난 타격을 가해 홍군의 전력을 최소화했다. 그런 다음 홍군을 더욱 서쪽으로 밀어붙여 귀주성과 사천성 일대로 가게 했다. 그 이유는 곧 밝혀졌다.

귀주성과 사천성은 이웃 운남성과 더불어 면적이 100만km²가 넘고 인구가 1억을 상회하는 광대한 지역이다. 중앙정부에서 사실상 독립된 이 지역은 독자적인 군대를 유지했고 중앙정부에 세금도 내지 않았다. 특히 사천성은 물산이 풍부하고 인구가 가장 많은 데다 사방이 험준한 산맥으로 둘러싸여 있어, 일찍이 이백李白이 「촉도난蜀道難」이란 시에서 한 명의 병사가 천 명의 적을 막을 수 있는 곳이라고 노래했던 곳이다.

장차 일본군과의 전면전을 예상하고 있던 장개석은 이 지역을 중국군의 안전한 후방기지로 점찍어두고 있었다. 그곳에 자신의 통제권을 행사하려면 국민당군을 진주시켜야 한다. 그런데 강제로 군대를 투입한다면 현지 군벌과의 치열한 전투 과정에서 큰 손상을 입을 가능성이 농후했다. 장개석은 그곳에 홍군을 몰아넣음으로써 자연스럽게 국민당군을 투입하고자 한 것인데, 만일 홍군의 주력이 고스란히 보전된다면 사천은 강력한 소비에트 지역이 될 것이므로 마지막 봉쇄선에서 총공세를 취하여 홍군이 간신히 숨을 쉴 정도로만 남겨둘 생각이었다. 그 정도만 해도 현지 군벌들에게는 엄청난 공포심을 유발시키기에 충분했다.

그 외에 또 다른 중요한 이유가 있었다. 장개석은 홍군을 후원하는 소련과의 관계를 악화시키고 싶지 않았다. 외면적으로는 내륙 진출을 도모하는 일본 견제를 위해 소련의 힘이 필요했고, 내면적으로는 9년간 소련에 인질로 잡혀 있는 아들 장경국의 안전이 염려됐기 때문이다. 장경국은 그의 장남이자 후계자 제1순위였다. 과거 제1차 국공합작 당시 북경에서 공부하고 있던 장경국은 스탈린의 제안에 따라 1925년 소련으로 유학을 떠났다. 이때 국민당 내부에 침투해 있던 공산당원 소역자가 장경국을 모스크바까지 데려갔는데, 1927년 학업을 마친 뒤에도 아들은 귀국이 허용되지 않았고, 국민당 내부에서 공산당을 소탕하는 아버지를 비난하는 성명까지 발표했다. 1931년 후반에 이르러서야 장개석은 처형 송경령을 통해 아들이 모스크바의 인질이 되었음을 알았다. 이때 송경령은 상해에서 체포된 두 명의 소련 공작원과 장경국을 교환하자고 제의했지만 장개석은 일언지하에 거절했다. 하지만 아버지로서 아들의 안전에 대해 노심초사하지 않을 수 없었다.

그해 12월 장경국과 함께 소련 유학을 떠났던 소역자의 아들이 로마에서 암살당했다. 이탈리아 신문들은 치정에 얽힌 비극적인 사건이라고 보도했지만 소역자는 자신에 대한 장개석의 복수라고 생각했다. 그렇듯 장개석은 공산당을 보전시켜줌으로써 정치적 실리도 얻고 자식도 돌려받는 연환계를 구사했던 것이다.

그 무렵 스탈린이 가장 두려워한 시나리오는 일본이 중국을 차지한 뒤 방대한 중국의 자원을 바탕으로 7,000km에 이르는 중소 국경을 넘어 소련을 침공하는 것이었다. 스탈린은 중일전쟁을 예견했을 것이고, 그 경우 무조건 중국공산당에게 일본과 싸우라는 지시를 내릴 판이라는 게 장개석의 생각이었다. 그를 대비하여 홍군을 살려놓으면 소련이 보답을 하지 않을 수 없으리라고 장개석은 판단했다.

장개석은 홍군이 중원의 요지에 근거지를 구축하여 세력을 안정시키는 것은 용인할 수 없었으므로 황량하고 인구가 희박한 섬서성 북서부의 황토지대로 그들을 몰아넣고자 했다. 그러기 위해 일찌감치 정체를 간파한 소역자를 적극 활용했다. 장개석은 1933년 4월 소역자를 섬서성 성장으로 임명함으로써 그 지역의 공산당 활동을 번성하게 하는 한편, 다른 공산당 근거지들은 철저하게 무너뜨렸다.

소역자가 미미한 혁명 분위기를 고양시키기 위해 애를 쓴 것은 장개석의 장단에 춤을 추어주는 꼴이었다. 대장정이 시작될 무렵인 1934년 10월경 섬서성의 공산 소비에트 지역은 면적 3만km²에 인구 90만 명으로 확장되었다. 장개석은 토끼몰이 식으로 홍군을 그쪽으로 밀어넣으면 그만이라고 보았다.

국민당군의 5차에 걸친 공산당 토벌작전의 핵심은 여러 갈래로 흩어져 있던 홍군을 하나의 우리로 몰아넣는 것이었다. 장개석은 도청될 것을 알면서도 의도적으로 무선통신으로 국민당군의 부대 위치를 알려 홍군을 유도하기도 했다. 홍군은 암호 해독을 통해 필사적으로 탈출을 도모하고 있었던 반면, 장개석은 여유 있게 장기판의 말을 움직이고 있었다.

1934년 9월 강서성의 소비에트 근거지를 향해 포위망을 바짝 죄어가던 장개석은 모스크바에 아들을 돌려보내달라고 요구했다. 이때 전선에서 벗어나 40일 동안 북방을 시찰한 것은 홍군의 탈출을 용인하겠다는 암묵적인 제스처였다. 이런 메시지를 감지한 모스크바는 장개석의 의도와 달리 장경국에 대한 감시를 강화하고 그에 호응하는 답신을 보내지 않았다. 그해 12월 초 장개석은 홍군에 대한 공세를 대폭 강화함으로써 소련의 결단을 재촉했다. 하지만 소련의 대응은 장경국이 중국에 돌아가려 하지 않는다는 것이었다.

준 의 회 의

홍군은 국민당군의 봉쇄선을 돌파하고 상강 도하에 성공하는 과정에서 막대한 피해를 입었다. 서금을 출발할 때 10만 명이었던 제1방면군 병력은 상강 도하 작전이 끝난 뒤 고작 3만 명밖에 남지 않았다. 이 참화는 서금 탈출 시 모든 계획을 극비에 부쳤던 박고와 오토 브라운의 전략전술 부재 때문이었다. 당연히 홍군 장병들 사이에 박고가 주도하는 당 중앙에 대한 불만이 고조되었다. 홍군의 궤멸적인 타격에 대한 비난이 쏟아지자 홍성종대에 있던 박고가 권총을 들고 자살소동을 벌였다. 정치위원 섭영진은 이런 그의 행동을 말리려다 여의치 않자 주은래에게 사람을 보내 도움을 요청했다.

주은래는, 진정한 공산당원이라면 넘어진 그 자리에서 일어서야 한다는 말로 박고를 달래었다. 마음을 돌린 박고는 눈물을 흘리며 현재의 국면을 타개할 방책을 물었다. 주은래는 잠시 망설인 끝에 모택동에게 중임을 맡기자고 제안했다. 박고는 그동안 모택동을 핍박해왔지만 지금으로서는 주은래의 말에 반박할 대안이 없었다.

장정에 참여한 이래 말라리아로 들것 생활을 하던 모택동 곁에는 동병상련의 처지였던 낙보, 왕가상이 있었다. 두 사람은 박고와 마찬가지로 모스크바 유학파였지만, 모택동과 동행하다 보니 난경에 처한 공산당의 현재 처지에 모택동의 지도력이 적임이라고 판단하게 되었다. 주은래의 회의 참여 권유를 모택동이 병을 핑계로 거절하는 것을 본 그들은 설득을 위해 적극적으로 나섰다. 낙보는 이번 회의에서 중앙소비에트

낙보와 모택동

의 제5차 반토벌투쟁을 결산하지 않는다면 공산당의 미래는 어둡다고 말했고, 왕가상은 모택동이 일선에 나선다면 자신은 무조건 극력 협조하겠노라고 다짐했다.

주은래, 모택동, 박고(왼쪽부터)

이때 주은래가 말을 타고 당도했다. 주은래가 모택동에게 회의 참여를 독촉하는 발언을 하니, 낙보가 모택동에게 발언권에 힘이 실릴 만한 무슨 직책이 있느냐고 힐난했다. 주은래는 이미 박고와 합의했으며, 모택동이 군사위원회 위원으로 임명되었다고 대답했다. 이들 사이의 대화를 잠자코 듣고 있던 모택동은 현재 홍군의 진로는 전군의 생사존망이 걸린 문제이니만큼 섣부르게 판단하지 말고 통도현通道縣, 통다오현에서 중앙정치국 회의를 열어 결정하자고 제의했다. 그러면서 모택동은 낙보와 왕가상도 이 회의에 포함시켜달라고 요구했다. 주은래로부터 모택동의 요구를 전해 들은 박고는 통도현 회의를 소집했다.

회의에서 모택동은 홍군의 기존 계획을 수정하여 국민당군의 역량이 취약한 귀주성으로 진로를 바꾸자고 제안했다. 오토 브라운이 반대했지만 그에게 등을 돌린 여러 위원들이 비난하고 나섰다. 이 회의를 통해 모택동은 주은래와 함께 홍군의 지휘권을 얻었다. 오토 브라운은 뒷날 여평黎平, 리핑회의에서 지휘권을 되찾으려 했지만 실패로 끝나고 만다.

그 무렵 장개석은 상강 서쪽 지역에서 홍군을 소탕하기로 하고 추격소탕전

총사령관에 호남군벌 하건을 임명했다. 장개석은 홍군이 상서 방면으로 이동하리라 확신하고 네 겹의 토치카 진지를 구축해놓고 적을 유인하여 격멸하고자 했다.

이때 박고와 오토 브라운은 상서로 이동하여 제2방면군, 제6방면군과 합류함으로써 호남, 귀주, 사천 등 3개 성의 삼각지대로 된 소비에트를 창건해야 한다고 주장했다. 그러나 모택동은 두 사람의 주장을 일축하고 상대적으로 포위망이 가벼운 귀주 행을 주장하여 낙보와 왕가상, 주은래의 지지를 받았다. 모택동은 양자강 이남에서 제2방면군과의 합류를 통해 소비에트를 건설하는 일은 불가능하다고 못 박았다.

당의 의견이 결정되자 모택동은 빠른 행군을 위해 병사들에게 모든 살림도구를 버리게 했다. 부대를 거북이로 만들었던 무거운 기계는 땅에 파묻어버렸다. 또 상강도하작전 이후 지휘관이 얼마 남지 않은 제8군단을 해산하여 전투부대에 투입시켰으며, 홍장종대를 홍성종대에 편입시켰다. 홍군은 신속하게 귀주로 진군했다. 만약 박고와 오토 브라운의 판단대로 부대를 이동했다면 홍군은 장개석의 의도대로 되어 전멸당했을 것이다.

모택동이 지도력을 회복함에 따라 팽덕회, 섭영진, 임표, 양상곤, 이부춘, 유백승 등 주요 장령들이 수시로 그를 찾아와, 오토 브라운을 비롯한 모스크바 유학파를 퇴진시키고 영도자가 되어달라고 간청했다. 권력 쟁취는 모택동도 원하던 바였으므로 시기를 엿보기로 했다.

1935년 1월 7일 홍군이 준의遵義, 쭌이를 점령했다. 모택동은 이곳에서 정치국회의 소집을 당 중앙에 제의했다. 주은래가 그 제의에 찬성했다는 소식을 낙보와 왕가상이 전해주었다. 회의는 일주일 후로 결정되었다. 임표와 팽덕회는 지도부

퇴진에 대한 전략을 모택동과 논의했다.

1월 15일 중국공산당 중앙정치국 확대회의가 준의 옛성遵義舊城에 있는 군벌 백휘장柏輝章, 바이후이장: 1901~1951의 공관 건물 2층에서 시작되었다. 이 회의에는 현지에 있던 정치위원, 후보위원, 제1방면군 고급지휘관 등 20명이 참석했다.[14] 아직 병이 완쾌되지 않은 왕가상은 회의실 창가에 놓인 침대 위에서 그들을 맞이했다.

주은래가 개막을 선언하고, 곧바로 당 서기 박고가 일어나 이 회의 소집의 목적은 제5차 반토벌작전과 장정의 경험과 교훈을 정리하기 위해서라고 설명했다. 박고는 현재 홍군의 위기상황은 국민당군의 새로운 전략으로 인해 홍군 특유의 기동력이 상실되었기 때문이라며 자신의 책임을 회피하려 했다.

박고의 말이 끝난 직후 발언권을 얻은 낙보는 현재 지휘부의 오만한 태도와 군사적 실수를 하나하나 짚어가며 비판했다. 장정 초반에 적의 포위망에서 벗어날 기회를 잃은 것도 지휘부의 우유부단함 때문이고, 국민당의 진지전에 정면으로 맞섬으로써 홍군의 장점을 무력화시켜 궤멸적인 타격을 자초한 지휘부의 책임은 벗어날 길이 없다고 성토했다.

낙보의 발언이 절정에 다다른 순간 오토 브라운이 문을 박차고 들어와 그를 향해 돌진했다. 팽덕회가 몸을 날려 오토 브라운을 바닥에 넘어뜨렸다. 오토 브라운이 재차 몸싸움을 벌이려 하니, 주은래가 엄중히 질책하고 자리에 앉혔다. 돌발적인 사건으로 낙보의 발언이 이어지지 않자, 한 귀퉁이에서 관망하던 모택

---

14 『준의회의문헌(遵義会議文献)』에 의하면 준의회의 참석자는 다음과 같다. 정치국 위원으로 모택동, 주덕, 진운, 주은래, 장문천, 진방헌(秦邦憲, 친방셴=박고), 정치국 후보위원으로 왕가상, 등발(鄧發, 덩푸), 유소기, 하극전(何克全, 허커취안=개풍), 중앙비서장 등소평, 홍군총부 및 각 군단 책임자로 유백승, 이부춘, 임표, 섭영진, 팽덕회, 양상곤, 이탁연(李卓然, 이줘란), 코민테른 파견 군사고문 오토 브라운, 그리고 그 통역을 맡은 오수권(伍修權, 우슈콴) 등이었다.

동이 자신의 의견을 개진했다.

모택동은 먼저 국민당군의 제5차 토벌작전에 대한 홍군의 역토벌이 실패한 것은 전적으로 군사전략의 과오 때문인데 박고와 오토 브라운 등 지도부가 그 근본 원인을 파악하지 못하고 있다고 비판했다. 약소한 홍군이 수세를 취하고 강대한 적군이 공세를 취하는 것은 전략상 맞는 것이지만, 전술상으로는 아군의 작전에 따라 공수를 뒤바꿀 수 있다고 했다.

구체적으로 그는 적군이 공격하면 아군은 후퇴하여 적의 병력을 분산시킨 후 아군의 병력을 재차 집중시켜 적의 일부를 해치우고, 반대로 적이 후퇴하면 추격하는 등 전진과 후퇴를 반복함으로써 군대를 확장하고 근거지를 확대해야 한다고 했다. 그리고 마지막 단계에서 전략상 아군이 공세를 취하고 적군이 수세를 취하게 함으로써 아군이 승리하고 적군이 퇴각한다는 것이었다. 적군은 인민의 지지를 받지 못하고 있으므로 방어력이 쉽게 무너져 퇴각이 곧 도주가 되고, 아군의 공세는 곧 추격이 된다. 모택동은 그동안 네 차례의 역토벌이 이런 법칙에 의해 진행되었는데, 마지막 단계에서 지휘부의 잘못된 판단으로 역토벌에 실패함으로써 위기를 맞게 되었다고 분석했다.

모택동은 박고가 중국 내전의 특징을 알지 못하고 강대한 적과 정면대결을 펼치는 경직된 전법을 내세웠다가 소비에트의 대문을 활짝 열어주었다고 비판했다. 강도에게 살림살이를 빼앗기지 않으려다 집마저 잃고 말았다는 것이다. 마지막으로 모택동은 박고 일당이 군사모험주의를 펼침으로써 도주주의로 전락하였고, 결국 상강도하작전으로 병력의 대부분을 잃었다며 저들에게 또다시 지휘권을 넘겨준다면 전군이 뼈도 추리지 못할 것이라고 비난했다.

침대에 앉아 있던 왕가상이 발언권을 신청했다. 그는 자신의 의견을 세 가지로 간략하게 표시했다. 첫째, 낙보의 발언에 전적으로 찬성한다. 둘째, 홍군은 실전 경험이 풍부한 모택동이 지휘해야 한다. 셋째, 오토 브라운과 박고의 군사지휘권을 회수하고 3인단을 해산시켜야 한다.

왕가상의 발언에 군사장령들이 열렬한 박수갈채로 찬동을 표했다. 그러자 박고의 일당이던 개풍凱豊, 카이펑. 본명 何克全, 허커취안: 1906~1955이 왕가상의 발언에 반대하면서, 돌연 모택동에게 마르크스 레닌주의를 아느냐고 힐문했다. 개풍은 모택동이 『손자병법』이나 『삼국지연의』, 『수호지』 따위의 고전이나 뒤적이는 사람이라며, 군사대학에 다닌 적도 없으니 현대적인 군사전략에 문외한인 그에게 군사지휘권을 맡겨서는 안 된다고 주장했다.

모택동은 하개풍의 발언을 주의 깊게 경청한 뒤 가볍게 되받아쳤다. 당신의 말대로라면 오늘 이 자리에 있는 군사장령들은 모두 퇴출되어야 한다는 것이었다. 그동안 홍군을 이끌어온 군단장 팽덕회나 임표는 군사대학에 다닌 적이 없었다. 참석자들은 폭소를 터트렸다. 모택동은 말미에 다음과 같은 중요한 말을 남겼다.

"나는 중국의 산골짜기에서 마르크스를 만났습니다. 마르크스의 영혼은 구체적인 문제를 구체적으로 분석하는 것이며, 마르크스주의는 중국혁명의 실천과 상호 결합할 때만 비로소 승리를 얻을 수 있습니다."

모택동의 발언을 끝으로 그날의 회의는 끝났다. 하지만 사람들은 밤이 깊도록 그 자리에서 갑론을박을 거듭했다. 이튿날 저녁 속개된 회의에서 임표, 팽덕회, 이부춘, 섭영진, 유백승 등이 잇달아 발언에 나서 박고와 오토 브라운을 몰아붙였다. 진운과 유소기는 적극적으로 모택동을 지지했다.

주덕은 오토 브라운에게 손가락질까지 하며 홍군 장령들은 결코 잘못된 영도에 따르지 않을 것이라고 소리쳤다. 지금은 비상시국이니만큼 조직 문제 해결이 급선무이며, 박고와 오토 브라운의 직책을 박탈해야 한다는 것이 주덕의 주장이었다. 참석자들 대부분이 여기에 동조했고, 두 사람을 군사법정에 넘기자는 말까지 나왔다. 회의를 주재하던 주은래는 자신에게도 패배의 책임이 있다면서 3인단을 해체하고, 대안으로 모택동에게 홍군의 영도권을 맡기자고 공식 제안했다. 회의 결과 참석자들의 전폭적인 지지를 받은 모택동은 정치국 상무위원에 임명되었고, 중국공산당의 전권을 거머쥠으로써 자신의 시대를 활짝 열었다.

준의회의는 중국공산당이 사상 처음으로 코민테른의 참견 없이 자주적이고 독립적으로 자신들의 운명을 결정했다는 점에서 역사적인 사건으로 규정되고 있다. 이 회의는 박고 등의 좌경교조주의로 인해 풍전등화의 위기에 몰렸던 중국공산당을 구한 일대 전환점이었다. 준의회의를 통해 모택동은 당과 홍군의 실질적인 영도자가 될 발판을 마련했다. '박고·오토 브라운·주은래'로 구성된 3인단이 '왕가상·주은래·모택동'의 새로운 3인단으로 재편되었다.

금 사 강 도 하 작 전

사흘 동안 열린 준의회의는 1935년 1월 17일 모택동을 새로운 지도자로 선출하고 막을 내렸다. 그때부터 홍군에 변화의 바람이 불었다. 중국공산당은 모스크바의 영향에서부터 어느 정도 벗어날 수 있었고 당 간부들은 처음으로 병사들에게 자신들이 어디로 가고 있는지, 무엇을 하고 있는지 설명해줄 수 있게 되었다. 이는 병사들의 사기 진작에 큰 영향을 주었다. 상강전투로 많은 중장비를 잃고 보급 중대가 해체된 것이 역설적으로 홍군의 주특기인 기동력을 발휘하게 한 계기가 되었다.

모택동은 하룡의 제2방면군과 합류를 포기하고 사천성에 있는 장국도의 제4방면군과 합류하기로 결정했다. 그러나 장개석이 북쪽의 평야지대, 중앙 평원, 강 유역마다 국민당군을 배치하고 있어, 험준한 고지로 가득한 서쪽으로 우회해야 했다. 준의 북쪽에 있는 사천성은 광활한 영토에 인구도 많고 자원도 풍부한 데다 소련이 지배하고 있는 외몽골, 신강성과 인접하여 무기 입수가 용이한 지역이었다. 이미 현지에는 소련의 군사고문단이 파견되어 홍군을 지원할 준비를 하고 있었다.

1월 19일 홍군은 준의를 떠나 동재桐梓, 퉁쯔와 송감松坎, 쏭칸을 거쳐 귀주성과 사천성 사이의 적수하赤水河, 츠수이허 쪽으로 전진했다. 노주瀘州, 루저우와 의빈宜賓, 이빈 사이에서 장강을 건너 제4방면군과 합류하려는 것이었다. 홍군과 국민당군은 유리한 고지를 확보하기 위해 적수하 쟁탈전을 벌였다. 이 전투에서 이긴 홍군은 1월 28일 길을 막아선 후지담侯之擔, 호우즈단: 1894~1950의 3개 연대를 격파하고 귀주성 서북부에 있는 토성진土城鎮, 투청진을 확보했다. 토성진은 귀주성 모태진茅台鎮, 마오타이진처럼 명주인 모태주茅台酒, 마오타이주 생산지로 유명했다. 주민들은 예로부터 그곳을 관통하는 적수하의 맑은 물을 이용하여 좋은 술을 빚어왔다.

모택동은 적수하를 건너기 전에 인근에 있는 전략의 요충지 청강파靑□坡, 칭깡포에 주둔한 국민당군을 제거하기로 결정했다. 그런데 지리적인 이점을 확보한 사천군이 길을 우회하여 홍군을 역습해 왔다.

사천군벌 반문화潘文華, 판원화가 지휘하는 사천군은 유리한 고지에 서서, 물살이 거센 적수하를 등지고 공격해 온 홍군을 몰아붙였다. 모택동은 멀리 떨어진 산봉우리에서 하루 종일 치열하게 전개되는 전투를 지휘하다가 해가 지자 후퇴 명령을 내렸다. 이 전투에서 양군은 각각 3,000명의 사상자를 내는 치열한 격전을 벌였지만, 패배는 상대적으로 병력이 부족한 홍군 측으로 귀결되었다. 준의회의 이후 군사지휘권을 거머쥔 모택동이 첫 전투에서 고배를 마신 것이다. 1월 20일 홍군 총사령부는 다음과 같은 도강작전계획 명령을 하달했다.

우리 야전군의 당면 기본방침은 귀주 북부 지역에서 사천 남부 지역을 경유하여 장강을 건너 새로운 지역으로 이동하는 것이다. 그 뒤 제4방면군과 협동하여 사천 서북 방면에서 총반격을 펼친다. 홍2, 6군단은 사천, 귀주, 호남, 호북이 교차하는 지점에서 기동작전을 벌이면서 사천 동남쪽을 포위하는 적들을 견제한다. 이후 합동작전으로 반격을 펼쳐 새로운 포위소탕전을 분쇄하고 사천을 적화한다. 이 도강작전계획이 장강 연안에서 사천군의 저지로 실패하면 사천 남쪽 지역에서 잠시 전투를 벌이면서 금사강(金沙江, 진사강) 도하 준비를 한다. 서주(叙州, 쉬저우)[15] 상류에서 도강한다.

결국 홍군은 사천 진입을 포기하고 행로를 돌려 적수하를 건넜다. 사천군의 신속한 추격 때문에 중포나 인쇄기 같은 중장비는 모조리 내버려두고 도주해야 했다. 지친 병사들은 부상병들을 부축한 채 아찔한 절벽을 지나가는 동안 수천 명의 부상병과 노약자들이 낙오되었다.

2월 27일 준의로 되돌아오자 국민당군 2개 사단이 포위공격을 가해 왔지만

---

15 쉬저우라는 한국어 표기는 같으나, 앞에서 등장하는 감숙성 서주(徐州)와는 다른 곳이다.

홍군은 이를 물리쳤다. 당시 모택동은 토성 공략에 실패하고 패퇴한 심경을 「누산관^{婁山關}」16이라는 시로 묘사했다.

서풍이 매섭구나.

창공에 기러기 새벽 서릿발¹⁷ 젖네.

새벽 서릿발에

말굽소리 부서지고 나팔소리 목이 메네.

웅관(雄關)의 고갯길은 정말 철옹성

이제야 산마루 넘네.

산마루 넘으니

푸른 산 바다 같고 지는 노을 피 같네.

3월 12일 정치국은 주은래의 발의에 따라 모택동·주은래·왕가상으로 군사3인위원회를 구성했다. 모택동은 홍군에게 명주 생산지로 유명한 모태 공격령을 하달했다. 그곳에는 국민당 중앙군이 기다리고 있었다. 홍군은 모태로 진군했지만 국민당군의 거센 반격으로 패주하여 다시 적수하를 건너 사천성으로 밀려났다.

국민당군은 홍군에 대한 폭격 강화로 그들이 귀주성으로 돌아가지 못하게 했다. 하지만 모택동은 홍군에게 다시 강을 건너 귀주성으로 돌아가도록 명령했다. 홍군은 포위망이 점점 압축되는 가운데 두 달 동안 같은 지역을 빙글빙글 돌

---

16   西風烈 長空雁叫霜晨月 霜晨月 馬蹄聲碎喇叭聲咽 雄關漫道眞如鐵 而今邁步從頭越 從頭越 蒼山如海殘陽如血

17   상월(霜月), 서리가 내리는 밤에 떠 있는 달

았고, 어떤 지역은 두세 차례 지나치기까지 했다. 국민당군에 의해 부대가 궤멸될 상황에 이르자, 다시금 모택동의 지도력이 의심받기 시작했다. 그럼에도 모택동은 장개석이 홍군을 사천성으로 유도하는 이유를 짐작하고 있었으므로, 한사코 귀주성 진입을 주장했다.

이에 임표가 모든 군사지휘관을 대표하여 3인위원회에 지휘권을 팽덕회에게 넘기고 사천성으로 방향을 틀자고 요구했지만 거절당했다. 1935년 4월 중순, 쫓기던 홍군은 중국 남서부의 운남성으로 밀려들어갔다. 남쪽으로는 프랑스가 점령하고 있는 베트남이었다. 이제 그들은 사천성에서 더욱 멀어졌을 뿐만 아니라 적대적인 프랑스군과 현지 원주민인 이족□族의 위협에 직면하게 되었다. 임표와 팽덕회를 비롯한 전군 지휘관들이 모택동에게 사천성으로 가자고 재촉하니 4월 28일 밤, 모택동은 더 이상 버티지 못하고 그들의 의견을 받아들였다.

북쪽으로의 행군은 순조로웠다. 5월 초순, 홍군은 운남성과 사천성 경계 지점의 금사강에 이르러 간단히 세 개의 도강 지점을 확보했다. 하지만 전 병력이 금사강을 건너는 데는 7일이나 소요되었다. 금사강을 건너 사천성에 진입했을 때 모택동은 더 이상의 북행을 중지하고 사천성 바로 안쪽에 있는 소도시 회리會理, 후이리를 점령하라는 명령을 내렸다. 그런데 회리의 국민당군 저항은 의외로 강력했다. 공중지원을 수반한 그들의 맹렬한 반격으로 수많은 홍군 병력이 쓰러졌다. 이에 팽덕회는 임표의 지지를 얻어 모택동에게 도전했다.

5월 15일 회리 부근의 초가집에서 지도부회의가 열렸다. 팽덕회는 모택동이 홍군을 이리저리 끌고 다니지 않았다면 홍군은 오래전에 사천성에 들어왔을 것이라고 비난했다. 그러자 모택동은 팽덕회를 우익으로 몰아붙이고, 발언권을 요청하는 임표를 일축하며, 팽덕회가 임표를 선동했다고 반격했다. 팽덕회는 모택동처

럼 이전투구[18]에 익숙한 사람이 아니었다. 정치적 술수에서 그는 결코 모택동의
적수가 될 수 없었던 것이다.

낙보가 모택동의 편에 섰다. 낙보마저 팽덕회와 그 지지자들을 우익기회주
의자로 낙인찍자 이에 맞서는 사람은 더 이상 나오지 않았다. 그들은 과거 모택동
이 공포분위기를 통해 숙청을 자행했던 사실을 이미 경험한 바 있거니와, 현재 장
령들 간의 치열한 반목으로 당과 군이 쪼개질 위험도 있다는 점을 우려했을 것이
다. 어쨌든 모택동은 초강수를 펼쳐 자신의 지위를 유지했다. 이후 모택동은 팽덕
회를 죽을 때까지 미워하게 된다. 이날 회의에서 당내 위치를 굳건히 한 모택동은
회리 공격을 취소하고 사천 깊숙이 진입할 것을 명령했다.

모택동이 무려 4개월 동안 피폐한 홍군을 이끌고 남쪽을 배회하면서 한사코
사천성 진입을 피한 이유는 역시 정치적인 계산 때문이었다. 홍군이 사천성에 들
어가면 제4방면군 8만 명의 병력을 거느린 장국도와 합류하게 된다. 그러면 군사
력에서 열세인 자신이 권력 실세가 될 가능성이 희박했기 때문이다.

장국도는 1921년 중국공산당 제1차 당 대회를 주재했던 인물이다. 게다가 코
민테른 집행위원회 정치위원으로 막강한 권위를 지니고 있었으며, 소련의 권력자
스탈린과도 친분을 갖고 있었다. 1931년 소련에서 돌아온 그는 호북성과 하남성,
안휘성 경계에 있는 악예환鄂豫□[19] 소비에트 지역의 책임자가 되었다가 그해 가을
국민당군에 의해 쫓겨 사천성 북부로 이동했다. 장국도는 그곳에서 공산혁명에
주력하여 무려 8만 명의 병력을 육성했다.

---

18   이전투구(泥田鬪狗). 진흙탕에서 개처럼 싸운다는 뜻.

19   악(鄂)은 호북성, 예(豫)는 호남성, 환(皖)은 안휘성을 가리킨다

그 무렵 가장 성공한 공산주의자였던 장국도의 제4방면군과 모택동이 지휘하는 제1방면군과 합류하면 누가 지도자가 될지는 뻔한 일이었다. 장국도는 권력을 위해서는 물불을 가리지 않는 잔혹한 인간이었다. 자신에게 반기를 든 지역 공산당 간부나 지휘관을 체포하여 고문하고 무자비하게 숙청한 경우도 한두 번이 아니었다.

장국도는 1931년 사천의 제4방면군에 배치되었을 때 대숙청을 단행하여 수많은 장교들을 처형했다. 국민당의 좌파 지도자였던 요중개의 아들 요승지廖承志, 라오청즈: 1908~1983는 1933년 장국도군에 가담했다가 간첩 혐의로 구속된 뒤 양 손을 묶인 채 행군해야 했다. 이런 상태로 수년 간 처형을 면한 것은 요승지의 문장력과 필사 능력 덕분이었는데, 훗날 석방되었을 때 그는 지필묵을 책상 위에 올려놓고 "너희들이 없었다면 나는 진작에 죽은 목숨이었다."며 감사의 절을 올렸다고 한다.

이런 냉혈한과 정면으로 대결해서는 승산이 없었다. 그러기에 모택동은 당의 주도권을 확고부동하게 장악할 때까지 4개월 동안 당내의 갖은 비난에도 불구하고 사천성 진입을 미루었던 것이다. 이제 모택동은 군 최고통수권을 얻었고, 주은래와 낙보, 왕가상 등 핵심 지도부 인사를 자기편으로 끌어들였다. 장차 장국도와의 한판 승부를 피할 수는 없지만 승리할 가능성이 높아졌으므로 사천 행을 피할 이유가 없게 된 것이다.

모택동은 자신의 승리를 위해 또 다른 수를 구사했다. 정치적 야망은 없지만 책임감이 투철한 정치국원 진운을 모스크바로 보내 지휘관들이 적법한 절차에 따라 모택동을 중국공산당의 최고지도자로 선출했다는 메시지를 전달했던 것이다. 이제 홍군은 티베트에서 가까운 사천성 중서부에 도달하여 대장정의 하이라이트라 할 수 있는 노정교瀘定橋, 루딩교에 다가서고 있었다.

노정교 도하작전

금사강을 건넌 뒤 회리에서 쓴맛을 본 모택동은 사천성의 이족口族 지역을 통과하여 대도하大渡河, 다두허를 건너기로 했다. 국민당군도 그쪽으로 이동하고 있었으므로 서둘러야 했는데, 한족에 대해 공포심과 증오심을 가진 이족은 장개석군과 홍군이 충돌하기를 바랐다. 이런 사실을 잘 알고 있던 모택동은 전군에 특별명령을 내려, 이족이 공격해 와도 반격하지 말 것을 지시했다. 동시에 유백승을 이족 마을에 파견하여 공산당의 혁명이 성공하면 이족들의 자치를 허용하겠다고 약속했다. 협상은 성공했고, 유백승은 이족의 족장과 닭 피를 나눠 마시는 형제의식을 치렀다. 이후 사천성의 산세에 익숙한 이족은 홍군이 국민당군의 추적에서 피할 수 있도록 길안내를 해주게 된다.

장강 상류의 지류인 대도하는 사천성 내부로 통하는데, 너비가 300m에 수심이 12m이며, 강의 양쪽은 300m가 넘는 절벽으로 이루어진 험지였다. 모택동은 임표에게 강 연안의 안순장安順場, 안순창을 장악하여 홍군을 도하시키도록 명령했다. 임표는 제1연대장 양득지楊得志, 양더즈: 1911~1994를 출동시켜 안순장을 지키던 국민당군을 격퇴했지만, 나루터에 배가 한 척밖에 없어 대군의 도하는 불가능했다. 이에 모택동은 임표에게 제1군단 주력부대를 동원하여 노정교를 빼앗으라고 명령했다.

국민당군을 격려하기 위해 성도까지 날아온 장개석은 홍군이 노정교 쪽으로 몰려든다는 보고를 받고 파안대소하면서 모택동을 제2의 석달개石達開, 스다카이: 1831~1863로 만들어주겠다고 호언장담했다. 노정교는 청조 강희제 때 만들어졌는데 태평천국의 난 당시 익왕翼王 석달개가 청군의 추격을 피해 대도하를 건너려다 실패하고 생포된 장소였다. 대도하로 몰려드는 국민당군을 보며, 모택동은 어떤 희생을 치르더라도 노정교를 탈취하라고 임표를 재촉했다. 이 작전은 촌각을 다투는 일이자 홍군 전체의 운명이 달린 것이었다.

임표는 제4연대장 왕개상王開湘, 왕카이샹: 1908~1935을 통해 병사들에게 배낭을 벗어놓고 소총과 건량만을 휴대한 채 노정교를 향해 달려가라고 명령했다. 1만여 명의 홍군 병사들이 노정교를 향해 전속력으로 달려가기 시작했다. 날이 저물어 병사들이 횃불을 들고 전진하는데, 대도하 서쪽 강변에도 횃불 행렬이 나타났다. 홍군의 도하작전을 막기 위해 동원된 국민당군 사천군 병사들이었다. 강을 사이에 두고 강 양편에서 횃불 경주가 벌어졌다.

군단 정치위원 양성무楊成武, 양청우: 1914~2004가 지친 병사들을 목이 터져라 독려하는데 갑자기 굵은 빗방울이 쏟아졌다. 무수한 횃불이 한순간에 꺼지고 칠흑 같은 어둠이 사방을 에워쌌다. 홍군은 활로를 열기 위해 목숨을 걸고 뛰었지만, 장개석을 위해 목숨을 걸 생각이 없던 사천군은 야영지로 돌아가버렸다. 홍군으로서는 천우天佑가 아닐 수 없었다.

5월 25일 아침 일찍 선봉대가 노정교의 서쪽 기슭을 점령했다. 노정교는 청대淸代에 13개 성에서 자금을 조달하여 만든 현수교다. 굉음을 내며 소용돌이치는 대도하의 물결 위에 밥공기만 한 쇠고리로 이어진 13개의 쇠줄이 30㎝ 남짓한 간격을 두고 동쪽 기슭과 서쪽 기슭까지 이어져 있었다.

평소에는 아홉 개의 줄에 가로로 나무판자를 나란히 얹고 그 위에 다시 긴 나무판자를 세로로 얹지만, 당시에는 홍군의 도하를 막기 위해 나무판자를 떼어내어 동쪽 기슭에 3분의 1 정도의 나무판자가 뿔뿔이 흩어져 있을 뿐이었다. 다리 옆에 놓인 비석에는 "노정교를 둘러싼 첩첩산중, 높은 봉우리 구름에 숨어 천리나 뻗었구나[瀘定橋邊方重山, 高峰入雲千里長].”라는 2행의 시구가 새겨져 있었다.

노정교

건너편 7m 정도의 성벽을 두른 노정마을에는 국민당군 2개 연대 병력이 주둔하고 있었으며, 그 뒤편으로 티베트고원까지 이어지는 산 중턱에는 그물코처럼 국민당군의 보루가 길게 둘러쳐져 있었다. 이윽고 홍군이 도하를 시도하려 하자 사천군이 다리 옆에서 기관총 세례를 쏟아부었다. 이제 홍군 지도부는 후미에 국민당군이 몰려들고 있는 막

노정교 전투를 묘사한 그림

다른 상황에서 다른 선택이 없었다. 전군을 살리기 위해 병사들의 희생은 불가피했다. 정오 무렵 제2중대에서 22명의 돌격대가 선발되었다. 그들의 뒤를 따라 제3중대 병사들이 문짝이나 판자를 들고 나가 다리 위에 까는 임무를 맡았다.

오후 4시, 제4연대 나팔수들이 일제히 돌격나팔을 불었다. 이를 신호로 다리 양편에 대치하고 있는 홍군과 사천군의 화기들이 일제히 불을 뿜었다. 그 틈을 비집고 제2중대장 요대주廖大珠, 라오따주가 이끄는 22명의 병사들이 노정교의 녹슨 쇠고리를 부여잡고 건너편을 향해 기어갔다. 제3중대 병사들도 판자를 한 개씩 안고 뒤따랐다.

앞의 병사가 총을 맞고 다리에서 떨어져도 그 뒤를 따르는 병사들은 진군을 멈추지 않았다. 건너편에서 집중사격을 가하던 사천군 병사들은 공포에 휩싸였다. 아무리 쏴도 적이 죽음을 무릅쓰고 꼬리에 꼬리를 문 채 기어오고 있었기 때문이다. 다리 끝에 이른 돌격대가 사천군을 향해 수류탄 투척과 소총 사격을 가하는 동안, 그 뒤편의 제3중대 병사들도 쇠줄에 판자를 깔면서 전진을 계속했다. 돌격대가 거의 당도했을 때 사천군은 성문에 석유를 뿌리고 불을 질렀지만 홍군의 기세를 꺾지는 못했다. 결국 사천군은 2시간여의 격전 끝에 퇴각하고 말았다.

저녁 무렵 노정성을 완전히 점령한 4연대 병사들은 대도하 서쪽 기슭에서 대기하고 있던 동료들을 불러들였다. 새벽 2시경 제1군 참모장 유백승과 섭영진이 양성무의 안내로 노정교를 밟았다.

사흘 뒤 임표가 이끄는 제1군단 주력부대가 노정교에 도착했고, 6월 1일에는 모택동이 군사위원회와 함께 도착했다. 모택동은 말라서 길쭉해진 몸을 활처럼 구부리다시피 하며 노정교를 건넜다. 그는 장개석이 호언장담했던 석달개의 운명과 다른 길을 걸었던 것이다.

6월 1일부터 홍군은 다시 북상을 개시했다. 홍군의 장정은 새로운 단계에 접어들었으니, 제4방면군과의 합류가 현실적인 사안으로 다가오고 있었던 것이다. 대도하의 시련을 간신히 이겨낸 그들 앞에는 죽음의 늪지대와 해발 1,800m의 대설산이 기다리고 있었다.

장국도와 모택동

1935년 6월 중순, 대도하를
건넌 홍군은 사천성 북부의 제4
방면군과 합류하기 위해 다시 북
상했다. 길은 세 줄기였다. 하나
는 대설산으로 불리는 협금산夾
金山, 지아진산 서쪽 방향으로 티베트
경계를 따라 가는 길인데 식량조
달이 어려웠고, 다른 하나는 대

대설산(협금산)을 넘어가는 홍군

설산 동쪽의 송판松潘, 쑹판으로 진격하는 길인데 국민당군으로부터 공격받을 위험
이 다분했다. 마지막으로는 해발 5,000m가 넘는 대설산을 직접 넘어가는 방법으
로, 이 길은 병사들의 체력과 추위가 관건이었다. 모택동은 제반 상황을 고려한
끝에 마지막 방법을 선택했다.

등반에 앞서, 장교들은 병사들에게 몸에 열이 나도록 고추와 생강을 끓인 물
을 한 대접씩 들이키게 했다. 그리고 나무를 깎아 지팡이를 만들게 하고, 설맹을
방지하기 위해 눈을 감쌀 헝겊을 한 조각씩 지급했다.

초여름인데도 대설산은 눈과 얼음으로 뒤덮여 있었고 칼날 같은 바람이 휩
쓸고 있었다. 홍군 병사들은 중국 남부 출신이 대부분이라 설산을 본 것도 처음
이었고, 8개월에 걸친 전투와 행군으로 체력이 바닥난 상태였다. 게다가 군복은
얇아서, 얼마 지나지 않아 동상에 고산병까지 겹친 병사들이 하나둘씩 쓰러져갔
다. 강철 체력을 자랑하던 임표도 수차례 기절하여 호위병들의 신세를 져야 했다.

모택동은 쓰러진 경호원을 부축하며 걸었고, 주은래는 차가운 공기 때문에 폐를 다쳤다. 여자들은 대설산을 넘은 뒤 모두 월경이 끊겼다.

6시간여의 고통스런 행군 끝에 정상에 오른 홍군 병사들은 쉴 틈도 없이 곧바로 하산하기 시작했다. 고도가 높아 호흡이 턱까지 차올랐기 때문이다. 하산 과정에서도 많은 병사들이 가파른 절벽으로 굴러떨어져 목숨을 잃었다.

장정 초기 중앙홍군은 장국도와 서향전이 이끄는 제4방면군과 가끔 무전으로 위치를 확인했지만 국민당군에게 쫓기면서부터 연락이 끊겼다. 양군은 서로의 주둔지를 소문이나 국민당계 신문을 보고 짐작할 뿐이었다. 홍군은 제4방면군이 사천 서북쪽에서 활동하고 있으리라 예측했지만 구체적인 지점은 알지 못했다.

1935년 6월 초, 중앙홍군과 4방면군의 거리는 불과 1백여 리에 불과했지만 설산으로 가로막혀 통신이 되지 않았다. 당시 장국도로부터 중앙홍군의 위치를 알아보라는 명령을 받은 이선념李先念, 리셴녠: 1909~1992은 부대를 이끌고 설산 북쪽의 무공懋功, 마오궁을 점령하여 중앙홍군의 행적을 수소문하고 있었다.

대설산을 통과한 홍군의 제1군단 제2사단 제4연대 병사들이 산 아래에 이르렀을 때 깊은 골짜기가 앞을 가로막았다. 골짜기를 우회하여 하산을 서두르고 있는데 총성이 들려왔다. 일단 국민당군의 매복으로 판단하고 전투대형으로 조용히 전진하면서, 제4연대장 왕개상과 정치위원 양성무가 망원경으로 전방을 탐색했다. 멀지 않은 곳의 마을에 총을 멘 병사들이 서성거리는 것을 보고, 왕개상과 양성무는 3명의 정찰병을 내보냈다. 정찰병이 제 시간에 돌아오지 않자 양성무는 나팔을 불게 하여 반응을 떠보았지만 응답이 없었다. 상대를 국민당군으로 판단한 제4연대 병사들은 전투대형을 갖추고 마을을 향해 돌진했다. 멀리서 고함 소리가 나는데, 거리가 가까워짐에 따라 그들의 말이 분명하게 들어왔다. "홍군이다! 우리는 홍군이다!" 곧이어 정찰병 세 사람이 나타나, 저들이 제4방면군 동지들임을 알렸다.

양쪽 병사들은 환호성을 지르며 서로를 얼싸안고 흐느꼈다. 지난 8개월 동안 죽음과 벗하며 5,000km를 걸어온 목표가 성사되는 순간이었다. 협금산 너머 무공현의 달유達維, 다웨이에서 중앙홍군을 맞이한 것은 제4방면군 제88사단이었다.

달유는 티베트 지역으로, 금색 지붕과 붉은 벽, 녹색 기둥의 라마교 사원이 늘어서 있었다. 6월 17일 제1방면군 주력인 홍성종대가 달유에 도착하니, 제4방면군 제9군단 제25사단과 제88사단의 병력들이 대대적으로 환영했다. 그날 저녁, 연회가 열리고 모택동과 주덕이 단상에 올라 병사들의 노고를 치하했다. 제1방면군 제5군단 소속 붉은연극단은 금사강에서 국민당군이 홍군을 쫓다가 놓친 상황을 풍자한 〈한 켤레의 낡은 짚신〉을 공연했고, 연극배우 이백소李伯釗, 리보자오: 1911~1985는 노래로써 병

이백소와 양상곤 부부(1929년 결혼 직후)

20 충칭에서 태어난 이백소는 1924년 사천성 제2여자사범학교에 다닐 때 소초녀(蕭楚女, 시아오츄뉘: 1891~1927)의 영향을 받아 그 이듬해인 1925년 중국공산주의청년단(공청단)에 가입했다. 상해 공청단에서 노동운동을 하고, 공청단 포동지구위원회 선전위원으로 활동했다. 1926년 모스크바 중산대학에 파견되어 공부하던 중 만난 양상곤과 1929년에 결혼했다. 1930년 충칭으로 돌아와 1931년 중국공산당에 가입했다. 홍군 관서군구 정치부 선전과 과장 겸 군정학교 정치교원을 맡았다. 1934년 홍군 장정에 참여했고, 중화인민공화국의 건국과 함께 북경인

사들의 환성을 받았다.

그 무렵 장개석은 목적했던 대로 홍군을 사천성의 티베트 구역으로 밀어넣고 남서부 3개 성을 장악했다. 귀주성의 군벌은 쫓겨났고, 운남성의 군벌 용운도 그에게 굴복했다. 사천성에 진주한 국민당군은 그곳을 대일전쟁의 배후기지로 만들기 위해 수많은 군수물자를 비축하고 병력을 보강했다. 당시 남경정부의 부총리 겸 재정부장 공상희는 소련 대사 드미트리 보고몰로프를 만나 장경국을 중국으로 돌려보내달라고 요청했다. 2개의 홍군 부대가 합류하도록 해주었으니 보답을 하라는 것이었다. 하지만 보고몰로프는 장경국이 귀국을 원치 않고 있다고 답변했다.

그간 모택동은 중국공산당의 지도자로 자리잡았고, 최고지도부의 다수를 우군으로 끌어들였다. 비록 휘하의 홍군 1만 명은 장비가 갖추어지지 않아 정예병과는 거리가 멀었지만 이는 문제가 되지 않았다. 군대는 갖추고 키우면 되기 때문이었다. 그에게 가장 절실한 것은 소련의 지원이었다. 모택동은 소련으로부터 중앙아시아를 경유한 물자와 기술 지원을 요청했다. 자신보다 8배나 많은 병력을 가진 장국도보다 먼저 소련과 우호적인 관계를 맺을 필요가 모택동에게는 무엇보다 절실했다.

장국도의 제4방면군은 8만 명의 병력에 식량이나 화기도 충분했고 훈련 상태도 최상이었지만 모택동의 제1방면군은 1만 명의 병력에 낡은 소총뿐이었고 실탄마저 동난 상태였다. 그런 이유로 장국도는 강자의 입장에서 중앙홍군을 품에 안

민예술극원 원장을 역임했다.

았던 것이다. 장국도는 군사적 우월성을 바탕으로 중국공산당의 우두머리가 될 야심을 숨기지 않았다.

대결의 시간이 왔다. 중국공산당의 조직을 재정비하고 앞날의 투쟁 방안을 모색하는 정치국회의가 열린 것이다. 모택동은 장정을 함께했던 주은래, 낙보, 박고, 왕가상 등 당 핵심 지도자들의 전폭적인 지지를 받았다. 낙보는 모택동이 없으면 당의 제1인자 자리를 유지하기 힘들었고, 왕가상 또한 3인조에 낄 수 없었다. 주은래는 위기 상황에서 모택동을 불러들인 사람이었고, 박고는 군을 파괴한 원죄 때문에 모택동에게 등을 돌릴 수 없었다. 게다가 군사지휘관 팽덕회와 임표는 회리에서의 분쟁 이후 모택동의 손아귀에 사로잡혀 야전사령관들의 지지를 얻어야 할 형편이었다. 그들은 회의 도중 지극히 단순한 논리로 장국도를 추궁했다. 홍군이 고난에 찬 대장정을 영위할 때 당신은 어디에 있었는가?

그들은 장국도의 정치적 오점을 지적하고 나섰다. 장국도의 부대가 군벌주의에 빠져 있고 정치적 후진성을 면치 못하고 있으며 화적 근성이 몸에 밴 것이 아니냐는 것이 요지였다.

장국도 측에서도 반격에 나섰다. 중앙홍군의 비참한 상황을 야기한 지도부의 능력을 힐책하면서 강력한 병력과 뛰어난 행정력을 보유하고 있는 장국도야말로 중국공산당을 이끌어갈 미래라고 주장했다. 필연적으로 양측 사이에 싸움이 벌어졌는데, 이런 긴박한 상황은 주은래와 낙보, 박고, 왕가상 등을 모택동에게 한층 밀착하게 만드는 계기가 되었다. 팽덕회와 임표 등 군령들도 버팀목이 되어 주었다. 회의 결과 모택동은 여전히 군사위원회 주석이었고, 장국도는 부주석에 임명되었다. 장국도의 부하들은 거세게 반발했지만 대세를 뒤집지는 못했다.

습중훈

중국공산당의 두 세력이 변방에서 정권 다툼을 벌이는 동안 모택동 부대의 군량미가 바닥을 드러냈다. 식량 보급을 받지 못한 병사들이 굶주림을 이기지 못하고 들판의 보리를 베고, 심지어 민가를 약탈하는 사태까지 벌어졌다. 분개한 티베트인들은 숲속으로 들어가 홍군을 대상으로 유격전을 펼치고 낙오병을 살해했다. 연일 주민들과 병사들의 분쟁으로 거리에 시체가 나

뒹굴었다. 결국 모택동은 7월 18일 장국도를 홍군 총정치위원으로 임명하여 군통수권을 넘겼다. 하지만 당의 지도권은 그대로 유지했다.

장국도는 모택동에게 국민당의 공세를 피해 사천성, 청해성 접경의 소수민족 지역으로 진출하자고 주장했다. 이에 대하여 모택동은 소수민족은 중국인에게 적대적이므로 불가하다며 유지단柳志丹, 류즈단과 습중훈習仲勳, 시중쉰: 1913~200221이 건설

---

21   습중훈(習仲勳)은 중국공산당 8대 원로의 한 명으로 현재 중국공산당 총서기 습근평(習近平. 시진핑)의 아버지다. 섬서성 부평현 출신으로 1928년 중국공산당에 입당했다. 1949년 10월 중화인민공화국 수립 이후 중앙인민정부 위원, 서북지구 군사정무위 대리주석, 당 중앙 선전부장, 국무원 부총리를 역임했지만 1962년 9월 제8기 10 중전회에서 반당 집단으로 몰려 해임되었고, 1978년 2월까지 16년 동안 구속되었다. 1978년 4월 광동성 당위원회 제2서기로 복권되었고, 제1서기, 광동성장, 중국공산당 중앙위원을 역임했다. 심천시 경제특구 고안자로 알려졌다. 1988년 4월 제7기 전국인민대표대회 상무위원회 부위원장으로 임명되었고, 1993년 퇴임한 후 2002년 5월 24일 북경에서 사망했다.

한 서북 지역으로 가야 한다고 했다.

　두 사람의 논쟁이 합의에 이르지 못하자 당 지도부는 소련의 원조를 받을 수 있는 외몽골과 신강성 부근으로 이동하기로 했다. 1935년 7월부터 8월 사이에 홍군의 재편성이 시작되었다. 전군을 좌·우 종대로 나누고 각 종대에 중앙홍군 일부와 제4방면군 일부를 각각 편입시켰다. 총사령관 주덕 휘하에 혼합지휘부를 두고 장국도가 총정치위원, 유백승이 참모장을 맡았다. 고위지휘부는 제4방면군 부대로 구성된 좌대와 함께 진군하고, 제1방면군의 제5군단, 제9군단도 좌대에 포함시켰다.

　우대는 임표의 제1군단을 주축으로 팽덕회의 제3군단, 제4방면군의 제4군단과 제30군단을 포함했다. 우대에는 연합사령부를 두고 제4방면군의 서향전이 사령관, 섭검영이 참모장, 진창호陳昌浩, 천창하오: 1906~1967가 정치위원을 맡았다. 모택동, 주은래, 낙보, 박고, 왕가상, 오토 브라운과 홍성종대는 우대에 속했다. 좌대와 마찬가지로 우대 역시 장국도의 지휘하에 놓여 있었다.

　8월 초순, 홍군의 북진이 시작되었다. 좌대의 목적지는 아패阿□, 아바, 우대의 목적지는 반우班佑, 반요우였다. 이 두 지역으로 가려면 장대한 대초원을 지나가야 했다. 그런데 반우로 가는 경로는 난코스인 데 비해 좌대의 아패로 가는 경로는 순조로웠다. 우대의 경로에는 최소한 7일이 걸리는 드넓은 습지가 가로놓여 있었다. 이때의 정경을 노정교 돌파의 영웅 양성무는『모택동생평전기록毛澤東生平全紀錄』에서 이렇게 묘사했다.

초지의 광경은 정말로 보는 사람을 놀라게 했다! 눈을 들어 바라보면 가없이 아득하게 펼쳐진 초원이었다. 풀 더미에는 으스스하고 혼미한 짙은 안개가 자욱하게 뒤덮

고 있어 동서남북을 가릴 수 없었다. 수초 밑에는 하천이 교차해 물이 범람하고 있었다. 물은 진흙 빛깔을 띠었다. 산지 사방에 썩는 냄새가 진동했다. 이 광대무변한 수향(水鄕)에서 전혀 길을 찾을 수가 없었다. 발밑에는 풀줄기와 썩은 풀로 수렁을 이뤘다. 밟으면 폭신폭신하지만 힘을 주면 발이 빠져 빼낼 수 없었다. 우리들은 단지 길잡이가 탄 들것을 따라 그가 가리키는 비교적 탄탄한 초지로 한 사람, 한 사람씩 힘들게 전진했다.

대초원의 행군은 대설산에 이어 병사들에게는 또 한 번의 지옥이었다. 민가가 없어 식량이나 휴식처를 찾을 수 없었고, 온 종일 앞을 가리는 짙은 안개와 세찬 폭풍, 우박이 그들을 괴롭혔다. 나무도 없어 불을 피울 수도 없고, 한 발짝만 잘못 디디면 사람을 삼켜버리는 수렁이 곳곳에 널려 있었다. 3,000m가 넘는 고도는 8월에도 밤 기온이 영하로 떨어졌다. 임표의 부대에서만 400명의 병사들이 습지에서 목숨을 잃었다. 굶주린 병사들은 말을 잡아먹고, 그마저 동나면 두더지와 들쥐는 물론 날짐승까지 닥치는 대로 잡아먹었다. 그러다 풀뿌리를 캐 먹고 가죽띠마저 씹었다.

모택동은 장국도가 먼저 목적지에 도착하여 소련 측과 조우할 것을 염려하여, 8월 15일 정치국 명의로 전문을 보내 장국도에게 좌대의 코스 변경을 요구했다. 주력부대는 반드시 반우를 경유해서 가야 한다는 내용이었다. 8월 19일 장국도는 좌대가 이미 목적지 근처에 도달했으며 이틀 내로 아패를 점령할 계획이라고 회답했다. 이에 모택동은 장국도를 기회주의자라고 비난했다.

장국도는 고심 끝에 모택동의 뜻을 따르기로 하고 코스를 바꾸었다. 하지만 이는 엄청난 패착이었다. 좌대는 습지에 접어들자마자 진퇴유곡에 빠져들었다.

9월 2일 좌대는 갑작스런 폭우로 인해 범람한 강변에 가로막혔다. 강의 상류를 30km가량 정찰했지만 걸어서 건널 만한 지점이 없었다. 다리를 놓을 나무도 없고 식량도 나흘 치밖에 남지 않았다.

이틀 동안 습지를 방황하던 장국도는 자신을 반우로 유인한 모택동을 강력하게 비난했다. 좌대는 행군을 반우에서 아패 쪽으로 되돌렸지만 그사이에 한 달이나 허비했다. 고원지대라 이미 냉기가 엄습하여 많은 병사들이 동상으로 고통받았다. 결국 장국도는 이듬해 봄이 올 때까지 북진을 중단하기로 결정하고, 우대의 정치위원 진창호에게 좌대를 이끌고 남하하라는 전문을 띄웠다.

9월 9일 섭검영이 가져온 장국도의 전문을 본 모택동은 임표의 제1군단을 급히 중앙으로 불러들이라고 지시했다. 그리고 섭검영을 전적지휘부로 돌려보내 작전지도를 훔쳐오게 했다. 모택동은 이 전문이 장국도가 제4방면군의 대군을 바탕으로 군사적 쿠데타를 벌이려는 것으로 이해하고, 우대에 소속된 제1방면군의 탈출을 모색했던 것이다. 실제로 장국도는 좌대를 사지로 몰아넣은 모택동을 체포하여 처형하고 당을 장악할 생각이었다. 하지만 휘하인 섭검영의 배신으로 그의 뜻은 무산되었다.

섭검영은 모택동의 지시대로 전적지휘부로 가서 진창호에게 전문을 보여주었지만, 진창호는 오히려 모택동을 찾아가 우대가 장국도의 명령대로 남하하여 초원으로 들어가야 하니 군량을 준비하라고 지시했다. 모택동은 사안이 중대한 만큼 중앙위원회에서 결정할

진창호

문제인데, 주은래와 왕가상이 제3군단에서 요양 중이므로 자신과 낙보와 함께 그들을 찾아가 상의하자고 제의했다. 하지만 진창호는 회의 결과만 통보해달라 하고는 돌아갔다.

제3군단에 모인 모택동, 박고, 낙보, 주은래, 왕가상 등 당 중앙은 사태가 위급하다는 데 동의하고 즉시 제4방면군 점령지역에서 빠져나가기로 결정했다. 팽덕회는 예하부대에 군량 준비를 명령했다. 섭검영이 작전지도와, 당시 코민테른과 교신에 사용하던 암호책까지 들고 오자 그들은 신속하게 행동을 개시했다. 팽덕회의 제3군단을 앞세워 제4방면군을 등지고 반우에서 빠져나와, 기다리고 있던 임표의 제1군단과 합류했다. 그러고는 밤새워 아계俄界, 어지에를 지나 북쪽으로 향했다.

진창호는 제3군단이 양식을 준비하기 위해 출동했다는 보고를 받고 그들이 남하 준비를 서두르는 줄 알았다. 그런데 이튿날 아침에 일어나 보니 제3군단 병력이 온데간데없이 사라지고, 섭검영도 보이지 않았다. 비로소 그는 당 중앙이 제1방면군 주력부대를 이끌고 달아난 사실을 알게 되었다. 진창호는 사단장 허세우許世友, 쉬스유: 1905~1985에게 추격을 명령했다. 그런데 허세우가 출동 준비를 마치고 총

허세우

사령 서향전에게 추격 여부를 물었을 때 돌아온 답은 의외였다. 즉시 부대를 해산하라는 것, 홍군이 홍군을 치는 것은 도리에 어긋난다는 것이었다.

제1방면군 주력부대는 아계까지 펼쳐져 있던 제4방면군의 경계망

을 벗어나 북상했고, 아계에 남아 있던 제4방면군 일부 병력은 남하하여 장국도와 합류했다. 당시 제4방면군에는 제1방면군의 제5군단과 제9군단이 남아 있었고 병력의 수효도 훨씬 많았다. 제1방면군을 지휘하던 주덕과 유백승도 제4방면군에 남아 있었다.

이제 당 중앙이 이끄는 제1방면군의 잔여 병력은 8,000여 명 정도에 불과했다. 1934년 10월 강서 중앙 근거지를 떠날 때와 비교하면 10분의 1도 안 되는 병력이었다. 이 소수의 부대를 북상항일北上抗日 선발대로 편성하고 모택동이 정치위원, 팽덕회가 사령원을 맡았으며, 임표·낙보·왕가상·주은래·유소기·오토 브라운 등이 여기에 가담했다. 홍군은 두 조각으로 나누어졌고, 이때가 사실상 대장정의 가장 큰 고비였다.

대장정의 끝

9월 17일 중앙홍군을 새로 개편한 섬감지대陝甘支隊, 산깐지대는 감숙성과 사천성의 경계선에 있는 천험의 요새 납자구臘子口, 라즈커우를 돌파하고 민산岷山, 민산22을 넘어 1935년 9월 21일 합달포哈達鋪, 하다푸에 집결함으로써 설산과 초원 지대를 완전히 벗어났다. 모택동은 합달포에서 열린 전군간부회의에서 "내전중지·일치항일"이라는 슬로건을 내걸었다. 그날 당 중앙과 모택동은 우체국에서 국민당 발행의 〈대공보大公報〉, 〈산서일보山西日報〉 등을 보고 홍군 제25군과 섬북홍군이 합류한 사실을

---

22 앞에서 인용한 모택동의 시 「어자오(漁子傲)」에 나오는 민산(閩山)과는 다르다.

알게 되었다. 이제 그들에게는 섬북陝北, 산베이홍군과의 합류가 당면 과제가 되었다.

9월 26일 섬감지대가 통위현通渭縣, 통웨이현의 방라진榜羅鎮, 방뤄진을 점령하자 당 중앙은 회의를 열고 신속하게 섬북으로 이동, 제25군과 합류하여 소비에트 근거 지를 만들기로 결정했다. 섬감지대는 서안, 난주蘭州, 란저우의 국민당군 방어선을 돌파하고 육반산六盤山, 리우판산에 도달했다. 육반산은 농산산맥□山山脈, 룽산산맥의 한 갈래로 섬북으로 가는 최후의 고지였다. 이전의 대설산에 비해 규모는 작았지만 오르내리는 길이 60리에 걸쳐 있어 고난의 행군이 될 것은 분명했다.

10월 7일 중앙홍군이 육반산 주봉을 넘던 중 청석취靑石嘴, 칭스쭈이에서 국민당군과 한 차례 격전을 벌여 2백여 명을 사살하고 1백여 명을 생포했다. 그런데 다음 날 놀라운 소식이 들려왔다. 주둔지인 경만진耿灣鎮, 껑완진 밖에서 하룻밤 사이에 홍군 장병 300여 명이 몰살한 것이다. 시신을 보니 독살로 추정되었다. 모택동은 보위국에 신속하게 범인을 체포하라고 명령했지만 끝내 범인을 잡지 못했다.

훗날 이 사건의 진실이 밝혀졌다. 1989년 이 일대에서 수질 검사를 했는데, 샘물과 개울에서 높은 함량의 칼륨이 검출되었고 다량의 시안이 포함되어 있었다. 희생자들은 시안과 칼륨이 결합하여 발생한 청산가리 성분이 들어 있는 물을 마셨던 것이다. 모택동은 섬북으로 가는 최후의 관문 육반산 정상에서「청평락淸平樂 육반산」이라는 시를 지어 길었던 장정을 끝맺는 심회를 그려냈다.

> 높은 하늘에 엷은 구름이 흘러가고,
> 남쪽으로 날아가는 기러기 아득히 멀어 보이지 않네.
> 만리장성에 오르지 못하면 사내대장부가 아니다,
> 손가락을 꼽아보니 2만 리의 노정일세.

육반산 높은 봉우리에, 홍기가 서쪽서 부는 바람을 받아 펄럭인다.

오늘 내 손에 있는 긴 끈,

언제 적장을 결박 지울 수 있을까?[23]

이 시에서 모택동은 지금 자신이 비록 쫓기는 몸이지만 언젠가는 장개석을 무너뜨리겠다는 꿈을 드러내고 있다. 여기에 나오는 "만리장성에 오르지 못하면 사내대장부가 아니다."라는 구절은 그 후 많은 중국인들의 입에 오르내렸다.[24]

제1방면군 선두부대가 섬북 근거지인 보안현保安縣, 바오안현 오기진吳起鎭, 우치진에 접근하고 있을 때 일단의 국민당군이 추격해 왔다. 잔인하기로 유명한 마홍빈과 마홍규의 기병대가 선봉이었다. 팽덕회는 모택동으로부터 이들을 요격하라는 지시를 받고 정면에서 적과 대치하며 주변 곳곳에 병력을 매복시켰다.

국민당군에서는 제6사단 사단장 백봉상白鳳翔, 바이펑샹: 1897~1942이 3개 기병연대를, 부사단장 장성덕張誠德, 장청더: 1883~1939이 3사단의 2개 기병연대를 이끌고 하련만何連灣, 허롄완에 집결했다. 10월 18일 새벽, 국민당군은 제35사단의 마배청馬培淸, 마페이청 기병여단을 앞세워 총공격을 개시했다. 10월 19일 그들은 홍군의 후미 부대를 잡기 위해 불과 10리 떨어진 철변성까지 다가왔고, 20일에 제25사단 기병사단이 진격해 들어왔다.

---

23   天高雲淡 望斷南飛雁 不到長城非好漢 屈指行程二萬 六盤山上高峰 紅旗漫卷西風 今日長纓在手, 何時搏住蒼龍.

24   1950년 9월 한국전에 정치국의 대다수가 반대하고 임표까지 참전사령관을 거부하자 모택동은 심한 불면증으로 잠을 이루지 못했다. 자금성 집무실에서 잠을 이루기 위해 몸부림칠 때 당번병 소리(小李, 샤오리)가 문을 닫다가 문짝을 넘어뜨렸다. 모택동은 당번병이 실수를 하면 벌칙으로 무엇이든 암송시키곤 했는데, 그때 샤오리가 이 시를 암송하자 번뜩 정신이 들어 신강 지방에서 수리시설을 감독하고 있던 팽덕회를 급히 불러들여 사령관으로 삼았다는 일화도 있다.

그날 땅거미가 내릴 무렵, 국민당군 제3사단 2개 기병여단이 포위망 안으로 들어오자 산비탈에 매복해 있던 홍군 제1종대 4대대의 장병 600여 명이 공격을 가했다. 역습을 당한 국민당군은 2시간여 동안 맞서다 퇴각했다. 홍군은 첫 전투에서 국민당군 400명을 사상하고 100여 필의 전마를 노획했다. 모택동과 팽덕회는 낙하洛河, 뤄허 서쪽의 평대산平臺山, 핑타이산에 지휘소를 설치하고 전투를 독려했다. 이튿날 오전 7시경 이도천탑아만二道川塔兒灣, 얼타오촨타얼완에 매복해 있던 홍군 제1종대 2대대가 국민당군 35사단 기병여단을 기습했다. 여단장 마배청은 혼비백산 달아났지만 길목을 지키고 있던 홍군 주력부대의 협공을 받아 호위중대가 궤멸되었다.

홍군은 국민당군 6개 사단과 1개 기병여단의 퇴로를 막고 맹공을 가하여 3사단 2개 기병연대와 6사단 1개 기병연대를 전멸시키는 개가를 올렸다. 이어서 6사단 2개 기병여단과 35사단의 마배청 기병단도 패주했다. 전투 결과 홍군은 1,000여 명의 포로와 전마 1,600필을 노획했다. 이로써 장정 이래 끈질기게 꼬리에 붙어 추격해 오던 적을 떼어낸 것이다. 모택동은 당시 팽덕회의 뛰어난 통솔력과 지휘력을 찬양하여, 즉석에서 다음과 같은 시를 지어 보내주었다.

산 높고 길은 멀어 구덩이 깊은데,
대군이 사방에서 몰려온다.
누가 감히 그들을 물리칠 수 있을 것인가?
오로지 나의 팽 대장군뿐이네![25]

---

[25] '山高路遠坑深 大軍縱橫馳奔 誰敢橫刀立馬 唯我彭大將軍.' 모택동은 훗날 팽덕회가 연안을 공격한 호종남 군에게

이 시를 받은 팽덕회는 마지막 구절에 자신을 지칭하는 '유아팽대장군唯我彭大將軍'을 '유아공농홍군唯我工農紅軍'으로 바꾸어 돌려보냈다. 승리의 공로가 자신이 아니라 공농홍군에게 있다는 것이었다. 보안에서 제25군과 합류한 중앙홍군은 11월 7일 연안延安, 옌안에서 50km 떨어진 감천현甘泉縣, 간취안현 남쪽의 작은 마을 상비자만象鼻子灣, 상비쯔완에 도착했다. 이날은 함박눈이 내렸다. 모택동은 마을 앞 울창한 숲속에 홍성종대를 집결시키고 대장정의 종료를 선언했다.

그동안 홍군은 전인미답의 대지를 걷고 산악지대를 오르내리며 11개 성을 지나 2억의 인구가 살고 있는 지역을 통과했다. 그 과정에서 국민당군 410개 연대를 물리치고 50개의 크고 작은 현과 성을 점령했다. 대설산 같은 18개의 고산을 넘었고, 17개의 큰 강을 건넜으며, 6개의 철옹성을 돌파했다. 그사이 최초 10만을 상회하던 병력은 섬북에 이르러 1만 명에도 미치지 못했다. 중앙홍군의 손실은 주로 국민당군의 포위공격에 의한 것이었지만 그중 가장 큰 피해는 상강도하작전에서 입었다. 그 외에 귀주·사천·티베트에서 겪은 굶주림과 질병, 소수민족의 공격도 상당한 손실을 주었다.

장정 초기 홍군의 장비는 중포 1문, 트럭 1대에 불과했다. 전투 도중 탈취하여 효과적으로 사용한 무전기도 1대뿐이었다. 전투에서 사용한 소총과 탄약, 장비는 모두 국민당군으로부터 노획한 것이었고, 병력도 포로나 농민들의 협력을 통해 충원했다. 식량은 점령지의 관리나 지주들로부터 빼앗아 해결했다. 코민테른과의 연락은 두절되었고 외국의 원조는 단 한 차례도 없었다. 그처럼 대장정은 오롯이 홍군과 민중의 힘으로 대미를 장식했던 것이다.

대승을 거두자 이 시를 다시 써서 보냈다.

1935년 12월 모택동은 정치국회의를 열어 항일민족통일전선의 전략과 전술 문제를 결의하고 장정을 매듭지었다. 모택동이 역설한 장정의 의의는 다음과 같다.

　　거의 1년 반 동안 중국의 3개 홍군 주력은 진지의 대이동을 전개했다. 작년 8월 동지 임필시가 이끄는 제6군단이 하룡 동지가 있는 곳으로 이동한 뒤 10월에 대이동이 시작되었다. 올 3월에는 사천, 섬서성의 제4방면군도 이동을 시작했다. 이 세 부대의 홍군은 모두 진지를 포기하고 이동하면서 그 힘도 퍽이나 약해졌다.……어떤 사람은 중앙홍군은 실패했다고 한다. 이런 말이 맞는 것일까? 맞지 않다. 왜냐하면 그것은 사실이 아니기 때문이다. 홍군은 한 측면에서만 보면 실패했다. 그러나 다른 측면에서 보면 성공한 것이다. 왜냐하면 우리는 원정을 완성했기 때문이다.

　　장정, 이것은 어떤 의의를 갖는 것일까? 12개월 동안 하늘에서는 날마다 수많은 비행기가 정찰 폭격하고, 지상에서는 수십만의 대군이 포위 추격하고 앞을 가로막았으며, 도중에 말할 수 없는 두려움과 장애물에 부딪혔다. 그럼에도 불구하고 우리는 두 다리로 약 9,800km를 주파하고 11개의 성을 종횡무진 이동했다. 일찍이 이 같은 장정이 있었는가? 없었다. 지금까지는 없었다. 그래서 장정은 선언서이며 선전대이고 파종기다. 장정은 전 세계를 향해 홍군은 영웅이자 호걸이며 제국주의와 장개석 따위는 전혀 상대가 안 된다는 것을 선언했다.

　　장정은 선전대였다. 그것은 11개 성, 약 2억의 인민에게 홍군이 나아가는 길만이 그들이 해방되는 것이라는 점을 선전했다. 만약 장정이 없었다면 광대한 민중은 세계에 홍군이라는 이 큰 도리가 있다는 것을 어떻게 알 수 있었겠는가. 장정은 또한 파종기였다. 그것은 많은 씨를 11개의 성에 흩뿌렸다. 싹이 돋고 잎이 나고 꽃이 피고 열매를 맺어 머지않아 수확할 것이다. 결국 장정은 우리들을 승리로 이끌었고 적을 실

패로 끝나게 했다.

한편, 1935년 10월 15일 모스크바에 도착한 진운은 모택동이 코민테른에 보낸 편지를 전달했다. 모택동을 분명한 승자라고 생각한 모스크바는 그를 중국공산당의 지도자로 받아들였다. 11월 5일 소련공산당 기관지 〈프라우다〉는 "중국 인민의 지도자 모택동"이란 제하의 특집기사를 실었다. 여기에서 모택동은 안톤 체호프의 작품에 나오는, 병마와 가난에 대항하여 영웅적인 투쟁을 벌이는 병자로 그려졌다.

11월 중순, 임표의 사촌 임육영林育英, 린위잉: 1897~1942이 모스크바의 밀사 임무를 띠고 섬북에 도착했다. 1년여 만에 중국공산당과 모스크바의 직접적인 접촉이 이루어지는 순간이었다. 상인으로 위장하고 고비사막을 넘어온 임육영은 모스크바와 무선통신을 재개할 수 있는 암호와 함께 무선사 한 명을 데려왔다. 임육영은 중국 공산주의자들이 외몽골 국경으로 이동하여 소련과 가까이 있어야 한다는 스탈린의 메시지를 전했다. 장국도와 오랜 친구였던 임육영은 모택동을 설득하여 제1방면군과 제4방면군의 화해를 도모하기도 했다.

그 무렵 장개석은 소련 대사 보고몰로프를 만난 자리에서 중국의 5개 지역을 탈취하려는 일본의 음모에 대항하기 위해 비밀조약을 제안했다. 이에 보고몰로프는 장개석이 먼저 공산당과의 관계를 개선해야 한다고 응답했다. 장개석은 또다시 장경국의 귀국을 거론했지만 별다른 소득을 거두지 못했다. 벌써 10년 째 소련에 머물고 있는 장경국은 우랄산맥의 중기공장에서 일하는 파이나 바흐녜바라는 소련 여성과 결혼하여 아이까지 얻었다.

장개석이 아들의 안전을 위해 공산당에 대한 공세를 미루는 동안 모택동은 자신의 권력을 튼튼하게 다지고 있었다. 황하 부근의 중국 북서부에 위치한 섬북은 안전한 터전이었다. 이 지역에 공산당 근거지를 만든 사람은 황포군관학교 출신의 유지단으로, 5,000명의 정예군을 이끌고 혁명 활동을 펼치고 있었다. 그런데 9월 하순 당 보안국에서 파견한 주치리朱治理, 주치리가 곽홍도郭洪燾, 궈홍따오와 결탁하여 잔혹한 숙청을 단행했다. 그들은 유지단을 우익기회주의자에다 장개석의 간첩으로 몰아붙여 혹독한 고문을 가했다. 그의 동료들에게도 잔혹한 고문을 가하여 300명 이상을 살해했다.

이때 현지에 도착한 모택동은 체포와 처형을 중지시키고 11월 말 유지단과 그 동료들을 석방시켰다. 그리고 유지단 일행에 대한 숙청은 중대한 실책이라며 주치리와 곽홍도를 처형해버렸다. 구세주가 된 모택동은 지역 공산당을 접수했고, 유지단은 제28군이라는 소규모 부대의 지휘관으로 임명되었다.

새 근거지에 뿌리를 내린 모택동은 보급품과 무기 조달을 위해 소련 관할의 외몽골 지역과 연결되는 통로를 마련하기로 했다. 1936년 2월부터 시작된 원정은 국민당군의 거센 반격을 받아 실패하고 만다. 홍군은 황하 서쪽까지 밀려남으로써 몽골 국경은 구경조차 하지 못했다. 이때의 전투 과정에서 섬북 공산당의 영웅 유지단이 33세의 나이로 사망했다. 기록에는 그가 전사했다고 나와 있지만 많은 증거들이 그의 살해를 시사하고 있다.

유지단은 1936년 4월 14일 황하의 포구마을에서 총에 맞았다. 중국공산당 자료에는 그가 전투 도중 기관총에 맞았다고 되어 있으나, 당시 유지단은 공격부대에 배치되지도 않았고 총격전에 가담하지도 않았다. 그는 200m 떨어진 야산에서 망원경으로 전투 상황을 관찰하고 있었고, 그가 총에 맞았을 때 오직 두 사람만이 함께 있었다.

한 사람은 이 부대의 정치위원인 홍군의 비밀경찰요원이었다. 다른 한 사람은 유지단의 호위병이었는데, 유지단이 총에 맞았을 때 정치위원이 의사를 데려오라며 그를 후방으로 보냈다고 한다. 그러므로 유지단의 임종을 지켜본 사람은 정치위원 한 사람뿐이었다. 유지단이 정치위원에게 살해당했다는 것은 의심의 여지가 없어 보인다.

제4방면군의 그날 이후

장국도

1935년 9월 모택동의 제1방면군이 반우에서 빠져나가자, 장국도는 예정대로 남진하면서 10월 3일 임시중앙위원회를 발족하고 스스로 당 총서기가 되었다. 그는 "성도로 진군하며 쌀밥을 먹자."라는 구호를 내걸고 성도로 향했다. 당시 휘하의 병사들은 지도부의 갈등을 알아차리지 못했지만 총사령 주덕의 말과 경호원이 죽었고, 유백승이 연금상태에 있다는 소문은 듣고 있었다.

장개석은 남하하는 장국도의 8만 홍군을 저지하기 위해 성도의 방어망을 강화하고 그 길목에 있는 천전天全, 톈취안에 진을 쳤다. 장국도 부대는 모택동의 홍군이 북진했던 길을 거꾸로 내려가고 있었다. 10월 24일 제30군과 제31군, 왕수성王樹聲, 왕수성: 1905~1974과 정치위원 이선념 [26]휘하 제9군의 제25사단이 포함된 장국도의 중앙종대가 대설산을 넘어 보흥寶興, 바오싱으로 진군했다. 대도하를 건넌 홍군은 천전에 있던 장개석의 모범사단을 격퇴하고 노산廬山, 루산을 향해 북동쪽으로 진군하여 국민당군 1만 명을 섬멸하기도 했다.

장개석은 성도에 20만 대군을 배치하고, 다가오는 장국도군을 복, 동, 남으로 포위하여 반원형의 진용을 폈다. 홍군이 11월 16일 북천北川, 베이추안을 점령하자, 이틀 뒤 국민당군은 북천 3km 떨어진 지점에서 비행기 폭격과 강력한 포격으로 반격을 개시했다. 북천은 낮은 구릉지대여서 자연적인 엄폐물이 전혀 없었으므로 홍군은 민산까지 밀리면서 1만 명의 병사를 잃었다. 이 전투에서 결정적인 타격을 입은 장국도는 국민당군에게 쫓겨 티베트의 감자甘孜, 간쯔까지 후퇴했다. 이제 그의 병력은 4만으로 줄어들었다. 하지만 고난은 계속되었다. 중국인을 미워하는 티베트인들이 수시로 습격했기 때문이다.

바로 그 시점에서 임표의 사촌 임육영이 모스크바의 밀사로 국경을 넘어와 스탈린의 명령을 모택동에게 전달했던 것이다. 임육영은 중국공산당이 국제적인 외교에 나서야 한다는 코민테른의 권고문도 가져왔다. 스탈린은 당시 두 개의 전쟁이 동시에 일어나는 것을 근심하고 있었다. 즉, 서쪽에 있는 독일과의 전쟁과 동쪽에 있는 일본과의 전쟁이었다.

스탈린은 중국공산당이 장개석과 연합하여 일본을 막아주기를 원했다. 그러기 위해서는 우선 공산당의 단합이 절실했다. 임육영은 장국도의 오랜 친구이자 보좌관으로 1922년부터 함께 활동했다. 그는 1925년 이전에 모스크바에 유학했고 이후 상해, 한구, 하얼빈 등지에서 주요 공작을 수행했다. 임육영은 모택동

---

26   이선념(李先念)은 모택동과 함께 장정에 참여했고, 1983년부터 1988년까지 중화인민공화국 국가 주석이었으나 실권은 총서기 등소평에게 있었다.

과 장국도의 화해를 위해 노력했는데, 홍군의 생존을 위해 외몽골에 진입해도 좋다는 모스크바의 뜻을 두 사람에게 전했다.

장국도는 무선으로 전달받은 임육영의 제안을 수락하고 자신이 만든 임시 중앙위원회를 포기했다. 모택동은 그를 중앙위원회 동남부지국 국장으로 임명했다. 그 결과 주덕은 홍군의 총사령으로 복귀했고, 유백승은 참모장으로 돌아왔다. 주덕은 서둘러 모택동과 합류하려 했지만 때마침 도착한 하룡의 제2방면군의 휴식을 위해 1936년 7월 14일까지 움직이지 않았다.

이윽고 전군이 이동을 시작했지만 8월 초순 난주에서 부대의 진로를 놓고 한바탕 설전이 벌어졌다. 장국도는 황하를 건너 영하로 이동한 다음 몽골 국경이나 신강 서쪽으로 가야 한다고 주장했고, 정치위원 진창호는 감숙성 남쪽으로 이동하기를 원했다. 이 논쟁에서 결국 장국도의 주장이 채택되었다. 이때 이선념은 모택동과 왕가상으로부터 제30사단과 함께 황하를 건너라는 무선연락을 받았다. 장국도는 제2방면군을 지휘하는 하룡에게 함께 황하를 건너자고 간청했지만 하룡은 거절했다.

장국도가 이끄는 제4방면군 2만여 명이 황하 도하를 시작했다. 그들이 강 건너편에 도달할 즈음 국민당군의 강력한 공격이 덮쳐왔다. 서향전과 진창호가 이끄는 사령부를 비롯하여 제9군, 제30군과 제30군, 제1방면군에 소속되어 있던 동진당의 제5군은 무사히 서쪽 강변으로 건너갔지만, 장국도와 주덕, 제4군, 제31군, 군관학교 학생들과 참모들은 남쪽에 고립되었다. 제4방면

서향전

서북삼마. 마보방, 마홍규, 마홍빈

군이 둘로 쪼개지고 만 것이다.

장국도 부대와 헤어진 서향전과 진창호는 서로군을 편성하여 영하에 근거지를 만들기로 결정하고 북진을 개시했다. 서로군의 사령관은 서향전, 참모장은 유백승, 정치위원은 진창호였지만, 실제 지휘는 진창호가 맡았다. 서로군은 10월 26일부터 이동을 시작했다.

당시 영하성과 청해성에는 오마五馬라 불리는 마가군벌의 기마대가 호종남과 함께 홍군을 추격하고 있었다. 그중 마홍규와 마보방은 악랄함과 용맹으로 정평이 나 있었다. 제30군이 배를 모아 도하 준비를 하고 있을 때 서진하라는 명령이 떨어졌다. 이때쯤 서로군은 마가군벌의 집중 공격으로 퇴로가 차단당한 상태였다. 홍군은 실크로드 입구인 무위武威, 우웨이를 점거했는데 이곳을 하서회랑河西回廊, 허시후이랑이라고 한다. 서로군은 난주, 양주涼州, 량저우=무위, 감주甘州, 간저우로 이어지는 왕년의 실크로드에 들어섰다.

서로군은 대정大靖, 다이징을 빠져나와 무위와 장액張掖, 장예 사이에 있는 영창永昌, 융창과 산단山丹, 산단을 점령했다. 이곳은 하서회랑의 좁은 길로, 여기를 경계로 양 지역은 동서로 약 58km 떨어져 있다. 북으로는 몽골의 사구를 가로막는 용수산龍首山, 룽서우산이 우뚝 솟아 있고, 남쪽으로는 6천km의 기련산맥祁連山脈, 치롄산맥이 놓여 있으며, 그 중간에는 폭이 수십 킬로미터에 달하는 평원지대다.

진창호는 이 지역에 서로군의 근거지를 만들기로 했지만, 그곳에는 홍군을 뒷받침해줄 만한 민중 기반이 없었고, 여기에 오기까지 별다른 공격을 받지 않았다는 점을 간과하고 있었다. 회족부대와 호종남군은 서로군이 회랑 지역으로 들어올 때를 기다리고 있었다. 서로군이 영창과 산단에 진입하자 그들은 무위와 장액 양쪽에서 서로군을 틀어막고 공격을 개시했다.

전투가 시작되자마자 서로군은 사상자가 속출하면서 금방 열세에 몰렸다. 제9군단은 고랑古浪, 구랑, 토문土門, 투먼의 첫 전투에서 병력의 과반수를 잃었다. 하지만 서로군은 회족부대의 공세에도 불구하고 서진을 계속하여 제5군단이 고태高台, 가오타이와 임택臨澤, 린쩌을 점령한 뒤 고태에 주력을 주둔시켰다. 제30군은 장액현 변경의 예가영倪家營, 니자잉에 도착했다. 고태에서 예가영까지는 약 58km 떨어져 있는데, 서로군은 여기에서도 진을 치고 적의 공격에 대비했다.

회족부대는 기마대 특유의 치고 빠지기 작전으로 서로군을 괴롭혔다. 게다가 수시로 몰아치는 고비사막의 모래먼지가 기련산의 눈가루와 뒤섞여 병사들의 몸을 얼어붙게 했다. 세찬 바람을 견디며 웅덩이에서 바람을 막고 있다 보면 갑작스런 폭풍에 피어오른 모래알갱이가 병사들을 휩쓸고 날아갔다. 밤이면 영하 30도 이하의 혹한에 시달렸다.

서로군의 총본부 직속부대와 제9군단 일부 병력이 임택에 도착했을 때 제5군단이 고태에서 포위되었다는 보고가 들어왔다. 회족 기병들이 홍군을 둘로 갈라놓는 데 성공한 것이다. 총본부에는 지휘부가 없고 1개 연대를 제외하고는 비전투원에 가까운 간부, 독립여성연대와 기관근무원들뿐이었다.

제30군이 도착할 때까지 임택을 사수하던 그들에게 고태가 점령당하고 동진당의 제5군은 전멸했으며, 원호대의 책임자가 투항했다는 비보가 날아들었다. 그와 동시에 총본부는 제30군과 합류하라는 명령이 떨어졌다. 그날 밤 몰래 임택을 빠져나온 총본부 대원들이 사막지대로 들어가다 잠복하고 있던 회족 기병에게 포위되어 비참한 운명을 맞이했다.

당시까지 가장 피해가 적고 사기도 높았던 제30군은 제9군단의 퇴로를 열기 위해 진군하다가 서동보西洞堡, 시동바오 근처에서 마보청馬步靑, 마부칭의 주력부대인 사라족 현병연대 기병 800명을 전멸시켰다. 이 전투에서 홍군은 800정의 소총과 군마, 탄환을 노획했지만, 이들이 예가영에 도착하여 발견한 것은 낙오된 부상병 전원의 시체였다. 이후 또다시 회족 기병들이 홍군에게 달려들어 9일 동안 치열한 격전이 지속되었다.

홍군이 서북방으로 달아나자 회족 기병들은 고비사막을 누비며 서로군을 분산시켰다. 제9군단과 제30군이 가까스로 포위망을 뚫고 합류했을 때는 이미 병력의 태반을 잃어 전세가 절망적인 상태였다. 회족 기병들은 앞뒤로 가로막혀 진퇴양난에 빠진 홍군의 주위를 맴돌며 병사들을 하나둘씩 사살했다.

1937년 3월 13일 패잔병 1천500여 명은 정치위원 진창호로부터 해산 명령을 받았다. 진창호는 서향전과 함께 섬북의 중앙위원회로 향했고, 제30군의 잔여 병력 1천여 명은 좌익지대로, 제9군단의 5백여 명은 우익지대로 편성되어 유격활동에 들어가기로 했다.

우익지대는 밤새 강행군을 계속하여 강룡사康龍寺, 캉룽스에 다다랐지만 또다시 회족 기병의 강습을 받아 400여 명의 병력이 희생되었다. 제9군단 선전부장이 나머지 100명을 이끌고 황하를 건너 섬북에 도착했다. 이들은 하서주랑이 보이는 지점에 도달했지만 주변에 몸을 숨길 산이나 숲이 보이지 않아 서너 명씩 짝을 지어 사방으로 흩어졌고, 이로써 우익지대는 사실상 해체되었다.

좌익지대의 운명도 크게 다르지 않았다. 그들은 유백승의 지원군을 기다리며 유격활동을 펼치기로 했지만 회족 기병의 추격을 피하기에 급급했다. 부상자들은 약품이 없어 숨을 거두었고, 식량이 떨어져 들소나 양을 잡아먹었다. 추위와 기아에 시달리면서 가까스로 기련산으로 몸을 숨겼지만 해발 5천m에 달하는 설산의 험로와 영하 40도에 달하는 기온, 체력의 고갈로 동사자와 설맹 환자가 속출했다. 그날 밤 단 한 대뿐인 무전기가 당 중앙과 연결되었다. 전문은 힘을 보전하고 일치단결하여 싸울 것, 몽골이나 신강으로 향하면 당 중앙에서 지원군을 보내겠다는 내용이었다.

좌익지대 지휘관은 즉시 목적지를 신강으로 정하고 당 중앙에 타전했다. 좌익지대 100여 명의 병사들은 43일 동안 머물던 기련을 떠나 감숙성 서부 안서安西, 안시로 이동했다. 주천酒泉, 주취안에서 313km를 더 나가 얼어붙은 사막과 얼음의 대지를 열흘 정도 걸어가면 안서에 이른다. 나무 한 그루 보이지 않고 지평선의 별들이 지상으로 떨어져 있는 것처럼 보이는 불모지였다.

그들이 가야 할 신강성의 성성협星星峽, 싱싱사은 서북쪽 성의 경계에 있었다. 4월 중순, 좌익지대가 산서에 이르러 신강으로 통할 무렵, 또다시 회족 기병의 공격이 시작되었다. 홍군은 적의 파상 공세를 간신히 버텨내며 사막으로 도망했다. 그런데 이번에는 무더위가 엄습했다. 낙오자가 속출하는 가운데 폭풍이 불어와 안내자가 길을 잃었다.

사흘째 되는 날 정찰병이 우물을 찾아내어 겨우 살아날 희망이 생겼다. 그리고 마침내 일본 육사 출신의 신

성성협의 서로군 기념비

1938년 7월 3일. 연안에서 장국도와 모택동

강성 실권자 성세재가 지키고 있는 성성협에 도착했다. 신 강성 오로목제烏魯木齊, 우루무치에 도착했을 때의 서로군은 처음 감숙성 동부를 출발할 때의 2만 명 병력에서 500명으로 줄어 있었다.

1937년 5월 1일 3대의 비행기가 성성협 상공에 나타났다. 비행대가 남쪽 사막에 착륙하여 보급물자를 내리자 다른 쪽에서 수십 대의 차량이 달려왔다. 선두 차에서 모스크바에 갔던 정치국원 진운이 뛰어내렸다. 그는 홍군 구조 임무를 띠고 온 당 대표였다. 이선념을 비롯한 지도자들은 비행기로 난주까지 갔다가 트럭으로 갈아타고 연안으로 갔다. 1938년 봄 약 1천 명의 병사가 연안에 도착했다. 그들은 1936년 12월 12일 서안西安, 시안사변을 계기로 체결된 국공합작 덕분에 구조된 것이었다.

마침내 난주 동남쪽 약 80km 지점에 있는 회령會口, 후이닝에서 장국도의 제4방면군과 모택동의 제1방면군의 재회가 이루어졌다. 1936년 10월 2일 제1방면군 8천 명의 병력은 회령으로 진격하여 10월 8일 제4방면군 사령관 서향전 일행을 맞이했다. 10월 10일 회령 향교 앞에서 주은래, 장국도, 서향전, 주덕, 팽덕회, 섭영진, 임표 등이 참석한 공식 환영회가 열렸다.

총사령 주덕의 환영사와 함께 당 중앙의 축하 전문이 낭독되었다. 행사가 끝나고 주은래와 주덕, 장국도가 보안으로 가자 임표는 그들을 홍군군관학교로 안내했다. 군관학교 생도들이 환호성을 지르는 가운데 모택동과 당 중앙위원들이 그들을 맞이했다. 모택동과 장국도는 나란히 연단 위에 올라 참석자들에게 손을 흔들었다. 기나긴 공산당의 대장정이 막을 내리는 순간이었다.

제 5 부

항일통일전선

1935년부터 일본은 중국의 동북부를 장악하고 내륙을 압박하기 시작했다. 대장정을 마치고 섬북에 터를 잡은 모택동은 소련의 지원으로 무력을 증강하고 항일민족주의 세력을 규합했다. 이때 동북군벌 장학량은 중국인들의 높은 대일항전 분위기 속에서 내전을 중지하고 항일통일전선을 구축하고자 중국공산당에 유화적인 태도를 취했다. 그는 외몽골과 신강 지역을 통해 소련의 원조를 받으려는 홍군의 진로를 저지하는 한편, 서안에 와서 공산당 토벌을 재촉하는 장개석을 전격적으로 체포하여 구금하는 서안사건을 일으켰다. 그 결과 제2차 국공합작이 이루어짐으로써 중국과 일본의 전면전이 시작되었다. 이때 홍군은 국민혁명군 소속의 팔로군과 신사군으로 조직되어 유격전술로 남과 북에서 일본군을 괴롭히며 소비에트 영역을 넓혀갔다. 그러나 장개석의 국민혁명군은 일본군에게 연전연패하면서 중국은 남경과 상해 등 주요 도시를 모조리 빼앗겼다. 그 와중에 일본군은 남경에서 30만 명의 주민을 학살하는 만행을 저질렀다. 수세에 몰린 중국 정부는 무한을 거쳐 중경으로 수도를 옮기며 항전을 계속했다. 이윽고 진주만사건으로 태평양전쟁이 발발하고, 미국의 전폭적인 지원을 받은 중국은 대륙 전역에서 역공에 나선다.

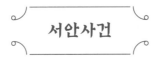

서안사건

장학량과 모택동

1935년 일본은 찰합이성[1]을 점령하고, 남쪽 하북성에 주둔하고 있던 모든 국민당군과 남의사를 철수하라고 남경정부에 요구했다. 장개석이 그 요구를 받아들이자 일본은 곧장 하북, 산동, 산서, 찰합이, 수원[2] 등의 다섯 성을 병합하고 그해 11월 기동기찰정무위원회冀東冀察政務委員會를 세웠다. 중국의 동북부 일대를 완전히 장악한 일본은 북경을 압박하기 시작했다.

이와 같은 사실이 알려지자, 1935년 12월 9일 북경에서는 1만 명의 학생들이

---

1   찰합이성(察哈爾省, 차하얼성)은 외몽골 동쪽에 있던 행정구역이다. 성도는 만전(萬全, 완취안). 1935년 말 일본군이 강점한 이래 1937년부터 일본의 괴뢰국인 몽강국(蒙疆國)의 영역이었다. 1945년 중화민국에 반환되었다가 1948년 12월 24일 인민해방군에게 점령되었다. 중화인민공화국 성립 이후 1952년 폐지되어 대부분의 지역이 내몽골 자치구에 편입되었고, 일부는 북경과 하북성에 편입되었다.

2   수원성(綏遠省, 쑤이위안성)은 오늘날 내몽골자치주의 일부로 중화민국이 통치하던 1928년에 신설되어 1954년까지 존속했다. 성도는 귀수(歸綏, 구이쑤이). 1937년부터 1945년까지는 일본의 괴뢰국인 몽강국의 영역이었다.

거리에 나와 항일시위를 벌였다. 곧 전국적으로 항일시위가 확산되니, 그동안 침묵을 지키고 있던 송경령은 각계 인사들로 구성된 구국연합회를 결성하여 학생들의 시위를 지원했다. 섬북의 보안에 자리잡고 있던 모택동 역시 항일민족주의 인사들을 진영으로 끌어들여 반일 분위기를 고조시켰다. 그는 소련의 무기와 보급품을 바탕으로 공산당 세력을 확장해나갔다.

홍군을 자신의 울타리 안에 가둬두고자 했던 장개석은 서안에 주둔하고 있던 동북군벌 장학량에게 홍군 봉쇄 임무를 맡겼다. 당시 모택동은 외몽골과 신강 지역을 통해 소련의 물자를 공급받고 있었는데 장학량의 30만 동북군은 그곳에서 보안으로 통하는 길목을 차단하고 있었다.

한때 화북 지역을 호령했던 장학량은 일본군이 동북 지역을 석권하고 만주국을 세우면서 근거지를 잃었고, 군벌들의 공세로 북경과 천진으로 세력이 축소되었다. 이 때문에 아편중독자가 되었지만 장개석의 정치고문 윌리엄 도널드의 도움으로 유럽에 건너가 아편중독을 치료하고 완전히 새로운 인물로 거듭났다. 1934년 귀국한 장학량은 서북공비토벌 부사령으로 임명되어 서안에 주둔하고 있던 동북군을 다시 지휘하게 되었다.

일본의 침략 분위기가 고조되고 있는 상황에서 장개석은 "먼저 치안을 확보한 후 외적을 물리친다."[3]는 반공 우선 정책을 고집하며 지방군을 정리하는 작업과 홍군 토벌 작업을 동시에 수행하고 있었다. 동북군은 홍군 토벌의 최전방에 동원되었다. 하지만 동북군의 입장에서는 고향 땅을 점령하고 있는 일본군을 응징하지 않고 홍군부터 토벌해야 한다는 장개석의 의도를 이해할 수 없었다. 일본군

---

3   先安內後攘外.

에 대한 증오심이 커지는 만큼 남경정부에 대한 회의와 반감도 높아졌다. 향수에 젖은 동북군 병사들은 밤이 되면 삼삼오오 달빛 아래 모여 고향 노래를 부르며 통곡했다.

> 우리 집은 만주 송화강 가에 있네.
> 삼림도 숲도 탄광도 있네.
> 콩도 수수도 들판에 널려 있네.

> 우리 집은 만주 송화강 가에 있네.
> 늙으신 부모님도 거기에 계시네.
> 9·18, 9·18 그 비참한 시절이여.

> 9·18, 9·18 그 비참한 시절이여.
> 나는 고향을 두고 떠나왔네.
> 사랑하는 부모형제를 버리고 왔네.[4]

동북군 병사들이 부르던 이 노래는 치솟는 항일 열풍을 타고 중국 전역으로 퍼졌다. 이런 분위기 속에서 장학량은 군사정변으로 정권을 거머쥐어 내전을 종식하고 항일전쟁에 나서기로 결심했다. 그는 자신의 뜻을 관철시키기 위해 그동

---

[4] 1989년 베니스영화제에서 황금사자상을 수상한 후효현(侯孝賢, 허우샤오시엔) 감독의 영화 〈비정성시(非情聖市)〉에서는 국공내전의 패배로 대만으로 쫓겨난 중국의 지식인들이 대륙을 그리워하면서 이 노래를 부르는 장면을 그려냈다. 9·18은 일본군이 만주사변을 일으킨 날이다.

장학량

안 적대적이었던 소련에 손을 내밀었다.

본래 소련은 장학량을 신뢰하지 않았다. 그가 1929년 만주에서 소련이 관할하던 중동철도를 침범한 전력에다, 한때 파시즘에 대하여 우호적 태도를 보인 적이 있었기 때문이다. 1935년 모스크바에서 중국공산당 명의로 발표된 성명서에서는 그를 "인간쓰레기", "반역자" 등으로 묘사하기도 했다. 하지만 장학량이 항일투쟁을 명분으로 공산당과 통일전선을 추진하겠다며 도움을 요청하자 소련의 태도가 180도 달라졌다.

모택동이 보안에 도착한 지 얼마 되지 않아 소련 외교관들은 중국 비밀경찰의 눈을 피해 남경과 상해에서 장학량과 회담을 가졌다. 장학량은 중국공산당에 대한 소련의 보급을 눈감아줄 수 있는 위치에 있었다. 쿠데타로 장개석을 축출하여 내전을 종식하고 중국공산당과 동맹을 맺어 침략자 일본을 축출하겠다는 장학량의 말은 중국을 이용해 일본의 서진을 막으려는 스탈린의 전략에 전적으로 부응하는 것이었다.

중국의 영토를 야금야금 잠식해 들어오고 있던 일본은 내몽골의 독립운동가 데므치그돈로브를 배후조종하여 중국 북부에 몽강국[5]이라는 또 하나의 괴뢰정권 수립을 추진했다. 이렇듯 일본의 침략 의도가 노골화함에도, 장개석은 한사

---

5   몽강연합자치정부(蒙疆聯合自治政府) 또는 몽강국은 지금의 내몽골 자치구 일대에 있던 일본의 괴뢰정부로 1936년 5월 12일 내몽골 독립운동가 데므치그돈로브에 의해 수립되었다. 수도는 장가구(張家口)였다. 1945년 8월, 몽골군과 소련군의 합동작전인 만주 전략공세작전으로 멸망했다.

코 일본과의 싸움을 회피하고 있었다. 장개석은 일본과 전면전을 벌일 경우 중국의 승리 가능성이 매우 낮다고 판단하고 전쟁도 항복도 아닌 어중간한 상태를 유지하려 했던 것이다.[6] 영토가 넓고 인구가 많은 중국의 특성상 한정된 범위에서의 침략을 용인하는 그의 전략은 어느 정도 효과를 거두었다. 그로서는 공산주의에 적대적인 일본의 태도로 보아 언젠가 화살을 소련으로 돌리지 않을까 하는 희망도 있었다.

스탈린은 장개석과는 달리 일본이 중국을 외면하고 북쪽으로 방향을 돌려 소련을 침략하지 않을까 염려하고 있었다. 스탈린의 입장에서는 중국이 일본군을 내륙 깊숙이 끌어들여 장기적인 소모전을 펼치게 하는 것이 최선이었다. 소련은 그런 상황을 조성하기 위해 수많은 소련 공작원과 공산당원들을 동원했고, 특히 손문의 미망인 송경령을 이용하여 학생들의 항일시위를 적극적으로 지원했다.

이럴 때 나온 장학량의 제안은 소련에게 매력적이었다. 하지만 스탈린은 장학량이 중국군 전체를 이끌 만한 역량을 가지고 있는지에 대해서는 부정적이었다. 장학량을 전폭적으로 지원했다가 실패하여 일본이 중국 전역을 장악하게 된다면 소련에 대한 위협은 배가될 것이었다. 그러기에 소련은 장학량의 제안을 심사숙고하는 척하면서 우선 중국공산당과의 관계 개선을 요구했다.

1936년 1월 20일 중국공산당 대표 번한년潘漢年, 판한녠과 이극농이 동북군 대표

---

6   1935년 호적은 중일전쟁의 확대 가능성에 대하여 "일본의 할복, 할복을 도와주는 중국"이라는 주장을 전개했다. 그는 일본이 미국의 해군력 증강과 소련의 제2차 5개년 계획이 완성되기 전에 중국을 침략할 것이라고 판단했다. 중국이 미국과 소련의 도움을 받기 위해서는 일본과 전쟁에서 2~3년 동안 참담한 패배를 겪음으로써 두 나라의 위기의식을 자극해야 한다는 것이다. 장개석의 전쟁 회피를 이런 관점에서 바라보면 흥미로울 것이다.

율우문栗又文, 리요우원: 1901~1984과 **여천재**黎天才, 리텐차이: 1900~1961와 첫 회담을 가졌다. 6월에는 연안에서 장학량과 주은래가 정식으로 만났다. 두 사람은 일단 서로의 사상적 차이는 접어두고 항일통일전선을 형성하는 것만이 중국을 구원하는 유일한 방법이라는 데 동의하고 쌍방 간에 모든 군사행동을 멈추기로 했다.

　　모택동은 장학량을 적극 지지하여 그와 동맹을 절실하게 원하는 것 같은 태도를 취했다. 장학량이 소련에 의존하여 정권을 잡게 되면 중국공산당은 그 사이에서 중요한 기능을 하게 될 것이며, 자신은 막후 실세로 자리잡을 수 있었다. 모택동은 이극농을 통해 양측이 반 장개석 동맹을 맺으면 장학량을 중국의 새로운 지도자로 추대하는 데 전력을 다하겠다고 제안했다. 장학량은 그 제안을 소련이 보증해주기를 원했다.

　　상해의 공산당원이자 목사인 동건오董健吾, 둥젠우: 1891~1970가 서안의 동북군 사령부로 장학량을 찾아왔다. 동건오는 장학량이 모스크바에 특사를 파견한다면 소련으로 가는 자신들의 일행과 동행시켜주겠다고 제의했다. 당시 동건오는 모택동의 아들 모안영毛岸英, 마오안잉: 1922~1950과 **모안청**毛岸靑, 마오안칭: 19223~2007을 상해에서 소련으로 보내 외국 공산당 지도자의 자식들을 위해 세운 특수학교에 데려갈 예정이었다. 모택동과 양개혜 사이에 태어난 모안영 형제는 어머니가 처형된 뒤 공산당의 보호 아래 상해에서 양육되고 있었다. 과거에 스탈린이 장개석의 아들 장경국을 데려가 인질로 삼았던 것처럼 모택동의 자식도 모스크바로 불러들였던 것이다. 장학량이 그 제안을 수락하자 장학량의 특사와 모안영 형제가 6월 26일 상해에서 마르세유 항 여객선에 승선했다. 그들은 프랑스 파리에서 비자를 받아 소련으로 이동할 계획이었다.

　　1936년 6월 광서군벌 이종인과 광동군벌 진제당이 손잡고 제2차 양광사변을 일으켰다. 이에 모택동은 장학량에게 서북 지방에서 독립을 선포하여 공산당과 동맹을 맺는 계기로 삼으라고 종용했다. 모택동은 소련의 위성국가인 외몽골 같은 형태의 국가 수립을 구상하고 있었다. 그러나 중국 전체의 권좌를 노리고 있던 장학량은 모택동의 계획에 반응하지 않았다. 6월 말경, 중국공산당과 모스크바 사이에 20개월 동안 끊어졌던 무선통신망이 복구되었다. 모택동은 코민테른에 서북 지방의 독립을 승인해달라는 전문을 띄웠지만 스탈린은 그의 요청을 즉각 거절했다. 소련은 분단된 중국이 아니라 일본과 전면전을 벌일 수 있는 통일된 중국이 필요했기 때문이다.

이 시점에서 스탈린은 모택동의 분리주의 구상에 실망하여, 장개석이야말로 중국을 단결시킬 수 있는 유일한 인물이라고 믿게 된다. 8월 15일 스탈린은 중국공산당에 장개석을 적으로 취급하지 말고 동맹자로 간주하라고 지시했다. 모스크바가 장개석에게 유화적인 태도를 취하자 장개석이 즉각 화답했다. 9월부터 장개석과 중국공산당은 통일전선에 대한 협상을 개시했다. 그런 가운데서도 스탈린은 중국공산당을 성장시키기 위한 지원은 게을리하지 않았다.

1936년 9월 초, 스탈린은 외몽골을 통해 대량의 무기를 중국공산당에 제공하기로 결정했다. 모택동은 비행기, 중포, 포탄, 대공기관포, 소총, 부교와 함께 소련의 비행사 및 포수, 그리고 매달 300만 달러를 요청했다. 그런데 10월 18일 코민테른은 모택동에게 원조 물품에 비행기와 중포는 포함되지 않았다면서 화물을 운송하는 외국 회사에게 150대분의 차량과 운전사, 휘발유를 제공하고, 2차례 왕복할 것이며, 한 번에 대략 550~600톤을 운반할 것이라고 통보했다. 이때 소련이 보낸 소총의 수량은 얼마 전 내전이 시작된 스페인에 보낸 수량과 거의 맞먹는 것이었다.

홍군은 그해 10월 외몽골 국경 부근의 사막에 있는 물품 인도 장소까지 돌파 작전을 개시했다. 당시 모택동의 근거지에는 2만 명의 병력이 있었지만 국민당군의 공격에 대비하여 다른 홍군 부대까지 불러들였다. 거기에는 1935년 티베트에서 헤어진 장국도 부대도 포함되었다. 홍군이 외몽골 국경까지 진출하기 위해서는 규모가 크고 효율적인 장국도 부대가 필요했던 것이다.

장국도 부대는 지난겨울 티베트에서 수천 명의 병사들이 얼어 죽거나 설안염으로 장님이 되어 8만 명에 달하던 병력이 4만 명으로 줄어들어 있었다. 그래도 병력의 수로 보면 모택동의 2배나 되지만, 이제 장국도는 모택동의 하급자일 뿐이었다. 모택동이 불러들인 또 하나의 부대는 하룡의 제2방면군이었다. 하룡 부대는 장정이 시작될 때 호남과 호북 경계지역의 근거지에서 빠져나와 섬서성 북부 지역에 머물고 있었다.

1936년 10월 9일 3개 부대가 연합하니 홍군의 총 병력은 8만 명에 이르렀다. 적은 병력은 아니었지만 소련의 무기를 인수하기에는 부족했다. 외몽골과 섬북 사이에 30만 명의 동북군이 가로막고 있었던 것이다. 장개석은 홍군에 대한 소련의 지원을 저지하기로 하고 10월 22일 동북군을 독려하기 위해 서안으로 날아갔다. 중국공산당과 비밀리에 협력하고 있던 장학량은 홍군에게 현금과 겨울의 복을 제공하고 장개석의 홍군 저지 계획을 알렸지만 호의는 거기까지였다. 장학량의 처지에서는 장개석의 홍군 저지 명령을 거부할 수 없었던 것이다. 이 때문에 소련의 보급품을 받기 위한 모택동의 작전은 일주일도 지나지 않아 실패하고 만다.

동북군에 가로막힌 홍군의 주력부대는 섬북의 근거지로 퇴각했고, 황하를 건너간 2만2000명의 병력은 강 건너편에서 낙오되었다. 모택동은 모스크바에 긴급자금을 요청하여 55만 달러를 손에 쥐었으나 그것만으로는 문제를 해결할 수 없었다. 폭설이 쏟아지는 한겨울에 병사들은 해진 옷에 짚신을 신고 다녔으며, 모택동은 임신한 하자진과 함께 물이 뚝뚝 떨어지는 동굴에서 지냈다.

1936년 10월 말경, 홍군의 절박한 상황을 본 장학량은 그들을 구원함으로써 모스크바의 호감을 살 수 있다고 판단했다. 장학량의 계획은 단순하고 극단적인 것이었다. 서안으로 장개석을 유인하여 체포하는 것이었는데, 장학량은 이 계획을 섭검영을 통해 모택동에게 알렸다. 그런데 소련은 그것이 장학량이 아니라 모택동의 구상이라고 판단한다. 훗날 소련의 비밀요원 산드르티토프는 그해 11월 장개석을 체포하는 문제가 섭검영과 장학량 사이에 논의되었다고 폭로했다. 모택동이 그 계획을 추진하면서 스탈린의 반대를 예상하고 의도적으로 숨겼다는 것이다. 스탈린이 장개석을 중시한다는 사실을 모택동도 알고 있었던 것이다.

11월 25일 일본과 독일이 반反 코민테른조약에 서명함으로써 소련은 최악의 상황에 직면하게 되었다. 호전적인 두 적국의 동맹으로 동쪽과 서쪽 양 방향에서 위협을 받게 된 것이다. 일본군은 몽골 남쪽을 따라 중앙아시아의 영토로 향하고 있었다. 양국의 조약 체결 당일 스탈린은 코민테른 서기장 디미트로프7에게 전화를 걸어 중국

디미트로프

---

7   게오르기 미하일로프 디미트로프(Georgi Mikhaylov Dimitrov)는 불가리아의 수상이자 코민테른 서기장이다. 반파시즘 인민전선 노선을 주장했으며 제2차 세계대전 당시 인민전선의 일종인 조국전선을 조직하여 싸웠다. 1946년 9월 15일 왕정 체제가 무너지고 불가리아인민공화국이 성립하자 초대 대통령이 되었다.

공산당에게 반 장개석 입장을 포기하고 통일정부를 지지하도록 압력을 가하라고 지시했다. 소련은 지금 당장 중국에서 거국적인 항일정부가 출범해야만 안심할 수 있었다.

그런 정황을 눈치챈 모택동은 장개석을 위험에 빠뜨림으로써 스탈린의 조바심을 자극하려 했다. 장학량이 거사를 시작하기 전에 섭검영을 서안으로 호출했지만, 모택동은 그를 눌러앉혔다. 그리고 소련에 전통문을 보내, 중국공산당과 장개석 사이에 타협의 전망이 보이지 않으니 앞으로 계속 반장·반일투쟁을 해나갈 것이라고 알렸다. 그것은 장학량의 거사를 부추기기 위함이었다.

이즈음 장학량과 중국공산당과의 관계를 탐지한 대립의 첩자들은 장개석에게 동북군이 홍군을 공격하지 않아 서북사령부가 쓸모없게 되어버렸다고 보고했다. 공산당에 최후의 일격을 가하려던 장개석은 서북사령부로 날아가 장학량에게 결전을 재촉했다. 이에 대해 장학량은 장개석에게 토벌작전을 중지하고 공산당과 항일통일전선을 구축해야 한다는 정반대의 주장을 내놓았다. 분노한 장개

양호성

석은 장학량의 요구를 단호히 거절하고 300km나 떨어진 낙양의 야전사령부로 돌아가버렸다.

1936년 12월 4일 서안을 재차 방문한 장개석은 장학량과 공비토벌사령 양호성을 불러 자신이 내놓은 두 가지 방안 중에 하나를 선택하라고 했다. 첫째 방안은 12월 12일부터 동북군과 양호성의 17로군을 섬서, 감숙성 전선에 투입하여 공산당 토벌작전을 개시하는 것이고, 둘째 방안은 두 사람이 이 작전을 원치 않으면 이 지역의 주둔군

을 중앙군으로 대체하고, 동북군은 화남의 복건성, 17로군은 안휘성으로 이동 배치하겠다는 것이었다.

장학량과 양호성이 반대 의견을 내놓으려 했지만 장개석은 뒷말을 자르고 사령부에서 20km 정도 떨어진 임동臨潼, 린통의 화청지華淸池, 화청츠로 떠나버렸다. 그곳은 당나라 황제 현종이 양귀비와 향락을 즐기던 유명한 휴양지다. 장개석의 최후통첩 앞에 장학량과 양호성은 고심하지 않을 수 없었다. 남쪽으로 이동한다는 것은 여태까지의 노력이 허사가 된다는 것을 뜻했다. 결국 양호성이 해결책을 내놓았는데, 이는 애초에 장학량이 구상했던 바로 그 방법이었다.

12월 9일 서안에서는 1만여 명의 학생들이 '내전중지內戰停止', '일치항일一致抗日'의 플래카드를 들고 거리로 뛰쳐나와 1·29운동 1주년을 기념하는 시위를 벌였다. 그러던 중 국민당 특무요원이 쏜 총에 어린 학생이 부상당하자 분개한 시위대는 장개석이 머물고 있는 화청지로 몰려갔다. 장개석은 장학량에게 화청지 10리 밖에 기관총을 배치하고 군대를 동원하여 시위를 진압하라고 명령했다. 장학량은 일단 시위대를 막아 세우고 그들에게 1주일 안에 답을 주겠다고 설득하여 해산시켰다.

납치와 연금

1936년 12월 12일 아침 5시 30분, 장개석은 침실 창문에서 앞산을 바라보며 우두커니 서 있었다. 장개석은 늘 새벽에 일어나면 탁자에 틀니를 빼놓고 한동안 창가에 서서 밖을 응시하는 버릇이 있었다. 숙소 주변에는 50명의 경비대가 지키고 있었다. 아스라이 먼동이 터오를 무렵, 갑자기 요란한 바퀴 소리와 함께 무장한 병사를 가득 태운 4대의 트럭이 숙소 입구에 들이닥쳤다. 맨 앞 차에서 지휘관으로 보이는 장교가 내리더니 온천장 입구에 있던 보초병에게 문을 열라고 소리쳤다. 보초병이 거부하자 차에서 소총이 불을 뿜었다.

총소리가 점차 격렬해지더니, 3명의 부관이 침실 문을 밀치고 들어와 장개석에게 빨리 빠져나가라고 소리쳤다. 위기를 감지한 장개석은 틀니를 챙길 틈도 없이 부관들과 함께 뒷문으로 뛰어나갔다. 부관들은 장개석을 정원의 담벼락 위로 세차게 밀어 올렸다. 그 바람에 장개석은 담 건너로 떨어지면서 등뼈가 뒤틀리고 발목을 삐었지만, 비틀걸음으로 화청지 뒤편의 여산驪山, 러산을 향해 정신없이 내달렸다.

납치실행부대의 병사들이 숙소를 뒤졌으나 장개석을 찾지 못하자, 지휘관은 여산 주변을 포위하고 수색을 시작했다. 습격한 지 4시간이 지난 오전 9시경 병사들은 여산 중턱에 있는 호암虎巖, 후얀이라는 둥근 바위 뒤에서 움푹 파인 틈새를 찾아냈다. 장개석은 그 안에서 바짝 몸을 웅크린 채 신음하고 있었다. 병사들은 그를 끌어내 교대로 업으며 산자락을 내려왔다. 장개석은 양호성의 사령부가 있는 서안의 신성대루新城大樓, 신청따로우로 이송되었다.

잠옷차림의 장개석이 차 밖으로 모습을 드러내자 군악대가 국민당가를 연주했고 도열하고 있던 장교들이 일제히 거수경례를 했다. 장학량이 나와 장개석을 부축하고 방으로 데려갔다.

새벽의 쿠데타는 그렇게 장개석의 체포와 함께 성공적으로 마무리되었다. 하지만 시급하게 처리해야 할 문제가 있었다. 서안에서 동쪽으로 300km 떨어진 낙양의 공군기지에 장개석의 야전사령부가 있었다. 장학량은 전날 낙양에 주둔하고 있던 동북군 지휘관에게 오전 5시 이전에 그곳을 확보하라고 타전해두었다. 그런데 겁에 질린 동북군 지휘관이 그 명령을 야전사령부 지휘관에게 누설하고 말았다. 야전사령부 지휘관은 공군기지에 비상사태를 선포하여 경계를 강화하고 남경정부에 급보를 알렸다.

반란군 앞에 놓인 상황은 엄중했다. 낙양에서 비행기를 띄워 서안을 폭격할 수도 있었고, 인근에 포진한 장개석의 부하들이 섬서성과 산서성을 연결하는 요충지를 봉쇄하고 동북군을 공격할 수도 있었다. 다행히 서쪽에서는 반란을 지지하는 부대가 감숙성의 수도를 점령하여 배후를 안정시킨 상태였다. 장개석을 인질로 잡는 데 성공한 장학량은 자신과 양호성의 이름으로 남경정부에 다음과 같은 8개항의 요구조건을 내걸었다.

> 첫째, 남경정부를 개편하고 각파를 참가시켜 공동으로 구국의 책임을 진다.
> 둘째, 일체의 내전을 정지한다.
> 셋째, 상해에서 체포된 애국지도자를 즉시 석방한다.
> 넷째, 전국의 모든 정치범을 석방할 것.
> 다섯째, 인민의 집사, 결사 등 모든 자유를 보장할 것.
> 여섯째, 인민의 애국운동을 개방할 것.
> 일곱째, 손문의 유언을 확실히 준수하고 실행할 것.
> 여덟째, 즉시 구국회의를 소집할 것.

장개석은 식사와 깨끗한 숙소 제공을 거부한 채 장학량의 설득에 대꾸조차 하지 않았다. 12월 14일 장개석의 정치고문 윌리엄 도널드가 중재를 위해 상해에서 서안으로 날아와서야, 장개석은 연금 장소를 일반 주택으로 옮기는 것을 받아들였다. 이때 도널드는 장개석에게 이렇게 말했다.

"장학량은 베네딕트 아널드가 아니라 패트릭 헨리가 되고 싶어 합니다. 그리고 남경 정권에는 맹목적인 친일파들도 있습니다."

그가 인용한 베네딕트 아널드Benedict Arnold는 미국 독립전쟁 당시 영국과 내통한 반역자이고, 패트릭 헨리Patrik Henry는 "자유가 아니면 죽음을 달라."는 연설로 유명한 미국 독립혁명의 지도자다. 도널드는 장학량이 비장한 각오로 이번 사건을 일으켰음을 암시한 것이다. 도널드는 현재 친일파 하응흠 국방부장이 이 사건을 빌미로 서안을 폭격하고 포병과 보병을 동원하여 동북군과 장개석을 함께 몰살시킨 뒤 권력을 잡으려 하고 있다고 충고했다. 그의 말대로 이미 하응흠의 명령에 따라 국민당군 11개 사단이 서안으로 이동하고 있었으며, 낙양의 공군기지에서는 모든 비행기가 폭격 명령만을 기다리고 있었다.

한편, 송미령은 장개석의 납치 및 연금 소식을 듣자 남경정부 요인들과 함께 대책을 논의했다. 이 자리에서 국방부장 하응흠이 서안 공격을 주장했고, 대계도를 비롯한 몇몇 인사들이 동조했다. 그들은 벌써부터 자신들이 장개석의 권력을 움켜쥔 양 행동하고 있었다. 하지만 그들은 송미령을 과소평가했다. 송미령은 남경으로 돌아오는 길에 이미 출동한 주요 지휘관들을 일일이 전화로 설득하여 행군을 늦추게 했다. 군사적 대응은 장개석의 안전을 위협하는 조치이며, 협상을 통해 반란군에게 양보를 하더라도 장개석을 석방시키는 것이 최선이라고 했다.

연금된 장개석이 8개 요구사항을 완강하게 거부하니, 장학량은 12월 16일 서안공원에서 열린 항일집회에서 장개석이 총구를 적에게 돌리기를 거부하고 동포를 겨누려 한다고 성토했다. 양호성은 아예 장개석을 죽이자고 제의했지만 장학량은 전혀 그럴 생각이 없었다. 장개석의 죽음은 자신의 파멸로 이어진다는 사실을 잘 알고 있었기 때문이다.

석 방 교 섭

서안사건이 일어난 당일 8시경 모택동은 장학량으로부터 중국공산당 대표가 서안에 와서 항일구국의 대계를 의논하고 구금한 장개석의 문제를 해결하자는 전문을 받았다.

> 우리는 중화민족과 항일의 앞날의 이익을 위해 모든 것을 제쳐두고 오늘 이미 장개석 및 중요 장령인 진성, 주소량, 장정문, 위립황 등을 구류하여 애국인사 석방과 연합정부 구성을 요구하고 있다. 형 등의 고견은 어떤지 빠른 답을 주기 바란다.

장학량은 장개석을 자신의 경호부대가 지키고 있는데 요원 매수를 방비하고 있다면서, 현재 동북군의 주력을 서안과 평량平凉, 핑량 일선에, 제17로군 주력은 서안, 동관 일대에 배치했으니, 홍군은 서안이 국민당군의 공격을 받지 않도록 영하, 농동□東, 룽둥 일대의 호종남, 증만종曾萬鍾, 쩡완종: 1894~1968, 모병문, 관인정關麟征, 관린정: 1905~1980, 이선주李仙洲, 리셴저우: 1894~1988 등의 중앙군을 견제해달라고 요청했다.

모택동은 즉시 중앙영도자회의를 소집하여, 주은래, 낙보, 왕가상, 박고, 주덕, 장국도 등을 비롯한 300명의 공산당 간부들에게 의견을 물었다. 주덕과 장국도는 장개석을 연안으로 연행하여 사형에 처하자고 주장했고, 주은래는 장학량과 양호성의 태도를 지켜보자는 관망책을 내놓았다. 그러나 모택동은 민족의 근본 이익에서 출발하여 국내외 복잡한 형세를 전면적으로 분석해야 한다고 역설했다. 그러면서 우선 모스크바가 이 사건을 어떻게 바라보고 있는지 알아야 하니 전문을 보내 문의하자고 했다. 이 의견에 박고, 낙보, 왕가상이 찬성했다.

그날 아침 보안과 섬북의 홍군 각 부대는 서안사건의 소식을 전해 듣고 환호했다. 보안에 있던 주은래의 부인 등영초鄧穎超, 덩잉차오: 1904~1992는 훗날 이 사건에 대하여 "너무나 기뻐 동지들과 함께 춤추고 노래 부르기 위해 마당으로 뛰쳐나왔다."고 술회했다. 그들은 입을 모아 당 중앙이 중국혁명의 최대 걸림돌인 장개석을 죽여 동지들의 복수를 해야 한다고 했다. 이튿날인 13일 모택동은 정치국확대회의를 열고, 장개석의 모든 악을 폭로하고 인민의 심판을 받도록 하겠다고 선언했다. 하지만 주은래는 신중한 태도를 견지했다. 당시 주은래의 주장은 다음과 같다.

당 중앙은 일본이 남경정부를 괴뢰정권으로 만드는 일을 방지해야 한다. 그러자면 국민당 내의 각 정치 계파의 태도를 중시해야 한다. 황포계, CC파, 원로파, 구미파의 지지를 얻어 그들이 서안사건을 찬성하도록 추동해야 한다. 구체적으로는 국민정부 주석 임삼, 송자문, 공상희, 손과, 풍옥상 등의 지지를 얻어내고 친일파인 국방부장 하응흠을 고립시켜야 한다. 이와 함께 대중 속으로 깊이 파고들어 군중을 동원해 서안을 항일의 중심지로 해야 한다. 항일 구호를 내세워 염석산, 유상과 연대하여 우리의 양익(兩翼)으로 삼아야 한다. 나아가 계계군벌과 연합하여 화동(華東)을 포위하는 전략을 구사해야 한다. 동남부 7개 성은 남경의 세력권에 있지만 이들을 항일전선에 끌어들여야 한다. 중국공산당은 남경정부와 맞설 필요가 없다. 실질적으로 영도하는 구실을 해야 한다. 앞으로 서안이 다른 도시를 이끌어가는 형식을 취하면 대단히 유리하다. 우리 당은 공개적으로 정치무대에 나설 준비를 해야 한다. 아울러 지하당의 어려운 공작을 중요하게 추진하면서 군중운동을 발동해야 한다. 서안에 정권과 장개석 제거의 중심을 세우되, 장개석 심판을 공개적으로 표시할 필요는 없다.

하지만 모택동은 그날 장학량에게 답신을 보내 이 시점에서 가장 좋은 선택은 장개석을 죽이는 것이라며 그의 신병을 넘겨달라고 요청했다. 아울러 자신이 이 사건과 관련하여 코민테른과 몇 가지 약속을 했는데, 세부 사항은 추후에 알려주겠다면서 양측의 협의를 위해 주은래를 서안에 파견하겠다고 제안했다.

모택동의 이런 태도는 장학량의 경계심을 불러일으켰다. 장학량에게 당시 필요한 것은 중국공산당의 비공개 약속이 아니라 소련의 공식적인 지지였다. 그런데 소련의 공산당 기관지 〈프라우다〉와 〈이즈베스티야〉는 이런 그의 기대를 저버렸다. 양 신문은 14일자 기사에서 장학량의 돌발적인 행동이 일본과 장개석을 도와주는 꼴이 되었다며 강력히 비난했다. 장학량은 자신의 도박이 실패했음을 깨달았다. 당시의 세력 판도에서 장개석은 결코 사라질 운명이 아니었던 것이다.

모스크바로부터 외면당하고 있다는 사실을 깨달은 장학량은 장개석을 보호하기로 결정했다. 12월 14일 오후 장개석을 찾아간 장학량은 자신의 행위가 경솔했다면서 비밀리에 석방하겠다고 했다. 그런 장학량의 의중을 알지 못한 중국공산당은 장개석을 파면하여 재판에 회부하고 국민당군과 홍군이 힘을 합쳐 항일투쟁에 나서자고 제안하고 주은래를 서안으로 파견했다. 주은래는 장학량과 몇 차례 회담을 나눈 뒤, 모택동에게 국민당군과 동북군이 동관에서 대치하고 있으며 남경의 친일파들이 내전을 조장하고 있다고 보고했다.

남경과 모스크바에서도 대책 마련에 부심하고 있었다. 12월 13일 부총리 공상희는 소련의 대리대사 디미트로프를 불러들여, 장학량의 쿠데타에 중국공산당이 개입했다는 소문이 있는데 만일 장개석의 안전이 위협받을 경우 중국인들의 분노가 공산당을 넘어 소련까지 비화할 것이며, 소련에 대항하기 위해 일본과 연합할 수도 있다고 경고했다. 스탈린은 이번 사건이 소련의 전략에 위험 요소로 작용할 수 있다고 판단하여 장개석을 살려주기로 결정했다.

12월 14일 자정, 스탈린은 디미트로프에게 전화를 걸어 현재의 상황을 부추기고 있는 중국공산당의 조치를 당신이 허가해주었는지를 따져 물었다. 디미트로프가 단호히 부정하자 스탈린은 중국공산당이 코민테른에 파견한 대표들의 역할에 관하여 추궁했다.

당시 중국공산당 대표 왕명은 장개석의 처형을 지지하는 「중국공산당에 보낼 전문」 초안을 스탈린에게 제출했다. 이에 스탈린은 긴급히 왕명에 대한 체포명령을 내렸고, 왕명은 이 초안이 군사정보부 부책임자 아르투르 아르투로프의 의견에 따라 작성되었다고 자백했다. 아르투로프는 즉시 스파이 혐의로 체포되어 처형되고 왕명은 풀려났다.

디미트로프는 자신의 결백을 주장하며 모택동에게 모든 책임을 떠넘겼다. 스탈린은 모택동과 일본의 공모 가능성을 의심하며 소련의 중국 전문가들을 모조리 체포하여 심문했다. 며칠 후 그들의 진술을 토대로 모택동이 트로츠키주의자이며 일본의 첩자라는 내용의 문서 2부가 작성되었다. 이런 상황에 깜깜했던 모택동은 15일 「홍군 장령이 서안사건에 관해 국민당 정부에 보내는 전보」를 발표했다. 전보는 장학량과 양호성의 거사를 정의감의 발로라고 높이 평가하고, 남경 정부에 두 사람이 요구한 8개항을 즉각 시행하며 내전 발동을 중지하라고 촉구하는 내용이었다.

12월 16일 디미트로프는 모택동에게 전문을 보냈다. 이 전문에서 그는 이번 사건이 항일통일전선에 위해가 될 뿐만 아니라 일본의 중국 침략을 도울 수 있다며 서안사건과 관련된 중국공산당의 태도를 격렬하게 비난했다. 디미트로프는 중국공산당이 이 사건의 평화적 해결에 대해 확고한 찬성 입장을 취하고, 장개석의 석방과 권좌 복귀를 보장하라고 촉구했다.

모택동은 중국공산당의 공식성명을 통해 남경정부의 주권을 인정한다고 발표하면서, 장학량을 중국 최고지도자로 추대하겠다는 내용은 집어넣지 않았다. 그러나 16일 남경정부가 장학량에게 선전포고를 하고 병력을 서안 방면으로 이동시키자, 장학량에게 전문을 보내 그에게 남경 공격과 전쟁 확대를 부추겼다.

이때쯤 비상구를 찾고 있던 장학량은 자신의 비행기를 섬북으로 보내 주은래를 서안으로 불러들였다. 모택동은 주은래에게 장개석의 석방을 돕는 대가를 받아 오라는 지시를 내렸다.

장학량의 선택

서안사건의 발발로, 남경정부는 두 패로 나뉘었다. 국방부장 하응흠과 왕정위 등 친일파들은 서안을 공격하여 장학량과 양호성을 응징해야 한다고 주장했고, 송경령과 송자문 등은 장개석의 안위를 걱정하여 서안 출병을 극력 반대했다. 하응흠은 일본대사와의 회담에서 서안에 대한 보복 공격을 예정대로 시행하겠다고 호언장담했다. 하응흠은 송자문이 장학량과 만나 중재에 나서겠다는 요구를 거부했지만, 송미령이 나서서 송자문을 서안으로 보내준다면 자신은 가지 않겠다고 하자 마지못해 이를 용인했다.

송자문은 장개석에게 송미령의 편지를 전해주었다. 장개석은 송자문과 단둘이서 30분가량 밀담을 나누는 자리에서 장학량의 자신에 대한 태도 변화, 그리고 남경정부에서 군사 행동을 서두르고 있는 친일파 각료들의 위협에 관하여 언급했다. 장개석의 당면 과제는 서안이 아니라 자신을 폭탄으로 날려버리려는 남경정부였다.

그날 밤 송자문은 장개석과 장학량에게 남경정부의 군사행동이 사흘밖에 남지 않았음을 상기시키며 반란군 측에서 요구한 사항에 대한 합의를 종용했다. 장개석은 협상에 앞서 자신의 무조건 석방을 고집했다. 결론이 쉽사리 나지 않자 송자문은 남경으로 돌아가 송미령과 비밀경찰의 우두머리 대립을 데리고 다시 서안으로 돌아왔다.

서안에 도착한 송미령 일행 중에는 송자문과 도널드, 대립 외에도 하녀와 요리사도 포함돼 있었다. 송미령은 항상 독살의 위험에 대비하여 요리사를 데리고 다녔다. 몇 해 전 장학량도 장개석과 함께했던 연회에서 중독되었다가 살아난 적이 있었다. 송미령은 그 점을 장학량에게 상기시키고 싶었는지도 모른다. 그녀의 앞에 장학량이 다가와 공손하게 고개를 숙였다. 장학량은 1925년 6월 상해의 미국영사관 만찬에서 국민당 원로 호한민의 소개로 송미령을 처음 만났고, 한때 그녀에게 청혼한 적도 있었다. 그는 과거 송미령의 구혼자들 중에 가장 세련된 인물이었지만 이제는 남편을 잡아 가둔 장본인이었다.

12월 23일 아침부터 장개석, 송미령, 송자문, 도널드, 대립, 장학량의 만남은 사흘 동안 계속되었다. 그사이에 인근 지역의 군벌과 군사 지휘관들이 부산하게 들락거렸다. 그들이 문제로 한 것은 납치사건 당일 장개석을 체포했던 양호성과 그 부하들이었다. 장개석을 풀어주면 자신들의 신변이 위험해질 것을 염려한 양호성은 석방을 결사반대했는데, 주은래는 양호성을 설득하기로 하고 대가를 요구했다. 이에 대립은 자신이 잡아두고 있던 일부 정치범의 석방을 지시했고, 양호성과 부하들의 안전도 보장했다.

주은래의 설득을 받아들인 양호성은 얼마 후 유럽 망명길에 오른다. 주은래는 장개석에게 공산당 토벌작전 중단과 자신과의 공식회담을 요구했다. 장개석이 주은래를 만난다는 것은 중국공산당을 국내정치의 파트너로 인정한다는 뜻이다. 이런 의미를 알고 있는 장개석은 일거에 거부했다. 그러자 모스크바가 움직였다. 모스크바는 장개석의 생각을 돌이킬 카드를 내놓았다. 12월 24일 오후, 박고가 장경국 귀국이라는 특별한 소식을 들고 서안에 도착했다. 주은래로부터 고대하던 아들의 귀환 통보를 받은 장개석은 공산당의 요구사항에 동의하고 직접협상을 위해 그를 남경으로 초청했다.

12월 26일 오후, 장개석과 수행원들은 군사재판을 자청한 장학량과 함께 서안비행장의 하늘로 날아올랐다. 1937년의 새해가 밝아오고 있었다. 그 후 몇 달 동안 장개석의 생환은 숭배자들을 통해 엄청난 승리로 묘사된다. 〈타임〉지는 1937년의 빼어난 인물로 장개석 부부를 선정했다.

장개석 석방.
오른쪽이 장개석, 왼쪽이 장학량이다.

장개석과 함께 남경에 도착한 장학량은 즉각 체포됨으로써 서안사건에 대한 책임을 떠안았다. 사람들은 그의 행위를 어리석다고 조롱했지만 역사적으로는 매우 현명한 선택이었다. 비록 그 자신은 죄수가 되었으나, 서안에 대한 세인의 관심을 남경으로 돌려놓아 동북군의 희생을 막았고 손상된 장개석의 위신을 세워주었다. 게다가 오랜 세월 추구했던 항일통일전선을 탄생시킴으로써 중국 현대사의 방향을 바꾸어놓았다.

장개석은 굴욕감을 안겨주고 공산당 박멸의 기회를 사라지게 만든 장학량을 평생 용서하지 않았다. 거기에는 장학량의 뛰어난 자질이 언젠가 자신의 지위를 위협할지도 모른다는 경계심까지 작용했다. 장학량은 대립이 이끄는 비밀경찰의 감시하에 긴 세월을 연금 상태로 보내는 동안 명나라 역사를 연구하게 된다. 그 사이에 송자문을 비롯한 여러 지인들이 그를 석방시키려고 애썼지만 장개석의 앙심은 이겨내지 못했다.

섬감녕특구정부

서안사건 이후 장개석을 중심으로 하는 항일투쟁의 분위기가 고조되었다. 스탈린은 모택동에게 지주 타도와 토지개혁 등의 과격한 혁명 사업을 중지하고 남경정부에 협력하여 항일전선에 동참할 것을 주문했다.

주은래는 남경에서 장개석과 제2차 국공합작에 대하여 논의했다. 그 결과 무한에서 공동 정부를 구성했던 1920년대와 달리 중국공산당은 현상을 유지하게 된다. 남경정부는 섬서·감숙·영하 지역으로 이루어진 중국공산당의 섬감녕특구정부陝甘寧特區政府를 승인했다. 중국공산당은 200만 명의 인구에 약 13만km²의 영토를 공식적으로 지배할 수 있게 되었다. 공산정부는 수도를 연안으로 정하고 보안에 있던 모든 정책부서를 이동시켰다. 장개석은 향후 일본과의 전면전에 대비하여 홍군 4만6000명에 대한 무장 비용까지 지급하기로 약속했다.

남경정부와 중국공산당이 협상하는 동안 스탈린은 약속대로 11년 동안 소련에 머물고 있던 장개석의 아들 장경국을 풀어주었다. 장경국은 열차편으로 시베리아를 건너올 때 미래의 중국공산당 비밀경찰 책임자 강생의 경호를 받았다. 강생은 오랫동안 소련 비자가 나오지 않아 파리에 머물고 있던 모택동의 두 아들을 몇 주 전에 모스크바까지 데려다주었는데, 이번에는 경쟁자의 아들을 수행하여 남경으로 돌아왔다.

1937년 2월 장개석은 스탈린에 대한 답례로 과거 장경국을 모스크바에 데려갔던 소역자를 국민당 선전부장으로 임명했다. 소련에 대한 장개석의 우호적인 조치가 이어지자 중국 언론은 소련에 대하여 열성적으로 보도하기 시작했고, 그 여파로 여태까지 비적으로 규정했던 중국공산당을 온건하고 긍정적인 이미지로 묘사하기에 이른다.

그즈음 소역자는 주은래에게 1935년 영국에서 출간된 『소비에트 공산주의; 새로운 문명?』을 소개했다. 이 책의 저자인 시드니 웹Sidney Webb과 베아트리스Beatrice Webb 부부는 런던 정경대학을 설립하고 영국복지정책을 이끈 선구자들로, 영국의 사회주의운동인 페이비언 협회Fabian Society를 주도하며 혁명적 방법보다는 계몽과 개혁을 통한 사회주의를 주장한 사람들이었다. 남편 시드니 웹은 영국

『소비에트 공산주의: 새로운 문명?』

노동당 정부에서 각료를 지낸 적이 있었고, 부인 베아트리스는 영국 정치귀족의 딸로 케임브리지와 블룸베리 클럽 인사를 비롯하여 버트란트 러셀, 버나드 쇼, 존 M. 케인즈, 찰스 디킨슨 등과 교분이 두터웠다.

웹 부부는 자본주의가 최종 몰락 단계에 있는 만큼 소련의 공산주의가 대안이 될 것이라 판단하고 1932년 소련을 방문하여 사회주의가 발현하는 현장을 둘러보았다. 당시 소련에서는 1929년부터 시작된 제1차 5개년 계획이 막바지 단계에 접어들고 있었다. 소련공산당은 산업화와 농촌의 집단화를 추진하는 과정에서 부농kulak 100만 명을 학살하고 수많은 주민을 강제이주시킴으로써 대기근을 초래했다. KGB의 전신인 비밀경찰 GPU는 주민의 이동을 제한하는 통행증 제도를 도입하고 노동조합의 힘을 약화시켰다. 이 계획은 부분적으로나마 긍정적인 성과를 거두었는데, 교육 여건이 개선되어 많은 아이들이 혜택을 입고, 여성의 일자리가 늘어난 것이 그것이었다. 하지만 솔제니친이 『수용소군도』에서 지적한 것처럼 그 이면에는 전체주의 권력의 소름끼치는 촉수가 도사리고 있었다.

웹 부부는 레닌그라드에 도착하여 아스토리아호텔 스위트룸에 머물며 최고의 귀빈 대접을 받았다. 그들은 현지에서 트랙터공장과 콤소몰 회의를 참관했고, 모스크바에서는 외무부 소유의 영빈관에 머물며 학교, 공장, 교도소, 극장 등을 참관했다. 로스토프Rostov에 가서는 집단농장 여러 곳을 방문했는데, 실패 사례로는 생산목표를 채우지 못한 엔진공장 단 한 곳만을 보았을 뿐이었다. 그들이 수집한 자료는 소련 정부에서 제공한 선전물뿐이었지만, 베아트리스는 소비에트 정부가 새로운 문명을 대변하고 있다며 칭송을 아끼지 않았다.

웹 부부는 소련의 공산주의가 서구의 자본주의보다 우월하다고 믿었다. 개인들이 일상적으로 국가 운영에 참여할 기회가 많다는 이유에서였다. 스탈린은 그들에게 독재자가 아니라 여러 위원회의 서기였고, 공산당은 빈곤 퇴치에 헌신하고 있으며, 당원들은 법률상의 특권이 전혀 없어 보였다. 웹 부부는 GPU가 인민을 탄압하는 것이 아니라 건설적인 임무를 맡고 있다고 옹호했다. 소련에서 스탈린의 공포정치가 극에 달했던 1937년에 나온 재판再版의 제목은 '?'을 빼버린『소비에트 공산주의; 새로운 문명』이었다.

소역자는 사회주의에 대한 확신으로 가득 찬 웹 부부의 책이 서방 세계에 커다란 반향을 불러일으켰던 것처럼, 중국공산당의 고난과 혁명 의지를 담은 책을 통해 중국인들에게 오랫동안 각인된 공산당의 부정적 이미지를 바꿀 때가 되었다고 생각했다. 그의 제안에 공감한 주은래는 1936년 여름 미국 기자 에드거 스노를 은밀하게 보안으로 불러들여 장차 모택동 우상화의 기념비적인 책『모택동 자서전』출간 작업에 돌입했다.

제2차 국공합작

『중국의 붉은 별』

중국공산당은 소비에트 지역을 확산시키는 과정에서 농민 대중들을 설득할 수 있는 방법이 무엇인지 정확히 파악하고 있었다. 그중에는 악덕 관리와 지주들에 대한 인민재판이나 토지 분배 등 자극적인 방법도 있었지만 가장 효과적인 것은 문화적인 선전선동이었다.

붉은연극단은 거의가 문맹인 농민들에게 연극을 통하여 최근 중국에서 일어난 다양한 이슈들을 재미있게 알려주었다. 나아가 자신들이 혁명전선에 나선 이유가 부자나 지주들에게 핍박받고 착취당하는 그들을 위해서라는 점을 간단하게 이해시켜주었다.

홍군의 붉은연극단에 대한 소문이 농촌 지역에 널리 퍼지면서 농민들의 호기심을 자아냈다. 1935년 홍군이 산서성에 출동하자 붉은 배우들을 보기 위해 수백 명의 농민들이 떼 지어 몰려들기도 했다. 국공합작을 통해 정식으로 정치무대

전면에 나서게 된 중국공산당은 도시의 지식인과 학생들을 대상으로 더 세련되고 지적인 도구를 활용하여 자신들의 이미지를 제고하고자 했다.

〈새터데이 이브닝 포스트〉와 〈뉴욕헤럴드 트리뷴〉지에 기고하던 미국의 언론인 에드거 스노Edgar Snow: 1905~1972는 1936년 봄 상해의 공산당 지하조직과 논의 끝에 모택동의 자서전을 집필하기로 합의했다. 그해 여름 스노는 외과의사 조지 하템George Hatem과 함께 공산당의 근거지인 보안으로 들어가 3개월 동안 모택동을 비롯한 공산당 지도자들을 인터뷰했다. 스노가 사전에 작성한 질문서를 제출하면 정치국에서 세심하게 답변해주었고, 이어서 모택동과 본격적인 인터뷰를 진행했다.

원래의 꿈은 초등학교 교사였다. 공산당원이 되리라고는 상상해본 적이 없다. 주변에서 벌어지는 일들은 인간의 의지보다 강하다. 현실이 지금의 나를 만들었다. 결국 내 발로 공산당 조직에 참가했다.

모택동은 10여 차례에 걸쳐 중국공산당의 활동과 목표를 자세히 설명했고, 자신의 신상에 관한 이야기도 처음으로 털어놓았다. 이런 모택동의 태도에 감동한 스노는 "모택동과 중국공산당 지도부는 단도직입적이고 담백하며 솔직하여 속임수를 쓰지 않는다."며 적극적으로 그를 옹호했다. 모택동은 스노에게 모스크바와 중국공산당의 관계를 숨기면서 미국과 우호관계를 맺기를 원했고, 스노가 쓴 글을 점검하여 부분적으로 수정하는 치밀함을 보였다.

1936년 10월 중순, 북경으로 돌아온 에드거 스노는 미국 영사관 강당에서 '서북기행西北紀行'이란 주제로 강연회를 열었다. 북경대학, 청화대학, 연경대학의

『毛澤東 自傳』

『중국의 붉은 별』 초판본

수많은 학생들이 몰려왔다. 참석자들은 그가 16mm 필름에 담아 온 모택동, 주덕, 팽덕회, 임표, 주은래 등 지금껏 비적으로 치부되어왔던 여러 홍군 지도자들의 진면목을 보고 열광했다.

1937년 11월 상해에서 『모택동 자서전』이 출간되었다. 이 책에는 1936년 여름부터 에드거 스노가 모택동과 인터뷰한 내용으로 완성되었는데, 모택동이 항일투쟁에 전념했다는 증거로 각종 선언문이 부록으로 게재되었다. 모택동은 빼어난 필치로 "일본 제국주의자들과 맞서 끝까지 흔들림 없이 싸웠다."라는 제자題字를 썼다. 이 책을 읽고 감동한 수많은 젊은이들이 공산당에 입당했다. 소역자와 주은래가 도모한 중국공산당의 이미지 교체 작업이 엄청난 성과를 이끌어냈던 것이다.

에드거 스노는 『모택동 자서전』이 큰 인기를 끌자 런던에서 『중국의 붉은 별Red Star Over China』을 출판했다. 이 책은 그동안 피에 젖은 공산당의 권력투쟁사를 깨끗이 지우고 대중적인 색깔로 덧칠함으로써 공산당 복권의 일등공신이 되었다. 중국공산당은 이 책을 『서행만기西行漫記』라는 제목의 중국어판으로 국내에 소개했다. 뒤이어 모택동의 인간적인 모습을 담은 『모택동 인상기』도 간행되었다. 중국인들은 이 세 권의 책을 통해 중국공산당을 항일투쟁에 헌신해온 민족주의 정당으로 인식하게 되었다. 이를 두고 모택동은 "요임금의 치수 업적에 못지않다."며 기뻐했다고 한다.

1937년 1월 1일 모택동은 연안을 중국공산당의 새로운 근거지로 정했다. 그때부터 시작된 10년 동안의 연안 생활은 매우 평온했다. 모택동의 명성을 듣고 젊고 매력적인 여성들이

영화배우 시절의 강청

찾아오자 그는 공개적으로 연애를 즐겼다. 처음 등장한 여성은 26세의 아름다운 여배우 릴리 우吳光維, 우광웨이였다. 기혼이었던 그녀는 1937년 초반 연안에 도착하여 스타가 되었다.

모택동은 릴리 우와 교분이 있던 미국 작가 아그네스 스메들리Agnes Smedley와도 은밀한 관계를 가졌다. 스메들리는 축음기의 음악에 맞춰 춤을 추는 스퀘어댄스를 조직하여 그의 눈을 사로잡았다. 모택동이 이 댄스를 즐기자 연안에서 때 아닌 춤바람이 일어나기도 했다. 그해 여름부터 상해의 아리따운 여배우 강청과 어울리기 시작한 모택동은 아내 하자진과 애인 릴리 우, 스메들리를 모스크바로 쫓아냈다.

중일전쟁의 발발

1937년 중반부터 북경 교외에 있는 노구교盧溝橋, 루거우차오 양안에는 서북군벌 풍옥상 휘하였던 송철원의 국민혁명군 제29군과 다시로 가니치로田代皖一郎: 1881~1937 휘하의 일본 지나주둔군 제1보병연대 병력이 대치하고 있었다.

그해 7월 7일 밤 야간훈련 중이던 일본군 진영에서 총소리가 들리더니 병사 한 명이 행방불명되었다. 그 병사는 곧 부대에 복귀했지만 일본군은 중국군이 일본군을 납치했다면서 중국군 진영으로 일본군을 보내 수색하겠다고 요청했다. 중국군이 거절하고 일본군이 쌍방 수색을 제안하면서 사건은 평화롭게 마무리되는 듯싶었다. 그런데 일본군 연대장 무타구치 렌야牟田口廉也: 1888~1966가 갑자기 공격명령을 내려 상황을 악화시켰다. 다음 날 새벽 일본군은 중국군 진지에 포격을 퍼붓고 병력을 대거 투입하여 노구교를 점령해버렸다. 일본군은 탱크까지 동원

노구교

하여 완평현宛平縣, 완핑현 성을 공격했지만 중국군도 물러서지 않고 맹렬하게 반격했다. 7월 11일 중국 대표 진덕순秦德純, 친더춘: 1893~1963과 일본군 특무기관장 마쓰이松井가 정전협상을 벌였다. 이때 마쓰이는 다음과 같은 세 가지 조건을 내걸었다.

첫째, 국민당은 북경에 있는 반일단체를 일소하고 반일활동을 중지할 것.
둘째, 국민당은 7월 7일 사건의 모든 책임을 질 것.
셋째, 송철원 등 제29군 지휘관들이 사과할 것.

일본군이 이처럼 우연히 벌어진 국지전을 중국인들의 반일활동까지 연결시킨 것은 그만큼 중국 내에 반일항전 분위기가 고조되고 있었기 때문이었다. 하지만 후속 수단은 각국 정부의 몫이었으므로 양측은 "쌍방 간에 즉시 사격을 중지하고, 중국군은 영정하永定河, 융딩허 의 우안으로, 일본군은 풍태口台, 펑타이로 철수하며, 완평현 성의 수비는 반일 성향이 강한 부대 대신 다른 부대를 배치한다."는 3개 항의 정전협정을 맺고 일단 군사를 물렸다.

노구교사건은 이처럼 일시적으로 봉합되었지만 호전적인 일본의 고노에近衛 내각은 이를 빌미로 중국을 침략하기로 결정했다. 곧 일본 본토에서 3개 사단, 만주에서 2개 여단, 조선에서 1개 사단이 화북 지역으로 파견되었다. 당시 일본군은 30만 명 이상의 정규군과 만주국 병력 15만 명, 약 200만 명에 가까운 예비군을 보유하고 있었으며, 세계 3위에 달하는 해군과 해군항공대, 육군항공대의 지원을 받고 있었다.

중국군은 400만 명 이상의 병력이 있었지만 10만 명의 장개석 직속부대만이 현대적인 무장을 갖추었을 뿐 나머지는 군벌 소속의 오합지졸이 대부분이었다. 게다가 해군이나 공군은 일본에 비길 수가 없었다. 7월 17일 장개석은 여산담화 盧山談話, 루산담화에서 전쟁에 대비하는 자신의 심경을 밝혔다.

우리가 정말로 피할 수 없는 최후의 기로에 섰다면 당연히 희생과 항전이 있을 뿐이다.

7월 28일 일본의 전면적인 침략 전쟁이 시작되었다. 기계화부대를 앞세운 일본군은 파죽지세로 중국군을 밀어내고 7월 30일 북경과 천진을 점령했다. 8월 7일 장개석은 국방회의에서 전면 항전을 결의하고 삼군총사령관이 되었다. 장개석은 3개 사단 4만5천 명의 홍군이 총지휘 주덕, 부총지휘 팽덕회로 독자적인 지휘부를 설치하고 대일항전에 나선다는 데 동의하고 홍군을 국민혁명군 제8로군으로 편성했다. 장개석의 정부군은 일본군과 전면전에 돌입했고, 팔로군은 후방에서 유격전을 수행했다.

중국인들의 반일감정은 하늘을 찔렀지만, 전면전을 원치 않았던 장개석은 일본에 정식 선전포고를 하지 않았다. 일본은 그런 장개석의 심리를 이용하여 북부 지역을 잠식해 들어갔다. 그런데 몇 주일 지나지 않아 북경에서 남쪽으로 1,000km나 떨어진 상해에서 전면전이 벌어졌다. 그곳은 중국군이나 일본군 모두 전쟁을 벌일 계획이 없던 지역이었다.

애초에 일본은 전쟁 개시와 함께 속전속결로 중국 북부를 장악할 계획이었다. 상해전투는 그런 일본의 구상을 뒤집는 것이었다. 사실, 그것은 중국과 일본을 혼란에 빠뜨리려던 소련의 공작이었다. 일본군이 신속하게 북중국을 잠식하면서 중소국경의 방어망이 위협받자 스탈린은 중국의 심장부인 상해에서 양국의 전면전을 유도하고자 한 것이다.

당시 국민당군 상해·남경지구 사령관은 장치중이었다. 그는 황포군관학교 교관 시절 붉은 교관이라는 별명을 얻었을 정도로 공산당에 호의적이었다. 남경에 있던 소련 대사 보고몰로프와 무관 레핀은 장치중과 접촉하여 상해의 일본 주둔군에 대한 공격을 부추겼다. 이 무렵 상해에는 1932년에 체결된 강화조약에 따라 약 3,000명의 일본군이 주둔하고 있었다.

장치중

장치중은 소련의 의도에 부응하여 장개석에게 상해의 일본군 공격을 제안했다. 장개석은 즉답을 피했는데, 수도 남경과 인접한 대도시 상해에서 전투가 벌어진다면 전쟁이 전면전으로 확대될 것이 분명했기 때문이다. 8월 9일 상해공항에서 중국군과 일본군의 소규모 충돌이 일어났다. 장치중은 14일 밤 장개석에게 전문을 보내 상해에 정박하고 있는 일본 해군 이즈모出雲호와 일본 병영을 공격하겠다고 통보하고, 15일 일본 전함에 포격을 가했다. 장치중은 기자회견을 열고 일본 전함이 상해에 포격을 가했으며 일본군이 중국인을 공격하고 있다고 주장했다. 분개한 상해 시민들은 거리로 몰려나와 반일시위를 벌였다. 그처럼 상해의 분위기가 악화하자 장개석은 전투 명령을 내리지 않을 수 없었다.

1937년 8월 13일 밤부터 중국군의 공격이 시작되었다. 태풍이 밀려온 14일에는 제87사가 일본인구락부와 일본해군 연병장을 공격했고, 제88사는 팔자교八字橋, 바즈챠오 일대에서 일본군과 격렬한 육박전을 벌였다. 일본군은 8월 13일 육군 제2

상해전투의 일본군 육전대

사단의 상해 증원을 결정하고, 14일에는 제3사단과 제11사단으로 구성된 상해파
견군을 편성하여 마쓰이 이와네松井石根: 1878~1948 사령관을 총지휘관으로 임명했다.
병력 면에서 우월했던 중국군은 갑북·홍구·양포楊浦, 양푸 선을 확보했다.

　　상해의 일본군은 증원군이 도착할 때까지 함포 사격을 강화하며 시간을 벌
었다. 8월 15일부터 일본의 비행기들이 상해와 남경을 폭격했고, 20일에는 무한까
지 공습을 확대했다. 중국군은 8월 20일 강소성과 절강성을 제3전구로 지정하고
전면전에 대비했다. 스탈린은 자신의 의도가 성사되자 중국과 불가침조약을 맺
고 1억 달러의 차관 제공에 합의했다. 아울러 1,000대의 항공기와 탱크, 야포 등
을 지원하고 수백 명의 군사고문단과 공군 조종사까지 파견하기로 약속했다.

　　8월 21일 중국군은 전군을 우익·중앙·좌익의 3작전구로 재편성하고 장발규·주
소량·진성을 각각 총사령으로 임명했다. 이날부터 중국군은 총공세로 일본군을 밀
어붙였지만 이틀 후인 23일 일본군 제3사단이 오송에, 제11사단이 천사진川沙鎭, 촨샤

진 부근에 상륙하면서 전세가 일변했다. 역습을 펼친 일본군이 8월 28일부터 9월 1일까지 나점羅店, 뤄디엔과 오송을 점령했다.

수세에 몰린 중국군이 지구전 태세로 전환하자 일본군은 본토에서 제9사단, 제13사단, 제101사단과 야전중포병 제5여단을 투입하고, 대만에 있던 1개 여단까지 동원하여 파상공세를 펼쳤다. 9월 25일에는 96대의 비행기로 남경을 공습했다.

일본군의 증원은 계속되어 10월 초순 상해의 일본군 병력은 30만 명에 달했다. 10월 7일부터 일본군은 온조빈□藻浜, 원자오방을 도하하여 대장진大場□, 다창진을 공격했다. 중국군 제21집단군이 반격에 나섰지만 일본군 비행기의 맹폭을 견디지 못하고 철수했다. 10월 25일 대장진이 함락되자, 중국군은 상해 북부를 포기하고 소주하 남안으로 퇴각했다.

이 전투에서 중국군은 극심한 피해를 입었지만 사기는 높았다. 제67사의 한 부대는 전투 과정에서 4명만 살아남았을 때 한 명이 중대장의 시신을 옮기고, 나머지 세 명이 끝까지 진지를 사수하기도 했다. 이런 중국군의 강력한 저항을 미처 예견하지 못했던 일본군은 의외로 수많은 희생을 치르면서 점점 흉포해지기 시작했다. 그 와중에 10월 23일 전선을 시찰하러 왔던 송미령이 차량 전복 사고로 갈비뼈가 부러지는 중상을 입었다. 동승했던 장개석의 고문 도널드 역시 부상당했다. 시내에서 일본군의 사격을 피하기 위해 과속하다 일어난 사고였다.

상해전투의 클라이맥스는 갑북 시가지와 공동조계인 오송강吳淞江, 우쑹강=소주하 건너에 있는 사행四行, 쓰싱창고에서 벌어졌다. 그곳은 4개 은행에서 공동창고로 운영하던 6층 건물이었다. 10월 26일 밤, 중국군 제524사 부중좌 사진원謝晉元, 셰진위안: 1905~1941은 갑북 지역 철수작전 엄호를 위해 사행창고로 일본군을 유인하라는 명령을 받고, 창고에 800명의 병력을 배치했다.

10월 27일 아침, 일본군이 오송강을 따라 건물을 불사르며 전진해 왔다. 일본군이 사행창고 가까이 접근했을 때 중국군은 일제 사격으로 80명의 일본군을 사살했다. 급히 후퇴한 일본군은 대포와 전차를 끌고 와 파상공세를 펼쳤다. 중국군은 창고에 있던 콩 자루와 밀가루 부대를 높이 쌓아 포화를 막아내고, 옥상에서 수류탄 투척과 박격포 사격으로 반격했다. 일본군 전차 3대가 파괴되고 4대가 전복되었으며, 시간이 지날수록 일본군의 시체가 늘어갔다.

갑북의 마지막 진지를 지키는 이들의 분투는 오송강 너머 공동조계에서 고스란히 목격되었다. 8백 명의 결사대가 일본군에 맞서 분투를 이어가던 10월 28일 밤, 빗발 같은 총탄을 뚫고 한 중국인 소녀가 창고 안으로 뛰어들었다. 걸스카우트 단원인 18세의 양혜민楊惠敏, 양후이민: 1915~1992이었다. 그녀는 품 안에서 커다란 청천백일기를 꺼내 들었고, 10월 29일 새벽 창고 옥상에 청천백일기가 게양되었다. 갑북 도처에 일장기가 나부끼던 그날 갑북의 가장 높은 곳에서 펄럭이는 청천백일기는 상해 시민들을 고무시키는 것이었다. 일본군은 집중사격으로 깃발을 떨어뜨리려 했지만 좀처럼 명중시키지 못했다.

청천백일기를 펼치는 양혜민

일본군의 포화가 조계로 날아들 것을 염려한 영국은 중국 측에 사진원 부대를 공동조계로 철수시킬 것을 제안했다. 긴급 퇴각명령을 받은 결사대원들이 31일 새벽 사행창고를 빠져나와 오송강을 건너 공동조계로 철수했다. 나흘 동안 펼쳐진 전투에서 중국군은 37명이 희생되었다. 사진원은 다시 전선으로 출동을 원했지만 일본군의 개입으로 공동조계에 억류되었다.

사진원

결사대원들의 최후는 비참했다. 대장 사진원은 1942년 4월 24일 자객에게 암살당했고, 나머지 부대원들은 1941년 12월 상해조계를 점령한 일본군에게 사로잡혀 전국 각처에 끌려 다니며 곤욕을 치렀다. 이들 중 전쟁이 끝난 뒤 상해로 돌아온 사람은 100여 명에 불과했다.

1937년 8월부터 11월까지 약 3개월에 걸쳐 벌어진 상해전투는 제2차 세계대전의 스탈린그라드전투에 비견될 만큼 치열한 싸움이었다. 중일 양국의 최정예부대가 총력전을 펼친 이 전투에서 중국군은 73개 사단을 투입했지만 40만 명이 희생되고 공군이 전멸했으며 주력 전함이 모조리 파괴되는 참패를 당했다. 일본군의 희생자는 4만 명에 불과했다. 그러나 이 전투를 계기로 일본군은 중국 침략 이후 한 번도 경험해보지 못했던 중국군의 결사항전에 경각심을 품게 되었다.

남 경 대 학 살

중국군을 궤멸시키고 상해를 점령한 일본군은 1937년 11월 남경으로 진격했다. 장개석과 남경정부의 수뇌부는 지하벙커나 교외로 장소를 옮기면서, 남경 포위망을 좁혀 오는 일본군에 대한 전략회의를 열었다. 작전조장 유비劉斐, 류페이:

1898~1983가 남경 포기를 제안하고 부참모총장 백숭희[8]가 동의한 반면, 당생지는 상해를 잃고 수도까지 빼앗긴다면 국민들을 대할 면목이 없다며 남경 사수를 주장했다.

당생지

결국 장개석은 당생지를 남경위수사령관으로 임명하고, 자신은 무한으로 잔여 병력과 함께 철수하기로 했다. 당생지는 서둘러 남경 방위계획을 수립했지만, 일본군의 남경 공략이 예상보다 빨라서 병력 동원에 차질이 빚어졌다. 당생지가 지휘하는 남경위수사령부는 본래 10개 사단으로 구성되었으나 3개월간의 상해전투에서 절반가량이 희생되었다. 다급히 충원된 신병들은 소총을 제대로 다루지 못했고, 사령부 장교들은 전황에 어두웠으며, 지휘계통도 혼란에 빠져 있었다.

12월 3일 일본군 화중사령관 마쓰이 이와네의 남경 총공격 명령이 떨어지고 오후 2시 일본군 비행기 10여 대가 남경을 공습하면서 전투가 시작되었다. 12월 7일 밤, 장개석은 군사지휘관회의에 참석하여 30여 명의 장성들에게 일장연설을 한 뒤 부인 송미령과 함께 비행기를 타고 무한으로 떠났다.

일본군은 무고한 살상을 막기 위해 항복하라는 내용의 투항권고문을 비행기로 남경 곳곳에 살포했다. 그들이 제시한 최종시한은 12월 10일 정오였다. 11시

---

8   백숭희(白崇禧)는 광서성 회족 이슬람교 출신으로 보정군관학교를 졸업한 뒤 국민혁명군의 가장 유능한 장군으로서 대장급인 일급상장(一級上將)에 올랐다. 1924년 광서군벌을 토벌하면서 '작은 제갈량(小諸葛)'이란 별명을 얻었다. 성품이 강건하고 전략에 능통했는데 항일전쟁 당시 드물게 일본군과 싸워 이겼다. 그러나 황포군관학교 출신과 동향을 감싸던 장개석은 그를 요직에서 배제했고, 전후 대만으로 불러들여 연금 상태에 두고 죽을 때까지 감시했다.

40분 중산문中山門, 중산먼에 도착한 일본군 차량에서 4명의 장교가 내려 중국군의 항복을 기다렸으나 12시 10분경까지 중산문이 열리지 않자 남경 초토화를 선언하며 돌아갔다.

이윽고 일본군의 대대적인 공격이 시작되었다. 사방에서 일본군의 강력한 포화가 불을 뿜었고, 하늘을 가득 덮은 비행기에서 포탄이 소나기처럼 쏟아졌다. 고도古都 남경의 주택과 건물은 금세 쑥대밭이 되었고, 시민들은 생지옥을 벗어나기 위해 사방으로 내달렸지만 어디에도 출구는 없었다. 10일부터 11일까지 이틀 동안 일본군은 30여 차례 야습을 가했다. 중국군은 치열하게 방어전을 펼쳤으나, 막강한 일본군의 화력 앞에 병사들이 속절없이 죽어갔다.

12월 12일 일본군은 중화문中華門, 중화먼을 파괴하고 성안에 있는 중국군 요새의 중포와 고사포를 모조리 제거했다. 10만 명의 중국군 병력은 3분의 2로 줄어들었다. 장강 연안의 오룡산烏龍山, 우룽산 요새를 돌파한 일본 해군 제11함대는 장강

일본군의 양자강변 피난민 학살

을 헤엄쳐 도망치는 피난민들에게도 무차별 포격을 가했다. 그 과정에서 정박해 있던 미국과 영국의 선박이 유탄을 맞고 침몰했지만, 미·영 정부는 일본 외무성의 유감 표명에 만족하고 그 이상의 대응은 하지 않았다.

그날 아침 위수사령관 당생지는 부사령관 나탁영羅卓英, 뤄주오잉: 1896~1961, 참모장 유홍劉興, 류싱: 1887~1963에게 장개석이 보낸 전문을 보여주었다. 상황이 어려우면 남경을 포기하고 퇴각했다가 전열을 재정비하여 반격의 시기를 기다리라는 내용이었다. 장개석은 서방국가가 세운 국제안전위원회에 정전협정 중재를 요청했다. 하지만 일본은 국제안전위원회의 제안을 딱 잘라 거절했다. 일본은 이미 남경 점령을 기정사실화하고 있었던 것이다.

일본과의 협상이 무산되었다는 소식을 들은 당생지는 군단장들을 소집하여 퇴각 명령을 내렸다. 12일 저녁 6시, 남경성을 지키던 최후의 부대가 철수했다.

일본군의 남경 입성

그런데 당생지로부터 받은 철수명령서를 들고 부대로 돌아간 중국군 장교들은 하급부대에 전달도 하지 않고 자기들부터 살길을 찾아 도망쳤다. 그들은 작전상 계획된 철수 노선을 지키지 않고 무작정 하관下關, 샤관 부두로 달려갔다. 남경 외곽은 피난하는 군인과 민간인이 뒤섞여 그야말로 아비규환이었고, 미처 강을 건너지 못한 군인들은 총과 탄약, 군복을 벗어 던지고 민간인으로 위장하여 국제안전구로 대피했다.

이런 상황에서도 중국군 고위지휘관들은 느긋했다. 부참모장 여염자余念慈, 위녠츠는 철수하는 열차 지휘실 소파에서 단잠에 빠져 있었고, 제74군단장 유제시俞濟時, 위지스는 호위병의 보호 아래 피난민들을 바라보며 유유히 담배를 피웠으며, 제71군단장 왕경구王敬久, 왕징쥬는 사지를 벗어난 안도감에 잠겨 있었고, 남경위수사령관 당생지는 일찌감치 저주□州, 추저우에 도착하여 산책을 즐겼다. 이들 중 남경 탈환을 위한 작전계획을 짜는 사람은 누구 하나 없었다.

1937년 12월 13일 0시 10분, 일본군 제6사단의 선봉을 맡은 오카모토岡本 부대가 중화문을 통해 성안으로 들어갔다. 사단장 다니 히사오谷壽夫: 1882~1947는 러일전쟁에도 참전했던 무자비한 살인마였고, 그의 부하 장교들도 잔혹하기로 정평이 나 있었다. 그들은 투항한 중국군들을 10m 높이의 중산문 성곽에 줄지어 세워놓고 대검으로 찌른 뒤 성 아래로 던졌다.

일본군 종군기자들은 앞다투어 남경 함락 소식을 본국에 타전했다. 〈요미우리신문〉은 당일 석간에서 "남경을 사지로 몰아넣었다."는 제하에 다음과 같은 기사를 실었다.

좌익부대는 장강을 건너 포구를 점령하고, 정면부대는 남경의 여러 성을 점령했으며 적장 당생지와 5만 적군이 아군에게 완전 포위당했다. 오늘 새벽부터 남경 함락을 목표로 장렬한 시가전이 벌어졌으며 오전 11시까지 성북 일대를 제외하고 대부분의 지역을 장악, 적군의 주요 부서도 점령했다. 아군은 극동 역사상 공전의 처참한 함성의 심포니를 연출했다.

남경을 완전히 장악한 뒤 약 6주 동안 일본군은 군인들뿐 아니라 민간인들을 상대로 무차별적인 살육, 방화, 강간을 자행했다. 무려 그 희생자 수는 30만 명에 이른다. 일본군 특명사령관 야스다 세이치安田□는 종군기자단에게 보도 통제의 엄명을 내리고, 긴급지시로 모든 외국인에게 촬영금지령을 내렸다. 이미 촬영된 사진은 모두 압수되었다. 그러나 남경성공회의 목사 존 마키는 사령부의 지시를 어기고 필사적으로 일본군의 만행을 16밀리 카메라에 담았다. 그는 남경대학살을 두고 "단테의 신곡에 묘사된 연옥이 남경시가 함락당한 그날의 모습이며, 침략자 일본군은 지옥의 아수라 떼였다."고 술회했다. 마키 목사가 남긴 필름은 55년이 지난 1991년 7월 일본의 NHK-TV에 의해 전 세계에 공개된다.[9] 이때는 일본이 국제평화유지군으로 이라크전쟁에 참전할 무렵이었다.

〈아사히신문〉은 "초혜협草鞋峽 사망자 5만여 명"이란 제하에 일본군 로카쿠兩角 부대가 오룡산과 막부산幕府山, 무푸산 포대 인근에서 1만4077명의 중국군을 생포하여 부근에 있는 22개 병영에 가두었는데, 부대장이 사살하지 않을 것이라고 말하자 포로들이 큰절을 하며 박수를 치고 환호성을 질렀다고 보도했다. 하지만 이

9　〈南京事件/兵士たちの遺言〉. 이 제목으로 유튜브에서 확인할 수 있다.

기사는 명백한 거짓이었다. 당시 중국군 포로는 5만7000명이었고, 그들은 대부분 살해되었기 때문이다.

연자기燕子磯, 옌즈지에서도 5만 명이 사망했다. 막부산에서 연자기에 이르는 강변에는 강을 건너려는 사람들로 북적거렸는데, 일본군은 이쪽을 향해 하루 종일 기관총을 쏘아댔다. 온 강변이 시체로 뒤덮였고, 총소리가 멈추었을 때 연자기의 절에서 나온 승려들이 시체더미를 향해 엎드려 합장하며 나무아미타불을 염불했다고 한다.

'100인 참수' 경쟁을 벌인 무카이 도시야키(왼쪽)와 노다 쓰요시(오른쪽)

제6사단장 다니 히사오의 부하 가운데 다나카 군기치田中軍吉란 대위가 있었는데, 그는 군도로 300명의 난민을 베어 죽였다. 다나카 대위와 더불어 일본인에게 '용사'란 이름을 얻은 2명의 살인마가 있었다. 일본군 제16사단의 도야마富山 대대 노다 쓰요시野田毅 소위와 무카이 도시야키向井敏明 소위다. 1937년 12월 13일 일본의 〈도쿄니치니치신문東京日日新聞〉에는 이 둘의 사진과 함께 "100명을 죽인 초기록"이란 제목으로 다음과 같은 기사가 실렸다.

1947년 전범재판에서 사형을 언도받고 처형장에 끌려가는 무카이 도시야키

가타기리(片桐) 부대의 용사 무카이 도시야키와 노다 쓰요시 두 소위는 남경 자금산 아래서 100명 죽이기 게임을 벌여 현재 105 대 106이란 기록을 세웠다. 두 소위는 정오에 만나 이렇게 말했다. 노다: 나는 105명이야, 너는? 무카이: 나는 106명을 죽였어. 두 사람은 서로 크게 웃었다. 어느 쪽이 먼저 100명을 죽였는지 몰라서 두 사람은 게임을 다시 하기로 하고 이번엔 150명을 목표로 하고 있다.

보도에 따르면 무카이와 노다는 남경 교외에서 살인게임을 시작해 일요일 하루 동안 무카이는 96명을, 노다는 78명을 죽였다. 자금산에 도달했을 때 무카이의 군도 칼날은 좀 손상된 상태였다. 이는 그가 한 중국군을 철모에서부터 내려쳐 완전히 두 동강 냈기 때문이다. 그러고는 "이런 것쯤이야, 장난이지."라며 의기양양해했다.

12월 13일 일본군에 함락된 남경은 방화와 약탈에 휩싸였다. 남경 거리는 매일 수많은 트럭이 질주했는데, 트럭이 상점 앞에 멈추면 일본군이 차에서 내려 상점 문을 부수고 쳐들어갔다. 남경은 풍요롭고 번화한 중국의 수도다. 일본군은 모든 물건을 전리품으로 여겼다. 훗날 「극동국제군사판결서」에는 "일본군이 약탈한 물건은 전부 일본군 사령부의 허가를 얻어 증명서까지 받아 본국으로 부칠 수도 있었다."는 내용이 담겨 있다.

1986년 8월 17일자 〈일본적기보日本赤旗報〉는 "일본침략군의 남경 문화 대학살"이란 제목으로 도쿄에 사는 77세의 아오키 미노루青木實 노인이 폭로한 내용을 실었다. 이 기사에 따르면 당시 일본군 특수부 소속 9명의 공작원은 일본군 상해파견군 특무부장으로부터 남경의 주요 도서圖書를 검사 압수할 준비를 하라는 명령을 받고, 3대의 차에 나누어 타고 중요 서적과 문헌이 있을 만한 70여 곳을 샅샅이 뒤졌다. 그중에는 외교부 국민정부문관처, 성립국학도서관, 중앙연구원 등도 포함되었다.

일본군은 군인을 동원하여 한 달 가까이 중국의 문화유산을 약탈했다. 문화대학살에 참여한 인원은 특공대 330명, 군인 367명, 노동자 830명이며, 약 310대의 트럭이 동원되었다. 약탈한 도서 중에는 중국 중앙정부와 지방정부의 간행물, 중국경제산업조사 및 사업계획서, 진귀한 3,000여 권의 『청대역대황제실록淸代歷代皇帝實錄』 등이 있다. 약탈 도서를 두 달에 걸쳐 정리한 결과 모두 88만 권에 달했다.

약탈이 끝나갈 즈음, 일본군은 흔적을 없애기 위해 남경 곳곳에 불을 질렀다. 대행궁大行宮, 다싱궁과 공자묘는 반쯤 불탔고, 10리 밖 중화문까지 초토화되었다. 성당은 물론이고 은행, 금은방, 비단가게에 이르기까지 모든 것이 잿더미가 되었다. 일본군은 3~4명이 한 조가 되어 불태울 집마다 분필로 동그라미를 치고 흰색 화학액체를 부어 불을 붙였다. 남경의 불은 39일 동안 계속되었다. 금릉대학金陵大學, 진링대학의 미국인 교수 스미스S. C. Smith는 「남경전화사진南京戰禍寫眞」이란 보고서에서 이렇게 적고 있다.

약탈은 남경시 83%의 가구에 이르며, 특히 감구(甘區)에서는 약탈당한 세대수가 96%에 달했다. 전체 가옥의 89%가 파괴되었으며, 백하로·중화로·건강로·태평로의 손실은 98%가 방화로 인한 것이다. 남경시의 가구당 손실액은 838원이며, 총 손실액은 2만4600만 원에 이른다. 그러나 이 통계는 정확하지 않다. 실제 피해액수는 이루 헤아릴 수 없을 것이다.

일본군은 남경 점령 첫날부터 부녀자들을 강간했다. 국제안전위원회의 자료에 따르면 40여 일 동안 부녀자가 일본군에게 강간당한 건수는 2만여 건에 달했다. 일본군에 의한 강간의 참상을 목도한 외국 기자들은 일본군을 짐승무리라고 불렀다.

한편, 일본군이 야수 같은 행각을 벌이고 있을 때 다른 한쪽에서는 인류애가 빛을 발하기도 했다. 1937년 11월 22일 독일인 욘 하인리히 데틀레프 라베John Heinrich Detlev Rabe는 다른 외국인들과 함께 국제위원회를 조직하고 외국대사관과 난징대학교에 안전구역을 설정하여 중국인 난민들에게 음식과 피난처를 제공했다. 이때 라베는 일본군에게 자신의 나치당원 증명서를 보여주면서 중국인에 대한 학살을 막았다. 그는 자신의 집에도 650명 이상의 난민들을 머물게 하여 도살자들로부터 보호해주었다. 1938년 독일로 돌아간 그는 베를린에서 일본군의 만행 사실을 폭로했다가 게슈타포에게 체포되었지만 지멘스사의 중재로 석방되었다. 제2차 세계대전이 끝난 뒤 나치당원으로 체포되었지만 무죄가 입증되어 풀려났다. 이후 그가 생활고에 시달린다는 소식을 들은 중국정부는 남경대학살 당시의 선행에 대한 감사의 대가로 그가 사망할 때까지 경제적인 도움을 주었다.

평형관 전투

장개석은 서안사건 이후 '내전중지 일치항일'이라는 중국인들의 뜻을 받아들여 중국공산당과 함께 항일통일전선을 구축했다. 그 덕분에 장정 이후 빈사상태에 빠졌던 중국공산당은 재기의 발판을 마련할 수 있었다. 중국공산당은 1937년 2월에 소집된 국민당 제5기 3중전회에 주은래를 파견하여 다음과 같이 합의했다.

1. 중국공산당은 무력으로 국민당 정부의 전복을 기도하지 않는다.
2. 중화소비에트정부를 중화민국특구로 개칭하고 홍군을 국민당군으로 개편하여 국민당정부와 군사위원회의 직접 지도 아래에 둔다.
3. 삼민주의를 중국공산당 지역에서도 시행한다.
4. 계급투쟁을 중지한다.

이 사항은 일찍이 서안사건 당시 장개석과 주은래가 합의한 내용이었지만 국민당 강경파들 때문에 쉽게 타결되지 못했다. 그러다가 1937년 7월 노구교사건을 계기로 일본이 중일전쟁을 도발하자 사태의 엄중함을 인식한 국민정부가 그해 9월 22일 중국공산당의 제안을 수락함으로써 항일통일전선이 이루어졌다.

그때부터 홍군은 공농홍군工農紅軍이란 정식 명칭을 폐기하고 지역별로 국민당군 제8방면군, 제18집단군 등으로 명명했는데, 통칭 팔로군으로 불렸다. 팔로군은 산서 방면의 총사령관 염석산의 제2전구에 편입되어 산서성 북방에서 항일작전을 전개했다. 10월 12일에는 장강 이남에서 활동하던 홍군 부대를 국민당군 신편제4군, 약칭 신사군으로 개편하여 화중방면 총사령관 고축동의 제3전구에 편입시켰다. 이때 국민정부로부터 상당량의 무기와 장비를 지원받은 공산당은 팔로군을 10개 사단으로, 신사군을 2개 사단으로 편성하고 총 12개 사단의 군수 지원을 요청했지만 국민정부는 팔로군 3개 사단, 신사군 1개 사단만을 허가했다.

부대 개편 직후 팔로군과 신사군의 진용은 국민당군 팔로군 총사령 주덕, 부사령 팽덕회, 참모장 섭검영, 제115사단장 임표, 제120사단장 하룡, 제129사단장 유백승, 신사군 군장 섭정으로 짜여졌다. 임표의 제115사단은 평형관平型關, 핑싱관 방면으로, 하룡의 제120사단은 안문관雁門關, 옌먼관 방면으로 이동했다.

당시 모택동은 지휘관들에게 '칠분발전七分發展, 이분응부二分應付, 일분항일一分抗日', 즉 70%의 힘은 당 발전에, 20%는 국공합작에 쏟아붓고 나머지 10%만 항일투쟁에 사용하라고 당부했다. 임표는 모택동의 뜻을 십분 이해하면서도 팔로군이 일본군의 주력을 피해 다니며 유격전만 수행하는 데 불만을 품었다.

개전 이래 국민당군이 도처에서 연전연패하며 내륙으로 밀려나자, 중국인들 사이에는 일본군을 이길 수 없다는 패배주의가 만연했다. 임표는 중국이 서구열강의 무력 침탈에 신음한 일이 엊그제 같은데 일본 제국주의자들에게까지 무기력하게 패주하는 현실이 안타까웠다. 그는 오랫동안 국민당군과 싸우며 터득한 유격전술을 막강한 일본군을 상대로 적용해보고 싶은 마음이 굴뚝같았다.

임표는 자신의 제115사단이 평형관 방면으로 이동하는 동안 오대산五臺山, 우타이산에 있는 팔로군 전선사령부로 달려가 모택동을 만났다. 중국공산당의 계획대로라면 임표는 평형관으로 가서 유격 근거지를 확보하고 현지 농민들을 유격대로 조직하여 일본군 후방에 있는 소부대를 습격하는 것이었다. 그런데 임표는 모택동에게 일본군과 정면승부를 하게 해달라고 간청했다. 중국인이 일본인을 이길 수 없다는 패배의식을 깨고 싶다는 것이었다.

모택동이 즉답을 피하고 총사령 주덕은 고개를 가로저었지만, 부사령 팽덕회는 중국인의 사기를 고양하고 중국공산당의 실력을 과시하는 데서 일전을 겨루는 것도 나쁜 선택이 아니라며 임표를 응원했다. 이 문제를 두고 주덕·섭검영, 임표·팽덕회 사이에 찬반논쟁이 벌어졌다. 결국 모택동은 임표의 제115사단의 출전을 허락했다. 사실 이 결정은 팔로군의 운명을 건 모험이었다. 그간 홍군의 작전 원칙은 승산 없는 전투는 피한다는 것이었지만, 이번 전투는 승패와 상관없이 국 민당에 대한 공산당의 정치적 비중을 높이기 위해 필요하다는 명분을 채택했다.

임표는 모택동에게 대승은 거두지 못할지라도 패전하지 않겠다는 각서를 제 출하고 임전태세를 다졌다. 임표는 평형관에 부대를 집결시키고 일본군을 기다 렸다. 장가구張家口, 장자커우, 대동大同, 다퉁을 거쳐 안문관에서 산서성으로 진군하려 는 일본군 1개 사단과 팔달령八達嶺, 빠다링과 울현蔚縣, 위현, 영구靈邱, 링치우 방면에서 산 서성을 돌파하려는 이타가키 세이시로板垣征四郎: 1885~1948 중장의 제5사단이 진격해 왔다.

평형관은 일본군이 산서성으로 진입하기 위해 반드시 통과해야 하는 장소였 다. 애초에 팔로군은 일본군이 나타나면 산중으로 피하여 후방 소부대를 공격할

평형관전투

계획이었지만 이제는 사정이 달라졌다. 이타가키 사단은 9월 11일 울현, 14일 광령廣靈,광링, 20일 영구를 점령하고 패주하는 국민당군을 뒤쫓아 평형관으로 육박했다.

임표는 평형관 북쪽의 도로 양편에 있는 산악지대의 약 5km에 걸쳐 주력 2개 연대를 배치하고, 1개 연대는 부사단장 섭영진의 지휘 아래 평형관 정면에 배치하여 일본군을 막아서게 했다. 자신은 주력부대를 지휘하기 쉬운 고지에 자리 잡았다. 이는 적을 자루 속에 끌어들여 격멸하는 이른바 구대전법口袋戰法으로 과거에 서북군벌 풍옥상이 즐겨 쓰던 전법이었다. 임표는 한편으로 지방 농민유격대를 이용하여 작전의 정보 유출을 막았다.

10월 25일 새벽, 일본군 이타가키 사단의 1개 여단 약 4,000명의 병력이 평형관에 모습을 드러냈다. 100여 대의 트럭에 분승한 일본군의 주력을 선두로, 200여 대의 보급수송차량과 1개 대대가량의 기마대가 뒤따르고 있었다. 약 5km에 달하는 장사진이었다.

5시 30분 임표가 세 발의 신호탄을 쏘아 올리니, 도로 양편에 매복해 있던 팔로군 2개 연대 병력이 일본군 대열을 향해 일제사격을 시작했다. 팔로군의 습격으로 일본군은 대오가 흐트러졌지만 곧 전열을 정비하여 반격에 나섰다. 후미의 차량 서너 대가 수류탄에 맞아 폭파되면서 퇴로가 끊기자 일본군은 다른 차량을 방패 삼아 응사했고, 일부 병력은 고지를 향해 돌격전을 감행하기까지 했다. 그러나 유리한 지형을 선점한 팔로군은 일본군을 여지없이 쓰러뜨렸다. 급보를 받고 일본군 1개 연대가 영구 방면에서 달려왔지만 길목인 노야묘老爺廟,라오예먀오 근처에 매복해 있던 팔로군에게 제지당했다.

치열한 육박전이 전개되고, 그동안 수많은 전투에서 역량을 다져온 팔로군 병사들은 평형관 골짜기에 들어온 일본군을 거의 전멸시키기에 이르렀다. 승리를 확신한 임표는 투항을 촉구했으나, 항복을 최고의 수치로 여기던 일본군 병사들은 저항을 멈추지 않았다. 중상을 입은 일본군 병사는 자신을 업고 가던 팔로군 병사의 귀를 물어뜯기까지 했다.

이 평형관전투에서 팔로군은 일본군 3,000여 명을 사살하고 트럭 300여 대를 파괴했으며, 야포 1문과 중·경기관총 20여 정, 소총 3,000여 정 및 탄통 20여 개, 군마 53필, 군복 1만여 점, 식량 10트럭분, 일본화폐 30만 엔, 그 밖에 엄청난 양의 보급품을 노획하는 대전과를 올렸다. 팔로군의 피해는 사상자 1,000여 명에 연대장과 연대참모 각 1명, 대대간부 5명이 부상했다. 사전에 준비된 조건하에서도 일본군의 3분의 1에 달하는 손실을 입은 것이다.

평형관전투의 승리로 일본군이 더 이상 무적이 아니라는 사실이 만천하에 알려졌고, 중국인들은 이 전쟁에서 일본을 이길 수 있다는 희망을 품게 되었다. 이 전투는 국민당정부에 대한 중국공산당의 위상을 높이는 계기이기도 했다. 뜻밖의 패전 소식에 경악한 일본군은 적장 임표의 목에 10만 엔의 현상금을 걸었지만, 임표는 전면전을 자제하고 유격전으로 일본군의 후방을 교란했다.

1937년 10월 19일 밤, 진석련陳錫聯, 천시롄: 1915~1999이 이끄는 팔로군 129사단 769단이 산서 대현代縣, 다이현의 양명보陽明堡, 양밍바오에 있는 일본군 비행장을 야간 급습하여 24대의 비행기를 파괴하고, 비행장을 지키던 100여 명의 일본군 병사들을 사살하는 전과를 올렸다. 이 뉴스가 전해지자 상해전투의 패배로 인해 시름에 잠겨 있던 중국인들은 환호했고, 반대로 일본군은 언제 팔로군이 기습해 올지 몰라 전전긍긍하게 되었다. 중국공산당은 이와 같은 팔로군의 활약을 바탕으로 산서·찰합이·하북 변구지역에 진찰기변구정부晉察冀邊區政府를 세우고 국민정부에 승인을 종용했다. 국민당정부는 1938년 1월에 중국공산당의 두 번째 지구 정부를 승인해 주었다.

1938년 9월 산서성 서북 지역으로 이동한 임표의 제115사단은 일본군 야마시타山下 중장이 이끄는 제108사단을 섬멸할 작전계획을 세웠다. 그런데 임표가 야간에 염석산 부대에 들러 작전을 논의하고 나가던 중 초병들의 사격으로 가슴에 총상을 입고 말에서 굴러 떨어졌다. 초병들은 그가 일본군 장성의 망토를 입고 있었기 때문에 벌어진 일이라고 변명했지만 팔로군 측은 그들이 임표를 고의적으로 살해하려 했다고 의심했다. 임표는 연안으로 후송되어 치료를 받았고, 겨울이 되자 요양을 겸해 중국공산당 모스크바 주재 대표가 되어 소련으로 향했다.

태아장전투

1938년 1월 일본군은 화중에서 남경·항주를 함락하고, 화북에서는 산동성 제남을 빼앗았으며, 산서성 방면에서는 태원을 공략하여 승세를 잡은 가운데 내륙으로 몰려들었다. 이때 중국군은 무한 방위에 역점을 두고 있었다. 중국군은 1월 11일 진성을 수장으로 하는 무한위수사령부를 설치하고 무한 주변에 휘하의 최정예부대를 배치했으며, 호북성과 안휘성에 유격부대를 두어 방비를 강화했다.

중국군은 유격전으로 일본군을 유인하여 미리 설치한 포위망으로 끌어들이려 했다. 올가미 설치 지역은 서주를 중심으로 펼쳐진 진포철도 연변이었다. 이곳에는 광서군벌 이종인을 사령관으로 하는 직할군 10개 사단이 배치되었다. 서주는 일본군이 점령한 남경과 제남의 중간에 있다. 무한으로 진격하던 일본군을 옆 길로 새게 하여 무한 방위의 시간을 벌려는 심산이었다.

　제남 방면에서는 제3집단군 사령 한복구韓復□, 한푸쥐: 1890~1938가 계속 패주하고 있었다. 군벌 출신인 그는 황하를 최종 방위선으로 삼고 진지를 사수하라는 명령을 받았지만 싸우지 않고 후퇴만 거듭했다. 한복구는 제남, 태안泰安, 타이안, 제녕濟寧, 지닝을 거듭 포기하고 황하 방위선을 일본군에게 내주었다가 결국 항명죄로 처형되었다.

　2월 18일 일본군은 남경·상해·화중방면군을 통합하여 하타 슌로쿠畑俊六: 1879~1962 대장을 사령관으로 하는 화중파견군을 편성하고, 한구 방면으로 진공했다. 중국군 유격부대가 북쪽에서 일본군을 요격하고 도망치자 일본군은 이들을 쫓아 북상하여 안휘성 방부蚌埠, 벙부를 넘어 회하淮河, 화이허까지 진격했다. 한편 제남 쪽에 있던 화북방면군도 마찬가지로 유격부대에 유인되어 진포철도로 남하했

태아장전투

고, 3월 25일 산동성의 서주를 향해 진격했다. 바로 그곳에 손연중이 이끄는 제2집단군이 대기하고 있었다.

26일 중국군은 서주와 개봉에서 중포와 대전차포를 증원하는 동시에 탕은백湯恩伯, 탕엔보: 1899~1954의 제20군단이 북쪽에 있는 일본군의 배후를 끊고 태아장台兒莊, 타이얼좡을 포위했다. 일본군은 포위된 제10사단을 지원하기 위해 제5사단을 태아장으로 보냈지만 이들 역시 중국군에게 포위되어 오도 가도 못하게 되었다.

4월 6일 밤, 중국군은 포위된 제10사단과 제5사단에 맹공을 퍼부어 일본군 3만 명을 사살하는 대전과를 올렸다. 이 전투에서 살아 돌아간 일본군은 전체 병력의 3분의 1도 되지 않았다. 이것이 항일전쟁 당시 국민당군이 거둔 최초이자 유일한 승리였다. 이후에 전개되는 서주전투부터 국민당군은 후퇴를 거듭하면서 오로지 무한을 지킬 시간을 버는 전략으로 일관했다.

4월 중순부터 일본의 화북방면군이 서주 북방에서 움직이기 시작했다. 일본군은 병력의 절반을 투입해 서주를 북쪽에서 압박하고, 나머지 절반으로 서주 서쪽의 귀덕·영성永城, 융청 방면과 농해철도의 난봉 방면으로 진공했다. 남쪽에서는 화중파견군이 방부에서 진포철도를 따라 북상하면서 기계화부대를 몽성蒙城, 멍청 방면으로 진격시켰다. 바야흐로 요충지 서주가 삼면으로 포위당하는 형국이 되었다.

일본군은 마침내 5월 9일 몽성을 함락했고, 12일에는 서주 남쪽 12km 지점인 소현蕭縣, 사오현을 점령했다. 14일에는 중국군의 퇴로를 차단하기 위해 농해철도 낙채 부근의 대철교를 폭파했다. 18일에는 서주 근교의 숙현宿縣, 쑤현, 패현沛縣, 페이현을 잇달아 점령했다. 그처럼 일본군의 포위망이 좁혀들자 결전을 회피하던 중국군은 19일 밤 서주에서 철수했고, 농해철도를 지키던 중국군 제1전구군도 서주

서쪽 방면으로 후퇴했다. 6월 초 일본의 화북방면군은 개봉을 함락하고, 8월에는 중모中牟, 중무·위씨尉氏, 웨이쓰에 이르렀다. 일부 기병대는 정주 남방의 평한철도까지 진출했다.

일본군의 빠른 진격 속도에 두려움을 느낀 장개석은 홍수를 이용해 일본군의 무한 진격을 막겠다는 발상을 하게 된다. 6월 9일 오전 9시, 장개석의 명령을 받은 탕은백이 황하의 제방을 터뜨리자 엄청난 양의 흙탕물이 중국 동남부의 대평원으로 흘러들어 하남성은 물론 안휘성과 강소성 일부까지 수몰시켰다. 3개 성 11개 도시와 4,000개의 마을이 물에 잠겼고, 200만 명이 집을 잃었으며, 농작물도 모두 망치고 말았는데, 그래서 얻은 것은 고작 3개월 동안의 일본군의 무한 진격 저지였다.

장개석의 극단적인 전술에 진로가 가로막힌 일본군은 남하작전을 포기하고 동쪽과 장강 방면의 공격으로 작전을 바꾸었다. 일본군은 장강 연안의 안휘성에서 강서성으로 이동하여 7월 26일 해군 함정의 지원사격을 받으며 장강 남안의 구강에 상륙했다. 8월 1일에는 72대의 일본군 비행기가 무한과 한양을 공습하여 500명 이상의 사상자가 발생했다.

8월 22일 일본군은 한구작전을 발동했다. 구강에 집결해 있던 일본군 제11군은 이날 한구, 성자瑞子, 싱쯔 등 강서성의 장강 남안 일대에 상륙했다. 일본군은 함포 사격의 지원을 받으며 서진한 끝에 9월 29일 전가진田家口, 톈지아진 요새를 무너뜨렸다. 무한 방위의 거점이었던 이 요새를 지키기 위해 중국군은 20일 동안 사투를 벌였지만 일본군의 파상적인 공세와 독가스 공격을 견디지 못하고 퇴각해야 했다. 승리를 잡은 제11군은 장강 북안의 대별산 남쪽 기슭을 따라 한구로 진격했다. 10월 10일 밤, 중국군이 무한 방면의 거점인 신양마저 포기하자 일본은 평한철도를 따라 북으로부터 한구에 육박했다.

한편, 일본군이 20일 새벽 광동성 광주에 상륙함으로써 중국군의 유일한 해외 수송로가 일본군의 수중에 들어갔다. 당시 중국이 외국에서 사들여온 무기와 탄약은 대부분 홍콩에서 광주철도로 운반되어 광주와 한구를 잇는 월한철도□漢鐵路, 웨한철도를 따라 내륙으로 수송되고 있었다. 무한을 지킬 수 있는 방법이 사라지자, 결국 무한을 포기하기로 결정한 장개석은 10월 25일 현지에 일본군이 이용할 수 있는 모든 시설을 파괴하라고 명령했다. 그로부터 20여 일 동안 무한은 화염의 도시로 바뀌었다. 패주를 거듭하던 중국군은 호남성 장사마저 불바다로 만들어 국내외로부터 비난을 받았다.

이렇듯 중국은 개전 1년 만에 북경, 천진, 청도, 상해, 남경, 광주, 무한, 장사 등 대도시와 동부 해안지역을 모조리 빼앗기고 해안선도 완전히 봉쇄당했다. 무한을 떠난 장개석 정부는 내륙 깊숙이 자리잡은 중경으로 수도를 옮기고 끝 모를 항전에 돌입했다.

신 사 군 사 건

북방의 정세는 팔로군의 활동으로 빠르게 안정을 되찾고 있었지만 남방은 국민당군의 연이은 패전으로 여전히 불안했다. 공산당은 서금에서 장정을 시작할 때 남방에 남겨둔 진의와 항영의 유격부대로 1군을 편성하여 화중 지방의 일본군 후방으로 보내 항일 근거지를 만들고자 했다. 구체적인 방안이 정리되자 모택동은 주은래를 통해 장개석에게 승인을 요청했다. 장개석은 마뜩잖았지만 성난 민심과 일본의 공산당에 대한 적개심을 고려하여 그 제안을 받아들였다. 다만 화중 지방의 군 지휘관은 자신이 파견하겠다는 단서를 달았다.

항영

주은래는 모택동과 협의 끝에 새로운 유격 부대의 지휘관으로 섭정을 추천했다. 섭정은 몇 년 전 공산당을 탈당했기 때문에, 이는 장개석의 체면을 살려주기 위한 것이었다. 장개석이 동의함에 따라 국민당군에 신사군이라는 새로운 부대 창설이 가시화되었다. 주은래는 진의와 항영에게 각자의 부대로 돌아가 중앙의 의사를 전달하고 서둘러 부대를 개편하라고 지시했다.

진의와 항영은 곧바로 길을 떠났다. 상인으로 가장한 진의는 호남과 강서 근거지에서 3년 째 유격전을 지휘하고 있던 담여보譚余保, 탄위바오: 1899~1980를 찾아가 당 중앙의 결정 사항을 통보했다. 그런데 장기간 바깥소식을 듣지 못했던 담여보는 진의가 유격대를 국민당군으로 개편하라는 말을 듣자 그를 변절자로 오인하여 부하들에게 즉각 처형을 명령했다. 진의는 담여보에게 호통을 치며, 주은래가 공산당 대표로 남경정부에 몸담고 있고 자신은 그가 파견한 사람이란 점을 알렸다. 담여보는 부하를 하산시켜 상황을 알아오게 했고, 사흘 뒤에 진의가 당 중앙의 정식 대표라는 점과 항영이 내린 하산 명령까지 전달받았다. 담여보가 이끌던 유격대는 그렇게 해서 신사군 제1지대 제1연대로 개편되었다.

1937년 10월 주은래의 주재로 무한에서 신사군 개편회의가 소집되었다. 그 결과 섭정이 군장, 항영이 부군장, 장운일張雲逸, 장윈이: 1892~1974이 참모장, 원국평袁國平, 위안궈핑: 1906~1941이 정치부 주임으로 임명되었다. 항영은 신사군분회 서기, 진의는 부서기 겸 제1지대 사령원이 되었다. 이때 편제된 신사군의 병력은 1만 명이었다.

신사군은 출발부터 삐걱거렸다. 부군장 항영이 군장 섭정의 지휘권을 받아들이지 않고 당 대표라는 지위를 이용하여 전횡을 일삼았기 때문이다. 일찍이 강서 소비에트 시절에 항영은 모스크바 유학파들과 어울려 위세를 자랑했고, 모택동의 지도권을 박탈하는 데 앞장선 전력이 있었다.

이듬해인 1938년 8월 하순, 〈신화일보〉를 중경으로 옮기는 작업에 열중하던 주은래에게 신사군 군장 직을 사임하겠다는 섭정의 전문이 전해졌다. 주은래는 항영이 문제를 일으켰음을 짐작하고 연안에서 대책을 마련할 테니 좀 기다려달라고 회답했다. 한 달 뒤 주은래가 중경으로 돌아와 상황을 점검해보니 섭정은 신사군 본부를 떠나 홍콩으로 가버리고 없었다.

장개석은 남창봉기 때 큰 공을 세웠던 섭정의 사임에 안타까움을 표하면서 주은래에게 진성을 군장으로 임명하겠다고 말했다. 주은래가 단호히 반대하자 장개석은 그러면 아예 신사군을 없애버리겠다고 강압했다. 주은래는 섭정을 꼭 복귀시키겠다고 했고, 장개석은 그 시한을 반년으로 제시했다.

주은래는 섭정을 찾아가 간곡히 설득했고, 섭정은 주은래의 거듭된 간청에 군 복귀를 승낙했다. 하지만 항영과의 불화에 대한 불만은 여전히 잠재해 있었다. 신사군 본부에 돌아온 주은래는 항영을 불러 침체되어 있는 신사군 사업에 대해 캐물었다. 팔로군에서 2,000명의 간부를 보내주었는데 왜 그들을 활용하여 민중을 조직하고 부대를 발전시키지 않느냐, 진의는 1개 지대를 이끌고 강소성 남부에서 일본군 후방을 교란시키며 부대를 확장하고 있지 않느냐며 질책했다.

주은래는 항영에게 당 중앙의 명령을 이행할 것, 그리고 섭정의 지휘를 존중하지 않는다면 당 차원에서 조처하겠다는 경고를 했다. 하지만 주은래가 떠난 뒤 항영은 섭정의 존재 자체를 아예 무시해버렸다.

    장개석은 수도를 중경으로 옮긴 뒤에도 일본군과의 전투를 계속 회피했다. 그동안 중국군이 거둔 승리는 팔로군의 평형관전투와 국민당군 이종인의 태아장 전투뿐이었다. 전열을 정비한 일본군은 본격적인 내륙으로의 진군을 준비하고 있었지만, 장개석은 은밀하게 인적 물적 자원을 축적하여 공산당을 말살시킬 생각에 몰두하고 있었다. 프랑스의 역사가 쟝 세노는 일본군의 만행에서 비롯된 고통과 국민당의 무능이 가져온 재앙은 충격적일 만큼 참혹했다고 지적했다. 그의 말대로 장개석은 무능하고 충동적이고 독재적이었으며 자신의 이익에 너무나 철저해서 공산군이 그의 영역을 조금이라도 침범하면 가차 없이 억눌렀다. 그 결과로 일본군과는 전혀 무관하게 통일전선 내부에서의 가장 참혹한 사건이 벌어졌다.

    1940년대 들어서면서 장개석의 세력 범위는 계속 줄어들었지만 공산당은 일본군의 후방에서 주민들의 호응을 받아 유격대 활동이 확산일로에 놓여 있었다. 선과 점으로 이어지는 공산당 지배 지역에서는 병사와 유격대, 농민들이 합세하여 많은 전과를 올렸다. 군과 인민이 물과 물고기 같은 관계로 발전하면서 항일투쟁의 상징은 장개석이 아니라 모택동으로 바뀌어갔다. 그러자 장개석의 군대는 공산당의 지배 지역이 늘어나면 군대를 보내 무력을 행사했다. 그것은 전쟁 속의 전쟁이었다. 장개석은 자신의 힘을 과시하여 공산당을 서북 지역에 가두어놓으려 했다. 그 임무는 50만 명의 병력을 지휘하는 호종남에게 부여되었다.

    항일통일전선 협정에 따르면 공산군은 국민당 연합사령부의 지휘를 받게 되어 있었다. 그에 따라 홍군은 팔로군으로 바뀌었고 화중·화남의 유격대는 신사군으로 개편되었다. 그런데 신사군의 지휘부가 일본군 후방이 아닌 국민당군 후방

신사군 지도부. 왼쪽부터 진의, 속유(粟裕, 쑤위), 부추도(傅秋濤, 푸츄타오), 주은
래, 주극정(朱克靖, 주커징), 섭정

에 치우쳐 강남의 청방 세력범위를 잠식해 들어간 것이 문제였다. 이는 신사군 사
령관 섭정과 당 서기 항영의 불협화음이 빚어낸 필연적인 결과였다.

　　전쟁 중이었지만 청방의 활동은 조금도 수그러들지 않았다. 두목 두월생이
장개석을 따라 중경으로 이주했어도, 청방의 조직은 일본군 점령지에서 더 활발
하게 움직이고 있었다. 두월생이 사라진 상해에서는 고죽헌이 부두 일대를 장악
했고, 그의 동생 고죽동은 장강 하류지역의 군사적 권한을 쥐고 있었다.

　　그러던 1940년 12월 신사군이 고씨 형제의 세력권을 건드렸다. 일본군에 대
해 유격전을 펼치던 신사군이 남경과 상해로 통하는 철도 간선 그리고 남경-한구
간 도로를 공격했는데, 이 일대는 청방과 일본군이 협력 관계를 맺고 있던 지역이
었다. 청방의 고죽헌이 신사군의 활동에 항의했고, 고죽동은 신사군이 자신의 영
역을 침해하였다고 장개석에게 보고했다. 장개석은 즉시 주은래를 불러들여 신
사군을 황하 이북으로 이동시키라고 지시했다. 주은래가 황하가 아닌 장강 이북

으로 이동시키겠다고 맞서자, 장개석은 국민당군 12개 사단을 무림茂林, 마오린 지역에 포진시켜놓고 만약 신사군이 제때에 북쪽으로 이동하지 않으면 섭정의 신사군 본부를 공격하라고 고축동에게 지시했다.

12월 12일 장개석은 재차 주은래에게 신사군의 이동을 재촉했다. 주은래로부터 상황을 보고받은 모택동은 항영에게 즉시 북상하라고 지시하고 북로를 통한 이동방법까지 세세하게 알려주었다. 그런데 항영은 북로가 아닌 동로로 철수하겠다고 응답하고는 부대를 이끌고 동쪽으로 향하다가 고축동의 국민당군으로부터 기습을 받았다. 산세가 험준하여 탈출로가 막힌 데다 유리한 지점을 선점한 국민당군의 격렬한 공격으로 신사군은 고전을 면치 못했다. 신사군 내의 교도연대는 모든 병사가 장정을 경험한 팔로군 정예 병력이었지만 중과부적이었다. 항영은 섭정에게 부대를 해산시켜 각자도생하게 하면 일부 병력은 살아남을 수 있을 것이라고 제안했지만, 섭정은 이에 응하지 않았다. 상황의 엄중함을 보고받은 당 중앙은 항영의 지휘권을 박탈하고, 섭정과 공산당의 동남국東南局 서기인 요수석饒漱石, 라오수스: 1903~1975 10에게 군사적 결정을 맡겼다. 마침내 신사군이 동류산東流山, 둥류산 아래쪽에 갇히자 요수석은 섭정에게 투항을 권유했다. 섭정은 그의 말대로 고축동에게 항복했고, 잔여 병력은 뿔뿔이 흩어져 포위망을 뚫었다. 이때 항영, 원국평, 주자곤周子昆, 저우즈쿤: 1901~1941 등 신사군 수뇌부도 간신히 빠져나가 깊은 산속 동굴에 은신했는데, 항영의 부관 유후총劉厚總, 류후종: 1903~1952이 잠든 세 사람을 창으로 찔러 죽이고 그들의 전대에서 2만4000원을 훔쳐 달아났다.

10 강서성 임천 출생으로, 상해대학교 졸업 후 노동운동에 참가하였다. 1941년 신사군 정치위원, 1943년 화중국(華中局) 서기, 1949년 화동군정위원회 주석 겸 화동국 서기를 맡았다. 1953년 화동행정위원회 주석, 조직부장, 국가계획위원 등을 역임하였으나, 1955년 '반당연맹(反黨聯盟)'을 결성하였다는 죄목으로 숙청당했다.

1945년 8월 공산당 대반격시기의 진의

신사군 사건은 비열한 동족상잔의 하이라이트였지만, 이 사건의 지휘자인 고축동은 장개석으로부터 공로를 인정받아 육군 총사령관이 되었다. 국민당과 공산당은 이후에도 한동안 항일통일전선이라는 똑같은 옷을 입고 있었으나, 양자는 이미 돌이킬 수 없는 강을 건넌 상태였다. 장개석은 훗날 〈타임〉지 기자 시어도어 화이트에게 "일본은 피부병이지만 공산당은 마음의 병이다."라며 공산당에 대한 증오심을 여과 없이 표출했다. 그에게는 반공에 관한 한 일본군도 우군이었던 것이다.

신사군 사건은 제2차 국공합작 이후 항일전쟁 기간 동안 일어난 국민당과 공산당의 가장 심각한 군사적 충돌이었고, 본격적인 내전의 발단이 된 사건이었다. 사건 종료와 함께 장개석은 신사군 해산을 선언하고 각 지역에 산재한 예하 소부대들의 무장해제를 명령했다. 공산당은 이에 반발하여 재건신사군을 창설하고 진의를 사령관으로 임명했다.

당시 진의는 엉덩이에 총알이 박힌 부상에 시달리고 있었지만, 자신의 사령관 직 임명 소식을 전달받자마자 전령에게 자신의 몸을 나무에 묶게 한 뒤 단도로 엉덩이에서 총알을 빼내고 상처를 꿰매게 했다.

한편, 모스크바에서 신사군 해체 소식을 전해 들은 임표는 분통을 터뜨렸다. 그는 특히 섭정의 투옥을 몹시 안타까워했다. 임표는 모택동과 주덕에게 연안으로 돌아가게 해달라고 간청했지만 연안의 회답은 때를 기다리라는 것이었다.

1942년 연안으로 돌아온 임표는 그해 11월 국공 간의 신사군 개편문제 협상

대표 자격으로 중경을 방문했다. 임표는 국민정부에 섭정의 석방을 요구했으나, 장개석은 거꾸로 임표에게 전향을 권유했다. 두 사람의 메신저는 황포군관학교 동기생인 정동국鄭洞國, 정둥궈: 1903~1991 이었다. 임표는 정동국의 승용차를 타고 장개석의 숙소로 갔고, 장개석은 황포군관학교의 제자였던 임표를 반갑게 맞이했다. 당시 장개석은 52세, 임표는 34세였다.

장개석은 임표에게 국민당 전향을 권고하고, 임표가 자신의 제안을 수락한다면 국민당군 육군 총사령으로 임명하고, 장차 국방부장 자리도 보장하겠다고 했다. 장개석은 실제로 임표가 원한다면 당의 요직은 물론이고 정부의 다른 부서도 맡길 의향이었다. 임표가 고민해보겠다는 의례적인 답변을 남긴 채 자리에서 일어서니, 장개석은 손문의 혁명유지와 삼민주의를 위해서라도 자신과 함께하자고 설득했다. 이튿날 정동국이 재차 숙소를 방문하여 임표에게 장개석 제안의 수락을 권했다. 임표는 국민당이야말로 손문과 삼민주의를 배반한 불의의 집단이라며, 국민당은 반드시 망할 것이라고 말하고는 연안으로 돌아가버렸다.

모택동의 당권투쟁

스탈린과 모택동

스탈린은 일본의 소련 침공을 방지하기 위해 중국과 일본의 전면전을 부추겼다. 그의 뜻대로 중일전쟁이 벌어지자 국민당군과 홍군에 대규모 전쟁 물자를 지원하면서 중국공산당에게 장개석에 대한 적극적인 협력을 종용했다. 그러나 국공합작 이후 장개석과 모택동은 오월동주吳越同舟 격으로 각기 다른 생각을 품고 있었다. 장개석은 일본과의 정면대결을 회피하면서 기회만 생기면 공산당을 토벌하려 했고, 모택동은 일본군의 배후에서 홍군의 세력을 확장하여 중일전쟁 이후의 내전에 대비했다.

중일전쟁이 시작된 1937년 당시 홍군의 병력은 약 6만 명이었다. 그해 8월 말부터 홍군은 황하를 건너 동쪽으로 전진했다. 홍군의 각 지휘관들은 결사의 각오로 항일투쟁에 나섰지만, 모택동은 이 전쟁을 중국과 일본의 대결이 아니라 장개석, 일본, 공산당 3자 간의 각축전으로 보고 있었다. 모택동은 항일전쟁의 주력인 국민당군이 일본군으로부터 파멸적인 상황에 몰리기를 원했고, 그때까지 홍군의 전력을 최대한 보호하고 점령지를 확장하는 것을 목표로 두었다. 반면 장개석은 홍군을 일본군 점령지역으로 몰아넣어 궤멸시키고자 했다.

　전쟁은 정규전을 맡은 국민당군이 일본군의 주력을 상대하고 유격전에 능한 홍군이 적의 후방에서 게릴라전을 펼치는 방식으로 진행되었다. 일본군은 철도나 도로, 대도시를 점령하는 데 주안점을 두었으므로 중소도시와 농촌은 무주공산이나 마찬가지였다. 홍군은 그곳에서 현지 주민을 포섭하여 일체감을 형성했다. 그 덕분에 공산당은 잔인한 일본군을 물리치고 악질 지주나 관리들로부터 농민들을 보호하는 수호천사처럼 비쳐졌다.

　모택동의 전략은 항일투쟁에 열성적이던 홍군 지휘관들의 반발을 사기도 했다. 그해 9월에 벌어진 평형관전투는 전적으로 임표의 의지에 따라 벌어진 전투였다. 모택동은 홍군의 전력 상실을 우려해 반대했지만 다행히 승리를 거두자 중국공산당이 국민당보다 항일전쟁에 헌신하고 있다고 선전했다. 평형관전투 결과 만들어진 진찰기晋察冀, 진차지11 근거지는 인구 1200만 명이 거주하는 지역으로, 기존 점령지의 몇 배에 달하는 규모였다. 중국공산당은 그곳의 인적 물적 자원을 토대로 미래의 기반을 다질 수 있었다.

　스탈린은 그해 11월 자신에게 충성을 맹세한 코민테른의 중국 대표 왕명을 연안으로 파견했다. 스탈린은 왕명을 통해, 중국공산당은 당면한 일본과의 싸움에 집중할 것이며 장개석과의 패권투쟁은 그런 연후에 벌이라는 메시지를 전달했다. 왕명은 귀국하자마자 열린 정치국회의에서 모든 것에 우선하여 항일투쟁에

11　산서성·하북성·찰합이성

진력해야 한다고 주장했다. 정치국은 왕명의 견해에 따라 홍군이 장개석의 지도 아래 국민당의 일부가 되어 그 통솔을 받아야 한다고 결정했다. 모택동은 이 결정에 반대했지만 후원자인 스탈린의 뜻을 거스를 수 없었다. 모스크바는 오랫동안 미뤄두었던 중국공산당대회의 소집을 지시하고 왕명에게 정치보고서를 발표하게 함으로써 모택동을 당 서열 1위 자리에서 끌어내렸다.

당시 모택동은 모스크바에서 공인한 중국공산당의 지도자였지만 스탈린처럼 절대 권력을 행사할 수 없었다. 명목상 당 주석은 낙보였기 때문이다. 게다가 핵심 의결기구인 중앙상임위원회의 통솔권을 왕명에게 빼앗겼다. 1928년 이래 처음 열린 중앙상임위원회 회의에서 상임위원 9명 가운데 5명이 왕명을 지지했다. 신사군 사령관 항영은 모택동을 싫어했고, 장정 기간 동안 반목했던 장국도는 그를 증오했다. 항일투쟁을 우선적으로 생각하는 주은래와 박고도 그에게 등을 돌렸다. 모택동은 졸지에 중국공산당의 멘셰비키로 전락한 꼴이었다.

스탈린의 후광을 등에 업은 왕명은 국제공산주의 지도자들과 친분이 두터웠고 러시아어도 능통하여 모스크바와 자유롭게 소통했다. 크렘린의 행동양식에 길들여진 왕명은 자신의 야심을 달성하기 위해 소련에서도 무자비한 숙청을 단행하여 많은 중국공산당원을 감옥이나 처형장으로 보낸 적이 있었다. 자신만만한 이 33세의 공산당원이 돌연 자신의 강력한 경쟁자로 부상하자, 모택동은 모스크바에 위장전술의 장막을 펼쳤다. 12월 말, 모택동은 정치국회의에서 보안 유지를 구실로 참석자들의 자필 기록을 모두 압수했다. 그리고 심복인 임필시를 새로운 모스크바 특사로 파견하여 자신이 스탈린의 정책에 전폭적으로 동의하고 있음을 알렸다.

1937년 12월 18일 왕명은 중국공산당 대표 자격으로 주은래, 박고와 함께 무한으로 가서 장개석과 합류했다. 이후 홍군 지휘관들은 왕명의 조치에 따라 국민당군과 협력하기 위해 무한으로 갔다. 지도부에서 소외된 채 연안에 홀로 칩거하던 모택동은 경쟁자들이 국공합작에 역량을 소진하는 동안 연안에 자신의 왕국을 건설하고 있었다.

1938년 1월 모택동은 장개석의 승인 없이 진찰기의 새로운 공산당 영역을 발표했다. 국민정부의 지도자들은 일본을 물리치고 나면 남은 것은 확장된 공산당 점령지역뿐이라며 불만을 터트렸고, 무한에 머물러 있던 왕명 일파 역시 모택동의 일탈을 불안한 시선으로 지켜보았다.

왕명은 정치국회의에서 "최고사령관 장개석의 완전히 통일된 명령과 통일된 기율과 통일된 전쟁 계획과 통일된 작전에 홍군은 복종해야 한다."고 강조했다. 그러면서 일본 파시스트와 트로츠키주의자들이 국민당의 전복을 기도하고 있다며 모택동을 겨냥했다. 왕명의 이와 같은 발언은 물론 스탈린의 생각을 반영한 것이었다. 모택동은 어쩔 수 없이 중일전쟁 우선정책을 받아들이는 척하며 한 발 후퇴했다.

그해 1월 하순, 소련합동참모본부의 안드리아노프가 스탈린의 특사로 연안에 도착했다. 홍군의 항일투쟁을 지원하기 위해 300만 달러를 가져온 그는 스탈린이 3개 사단이 아니라 30개 사단의 홍군을 만들기를 원한다고 전했다. 안드리아노프가 홍군의 전쟁 계획을 묻자 모택동은 유격전을 통해 일본군과의 전쟁 역량을 강화하고 있는데 국민당군이 그런 노력을 방해하고 있다며 불만을 표시했다.

2월 19일 주덕이 팔로군 본부를 동쪽으로 옮기겠다고 통보하자 모택동은 일본군이 연안으로 몰려오고 있다며 서둘러 회군하라고 독촉했다. 그것은 물론 전쟁을 회피하여 홍군의 전력을 보전하려는 뜻이었다. 모택동의 의도를 알아챈 주덕은 회군을 거부했지만 모택동은 자신의 주장을 굽히지 않았다. 그로부터 수차례 같은 내용의 전보가 이어졌고, 주덕과 팽덕회는 3월 7일 항일전투가 시급하다는 회신을 보낸 후 부대를 이끌고 동쪽으로 이동했다. 그런 정황을 알게 된 왕명은 정치국회의를 소집하여 모택동의 돌발적인 행위를 비난했다.

　　그 무렵 모택동의 처지는 매우 불안했다. 1937년 이래 모스크바는 모택동에 대한 지지도를 대폭 낮추었고, 그해 10월 혁명기념일에는 중국공산당을 비판하기까지 했다. 스탈린은 서안사건의 배후에 모택동이 있다고 믿고 그를 지지하는 다수의 코민테른 요원들을 체포하여 투옥하기도 했다. 그런 상황에서 장국도는 모택동에게 반기를 들 기회를 찾았다. 장국도는 모택동의 입지가 취약해진 틈을 타 소련의 지지를 받는 왕명에게 접근했다. 그해 4월 4일 장국도는 무한 인근에 있는 옛 황제묘의 제사를 주관하기 위해 연안을 떠났다. 제사를 마친 후 무한으로 가서 왕명을 만난 장국도는 모택동을 당에서 축출하는 방안을 논의했다. 하지만 상황이 뜻대로 돌아가지 않자 돌연 국민당으로 전향했다. 모택동은 모스크바의 승인을 받아 장국도를 공산당에서 제명하고, 연안에 있던 장국도의 지지자 200명을 체포하여 생매장시켜버렸다.

　　이 기간 동안 모택동에게 가장 중요한 사건이 발생했다. 스탈린이 코민테른 숙청 과정에서 모택동을 일본의 스파이라고 밀고한 피아트니츠키와 멜리코프를 처형했던 것이다. 이를 기화로 모택동은 눈엣가시 같은 왕명의 제거 작업에 착수했다. 모택동은, 왕명을 대신하여 모스크바에서 중국공산당 대표로 파견한 왕가상王稼祥, 왕자상: 1906~1974을 이용했다. 왕가상은 그해 7월 코민테른 서기장 디미트로프를 만나 중국공산당이 모택동의 영도 아래 제반 문제를 해결해야 한다는 데 합의했다. 디미트로프의 지원은 모택동의 개인
적 운명과 당의 정책을 역전시키는 계기가 되
었다.

8월 말, 왕가상이 연안으로 돌아오자 모
택동은 왕가상의 이름으로 왕명을 비롯한 중
앙위원회 전체회의 대의원들을 소집했다. 당시
무한은 일본군의 맹렬한 공세에 직면하고 있었
지만, 모택동은 모든 야전사령관과 지도부 인

왕가상

사를 연안으로 모이라고 촉구했다. 왕명은 비상시국이라 무한을 떠날 수 없다며
중앙위원회를 무한에서 개최하자고 맞섰다. 하지만 모택동은 물러서지 않았고,
왕가상 역시 왕명에게 당 중앙에 복종할 것을 요구했다.

9월 15일 왕명 일행이 연안에 도착하자 왕가상은 코민테른의 합의사항을 전
했고, 모택동은 자신이 정치보고를 하겠다고 나섬으로써 당 1인자로서의 위상을
과시했다. 29일 프란체스코대성당에서 열린 중앙위원회 전체회의에서 왕가상은
디미트로프의 발언을 인용하여 모스크바가 중국공산당 지도자로 모택동을 지
지하고 있음을 강조했다. 이와 같은 활약으로 왕가상은 군사위원회 부주석 등 몇
개의 주요 직위를 차지했다. 모택동은 감사의 표시로 이 33세의 독신남자에게 23
세의 의학교 졸업생을 신부로 주선해주었다.

이제 남은 것은 왕명에 대한 처리였다. 그러나 자칫하면 당의 단결을 훼손시
킨다는 모스크바의 오해를 살 수 있고, 당내에서 광범위한 지지 기반을 갖고 있
는 왕명의 반격도 염려되었다. 이에 모택동은 장기전을 펼치기로 작정하고 중앙위
원회 전체회의를 두 달 동안 연장하여 사상 최장기 회의로 만들었다. 회의 기간

동안 무한과 광주 등지가 일본군에게 함락되었고, 후방에 있는 공산당 영역도 위협받았다. 현장에서 지휘관들의 조속한 귀대를 요청하는 전보가 줄을 이었다. 하지만 모택동은 자신의 목적을 달성할 때까지 그들을 놓아주지 않았다. 모택동은 회의를 지연시키기 위해 모든 정치국원들에게 같은 내용의 연설을 정치국회의와 중앙위원회 전체회의 두 군데서 각각 하게 했다.

　무한이 함락된 후 장개석은 수도를 중경으로 옮기고, 10월 28일 국민당 전국대표대회를 소집했다. 이에 응하여 왕명과 주은래, 박고, 항영 등 자신의 반대파들이 연안을 떠나자, 모택동은 이들이 장개석의 명령에만 순종한다며 강력하게 비난했다. 모택동은 지휘관들에게 홍군의 근거지를 적극 확장하고, 필요한 경우 국민당군과의 전쟁도 불사하라고 지시했다. 모택동이 공식적으로 국민당군에 대한 적대적 입장을 밝힌 것은 제2차 국공합작 이래 처음이었다. 모택동은 장개석이야말로 공산당 최후의 적이며, 이제 그로부터 권력을 빼앗아야 한다고 역설했다.

　이 시기에 모택동을 전폭적으로 지지한 인물은 중국 북부에서 지하조직을 지휘하고 있던 유소기였다. 유소기는 두 차례에 걸쳐 소련에 체류하는 동안 레닌을 만났다. 정치적 식견이 뛰어난 유소기는 모택동의 권력 장악을 위한 집요한 노력에 공감하고 있었다. 중앙위원회 전체회의 직후 유소기는 중국 중동부 당 책임자가 되어 사실상 신사군을 지휘하던 항영의 상관이 되었다. 모택동은 팔로군 부사령 팽덕회의 지지도 받았다. 팽덕회

유소기와 그의 아내 왕광미(王光美, 왕광메이)

는 공산당이 세력을 확장하려면 내전이 불가피하다는 점을 알고 있었다. 주덕 역시 모택동의 견해에 동의했다.

모택동은 그처럼 대다수 홍군 지휘관들의 지지를 받으면서 입지를 확고하게 다졌지만, 자신의 전략이 스탈린에게 흘러들어갈 것을 우려했다. 그 때문에 엄중한 보안조치를 위해 '기율결의안'을 채택하여 전체회의 참석자들의 입에 재갈을 물렸다. 그리고 강생을 비밀경찰 책임자로 임명하여 당내에 공포분위기를 조성했다.

강생은 소련에서 수백 명의 중국인 숙청을 감독한 바 있었다. 강생은 중국공산당 코민테른 부대표로서 왕명을 추종했던 인물로, 왕명과 함께 연안에 도착했을 때 보안훈련회의에서 "당의 천재 지도자 왕명 동지 만세!"를 선창하여 참석자들의 지지를 선동하기도 했다. 하지만 대세가 모택동에게 기울자 강생은 충성의 대상을 바꾸었다. 강생은 모택동에게 여배우 강청을 소개하고 신원보증까지 서주면서 둘 사이의 관계가 매우 돈독해졌다.

왕명이 중경에서 국민당 전국대표대회를 마치고 연안으로 돌아왔을 때는 이미 승부가 끝난 상태였다. 왕명은 통일선전부 주임으로 전보되었고, 중경 대표 자리는 주은래에게 돌아갔다. 하지만 모스크바와의 관계상 왕명이 노골적으로 공격받는 일은 없었다. 그는 여전히 당원들에게 인기 높은 지도자였고 활기 넘치는 연설로 청중들을 고무시키는 웅변가였다.

강생

모택동의 당권 장악

1939년 스탈린은 유명한 다큐멘터리 제작자 로만 카르멘Roman Karmen을 연안으로 보내 모택동을 촬영하게 했다. 카르멘이 모택동의 서재에 들어섰을 때 발견한 것은 책상 위에 놓인 스탈린의 저서였다. 모택동은 카메라 앞에서 그 책을 두 손에 들고 저자의 사진이 뚜렷하게 보이도록 연출했다. 그 자리에서 모택동은 자신이 가고 싶은 나라는 소련뿐이라며 스탈린의 비위를 맞추었다.

모택동의 꾸준한 노력으로 1940년에 들어서자 팔로군 병력은 24만 명으로 불어났고, 유소기가 지휘하는 신사군도 3만 명에 육박했다. 일본군 전선 후방에 10여 개의 공산당 근거지가 확보되었다. 북경에서 멀지 않은 진찰기 근거지만 해도 인구 2500만 명 규모로 확장되었다. 그러자 장개석의 지도 아래 일치항일을 외치던 공산당 지도자들은 이제 모택동의 현실적인 당 운영에 박수갈채를 보냈다. 팽덕회는 모택동을 모든 사태를 예견하고 훌륭하게 대처하는 철학을 갖춘 천재적인 지도자라고 추켜세웠다.

모택동은 일찍이 자신이 했던 말, 즉 당의 발전에 전력의 70%를 쏟으라는 그자신의 지시를 철저하게 이행하면서도, 스탈린에 대해서는 끊임없이 위장전술을 펼쳤다. 1939년 6월 국민당군과 팔로군의 충돌이 일어났을 때 모택동은 국민당이 공산당의 말살을 기도했기 때문에 발생한 전투라며 팔로군은 어디까지나 자위를 위해 싸운 것이라고 모스크바에 보고했다. 모택동은 왕가상과 임필시, 임표 등 우호적인 인사를 모스크바에 보내 자신의 이미지를 세심하게 관리했다. 그들은 모택동의 공식적인 방패막이였다. 임표는 1938년 말 총상을 치료하기 위해 모스크바에 갈 때 모택동이 스탈린에게 보여주기를 원하는 문서만을 들고 갔다. 이후 중국공산당 대표로 1942년까지 현지에 머물며 모택동의 실체를 철저하게 가려주었다. 이때 임표는, 주은래는 사기꾼이고 국민당헌병 출신인 주덕은 우리 편이 아니라고 하면서, 모택동만이 확고부동하고 단호하며 원칙을 지킬 줄 아는 중국공산당 지도자라고 추켜세웠다. 1940년 6월 건강상의 이유로 모스크바에 간 모택동의 동생 모택민은 스탈린 앞에서 왕명이 홍군의 전략을 과장하고 있다고 비난했다. 아울러 28인의 볼셰비키 출신이었던 이유한李維漢, 리웨이한: 1896~1984과 박고를 기회주의자이며 트로츠키주의자, 산적패거리로 몰아붙였다.

그해 9월 유럽에서 제2차 세계대전이 발발한 직후 주은래가 모택동의 세 번째 특사로 모스크바에 파견되었다. 당시 모택동 지지파로 입장을 바꾼 주은래는 소련인들에게 중국공산당 지도부가 모택동 동지를 차기 당 총서기로 선출하기 위해 노력하고 있다면서, 모택동은 여전히 항일전쟁을 최우선 과제로 삼고 있으므로 장개석과 약속한 통일전선은 흔들림 없이 유지되고 있다고 역설했다. 그 결과로 팔로군이 일본군과 2,689회의 전투를 치렀고, 중국의 공산당원은 개전 초기의 7배에 달하는 50만 명으로 늘어났다고 보고했다. 주은래는 그렇듯 소련 내에서 모택동의 입지를 다진 후, 강청과 함께 승마하다가 떨어져 다친 팔을 치료하기 위해 모스크바 병원에 입원했다.

한편, 장개석 정권은 내부 갈등으로 혼란에 직면해 있었다. 일본은 중경으로 몰린 국민당정부에 만주국 승인을 강요하면서, 왕정위를 포섭하여 친일정권을 만들고자 애썼다. 손문의 혁명기에 국민당 지도자였던 왕정위는 요중개가 암살된 후 국민당 좌파와 함께 연합정부를 이끌었고, 장개석이 정권을 잡은 뒤에도 수차례 행정원장과 주석을 역임했던 원로였다.

중일전쟁을 수행하는 동안 끊임없이 일본군에 쫓기던 장개석은 그 무렵 전

일본과 만주국의 연합을 선전하는 포스터. 일본군과 만주국군이 힘을 합쳐 중국군을 만주에서 몰아내고 대만주국을 건설하자는 내용이다.

쟁도 항복도 아닌 어정쩡한 상태에서 항일세력과 친일세력 양편으로부터 손가락질을 받고 있었다. 게다가 송자문, 공상희, 대립, CC단, 남의사 등의 사적인 관계와 황포군관학교 출신의 군사지휘관을 중용하는 그의 인사방침은 당내 원로와 애국지사들로부터 비난을 샀다.

일본은 왕정위 외에도 오패부, 용운 같은 군벌들에게 손길을 내밀었다. 전쟁의 국면을 움켜쥐고 있는 일본의 책동에 주불해, 진공박, 도희성陶希聖, 타오시성: 1899~1988 등 국민당의 지도층 인사들이 대거 동조했고, 외교부 고종무高宗武, 가오쭝: 1905~1994 과장이 연락책으로 활동했다. 그들은 "동아시아의 신질서"라는 구호를 내건 고노에 후미마로近□文□: 1891~1945 정권과 수시로 접촉했다.

1938년 12월 18일 왕정위는 아내와, 비서이자 교통부 차장인 증중명曾仲鳴, 쩡중밍: 1896~1939, 선전부장 주불해 등 최측근들과 함께 중경을 빠져나와 운남성의 성도

곤명昆明, 쿤밍으로 갔다. 그곳에 도착하면 운남성 주석 용운이 '반장연왕'[12]의 기치를 내걸고, 하남지구 사령관 장발규가 호응하기로 약속되어 있었다. 그런데 돌연 용운이 병을 핑계로 왕정위를 외면하면서 부관을 통해 중경으로 돌아가라고 충고했다. 용운의 변심에 당황한 왕정위는 다음 날인 12월 19일 베트남행 열차를 타고 하노이로 향했다. 이대로 중경에 돌아가면 장개석의 보복을 피할 수 없었기 때문이다. 왕정위는 하노이에 도착하자 중앙당과 장개석에게 보내는 전보 형식의 성명서를 통해 일본과의 선린우호, 경제제휴, 공동방공을 선언했다.

일본은 중국의 영토를 요구한 적이 없다. 군비의 배상도 요구하지 않았다. 일본과 전쟁을 계속하면 중국은 필히 망한다.

한동안 하노이에 머물던 왕정위에게 진공박과 도희성은 일본과 협력하지 말고 유럽으로 망명할 것을 제의했다. 그 무렵 대립이 지휘하는 국민당의 군 조사통계국에서 왕정위를 제거하기 위해 공작원을 파견했다. 위험을 예견한 왕정위는 3층짜리 고급 빌라에 은신하며 철통같은 보안에 의지하고 있었다. 이곳을 확인한 공작원들은 빌라에 근무하는 베트남 여성을 통해 왕정위의 생활습관과 거처의 내부구조를 알아냈다. 왕정위가 매일 아침 프랑스인이 운영하는 빵집에서 빵 배달을 시켜 먹는다는 것을 알게 된 공작원들은 배달부를 매수하여 빵에 독극물을 주입했다. 그런데 하필이면 그날 왕정위가 과일을 찾는 바람에 암살은 실패로 돌아갔다. 며칠 후 공작원들은 욕실 수도관에서 물이 새는 것을 알고 배관공으로

---

12   반장연왕(反蔣聯汪): 장개석을 반대하고 왕정위를 옹호한다.

1932년 전후의 왕정위, 장개석, 증중명(왼쪽에서부터)

위장하여 독가스가 들어 있는 캔을 욕조 밑에 설치했다. 하지만 이 방법도 왕정위의 경호원에게 발각되었다.

공작원들은 3월 20일 왕정위가 수행원들과 함께 교외로 소풍을 갈 때 중간에서 저격하려 했으나 베트남 경찰들의 삼엄한 경비로 접근조차 하지 못했다. 다음 날인 3월 21일 새벽, 그들은 직접 빌라를 공격하여 경호원들을 몰살시키고, 뭔가를 끼적거리고 있던 왕정위를 난자했다. 그들은 즉시 중경에 작전 성공을 타전했는데, 이튿날 신문을 보니 사망자는 왕정위가 아니라 증중명이었다. 그날 밤 왕정위와 증중명은 침실을 바꾸어 사용했던 것이다. 당시 왕정위의 돈은 모두 증중명의 명의로 은행에 예치되어 있었는데, 공작원들의 기습 당시 수표에 사인하고 있던 증중명은 출혈과다로 목숨을 잃었다.

그 후에도 수차례 암살 위기를 넘긴 왕정위는 1939년 5월 일본군이 장악하고 있는 남경에 입성하면서 삼민주의를 기본이념으로 하는 국민정부가 환도한 것처럼 위장하여 친일정권을 수립하고자 했다. 그해 6월 10일 도쿄를 방문한 왕정위는 히라누마 기이치로平沼騏一郎: 1867~1952 수상을 비롯하여 전 수상 고노에, 외상 아리타 하치로有田八郎: 1884~1965, 육군상 이타가키 세이시로 등과 회담하며 친일정권의 기반을 다졌다. 6월 18일에는 천진을 방문하여 군벌 오패부에게 군사 부문을 맡기려 했지만 거절당했다.

당시 왕정위는 주불해, 진공박, 고종무, 도희성 등 반장개석파 인사를 동원하여 국민정부 수립에 관한 절차를 일본 정부와 상의하고 있었다. 그런데 1940년 1월 4일 왕정위가 서명한 「일화 신관계 조정요항」에 불만을 품은 고종무와 도희성이 왕정위에게 결별을 고하고 홍콩으로 탈출해버렸다.

1940년 3월 22일 왕정위는 남경에서 중앙정치회의를 소집하여 국민정부 수립을 결정하고, 나흘 뒤인 3월 24일에는 성대한 환도식까지 열었다. 정부 주석에는 중경의 국민정부 주석 임삼林森, 린쎈: 1868~1943의 이름을 그대로 두고, 자신은 주석 대리로 취임하여 행정원장을 겸임했다. 그해 11월 30일 일본의 전 수상 아베 노부유키阿部信行: 1875~1953는 일본특사 자격으로 왕정위와 만나 일화기본조약에 조인했다. 그때부터 일본은 왕정위 정권을 공식 승인하고 중경의 장개석 정권은 반도로 규정했다. 하지만 미국은 왕정위 정권을 승인하지 않고 중경정부를 중국의 유일한 합법정부로 인정했다.

모택동과 장개석

1939년 8월 23일 스탈린은 히틀러와 독소불가침조약을 맺고, 9월 1일 독일과 함께 폴란드를 전격 침공하여 분할 점령했다. 이를 본 중국인들은 장차 스탈린이 중국을 제2의 폴란드로 만들기 위해 일본과 거래할지도 모른다는 우려를 갖게 되었다. 실제로 그 무렵 소련과 일본은 휴전조약에 서명했고, 외몽골과 만주 국경선 일대에서 전투가 중지되었다.

스탈린의 변심을 의심했던 사람 중에는 5·4운동 당시 〈신청년〉을 통해 중국의 지식청년들을 자극했던 진독수도 있었다. 그는 중국공산당 창당의 아버지였지만 지나치게 독립적인 태도 때문에 공산당에서 추방되었고, 국민정부에 체포되어 오랫동안 복역했다. 국공합작이 성립한 뒤 채원배와 송경령의 노력으로 석방된 진독수는 스탈린을 "잔인한 악마"로 비유하면서 자신의 고통과 분노를 이렇게 표현했다.

> 잔인한 악마가 자기 이웃나라에 오만하게 걸어 들어간다.
> ······그리고 한 번 덮쳐 영웅들과 옛 친구들을 산 채로 삶는다.
> ······선악이 밤낮처럼 뒤바뀌고 흑백이 그의 명령에 따라 뒤바뀐다.

장개석은 폴란드 시나리오에 대한 우려를 모스크바에 전달했지만 모택동의 입장은 정반대였다. 모택동은 소련이 중국의 일부를 점령하고 자신을 책임자로 임명해주길 기대했던 것이다. 1939년 9월 소련은 일본과 회담을 갖고 중국의 미래를 논의하면서 중국의 홍군 병력과 공산당 점령지역의 확장에 직접적으로 관계를 맺었다. 홍군의 강세는 일본과의 협상은 물론 전후처리에도 도움이 되기 때문이다.

1939년 겨울부터 모택동은 홍군과 국민당군의 충돌에 관하여 모스크바에 솔직하게 보고하기 시작했다. 모택동은 장개석의 희생 위에서 홍군의 병력을 적극적으로 확장하겠다는 의지를 표출했다. 이듬해인 1940년 2월 2일 모택동은 국공내전에서 홍군이 승리하고 있다는 고무적인 보고서를 스탈린에게 보냈다. 거기에는 하북에서 6,000명을, 상해에서 1만 명을 섬멸했다고 쓰여 있었다. 그러자 스탈린은 중국공산당에 매월 30만 달러의 지원을 승인했다. 주은래는 소련에서 돌아오는 길에 모택동 전용 무선통신장비를 가져왔고, 덕분에 모택동은 소련과 오가는 모든 교신 내용을 직접 관리할 수 있게 되었다.

1940년 봄이 되자 중국 북부의 대부분이 공산당의 수중에 들어갔다. 그해 3월 초순, 4만 명의 홍군 병력이 국민당군 6,000여 명을 섬멸했다. 4월 1일 팔로군사령부의 주덕과 팽덕회가 일본군 수송로 파괴 작전을 제의했지만 모택동은 허락하지 않았다. 모택동은 동원 가능한 모든 병력을 중국 중부와 동부로 이동시켜 홍군의 영역을 확장하는 데 주력했다. 장개석이 국공 간의 충돌을 막기 위해 주덕을 중경으로 호출했지만 모택동은 주덕을 연안에 잡아두고 주은래를 대신 파견했다.

1940년 5월 들어 중일전쟁은 새로운 국면으로 접어들었다. 일본군이 중경을 향해 본격적인 군사행동에 돌입했던 것이다. 그 후 6개월 동안 엄청난 규모의 공습이 이어지면서 1만 명이 넘는 민간인이 사망했다. 일본 육군은 중경을 향해 장강을 거슬러 올라가면서, 프랑스 당국에 베트남과 중국으로 통하는 철로의 봉쇄를 요구했다. 영국에 대해서도 버마 통로를 봉쇄하라고 압박했다. 이제 장개석의 보급 창구는 육로로 이어진 소련만 남게 되었다.

안팎으로 압력이 가중되자 중경에서는 일본과의 협상을 요구하는 분위기가 높아졌다. 모택동은 그런 상황을 천재일우의 기회로 여겼다. 일본이 중경까지 진격하면 소련이 개입할 수밖에 없기 때문이다. 전선에서는 주덕이 빠지고 팽덕회가 사령관 대리로 팔로군을 지휘했다. 한데 그는 모택동의 의도와 달리 일본군의 진격속도를 늦추기 위해 일본군 수송로 파괴 작전을 구상했다. 백단대전百團大戰, 바이투안대전으로 명명된 이 작전은 모택동의 승인이 나지 않은 상태에서 8월 20일부터 팽덕회의 독단으로 실행되었다.

1개월 동안 시행된 이 작전은 일본군의 병력이 아니라 시설을 목표로 했다.

백단대전. 팔로군이 낭자관(娘子關, 낭쯔관)을 점령한 후 환호하고 있다.

그 결과 일부 지역의 철도와 도로가 크게 파괴되었고, 그 여파로 만주국의 안산鞍山, 안산 철강에 석탄을 공급하는 정형井ロ, 징싱탄광이 6개월 동안 가동이 중단되었다. 백단대전으로 수송로가 마비되자 일본군은 국민당군과 대치하던 1개 사단을 철수시켰으며, 중국 남부로 들어가는 2개 철도의 점령계획도 연기했다.

팔로군은 이 작전을 통해 일본군의 폭격에 시달리던 국민당 지역 중국인들의 호감을 얻었지만 모택동은 몹시 화를 냈다. 장개석을 대패시킬 기회를 없애버려 소련의 개입 가능성이 줄어들었기 때문이다. 게다가 이 작전은 홍군의 전력에 심각한 영향을 끼쳤다. 일본군의 보복전인 삼광三光 전략13으로 인해 공산당 지역 인구가 4400만 명에서 2500만 명으로 줄어들었고 홍군 병력이 9만 명이나 희생되었던 것이다. 이때의 손실은 2년 뒤에야 어느 정도 회복할 수 있었다.

장개석은 일본군의 총력전에도 불구하고 중경을 지켜냈다. 모택동은 소련을 개입시키기 위한 다른 방법을 찾아야 했다. 그 무렵 팔로군은 중국 북부의 점령 가능한 지역을 대부분 장악했으므로 내전의 중심 무대는 장강 하류의 상해와 남경 부근으로 바뀌었다. 이 때문에 국공 간 무력충돌 가능성이 높아지자 장개석

---

13   일본군의 초토화 작전. 죽여 없애고[殺光], 태워 없애고[燒光], 찔러 없애는[搶光] 전략이다.

은 양측 군대를 지역적으로 분리하는 계획을 제시했다. 홍군에게 중국 북부를 내주는 대신 신사군을 장강 유역에서 철수시켜 팔로군과 합치라는 것이었다.

1940년 7월 18일 장개석은 모택동에게 홍군 철수를 명령하고 한 달 간의 시한을 주었다. 하지만 내륙의 요지를 포기하고 싶지 않았던 모택동은 즉각 거부했다. 장개석이 만일 신사군을 제거하기 위해 무력을 사용한다면 내전으로 확산시켜 소련을 끌어들일 요량이었다. 그해 여름 모택동은 모스크바에 여러 통의 전문을 보내 국민당을 궤멸시킬 수 있도록 군비를 지원해달라고 요청했다.

10월 초순, 유소기가 지휘하는 신사군이 황교黃橋, 황차오에서 국민당군을 공격하여 1만 명이 넘는 병력을 살상했다. 하지만 장개석은 그 일에 대하여 아무 반응도 보이지 않고, 10월 19일에 재차 신사군을 한 달 내에 지정된 지역으로 이동시키라고 명령했다. 모택동은 이 두 번째 시한에도 침묵을 지켰다.

11월 3일 모택동은 주은래에게 보낸 전보에서 장개석이 내전과 스탈린을 두려워하고 있음을 적시했다. 그는 장개석의 의중을 꿰뚫고 있었던 것이다. 모택동은 1940년 11월 7일 볼셰비키혁명 기념일에 맞춰 모스크바에 더욱 호전적인 제안을 내놓았다. 이제부터 전면적으로 내전을 벌이겠다는 내용이었다. 모택동은, 현재의 상황으로 볼 때 스탈린이 장개석을 공격하는 쪽으로 기울어지리라 판단하고 있었다.

그 무렵 소련은 3국 동맹14 가입을 고려하고 있었다. 지금 모택동이 일본과 함께 장개석을 협공한다면 장개석이 무너질 가능성이 높았다. 그러면 일본과의 협상에서 스탈린의 입지가 강화될 것이다. 소련의 외무장관 뱌체슬라프 몰로토

---

14   1940년 독일·이탈리아·일본이 체결한 군사동맹. 제2차 세계대전의 원인이 되었다.

프는 베를린으로 가서 3국 동맹 가담 문제와 중국 문제를 논의했다. 하지만 일본이 제시한 중국 관련 조건들은 스탈린의 기대에 미치지 못했다. 일본은 외몽골과 신강에 대한 소련의 권리만 동의했는데 이 지역은 이미 소련의 영향권 내에 있었다. 일본은 또 홍군의 대일 적대행위를 포기하는 대신 서북 3성(감숙·영하·섬서)의 점유를 용인하겠다고 했지만 중국공산당은 그보다 훨씬 넓은 영역을 지배하고 있었다. 협상이 부결되자 스탈린의 대일정책은 방어적인 상황으로 되돌아왔고, 재차 일본을 중국 안에 단단히 묶어둘 통일된 중국이 필요해졌다.

스탈린은 11월 25일 모택동에게 전문을 보내 홍군을 중국 중부에서 철수하는 문제를 논의하면서 시간을 끌고, 먼저 군사행동을 취하지 말 것이며, 만일 장개석이 공격할 경우 전력을 다하여 반격하되 충돌의 책임을 장개석에게 돌리라고 지시했다. 그런데 신사군의 철수 시한이 지나버린 탓에 장개석의 선제공격은 기대할 수 없게 되었다. 모택동으로서는 어쨌든 장개석이 먼저 방아쇠를 당길 수밖에 없는 상황을 연출해야 했다. 그것이 신사군의 참혹한 최후로 이어졌다.

신사군은 유소기가 대부분의 병력을 강북으로 이동시킨 뒤라, 1940년 12월경 장강 이남에 남아 있는 병력은 정치위원 항영의 예하부대 약 1만 명 정도였다. 항영은 모택동의 오랜 정적으로, 10년 전 AB분자 숙청 당시 잔인한 고문과 처형에 반대한 인물이다. 항영은 대장정을 시작할 때 모택동이 권력 장악 음모를 펼칠 것이라며 합류를 저지하기도 했다.

신사군이 이동할 당시, 장개석은 항영에게 신사군의 북상 통로를 지정해주었고, 모택동은 11월 29일 항영에게 이를 통보했다. 항영이 동로를 선택하겠다고 회신했지만 모택동은 그 사실을 장개석에게 알려주지 않았다. 장개석은 1941년 1월 3일 항영에게 신사군의 안전보장을 북로의 국민당군에게 지시했다고 통보했다.

항영은 모택동에게 동로를 이용하게 해달라고 전문을 보냈지만 모택동은 그 내용을 장개석에게 알리지 않았고 모든 홍군 지휘관들에게 장개석과의 직접 교신을 금지했다. 그 결과 이튿날인 1월 4일 항영의 신사군은 겨울비 속에 자신이 선택한 동로로 이동하다가 국민당군의 고축동 부대에게 섬멸당했던 것이다.

신사군의 궤멸 소식이 알려지자 모택동은 이를 이용하여 국민당군과의 전면 전을 벌이기 위한 공작에 들어갔다. 1월 15일 주은래는 소련 대사 판유쉬킨을 만나 긴급 지원을 요청했고, 모택동은 모스크바에 장개석에 대한 공격을 승인해달라고 요청했다. 디미트로프는 당시 스탈린에게 올린 보고서에서 중국공산당이 분열을 조장하고 있다고 비난했다. 2월 13일 모스크바는 모택동에게 공격 의사를 재고하라고 회신했고, 이 때문에 모택동의 내전 시도는 불발로 돌아갔지만 의도하던 소기의 성과를 거두었다.

우선 오랜 정적이었던 항영을 제거했으며, 신사군을 현지에 다시 주둔시킬 수 있게 되었다. 소련은 홍군의 지속적인 도발에 장개석이 반격하지 못하게 하면서 홍군의 세력 확장을 용인하게 하는 대가로 국민당 원조를 내걸었다. 장개석은 분노했지만 다른 방법이 없었다. 장개석이 소련으로부터 자유로워질 수 있는 방법은 미국의 원조뿐이었지만, 미국도 소련과 마찬가지로 국공합작을 통해 일본이 중국에서 정체되기를 원했다. 미국은 소련과 달리 중국공산당에 대한 영향력이 없었으므로, 루스벨트[15] 대통령은 국민당에 대한 지원과 내전 중지를 연계시

15 　프랭클린 델러노 루스벨트(Franklin Delano Roosevelt)는 미국의 32번째 대통령(1933년~1945년)이다. 뉴딜 정책으로 미국이 대공황에서 벗어나게 했고, 제2차 세계대전 당시 연합군에 동참하여 나치 독일과 이탈리아, 일본을 상대로 전쟁을 수행하여 승리로 이끌었다. 미국의 대통령 중 처음이자 마지막으로 4차례 연임하여 12년 동안 집권했다.

켜 장개석을 압박했다. 중국 내에서 내전을 누가 도발하는지에 대해서는 관심조차 없었다.

신사군 학살의 여파 속에서 미국 언론은 중국 내전을 이유로 워싱턴이 3000만 달러의 차관을 제공하려 한다고 보도했다. 당시 미국의 중국 관련 정보는 민간 정보망에 의존하고 있었다. 주요 정보 제공자는 중경에 머물던 미국 해병대 장교 에번스 칼슨이었다. 에드거 스노의 영향을 받은 그는 신사군 사건이 벌어지자 워싱턴으로 건너가 루스벨트 대통령에게 중국공산당을 비호했다.

영미 블록과의 긴밀한 관계를 소망하던 장개석은 영국에 지원을 요청했다. 하지만 처칠은 장개석을 무능하며 장차 중국 내에서 영국의 이익을 해칠 인물이라 판단하고 있었다. 영국 대사 클라크 커는 내전이 벌어질 경우 어느 쪽도 지원하지 않겠다고 통보했다. 클라크 커는 일찍이 주은래를 국민당원 전체를 합친 것보다 더 가치 있다고 공언했던 인물이다.

모스크바는 신사군 사건을 빌미로 국제적으로 장개석을 비난하고 나섰다. 장개석은 억울했지만 내전에 대한 보도통제 때문에 자신의 입장을 충분히 내세우지 못했다. 그런 와중에 신사군을 해체함으로써 국민당군이 그들을 고의적으로 학살했다는 인상을 남겼다. 이전에 홍군에 의해 자신의 병력이 희생되었을 때 항의하지 않았던 전력도 장애물이 되었다.

장개석이 자가당착에 빠져

1941년 중경에서 겔혼과 헤밍웨이

있는 동안 공산당 선전기관은 바쁘게 움직였다. 특히 주은래는 자신의 인간적인 매력을 십분 활용했다. 미국 언론인 마사 겔혼Martha Gellhorn은 주은래를 인터뷰하고 나서, 그가 손짓만 했다면 세상 끝까지라도 따라갔을 것이라고 말했다. 그녀의 남편 어니스트 헤밍웨이는 주은래가 어떤 주제가 제기되면 공산당의 관점을 납득시키는 일을 훌륭하게 해냈다며 칭찬을 아끼지 않았다. 신사군 사건 직후 한동안 중경에 머물렀던 헤밍웨이는 공산당의 탁월한 홍보 전략 때문에 미국은 대일전쟁에서 공산당이 수행한 일을 과대평가하게 되었다며 실제로는 국민당군의 성과가 수백 배 많았다고 술회했다.

당시 백악관의 경제보좌관 로클린 커리Lauchlin Curry는 중경에서 장개석을 만나 수만 킬로 떨어진 미국에서는 중국공산당이 호감 있게 비쳐지고 있다며 농민과 여성, 일본에 대한 공산당의 입장을 지지한다는 루스벨트의 구두메시지를 전했다. 커리가 루스벨트에게 제출한 보고서에는 장개석에 대한 부정적인 시각과 공산당에 대한 긍정적인 시각이 분명하게 드러났다. 이 때문에 미국의 정보당국은 커리를 소련의 간첩으로 의심했지만 조사 후 친소인사로 분류하는 데 그쳤다.

자신에 대한 국제적 압력이 가중되는 상황에서, 장개석은 1941년 1월 29일 모스크바에 중재를 요청했다. 중재 결과 중국공산당은 북부에 확보한 영토를 인정받고, 남경과 상해 부근에 신사군 주둔을 용인 받는 성과를 거두었다. 모택동은 영미 블록이 공산당의 전략에 도움이 된다는 사실을 깨닫고 11월 16일 주은래에게 전보를 보내 장개석의 영미 블록 가담을 반대하지 말라고 지시했다.

주은래는 특유의 인간미를 앞세워 미국인들과 친분을 쌓는 데 전력을 기울였다. 그의 노력으로 장개석에 대한 미국의 영향력이 강화되었고, 일본의 진주만 기습 이후 양국의 관계는 더욱 밀접해졌다. 1941년 일소중립조약이 체결되자 일본은 태평양전쟁을 수행하기 위해 소련 전선에서 대규모 병력을 빼냈다. 하지만 모택동이 바라마지않던 폴란드 시나리오는 성사되지 않았다.

공포의 정풍운동

1941년 6월 22일 독일이 소련을 침공하면서 모택동의 구상은 완전히 뒤틀려 버렸다.[16] 이제부터는 장개석과의 싸움에 소련의 도움을 받을 수 없게 된 것이다. 고심하던 모택동은 국민당군과의 전투를 중단시켰다. 7월 7일 스탈린은 일본이 독일과 손잡고 소련을 침공할 경우에 대비하여 중국공산당에 100만 달러를 보냈다. 그들을 움직여 동쪽의 일본군을 막으려는 뜻이었다. 중국공산당 지도자들은 이에 호응하려 했지만 모택동의 생각은 달랐다.

모택동은 7월 18일 유소기와 팽덕회에게 소련과의 협력을 전략적이고 장기적으로 이용해야 한다면서 일본군을 자극하지 말라고 지시했다. 그리고 모스크바에는 현재 홍군이 너무 약화되었다고 통지했다. 인적 물적 자원이 감소했고 작전지역이 줄어들었으며 탄약도 떨어져 상황이 나날이 악화되어가고 있으므로 군사행동을 취할 경우 패배가 예견된다는 것이었다. 모택동은 어떠한 경우에도 홍군의 전력을 보전해야만 자신이 최후의 승리를 쟁취할 수 있다고 믿고 있었다.

스탈린은 모스크바전투가 벌어지기 직전 수차례 전보를 보내 일본군을 중국

---

16   1941년 9월 22일 독일연합군(핀란드, 루마니아, 헝가리, 이탈리아, 슬로바키아 및 크로아티아 군대와 스페인의 파견단)에서 지원된 50만 명의 병력으로 강화된 300만 명 이상의 독일군이 발트해 북부에서 남부까지 광범위한 전선을 가로질러 소련을 침공했다.

내에 잡아두라고 요구했지만 모택동은 들은 척도 하지 않았다. 이 시기에 모택동은 일본군과 국민당군 어느 쪽과도 싸우지 않았다. 대신 공산당원들을 자기편으로 만드는 일에 집중했다.

1941년에 중국공산당의 당원은 70만 명이었다. 그중 90% 정도가 중일전쟁이 벌어진 뒤에 가입했는데, 대다수가 국민당 지역에서 공산당 지역으로 넘어온 청년들이었다. 그들은 비교적 교육 수준도 높아서 미래의 정부에서 유용하게 쓰일 수 있는 인재들이었다. 반면 대장정에 참여했던 당원과 농촌 출신들은 문맹자들이 많았다.

청년당원들은 대부분 좌경화의 파고가 높았던 1930년대 말에 입당했는데, 항일전쟁을 지원하던 유일한 우방 소련에 대한 호감이 중국공산당에 대한 기대감으로 증폭되었기 때문이다. 많은 중국인들은 부정부패가 만연하고 개혁 의지가 전혀 보이지 않는 국민당에 대해 실망하고 공산당만이 대일전쟁에 헌신한다고 믿었다. 이전에 있었던 공산당의 잔학성이나 가혹한 숙청 과정은 잊었거나 국민당의 모함으로 치부되었다. 그 때문에 외국인들은 물론 일부 선교사들까지 공산당에 가담했다.

이런 분위기가 형성된 이면에는 1937년에서 1938년까지 국민당 선전총책을 맡았던 소역자의 역할이 지대했다. 소역자는 공산당의 어두운 과거를 감추고 온건한 이미지를 심는 데 크게 기여했다. 에드거 스노의『중국의 붉은 별』도 큰 공을 세웠다. 이 책에서 모택동은 중국공산당이 늘 진실했음에도 툭하면 중상모략을 받았다고 했다. 공산당의 수도 연안으로 몰려든 10대 후반에서 20대 초반의 청년들은 혁명의 메카에 도착했을 때 매우 들떠 있었다. 어떤 사람은 그때의 감회를 이렇게 술회하기도 했다.

마침내 우리는 연안의 언덕을 보았다. 우리는 흥분해서 울었다. 우리는 트럭 위에서 만세를 불렀다. 우리는 〈인터내셔널가〉와 〈조국의 행진곡〉을 힘차게 불렀다. 새로 도착한 사람들은 고참 병사들의 악취가 풍기는 누더기 제복을 진심으로 부러워했다. 우리들에게는 모든 것이 신기하고 흥미로웠다.

신입당원들은 훈련과 교육을 위한 여러 학교와 연구소에 등록했지만 오래지 않아 환멸을 느꼈다. 그들이 꿈꾸었던 정의와 평등은 그곳에 존재하지 않았다. 특권과 불평등이 도처에서 판을 쳤다. 모든 배급기관에는 등급이 다른 세 개의 주방이 있었다. 하급당원들은 중급당원들에게 할당된 식용유의 절반밖에 받지 못했다. 고급간부들은 훨씬 많은 양을, 최고지도자들은 영양가 높은 특별 식료품을 즐겼다.

의복도 마찬가지였다. 연안에서 생산되는 무명은 거칠고 불편했으므로 고위간부들을 위해 부드러운 면사가 수입되었다. 내복이나 양말, 담배, 양초, 문방용품도 계급에 따라 차등 지급되었다. 최고지도자의 부인은 병원에서 출산하고 개인 간호사를 고용할 수 있었으며, 자녀들은 소련 유학을 떠나거나 유모를 둘 수 있었다. 중급당원들은 자녀를 보육원에 보낼 수 있었다. 하지만 하급당원들은 집안에서 출산해야 했고 열악한 생활환경과 식량 부족으로 질병에 쉽게 노출되었다. 병원에서도 음식은 차등 지급되었고 국민당 지역에서 들어온 귀한 의약품은 고급간부 이상만 복용할 수 있었다. 연안에서 만인에게 평등한 것은 햇빛과 공기와 화장실뿐이었다.

꿈과 희망을 안고 연안에 모여든 청년당원들은 이제 고향으로 돌아가고 싶어도 떠날 수가 없었다. 조직에서 이탈하면 탈영으로 간주되어 처형되었기 때문이

다. 간신히 연안에서 벗어난다 해도 국민당군이
나 일본군에게 잡히면 즉각 처형되었다. 연안은
그렇게 안팎으로 완전히 통제되어 있었다.

왕실미

　공산당 간부들은 신참이든 고참이든 대부
분 향수병에 시달렸다. 농촌 출신들은 상관에게
고향으로 보내달라고 간청했다가 기합을 받았고,
일부는 도망치다 붙잡혀 처형되기도 했다. 교육
수준이 높은 사람은 구실을 만들어 다른 지역으로 전출하는 방법을 썼다. 경계
지역에서 근무하는 병사들은 탈영으로 문제를 해결했지만 중심부에서는 사실상
탈영이 불가능했으므로 눌러앉아 있을 수밖에 없었다.

　모택동은 이들 청년 자원자들을 세뇌하여 중국공산당을 움직이는 톱니바퀴
로 만들고자 했다. 1942년부터 대대적인 인간개조작업이 시작되었다. 첫 번째 조
치는 청년들의 대변인 역할을 하던 35세의 작가 왕실미王實味, 왕스웨이: 1906~1947를 제거
하는 일이었다.

　왕실미는 1920년대 모스크바에 유학하고 엥겔스와 트로츠키의 저작물을 번
역하여 명성을 얻은 인물로, 연안 중앙정치학교에서 공산주의 이론을 강의하고
있었다. 그는 연안의 공산당 신문 〈해방일보〉에 게재한 「야생의 백합」이란 글을
통해 공산당의 독단적이고 제도화된 특권을 맹렬하게 비난했다. 청년들은 음식
이나 섹스, 인생의 쾌락이 아니라 위대한 공산혁명에 참여하기 위해 연안에 왔건
만 그들 앞에는 온갖 독선과 불평등만 놓여 있다는 것이다. 왕실미의 주장에 따
르면 고위간부들은 청년들에게 소부르주아적 평등주의를 고집한다고 비난하는
데 정작 그들 자신은 특권을 당연시했다. 그들은 계급이니 우정이니 온정이니 하

는 달콤한 말들을 지껄여대지만 실제로는 기본적인 인간의 동정심조차 갖고 있지 않았다. 연안에는 분명히 계급과 특권 체제가 존재하고 있었다. 왕실미는 음식이나 의복에 등급을 두고 하위 계층을 소외시키는 짓이 만연되어 있다고 비판했다.

왕실미의 글을 읽은 모택동은 즉각 〈해방일보〉에 전화를 걸어 인사 개편을 지시했다. 그러자 왕실미는 번화가인 남문 밖에 대자보를 붙여, 특권 문제를 뛰어넘어 중국공산당의 어두운 부분을 조명하고 나섰다. 당 내에서 불의를 종식시키고 정의를 확립하려면 고위간부에게 각 당원의 생각을 자유롭게 말할 수 있어야 하며, 무고한 사람을 모함하거나 박해하는 일을 멈춰야 한다고 했다. 왕실미의 주장에 많은 사람들이 공감했고, 그는 일약 영웅이 되었다. 모택동은 왕실미에게 쏟아지는 스포트라이트를 깨고 싶었다.

우선 모택동은 왕실미의 주장에 반론을 펼치지 않고 그를 트로츠키주의자로 몰아갔다. 왕실미는 사석에서 "트로츠키는 천재였지만 스탈린은 여러 차례 숙청을 통해 이루 헤아릴 수 없는 악행을 저질렀으므로 사랑을 받을 수 없는 사람이다."라는 말을 했으며, 모스크바의 재판에 의구심을 표했다는 이유로 당에서 제명되고 감옥에 갇혔다. 왕실미는 가혹한 고문과 세뇌작업으로 심신이 파괴되었다. 몇 년 후 그가 연안을 찾아온 기자들 앞에 등장했을 때, 왕실미는 자신이 트로츠키주의자로서 죽어 마땅하지만 모택동의 자비로 살아났다는 말을 기계처럼 뇌까리고 있었다. 왕실미의 최후는 실로 비참했다. 공산당이 연안에서 철수할 때 그를 난도질하여 마른 우물 속에 던져버렸던 것이다.

1942년 모택동은 수차례 회의를 열어 청년당원들에게 왕실미를 비판하라고 지시했다. 하지만 청년들은 반대의사를 표명했다. 회의를 지켜본 모택동은 과거에 그랬던 것처럼 공포심을 적극 활용하기로 결심했다. 여기에는 비밀경찰 책임자 강생의 역할이 필수적이었다. 강생은 수하들을 풀어 국민당 지역에서 활동하는 대부분의 공산당 기관들이 장개석에게 충성하는 간첩조직이라고 고발하게 했다. 이로써 국민당 지역에서 공산당 기관에 소속되었거나 추천을 받아 연안으로 온 청년당원들은 모조리 간첩 용의자가 되었다.

첫 번째로 19세의 청년당원이 7일 밤낮으로 고문을 당한 끝에 간첩임을 자백했다. 그러자 강생은 1943년 4월 모든 청년당원들을 구금하고 심문하기 시작했다. 수천 명의 청년들이 연안의 누런 산비탈에 뚫어놓은 동굴 감옥에 갇혔다. 모택동이 거처하던 대추나무골 협곡의 한 감옥에는 3,000명이 넘는 죄수들을 가두기 위해 줄줄이 토굴을 팠다. 청년들은 대부분 소속기관 내부에 수감되었고, 경비병의 감시하에 외부인의 출입이 엄격히 금지되었다. 간수와 심문관은 국민당 지역 외의 장소에서 온 사람들이었다.

모택동은 과거에 동지였던 기관 내의 직원을 죄수와 간수로 나누어 함께 지내게 했다. 이런 방식으로 서로가 서로에게 의심과 증오를 싹틔우게 했다. 죄수들에게는 수시로 간첩활동을 자수하라는 압력이 가해졌다. 그것은 실제로 간첩을 색출하기 위해서가 아니라 공포심을 극대화하려는 것이 목적이었다. 진짜 간첩 색출은 보안군에 의해 은밀하게 진행되고 있었다.

죄수들로 가득한 동굴 감옥에서 많은 사람들이 정신이상이 되었고, 고통에 못 이겨 자살을 기도하는 사람도 속출했다. 자살 미수에 그친 사람은 가혹한 고문을 당했고, 자아비판서를 내야 했다. 1943년 8월 15일 당은 다음과 같은 포고령을 내렸다.

잘못을 빨리 시정하거나 너무 늦게 시정하는 것은 좋지 않다. 너무 빠르면 이 운동이 적절하게 전개될 수 없다. 너무 느리면 고문당한 희생자의 손상이 깊어질 것이다. 따라서 세밀하게 관찰하여 적절한 때에 바로잡아야 한다.

연안에서는 연일 심문과 공포를 부추기는 군중집회가 열렸다. 넓은 공터에 운집한 군중 앞에서 일부 청년당원은 자신이 간첩이라고 자백하고 다른 사람의 이름을 대야 했다. 거명된 사람은 무대 위로 끌려나가 똑같은 행위를 반복했다. 만일 결백을 주장하면 즉시 체포되어 감옥으로 끌려갔다. 어떤 사람은 군중들의 손가락질을 받으며 처형의 공포에 떨기도 했다. 군중집회가 주는 공포심은 실로 대단해서 대상자들은 극한의 고문보다 더 큰 정신적 타격을 받았다. 파괴된 영혼은 공산당에 대한 맹신으로 대체되었다. 노래와 춤은 일절 금지되었고 혼자 있는 시간에는 사상검사서를 작성해야 했다. 당은 이렇게 지시했다.

모든 사람이 사상검사서를 써야 한다. 세 번, 다섯 번 계속 반복하라. 당에 좋지 않은 생각을 남김없이 털어놓도록 모든 사람에게 지시하라. 모든 사람은 '작은 방송'이라 불리는, 타인으로부터 비공식적으로 들은 정보를 모두 기록하라. 당신이 결백하다면 당에 보고하지 못할 이유가 없을 것이다.

공산당원들은 누구나 다른 사람에게 들은 이야기를 기록해야 했다. 자신이 했던 좋지 못한 발언도 빠뜨릴 수 없었다. 그들은 살아남기 위해 자신의 기억을 끝없이 더듬었다. 당은 '좋지 않은 생각'의 기준을 모호하게 유지함으로써 사람들이 더 많은 내용을 적게끔 유도했다. 만일 저항하는 기미가 보이면 그럴듯한 이유를 들어 간첩으로 몰았다.

모택동의 이와 같은 전략은 큰 성공을 거두었다. 당원들 간에 믿음을 깨뜨려 서로의 의견 교환을 봉쇄했다. 그리고 다른 정보의 통로를 완전히 장악하여, 외부 언론의 취재 허용은 물론 라디오도 소지할 수 없었다. 가족을 포함하여 외부 세계와 편지 교환도 금지되었다. 국민당 지역에서 오는 모든 연락사항은 간첩활동의 증거로 쓰였다. 누구와 연락하거나 사적인 생각을 쓸 수 없었다. 이와 같은 상황이 2년 동안 지속되자 정의와 평등을 열망하던 청년들은 두뇌가 얼어붙은 로봇이 되었다.

1944년 6월 공산당의 허가로 연안을 방문한 외부 언론인들은 일사불란하고 획일화된 주민들의 언행을 보고 놀랐다. 지식인이든 노동자든 간에 질문을 받으면 천편일률적인 대사가 흘러나왔다. 심지어 사랑에 대한 질문조차 회의에서 결정된 견해가 있는 것처럼 보였다. 공산당은 주민들의 능동적이고 자발적인 협력을 원하지 않았다. 자발성은 결국 철회될 수 있기 때문이다. 공산당은 지원자도 원하지 않았다. 당이 단추를 눌렀을 때 기계처럼 절차에 따라 정확하게 작동하는 인간이 필요했다.

1944년 봄에 이르러 모택동은 공포정치의 수준을 낮추기 시작했다. 희생자들이 감옥에 갇힌 채 미래가 불확실한 생활을 하는 동안 보안군은 강요된 자백 증서를 토대로 진짜 간첩을 가려냈다. 이 검토의 전제는 간첩용의자가 1% 미만이 되어야 한다는 것이었다. 다른 공산당 근거지에도 연안을 모델로 간첩 색출 작업이 시작되었다. 모택동은 연안 같은 분위기를 조성하기 위해 현지의 간첩 색출 비율을 10%로 높였다. 모든 사람들이 공포의 체험주기를 거쳐야 했다.

1945년 모택동은 희생자들의 대대적인 복권을 지시했다. 중일전쟁이 종식되어, 국민당 정부와 패권을 다투기 위해 많은 간부를 조달해야 했기 때문이다.

수만 명에 이르는 청년당원들이 정신적 혼란과 고뇌를 체험한 끝에 많은 사람들이 신경쇠약에 걸렸고, 일부는 평생 고통에 시달렸다. 모택동은 그들이 자신의 목적에 유용하게 쓰이리라고 확신했다. 그들은 이제 확고부동한 공산당 조직의 일원으로서 신체적으로나 정신적으로 이탈할 수 없게 되어 있었다. 대안이 없는 상황에서 청년당원들은 혁명이라는 자신의 신념을 되찾았고 그동안의 희생을 합리화했다. 모택동은 그들에 대한 학대를 인민에 대한 봉사와 중국을 구원하기 위한 고귀한 체험이자 영혼 정화의 경험으로 미화시켰다. 모택동은 1945년 봄, 그들을 장개석과의 전쟁에 내보내기 위해 몇 차례 공개적으로 사과했다.

나는 당 중앙을 대신하여 사과합니다. 연안 전체가 과오를 범했습니다. 여러분에게 훌륭한 목욕을 시켜줄 의도였지만 약품이 너무 많이 뿌려져 여러분의 예민한 피부가 손상되었습니다. 우리는 어둠 속에서 적과 싸우고 있습니다. 그래서 우리 편 사람들을 다치게 했습니다. 그것은 아버지가 아들을 때리는 것과도 같습니다. 그러니 앙심을 품지 마십시오. 이제 일어나 옷에 묻은 먼지를 털고 싸우러 나갑시다.

그 말을 듣는 순간 청년당원들은 비애와 안도감으로 눈물을 흘렸다. 그들은 자신을 잔혹하게 학대한 공산체제를 위해 싸웠고, 그다음에는 중국인민을 고문하는 기계의 일부로 작동했다. 공산당은 그 기계를 사명감이나 애국심이 아니라 극도의 공포심으로 만들어냈던 것이다.

이 정풍운동을 통해 모택동은 많은 것을 얻었다. 우선 공산당원들이 국민당과 연계된 모든 정보를 짜냄으로써 내전 당시 국민당의 공산당 침투경로를 파악했다. 아울러 공산당원들에게, 그동안 군벌을 타파하고 중국을 통일했으며 항일운동을 이끌고 있는 중국의 지도자로 굳혀져 있던 장개석의 이미지를 깨부수고 일본군과 마찬가지로 격멸해야 할 공적으로 만들었다. 장개석을 쫓아낸 그 자리에는 '중국의 건설자' 모택동이 들어앉았다.

모택동과 왕명

모택동은 정풍운동을 통해 공산당원들을 자신의 꼭두각시로 만드는 동안 당의 최고지도자들까지도 확고부동하게 장악하는 작업을 병행했다. 자신이 스탈린과 같은 절대적인 지도자로 군림해야만 그들이 소련을 우러러보지 않을 것이었다.

1941년 가을, 모택동은 수차례 정치국회의를 소집하여 과거 자신을 적대시했던 사람들에게 자아비판과 충성서약을 강요했다. 그의 위협에 낙보와 박고를 비롯한 대다수의 지도자들이 굴복했다. 그러나 단 한 사람, 연안에 있던 왕명만은 모택동에게 결코 고개 숙이지 않았다.

왕명은 그해 10월 코민테른 서기장 디미트로프가 모택동에게 보낸 서한 중에 일본이 소련을 공격하기 위해 제2전선을 펴지 못하도록 중국공산당이 세운 전략이 무엇인지를 추궁하는 내용을 빌미 삼아 자아비판을 거부했고, 장개석과 일본에 대한 모택동의 정책을 노골적으로 비판했다. 심지어 왕명은 이 문제를 코민테른에 보고하겠다면서 공개토론회에서 일대일로 토론하자고 요구하기까지 했다.

모택동은 최고지도자들을 움직여 당 대회를 열고 주석으로 취임하고자 했다. 7년 동안 제1인자 노릇을 해왔지만 그에 걸맞은 직책이나 칭호가 주어지지 않았기 때문이었다. 하지만 그의 의도는 왕명의 반발로 좌절되었다. 이 문제를 놓고 왕명과 토론하게 되면 다수가 왕명을 지지할 위험성도 있었다. 왕명은 모두가 모택동에게 굴복한다 해도 자신은 절대로 고개 숙이지 않겠다고 말하고는 했다. 왕명은 사석에서 모택동을 반소 반당주의자라고 비난하면서, 모택동이 개인적인 독재체제를 구축하고 있으며 모택동의 행동은 자신을 위한 것이지 대의를 위한 것이 아니라고 성토했다.

왕명이 병원에 입원하게 되었다. 왕명은 모택동이 자신에게 독약을 사용했다고 주장했다. 왕명을 독살하려던 사람은 연안중앙병원의 김무악金茂岳, 진마오유웨이라는 의사였다. 그는 국공합작 당시 국민당 의료단의 일원으로 연안에 파견되었다가 현지에 눌러앉았는데, 왕명이 입원하자 주치의가 되었다. 1942년 3월 왕명이 퇴원하려 하자 김무악은 왕명의 치아를 뽑고 편도선과 치질을 수술해야 한다며 붙잡았지만 다른 의사들의 반대로 수술이 취소되었다. 3월 13일 왕명은 퇴원 직전 김무악이 준 알약 한 알을 먹고 쓰러졌으며, 이튿날에는 두 알을 먹고 구토와 함께 간과 비장이 부어오르고 심장에 통증을 느꼈다. 진찰 결과 왕명은 간 비대증과 심각한 담낭 증세에 수은중독 증세까지 보였다. 김무악이 추가로 알약을 처방했지만 왕명은 그를 의심하고 복용을 중단했다. 훗날 이 약을 조사해보니 염화수은 형태의 독극물로 변하는 것으로, 당시 왕명이 받은 알약은 여섯 명을 죽이기에 충분한 분량이었다.

그해 7월 16일 소련의 최고위급 연락관 블라디미로프 일행이 연안에 도착했다. 블라디미로프는 중국어에 능통했을 뿐더러 중국 북서부에서 활동한 적이 있어 중국공산당 지도자들과 친분이 두터웠다. 그는 왕명의 목숨이 경각에 달려 있다는 소식을 듣고 동행한 소련군사정보국의 의사이자 무선기사인 안드레이 오를 로프에게 치료를 맡겼다.

1943년 초 왕명의 건강상태가 다소 호전되자 오를로프는 왕명을 국민당 지역 이나 소련으로 보내 치료해야 한다고 건의했지만 모택동은 왕명의 출국을 거부했 다. 1월 8일 왕명은 스탈린에게 보낼 장문의 전문을 구술했는데, 거기에는 모택동 의 반소 반당 행위에 대한 많은 증거들이 담겨 있었다. 왕명은 전보의 끝에 자신 이 치료받을 수 있도록 비행기를 보내달라고 간청했다.

3월 22일 왕명은 처방전을 오를로프에게 보냈고 블라디미로프는 그것을 모 스크바에 보내 문의했다. 조사 결과 왕명이 수은에 중독되었다는 사실이 밝혀졌 다. 그러자 모택동은 왕명의 독살 기도를 조사한다는 명목으로 그의 출국을 막 았다. 그리고 3월 28일 강청을 블라디미로프에게 보내 김무악이 국민당의 간첩일 가능성을 언급했다. 김무악은 회의석상에서 왕명의 부인에게 절대 고의가 아니었 다며 용서해달라고 읍소했는데, 이튿날부터 그는 보안기관으로 거처를 옮기고 모 택동과 다른 지도자들을 진료했다.

한편, 주은래는 소련 비행기의 중국 진입을 장개석이 허가하지 않는다는 것 을 이유로 왕명의 출국을 저지했다. 당시 주은래는 모택동의 아들 모안영을 소련 에서 데려오기 위해 소련 비행기의 입국 허가를 받아둔 상태였다. 서안사건 당시 소련 유학을 떠난 모안영은 1943년 5월 1일 사관학교를 졸업하고 귀국을 준비하 고 있었다.

그런데 8월 19일 모안영이 탑승할 예정이었던 비행기 한 대가 연안에 도착했 지만 모안영은 없었다. 소련에서 왕명을 먼저 출국시키라는 무언의 메시지를 보 낸 것이었는데, 모택동은 이를 거부했다. 그 무렵 연안에서 왕명에 대한 독살 소

연안 시기의 강청(왼쪽)과 맹경수

문이 퍼지자, 모택동은 11월 1일 대규
모 집회를 열고 왕명의 부인 맹경수
孟慶樹, 멍칭수: 1911~1983를 등단시켜 남편
의 중독과 모택동과의 연관성을 부
인하게 했다. 11월 4일 맹경수는 모
택동과 정치국에 편지를 보내 자신
과 남편은 한 번도 당과 모택동을 의
심해본 적이 없고, 오히려 모택동에게 그동안 돌봐주어 감사할 따름이라고 했다.
이로써 독살음모사건은 공식적으로 종결되었다.

　　11월 17일 디미트로프가 왕명을 소련으로 보내라는 전문을 보냈지만 모택동
은 응답하지 않았다. 12월 22일 스탈린은 디미트로프를 시켜 모택동에게 이례적
인 전문을 보냈다. 코민테른 해체 이후 그 지도자들이 중국공산당의 내부 문제에
개입할 수 없어졌지만, 몇 가지 우려가 생겼다면서 일본군에 대한 투쟁을 줄이는
것은 정치적인 오류이며, 국내의 통일전선에서 이탈하는 현재의 조치 역시 잘못
되었다는 내용이었다. 디미트로프는 모택동의 정보책임자 강생을 이적행위자라
고 규정하면서 왕명과 주은래를 범죄자로 몰아붙이지 말라고 경고했다. 전문 말
미에 디미트로프는 모택동의 아들 모안영을 군사정치학교에 입학하도록 주선했
으며, 자신이 모택동의 조력자가 될 것이라는 내용을 덧붙였다. 1944년 1월 2일 모
택동은 디미트로프에게 답신을 보냈다.

　　첫째, 나는 항일투쟁을 축소하지 않았다.
　　둘째, 중국공산당과 국민당의 협력은 변함이 없다.

셋째, 주은래와의 관계는 양호할 뿐만 아니라, 그는 최근 커다란 발전을 이룩했다.

넷째, 왕명은 여러 가지 반당 행위를 했다.

다섯째, 중국공산당은 스탈린 동지와 소련을 사랑하며 더없이 존경한다.

여섯째, 왕명은 신뢰할 만한 가치가 없다. 그는 과거 상해에서 국민당에 체포된 적이 있다. 그때 자신이 공산당원임을 자백했다. 그가 소련에서 숙청된 미프와 의심스런 관계를 맺었다는 소문이 있다.

일곱째, 강생은 믿을 만한 인물이다.

모택동은 이렇듯 모스크바를 향해 할 말을 다했지만, 이내 스탈린을 불쾌하게 만든 것은 아닌지 우려했다. 당시의 전세는 독일에게 불리하게 전개되었고, 소련이 머지않아 일본과 맞붙을 조짐을 보이고 있었다. 모택동은 블라디미로프를 불러, 소련과 스탈린에 대한 유화적인 제스처를 내보였다.

1월 7일 모택동은 블라디미로프를 찾아가 왕명에 대하여 논의하고, 왕명에게 우호적인 조치를 취하겠다는 전보문을 써서 디미트로프에게 전하게 했다. 그 무렵 스탈린은 소련의 대일전쟁 참여 의사를 미국에 통보하고, 모택동에 대한 군사 원조를 대폭 늘렸다. 왕명은 디미트로프의 조언에 따라 모택동과 협력할 것을 약속했다.

모택동은 소련으로부터 왕명을 살해하지 않는 범위 내에서 무슨 짓이든 해도 좋다는 허락을 받았다. 사실, 왕명에 대한 비판은 연안의 정풍운동에서 중요한 부분이었다. 정풍운동이 끝날 무렵 왕명이 공적 제1호라는 생각이 사람들의 머릿속에 각인되었다.

모택동의 깃발 아래

정풍운동 당시 모택동은 주은래를 거물급 간첩으로 몰 것처럼 위협했다. 국민당 내 대다수 공산당 기관에게 장개석의 간첩이라는 혐의를 씌운 것은 주은래를 함정에 빠뜨리려는 뜻도 있었다. 주은래가 이 기관들의 책임자였기 때문이다. 모택동은 중경에 있던 주은래를 연안에 돌아오라고 재촉했다.

1943년 7월 주은래가 연안으로 돌아왔을 때 모택동은 "마음을 적진에 두지 마시오."라는 말을 했다. 여기서 위협을 직감한 주은래는 모택동을 찬양하는 말로 고비를 넘겼다. 11월에도 주은래는 정치국원들 앞에서 당을 구한 사람은 모택동이라고 칭송했다.

모택동은 팽덕회도 가만두지 않았다. 팽덕회는 1930년대에 모택동에게 등을 돌린 적이 있었고, 1940년에는 모택동의 동의 없이 백단대전을 일으켜 당을 위험에 빠뜨리게 한 일도 있었다. 1943년 가을, 모택동은 팽덕회를 연안으로 불러들였다. 팽덕회는 모택동 개인숭배 현상이 나타나는 것을 보고 잘못된 일이라고 비판했는데, 1945년에 들어 모택동주의자들은 40일에 걸쳐 팽덕회 규탄 집회를 열었

1944년 연안에서 모택동과 팽덕회

다. 이런 움직임은 일본이 항복하기 직전까지 계속되었고, 그들이 공격을 그친 것은 팽덕회에게 장개석과 싸울 능력이 있었기 때문이었다.

정풍운동은 모택동의 대리인 강생 같은 사람도 피해 가

지 않았다. 강생은 공산당의 정보책임자였지만 과거가 의심스러웠다. 강생이 언제 어디서 중국공산당에 가입했는지 불분명했는데, 그의 가입을 목격한 증인도 없고, 강생이 자신의 추천자로 거론한 사람들도 그의 주장을 부인했다. 강생을 의심하는 편지들이 모택동에게 전해졌고, 일부는 강생이 국민당정부에 체포되었을 때 변절했다는 내용도 있었다. 강생에게 가장 심각한 위기는 1943년 12월 스탈린이 강생을 이적행위자로 규정했을 때였다. 모택동은 이런 약점을 이용하여 강생을 조종했다. 비밀경찰 책임자로서 자신의 결백을 인정받기 위해 여타 용의자들을 조사하고 유죄를 증명하는 데 누구보다 철저했는데, 이런 과정은 강생이 1975년 사망할 때까지 지속되었다.

신사군을 지휘하던 유소기도 정풍운동에서 엄청난 공포를 체험했다. 간첩활동의 도구로 지목된 기관 일부가 그의 관할하에 있었고, 그 역시 국민당 정부에 몇 차례 체포된 경험이 있었던 것이다. 1942년 말, 중국공산당이 연안에 입성했을 때 유소기는 정풍운동을 반대하기도 했다. 하지만 상황이 돌아가는 것을 보고 유소기는 자신의 견해를 신속하게 바꾸었고, 강생의 환심을 사려 노력했다. 나아가 모택동의 노선을 전폭적으로 지지하고 모택동 신격화에 앞장섰는데, 이에 만족한 모택동은 유소기를 2인자의 자리에 올려놓고 문화혁명 때까지 지위를 유지하게 했다.

장차 막강한 권력을 휘두르게 될 두 명의 여인도 연안에서 고초를 당했다. 모택동의 아내 강청江青, 장칭: 1914~1991과 임표의 아내 섭군葉群, 예췬: 1917~1971이었다. 두 여인은 간첩의 소굴로 지목된 당 기관을 통해 연안으로 왔다. 임표가 중경에 머무르고 있던 1943년의 어느 날, 섭군은 결박당한 채 말에 태워져 감옥으로 끌려갔다. 그해 7월 연안에 돌아온 임표는 아내의 소식을 듣고 당 사무실을 박차고 들어

임표(오른쪽)와 부인 섭군

가 "우리는 전선에서 죽음을 무릅쓰고 싸우고 있는데, 너희들은 후방에서 내 아내를 괴롭히고 있느냐!" 하면서 항의했다. 섭군의 간첩 혐의는 즉시 벗겨지고 석방되었다.

강청은 몇 해 전 국민당 정부에 체포되었다가 전향하여 석방된 전력이 있었다. 1938년 그녀가 모택동과 결혼하려 할 때 그 문제가 수면 위로 떠올라 파문이 일기도 했다. 강청은 이제 모택동의 아내로서 막강한 위치에 있었지만 누군가 자신을 고발할까 봐 두려워했다. 그렇게 되면 어쩔 수 없이 자아비판을 하고 다른 사람의 비난을 들어야 했기 때문이다. 그녀는 병가를 얻어 피할 생각까지 했다. 하지만 모택동은 그녀를 소속 직장으로 돌려보내 한 주기의 공포 체험을 명령했다. 강청이 겪은 상황은 다른 사람에 비할 바 아니었지만 남은 생애 동안 과거 때문에 두려움을 품고 살기에는 충분한 것이었다. 이때 얻은 편집증은 훗날 자신을 알고 있던 무수한 사람들을 생지옥으로 몰아넣게 한다.

정풍운동은 모택동의 개인숭배를 확립하는 계기가 되었다. 누구든지 마음속에 모택동 주석이 유일하고 현명한 지도자라고 다짐하게 된 것이 바로 그 시기였다. 이전에는 그를 존경했거나 지도자로서 떠받드는 정도였고, 지지자 중에도 강청과의 결혼을 비판하는 경우가 많았다. 처음에 모택동 어록을 학습하라는 지시가 내려오자 많은 사람들이 불평했다. 그들은 마지못해 "모택동 만세!"를 외쳤지만 비굴한 느낌을 지울 수가 없었다. 그런 느낌은 정풍운동을 통해 깨끗이 말소되었다.

1943년 3월 모택동은 중국공산당의 중앙위원회, 정치국, 군사위원회 주석으로 선출되어 중국공산당에 대한 지배권을 보장받았다. 그해에 열린 중국공산당 창립 23주년 기념일 행사에서 왕가상은 "모택동 사상은 마르크스 레닌주의와 중국의 볼셰비즘 그리고 중국공산주의를 모두 합친 것이다."라고 주장하여 '모택동 사상'이란 용어를 처음으로 사용했다. 유소기도 "우리 당과 프롤레타리아, 또 우리나라의 혁명 군중은 마침내 23년이라는 길고 힘든 혁명 투쟁을 거친 끝에 우리 스스로의 지도자인 모택동 동지를 발견했다."고 선언했다.

이때부터 모택동에 대한 개인숭배작업이 공식적으로 가동되었다. 먼저 공산당 기관지 〈해방일보〉에 "모택동 동지는 중국 인민의 구원자이다."라는 선전 구호가 크게 실렸다. 모택동의 얼굴을 새긴 배지가 당 간부들에게 배포되었다. 주요 강당 건물의 전면에 황금색을 입힌 모택동의 거대한 얼굴 부조상을 제작하여 설치했고, 모택동의 초상화를 대량으로 인쇄하여 각 가정에 판매했다. 왕가상은 「모택동 사상」이란 논문을 발표했고, 매일 계속되는 대중집회에서 모택동의 단순하면서도 명확한 신조가 사람들에게 주입되었다.

1945년 4월 연안에서 중국공산당 제7차 전국대표대회가 열렸다. 1928년 제6차 대회가 열린 지 17년만의 일이었다. 단상 위에는 "모택동의 깃발 아래 전진하자!"는 구호가 걸려 있었다. 이 대회를 통해 당 규약에 "모택동 사상이 당의 모든 활동의 지침이다."라는 규정이 들어갔다. 모택동은 공산당 중앙위원회, 정치국, 군사위원회 등 3개 기관의 주석으로 추인 받으면서 중국공산당이 창설된 이래 처음으로 공식적인 당 지도자가 되었다. 그가 공산당에 입당한 지 24년 만의 일이었다.

제 6 부

중국과 미국

1940년대 초반 장개석은 독소전쟁으로 인해 소련의 지원이 끊기자 미국에게 기대를 걸었지만 성과를 거두지 못했다. 이때 구원투수로 등장한 송자문이 워싱턴 정가에 인맥을 쌓았고, 일본의 진주만 공격에 따라 미국의 대규모 원조를 받게 되었다. 미국은 1942년 스틸웰 장군을 버마 전선에 파견하여 중국군과 함께 일본의 확장을 저지하려 했지만 참담한 패배를 당했다. 그 와중에 장개석의 군사고문 셔놀트 장군이 창설한 용병 비행부대 플라잉 타이거즈가 버마 전선과 중국 전선에서 일본군과 대등한 역량을 발휘하여 연합군 전체의 사기를 북돋웠다. 그러나 유럽전선이 가열되면서 미국의 원조가 줄어들자 퍼스트레이디 송미령이 〈타임〉지 발행인 헨리 루스의 도움으로 미국을 방문하여 항일전쟁에 동참해달라고 호소했다. 1944년 일본군의 대공세로 중국은 위기에 처했지만 미국의 원조가 재개되면서 숨통이 트였고 제2차 버마전투에서 승리하면서 큰 고비를 넘겼다. 하지만 장개석은 일본군의 1호작전으로 궁지에 몰렸고 송씨 일가가 연루된 쿠데타 음모로 큰 충격을 받았다. 연합국은 유럽전선에서 승리한 뒤 모든 역량을 동아시아에 쏟아부어 다시 전황이 유리해졌지만 장개석과 스틸웰의 불화, 중국공산당의 세력 확장으로 인해 상황은 미궁 속으로 빠져들었다.

미국의 중국 원조

장개석과 루스벨트

일본은 1937년 12월 남경을 점령하고 30만 명에 이르는 중국인들을 학살한 후에도 공세를 계속 펼쳐 1938년 10월에는 무한까지 점령함으로써 국민정부를 내륙의 첩첩산중에 있는 중경까지 몰아붙였다. 중국은 국토의 절반을 일본에게 빼앗겼으나, 장개석과 모택동의 각기 다른 전략 때문에 소련의 지속적인 지원에도 불구하고 좀처럼 역전의 실마리를 잡지 못했다.

1939년 일본이 왕정위를 내세워 남경에 신정부를 세우고 국민정부에 대한 공세를 강화하자 장개석은 미국의 루스벨트 대통령에게 군비 지원을 간청했다. 그의 아내 송미령도 신문지상에 글을 올려 미국의 독자들에게 호소했다.

우리는 끝까지 버텨낼 수 있을 만큼의 물자 보급이 보장되기를 바랍니다. 만약 여러 민주주의 국가가 중국에 대한 대책을 세우지 않는다면 일본이 중국을 침략하도록

내버려둔 지금을 뉘우칠 날이 곧 다가올 것입니다. 민주주의가 왜 지금 중국이 파괴되는 것을 보고만 있는가, 거기에 생각이 미친다면 그들의 정신상태가 어떻게 된 것은 아닐까 생각하게 될 것입니다.

1939년 6월 24일 〈타임〉이 "유럽 여러 나라의 피폐한 상태에 대해 그들의 움츠린 어깨는 아시아에서 백인의 빚을 짐 질 만한 구석이 없다."면서 중국에 대한 지원을 재촉했고, 〈라이프〉도 장개석에 대한 찬사를 늘어놓았다.

지금 세계는 장개석 위원장이 일본과 전쟁을 계속할 정신적·물질적 끈기를 가지고 있는지를 눈여겨보고 있다. 기우는 쪽에 감히 서겠다는 용기 있는 사람은 많지 않으며, 앞날의 전망이라는 점에서 장개석의 그것은 미국혁명 당시 조지 워싱턴의 그것보다 밝지 않다. 장개석은 지금까지 유례없는 용기와 결단이 있는 인물이라는 점을 스스로 보여주었다. 2년 전 서안에서 연금되었을 때 그는 죽음도 두려워하지 않는다는 것을 실증했다. 그는 개종한 감리교파 신도로서 성서 수난의 이야기에서 스스로 위로를 찾고 있는 것이다.

이처럼 종교를 앞세운 선동적인 논설에 맞춰, 장개석은 한 손에는 성서를 들고 다른 한 손으로는 일본과 싸우는 영웅적인 기독교도가 되었다. 하물며 그는 민주주의를 부정하는 공산주의자들과도 맞서고 있었다. 장개석이야말로 현재 가장 정의로운 전쟁을 하고 있으며 극적인 상황에서 도움을 요청하고 있었다. 언론에서는 지금 바로 중국에 기병대를 보내야 할 때라고 했지만 미국 정부의 반응은 미지근했다.

1940년 봄이 되자 장개석 정부는 경상비조차 마련하지 못할 만큼 쪼들렸다. 공상희가 홍콩에서 몇 십억 위안의 법폐를 찍어 중경으로 공수해도, 극심한 인플레 때문에 상황은 좀처럼 나아질 기미를 보이지 않았다. 무기를 사들일 수 있는 외화는 바닥난 지 오래였고, 국내에서도 은화를 지불하지 않으면 거래가 불가능했다. 이때 송자문이 장개석의 구원투수로 나섰다. 그는 장개석의 개인특사 자격으로 워싱턴에 가서 차관 도입을 추진했다.

당시 미국인들의 관심은 유럽 전선에 쏠려 있었다. 1939년 9월 폴란드를 점령한 독일군은 1940년 4월부터 덴마크, 노르웨이, 벨기에, 네덜란드를 차례로 점령했고, 5월에는 룩셈부르크와 프랑스의 도시 스당 근처에 있는 아르뎅 숲을 돌파하여 해안으로 진군함으로써 영국군과 프랑스군을 북쪽으로 몰아붙였다. 연합군은 덩케르크에 고립된 30만 명의 군대를 영국으로 철수시켜 후일을 도모하는 데 그쳤다. 6월 14일 파리가 함락당하자 6월 22일 프랑스의 비쉬 정권은 독일과 정전협정을 맺고 남부를 지켜냈다. 하지만 그들은 독일의 괴뢰정부였고, 이제 남은 것은 바다 건너에 있는 영국뿐이었다. 독일 공군은 연일 런던을 폭격하면서 항복을 강요했으나, 영국 수상 처칠은 국민들을 독려하며 완강하게 버티고 있었다.

처칠은 미국의 원조를 애타게 고대했지만 미국 정치인들은 대통령 선거 때문에 미적거리고 있었다. 세 번째 출마한 루즈벨트의 당선 여부가 불투명했기 때문이다. 송자문은 선거 이전에 원조를 성사시키려고 동분서주했으나 반응을 얻지 못했다. 루스벨트가 3선에 성공한다 해도 당시의 분위기로 봐서는 중국보다 유럽에 우선권이 있는 것처럼 보였다.

송자문은 장기전을 계획했다. 그는 메릴랜드주와 코네티컷주 경계에 있는 작은 너와집으로 거처를 옮기고, 정기적으로 루스벨트 정권의 각료와 개인 고문들

헨리 모겐소

을 초대하여 극진하게 대접했다. 그중에는 연방 차관국 국장으로서 나중에 재무장관이 된 헨리 모겐소Henry Morgenthau, 수출입은행장 위엔 리 피어슨 등이 있었다. 송자문은 그들에게 만한전석[1] 같은 최고급 중화요리를 대접하고 쿠바산 시가를 권했으며 포커나 브리지를 통해 거금을 잃어주면서 열심히 구워삶았다.

1940년 8월 15일 송자문은 공식적으로 재무장관 헨리 모겐소를 만나 중국이 궤멸 상태에 놓여 있으므로 미국의 원조만이 살 길이라고 하소연했다. 그런데 모겐소의 소개로 만난 상무장관 제시 존스는 겨우 500만 달러의 차관을 제시했다. 대통령 선거의 전망이 불투명했으므로 중국 문제에 관심이 없었던 것이다.

송자문이 실망감을 감추지 못하고 있을 때 기적이 일어났다. 일본군이 동남아로 진출하자 불안감을 느낀 의회에서 중국 지원을 자청했던 것이다. 9월 25일 미국 의회는 중국에 2500만 달러의 차관 제공에 동의하고 추가 지원의 가능성까지 내비쳤다. 장개석은 이 기회에 미국으로부터 더 많은 돈을 얻어내기로 결심했다. 그는 넬슨 존슨 주중대사를 통해, 지금 바로 원조를 해주지 않는다면 중국이 공산화될 것이라고 미 국무성에 압력을 가했다.

송자문이 워싱턴에 쌓은 인맥 중에는 조지프 올숍Joseph Alsop이나 에드거 언

---

1 만한전석(滿漢全席)은 청조 강희제의 회갑연에 전국의 65세 이상의 노인 2,800명을 궁궐로 초청하여 만주족 음식과 한족 음식을 대접한 데서 유래했다. 중국에서 다수의 한족과 소수의 만족이 융화하여 태평성대가 계속되기를 바라는 마음이 담겨 있다.

셀 모러Edger Ansel Mowrer 같은 유력 언론인과 대통령특별보좌관 해리 홉킨스Harry Hop-kins와 존 맥클로이John McCloy 육군 차관도 있었다. 특히 대통령 보좌역 토머스 G. 코크란은 1941년부터 루스벨트 대통령의 친지들과 사업을 함께하는 사람이었다.

루스벨트 가문은 과거 상해의 아편무역에 종사한 적이 있었다. 그런 인연으로 루스벨트 대통령은 자신이 중국을 잘 알고 있다고 생각했다. 그 내력을 알고 있던 송자문은 지속적으로 루스벨트에게 편지를 써 보내고, 값비싼 선물을 보냄으로써 백악관이 공인하는 외국인 가운데 한 사람이 되었다. 마침내 송자문의 오랜 노력이 보상 받을 때가 왔다.

그해 11월 선거에서 루스벨트는 공화당 후보 웬들 윌키Wendell Willkie를 꺾고 3선에 성공했다. 미국 정부는 12월 2일 의회에서 중국에 대한 1억 달러의 차관을 승인받고, 이 차관을 5000만 달러씩 두 차례로 나누어 위엔 리 피어슨의 수출입은행과 모겐소의 재무성에서 제공하기로 결정했다. 재무성의 차관은 극심한 인플레에 시달리고 있는 중국의 통화 안정을 위해서였고, 수출입은행의 차관은 그동안 송자문이 제너럴모터스 등 미국 내 군수회사에서 사들인 트럭, 전차, 식량, 휘발유 따위의 대금을 치르기 위해서였다. 송자문은 이 거액의 자금을 처리하고 부수적인 업무를 수행하기 위해 뉴욕의 록펠러센터에 유니버설 트레이딩Universal Trad-ing Cooperation, 워싱턴에 차이나 디펜스 배급회사China Defence Supplies를 설립했다.

미국의 원조는 몇 개의 단계를 거쳤다. 우선 차이나 디펜스 배급회사가 자금을 신청하고, 유니버설 트레이딩이 그 돈으로 물자를 사들이면 물품이 중국행 선박에 선적된다. 차이나 디펜스 배급회사 사장은 토머스 G. 코크란의 동생 데이비드 코크란이었다. 비서는 OSS와 관련된 워싱턴의 화이트 월로였는데, 그는 훗날 클레어 셔놀트와 함께 중국에서 항공 사업을 했다. 차이나 디펜스 배급회사의 이

사인 프레드릭 델러노는 대통령의 아저씨뻘로 예전에 상해에서 사업을 벌였던 인물이었다.

플라잉 타이거즈

서안사건 직후인 1937년 5월 미국인 클레어 셔놀트Claire L. Chennault가 장개석의 군사고문으로 임명되었다. 그해 미 공군에서 퇴역한 셔놀트는 송미령의 추천으로 침체에 빠져 있던 중국 공군 조종사들을 지도하게 된 것이었다. 셔놀트는 텍사스 주 출신으로 제1차 세계대전에 참전하여 비행술을 배웠고, 전후 항공단에서 근무하면서 곡예비행이나 공중전 전술에 뛰어난 재능을 발휘했다.

셔놀트는 1930년경부터 항공단의 전술학교 교관으로 근무하면서 소형 전투기 편대를 양성하면 중폭격기를 제압할 수 있다고 주장했지만 상관들로부터 받아들여지지 않았다. 그중 특히 자신을 무시하던 헨리 아널드Henry Arnold 중령이 공군 사령관에 취임하자 교관 자리에서 물러나 3년 동안 곡예비행대에서 근무하다가, 1937년 지상 근무로 발령 나자 미련 없이 군복을 벗어 던지고 중국으로 건너왔다.

클레어 셔놀트

그 무렵 중국 공군은 500대의 비행기를 보유하고 있었지만 관리가 제대로 되지 않아 작전에 투입할 수 있는 기체는 100여 대에 불과했다. 의화단의 배상금 대체 명목으로 이탈리아

에서 사들인 안살도 비행기는
엔진 불량으로 언제든 추락
할 위험이 있었다. 게다가 이
탈리아인들이 운영하는 낙양
의 항공학교는 교육과정이 엉
터리였지만 훈련기간이 끝나

사보이아 마르케티

면 무조건 학생들에게 조종사 자격을 부여했다. 그럼에도 장개석은 만족하고 있
었다. 대부분 고관대작들의 자녀들인 학생들을 미국 항공학교처럼 낙제시킨다면
항의가 빗발칠 것이 분명했기 때문이다. 서놀트가 보기에는 아무래도 이탈리아
가 중국 공군을 무력화시키려고 작심한 것만 같았다.

　남창에 세운 피아트 비행기 조립공장도 정상이 아니었다. 여기에서 생산된
피아트 전투기는 흡사 커다란 관짝 같아서 날아오르기조차 버거워 보였다. 특히
급강하 폭격기 사보이아 마르케티SM.85는 기동력이 최악인 데다 폭격 후 동체 회
복력도 엉망이었다. 기체 강도가 너무 약하고 빠르게 부식되어 제작한 지 한 달
이 지나지 않아 폐기될 수준에 이르곤 했다. 하지만 중국항공위원회는 어떤 문제
가 발생하더라도 공식 장부에서 비행기를 한 대도 없애려 하지 않았다. 아무리 뼈
대만 남은 비행기라도 제작비나 유지비, 연료비 등의 명목으로 나오는 돈이 그들
의 주머니를 풍성하게 해주기 때문이었다.

　서놀트가 부임하고 나서 불과 두 달 뒤인 1937년 7월 7일 일본이 노구교사건
을 일으켜 중일전쟁을 도발했다. 훈련이 충분하지 않았던 중국 조종사들은 고물
비행기를 이끌고 전장에 나갔지만 대부분 돌아오지 못했다. 그나마 소련에서 최신
식 비행기와 노련한 조종사를 파견하여 일본군의 진공 속도를 좀 늦출 수 있었다.

1941년 독소전쟁의 발발로 소련 공군이 중국에서 철수하자 일본군의 공세가 가열되었다. 그해 10월 장개석은 셔놀트를 워싱턴으로 보내 송자문과 합류하게 했다. 중국은 비행기가 절실하게 필요했던 것이다. 셔놀트는 송자문과 더불어 전투기 구입 방법을 모색했다. 그리고 틈나는 대로 루스벨트의 개인고문인 경제학자 로클린 커리, 올숩 같은 우호적인 인사들을 만나 중국에 대한 지원을 역설했다.

그 무렵 미국은 대여법lend-lease에 따라 영국에 대량의 전투기와 폭격기를 제공하기로 약속한 상태였으므로 중국에 지원할 수 있는 기체가 없었다. 그런데 셔놀트에게 중요한 정보가 입수되었다. 비행기 제조업체인 커티스라이트사가 140대의 P-40 전투기를 영국에 판매하려 하자 런던에서 시큰둥한 반응을 보였다는 것이다. P-40 전투기는 두꺼운 장갑으로 기체를 감싼 무겁고 느린 전투기였는데 영국은 독일의 융커 전투기에 대항할 만큼 빠르고 안정된 기체를 원했다. 셔놀트로부터 정보를 얻은 송자문은 미국 정부와 교섭하여 이 전투기를 중국이 넘겨받고, 미국 정부에서는 신형 비행기를 영국에 제공하는 것으로 합의했다.

당시 중국의 해안은 일본군에 의해 완전히 봉쇄되어 있었으므로 중국에 물자를 공급하기 위해서는 영국령 버마로부터 1,000km의 험한 정글 사이로 이어진 버마로드Burma Road를 통과해야 했다. 셔놀트가 보낸 비행기는 분해하여 나무상자에 담고 선박편으로 랑군까지 옮겨 그곳에서 조립되었다. 이 작업은 미국의 사업가이자 정보원이었던 윌리엄 폴리William D. Pawley가 CAMCOCentral Aircraft Manufacturing Company라는 회사를 만들어 담당했다.

비행기 문제가 해결되었으니 이제는 비행사를 찾아야 했다. 1907년 제정된 미국의 법률에 따르면 외국에 충성을 서약한 미국인은 시민권이 박탈되었다. 이 규정을 위반하지 않으면서 미국인 비행사를 중국으로 데려오는 것은 쉬운 일이 아니었다. 미 국무성은 이 법률을 이용하여 미국인이 스페인내전에서 공화파를 위해 참전하는 일을 막은 적도 있었다. 고심 끝에 루스벨트는 4월 15일 행정명령을 내렸다. 미국인 비행사들이 퇴역하여 폴리의 CAMCO와 계약을 맺고 서

플라잉 타이거즈의 P-40 전투기

놀트와 함께 일본군과 싸우면 1년 뒤 현 직위에 복귀시켜주겠다는 것이었다.

CAMCO에서는 육군, 해군, 해병대 항공대를 순회하며 용병을 모집했다. 월 750달러, 여행수당 및 주택 지급, 30일 유급휴가라는 파격적인 조건이었다. 게다가 일본군 비행기를 한 대 격추할 때마다 500달러의 보너스까지 보장되었다. 미국무성은 스페인내전의 경험을 살려 용병들에게 여행자, 학생, 세일즈맨, 선교사, 교사 등 다양한 가짜 신분을 담은 여권을 발행해주었다.

셔놀트는 우선 100대의 커티스 P-40 전투기를 도입하고, 100명의 파일럿, 200명의 지상요원을 모집하여 부대를 구성했다. 그들 외에 10명의 교관이 중국인 조종사를 가르치기 위해 채용되었다. 부대원들의 공식적인 신분은 센트럴항공 제작회사2의 민간인 계약자였다.

용병 비행사들은 자유로운 성향의 청년들이었다. 그중 에릭 실링이란 용병이 적에게 공포감을 주기 위해 자신의 P-40 기체 앞부분에 날카로운 상어 이빨을 그

2   Central Aircraft Manufacturing Company.

려넣었다. 이를 본 셔놀트가 모든 기체에 똑같은 그림을 그려넣게 함으로써 용병 비행대는 무시무시한 지상의 상어 떼가 되었다. 그렇게 해서 만들어진 것이 중화민국 공군 제1미국인 의용대대[3]다. 이들이 플라잉 타이거즈Flying Tigers로 불리게 된 것은 참전 이후 혁혁한 전과를 올리자 곤명 사람들이 '비호飛虎'라는 별명으로 불렀기 때문이다. 이후 미국 언론들은 그들의 활약상을 보도할 때 '플라잉 타이거즈'라는 이름을 빼놓지 않았다.

버마에 도착한 용병들은 주문한 전투기를 기다리는 동안 현지에서 훈련을 받았다. 부대는 3개 비행대대로 구성되었는데 일부 용병은 기량 미숙으로 중간에 탈락했다. 비행기도 부품 확보가 어려워 62기 정도만 사용할 수 있었다. 셔놀트는 전력을 극대화하기 위해 탈락한 용병들을 스텝이나 예비대로 배속시켰다.

미국은 영국군이 주둔하고 있던 버마의 랑군항으로 군수물자를 수송한 뒤 육로나 항공편으로 중경에 보내 국민정부를 지원했다. 플라잉 타이거즈는 이 수송로를 보호하기 위해 제1, 2비행대대가 운남성 곤명에 주둔했고, 제3비행대대는 랑군에서 임무를 수행했다.

셔놀트는 하강 속도가 뛰어나고 견고하지만 느려터진 P-40 기체와 기동성이 뛰어난 일본 전투기의 특성을 면밀하게 비교 분석하고, 이전에 그들과 맞섰던 소련 비행사들의 전법을 참고하여 당시에는 아무도 생각지 못했던 공중전 전법을 개발했다. 그것은 P-40 전투기가 높은 고도에서 급강하여 일본 전투기를 공격한 뒤 선회공격을 하지 않고 곧장 전장을 이탈하는 방식이었다. 이 전법으로 플라잉 타이거즈는 전쟁 투입 초반에 많은 성공을 거두었다.

---

3   1st American Volunteer Group, 中華民國空軍美籍志願大隊. 약칭 AVG.

1941년 12월 20일 첫 전투가 벌어졌다. 플라잉 타이거즈 제3비행대대는 버마의 영국군을 공격하는 10대의 일본군 Ki-48 폭격기를 요격하여 4대를 격추했다. 12월 23일에는 영국 공군과 합동작전을 펼쳐 플라잉 타이거즈 기지를 폭격하기 위해 날아오던 일본군 Ki-21 폭격기 8대를 격추시켰지만 3대를 잃었다.

12월 25일에는 성능이 우수한 일본군 Ki-43 하야부사 전투기 25대의 호위를 받은 Ki-21 폭격기 63대가 날아왔다. 이때 플라잉 타이거즈 전투기 12대와 영국 공군 전투기 15대가 요격에 나서 10대를 격추했지만 기지는 폭격당하고 도합 8대의 전투기를 잃었다.

연이은 전투로 제3비행대대가 위기에 봉착하자 곤명에서 제2비행대대가 날아와 태국에 있는 일본군 기지를 폭격했다. 이에 일본군은 버마 전역을 점령하기 위해 대규모 공세를 펼쳤다. 플라잉 타이거즈의 맹활약에도 불구하고 엄청난 전력의 차이 때문에 2월 중순경 가동할 수 있는 기체는 10대밖에 남지 않았다. 게다가 지상전에서 패배한 영국군이 랑군에서 물러나니, 플라잉 타이거즈도 기지를 북부 버마의 마그웨로 옮겨야 했다.

연일 계속되는 공중전으로 이젠 제1, 2비행대대마저 대부분의 기체를 잃은 상태였다. 일본군의 비행기는 271대, 그중 전투기가 115대였던 반면, 마그웨에 있는 연합군 비행기는 38대, 그중 8대만이 플라잉 타이거즈의 기체였다. 급기야 4대의 전투기만 남게 된 플라잉 타이거즈는 3월 23일 중국으로 후퇴하여 신형 P-40E 50대를 보충 받았다. 버마의 연합군 지상군을 지원하던 플라잉 타이거즈는 전황이 악화하자 보산保山, 바오산으로 기지를 옮기고, 수시로 베트남의 일본군 기지를 폭격했다. 그리고 버마가 일본군에 완전히 점령당한 뒤로는 중국 방어에 전념했다.

1942년 4월 18일 미국의 둘리틀 특공대[4]가 도쿄를 폭격하자 본토 폭격을 방지하려는 일본군의 중국 내 비행기지 폭격이 대폭 강화되었다. 이에 미군은 정규군을 투입하기로 결정하고 미국 육군항공대 제23전투비행단을 파견했다. 이때까지 플라잉 타이거즈는 적기 297대를 파괴하거나 격추했고, 마지막 기록은 그해 6월 형양 상공에서 적기 4대를 격추시킨 것이었다. 플라잉 타이거즈 조종사 중에 최고의 에이스는 적기 13대를 격추한 로버트 닐Robert H. Neale이었다. 미국 정부는 1942년 7월 4일 플라잉 타이거즈가 공식적으로 해체되자 애초의 약속대로 조종사들을 제23전투비행단에 편입시키고 지휘관 셔놀트를 준장으로 승진시켜 중국 주둔 육군항공대의 지휘권을 맡김으로써 현역에 복귀시켰다.

진 주 만 사 건 과 중 국

1941년 12월 7일 아침, 야마모토 이소로쿠山本五十六: 1884~1943 사령관이 지휘하는 일본 해군이 미국 태평양함대가 주둔하고 있는 진주만에 전격적인 공습을 감행했다. 이 공습으로 12척의 미 해군 전함과 188대의 비행기가 파괴되었고 2,403명의 군인과 68명의 민간인이 희생되었다. 이 사건을 기화로 미국은 태평양전쟁에 뛰어들었고, 중국은 8년 동안의 대일전쟁에서 결정적인 전환점을 맞이한다.

---

4   둘리틀 특공대는 제임스 해롤드 둘리틀(ames Harold Doolittle) 중령이 지휘하는 B-25 미첼 경폭격기 편대다. 이들은 1942년 4월 18일 항공모함 USS CV-8 호넷에서 이륙하여 도쿄, 요코하마, 요코스카, 가와사키, 나고야, 고베, 요카이치, 와카야마, 오사카 등지를 폭격했다. 이 공습으로 사상자 363명, 가옥 약 350동이 파괴되어 일본 군부에 큰 충격을 안겨주었다. 두 달 뒤인 6월 초에 미일 양국의 운명을 뒤바꾼 미드웨이 해전이 벌어졌다.

1937년부터 일본과 싸워왔던 중국은 그동안 미국 정부와 미국인들로부터 많은 도움을 받았지만 미국의 무력 개입은 상상조차 하지 못했다. 미국인들은 중일전쟁을 먼발치에서 바라보면서 우려의 목소리를 내기는 했지만 미군의 직접적인 참전에는 회의적이었다. 그들의 관심은 아시아보다는 유럽에 쏠려 있었기 때문이다. 그렇다면 일본은 왜 잠자코 있는 미국을 건드려 화를 자초했을까?

일본의 진주만 공격은 국제적으로 매우 복잡한 역학관계의 산물이었다. 1939년 미국은 미일통상항해조약의 종결을 선언하고 6개월 후부터 발효될 것이라고 통보했다. 이것은 중국 내 미국 기업들이 일본군 점령지역에서 쫓겨난 데 따른 것이었다. 이 조치로 상해금융시장에서 중국의 법폐에 대한 신뢰가 반짝 되살아나기도 했다. 그러나 조약의 파기는 통상에 거의 영향을 미치지 못했고, 미국과 일본의 무역은 이전과 비슷한 수준으로 유지되었다. 그해 9월 루스벨트는 민간기업에 대해 대對일본 전쟁물자 수출을 중지해줄 것을 요청하고 정부 차원에서도 일정 부분 규제조치를 취했지만, 일본에게는 아무런 타격을 입히지 못했다.

1940년 7월 독일군의 공세에 굴복한 프랑스는 항복을 선언했고, 영국은 해협 건너편에서 독일군의 침공에 대비하고 있었다. 이때 영국 정부가 중국으로 통하는 버마로드를 석 달 동안 폐쇄하라는 일본의 압력에 굴복하자 미 국무장관 코델헐Cordell Hull은 이를 강력하게 비판했고, 루스벨트는 일본에 대한 미국의 고철과 석유 수출을 허가제로 바꾸었다. 하지만 이 조치는 곧 최상급 고철과 항공유의 범위로 축소되었다.

그해 9월 일본은 독일의 승리에 편승하여 프랑스가 지배하고 있던 북부 베트남으로 진격했고, 독일·일본·이탈리아의 3국 동맹까지 맺었다. 루스벨트는 중국에 2500만 달러의 차관을 제공함과 동시에 일본에 대한 모든 등급의 고철 수출을 금지했지만 미국 의회는 물론 행정부 내부에서조차 너무 미약하다는 평이 나왔다. 일본은 이미 몇 해 전부터 미국산 고철을 점령지에서 생산되는 철광석으로 대체하고 있었기 때문이다.

그해 가을 독일의 원수 괴링과 외교장관 리벤트로프는 장개석에게 일본과 평화협정을 맺으라고 종용했다. 하지만 장개석은 이를 거부하고, 독일이 프랑스령 인도차이나 북부에 대한 일본군의 점령을 용인한 것에 대해 항의했다. 일본군의 그 지역에 대한 장악은 곧 장개석에 대한 원조루트 차단을 의미했기 때문이다. 장개석은 루스벨트에게 중국이 심각한 곤경에 처해 있음을 하소연하고, 주중대사 존슨을 통해 중국에 대한 신속한 지원을 요청했다.

그해 12월 루스벨트의 세 번째 대통령 임기를 맞아, 장개석은 중·미·영 3국 합작 방안을 제의했다. 미국과 영국이 중국에 2~3억 달러의 차관을 제공하고, 미국은 200~300대의 비행기를 중국에 외상으로 판매하며, 1년 뒤에는 그 숫자를 더 늘려줄 것을 요청하는 한편, 그 대가로 양국이 일본과 전쟁을 치를 경우 중국군을 활용할 수 있게 해주겠다는 제안이었다. 루스벨트가 이에 동의하자, 일본은 8일 후 남경의 왕정위 정권을 승인하는 것으로 장개석을 압박했다. 이에 루스벨트는 추가로 1억 달러를 중국에 제공하고, 영국도 1000만 파운드를 제공했다.

1941년 6월부터 소련을 침공한 독일이 승승장구하며 모스크바까지 불과 30km 앞둔 힘키Chimki까지 진격하자 일본은 소련이 끝장났다고 여겼다. 그러나 일본은 실질적인 소득이 없는 시베리아 대신 남부 베트남의 공군기지와 해군기지를 점령했다. 일본은 자신들이 직접적으로 독일과 협력하지 않는 이상 동남아시아에 대한 군사작전에 미국이 문제를 제기하지 않으리라 판단하고 있었다.

이 당시 일본은 세 차례의 어전회의를 통해 중일전쟁의 방향과 대책에 관하여 논의했다. 7월 2일의 첫 회의에서는 일본의 1단계 목표를 동남아시아 쪽으로 상정하고 베트남과 태국에 병력을 파견하기로 했다. 이 전략대로라면 중국을 남 북으로 압박하여 장개석의 항복을 유도할 수 있을 것으로 보였다. 하지만 실패한 다면 일본은 미국·영국과 전쟁을 각오해야 했다.

일본의 남부 베트남 공략은 계획대로 추진되었지만 이는 미국·영국의 경제 봉쇄를 초래했고, 네덜란드까지 동참했다. 7월 25일 루스벨트는 미국 내 모든 일 본 자산의 동결을 명령했고, 일주일 뒤에는 석유 금수조치를 내렸다. 당시 2년 치 분량의 석유를 비축해두고 있던 일본은 큰 충격 속에 일전불사를 외친다.

9월 6일 두 번째 어전회의가 열렸다. 정계와 군부 인사들은 천황에게 전쟁 패 배에 대한 우려를 떨쳐버리라고 상주하고, 10월 말까지 전쟁 준비를 완료하기로 결정했다. 그리고 그 전까지는 외교 공작을 통해 미국의 방심을 유도하기로 했다. 이에 따라 일본은 총리대신 고노에와 루스벨트 대통령의 정상회담을 추진했다.

당시 미국의 암호 해독 전문가들은 일본의 모든 전문 통신을 들여다보고 있 었으므로, 정책 담당자들은 도쿄의 의도를 대부분 파악하고 있었다. 그들은 고 노에가 전쟁이냐 평화냐를 선택할 만한 역량이 없다는 결론을 내렸다. 과연 10월 16일 고노에가 사임하고 주전파인 도조 히데키東條英機: 1884~1948가 새로운 총리대신 으로 등장했다.

도조 히데키는 10월 말까지 내각, 기획원, 육군과 해군의 참모들이 모두 참여 하는 합동회의를 열고 전쟁에 회의적인 사람들을 굴복시켰다. 11월 2일 도조 히 데키는 천황에게 정부 당국자들이 만장일치로 전쟁에 찬성했다고 보고하고, 11 월 5일 세 번째로 열린 어전회의에서 미국과의 전쟁을 공식화했다. 군부가 개전 준비를 마친 상태에서, 일본 정부는 12월 1일 0시 이전에 미국과 평화협정을 맺는

다면 공격하지 않기로 결정했다. 협상의 임무는 1932년 상해사변 당시 총사령관이었던 주미대사 노무라 기치사부로野村吉三郞: 1877~1964의 손에 달려 있었다.

노무라는 1941년 3월부터 미 국무장관 코델 헐과 비밀협상을 벌여왔지만 알맹이 없는 논의에 그칠 뿐이었다. 그런데 이제 도조 히데키가 정부를 장악하니, 두 사람은 본격적인 내용을 다루지 않을 수 없었다. 일본은 10월 말에 열린 합동회의에서 A안과 B안이라는 두 가지 협상안을 확정했다.

A안. 일본은 미국이 자국에 대한 경제봉쇄를 해제하는 대가로 중국에서의 상업적 이권을 회복시켜주고, 삼국동맹에 대한 문제는 일본이 재량껏 처리한다. 미국과의 평화조약이 체결되면 일본군은 향후 25년 동안 북중국, 몽골 국경, 해남도海南島, 하이난다오 등지에 주둔하고, 나머지 병력은 2년 내에 철수한다. 베트남의 일본군 역시 조약 체결 즉시 철수한다.

B안. 평화조약 체결 이후 양국은 베트남을 제외한 동남아시아와 남태평양의 공세적인 군사활동을 제한하며, 네덜란드령 동인도의 원자재 획득에 협력하고, 통상을 자산 동결 이전 상태로 회복한다. 만일 미국이 일본과 중국 문제에 개입하지 않겠다고 하면 현재 남부 베트남에 주둔하고 있는 일본군을 북부 베트남으로 이동시킨다.

일본은 노무라를 통해 미국이 두 가지 방안 중 하나를 선택하지 않는다면 전쟁을 할 수밖에 없다고 경고하면서, 평화조약의 체결 시한은 11월 25일까지라고 통보했다. 이때 일본 정부와 노무라 사이에 오가는 비밀전문은 미국의 암호 해독가들에게 낱낱이 해독되고 있었다. 해독가들은 즉시 '매직magic'이라는 암호명이 붙은 보고서를 국무장관과 대통령에게 보고했다.

11월 7일 노무라가 헐에게 A안을 건넸지만 받아들여질 리 만무했다. 그러자 일본 정부는 구루스 사부로来栖三郎: 1886~1954를 노무라의 특별보좌관으로 임명하여 워싱턴에 파견했다. 11월 15일 워싱턴에 도착한 구르스는 진주만 공격부대가 출항하기 불과 닷새 전이었던 11월 20일 노무라가 헐에게 B안을 건넬 때 배석했다.

한편 11월 5일, 즉 일본이 개전을 확정하고 있을 때 미국의 육군참모총장 조지 캐틀렛 마셜George Catlett Marshall, 해군작전사령관 해럴드 스타크Harold Stark는 루스벨트에게 미국과 영국의 당면과제는 독일을 물리치는 것이라면서 일본과의 평화협상을 종용했다. 그리고 설사 일본이 곤명이나 태국을 공격하거나 소련을 침공하는 경우에도 미국의 개입은 신중해야 한다고 조언했다. 그들이 우려하는 것은 일본과 전쟁을 시작하면 유럽에서 독일과 싸우는 연합군의 전력이 약화될지도 모른다는 것이었다. 루스벨트는 추수감사절인 11월 20일 헐의 손에 협상과 관련된 메모를 쥐여주었는데 내용은 대략 다음과 같다.

첫째, 일본과 경제관계를 재개한다. 석유와 쌀의 수출은 당장 시작한다.

둘째, 일본군의 인도차이나, 만주 국경, 남방 등지의 파병을 중지한다.

셋째, 미국이 유럽 전선에 개입해도 일본은 삼국동맹 조약을 이행하지 않을 것이다.

넷째, 미국은 중국과 일본의 회담을 주선하지만, 양자 대화에는 참여하지 않는다. 이후 일본과 태평양에 대하여 합의를 도출한다.

이와 같은 루스벨트의 대응책에 관하여 일본이 알고 있었는지는 확인되지 않는다. 하지만 일본은 11월 22일 노무라에게 전문을 보내 원래의 마감시한을 11

월 29일로 연장한다고 통보했다. 루스벨트의 메모는 양국 간에 평화협정을 위한 기초를 제공했다. 미국은 일본의 B안에 대한 회답으로 11월 22일에 초안을 마련했다.

이 문서에는 양국이 동남아시아와 남태평양 지역뿐만 아니라 동북아시아와 북태평양으로 군사적 진출을 하지 않겠다는 내용이 담겨 있었다. 세부적으로는 일본은 남부 베트남에서 병력을 철수하고 북부 베트남에 2만5000명 한도에서 병력을 주둔시킬 수 있고, 미국은 일본인의 자산 동결을 해제하며, 식량과 의약품, 선박용 물품에 대한 수출을 허가하고, 매달 60만 달러 상당의 원면과 민간용 석유 수출을 허가한다는 것이었다.

헐은 협정의 문건이 대략 정리된 11월 24일 영국, 오스트레일리아, 네덜란드, 중국 네 나라 대사를 불러 미국의 결정 사항을 통보했다. 거기에는 일본의 중국에 대한 확전 금지 조항은 들어 있지 않았다. 호적으로부터 그 내용을 전해 받은 장개석은 차라리 일본에 항복하는 게 낫겠다고 분개하면서, 송자문에게 재무장관 헨리 모겐소, 육군장관 헨리 스팀슨, 해군장관 프랭크 녹스 등을 계속 설득하라고 지시했다.

11월 25일 정오, 루스벨트는 헐, 스팀슨, 녹스, 마셜, 스타크 등을 백악관으로 불러 평화협정에 관해 논의했다. 이날 스팀슨은 30~50척의 일본 선단이 대만해협을 통과하여 남진하고 있는데, 5만 명의 병력을 실은 1만 톤급 선박 13척이 포함되어 있다고 보고했다. 그것은 일본이 이미 전쟁을 결정했다는 의미였다.

결국 헐은 노무라에게 애써 만든 협정안 대신 '헐의 각서'로 알려진 미국의 포괄적인 기본제안의 사본만 제시했다. 한편 미국의 결정을 전해 들은 처칠은 루스벨트에게 전문을 보내 만일 중국이 무너지면 연합군 측이 감내해야 할 위험은 심대할 것이라고 경고했다. 처칠은 일본이 결코 중국을 포기하지 않을 것이라는 사실을 알고 있었다.

1941년 12월 7일 마침내 일본군이 진주만을 공격함으로써 태평양전쟁이 시작되었다. 그와 동시에 그동안 홀대받았던 중국의 지위가 완전히 바뀌었다. 이제 당당한 연합국의 일원으로 어깨를 나란히 하면서 침략자 일본과 싸우게 된 것이다.

진주만 사건 다음 날 송자문은 프랭크 녹스 해군장관을 찾아갔다. 그로부터 3주가 지나지 않아 송자문은 중국의 외교부장이 되었다. 장개석이 그에게 날개를 달아준 것이다. 1942년 1월 초, 송자문은 재무성의 모겐소 장관을 방문하여 장개석이 새롭게 5억 달러의 차관을 원하고 있음을 알렸다. 그러자 모겐소는 대여법을 바탕으로 중국으로 가는 6억3000만 달러 상당의 물자가 버마에 산더미처럼 쌓여 있다면서 그 자금을 대체 어디에 사용할 것인지 물었다.

송자문은 장개석이 언제라도 필요할 때 꺼내 쓸 수 있는 10억 달러의 자금이 유지되기를 원하고 있다고 응답했다. 장개석은 그 금액의 반은 미국에게, 나머지 반은 영국에게 받아낼 생각이었다. 일본과의 전면전이 시작된 이상 장개석이 내밀 수 있는 카드는 무궁무진했다. 장개석의 요구에 대하여 워싱턴 정가에서는 말이 많았지만 루스벨트는 차관 공여에 관한 사안을 의회에 제출했고, 1942년 2월 7일 전액을 승인 받았다. 장개석은 다시 송자문을 통해 이 차관을 무담보, 무이자, 상환 기간 없이, 용도에 대한 조건 없이 달라고 요구했다. 그리고 바라던 대로 그 돈을 손에 쥐었다. 그렇지만, 1942년 미국이 영국에 준 차관은 50억 달러인 데 반해 1949년 장개석이 대만으로 쫓겨날 때까지 중국에 준 차관은 40억 달러에도 못 미쳤다.

항일전쟁과 미국

제1차 버마전투

1941년 12월 루스벨트는 장개석을 태국과 베트남을 포함한 중국전구의 연합군 최고사령관으로 지명했다. 하지만 이런 루스벨트의 조치는 마셜 장군이 이끌던 미국 육군부와 마찰을 일으켰고, 이 때문에 중국은 연합군 참모회의에 대표를 참석시킬 수 없었다. 이는 중국을 강대국으로 대접하려던 루스벨트의 의도에 어긋나는 것이었다.

조지프 스틸웰[5]이 연합군 최고사령부의 참모장으로 임명되어 직책상 장개석의 휘하가 되었지만, 동시에 CBI중국□버마□인도에 주둔하는 미군 총사령관이 되면서

---

5   조지프 스틸웰(Joseph Warren Stilwell)은 플로리다주 출신으로 1904년 웨스트포인트를 졸업하고, 제1차 세계대전 당시 프랑스에서 근무했다. 주중대사관 무관으로 근무한 경력으로 1942년 제2차 세계대전 당시 중국 정부의 요청에 따라 중국에 파견되어 인도·버마·중국 전장에서 미군 총사령관으로 활동했고, 미국·영국·중국·네덜란드 연합군 합동참모본부 참모장을 맡았다. 그러나 지휘권과 중국공산당 문제 때문에 장개석과 불화를 빚으면서 1944년 10월 웨드마이어 장군과 교체되었다.

두 사람의 관계가 미묘해졌다. 장개석의 관할 밖에 있는 버마와 인도의 전구는 중국보다 넓었기 때문이다. 게다가 스틸웰은 중국 조차물자의 감독자로서 미국의 전쟁물자를 통제하는 위치에 있었다. 그로 인해 두 사람은 심한 마찰을 일으켰다. 스틸웰은 루스벨트를 '무른 사람softie', 장개석을 '땅콩peanut'이라며 비웃었고, 장개석은 스틸웰을 '삐딱이 조Vinegar Joe'라며 투덜거렸다.

조지프 스틸웰

장개석은 자신이 4년 반 동안 일본과 외롭게 싸웠다는 공적을 내세웠지만 마셜이나 스틸웰, 심지어 미국대사 가우스와 군사고문단장 매그루더Magruder는 코웃음을 쳤다. 그들은 장개석의 전략이 기회주의적이고 뚜렷한 목표나 계획이 없다는 사실을 잘 알고 있었다. 오로지 외부의 지원에 의존하려는 장개석의 태도는 중국의 동맹국들을 고달프게 할 뿐이었다.

연합군의 제1차 버마전투는 성공할 가능성이 전혀 보이지 않았다. 일본군은 독자적인 역량으로 치밀하게 준비하여 작전을 펼쳤지만, 연합군은 적의 동향에 캄캄했고 지형이나 기후에도 익숙하지 않았으며 통합적인 전략이나 구체적인 목표도 없었다. 두 달도 되지 않아 패배의 쓴맛을 본 연합군은 서로를 비난하며 책임을 미뤘다. 스틸웰의 표현에 따르면 지독하게 두들겨 맞고 버마에서 쫓겨난 뒤 장개석에게 배신당했다는 것이었다.

1942년 3월 8일 스틸웰이 중국원정군 총사령관으로 임명된 바로 그날 일본군은 랑군에 진입했다. 3월 11일 스틸웰이 지휘권을 인수하기 위해 버마에 들어갔을 때, 중국원정군은 제5군과 제6군의 2개 군으로 구성되어 있었다. 그보다 앞선 2월 말, 제49사단, 임시55사단, 제93사단으로 구성된 제6군이 버마에 들어와 태국의 켄통으로 이동했지만 그 지역에 주둔한 것으로 알려진 일본군 5만 명은 보이지 않았다. 제6군의 뒤를 이어 신22사단, 제96사단, 제200사단으로 구성된 제5군이 3월 초 버마에 입성하기 시작했다.

스틸웰이 지휘권을 인수받았을 때 제200사단만이 랑군에 들어와 통구전선에 배치되었고, 나머지 2개 사단은 300마일 뒤에 처져 만달레이에서 라시오에 걸쳐 배치되었다. 스틸웰이 병력 동원을 재촉하자 장개석은 신28사단, 신29사단, 신38사단으로 구성된 제66군을 증파했는데, 이때도 신38사단은 일찍 도착했지만 나머지 2개 사단은 원정이 끝나던 4월 말에야 도착했다. 버마 주둔 영국군은 각 1개의 인도사단과 버마사단 그리고 1개 장갑여단을 보유하고 있었지만, 인도사단은 이미 일본군에 심각한 타격을 입은 상태여서 총 병력이 1만4000명에 불과했다.

명목상 버마의 연합군 지휘관은 영국의 해럴드 알렉산더Harold Alexander 장군이었지만 실질 지휘권은 스틸웰에게 위임된 상태였다. 그러나 장개석은 이를 무시하고, 휘하 사단장들에게 구체적인 작전 지시를 내리고 있었다. 장개석은 중국의 최정예부대인 제5군과 제6군의 전력을 보존했다가 일본군이 진격해 오면 결정적인 타격을 가해야 한다고 주장했다. 하지만 스틸웰이 보기에 장개석이 지키려는 만달레이 전선은 전략적으로 아무런 가치도 없었다. 스틸웰은 남부 버마를 공격해야만 승리할 수 있다고 판단하고, 장개석의 충고를 무시하고 적이 병력을 증강하기 전에 공격하는 쪽을 선택했다. 하지만 스틸웰은 버마에 주둔해 있는 일본군의 전력을 크게 오판하고 있었다. 일본군은 버마에 4개 보병사단과 2개 전차연대를 유지하고 있었으며, 육군을 지원하는 해군과 공군력의 규모도 상당했다.

1942년 3월 인도양의 영국 함대는 일본 해군에게 3척의 순양함을 잃은 후 항공모함은 봄베이로, 전함은 아프리카로 후퇴시켰다. 3월 22일 일본군은 200대의 전투기로 메그위비행장을 공습하여 연합군에 결정적인 타격을 입혔다. 운 좋게 살아남은 영국 비행기는 인도로, 미국 비행기는 중국으로 도피했다. 스틸웰이 부임한 지 2주도 안 되는 기간에 중국원정군의 공군력이 공중분해된 것이다.

당시 버마 인구 2000만 명 가운데 약 100만 명이 인도인이었는데, 버마인들은 영국인에게 고용된 인도인을 몹시 증오했다. 전쟁 기간 동안 버마인들의 습격으로 인도인들이 집단 도주하면서 모든 분야에 마비현상이 일어났다. 오랜 기간 영국인들에게 시달렸던 버마인들은 연합군에 등을 돌리고 일본군에 동조했다. 게다가 일본군은 열대 기후에 쉽게 적응했지만 중국군은 완전히 무방비 상태였다. 4월 18일 전투에 임한 신38사단은 일본군보다 섭씨 43도의 뜨거운 온도가 더 고통스러운 적이었다. 임시55사단은 더위를 피해 길가에서 야영하다 일본군의 야습을 받아 큰 타격을 입기도 했다.

스틸웰은 중국군 장군들을 지휘하면서 심한 마찰과 혼선을 빚었고, 영국군은 이런 스틸웰의 참모진을 보며 무지하다고 비웃었다. 연합군 내부의 분란은 필연적으로 문제를 야기했다. 영국군이 담당한 중국군의 병참 지원이 혼선을 일으켜 휘발유가 제때 도착하지 않았고, 게다가 철도는 운행 시간이 제멋대로여서 원정과 후퇴 작전이 적시에 이뤄질 수 없었다. 긴급한 순간에 수송수단이 마비되면서 작전에 차질이 빚어졌던 것이다. 스틸웰의 참모들은 이런 여러 가지 문제가 중국군의 보급을 책임진 장개석의 친척 유비붕俞飛鵬, 위페이펑: 1884~1966의 부정 때문이라고 생각했다. 또한 영국 당국의 심한 통제 때문에 연합군은 작전에 필요한 도로와 교량의 건설과 파괴를 원활하게 진행할 수 없었다. 토치카조차 마음대로 설치할 수 없는 지경이었다.

스틸웰은 미국이 중국을 위해 버마에 갔다고 생각했지만, 장개석은 중국이 미국과의 약속을 지키고 좋은 관계를 유지하기 위해 버마 원정에 참여한 것으로 생각했다. 사실 장개석은 중국원정군의 버마 남부 진출에는 아무런 관심이 없었다.

스틸웰은 지휘권을 맡은 두 달 동안 중경을 두 차례 방문했다. 4월 1일 두 번째 방문 때 스틸웰은 중국 장군들이 자신의 명령에 따르지 않으니 총지휘관 자리에서 물러나겠다고 선언했다. 그러자 4월 5일 장개석은 부인 송미령과 함께 버마에 가서 중국 장군들에게 스틸웰의 명령에 복종하라고 지시한다. 장개석은 스틸웰이 중국원정군 소속 모든 장령들에 대한 승진, 해임, 처벌권을 갖게 될 것이라고 단언했지만, 그의 명령이 자신의 심복인 나탁영 장군을 경유하게 함으로써 허울만 좋은 꼴로 만들었다. 4월 9일 장개석 부부가 버마를 떠난 뒤 원정군에게 재앙이 찾아왔다.

장개석, 송미령, 스틸웰

간선철도를 따라 전선 중심부에 배치된 제5군 제200사단은 우세한 적군에 맞서 12일간이나 견뎌냈다. 서부전선의 버마군 제1사단은 예낭기야웅에서 일본군에게 포위되었지만 신38사단이 구해냈다. 그들이 선전하고 있는 동안 제6군이 배치된 동부전선에서 문제가 생겼다. 제6군은 고

산족이 사는 산악지대에 주둔하며 한동안 평온을 유지하다가, 3월 말 임시55사단이 제5군에 부속되어 동쪽 방면을 맡게 되었다. 그런데 4월 13일 일본군의 공격을 감지하고 출동한 임시55사단이 4월 16일과 17일 사이에 밀림지대에서 흔적도 없이 사라졌다.

스틸웰은 제6군의 나머지 2개 사단에게 출동을 명령했지만 시행되지 않았다. 이유는 병력 보전을 위한 장개석의 직접 명령이나 나탁영의 항명일 수 있으나 진실은 밝혀지지 않았다. 어쨌든 중국의 지휘관들은 스틸웰의 명령에 따르지 않았다. 분개한 스틸웰은 장개석에게 명령불복종과 근무태만으로 제6군 군장과 사단장의 해임을 요청했고, 군장은 전보조치 되었다. 스틸웰은 훗날 서면으로 마셜 장군에게 중국군 지휘관 감려초甘麗初, 간리추: 1901~1950, 진면오陳勉吾, 천미엔우: 1895~?, 여소余韶, 위샤오: 1891~1962 등의 처형을 요청했지만 장개석은 스틸웰에게도 과오가 있다고 하여 무마시켰다.

일본군이 살윈강 상류지역을 지나 라시오로 진격하자 연합군은 큰 혼란에 빠졌다. 4월 25일 알렉산더, 스틸웰, 나탁영은 만달레이에서 50마일 떨어진 슈웨보에서 만나 총퇴각에 합의했다. 그러나 때는 이미 늦었다. 일본군은 4월 29일 라시오를 점령하고 만달레이를 압박했다. 버마에 막 도착한 제66군 소속 2개 사단은 방어진지를 구축하기도 전에 공격을 받아 큰 타격을 입었다. 연합군은 미치나에서 버티기로 결정했다. 하지만 5월 4일 스틸웰은 전황이 여의치 못하면 인도의 임팔로 후퇴하겠다고 육군부에 통보했다.

일본군은 연합군보다 훨씬 기민하게 움직이고 있었다. 재빨리 버마 북방을 통해 중국으로 진입하여 5월 5일 바모6를 점령했다. 같은 날 일본군 일부가 살윈강 서안에 도착했고 5월 8일 미치나를 점령했다. 당시 장개석과 스틸웰은 연락이 끊긴 상태였다. 장개석이 스틸웰에게 세 차례 전보를 보냈지만 회신이 없었다.

　5월 6일 장개석은 제5군 군장 두율명으로부터 스틸웰과 나탁영의 명령에 따라 인도로 이동 중이라는 전보를 받았다. 매그루더 장군은 송미령에게 서신을 보내 스틸웰이 100여 명의 수하를 이끌고 호말린을 거쳐 인도의 임팔로 후퇴하고, 휘하의 중국군 병력은 소규모 부대로 나뉘어 같은 루트로 후퇴할 것이라고 알려왔다.

　중일전쟁 이래 중국은 처음으로 육군과 해군이 모두 완전 고립 상태에 빠졌다. 워싱턴의 마셜 장군은 중경의 미국 요원들에게 메시지를 보내 평온을 유지하라고 명령했다. 이때의 상황에 대하여 전쟁 작가 바버라 터크먼[7]은 "장개석이 미국에 대해 아무리 실망해도 지나치지 않다."고 꼬집었다.

　장개석 앞에는 더 절박한 문제들이 기다리고 있었다. 우선 일본이 동쪽으로 진격하여 곤명을 점령하는 것을 막기 위해 살윈강[8] 유역의 전선을 안정시켜야 했다. 장개석은 원격조정을 통해 현지의 작전을 지휘했고, 곧 새로운 부대가 전선에 투입되었다. 또 다른 위기가 동부전선으로 다가왔다. 4월 18일 제임스 해럴드 둘리틀 중령이 지휘하는 미국의 폭격기 편대가 도쿄 일대를 폭격하자, 일본이 절강

6　바모는 미얀마 최북단 카친주의 도시로, 주도 미치나에서 남쪽 186km에 위치한다. 이라와디강 기슭에 있다. 중국 운남성과의 경계에서 65km 떨어져 있다.

7　바바라 터크먼(Barbara W. Tuchman)은 역사 저술로 두 번의 퓰리처상을 받은 작가다. 첫 번째는 1962년에 발행된 제1차 세계대전 연구서인 『8월의 총성(The Guns of August)』이고 두 번째는 1971년에 발행된 제2차 세계대전 당시 중국에서 활약한 스틸웰 장군의 이야기를 다룬 『Stillwell and the American Experience in China』이다. 그녀는 "작가의 의무는 독자의 관심을 붙잡는 것이다. 나는 독자들이 페이지를 넘기면서 끝까지 책을 읽게 하고 싶다."고 말했다.

8　살윈강은 티베트 고원에서 발원하여 중국 사천성, 운남성과 버마 동부를 따라 흐르는 강이다. 중국을 지나는 상류를 노강(怒江)이라고 한다. 길이는 약 2,400km다.

성에서 대공세를 펼치기 시작했다. 일본군의 목표는 절강성의 모든 비행장을 파괴하는 것이었다. 장개석은 전체 전선에 반격을 명령했지만 버마의 전황은 악화되기만 했다. 게다가 두 개의 전선에서 기동성 있는 전투를 벌이기도 어려워 동부전선의 기본계획을 취소하고 퇴각을 지시했으나 이것도 때를 놓쳤다. 일본군의 공세로 4개 군 전력의 4분의 3을 잃고 만 것이다. 결국 패배를 솔직하게 인정한 스틸웰은 슈웨보에서 항공기를 이용한 탈출을 거절하고 식량도 없는 상태에서 참모들과 고지대를 돌파하는 길을 선택했다.

6월 3일 스틸웰이 중경으로 돌아오자 장개석은 자신의 관저로 초청하여 며칠 동안 휴식을 취하도록 하는 등 따뜻하게 대접했다. 그런데 스틸웰과 중국 지휘관들 사이의 불화 문제가 또다시 불거졌다. 스틸웰은 자신의 명령에 불복한 여러 중국 지휘관의 처벌과 함께 장개석의 심복인 제5군 군장 두율명의 해임까지 요구했다. 장개석은 워싱턴에 있는 송자문에게 보낸 편지에서 스틸웰이 임무에 태만했으며 책임을 남에게 떠넘기고 있다고 불평했다. 그러나 스틸웰의 해임을 원하느냐는 송자문의 질문에는 마셜에게 자신의 진심을 드러내지 말라고 경고했다.

원정은 그렇듯 비극으로 끝났다. 임시55사단을 송두리째 잃은 제6군은 켄퉁에서 중국으로 철수했고, 제66군의 신38사단은 스틸웰이 갔던 경로보다 약간 남쪽 길을 통해 임팔로 퇴각했다. 신22사단과 제96사단은 버마의 북쪽 끝까지 가서 우기를 이용해 산지를 뚫고 지나갔다. 신22사단의 잔여 부대는 레도로 갔고, 제96사단의 잔여 부대는 거의 같은 경로를 통해 중국으로 도주했다. 그들은 모든 장비를 잃었고 일부 낙오병들은 8월에야 귀환했다. 몇 달 뒤 귀환에 실패한 병사들의 유골이 길을 하얗게 뒤덮었다.

총퇴각 명령이 하달되었을 때 제200사단 잔여 부대는 남부 버마 깊숙이 낙오되어 있었다. 그들은 4월에 일본군이 침투한 길을 따라 북쪽으로 이동하다가 바모 근처에서 중국으로 가기 위해 동쪽으로 방향을 바꾸었지만, 일본군의 공격으로 사단장 대안란戴安瀾, 다이안란: 1904~1942이 전사하고 부대는 참패했다. 스틸웰이 중경으로 귀환한 지 얼마 되지 않아 중미관계는 파국에 이른다. 당시의 상황을 스틸웰은 이렇게 묘사했다.

빵! 루이스 브레레튼(Lewis Brereton)은 필요한 중무장폭격기와 수송기를 모두 몰고 이집트로 갔다. 빵! B-29들은 카르툼에 남아 있다가 영국군에 넘겨질 것이다. 이제 우리는 총통에게 뭐라고 말할까? 우리는 약속을 너무 지키지 못했다.

당시 영국은 북아프리카 전선에서 맹위를 떨치던 에르빈 롬멜의 독일군 기갑부대가 수에즈운하에 접근하고 있어 대영제국의 허리가 두 동강 날 위기에 처해 있었다. 그 때문에 중국에 들어올 영국의 제10항공대와 인도에서 중국으로 물자를 나르던 수송기들이 중동으로 이동했고 중국으로 날아오던 최신형 전투기들도 속속 기수를 돌렸다. 참전 이래 처음으로 스틸웰은 중국에 동정적인 심정이 되었다. 하지만 장개석 부부를 만나고 나서는 도로 이전의 기분으로 돌아갔다. 장개석은 스틸웰에게 미군 3개 사단을 인도로 파견하고, 히말라야를 넘는 공수물자는 매월 5,000톤을 유지하며, 중국에 미 공군 항공기 500대를 주둔시켜달라고 요구했던 것이다. 스틸웰은 장개석의 세 가지 요구사항을 워싱턴에 통보하면서 "만약 긍정적인 대답을 얻지 못한다면 중국은 휩쓸려 사라져버릴 수도 있다."는 송미령의 발언과 "그들은 너무 멍청해서 우리가 그걸 약속해주리라 생각한다."는 개인적인 의견을 덧붙였다.

얼마 후 송자문은 장개석에게 "지금까지는 조차물자가 미국을 출발하면 중국의 재산이었지만 이제부터는 스틸웰에게 인도되고 그가 도착지에서 물자를 분배하는 권한을 갖는다."고 통보했다. 권한을 쥔 스틸웰은 5월 26일 「총통에게 보내는 각서」에서 "무능한 중국군 고위 지휘관들의 숙청"을 재차 권고했다. 스틸웰은 한 가지를 얻으면 다음 것을 요구하면서 결코 감사하지 않는 중국인들의 습성에 제동을 걸고자 했다. 중경에 주재하던 미국인들의 뇌리에 중국인들은 받을 줄만 알았지 내줄 줄 모른다는 인상이 깊이 새겨져 있었다.

장개석은 장개석대로 울화통이 터지는 일이었다. 그때까지 중국은 무담보 차관 외에 연합국으로부터 얻은 것이 하나도 없었다. 중국은 완전히 봉쇄되었고, 최정예부대는 버마에서 희생되었으며, 둘리틀 공습 때문에 중국이 일본의 보복을 받았다. 이제는 조차물자에 대해서도 간섭하는데, 그 분량도 1개월 치가 30톤이 넘지 않았다. 여기에 영국군까지 비행대를 아프리카로 되돌리자 장개석 부부의 반영 감정이 끓어오르지 않을 수 없었다. 영국군은 랑군 함락 직전 선박에서 미국의 조차물자였던 트럭과 대공포까지 가져갔다.

송미령은 스틸웰에게, 영국은 전투에서 패할 때마다 중국의 전쟁 장비를 가져가고는 약속된 것들을 돌려주지 않고 있으니 아예 전쟁을 포기하는 것이 낫겠다며 울분을 터뜨렸다. 비행기의 경우 33대의 경폭격기는 8개월 전 약속했던 66대 가운데 일부였는데, 진주만 사건으로 절반만 배치되었고 이젠 그것마저도 영국이 가져가버린 것이다. 장개석은 영국이 왜 이집트의 전황에 별 도움이 되지 않는, 그러나 중국에게는 절실하게 필요한 몇 십 대의 비행기를 가져가는지 따졌다.

조차물자의 처분 문제와 버마 원정에 관련된 중국 장군들의 처벌 문제는 서로 뒤엉켜 해결의 실마리가 보이지 않았다. 스틸웰이 중국군의 훈련과 작전계획을 장개석에게 보고했지만 장개석은 대꾸조차 하지 않았고, 그들은 3주 동안 아예 만나지도 않았다. 장개석이 루스벨트에게 조차물자 담당관 해리 홉킨스의 중경 파견을 요청하자, 로클린 커리가 대신 파견되었다.

커리의 중재로 장개석을 만난 스틸웰은 버마 탈환 계획을 제시했다. 인도에 있는 중국군 부대에 보충 병력과 장비를 제공한 다음 X군으로 명명하고, 운남에 있는 중국군 20여개 사단은 Y군으로 명명하며, 이들과 더불어 약간의 영국·인도 병력과 연합군의 해군분견대가 연합작전을 펼치면 랑군을 탈환할 수 있다는 것이었다. 장개석은 원칙적으로 동의한다는 입장을 내놓았다.

8월 7일 커리는 스틸웰과 함께 인도로 갔다. 스틸웰은 인도주둔군 사령관의 자격으로 서델리, 캘커타 등을 돌아 9월 4일 중경으로 귀환했다. 워싱턴으로 돌아간 커리는 가우스 대사, 송자문, 스틸웰의 동시 해임을 대통령에게 건의했다. 커리는 스틸웰의 해임에 관련하여 두 차례나 마셜을 만나러 갔지만 거절당했고, 루스벨트가 마셜에게 보낸 두 통의 친서도 효력을 발휘하지 못했다.

결국 장개석의 세 가지 요구는 절반만 충족된 셈이었다. 미군 사단은 아시아에 파견되지 않았고, 중국에 대한 병참 지원은 가급적 빠른 시일 내에 월 5,000톤으로 늘어나게 되었다. 전투기 265대와 100대의 수송기도 중국에 파견하기로 결정되었다. 워싱턴과 중경이 그처럼 밀고 당기는 사이 미군의 새로운 작전이 중국을 파멸로부터 구해냈다. 커리와 스틸웰이 인도로 간 8월 7일 미 해군이 과달카날 섬에 상륙했던 것이다. 과달카날 작전에 투입된 미 지상군은 일본군에 비해 6~7배의 화력을 보유하고 있었다. 더군다나 미국 함대가 과달카날로 증원 병력을 수송하던 일본 전함 11척을 침몰시키면서 미군은 결정적인 우위를 확보했다.

1942년 9월 일본은 중일전쟁 이래 최대의 작전을 계획하고 있었다. 중경을 점령하기 위해 일본군 대부분의 전력을 집중할 예정이었던 것이다. 그런데 태평양의 섬에서 벌어진 연이은 패전이 그들의 전략을 뒤흔들어놓았다. 일본은 미국의 공세에 대비하여 3개 사단을 중국 전선에서 빼내지 않으면 안 되었다. 그 후 12월 10일에 이르면 대본영은 중경에 대한 모든 작전계획을 중지하게 된다.

연합국은 애초에 육·해·공군을 총동원하여 버마를 탈환하기로 했는데, 영국이 타 전선에서의 해군력 부족을 이유로 발을 뺐다. 이런 상황을 감안하여 스틸웰은 장개석에게 더 작은 규모의 공격을 제안했지만 장개석은 받아들이지 않았다. 이에 스틸웰은 중국인들이 조차물자를 받을 자격이 없다고 비난했고, 장개석은 워싱턴에 항의했다. 루스벨트는 웬들 윌키를 중경에 파견하여 상황을 알아보게 했다. 윌키를 만난 장개석은 스틸웰의 해임을 요구하지는 않았으나, 복잡 미묘하게 얽힌 장개석과 스틸웰의 관계가 지속되면서 미·중 관계는 물론 전쟁 수행 자체까지 뒤흔들었다.

드래건 레이디

1942년 가을, 공화당의 대통령 후보였던 웬들 윌키[9]가 대통령 특사 자격으로

---

9 웬델 루이스 윌키(Wendell Lewis Willkie: 1892~1944)는 변호사이자 기업 간부로, 1940년 미국 대통령 선거의 공화당 측 후보였다. 공화당 전당대회 대표들에게 공화당의 유일한 간섭주의자라는 인상을 남겼지만 진주만 공격 이후 입장을 바꾸어, 제2차 세계대전에서는 영국과 다른 연합국을 돕기 위한 미국의 더 큰 개입을 원했다. 민주당 측 적수인 프랭클린 D. 루스벨트 대통령은 1940년 미국 대통령 선거에서 55%의 국민 득표율로 45%인 윌키를 꺾고 재선되었다. 선거 이후, 윌키는 루스벨트의 사적인 특사로서 전시 외국 순방을 나섰고, 공화당의 지도자로서 대통령을 지지했다. 특히 윌키가 자유주의와 국제주의 조직들을 지원하면서, 많은 보수주의자들을 분

『테리와 해적들』 17권
「드래건 레이디의 귀환」

중국을 방문했다. 자선모임에 참석한 윌키는 송미령의 접대 매너에 반했다. 윌키는 송미령에게 미국 방문을 요청하면서, 두뇌와 설득력과 덕망을 두루 갖춘 송미령과 같은 인물이 중국을 비롯한 아시아의 여러 상황을 미국인들에게 이해시켜야 한다고 강조했다.

윌키는 귀국하자마자 자신의 견해를 라디오와 신문을 통해 미국인에게 전파했다. 당시 미국에서는 〈테리와 해적들Terry and the Pirates〉이라는 만화가 인기를 끌고 있었는데, 젊은 미국인 비행사가 중국에서 겪은 모험담을 엮은 것으로 플라잉 타이거즈의 용병들이 모델이었다. 이 만화는 빅 스투프Big stoop: 새우 등을 한 큰 남자라든지 드래건 레이디Dragon Lady 같은 몇몇 동양인의 신화를 만들어냈다. 젊은 테리가 악마의 손에 떨어져 위태로운 순간 마녀처럼 드래건 레이디가 나타나 그를 구해주고 사라진다. 말라빠지고 사악하게 보이는 마녀가 정의의 사도가 되어 진지한 청교도들에게 박수갈채를 받게 된 것이다.

드래건 레이디란 명칭은 본래 서양인들이 중국의 악녀로 여기는 서태후를 가리키는 말이었는데, 이것이 송미령으로 바뀌었다. 송미령은 플라잉 타이거즈를 구원하는 여신이 되었다. 웬들 윌키의 중국 여행 결과를 들은 미국인들이 당대의 복잡한 문제를 만화처럼 단순하게 형상화시켜 이해한 것은 그리 놀랄 만한 일도

노하게 했다. 1944년에 다시 공화당 지명후보에 출마했지만, 4월의 위스콘신 예비선거에서 참담한 결과를 얻고 사퇴했다. 그는 루스벨트와 함께 전후 자유주의 정당 설립 가능성에 대해 논의했지만, 그 결실을 맺기 전인 1944년 10월에 사망했다.

아니었다. 1921년 미국으로 건너가 뉴욕에 정착한 고무업계의 백만장자 K. C. 리는 송자문을 만난 자리에서 그와 같은 미국인의 반응을 이렇게 분석했다.

"웬들 윌키의 아시아 견문록은 대중의 심금을 울렸습니다. 그의 중국 방문은 미국인들에게 깊은 인상을 심어주었고, 성실함과 확고한 신념에 가득 찬 그의 이야기에 많은 사람들이 귀를 기울였습니다. 1942년 10월 26일 밤 윌키는 미국의 라디오 채널을 통해 자신의 견해를 밝혔는데, 한 개인이 이만큼 많은 청중에게 호소한 것은 일찍이 없었던 일입니다. 다음 날 〈뉴욕 헤럴드 트리뷴〉은 윌키의 이야기를 세계 속에서 미국의 책임과 국내에서 미국의 책임에 대한 숭고한 복음이라고 썼는데, 이것은 국민 감정을 반영한 것입니다.…… 윌키의 중국에 대한 우호적인 발언 가운데 어떤 것은 반발심을 일으키기도 했습니다. 그가 미국의 바보짓이 미국인에 대한 호의로 가득 찬 창고에 구멍을 뚫고 말았다고 말했는데, 이것은 분명히 반감을 불러일으켰습니다. 월터 리프먼은 널리 읽히는 자신의 칼럼에서 '이 지구상에서 중국인은 미국의 성의에 의심할 권리를 갖고 있지 않다. 전쟁의 목적, 자유 또는 정의라는 어떤 말보다도 저 암흑의 시기에 우리가 중국을 팔아넘기기를 거부한 행동이야말로 훨씬 숭고한 것이다.'라고 윌키에게 경고했습니다. 이러한 반발은 아무리 단결을 부르짖는 때일지라도 미국의 여론은 중국에 대한 성실함이라든지 원조에 대한 어떠한 의문에도 민감하게 반응한다는 것을 보여주었습니다. 미국 시민의 기분을 산뜻하게 해주기 위하여 중국은 태도를 분명히 하고, 할 수 있는 일은 하며, 미국이 참전한 진정한 이유에 대하여 여론 지도층의 이해를 얻는 일이 아마 꼭 필요할 것입니다. 그러기 위해서 중국에서 선전담당자들이나 선전기관을 미국에 파견해도 좋을 만큼 중요한 일이라고 생각합니다."

K. C. 리가 지적한 것처럼 미국인들을 설득하는 일이야말로 드래건 레이디가 감당해야 할 몫이었다. 당시 송미령은 건강이 아주 나빠서 하루 빨리 치료받지 않으면 위험한 상태였다. 1937년 상해전투 때 시찰을 나갔다가 차량이 전복되면서 입은 갈비뼈와 등뼈의 상처 후유증이 완쾌되지 않았고, 최근에는 신경과민으로 체력이 눈에 띄게 약해진 데다 불면증까지 겪고 있었다. 게다가 담배를 너무 많이 피워 사랑니에 통증이 심했으며 고질병인 두드러기도 그녀를 괴롭혔다.

중경에서 북서쪽으로 약 160km 떨어진 성도 교외에는 미군이 일본 본토를 직접 공격할 수 있는 장거리 폭격기 생산을 위한 항공기지가 건설되고 있었다. 1942년 11월 어느 추운 날 아침, 기지의 활주로에서 보잉307 전세기 한 대가 이륙 준비를 마쳤다. 이 기종은 고공에서도 정상적인 기압을 유지해주는 여압실을 갖춘 세계 최초의 4발 엔진 여객기였다. 기장은 이륙 전까지도 자신의 비행기에 탑승할 승객이 누구인지 알지 못했다.

비행기의 전조등이 켜지고, 뒤쪽에서 구급차를 필두로 수많은 차량들이 활주로를 달려왔다. 차에서 내린 사람은 장개석, 미 제10공군 사령관 클레이턴 비셀 준장을 비롯한 장령 15명이었다. 그들이 도열한 가운데 구급차 문이 열리더니 송미령이 들것 위에 누워 있는 채로 조심스럽게 비행기로 옮겨졌다. 이어서 미국인 간호사 두 명과 송미령의 조카딸 자네트 공이 비행기에 오르자 비행기는 곧 성도 상공으로 날아올랐다.

미국에 도착한 송미령은 플로리다 팜비치에서 하루 묵은 뒤 뉴욕의 미첼 기지로 이동했다. 11월 27일 미첼 기지에서 송미령을 맞이한 해리 홉킨스가 송미령을 곧장 하이니크병원으로 데려갔다.

송미령의 이번 미국 방문은 이렇듯 지병 치료로 되어 있었지만, 사실 그녀는 다른 목적을 가지고 있었다. 송미령은 대화 도중 미국과 중국의 현안을 끄집어냈다. 그녀는 연합군이 독일이나 일본에 승리할 수 있을 터이나, 중요한 것은 버마 전선에서 벌어지는 혼란이 상황을 어렵게 만들고 있다고 강조했다. 중국에 대하여 제대로 알지 못하는 스틸웰이 버마에 중국의 최정예부대인 임시55사단을 투입하여 소멸시키는 비극을 낳았다는 것이다. 송미령은 미국이 스틸웰의 대안으로 서놀트를 중용해주기를 바랐다. 스틸웰을 미워하는 것만큼이나 서놀트를 신뢰하고 있었던 것이다.

하이니크병원 12층은 오로지 송미령을 위한 공간이었다. 그녀의 이름은 가명으로 등록되었고 정부의 비밀요원들이 삼엄한 경호망을 펼쳤다. 주치의는 로버트 F. 뢰브 박사였다. 이튿날 송미령은 영부인 엘리노어 루스벨트를 맞이하여 명랑하고 우아하면서도 예의 바른 행동을 취함으로써 호감을 샀다. 얼마 후 퇴원한 송미령은 하이드파크의 미국 대통령 루스벨트 자택에서 2주 동안 머무르며 의회에서 연설할 초안을 썼다.

이즈음 송미령은 인기 스타였다. 1941년에 에밀리 한Emily Hahn의 『송씨 자매들 The Soong Sisters』이 출판된 바 있고, 〈타임〉과 〈라이프〉의 주인 헨리 루스가 그녀를 미화시키는 데 총력을 기울였기 때문이다. 미국의 편집자들은 책상 위에 쭈그리고 앉아서 "장부인, 여러 곳에서 큰 인기" 같은 헤드카피를 고안하느라 애를 썼다. 1943년 2월 송미령의 의회 연설을 보도한 〈뉴스위크〉의 선정적인 기사는 그녀에게 푹 빠져버린 미국의 분위기를 보여주고 있다.

그 효과는 마법 같았다. 작은 몸집에 검은 눈동자를 지닌 부인은 몸에 꼭 맞는 검은 가운에 무릎까지 슬릿이 들어간 치마 차림이었으며, 윤기 나는 검은 머리는 목덜

미에서 부드럽게 곡선을 그렸다. 보석은 값을 어림할 수 없는 비취를 걸쳤으며, 가는 손가락은 빨간색으로 물들였고, 투명한 스타킹에 고상한 보석들이 박힌 뾰족구두를 신고 있었다.

송미령의 언변은 화려했지만 그 내용은 이전부터 조금씩 보도되었던 것이었다. 그녀는 중국과 미국 두 나라의 친밀한 관계를 상기시키면서 두 위대한 민족의 160년에 걸친 아름다운 전통은 한 번도 상처 입은 적이 없고, 그것은 세계의 어떤 아름다운 역사에도 뒤지지 않는다고 했다. 하지만 일본에 대해서는 두 나라가 얕보는 경향이 있다고 지적했다. 일본이 중국과 전면전에 나섰을 때 많은 나라들이 중국의 패배를 점쳤지만 오랫동안 일본은 중국을 굴복시키지 못했으며, 현재 일본의 진주만 기습으로 시작된 전쟁의 참화가 태평양으로 확대되고 있는 상황에서 4년 반 동안 중국이 홀로 저들의 날카로운 칼날에 맞서 고군분투했다는 사실을 잊지 말아달라고 호소했다.

송미령의 미국 하원 연설

송미령의 의회 연설은 큰 성공을 거두었다. 연설 후 백악관 대통령 집무실에 마련된 기자회견장에는 무려 127명의 기자들이 몰려들었다. 한 기자가 중국이 미국이 지원한 인력과 장비를 효과적으로 사용하지 못하는 것이 아닌가 물었다. 그러자 송미령은 중국은 현재 보유하고 있는 자원을 최대한 활용하고 있지만 미국의 원조가 절실한 형편이라고 답변했다. 그리고 중국은 비행사를 훈련시키고 싶은데 비행기와 연료가 없다고 하소연했다. 한 기자가 그것들을 어떻게 손에 넣을 거냐고 묻자 송미령은 슬그머니 루스벨트 쪽으로 시선을 돌렸다.

송미령이 자신에게 날아온 공을 미국 대통령에게 돌리는 모습을 보고 기자단에서 웃음이 터져 나왔다. 루스벨트는 그 공을 망설임 없이 받아들였다. 그는 현지 사정 때문에 비행기와 보급물자 수송에 많은 어려움이 있으나 미국은 많은 노력을 기울이고 있다고 답변했다. 송미령이 중국 정부의 일원으로서 의구심을 표하는 것은 당연하며, 루스벨트 자신 또한 미국 정부의 일원으로서 신이 허락해 주시는 속도에 의지할 수밖에 없다고 했다. 다른 기자가 송미령에게 미국의 중국 원조를 촉진할 수 있는 방법을 묻자 송미령은 다시 한 번 루스벨트를 바라보았다. 그리고 방금 루스벨트가 한 말에 빗대어, 중국인들은 "하늘은 스스로 돕는 사람을 돕는다."는 말을 알고 있다고 대답했다. 이 말에 관하여 한 칼럼니스트는 "인기 여배우 헬렌 헤이스가 연기하는 일이 있다 해도 장부인처럼 솜씨 좋게 보여주지는 못할 것이다."라고 극찬했다.

백악관의 성공적인 기자회견 이후 송미령은 헨리 루스가 벌이는 중국 지원 사업에 동참해야 했다. 루스는 8개나 되는 중국 원조 자선단체를 통합하여 중국구조연맹이라는 단일 단체로 만들었다. 경비를 줄여 조금이라도 많은 돈을 중국에 보내자는 의도였다.

중국구조연맹은 루스가 〈타임〉과 〈라이프〉 구독자들에게서 모은 25만 달러를 포함하여 1942년 말까지 7만1000달러를 모금하여 송금했다. 하지만 이 돈은 중국에 도착하자마자 흔적도 없이 증발해버렸다. 치명적인 인플레와 중국 관리들의 부패 때문이었다. 중국의 물가상승률은 1938년 49%, 1939년 83%, 1940년 124%, 1941년 173%에 달했고, 외화의 공식 환율은 미화 1달러에 20위안 대였는데, 암시장에서는 미화 1달러에 무려 3,250위안에 거래되었다. 중경에서는 5달러로 미국 담배 1갑을 살 수 있었지만 암시장에서는 162갑을 살 수 있었던 것이다. 이렇듯 중국을 구제하기 위해 모은 몇 천만 달러가 공식 환율에 따라 중국 돈으로 바꾸는 순간 가치가 사라지고 말았다. 공중변소를 하나 지으려면 1만 달러가 든다는 유머가 떠돌던 시절이었다. 이런 상황에서 중국 관리들은 원조자금을 암시장에 유통시켜 엄청난 이득을 취하고 있었다.

산동성의 장로교 목사 아들이었던 헨리 루스의 중국 지원은 깨진 독에 물 붓는 격이었다. 어쨌든 송미령은 루스의 사업을 돕기 위해 뉴욕, 시카고, 로스앤젤레스 등지를 6주일 일정으로 순회하며 만찬이나 강연회에 참가했다. 뉴욕에서는 백만장자 록펠러가 헨리 루스와 함께 170여 명의 저명인사로 구성된 장부인^將^{夫人} 환영 시민위원회 공동의장을 맡았다. 1943년 3월 2일 밤, 매디슨스퀘어가든 집회가 열리기 직전 헨리 루스는 송미령이 묵고 있는 월도프 애스토리아 호텔에서 만찬을 열고 60명의 손님을 초대했다. 웬들 윌키, 헨리 아널드 장군, 토머스 듀이 뉴욕주지사를 비롯하여 뉴저지, 펜실베이니아 등 각처의 주지사들이 참석했고, 송자문도 포함되어 있었다.

이 중요한 자리에 송미령이 나타나지 않았다. 루스가 사람을 보내 참석을 종용했지만 그녀는 강연회를 위해 체력을 아껴야 한다는 이유로 끝내 거절했다. 그 일로 루스는 몹시 화가 났지만 〈라이프〉에 묘사된 매디슨스퀘어가든의 송미령 관련 기사는 전혀 다른 분위기였다. 거기에는 "군중들, 장부인에게 환호"라는 제하에 "무수한 열광적인 청중은 웬들 윌키가 부인을 복수의 천사, 정의를 위해 두려움을 모르고 싸우는 천사라고 부르자 이에 호응하는 열광적인 함성을 터뜨렸다."라는 식의 글로 채워져 있었다.

송미령이 뉴욕의 차이나타운에 나타나자 5,000명 이상의 군중이 모여들었다. 주말에는 모교인 웰슬리대학을 방문하여 1917년 동기생들과 재회를 즐겼다. 당시 미국의 일반 여학교에서는 바지 차림이 금지되었는데 이날 송미령이 바지를 입고 나가면서 오랜 금기가 깨졌다.

미국인들은 송미령을 매우 특별한 시선으로 바라보았다. 그녀가 시대 현실과 전혀 동떨어진 존재였기 때문이다. 그녀는 가난하고 더러운 중국인들 틈에서 홀로 반짝이는 고귀한 여성이었고, 중국의 황후가 된 미국인이었다. 그녀는 동양판 일곱 난쟁이 속의 백설공주였다. 실제로 국무성에서는 송미령에게 '백설공주'라는 암호명을 지어주기도 했다. 그녀의 구두에 장식된 보석은 1928년에 도굴꾼이 서태후의 무덤에서 꺼낸 봉황왕관에서 떼어낸 것으로 80만 달러짜리였다. 허영과 허위가 뒤섞여 빚어진 송미령의 본색은 미국인들의 시선을 끌어당길 만한 합리적인 모조품이었다.

송미령의 행보가 절정을 이룬 것은 유타주의 작은 철도역을 지날 때였다. 한밤중에 50여 명의 지지자들이 그 유명한 장부인을 보기 위해 철로 변에 운집했다. 열차가 멈췄을 때 그녀는 아직 침대에 누워 있었고, 그래서 영어를 할 줄 아는 중국인 하녀를 승강장에 내려 보냈다. 송미령의 망토를 두른 하녀가 우아한 포즈로 머리를 숙이자 흥분한 사람들은 그녀를 송미령으로 알고 환호와 열렬한 박수갈채를 보냈다.

헨리 루스가 로스앤젤레스에서 준비한 행사는 뉴욕이나 시카고에 비할 바가 아니었다. 3월 31일 앰배서더호텔에서 성대한 연회가 열리고, 4월 4일 할리우

1443년 4월 4일, 송미령을 환영하기 위한 할리우드 보울 행사

드 보울[10]은 그녀를 기다리는 관중들로 빼곡했다. 그들 중에는 메리 픽포드, 리타 헤이워드를 비롯한 할리우드의 인기 스타들도 포함되어 있었다. 송미령이 주지사와 시장의 안내로 회장에 들어서자 스펜서 트레이시와 헨리 폰다가 그녀를 소개했다. 그 순간 로스앤젤레스 교향악단은 허버트 스토다트가 작곡한 〈장부인 행진곡〉을 연주했고, 뒤이어 에드워드 로빈슨이 "중국에 대한 이야기"를 낭독했다. 이 모든 것은 〈바람과 함께 사라지다〉를 제작한 데이비드 셀즈닉의 연출이었다. 그날 송미령은 일본군의 야만적인 전투 행위, 그 가운데서도 남경대학살을 중점적

10   Hollywood Bowl. 자연적으로 이루어진 할리우드의 원형극장

으로 이야기했다.

"침략자들은 거리를 황폐하게 했고 주민들의 모든 생계수단을 빼앗아버렸습니다. 여자들을 강간하고 음부에 막대기를 박아 죽였으며, 사지가 멀쩡한 남자들을 끌어다가 동물처럼 묶어서 스스로의 무덤을 파게 한 뒤 그 안에 밀어넣어 생매장했습니다. 그 수효가 무려 30만 명이 넘었습니다."

청중들은 경악했다. 일본군의 만행에 두려움을 품었고, 그런 야만적인 군대와 싸워야 하는 미국의 미래에 모골이 송연했다. 송미령은 그처럼 미국인들에게 공포심을 심어줌으로써 중국에 대한 연민을 이끌어냈다.

장개석과 스틸웰

1943년 1월 루스벨트와 처칠이 참석한 연합참모회의가 모로코의 카사블랑카에서 열렸다. 대부분의 논제는 유럽에 초점이 맞추어져 있었지만 그중에는 일본이 점령하고 있는 버마 탈환 계획도 있었다. 마셜 장군은 버마 작전에 미온적인 영국을 겨냥하여 이 계획에 차질이 생길 경우 미국은 유럽에서의 작전을 수정할 수도 있다고 경고했다.

회의가 끝난 뒤 스틸웰은 미 육군항공대 사령관 헨리 아널드 중장, 미 육군병참대 사령관 브레혼 서머벨Brehon Somervell 중장, 연합참모회의 영국 대표인 육군 원수 존 딜John Dill 등과 함께 중경으로 가서 장개석을 만났다. 그들의 중국 방문은 연합참모회의에 초청받지 못한 중국에 대한 배려였다.

스틸웰은 버마 탈환 작전에 X군과 Y군의 참전을 성사시키기 위해 해군의 지원이 제한된다 해도, 가을에는 버마의 일본군을 공격해야 한다고 장개석을 재촉했다. 이에 장개석은 서놀트가 지휘하는 플라잉 타이거즈의 독립성 보장, 중국 전장에 500대의 공군기를 지원하고, 그해 1월 겨우 1,700톤에 불과했던 군수물자를 5,000톤으로 늘려달라고 요구했다. 스틸웰은 장개석에게 그와 같은 조건이 충족되지 않는다면 전쟁을 포기할 거냐고 따져 물었다. 장개석은 자신이 6년 넘게 일본과 싸워왔으므로 영국과 미국의 지원이 없어도 전쟁은 계속될 것이라고 대답했다. 이튿날 장개석은 송자문을 스틸웰에게 보내 전날의 무례함을 따졌다. 하지만 스틸웰은 송자문에게 장개석이 지옥으로 갈 만한 작자여서 그렇게 한 것이라고 되받아쳤다. 그렇듯 장개석과 스틸웰의 관계는 최악으로 치닫고 있었다.

1943년 봄에 있었던 송미령의 성공적인 미국 방문에 힘입어 그해 5월 8일 제3차 워싱턴 회담, 일명 트라이던트 회담이 열렸다. 영·미 수뇌부와 연합참모회의 대표들이 한데 모여 세계 전략을 협의하는 자리였다. 이때 송자문이 장개석을 대신하여 참석했다.

그 무렵 송미령은 하이드파크와 백악관 등에서 여러 차례 루스벨트 부부를 만났다. 장개석은 수시로 전보를 송미령에게 보내 자신의 요구사항을 전달하게 했다. 송미령이 루스벨트와 작별하던 날에도 세 통의 전문을 보냈다. 최소한 미군 2개 사단을 인도에 파견해줄 것, 버마 원정의 목표는 랑군이 되어야 하며, 전쟁이 끝나면 여순·대련·대만을 미 공군에게 개방할 용의가 있고, 미국이 소련에 압력을 가해 시베리아 공군기지를 대일폭격에 사용할 수 있도록 루스벨트에게 요구하라는 내용이었다.

트라이던트 회담이 한창일 때 화북전선에서 대규모 전투가 벌어졌다. 뉴욕의 언론들은 이 전투에서 중국군이 형편없이 밀리고 있다고 보도했다. 이 때문에

스트레스를 받은 송미령은 당장 귀국하고 싶어 했다.

일본군은 군량 확보를 위해 3개 사단, 1개 여단, 중무장한 포병 1개 연대와 5개 사단에서 차출한 부대를 포함한 총 10만 명의 병력을 투입하여 동정호洞庭湖, 둥팅호 서쪽 연안으로 진격했다. 일본군은 5월 중순부터 장강을 따라 서쪽으로 방향을 바꾸고, 산악지대로 진입하여 삼협석패三峽石牌, 싼샤쓰파이요새를 공격했다. 중국군은 10개 군 21만 병력을 동원하여 석패요새에 견고한 저항선을 구축하고 일본군의 공세를 견뎌냈다. 5월 29일 중국군은 일본군이 차지하고 있던 어양관漁洋關, 위양관을 탈환했다. 5월 31일 일본군은 군대를 물려 동쪽으로 이동하다가 다시 장강을 건넜는데, 그들이 도강할 때 중국 공군기가 폭격을 가했다.

일본군이 철수했다는 소식을 들은 송미령은 중국군이 대승을 거두었다고 호언했지만 그녀의 말을 곧이곧대로 듣는 미국인은 별로 없었다. 『제2차 세계대전사』에는 당시 3만 명 이상의 일본군에게 사상을 입혔다는 중국의 주장이 오류임을 지적하면서, 일본군의 피해는 3,000명에 지나지 않았고 중국군은 그 열 배 이상의 타격을 입었다고 기록되어 있다.

사실 이번 전투는 항일전쟁 8년 동안 벌어진 20여 차례의 대규모 전투 중 하나일 뿐이었다. 트라이던트 회담 도중에 일어난 이 전투에 대해 연합군 측은 중국의 과장된 승전보를 부정했다. 장개석은 중국을 지원하는 것에 대해 회의적인 연합국 지도자들을 상대로 어떻게든 이번 전투의 성과를 돋보이게 하고자 했고, 이를 계기로 스틸웰을 셔놀트로 교체하고 싶어 했다. 마셜 장군의 눈에는 셔놀트가 장개석의 하수인으로 보일 뿐이었지만, 장개석에게 호의적이던 루스벨트는 셔놀트가 제시한 대담한 공군 전략에 손을 들어주었다. 셔놀트는 다양한 종류의 비행기 233대를 이용하여 일본으로부터 제공권을 빼앗고, 장강 삼각주에서 공중전을 펼쳐 연말까지 일본 열도를 폭격할 준비를 갖추자고 제안했다.

루스벨트는 셔놀트의 계획에 따라 대량의 공수물자를 지원하기로 결정했다. 이 조치는 1년 반 동안 완전봉쇄 상태에 놓여 있던 중국의 전의를 되살리기 위한 목적도 포함되어 있었다. 루스벨트는 7월부터 공수물자를 7,000톤으로 늘리고, 그중 4,700톤을 셔놀트에게 배정했다. 공수물자는 점점 늘어나 9월 이후에는 1만 톤에 육박했다.

송자문은 장개석에게 미국이 연말까지 중국에 300대의 P-40 전투기를 제공하기로 했다는 희소식을 타전했다. 장개석은 항일전쟁 이래 처음으로 외부에서 주어진 실질적인 지원이라며 기뻐했지만 그의 희열은 오래가지 못했다. 셔놀트는 원하던 자율권을 얻어내지 못했고, 히말라야산맥을 넘어야 하는 미국의 물자 공급은 여전히 지지부진했다. 약속했던 보충병력 또한 함량 미달이었다.

스틸웰은 중국과의 회의에서, 중국이 Y군에 배정된 전투병력을 철수시키면서 보충병력은 보내지 않는다고 울화통을 터뜨렸다. 당시 일본은 중국 중남부에 공군력을 강화하여 최신형 비행기로 중국군의 기지와 비행기를 파괴하고 제공권을 완전히 장악한 상태였다. 회의 도중 스틸웰은 정치보좌역 존 데이비스를 통해 중국에 대한 자신의 견해를 슬쩍 내비쳤다. 그 내용을 〈뉴욕타임스〉 군사담당 기자 잰슨 볼드윈Janson Baldwin이 취재하여 "중국에 관한 희망적인 견해가 너무 많다."라는 제목으로 기사화했는데, 이 글은 그해 〈리더스 다이제스트〉 8월호에 게재되어 더 많은 사람이 읽게 되었다.

이후 버마 문제는 석 달 뒤 퀘벡에서 열린 쿼드런트 회담에서 연합군이 중국으로 향하는 교통로를 확보하기 위해 북부 버마를 탈환하고, 1944년 2월 버마 해안에서 소규모 수륙공동작전을 개시하기로 합의하면서 깨끗하게 해결되었다. 이로써 또 하나의 전구가 생겨났고, 영국의 루이스 마운트배튼[11]이 동남아시아전구 총사령관, 스틸웰이 부사령관이 되었다. 이제 버마는 연합군의 주요 전략적 관심사가 되었다.

버마와 관련된 전구는 세 곳으로 불어났다. 중국 전구에서 대규모 병력이 버마 탈환에 투입될 예정이었고, 인도·버마 전구는 미국의 조직으로 온전히 스틸웰의 영역이었으며, 동남아시아 전구는 영국의 몫이 되었다. 그런데 장개석에게는 유감스럽게도 1944년 초에 전개될 작전계획에서 랑군 탈환이 빠졌다. 연합참모회의에 중국을 참여시키려는 장개석의 소망이 다시 한 번 무산되고 만 것이다. 영국과 미국의 고위 장성들이 부정적인 반응을 보였기 때문인데, 일본군이 중국군의 암호를 해독했다는 것이 그 이유였다.

1943년 3월 장개석은 『중국의 명운中國之命運』이란 책을 출간했는데, 그 내용 때문에 영국과 미국 둘 다로부터 불만을 사게 된다. 지난 100년 동안 일어난 서양 제국주의의 침략을 고발함으로써 영국의 비위를 거슬렀고, 연합국 측의 분열상을 강력하게 비판하며 공산당 활동을 새로운 형태의 군벌주의라고 규정함으로써 미국의 비웃음을 산 것이다. 장개석은 이런 오류를 의식한 듯 6개월 뒤 펴낸 개정판에서 일부 자극적인 내용을 수정했지만 이미 때는 늦었다. 이로 인해 그는 동맹국들에게 불안정한 지도자로 낙인찍히게 되었다.

그해 9월 스틸웰은 장개석에게 수정안을 내놓았다. 현재 중국의 재정 능력으

11　루이스 마운트배튼(Sir Louis Mountbatten)은 영국의 귀족, 군인, 정치가로, '버마의 마운트배튼 백작(Earl Mountbatten of Burma)'으로도 불린다. 1900년에 태어나 1979년에 아일랜드에서 IRA의 폭탄 테러로 사망했다. 제2차 세계대전 당시 영국군의 특수부대 창설에 큰 공을 세웠고 버마전선에서 일본과의 전투를 지휘하기도 했다. 인도의 마지막 총독으로 네루와 친분이 두터워 인도에 대한 정권 이양이 순조롭게 진행되었다.

로는 300사단의 병력을 유지할 수 없으니 부대를 30개 사단으로 구성된 3개 집단으로 재편성하자는 것이었다. 첫째 집단에는 X군과 Y군을 포함하고, 둘째 집단은 계림을 주둔지로 하며, 셋째 집단은 각 성의 지방군으로 편성하여 후방의 수비를 담당하는 90개 사단으로 구성한다는 안이었다. 그 외의 전투부대는 해산하고 소속 인력은 대체요원으로 활용하며, 자질이 부족한 장교들은 전역시키고 장성들은 권위 없는 유급 고문으로 임명한다는 것이었다. 하지만 이런 계획에 장개석이 동의할 리 만무했다.

스틸웰은 다음 달에 북중국에서 대규모의 공격을 감행하자는 제안을 내놓았다. 팔로군은 물론, 팔로군을 견제하고 있는 호종남 부대를 포함하여 동원 가능한 모든 전력을 총동원하자는 안이었다. 이 제안은 임박한 중국의 내전에서 중립을 원하고 있던 미국의 입장을 교묘하게 표명한 것이었다. 이는, 공산당이 전쟁 노력에 해를 끼치고 국민정부를 위태롭게 한다는 국민당 집행위원회의 결의가 발표되고 얼마 지나지 않아 나온 것이라 장개석의 눈살을 찌푸리게 했다.

장개석은 홉킨스에게 스틸웰의 해임 문제를 심각하게 제기했다. 워싱턴에 있던 송자문은 마셜이 더 이상 스틸웰을 옹호하지 않는다고 장개석에게 보고했다. 이제 스틸웰의 해임은 시간문제처럼 보였다. 그런데 상황이 갑자기 엉뚱한 방면으로 흘러갔다. 그것은 송애령과 송미령의 역학관계에서 비롯된 것이었다. 이들 자매는 각자 국민당의 파벌들과 연결된 서로 다른 이해집단을 대표하고 있었다. 두 자매는 자신들의 복잡한 라이벌 관계 때문에 스틸웰의 해임을 두려워했다. 그래서 스틸웰이 교체되면 미국의 원조를 잃을지도 모른다는 장개석의 우려를 이용하여 두 사람을 화해시키기로 작정했다.

이런 누이들의 음모를 전혀 예상치 못했던 송자문은 10월 중순 서머벨, 마운트배튼과 함께 뉴델리를 거쳐 중경에 도착했다. 서머벨은 장개석에게 동남아시아 전구를 창설한다는 쿼드런트 회담의 결과를 설명하고 지지를 이끌어내기 위한 루즈벨트의 특사였다. 마운트배튼은 영국 국왕 조지 6세와 처칠 수상의 신임장을 제출하고 버마에서 벌일 자신의 작전계획을 설명할 작정이었다.

이때까지 서머벨은 자신이 스틸웰의 후임으로 내정된 사실을 전혀 모르고 있었다. 그런데 육군부에서 추가 지시가 있을 때까지 중경에 머무르라는 지시가 내려왔고, 마침내 그 껄끄러운 사실을 알아차린 서머벨은 장개석과 회담하는 동안 스틸웰의 유임을 위해 전력을 기울였다. 마운트배튼 역시 자신의 부관으로 스틸웰을 고집했다. 서머벨은 10월 16일과 18일, 20일 세 차례에 걸쳐 장개석을 방문했다. 첫 만남에서 장개석은 스틸웰에 대한 자신의 인내심이 다했다고 말했다. 양자 간에 대화가 여전히 교착상태에 빠져 있던 17일 밤, 스틸웰이 장개석을 찾아와 머리 숙여 사과했다. 다음 날 서머벨을 맞이한 장개석은 자신의 의견을 철회한다고 발표했다.

같은 날 마운트배튼이 처칠의 친서를 장개석에게 전달했다. 거기에는 이탈리아의 항복으로 영국이 해군력을 회복했으므로 동방에서 수륙공동작전에 동원할 수 있게 되었다는 내용이 담겨 있었다. 10월 19일 중경에서는 미·영·중 세 나라의 군사회담이 열렸다. 참석자는 장개석, 마운트배튼, 서머벨, 스틸웰이었다. 두 사람의 관계는 마침내 회복된 것처럼 보였다.

훗날 스틸웰이 남긴 문서에는 이때의 상황이 자세히 기록되어 있다. 9월 13일 이후 스틸웰은 송씨 자매를 열 차례 만났다. 장소는 대부분 공상희의 저택이었는데, 자매는 국민정부의 현재 방식이 마음에 들지 않을뿐더러 장개석이 스틸웰을 모함하는 아첨꾼들에게 둘러싸여 있다고 비판했다. 이어서 서머벨을 만난 스틸웰은 충격적인 소식을 듣게 된다. 루스벨트가 두 차례나 마셜에게 자신의 해임을 요구했다는 것이다. 이제 스틸웰의 태도도 달라질 수밖에 없었다. 10월 17일 송미령과 송애령은 스틸웰을 자택으로 불러 제발 한 번만 장개석에게 고개를 숙여달라고 부탁했다. 스틸웰이 장개석을 찾아가 사과한 것은 그날 밤 9시 무렵이었다.

스틸웰은 훗날 장개석이 자신의 체면을 세우기 위해 송씨 자매를 이용했다고 믿었다. 어쨌든 그 화해 덕분에 송자문은 낙동강 오리알 신세가 되었고, 서머벨은 루스벨트 대통령에게 모든 일이 잘 풀렸으며 중국이 스틸웰을 중국전구 참모장으로 삼아 카이로 회담에 참여시킬 예정이라고 보고할 수 있었다.

카이로 회담

1943년 11월 22일 미·영·중의 3개 연합국이 이집트의 수도 카이로에 모여 역사적인 회담을 가졌다. 5일 동안 열린 이 회담의 주인공은 루스벨트·처칠·장개석 세 사람이었다. 그들은 제2차 세계대전 발발 이후 최초로 일본에 대한 공동 전략을 논의했는데, 연합군이 승리하는 경우 자국의 영토 확장을 도모하지 않고, 일본이 제1차 세계대전의 결과물로 약탈한 타국의 영토를 원래대로 되돌려놓을 것을 약속했다.

장개석에게 커다란 명예를 안겨주었던 이 카이로 회담은 사실상 그의 몰락을 알리는 신호탄이었다. 당시 회담장 밖에는 기념사진을 찍기 위해 의자를 한 줄로 죽 늘어놓았다. 그런데 이색적인 인물이 맨 오른쪽에 보인다. 바로 송미령이다. 이 세기적인 사진에는 복잡한 국제정치의 이면사가 담겨 있다.

카이로 회담. 왼쪽부터 장개석, 루스벨트, 처칠, 송미령

송미령은 깃이 높고 슬릿이 들어간 긴 옷에 짧은 하얀색 코트를 덧입었고 신발에는 망사로 만든 나비장식이 붙어 있다. 곁에 있는 처칠은 흰색 정장에 검은 양말을 신고 시가를 손에 든 채 왼쪽 허벅지에 중절모자를 올려놓았다. 그는 일부러 송미령을 못 본 체하며 사진에 나타나지 않은 누군가와 농담을 하고 있는 것처럼 보인다. 당시 영국 정부는 한 번도 장개석을 정식으로 대한 적이 없었다. 전쟁 중에 송출한 라디오 방송의 코미디 프로에서는 장개석의 영어발음 'Chiang Kai Shek'을 '어음을 현금으로'란 뜻의 'Cash my check'로 바꾸어 조롱하기까지 했다.

왼쪽 끝에 앉아 있는 장개석은 깃에 세 개의 별을 단 꼭 끼는 군복 차림인데, 장갑을 낀 손에는 국민당 표지인 청천백일이 붙은 군모를 들고 있다. 옆에 있는 루스벨트는 조금 부어오르고 피로한 모습으로 더블 신사복을 입고 있는데 불편한 다리를 가지런하게 세우고 있다. 루스벨트는 장개석 쪽으로 몸을 기울인 채 가벼운 대화를 나누고 있는 것처럼 보인다. 장개석은 그의 말을 이해하는 것처럼 웃음을 짓고 있다.

카이로에 장개석을 초청한 것은 루스벨트의 뜻이었다. 처칠의 반대에도 불구하고 루스벨트는 자신의 주장을 관철시켰다. 몇 달 전 그는 스틸웰에 대한 분노를 억누르고 장개석에게 미국 공군훈장을 달아주라고 명령했다. 이미 중국에 거액의 자금과 물자를 투자한 루스벨트는 세계인들이 장개석을 위대한 정치가인 미국 대통령과 농담을 즐길 수 있는 거물로 보아주기를 원했다. 하지만 처칠은 루스벨트가 장개석을 과대평가하고 있다고 생각했다.

카이로 회담에서 루스벨트는 장개석에게 이듬해부터 연합군이 버마의 벵골만에서 공세를 펼치겠다고 약속했다. 그러나 처칠의 관심은 오로지 식민지 인도의 안전과 싱가포르에 있었다. 5일 동안의 따분한 회담을 마친 처칠과 루스벨트는 스탈린을 만나기 위해 이란의 테헤란으로 날아갔다. 장개석은 그 자리에 끼지 못했다. 테헤란에서 루스벨트는 아시아에 대한 미국의 계획을 포기하고, 히틀러의 침략에 맞서기 위해 유럽으로 힘을 집중하자는 처칠과 스탈린의 설득에 넘어갔다.

사실 사진에서는 친밀해 보여도, 카이로에서 네 사람의 내심은 전혀 달랐다. 장개석은 루스벨트와 얼굴을 맞대고 눈을 마주보며 대화할 수 있는 수준이 아니었다. 게다가 루스벨트와 처칠은 중요한 회담에 송미령을 대동하고 나타난 그를 경멸하고 있었다. 당시 루스벨트는 장개석과 이야기를 나눈 뒤 측근에게 장개석의 변덕 때문에 헤아릴 수 없을 만큼 곤란한 일을 당했다고 고백했다. 특히 중국인들의 비참한 현실에 대하여 장개석이나 국민당 정부가 일말의 동정심도 품고있지 않다는 사실을 알고 엄청난 모욕감을 느꼈다고 했다.

장개석은 루스벨트를 만나자마자 중국군은 장비도 없고 훈련도 되어 있지 않다고 솔직하게 털어놓았다. 중국군은 전혀 싸우고 있지 않던 것이다. 루스벨트는 장개석의 변명을 십분 이해하더라도 군대를 조련하는 데 스틸웰을 밀쳐낼 하등의 이유가 없을뿐더러, 서북 지역에서 공산당을 견제하기 위해 대규모 전투 부대가 필요하다는 장개석의 요구에 의구심을 느꼈다. 하지만 장개석은 국민당군의 딱한 사정을 고백할 정도로 루스벨트의 전폭적인 지원을 믿어 의심치 않았다.

회담이 열리기 사흘 전인 8월 19일 장개석은 송자문에게 보낸 전문에서 Y군을 위한 보충병력이 4,000km 이상 떨어진 곳에서 이동해 왔다는 사실을 루스벨트에게 미리 알려주라고 지시했다. 하지만 그 보충병력 20만 명은 6개월 동안 차량 지원도 없이 도보행군을 강행하다가 무수히 죽거나 낙오되어 인도의 병영에 도착했을 때는 10만 명으로 줄어들어 있었다. 여기에다 또다시 스틸웰의 엄격한 심사를 거쳐 겨우 2만 명만이 합류를 허락받았다.

불과 6개월 전의 트라이던트 회담에서 스틸웰에게 냉담했던 루스벨트는 장개석에 대한 실망의 여파로 11월 25일 추수감사절에 스틸웰을 불러 그의 입장을 설명하게 했다. 스틸웰은 아시아에게 겪어야 했던 험난한 상황에 대하여 1시간 동안 말했고 루스벨트는 귀를 기울였다. 그날 오전 장개석 부부는 커크 대사의 별장에서 30분 동안 루스벨트와 만났고 오후에도 1시간 30분 동안 요담을 나누었다.

이튿날인 11월 26일 장개석은 스틸웰에게 중국 전구를 대표하여 카이로에 머물러달라고 요청했다. 영·미 대표단은 소련 대표단과 만나기 위해 곧 테헤란으로 출발할 예정이었고, 연합참모부의 결정은 테헤란 회담 이후 다시 회의를 열어 정하기로 했기 때문이다. 그날 아침 장개석은 아널드 장군과 가진 회담에서 중국은 한 달에 최소한 1만 톤의 공수물자가 필요하며 총공격이 시작될 때 남부 버마에 연합군을 상륙시킨다는 확약을 받고자 했다.

카이로에서 연합국이 장개석에게 베푼 호의는 대부분 겉치레였다. 루스벨트는 여전히 장개석을 지지하는 것처럼 보였지만 실은 대안이 없기 때문이었다. 송미령은 남편이 연합군 조종사들을 만나고 있을 때 루스벨트를 찾아가 10억 달러의 차관을 요청했다. 상대방의 부탁을 면전에서 거절하는 법이 없는 루스벨트의 성품을 알지 못했던 그녀는 자신의 요청이 그 자리에서 수락된 사실에 기쁨을 감추지 못했다. 장개석은 아내와 함께 루스벨트의 숙소에 가서 감사를 표했지만, 그 10억 달러의 약속이 재앙으로 변하리라는 것은 알지 못했다.

회담 선언문을 승인할 때가 왔다. 로버트 이든[12]이 초안을 읽고, 그 자리에서 3개국 지도자들이 승인했다. 그런데 루스벨트와 처칠은 테헤란에서 스탈린의 동의를 얻을 때까지 발표를 보류하기로 합의했지만, 회담 결과에 만족한 장개석은 다음과 같이 말했다.

12　Robert Anthony Eden(1897~1977). 하원의원으로 정치 이력을 시작하여 1935년 보수당의 스탠리 볼드윈 내각에서 외무부장관이 되었다. 아서 체임벌린 내각에서도 외무부장관으로 있었는데, 1938년 독일과 이탈리아에 대한 유화정책에 반발하여 사임했다. 그 뒤 이든은 윈스턴 처칠과 함께 독일에 대한 강경론을 주도했다. 제2차 세계대전이 일어나자 이든은 체임벌린의 전시내각에서 자치령 담당 장관을 맡았으며, 1940년 처칠 내각에서는 육군장관을 맡았다가 그해 말에 다시 외무부장관이 되었다. 1942년에는 하원의장과 중동사령부의 최고사령관의 직위를 맡기도 했다. 1945년 총선에서 보수당이 패배하자 보수당의 부대표가 되었다. 1950년 베아트리체 베케트와 이혼하고, 1952년 처칠의 조카인 클라리사 처칠과 재혼했다. 1951년 선거에서 보수당이 승리하여 처칠 내각이 수립되자 다시 외무부장관이 되었고, 1955년에는 처칠의 뒤를 이어 총리로 취임했다. 1956년 이집트 대통령 나세르가 수에즈운하의 국유화를 선언하자 프랑스, 이스라엘과 협력해 이집트를 침공해 제2차 중동전쟁을 일으켰다. 하지만 유엔 긴급특별총회에서 즉시 정전할 것을 결의하는 등 국제사회의 비판과 압박이 이어지자 성과 없이 철군했다. 영국은 수에즈운하의 운영권을 비롯해 이집트에서의 이권을 상실했고, 5억 파운드에 이르는 막대한 전쟁비용의 지출로 파운드화의 가치가 큰 폭으로 하락하면서 국제사회에서 미국의 달러화에 경제적 주도권을 넘겨주게 되었다.

정치 문제에서 성과가 가장 훌륭했고, 군사 문제에 대한 제안이 그다음이며, 경제 문제에서도 성과가 컸다.

장개석은 회담에 공을 세운 송미령에게 중국 최고의 명예인 청천백일장을 수여했다. 그러나 이는 샴페인의 마개를 너무 빨리 딴 것이었다. 카이로선언은 중국에게 50년 전에 잃은 영토를 돌려주었지만 불과 1년 뒤 만주에 관련된 부분이 얄타협정에서 훼손되었던 것이다. 게다가 선언에 따르면, 장개석의 중국군은 연합군의 수륙공동작전이 시작되지도 않은 상태에서 버마 공세에 참가해야 했다. 더욱 문제가 된 것은 10억 달러의 차관이었다. 루스벨트는 차관을 제공하겠다고 확약하지 않았던 것이다.

테헤란에서 스탈린과 회담을 마치고 카이로에 돌아온 루스벨트는 스틸웰 및 데이비스와 함께 장개석의 요구에 대해 논의했고, 의회의 동의를 받기 어려울 것이라는 데 의견의 일치를 보았다. 그리고 장개석이 만일 실패한다면 중국 내에서 전쟁을 수행할 다른 지도자를 찾아야 하는 문제에 대해서도 논의했다.

12월 9일 루스벨트는 장개석에게 연합군은 벵골만에 상륙할 여유가 없으며, 버마 공격은 1944년으로 연기될지도 모른다고 통보했다. 갑작스런 상황 변화에 어안이 벙벙해진 장개석은 카이로에서 허락받은 것으로 알고 있는 비행기와 공수물자 및 10억 달러의 차관을 독촉했다. 하지만 이 요청에 대한 워싱턴의 반응은 아래와 같은 터크먼의 요약으로 집약된다.

장개석은 강대국의 자리에 올라섰다는 자랑스러운 증명서를 품고 카이로에서 돌아와 모든 사람들에게 벵골만 작전의 확약을 받았다고 말하자마자 그것의 취소를

알리는 전문을 받았다. 그는 자신이 느낀 수치심에 대해 즉각 높은 가격을 매겼다.

전쟁을 지속하겠다는 명목으로 미국의 등을 떠민 장개석의 행동은 워싱턴 정가를 크게 실망시켰다. 특히 스틸웰과 가우스 대사의 견해는 루스벨트의 결정에 영향을 끼쳤다. 결론적으로 미국의 차관 제공은 중국의 전쟁 수행에 도움이 되지 않는다는 것이었다. 중국은 1942년에 공여한 차관도 절반밖에 사용하지 않았고, 회계처리도 불투명했다. 게다가 중국에 필요한 것은 식량·상품·기계·군수물자 등이었는데, 이것들은 부피가 커서 항공 수송으로는 한계가 있었다. 그러므로 중국은 육지와 해상 수송로를 확보하기 위해 자기 몫의 싸움을 해야 했지만 아무 결과도 보여주지 못했다. 이런 근거로 미국은 장개석의 차관 요청을 거부했다.

그 무렵 미국은 일본 본토 폭격을 위해 청도 부근에 B-29가 이착륙할 수 있는 5개의 거대한 비행장을 건설하고 있었다. 이 공사에 중국 농민 50만 명이 동원되었다. 농민들은 강제 수용당한 논밭을 평평하게 다지고, 자갈을 깔고, 흙과 진흙, 슬러리를 덮고, 다시 그 위에 새 점토를 펴서 평평하게 다지는 일을 했다. 트럭이 할 일을 외바퀴 손수레와 운반용 멜대에 매달린 바구니가 대신했고, 조약돌은 망치로 부쉈으며, 수십 명으로 구성된 작업조가 롤러를 끌었다. 착공 60일 만에 9,000피트의 활주로가 완공되어 첫 번째 B-29가 착륙했다. 그로부터 한 달이 지나기 전에 공사는 완료되었지만 그 과정에서 수많은 농민노동자들이 굶주림과 과로로 죽어갔다.

공사가 진행되는 동안 비행장 유지비용을 놓고 중국과 미국 간에 이견이 돌출되었다. 중국은 토지수용 비용은 중국이 부담하더라도, 미국인 요원의 생활비를 포함한 나머지 비용은 미국이 지불해야 한다고 주장했다. 그 주장을 미국이 수용하자 중국은 달러를 법폐로 환산할 때의 공식 환율 20:1의 적용을 제의했다. 그것은 시장의 시세보다 6배나 높게 상정한 것이었다.

미국인들은 중국에서 싸우기 위한 추가 비용을 자신들에게 떠넘기려는 중국인들의 처사가 못마땅했다. 모겐소 재무장관은 노골적으로 분노를 표시했고, 서머벨 장군은 장개석을 포기하고 다른 경쟁자 중 한 사람을 1억 달러에 매수하자고 제의하기도 했다. 이 논쟁은 결국 중국이 미국 대신 지불한 비용을 미국 정부가 매달 2500만 달러 범위 안에서 보상해주는 것으로 마무리되었다. 환율은 78:1로 낙찰되었다. 이런 상황을 겪고 나니, 미국 관료들의 시야에 비친 장개석의 이미지는 그야말로 바닥이었다.

넉 달 후, 신강 지역에서 소련과 국경분쟁이 일어났다. 양측의 영토에 대한 이견이 심화되자 몽골 기지에서 이륙한 소련 전투기들이 신강의 국민당군에 폭격을 개시했다. 엎친 데 덮친 격으로 공산당은 섬서 북부에서 유격부대를 모으고 있었으며, 일본은 관동군을 내륙으로 이동시켜 대규모 공세를 준비하고 있었다.

사방에서 다가오는 압력에 긴장한 장개석은 미국의 지원과 개입을 학수고대했지만 미국의 관심은 중국이 아닌 버마에 있었다. 장개석은 스틸웰과 인도에 있는 X군을 동원하여 북부 버마에서 작전을 펴기로 합의했지만, 운남의 Y군은 버마에서 연합국의 수륙공동작전이 벌어질 때까지 합류하지 않기로 했다. 스틸웰은 나가Naga 산지로 돌아가 제2차 버마전투를 준비했다.

1944년 3월 20일 루스벨트가 Y군의 동원을 요청하자 29일에 장개석은 Y군에서 제14사단과 제50사단을 떼어내 인도·버마 국경으로 이동시켰다. 하지만 워싱턴에서는 연일 병력을 더 투입하라고 다그쳤다. 4월 3일 루스벨트는 만약 연합국이 장비를 공급하고 훈련까지 제공해준 Y군을 활용할 수 없다면 그것은 말도 되지 않는 일이라며 장개석을 압박했다. 4월 13일 중경의 미군사령부는 Y군이 공격에 합류하지 않을 경우 육군부의 명령에 따라 중국에 대한 군사원조를 중단할 것이라고 경고했다. 결국 4월 22일 장개석은 Y군에 총동원령을 내렸고, Y군의 12개 사단이 살윈강을 건넜다.

연합국의 전략은 중·미의 문제뿐만 아니라 영국 및 일본의 전략과도 맞물려 있었다. 스틸웰은 크리스마스 무렵 인도·버마 전선을 시찰하고 돌아와 일본군에 대한 공세를 시작했다. 초기에는 탐색전의 양상이었다. 아직 장개석으로부터 Y군의 투입에 관한 약속을 받지 못했고 영국이 얼마만큼 협력할 수 있을지 알 수 없었기 때문이다. 스틸웰은 워싱턴을 통해 장개석의 적극적인 참여와 영국의 협력을 얻어내고자 했다.

스틸웰의 작전에 반대하던 동남아시아 전구 사령관 마운트배튼은 1944년 초반 액시엄작전Operation Axiom을 발표했다. 그것은 버마를 우회하여 수마트라와 말레이시아반도를 공격하자는 영국의 기존 전략으로 돌아간 것이었다. 이 작전은 좀 더 짧은 경로를 통해 중국해에 항구 하나를 얻을 수 있다는 이점이 있었다. 그러

나 스틸웰은 육군부를 움직여 루스벨트의 중개로 북부 버마 탈환작전을 선행하는 전략을 택하게 하고, 그 여세를 몰아 장개석에 대한 압력을 가중시켰다.

한편, 버마의 일본군 제15군 사령관 무타구치 렌야는 1943년 여름 '우호작전ウ号作戦'을 입안했다. 무타구치는 1937년에 노구교사건을 일으켜 중일전쟁의 방아쇠를 당긴 원흉이다. 그는 동인도

무타구치 렌야

의 영국 기지 임팔을 공격하면 버마 수비에 유리할뿐더러, 연합군 지상군과 공군 기지가 집중된 디브루가르 주위의 차밭과 임팔을 연결하는 코히마의 유일한 산간 도로를 차단한다면 임팔을 점령할 수도 있다고 했다.

당시 무타구치 중장이 대본영에 제출한 보고서에 따르면 일본군의 임팔 공격이 성공하면 버마의 연합군을 격퇴할 수 있고, 그 여파로 영국군이 인도에서 물러나면 친일적인 수바스 찬드라 보세Subhas Chandra Bose가 인도를 차지하여 전황을 반전시킬 수 있다고 확신했다. 하지만 이 작전에는 치명적인 약점이 있었다.

그 무렵 연합군은 뉴기니를 탈환하고 마리아나제도 근처까지 진격하여 일본 본토와 동남아시아 점령지의 해상교통로를 봉쇄하기 일보 직전이었다. 무타구치는 이런 상황을 도외시했고, 대본영 역시 될 대로 되라는 식으로 그해 1944년 1월 그의 작전계획을 승인했다. 그렇게 해서 주사위가 던져졌다. 아삼의 차밭을 목표로 삼았던 임팔전투는 그 전략적 중요성 때문에 500마일 이내에 있던 500만 명의 연합군 병력에 영향을 미쳤다.

결전이 임박한 그해 봄, 워싱턴은 장개석의 태도에 분개하고 있었다. 장개석은 미국의 거듭되는 참전 압력에도 불구하고 계속 국내 문제와 재정 부족을 호소하며 병력 동원을 회피했다. 신강에서 벌어진 중소국경분쟁에 루스벨트가 할 수 있는 일은 없었다. 장개석은 연안의 중국공산당이 일본과 싸우는 것이 아니라 중국 정부 자체를 집어삼키려 한다고 비난했다.

루스벨트는 1944년 수차례에 걸쳐 연안에 사절단 파견을 요청했다. 결국 6월 23일 헨리 월리스 부통령이 방문했을 때 장개석은 그 요청을 수락했다. 7월 22일 이른바 '딕시사절단Dixie mission'이 연안을 찾아갔다. 그들의 방문 목적은 표면적으로는 시찰과 정보 수집이었지만 실제로는 중국공산당의 전쟁 수행능력을 높이기

딕시사절단. 모택동과 데이비드 배럿 대령

위한 지원수단을 찾으려는 것이었다. 이런 이유로 항공대를 비롯한 육군 여러 병과의 장교들이 사절단에 포함되었다.

사절단 내의 국무부 소속 존 S. 서비스John S. Service는 정치 분석을 담당했고, 미 육군 대령 데이비드 배럿 David D. Barrett은 군사 분석을 수행했다. 그들은 중국공산당이 전시나 전후 동맹국들에게 유용하며, 연안의 분위기가 매우 정력적이고 부패도 없다고 워싱턴에 보고했다.

이들의 판단에 언론도 동조했다. 그해 7월 1일 〈뉴욕타임스〉는 중국에서는 공산군의 전투력이 가장 강력하다고 보도했다. 5년 동안 외부 세계에 가장 미스터리한 존재였던 공산군이 항일전쟁에 가장 소중한 동맹군으로 등장했고, 그들을 적절하게 활용한다면 승리를 앞당길 수 있다는 내용이었다. 이어서 중국공산당의 적극성과 업적을 칭송하는 기사가 줄을 이었다. 10월 16일에는 "연안, 중국의 굉장한 도시"라는 제목의 르포기사까지 나왔다. 당시 사절단에 동참했던 기자 시어도어 화이트는 다음과 같은 기사로 중국공산당을 비호했다.

국민당은 연안의 단결은 전체주의이며 연안이 비밀경찰, 강제수용소, 공산당 자신이 가지고 있으나 부인하는 다른 모든 기구들에 의해 움직이고 있다고 주장했다. 하지만 나는 연안에 그와 같은 억압기구가 있다는 증거를 전혀 찾을 수 없었다. 나는 그곳에 몇 주 동안 머물렀지만, 몇 달 동안 머물렀던 다른 미국인들도 중경에 있는 것과 같은 독재기구를 공산당이 보유하고 있다고 인식할 수 없었다.

모택동을 비롯한 연안의 중국공산당원들은 딕시사절단의 방문을 열렬하게 환영했다. 그들은 자신들의 세계를 완벽하게 은폐했고, 미래의 적 미국인들로부터 완벽한 호감을 이끌어냄으로써 궁극적인 야심을 달성하는 계기를 마련했다.

11월 7일 헐리Patrick Hurley 대사가 연안을 방문하여 공산당 지도부와 회담했고, 1945년에는 마셜, 1947년에는 웨드마이어도 연안에서 모택동을 만나 국공관계를 중재하고자 노력했다. 딕시사절단의 임무는 1947년 3월 11일까지 지속되었다. 그런데 흥미롭게도 43년 후인 1987년에 간행된 『중국공산당사』에는 딕시사절단에 대하여 한 구절도 언급하지 않았다.

연안을 방문한 조지 마셜. 주은래(맨 왼쪽), 주덕(가운데),
모택동(맨 오른쪽)과 함께 찍었다.

송 가 황 조 의 종 말

장개석이 루스벨트에게 중국에 대한 원조를 애원하면 할수록 쾌재를 부르는 사람은 따로 있었다. 국민정부의 외교부장이자 미국에 법인을 설립하고 중국 원조에 관련된 사업을 벌이고 있던 송자문이었다. 송자문은 미국에서 독립적으로 활동하면서 마음껏 원조자금을 주물렀지만 중국의 정·재계를 움켜쥐고 있는 송애령과 송미령의 간섭은 피할 수 없었다. 1943년 11월 송자문은 두 누이와 격하게 충돌했다. 송자문이 대여법에 따른 미국의 원조를 좌지우지하며 훨씬 많은 몫을 차지했기 때문이다. 여기에 불만을 품은 것은 송씨 일족만이 아니라 진씨 형제도 마찬가지였다. 그들은 송자문이 움켜쥐고 있는 원조 가방을 빼앗아 언제라도 꺼내 쓸 수 있는 공상희의 손에 맡겨두고 싶어 했다.

스털링 시그레이브Sterling Seagrave가 공개한 그 시기의 FBI 문서에는 이 모든 범죄행위가 송씨 일족, 그중에서도 공상희의 부인 송애령에 의해 이루어졌음을 증명하고 있다. 이 문서를 읽어보면 송자문이 그런 누이의 품에서 벗어난 일이 대단한 모험으로 여겨지기까지 한다.

송씨 일가는 중국에서 가장 큰 영향력을 갖고 있으며 이 나라의 생사여탈권을 쥐고 있다. 그들은 언제나 돈벌레처럼 처세하며 모든 행동은 돈을 모으는 욕망에 따라 움직인다. 미국의 대여법에 따른다면 중국 전체가 받아야 할 것을 빼돌려 상당 부분을 송씨 일족이 차지하는 음모가 벌어지고 있다. 송미령은 일족의 목적 달성을 위한 원동력의 하나다. 송자문은 미국에서 유니버설 트레이딩 사를 세워 대여법 물자를 관리하고 있다. 지금까지 대여법에 따라 약 5억 달러가 중국에 제공되었지만 그 가운데 많은 액수가 송씨 일족의 호주머니로 흘러 들어갔을 것이다. 송씨 일족의 조직은 굳건하고 행동은 냉혹하다. 거기에서 빠져나오려는 사람은 돈을 배상하거나 사라져야 한다. 이 집단의 진짜 두뇌는 공상희의 부인 송애령이라고 한다.…… 악랄하면서도 총명한 여자다. 그녀는 장막 뒤에 앉아 일족을 지휘하고 있다. 그들의 조직은 긴밀한 그물망 같고, 중국에서 일어나는 어떠한 일도 더듬어 들어가면 송씨 일족의 한 사람에게 다다를 정도다. 공부인은 암살단을 거느리고 있다고 하는데 많은 높으신 관리들이 그 사실을 알고 있지만 한마디도 입에 담으려 하지 않는다.

그해 12월 하순, 장개석을 포함한 송씨 일족이 한자리에 모였다. 장개석이 중국의 경제정책에 대하여 묻자, 송자문은 경제기구가 지나치게 많고 비효율적인 관리체계 때문에 거시적인 계획 수립이 불가능하다면서, 경제 분야를 자신에게 맡겨주면 모든 정책을 총괄하는 기구를 만들어 운영하겠다고 대답했다. 장개석이 그런 초법적인 기관을 만들면 정부 자체가 흔들린다며 반대하자, 송자문은 피식 웃으면서 당신이 국민정부 주석이 되겠다고 결심했을 때도 그랬던 것처럼 마음만 먹으면 언제든지 헌법을 바꿀 수 있지 않느냐고 반박했다. 이에 분노한 장개석이 앞에 있던 찻잔을 들어 송자문을 내리쳤다.

찻잔 사건 직후 심한 압박감을 느낀 송자문은 동생 송자량을 원조물자의 총책임자로 임명했고, 이때부터 송자량은 형을 대신하여 원조물자가 선적되기 직전의 모든 업무를 관장했다. 그런데 원조물자 창고에서 화재사고가 빈발했고, 창고가 파괴된 것을 이유로 대량의 물품이 사라지곤 했다. 원조물자를 가득 실은 트럭 행렬이 온데간데없이 증발하기도 했다. 전선까지 배달된 물품은 터무니없이 부족했을 뿐 아니라, 중국에 도착한 원조물자도 두 시간이 안 되어 암시장에 풀렸고 그 뒤로는 추적이 불가능했다. 원조물자의 미국 측 책임자인 스틸웰이 강력하게 항의했지만 변하는 것은 아무것도 없었다.

송자량은 600대의 트럭으로 원조물자 수송을 전담하는 서남운수공사의 주인이었다. 전쟁 기간 동안 총 35억 달러어치가 넘는 원조물자가 그렇듯 송자문과 송자량의 파이프라인을 통해 증발했다. 송자문은 송자량을 조종하여 사업의 근거지를 미국으로 옮김으로써 장개석 부부와 진씨 형제, 대립, 공상회 부부의 감시망에서 벗어났다. 그것은 송자량이 미국의 대기업을 상대로 거액의 구매계약을 체결하는 데도 큰 힘을 발휘했다. 주도면밀했던 송자문은 진씨 형제나 대립에게 그들이 가장 두려워할 상대는 송미령과 송애령이라는 점을 각인시켰다. 그들은 특히 송애령을 두려워했다. 일찍이 송경령은 언니에 대하여 이렇게 말한 적이 있었다.

"만약 송애령이 남자였다면 장개석은 15년 전에 죽고 그녀가 중국을 지배하고 있을 것이다."

그에 비하면 송미령의 힘은 보잘것없었다. 미국에서 중경으로 돌아온 지 몇 달이 지났건만 남편과의 관계는 소원했다. 송미령은 장개석의 곁을 떠나 공상회의 저택에 틀어박혔고, 어쩔 수 없이 공식석상에 남편과 참석했을 때도 둘은 몹시 서먹서먹해 보였다. 찻잔 사건 이후 일족의 균열이 가속화되고 있었다.

1943년 후반에 발각된 쿠데타 음모는 송가 황조에 결정적인 타격을 가했다. 오랜 전쟁의 소용돌이 속에서 어느 파벌에도 속하지 않은 젊은 장군들은 위기에 봉착한 중국을 구하기 위해 장개석과 부패한 측근들을 척결해야 한다고 생각했다. 결의를 다진 그들은 화동지구에서 중국군을 조련하고 있던 미 육군 준장 토머스 틴러먼에게 접근하여 지원을 호소했다. 그들의 움직임은 OSS에 의해 면밀히

체크되고 있었다. 디데이는 서안사건과 같은 날짜인 12월 12일로 정해졌다. 그날은 카이로 회담 기간이었으므로 장개석이 중국을 비운 상태였다.

젊은 장군들의 쿠데타 계획은 불행히도 비밀정보기관의 책임자 대립에게 발각되었다. 대립은 은밀히 배후를 캐던 중 송씨 일족에 가담자가 있다는 사실을 알아냈다. 평소 그들을 두려워하던 대립으로서는 쾌재를 부를 만했다. 그는 즉시 장개석의 승인을 받아 600명 이상의 장교를 체포했다. 장개석은 귀국하자마자 주모자급 장군 16명을 처형했고, 재정부장 공상희를 해임했으며, 송미령과 송애령에게 국외추방령을 내렸다. 이쯤 되면 송씨 일족의 혐의는 명명백백해 보였다.

이듬해 6월 송미령은 브라질로 떠나면서 송애령과 그 아들 공영걸孔令傑, 쿵링지에: 1921~1996 부부와 동행했다. 공상희 역시 태평양을 건너갔다. 그 무렵 〈뉴욕타임스〉의 브룩스 애킨슨 기자는 중경을 가리켜 "불안과 음모와 시기로 가득 찬 무녀의 제단"이라고 표현했다. 중경에 홀로 남은 송자문은 외교부장 직위를 유지하면서 행정원장 대리를 맡았고, 여섯 달 뒤인 1945년 6월에는 정식으로 행정원장 겸 외교부장이 되었다. 거기에 공상희가 가졌던 재정부장까지 겸직함으로써 외면적으로는 중국 최고의 실권자가 되었다.

1944년 이후 송경령을 제외한 송씨 일족은 중국보다 미국에서 활동하면서 전력을 다해 돈을 긁어모았다. 그들의 재산은 합치면 20억 달러가 훨씬 넘었다. 제2차 세계대전이 막바지로 치닫고 있던 1944년 5월 1일 〈타임〉지의 시어도어 화이트 기자는 기행문 형식의 "중국의 생활"을 통해 중경의 모습을 다음과 같이 묘사했다.

국민당이 사람들의 개인 생활을 얼마만큼 억누르고 있는가를 느끼려면 중경에서

살아볼 필요가 있다. 작가나 극작가, 영화제작자, 그 밖의 모든 언론인들을 검열제도 가 무섭게 덮쳐누르고 있다. 신문은 뜬소문이나 관제뉴스나 통신사 원고만으로 된 이름뿐인 것이 되어가고 있다. 중국의 큰 문제인 굶주림, 인플레, 대공 봉쇄, 대외관 계, 요인의 동정 따위는 어느 하나 공공장소에서 솔직히 이야기하는 일이 없다. 중경 의 무겁고 답답한 분위기는 거기에 사는 모든 사람들에게 스며들고 있다. 중국에는 비밀경찰기관이 두 개 있다. 하나는 군사위원회를 위해서 활동하고, 다른 하나는 국 민당 자체를 위한 것이다. 비밀경찰의 밀정이나 특수요원은 어디에나 있으므로 중국 에서는 누구나 저지르지도 않은 범죄로 체포되어 투옥되거나 강제수용소로 끌려갈 위험이 있다. 오늘날의 국민당은 미국의 부패한 정치단체인 태머니 홀(Tammany Hall) 과 에스파냐의 종교심판단이 지닌 악한 면을 모두 갖춘 부패한 정치파벌이 지배하고 있다. 진씨 형제는 CC단을 지휘하는데, 그들은 회유·비밀경찰·밀정·행정권력으로 전 국의 사상을 현실적으로 통제하고 있다.

송미령이 사라지자 장개석은 송씨 가문과 인연을 맺기 전의 상태, 즉 상해 지 하세계의 꼬붕으로 되돌아갔다. 그는 시간 날 때마다 옛날 여자들이나 옛 청방의 동료들과 만났다. 그래도 나이가 들었으므로 겉으로는 세속을 떠난 금욕주의자 처럼 행동했다. 그런 점에서 보면 진씨 형제는 큰 공을 세웠다. 그들은 장개석이 짊어지고 있던 정책 결정이라는 무거운 짐을 끌어내려주었던 것이다. 중경의 궁정 은 음모와 암살, 비밀과 결탁이라는 중세의 분위기가 만연했다. 한편으로 식견 있 는 사람들은 조만간 다가올 파멸에 대비하고 있었다.

장개석은 거의 현실 밖에서 살고 있었다. 병사들이 길거리에서 굶어 죽고 있 다는 소문을 들었지만 믿지 않았다. 군부의 독직과 부패 때문에 병사들은 최소한의 식량조차 배급받지 못하고 있었다. 급기야 특별조사관으로 임명한 큰아들 장경국으로부터 소문이 사실임을 알게 된 장개석은 격노했다. 병영으로 달려가 휴대용 침낭 안에서 굶어 죽은 수많은 병사들의 처참한 모습을 목도한 장개석은 지휘봉으로 주번장교의 얼굴을 마구 때렸다. 군량을 빼돌린 범인은 체포되어 처형되었고 다른 장교가 그 자리를 메웠다. 그러나 이미 관행이 된 부정부패는 끊이지 않았다. 1944년 8월에도 138명의 병사가 굶어 죽은 시체가 되어 병영에서 실려나갔다.

전쟁이 종착역으로 치닫던 1945년 송자문은 연극의 주인공처럼 자신의 연기에 몰두하고 있었다. 하버드 출신의 자유주의적 망상이나 도덕성은 잊은 지 오래였다. 송자문은 세계에서 다섯 손가락 안에 드는 부자였지만 결코 만족하지 않았다. 더 많은 재산 증식을 위해 송미령을 대신하여 장개석의 통역을 맡았고, 싫어하는 외국의 정치가나 외교관을 상대했다. 또 장개석의 애국적인 행동을 칭송하면서 그를 인권과 사회 진보의 강력한 옹호자라고 추켜세웠다.

무너지는 일본

제 2 차 버 마 전 투

1944년 1월 일본은 중국에 있는 병력을 총동원하여 중경을 공격하려 할 즈음 미군에게 남태평양 솔로몬제도의 과달카날 섬을 빼앗기면서 계획에 중대한 차질이 생겼다. 해상교통로를 위협받은 일본은 어쩔 수 없이 중국에서 두 개의 사단을 빼내 미군의 공세에 대응했고, 장개석은 안도의 한숨을 내쉴 수 있었다. 바로 그때 일본군 측에서 전쟁의 성패를 가름하는 중대한 오판을 내렸다. 임팔작전으로 불리는 제2차 버마전투가 그것이다.

1944년 3월 16일 일본의 제4군 사령관 무타구치 렌야는 인도의 임팔을 목표로 '우'호작전을 개시했다. 일본군은 제15사단, 제31사단, 제33사단을 동원하여 호말린, 톤허, 탄구트에서 버마·인도 국경을 넘어왔다. 스틸웰은 1942년에 자신이 퇴각했던 경로로 일본군이 진격해 오는 것을 보고 경악했다. 그도 그럴 것이 호말린과 임팔 사이에는 7,000~8,000피트에 이르는 산악지대가 있어 행군과 보급에 엄청난 장애물로 작용하고 있었기 때문에다. 전세를 뒤집으려는 무타구치의 이 같은 무모한 집념은 스틸웰에게는 오히려 우군인 셈이었다. 일본군의 보급참모들은 보급이 불가능하다는 이유로 작전을 반대했지만 대본영에서는 이를 무시해버렸다.

버마공로

일본군의 공세를 예견한 연합군은 버마 서부의 정면에 길포드 장군이 지휘하는 영국군 보병 3개 사단과 기갑 1개 사단, 윙게이트 장군의 공수부대 6개 여단을 배치했다. 북부에는 스틸웰의 미군과 중국군 2개 사단, 동부에는 위립황衛立煌, 웨이리황: 1897~1960의 중국군 14개 사단이 배치되어 세 방면에서 일본군을 기다렸다. 또한 스미스 공병대를 동원하여 중경으로 보낼 군수물자 수송로인 레도공로Ledo Road와 버마공로Burma Road를 건설했다.

레도공로는 인도의 레도에서 중국 운남성 곤명에 이르는 1,079km의 군용도로로서 인도에서 생산한 연료를 운반하기 위해서 건설되었고, 버마공로는 버마의 라시오에서 곤명에 이르는 1,154km의 군용도로로서 군수물자 수송용이었다.

스틸웰의 X군 소속 중국군 신22사단과 신38사단은 북부 버마에서 일본군을 겨냥하여 남쪽으로 이동하고 있었다. 중국군 병사들은 그동안 미군 교관들의 조련을 받았고 최신무기로 무장하여 정예화된 상태였고, 공수 지원을 포함한 기술적 난관도 극복한 지 오래였다. 중국군은 1943년 10월 말 후콩계곡에서 일본의 제18사단 휘하 1개 연대를 궤멸시킨 전력이 있어 사기도 왕성했다. 스틸웰은 장개석에게 중국군 제14사단과 제50사단을 지원받아 전력을 더욱 보강했다. 이들을 견제하기 위해 일본군은 제18사단의 2개 연대를 동원했다.

일본군 제31사단은 북쪽에서 2개 사단의 임팔 공격을 지원하기 위해 코히마로 진격했고, 주력인 제15사단과 제33사단은 임팔을 향해 고된 강행군을 거듭했다. 그들은 3월 15일 친드윈강을 건넜다. 일본군 병사들은 3주 분량의 식량과 탄약만을 휴대한 채 아라칸산맥을 돌파해야 했다. 무타구치의 아이디어에 따라 버마의 농가에서 움직이는 식량으로 소떼를 징발하여 끌고 갔지만 친드윈강을 건너면서 반수가 물에 빠져 죽었고, 나머지는 벼랑에서 굴러떨어지거나 도망가버렸다. 기아에 시달리던 병사들은 정글에서 풀을 뜯어 먹고 벌레를 잡아먹으며 연명했다.

3개 사단의 사단장들은 행군 몇 주 만에 보급이 끊어지자 무타구치에게 작전의 중지를 요청했지만 받아들여지지 않았다. 무타구치 본인이나 상급부대인 버마방면군 사령관 가와베 마사카즈川邊正三: 1886~1965는 작전의 실패를 예견했으면서도 남방군 사령관 데라우치 히사우치寺內壽一: 1879~1946의 체면을 살리기 위해 퇴각 명령을 내리지 않았다. 일본군 특유의 조직 논리가 무모한 공격으로 이어진 것인데, 이로 인해 병사들의 희생은 가중되었다.

이때 영국군 특공대 9,000명이 공수지원을 받으며 동쪽의 모가웅, 남서쪽 철로의 회랑 근처에서 일본군의 비행장을 파괴하여 항공지원을 봉쇄했다. 이미 일본군의 공격 루트를 훤히 꿰뚫고 있던 영국군은 임팔과 코히마 부근 평원에 전선을 구축하고 있었다. 영국군 사령관 마운트배튼은 인도와 중국을 오가는 비행기들을 이용하여 3개 사단을 임팔과 코히마 전선에 투입한 상태였다.

일본군은 고된 행군 끝에 4월 초순 영국군의 방어선을 뚫고 임팔과 코히마를 잇는 도로를 차단했다. 선발대는 임팔이 보이는 지역까지 진격했고 한때는 임팔비행장이 내려다보이는 고지를 점령하기도 했다. 그러나 4월 19일부터 전세가 완전히 역전되었다. 영국군의 대규모 기갑부대와 공군이 엄청난 화력으로 지친 일본군을 맹공하기 시작한 것이다.

3월에서 7월까지 연합군 비행단은 출격회수가 총 2만9660회에 이를 정도로 맹공을 퍼부었다. 마침내 탄약마저 떨어져 절망적인 상황에 봉착한 일본군은 특유의 육탄 돌격을 감행했지만 영국군의 십자포화에 산산조각이 났다. 5월 초에는 사상 최악의 폭우까지 쏟아져 일본군을 궁지에 몰아넣었다. 공격 개시 3주 만에 작전을 성공시켜 천황 히로히토의 생일인 천장절 선물로 임팔을 안겨주려던 무타구치의 간절한 소망은 정글의 맹수와 모기떼에게 물어뜯겨 참혹한 꼴로 끝장나고 말았다.

상황이 극한에 이르자 무타구치도 퇴각 명령을 내릴 수밖에 없었다. 7월 9일 보급과 병참의 단절로 고립무원의 신세가 된 일본군 3개 사단은 임팔을 목전에 두고 철수를 개시했다. 하지만 거기서부터가 진짜 생지옥이었다. 기갈과 말라리아, 장염, 맹수들의 습격이 부대를 덮쳤고, 수천 명의 부상병들이 들것에 실려 이동하다가 길가에 버려졌다. 죽은 병사들은 열대의 고온과 습기로 몇 주 만에 백골이 되어 길을 허옇게 만들었다. 간신히 목숨을 부지한 병사들은 무기와 소지품을 죄다 버리고 비틀거리며 '백골가도', 혹은 '야스쿠니로 가는 길'을 하염없이 걸어갔다.

임팔작전의 결과, 일본군은 3만 명이 전사하고 4만2000명이 부상하는 참패를 당했다. 그 기간 동안 작전에 반대하고 항명했던 세 명의 사단장이 모두 교체되었다. 코히마에서 보급 단절을 이유로 무단 퇴각했던 31사단장도 해임되었지만 군법회의에 회부되지는 않았다. 패전의 책임이 상급 지휘관들에게 비화될 것을 우려한 일본 군부의 자구책이었다.

1944년 한 해 동안 아시아의 동부 북위 25도에서 28도 사이의 공간에서는 유럽 전선에서 식어가고 있던 제2차 세계대전의 불꽃이 거세게 타올랐다. 코히마에서 미치나, 등충騰衝, 텅총, 형양에 이르기까지 인도, 버마, 중국의 각처에서 벌어진 전투는 서로가 맞물려 있었다. 인도에서의 승리는 북부 버마에서 연합군의 원정을 뒷받침했다.

임팔전투의 승리로 외부 세계와 교통이 재개된 중국에 희망이 싹트고 있었다. 하지만 연합군의 물자 공급은 기대에 미치지 못했다. 지원해야 할 전선이 많았으므로 서쪽에서 동쪽으로 갈수록 보급량이 줄어들었고, 장개석에게는 그중 극히 일부만 배정되었다. 전쟁의 끝이 보이는 가운데 장개석은 물자 부족과 약화된 동원 능력 때문에 상심했다. 게다가 내부의 알력, 연합국과의 관계 악화, 소련과 공산당의 음모가 그를 괴롭혔다. 승리가 눈앞에 보였음에도 일본과 가장 오랫동안 싸운 중국이 제일 먼저 나가 떨어져버릴 것만 같았다.

한편, 일본군의 임팔 공격에 대응하는 과정에서 스틸웰은 과거 제1차 버마전투의 패배를 설욕할 생각이었다. 스틸웰은 이전에 자신에게 참혹한 패배를 안겨준 일본군 제18사단을 잡기 위해 미치나 특공대를 조직했다. 그의 명령에 따라 캠프 람가에 있던 중국군 신30사단 제88연대와 새로 도착한 제50사단 제150연대 그리고 미군 제5307분견대를 동원하여 6,000피트의 쿠몬산맥을 넘어 북부 버마의 레도공로 한가운데 위치한 전략 요충지 미치나를 향해 진격했다. 찰스 헌터 대령이 지휘하는 신22사단의 산악곡사포중대가 포대를 구축하고 그들을 원격 지원했다.

5월 1일 비밀리에 출발한 특공대는 협곡을 오르내리며 2주 동안 90마일을 전진했다. 미치나 교외에 다다랐을 때 서쪽으로 2마일쯤 떨어진 지점에 위치한 미치나비행장은 일본군 1개 소대가 지키고 있었다. 그곳을 중국군 제150연대가 쉽게 제압했고, 곧 비행장은 연합군 비행기가 착륙할 수 있는 준비를 갖추게 되었다. 5월 17일 특공대는 승전보를 전하며 추가 병력과 병참 지원을 요청했다.

5월 18일 비행장을 방문한 스틸웰은 영국군의 코를 납작하게 해주겠다고 호언하며, 중국군 3개 사단에서 차출한 2개의 보병 연대병력을 미치나에 공수시켰다. 5월 25일 스틸웰은 두 번째로 비행장을 방문하여 고위 장교들에게 작전계획을 하달하고, 야전사령부가 있는 샤두줍으로 돌아갔다. 헌터 대령이 중국군 병력에 지휘관이 없다는 등의 불만사항을 전했지만 스틸웰은 들은 척도 하지 않았다. 5일 후 스틸웰은 헤이든 보트너Haydon Boatner 준장에게 연합군의 지휘를 맡겼는데 이것이 큰 실수였다. 중국군 장병들이 그를 몹시 싫어했던 것이다.

미치나 특공대의 성공은 곧 무시무시한 악몽으로 바뀐다. 그들은 미치나에 주둔하고 있던 일본군을 경시하고 있었다. 헌터 대령은 150연대 2개 대대에 도시를 장악하라는 명령을 내렸는데, 중국군이 양쪽 방향에서 진격하다 아군을 적군으로 오인하여 교전을 벌였다. 특공대가 황급히 시가지에서 물러나려 할 때, 은인자중하고 있던 일본군이 행동을 개시했다.

일본군의 미치나 방위사령관 미즈카미 겐조水上源口: 1888~1944 소장은 인근 지역에 흩어져 있던 병사들을 불러 모아, 1주일 뒤 제56사단으로부터 보병 2개 대대, 포병과 공병부대를 지원받아 총 3,500명의 병력을 규합했다. 현지의 일본군 병력을 소규모로 오판했던 연합군은 예상치 못한 반격에 허둥거렸다. 그 결과 6월 초순 중국군 제150연대는 600명으로 줄어들었고, 미군 제5307분견대는 전투 가능 병력이 200명도 채 되지 않았다. 스틸웰은 지휘 책임을 물어 헌터 대령을 해임하고, 제5307분견대는 해체되었다.

미치나 포위선을 향해 진군하는 중국군 병사들. 그 전의 전투에서 사망한 일본군 병사들의 시체가 길가에 버려져 있다.

이후 연합군이 미치나를 함락할 때까지의 78일 동안 무려 5,383명이 희생되었다. 그중 미군 병력의 희생자도 1,227명이나 되었다. 그러나 결국 일본군은 중과부적으로 패퇴했고, 사령관 미즈카미 겐조 소장은 잔존 병력과 함께 포위망을 돌파하다가 실패하자 병사들에게 개별적인 탈출을 지시하고는 자결했다.

스틸웰의 개인적인 복수심에서 비롯된 미치나전투에서 특공대원들이 일본군의 완강한 저항으로 고전하고 있을 때, 연합군은 일본군 제18사단의 주력을 전멸시키며 6월 6일 카마잉, 27일에는 모가웅을 점령했다. 미치나전투가 끝난 뒤 영국군 사령관 마운트배튼과 처칠은 스틸웰의 경솔한 행동을 비난했다. 이후 미치나 특공대가 소속된 제5307분견대에 대한 전구 감찰관의 조사가 시작되었고, 스틸웰은 의회 청문회에 불려가기까지 했다.

제2차 버마전투에서 영국군은 인도에서 승리했고 스틸웰도 체면을 세웠지만, 장개석이 이끄는 Y군은 심각한 피해를 입었다. 장개석은 일본군 제56사단을 격파하기 위해 12개 사단을 투입하고 이어서 3개 사단을 증파했는데, 일본군은 이러한 중국군의 공세를 여유 있게 막아냈을 뿐 아니라 일부 병력을 빼내 미치나 방어전에 동원하기까지 했다.

Y군은 5월에 살원강을 건너기 시작하여 9월이 되어서야 등충을 함락하고

용릉龍陵, 룽링으로 진격했
다. 마쓰야마 유조松山裕三:
1889~1947 중장이 지휘하는
일본군 제56사단이 2년
동안 완강하게 지키고 있
던 등충을 공략하는 과
정에서 Y군은 재차 엄청
난 피해를 입었다. 만일
공군의 근접지원이 없었

1943년 6월 버마 살윈강에서 전투를 벌이는 중국군 병사들

다면 등충 함락은 불가능했을 것이다.

일본군 제56사단은 8월 말에서 9월 초까지 버마로드에서 일대 반격을 시도
했다. 제2사단과 제49사단의 일부 병력을 지원받아 250마일에 이르는 전선에서
육탄공세를 벌였다. 넓고 황폐한 지역에 대대 규모의 부대를 배치하고 그들에게
방어진지와 생사를 함께하라는 명령을 내렸다. 이 명령은 충실하게 수행되었고,
제56사단 병사들은 제18사단과 같은 방법으로 전멸했다. 이때의 승전보에 대하
여 장개석은 이렇게 썼다.

곽규창(霍揆彰) 장군의 등충 공격은 석 달 이상 걸렸고 사상자는 5만 명이 넘었다.
마침내 하나의 전략 요충지를 탈환했다. 수많은 실패 가운데 이 승리는 우리에게 약
간의 위안이 될지도 모르겠다.

1945년 1월 25일 마침내 Y군은 국경을 넘어 버마에 진입했고 닷새 뒤 버마의

몽위에서 X군과 합류함으로써 레도공로를 활짝 열었다. 이때는 이미 스틸웰이 인도의 사령부로 떠난 뒤여서 CBI중국□버마□인도전구는 석 달 동안 분열되어 있었다. 영국의 전쟁 작가 커비Kirby는 당시의 상황에 대하여 "미국이 제공한 모든 물질적 지원에도 불구하고 중국군은 수적으로 엄청나게 우세했지만 계속 일본군의 상대가 되지 못했다."고 비웃었다. 하지만 원래 Y군 병사들은 스틸웰의 X군이 거부했던 오합지졸이었다. 그들은 이렇듯 상대적으로 훨씬 뒤처지는 전력에도 불구하고 히말라야산맥의 지맥인 가울리궁kaolikung 너머 산간 통로에서 악전고투하며 임무를 수행했던 것이다.

제2차 버마전투는 연합군의 승리로 귀결되었지만 상흔도 컸다. 중국군의 사상자는 X군과 Y군 도합 6만여 명에 달했다. 이는 인도인, 구르카인, 버마인, 동아프리카인, 나이지리아인을 포함한 영국군 전체 사상자 3만 명의 두 배에 이르는 수치였다.

일 본 군 의 1 호 작 전

중일전쟁이 막바지로 치닫던 1943년 12월 7일 일본은 '대륙철도 종관작전 지도대강'을 제정하고 중국의 철도를 확보함으로써 병력과 물자의 원활한 수송을 통해 중국군에 타격을 준다는 계획을 세웠다. 1944년 1월 24일 히로히토의 승인을 받은 이 작전은 일명 '1호작전一號作戰 13으로 불린다.

---

13   중국에서는 예상계회전(豫湘桂會戰)이라고 부른다. 허난(예), 후난(상), 광시(계) 지역에서 벌어진 회전(會戰)이라

1호작전의 요체는 중국의 남북을 관통하여 중국과 동남아를 육로로 연결함으로써 미군에 가로막힌 해상 수송로를 확보하고, 연합군의 비행장을 점령하여 미군의 본토 폭격을 막고, 나아가 인도까지 점령하여 장차 미국과의 협상에 유리한 조건을 선점한다는 것이었다. 세부적으로는 하남성의 중국군을 섬멸하고 무한까지 진격하여 평한철도를 개통함으로써 화북과 무한 육로를 연결하여 제2군에게 육상 보급을 실시하며, 형양·계림·유주·남녕을 장악하고 중국과 프랑스령 인도차이나 국경까지 돌파하여 일본 본토를 폭격할 수 있는 B-29 기지와 계림과 유주의 비행장을 점령하고, 남방으로 향하는 육상교통로를 확보하며 남방의 중국군 주력을 격멸하는 것이었다.

　일본군은 첫 번째 목표를 달성하기 위해 4개 보병사단과 1개 기갑사단 14만 8000명의 병력을 투입했다. 두 번째 단계에서는 9개 사단 36만2000명의 병력을 투입했고, 4개의 독립여단이 6개의 보충대와 함께 증원되었다. 이와 같은 대규모 병력은 버마에 주둔하고 있는 일본군 전체 병력보다 많은 수효였다.

　일본군 사령부에서는 한 달에 3,000명의 전사자와 1만5000명의 부상자가 발생할 것으로 예상하고 야전병원 시설도 갖추었다. 공군은 비행사단에서 제5비행군사령부로 승격하여 전투기 170대와 폭격기 220대를 가동할 수 있게 했다. 이는 400~450대 규모를 갖춘 중·미 연합공군의

1호작전

는 뜻.

전력과 맞먹는 규모였다. 일본군은 한 달에 50대의 비행기 손실을 예상하고 8개월 치 연료를 비축했다. 폭탄과 탄약은 2년 치 분량을 갖추었다.

이 작전은 무타구치의 임팔작전과 완벽하게 비교된다. 임팔작전이 대담하면서도 가망성 없는 도박이었던 데 반해 1호작전은 치밀하게 계획되었고 병참 지원도 견고했다. 여기에는 6만7000필의 말이 동원되었고 수의사까지 참여했다. 또 2,500척의 정크선과 보트를 수집하여 전체 수송능력이 1만 톤에 달했다.

1호작전의 첫 번째 단계는 기갑부대를 동원하여 신속하게 진행한 끝에 5월에 마무리되었다. 하남 전장에서 일본군은 300~400대의 탱크를 동원하여 무시무시한 화력을 과시함으로써 중국군을 혼비백산하게 했다. 때마침 기상조건도 나빠서 연합군의 공군 지원도 효력이 없었다. 작전은 순조롭게 진행되어 일본군은 허창과 낙양까지 점령했다.

장개석은 중국군 장군들에게 예전처럼 도시 사수를 명령하지 않고 보름 동안만 낙양을 지키다 철수하게 했다. 5월 20일부터 26일까지 1주일 동안 장개석은 중경에서 국민당 집행위원회의를 주재했고, 5월 12일에는 공산당 대표단과 협상을 벌였지만 아무 성과도 거두지 못했다. 5월 28일 호남전투회의를 준비하면서 루스벨트에게 소련과 일본의 비밀조약 체결 가능성을 경고했다. 이와 같은 긴급 상황은 5월 12일 Y군이 살윈강을 건넌 직후 벌어졌다. 그때 스틸웰은 미치나에서 검은 일요일을 경험하고 있었다.

1호작전의 두 번째 단계는 5월 마지막 주부터 대규모 공습으로 시작되었다. 5월 25일 수많은 일본 전투기와 폭격기가 장사 상공에 나타나 무선중계시설을 파괴했다. 동정호 주변의 복잡한 수로망은 일본군 조종사들의 손쉬운 사냥감이었다. 그들은 병력과 물자를 가득 실은 중국군 선박을 침몰시키면서 지상군을 유도했고, 퇴각하는 중국군을 괴롭혔다.

미군 전투기가 날아와 그들의 앞을 가로막았지만 제공권을 빼앗는 데는 실패했다. 일본군은 정비요원과 대공부대를 갖춘 지상군과 함께 전진하고 있었기 때문이다. 그래도 수적으로 우세한 미군과 중국군의 반격 때문에 일본군의 수송과 이동이 야간에 이루어지기도 했다. 6월 17일 장사 서쪽 요새와 8월 16일 형양 공격에는 대규모의 비행대가 동원되었다. 1호작전 초기에 대본영의 부참모장 하타 히코사부로秦彦三郎: 1890~1959 중장은 전선을 시찰하고 나서 이렇게 보고했다.

호남·광서 작전은 바야흐로 병력의 우위가 목전에 있다. 공군력이 요체다. 중국에서 그들의 공군력과 우리 공군력은 3 대 1이다. 그러나 버마와 비교할 때 중국의 공군력은 충분치 않다. 그들의 약점은 특히 공수물량에 있다. 290kg 폭탄 같은 것은 전혀 사용하지 않고 있다. 항공 연료 또한 충분치 못한 것 같다.

우세를 확신한 일본군은 주변에 있는 연합군의 비행장 폭격을 감행했다. 지강芷江,즈장을 야습하여 51대의 비행기를 파괴했고, 계림에서는 89대의 비행기를 파괴했다. 연합군 비행대는 혼란에 빠졌고, 장개석과 현지 사령관 설악이 대응작전에서 이견을 보이면서 일본군에 대한 중국군의 방어망도 흔들렸다.

1호작전의 특징은 이전의 전투와 달리 모든 경우에서 일본군이 압도적으로 우위를 점했다는 사실이다. 작전 초기 일본군은 북동쪽에서 전진하면서 상강 서안을 건드리지 못했다. 중국군 포대는 상강 건너편 언덕에서 일본군을 저지했다. 유양과 예릉도 함께 지켜냈다. 그런데 여름으로 접어들면서 일본군이 상강을 최대한 활용하기 시작했다. 보병뿐만 아니라 중무장한 포병까지 보트를 타고 전장에 합류했던 것이다. 각각 1만5000명으로 구성된 9개 사단이 150마일에 걸쳐 장사진을 치자 중국군 전위부대는 숨을 곳이 없었다. 일본군은 작전을 바꾸어 6월 13일 장사 배후에 있는 유양을 점령했고, 측면에 있는 주주株州, 주저우를 함락시켰으며 6월 17일에는 상담에 무혈 입성했다.

장사를 지키던 중국군 제4군 1만 명의 병사들은 장덕능張德能, 장더닝: 1899~1944 장군의 지휘 아래 상강 동안에 있는 도시와 서안에 있는 포대의 방어를 동시에 담당하고 있었다. 6월 18일 상강 서안으로 일본군이 몰려들자 장덕능은 도시를 지키던 2개 연대를 포대로 이동시켰다. 그런데 부대가 도강을 마치기 전에 날이 밝았고, 도강한 병사들이 재집결하기도 전에 일본 전투기가 날아와 닥치는 대로 포격과 기총소사를 가했다.

일본군 1개 사단이 상강 서안을 휩쓸며 나루터가 보이는 고지를 점령할 때 다른 1개 사단은 시내로 진입하여 주요 거점을 차지했다. 장사에서 중국군을 축출한 일본군은 엄청난 분량의 군수물자를 노획하는 성과를 거두었다. 중국군 지휘관 장덕능은 가까스로 탈출했지만 곧 체포되어 장개석의 명령으로 처형되었다.

〈뉴욕타임스〉는 장사 함락 소식을 전하며 중국은 도덕적·정치적인 패배를 인정했다고 보도했다. 미국의 여론은 연일 "장사를 지키던 중국군은 도대체 어디에 있었느냐?"라는 의문부호를 쏟아냈다. 일본군이 발표한 노획물자의 수량은 미국 정부가 추가 물자 조달을 망설이게 할 정도였다. 당시 미국에서 중국에 지원하는 공수물자는 매달 1만 톤 정도였다. 그중 8,000톤은 셔놀트의 용병항공대인 플라잉 타이거즈에 할당되었고 약 500톤은 소형화기와 탄약 제조에 필요한 원자재였다. 나머지 1,500톤이 장개석의 Y군 몫이었다. 그런데 버마 원정으로 비행기가 차출되는 통에 공수물량이 줄어들어 6월에도 1월분을 채우지 못하고 있었다.

1944년 셔놀트는 약 500대의 비행기를 보유하고 있었는데, 그중 200대는 청도 주변의 비행장을 지켰고 150대는 버마 전선에 투입되었으며 나머지 150대가 호남 전선에서 중국군을 지원했다. 셔놀트는 자신의 임무 수행을 위해 1만 톤의 물자가 필요했고 그게 불가능하다면 청도에 비치된 연료 1,500톤을 받아야 했지만, 스틸웰과 워싱턴의 승인이 있어야 가능했다. 한데 스틸웰은 버마 전선에서 미치나와 모가웅 전투에 몰두하고 있어 제대로 연락이 되지 않았다.

6월 5일 스틸웰은 마셜을 통해 셔놀트가 제기한 연료 보급 문제와 장개석이 요구한 일본군 기지 폭격에 청도비행장의 B-29를 사용하게 해달라고 워싱턴에 요청했다. 하지만 워싱턴은 그의 요청을 단호하게 거절했다. 미국인들은 중국군 지원 때문에 일본 본토를 폭격할 수 있는 기회를 놓치고 싶지 않았던 것이다. 마셜은 답신에서 과거 이탈리아 전선에서는 연합국 비행기가 7,000대였고 독일의 비행기가 200대에 불과했지만 지상의 전황을 바꾸는 데는 실패했다는 점을 상기시켰다.

하루 뒤인 6월 6일 연합군이 프랑스의 노르망디에 상륙했고, 6월 15일 미군은 도쿄를 폭격할 수 있는 사이판을 점령했다. 그날 밤 B-29 편대가 사이판에서 일본 본토로 날아가 규슈의 야와타제철소八幡製鐵所를 폭격했다. 이때 비록 B-29 2대가 격추되긴 했지만 미군으로서는 하나의 전환점이 마련되었다. 중국을 공습기지로 사용해야만 하는 기간이 끝난 것이다. 이제 중국은 긍정적인 효과와 가치를 지닌 동반자가 아니라 자꾸만 떼쓰는 말썽꾸러기가 되어버렸다.

6월 20일 장개석 부부와 송자문은 중경공항으로 나가 월리스 14부통령을 영접했다. 그날 송자문은 월리스에게 장개석과 스틸웰이 공존할 수 없는 관계라는

헨리 월리스

사실을 설명했고, 월리스는 딕시사절단을 연안에 파견하는 문제를 장개석에게 허락받았다. 이로써 미국의 실질적 원조가 국민당과 공산당의 연합을 조건으로 한다는 전후 미국의 대 중국정책이 막을 올렸다. 이튿날 월리스는 루스벨트에게 다음과 같이 보고했다.

장개석은 기껏해야 단기투자 대상일 뿐입니다. 전후 중국을 경영할 만한 지성과 정치력을 지니고 있다고 믿어지지 않습니다. 장차 중국의 지도자는 시대의 흐름 속에서 또는 혁명의 소용돌이 속에서 등장할 것입니다. 지금으로서는 후자 쪽에 가능성이 있어 보입니다.

중경정부가 스틸웰에 대한 비난의 강도를 높이고 있을 때, 거꾸로 마셜의 미 육군성에서는 스틸웰을 대장으로 승진시켜 버마와 인도뿐만 아니라 중국군 전체를 관장하게 해야 한다는 의견이 대두되었다. 월리스가 중경에 머물던 10일 동안 장개석은 루스벨트의 충격적인 요구에 직면했다. 공산당을 포함하여 중국에 있

---

14 Henry Agard Wallace(1888~1965). 아이오와주 출생. 1924~1929년 조부가 창간한 〈Wallace's Farmer〉지의 주필로 있으면서 1928년 민주당에 입당했다. 1933~1940년 루스벨트 행정부의 농무장관으로 재직 중 뉴딜 농업정책을 입안, 추진했다. 제2차 세계대전 때 부통령이 되었고, 종전을 앞두고 산업을 평시 생산체제로 재편성하기 위하여 상무장관이 되었다. 그는 루스벨트의 유력한 후계자로 거론되었으나 실제로 지명된 것은 트루먼이었다. 외교정책에서 친소(親蘇) 입장을 취한 것이 민주당 주류와 어긋났고, 대통령 트루먼과 의견을 달리하여 1946년 9월 사임했다. 1946~1947년 자유주의 주간지 〈뉴리퍼블릭(New Republic)〉의 편집장을 거쳐, 1948년 대통령 선거 때 진보당 당수로 출마했다. 그 결과 일반투표에서는 115만 표를 얻었으나 선거인단 투표에서는 1표도 얻지 못했다. 그 후 진보당과도 결별하고 정치에서 물러났다.

는 모든 연합국의 군사적 지원을 관장하고 있는 장개석의 권한을 스틸웰에게 넘기라는 것이었다. 그 이유는 스틸웰 외에 다른 어떤 사람도 일본을 항복시키려는 연합군의 전체 계획과 중국의 재난을 헤쳐나갈 만한 능력과 역량, 결의가 부족하다는 것이었다.

바야흐로 장개석은 중국 내의 군사적 권한을 스틸웰에게 모두 빼앗길 참이었다. 궁지에 몰린 장개석은 이튿날 답신을 보내 루스벨트의 제안을 원칙적으로 수용하겠지만 중국군에게는 언제나 정치가 필요하기 때문에 전투부대가 스틸웰의 명령을 접수할 준비를 갖추기 위해 시간이 필요하다고 덧붙였다. 아울러 정치력이 뛰어나고 능력 있는 인물을 스틸웰과 자신을 중재할 특사로 중경에 파견해달라고 요청했다. 장개석은 그렇게 지연작전을 펼치면서 다가올 형양전투에 운명을 걸었다.

장사전투 이후에도 일본군의 1호작전은 계속 진행되고 있었다. 일본군이 호남을 휩쓸면서 6월 말 상강 서안의 철도 교차로에 있는 형양을 포위했다. 당시 형양은 방선각方先覺, 팡셴줴: 1903~1983 중장이 지휘하는 중국군 제10군이 지키고 있었다. 제10군은 4개 사단에 2만 명의 병력을 보유하고 있었는데 도시 방어전에 익숙한 부대였다.

일본군은 제68사단과 제116사단으로 형양을 포위했고, 3차 공세 때 제68사단을 증파했으며, 중국의 증원부대를 견제하기 위해 제40사단을 추가로 배치했다. 그리하여 일본군의 총병력은 중국군의 다섯 배에 달했다. 이윽고 상강 동쪽 연안의 일본군 제13사단이 경계태세에 돌입하면서 제11군 직속의 105mm 대포, 155mm 곡사포 부대가 일제히 포격을 개시했다. 양군의 치열한 공방전이 전개되는 가운데, 대부분의 전투는 도시의 남서쪽에서 벌어졌지만 세 번째 공세에서는 도시 북쪽에 포화가 집중되었다. 높고 낮은 언덕과 늪과 호수가 많은 형양의 지형은 방어에 매우 유리했다. 중국군은 형양 전 지역에 참호를 파고 시가전에 대비했으나 엄청난 포격 앞에서 참호는 무용지물이었다. 전투 기간 동안 미군 폭격기가 매일 아침저녁으로 일본군을 공습했지만, 일본군은 적기의 출현이 뜸한 낮을 이용하여 중국군을 공격했다.

형양전투는 세 단계로 진행되었다. 일본군의 공격이 시작된 6월 27일부터 며칠간은 중국군이 강력하게 저항하면서 전황이 금세 교착상태에 빠졌다. 중국군은 7월 2일부터 장기전에 대비하여 도시 안팎에 토치카를 구축했다. 두 번째 공격은 7월 11일부터 시작되었다. 일본군은 포병의 포격과 공중지원을 받았지만 중국군의 반격도 만만찮아서 일진일퇴의 공방전이 이어졌다. 열흘 동안의 공격이 모두 수포로 돌아가자 일본군은 중국군의 외곽부터 처리하기로 했다.

요코야마 이사무橫山勇: 1889~1952 중장의 지휘 아래 8월 3일부터 세 번째 공격이 시작되었다. 중국군은 완전히 포위된 상태에서도 전력을 다해 싸웠다. 쌍방 간 거리가 좁혀지자 중국군 참호에서 솟아오른 박격포탄과 수류탄이 위력을 발휘했고, 측면에 배치한 기관총도 일본군 병사들을 괴롭혔다. 격전의 와중에 사상자가 속출했는데, 일본군 측 피해가 더 컸다. 일본군 제116사단 제120보병연대장이 전사했고 휘하 3명의 대대장 가운데 2명이 전사했다. 제133연대의 모든 중대장들이 부상당해 하사관들이 중대를 지휘했다. 제57여단의 시마 겐키치志摩源吉: 1889~1944 소장은 병사들에게 중국군의 수류탄을 되던지는 방법을 가르치다 총에 맞아 죽었다.

그 무렵 장개석은 루스벨트로부터 지휘권을 스틸웰에게 넘기라는 두 번째 독촉을 받았다. 하지만 워싱턴에 있던 공상희로부터 대통령은 아직도 총통에게 우호적이라는 전문을 받고 고심했다. 이 위기에서 벗어나는 방법은 오로지 형양 전투의 승리뿐이었다. 방선각이 두 차례나 일본군의 맹공을 막아냈으므로 장개석의 희망은 헛된 꿈이 아니었다.

일본군은 5개 사단을 동원하여 형양을 포위하고 있었지만 더 이상의 증원이 불가능했다. 낯선 지역인 데다 보급선도 안심할 수 없었다. 무더운 여름철이라 많은 병사들이 질병에 신음했고, 지휘관 요코야마 장군도 설사 증세로 고통 받고 있었다. 조속한 시일 내에 형양을 점령하지 못한다면 연합군이 대규모로 반격해 올 위험성도 다분했다. 어쨌든 그들은 최근 인도와 버마의 완패를 서둘러 만회해야 했다.

7월 15일 장개석은 방선각으로부터 전황이 위급하다는 급전을 받았다. 이튿날 장개석은 군사회의를 열고 제62군과 제79군을 형양으로 급파했다. 방선각에게도 전문을 띄워 남은 전투 병력을 몇 개의 대대로 나누어 증원군과 합류시키라고 지시했지만, 방선각은 남은 병력은 복명復命: 명을 받드는 것과 지원요원뿐이라고 회신했다. 7월 19일 밤, 방선각의 본부대대가 증원군과 접촉을 시도하다 매복하고 있던 일본군의 급습으로 전멸당하고 만다.

8월 8일 마침내 형양이 일본군에게 함락되었다. 하루 전에 보낸 방선각의 전문에는 북쪽 방어선이 뚫렸으며, 중국군은 더 이상 저항할 병력이 없다고 했다. 방선각의 참모장과 4개 사단장은 총사령관을 위해 끝까지 싸우다 죽겠으며 내세에 다시 만나자는 약속을 연명連名하여 보냈다. 장개석은 그들에게 증원군이 곧 도착할 것이라며 독려했지만 8월 8일 오전 10시경 공중정찰요원으로부터 형양이 죽음의 도시처럼 보인다는 보고를 받았다.

중국은 형양의 수비군이 최후의 한 사람까지 싸우다 죽었다고 발표했다. 형양의 마지막이 비장했음을 전한 것인데, 곧 전혀 다른 뉴스가 들려왔다. 일본군이 방선각 장군을 생포했다고 발표한 것이다. 훗날 확인된 일본 측 기록에 따르면 방선각은 전문의 내용처럼 끝까지 저항한 것이 아니었다.

8월 7일 저녁, 일본군 제68사단 포병관측소는 중국군 진지에 휘날리는 백기를 발견했다. 처음에는 몇 개 되지 않던 백기가 시간이 지날수록 늘어났다. 중국군 측에서 장교 한 명이 일본군 진영에 찾아와 항복을 요청했다. 일본군은 그에게 방선각 사령관이 직접 찾아오면 사격을 중지하겠다고 답변했다. 그날 밤 방선각이 4명의 사단장을 대동하고 제68사단장 쓰쓰미 미키오堤三樹男: 1886~1975 중장 앞에 나타났다.

8월 8일 일본 제11군은 대본영에 중국군의 항복을 받았다고 보고했다. 그런데 이 상황은 중국이나 미국 언론에 한 글자도 보도되지 않았다. 기묘하게도 넉 달이 지난 뒤 형양전투의 패장 방선각과 그의 참모장, 제3사단장 등이 중경에 나타났고, 장개석은 이들에게 만찬을 베풀었다.

1970년 일본 작가 후루야 게이지古屋奎二가 대만에 갔을 때 국회의원인 방선각을 만나 당시의 정황을 물었다. 방선각은 세간에 나도는 항복설은 부인했지만 8월 8일에 다케우치竹内라는 일본군 제11군 정보참모를 만났다는 사실은 인정했다. 그 자리에서 살아 있는 중국군 병사들의 안전 보장과 부상자 치료, 사망자의 매장을 요구하니, 일본군이 이를 모두 수용했다는 것이다.

8월 19일 일본의 각료들은 어전회의를 열고 중국 문제에 대하여 정치적인 해법을 모색하면서 중경에 접근하고 있는 소련의 도움을 받기로 결정했다. 8월 28일 전쟁최고회의는 다시 한 번 중경과 대화하기로 하고, 9월 8일에 이르러 '일대양보'라는 화평방안을 제시했다. 그 내용은 다음과 같다.

첫째, 장개석 정부는 남경으로 돌아온다. 단, 장개석에게는 일본에 호의적인 중립이 요구된다.

둘째, 영국과 미국이 중국에서 모든 병력을 철수하면 일본군도 철수한다. 일본은 왕정위와 맺은 조약을 폐기하고 대신 우호조약을 체결한다.

셋째, 홍콩은 중국에 인도한다.

형양의 패장 방선각은 포로가 되고 나서 3주 뒤에 일본군 진영에서 탈주하여 자유의 몸이 되었다. 그것은 기이하게도 일본이 평화공세를 펼치던 시기와 일치했다. 사실, 형양이 함락되면서 장개석은 더 이상 루스벨트의 요구를 회피하거나 지연시킬 방법이 없었다. 그는 형양 함락 사흘 뒤인 8월 11일에 루스벨트로부터 세 번째 독촉을 받았고, 8월 23일에도 똑같은 독촉을 받았다. 루스벨트는 이미 장개석에게 패트릭 헐리와 도널드 넬슨Donald Nelson을 특사로 파견하겠다고 통보한 상태였다. 또한 스틸웰이 중국의 총사령관이 되어도 여전히 국가원수인 장개석의 휘하에 있을 것이며, 스틸웰에게 맡길 군대에 일본과의 싸움에 참여할 수 없는 병력은 포함되지 않을 것이라고 알려 왔다.

스틸웰 사건

헨리 월리스가 중경에 도착한 날은 장사 함락 이틀 뒤인 6월 20일이었고, 장개석이 중국군의 지휘권을 스틸웰에게 넘기라는 루스벨트의 전문을 받은 날은 7월 7일이었다. 이때는 일본군의 형양 1차 공격이 끝나고 소강상태에 있던 시기였다. 7월 9일 무타구치가 임팔 전선에서 퇴각했으며, 8월 4일 연합군은 미치나를 78일 간의 포위전 끝에 점령했다. 형양의 방선각은 제10군의 방어망이 급속하게 무너지고 있으므로 구원 병력을 보내달라고 재촉하고 있었다. 또 살윈 지역에서는 Y군이 석 달째 힘겨운 싸움을 벌이고 있었다. 중경에서 열린 국민당과 공산당 간 협상은 별다른 성과를 거두지 못했다.

루스벨트는 카이로 회담, 테헤란 회담 과정에서 만난 장개석의 태도에 크게 실망했다. 여기에는 처칠과 스틸웰의 영향도 있었지만 10억 달러의 차관 요구, 청도비행장 건설비용 논란, Y군의 투입, 중국공산당 및 소련과의 충돌, 공수물자에 관한 지루한 다툼, 버마에서 수륙공동작전을 펼치자는 끝없는 요구, 연합국의 여러 승리와 대비되는 중국군의 처참한 전투 기록 등이 작용했다.

터크먼에 따르면 당시 중국 문제 때문에 곤혹스러운 처지에 빠진 루스벨트는 마셜의 권유를 그대로 받아들였다고 한다. 사실 루스벨트는 장개석에 대하여 개인적인 호감 이상의 감정을 품고 있었다. 루스벨트는 전후 세계평화를 위해 중국과 밀접한 관계를 맺고 싶어 했다. 대통령의 오랜 친구 마거릿 서클리Margaret Suckley는 루스벨트의 생각을 다음과 같이 표현했다.

백인종보다 훨씬 수효가 많은 황인종이 사는 극동지역 전체와 관련하여, 그들을 적으로 삼아 그들이 결국 서양문명의 모든 기계를 사용하여 백인종을 압도하고 정복하도록 하는 것보다는 그들을 친구로 만들어 그들과 협력하는 것이 백인종에게 유리할 것이다.

이런 루스벨트의 생각에 대하여 워싱턴의 정치인이나 관료는 물론이고 장개석의 무능을 경험한 군부까지 거세게 반발했다. 더욱이 1944년은 루스벨트의 4선을 위한 대통령 선거가 치러진 해였다. 루스벨트는 자신의 정책과 국민들의 감정 사이에 균형을 맞춰야 했다.

전쟁이 길어지면서 장개석 또한 국민정부 내부에서 최악의 상황을 맞고 있었다. 카이로 회담을 전후하여 젊은 장군들의 쿠데타 음모가 적발되었으며, 형양 함락 직후 이제심 장군이 계림의 미국영사관에 사람을 보내 서남공동방위정부의 설립을 발표하고 미국의 승인과 지원을 요청했다. 여기에는 오랜 전우 설악 장군까지 포함되어 있었다.

그들은 민주정부를 설립하고 나라의 단결을 이룩함으로써 연합국과 더 나은 이해와 협력을 도모할 것을 주창했다. 그러기 위해 패전이 예상되는 일본과도 접촉하고 있는 중이었다. 스틸웰은 그들에게 별다른 관심을 보이지 않았지만 장개석 대신 부사령관인 백숭희를 끌어올리려 하고 있었다. 전세의 악화와 루스벨트의 압력에 시달리던 장개석은 형양 함락을 계기로 더 이상의 지연작전이 통하지 않으리라 판단하고 워싱턴에 다음과 같은 세 가지 대안을 제시했다.

첫째, 스틸웰이 지휘하는 부대는 중국군 전체가 아니라 현재 전선에 배치된 부대로 제한한다.

둘째, 스틸웰의 공산군 지휘 여부는 그들이 중앙정부를 얼마나 성실하게 따르느냐에 달려 있다.

셋째, 원조물자의 통제는 중국 정부에 귀속한다.

루스벨트는 하와이에서 휴가 중이었으므로 8월 23일이 돼서야 답신이 왔다.

루스벨트는 장개석에게 지휘권 이양 문제는 시급하며 아시아의 안전이 크게 위협받고 있으므로 시간을 질질 끌지 말라고 하면서, 스틸웰이 맡을 부대는 모두 이동가능한 부대여야 하고, 거기에 어떤 조건을 붙여선 안 된다고 했다. 공산당에 대해서는 일언반구도 언급하지 않았다. 아울러 조차물자에 대한 통제권은 스틸웰의 권한을 회수하고 새로운 절차를 마련하겠다고 했다. 하지만 그것을 장개석에게 위임한다는 언급은 전혀 없었다. 루스벨트는 장개석의 대안을 거부한 것이다. 루스벨트는 헐리와 넬슨을 특사로 보내겠다는 내용으로 답변을 마쳤다.

9월 6일 중경에 도착한 헐리 특사 일행은 이튿날 11시에 장개석을 방문할 예정이었다. 장개석은 그날 9시 30분에 스틸웰을 불러 그를 전선총사령관으로 임명하겠지만 그 임무는 60%가 군사이고 40%가 정치라는 점을 주지시켰다. 그리고 공산당의 이용은 공산당이 중앙정부의 권위를 인정할 때만 가능하다는 조건을 제시하고, 때때로 자신이 전선총사령관에게 직접 충고할 것이라는 단서를 덧붙였다.

그런데 11시에 헐리 일행을 만난 장개석은 번뜩이는 직감으로 새로운 돌파구를 찾게 된다. 헐리가 미국은 언제나 장개석을 지지하며 장개석이 원하는 것은 무엇이든 제공할 준비가 되어 있다고 말했던 것이다. 또한 미국은 유럽의 아이젠하워 사령부와 유사한 새로운 중미지휘부를 만들 의향이 있으며, 스틸웰이 중국에서 독자적으로 행동하기 위해서는 총통의 권위가 뒷받침되어야 한다는 점을 확인시켜주었다.

그 무렵 일본군은 형양 인근을 한 달 동안 휘젓고 나서 광서를 향해 진군했다. 그 과정에서 중국군 제79군 군장 왕갑본王甲本, 왕지아번: 1901~1944이 전사했다. 엿새 뒤에는 제93군 군장 진목농陳牧農, 천무농: 1900~1944이 전주全州, 취안저우를 포기하고 도망쳤다가 체포되어 처형되었다. 이때 표면적으로 장개석에 대한 비판을 삼가고 있던 스틸웰은 1944년 9월 9일자 일기에 이렇게 썼다.

계림의 재앙이 다가오고 있다. 아무도 일본군을 막지 못한다. 사기를 잃은 5만의 중국군이 일본군 9개 사단에 맞서고 있다. 중국군은 보충병력이 없다. 일본군 부대들은 병력이 꽉 채워져 있다. 상황은 엉망이다. 중국군은 미국이 그들에게 무엇을 줄 것인가만 생각하고 있다. 손과는 우리가 미국 군대를 공수하기를 원한다. 다른 사람들은 무기를 바란다. 진정으로 그들이 해야 할 일은 장개석과 하응흠 그리고 그들의 잔당에게 총부리를 겨누는 것이다.

8월 말, 일본군 제56사단이 제2군단과 제49사단의 지원을 받아 맹렬하게 공격을 개시하자 Y군은 서둘러 퇴각했다. 9월 11일 장개석은 Y군의 압박을 덜어주기 위해 X군의 이동을 촉구했지만 스틸웰은 아무 대꾸도 하지 않았다. 9월 15일 스틸웰이 계림을 순시하고 돌아오니 장개석이 그 문제를 재차 거론했다. 스틸웰은 X군은 북부 버마에서 오랫동안 싸우느라 지쳤으므로 휴식을 취하게 해야 한다면서 만일 Y군에게 증원군이 필요하다면 섬서 지역에서 공산당을 지키고 있는 호종남군을 이용해야 한다고 했다. 분개한 장개석은 일주일 안에 X군이 바모를 공격하지 않는다면 Y군을 현재의 위치에서 벗어나 살윈 서안에서 철수하도록 하겠다고 위협했다.

그날 오후 스틸웰은 마셜에게 전문을 보내 계림 지역의 비참한 상황을 알리고 살윈 지역에서 철수하겠다는 장개석의 말을 전했다. 중국군의 패전은 적절한 지휘체계가 없을뿐더러 장개석의 습관적인 뒷좌석 운전과 비뚤어진 인식에 기인한다면서, 장개석의 목적은 자신의 안전을 위해 미국이 전쟁을 끝내주기를 바라는 것이라고 비판했다. 육군부는 루스벨트가 처칠과 만나고 있는 퀘벡으로 이 전문을 보냈다. 그 자리에는 마셜이 배석하고 있었다. 전문을 읽은 루스벨트는 만일 장개석이 Y군을 철수시킨다면 연합국은 대단히 불쾌하게 여길 것이며, 그 모든 결과에 대한 책임은 장개석이 져야 할 것이라는 회신을 작성하고 이것을 스틸웰이 직접 장개석에게 전달하라고 지시했다.

공교롭게도 당시 퀘벡에서 영·미연합국은 중국과 장개석에게 유리한 결과를 도출해냈다. 남부 버마에서 수륙공동작전을 벌이자는 장개석의 요구는 2년 만에 처칠의 동의를 얻어냈고, 마셜도 버마에 미군 2개 사단을 파견하겠다고 약속했다. 나아가 북부 버마를 관통하여 중국에 이르는 육상루트를 개통하는 계획에 따라 수많은 트럭을 중국에 제공함으로써 수송차량의 부족을 메꾸고자 했다. B-29를 동원하는 작전도 재개하고, 미국의 필리핀 상륙작전 날짜를 앞당겨 중국 해안을 목표로 한 작전을 벌일 예정이었다. 이와 같은 빅뉴스는 중경에 있는 미국과 영국 영사를 통해 장개석에게 전달되었다.

한편, 루즈벨트의 메시지를 손에 쥔 스틸웰은 오랫동안 기다려온 복수의 기회가 온 것으로 생각했다. 9월 19일 그가 장개석의 관저에 도착했을 때 중국군 고위 장령과 헐리, 송자문 등이 차를 마시고 있었다. 헐리는 스틸웰로부터 대통령의 메시지를 받아보고는, 더 이상 상황을 악화시키지 말라며 자신이 대신 총통에게 내용을 설명하겠다고 했다. 하지만 스틸웰은 위싱

1944년 9월 중경에서. 왼쪽부터 송자문, 넬슨, 장개석, 헐리

턴의 지시를 내세우며 그 제안을 거절했다. 루스벨트의 메시지는 공식 통역인 주세명朱世明, 주스밍: 1898~1965 장군을 통해 중국어로 번역되었다. 장개석이 그 문서를 읽은 상황을 스틸웰은 자신의 일기에 이렇게 기록했다.

작살이 바로 녀석의 명치에 꽂혔고 그를 꿰뚫었다. 그것은 깨끗한 안타였다. 그런데 얼굴이 새파랗게 질린 채 말할 힘조차 없으면서도 그는 눈도 깜박거리지 않았다. 그는 단지 내게 "알았다."고만 말했다. 그리고 조용히 앉아서 한쪽 다리를 가볍게 흔들었다.

사람들이 돌아간 뒤, 그 자리에 남아 있던 송자문의 전언에 의하면 장개석은 갑자기 펑펑 울었다고 한다. 그날 장개석의 일기에는 "내 일생일대에 겪은 최악의 수모"라고 쓰여 있었다. 장개석은 스틸웰에 대한 카운터펀치를 준비했다. 9월 20일 장개석은 송자문을 불러, 루스벨트의 메시지는 존경할 만한 기록을 가진 미국의 전통에 오점을 남겼다고 생각하며 중국 병사들은 스틸웰에게 모욕당하기를 원치 않을 것이라는 점을 헐리와 넬슨에게 전해달라고 말했다. 장개석은 그날 귀국 인사차 들른 넬슨에게 스틸웰의 무례한 태도가 양국 간에 장애가 될 것이라고 언급했다.

9월 24일 장개석은 5시간에 걸친 헐리와의 회담에서 스틸웰이 훌륭한 전술가지만 빼어난 전략가는 아니라면서 그에게 군인정신은 있되 정치력은 없다고 비판했다. 회담이 끝날 무렵 헐리는 스틸웰을 경질해야겠다는 마음을 굳혔다. 이튿날 장개석은 헐리와 다시 만난 자리에서 스틸웰의 해임을 공식적으로 요청하는 문서를 내밀었다. 그 요점은 스틸웰이 자신과 협조하기보다는 상관의 입장에서 행세하려 하므로 그를 해임하고 우정과 협력정신이 충만한 사람으로 대체해달라는 것이었다. 헐리는 두 사람이 더 이상 공존하기 어렵다는 사실을 알고 루스벨트에게 그 문서를 전달했다.

워싱턴은 2주 동안 침묵을 지켰다. 장개석은 10월 2일 국민당 중앙집행위원회 상무위원회 회의에 참석하여 스틸웰을 성토했다. 치외법권 철폐와 이민법을 폐기한 미국에 감사하지만 중국의 주권을 침해하는 최근의 시도는 새로운 형태의 제국주의로 오해받을 수 있다고 주장했다. 장개석은 스틸웰의 해임을 국민당의 당론으로까지 내세웠다.

10월 6일 루스벨트의 답신이 도착했다. 장개석의 뜻대로 스틸웰을 연합군 참모장 직위에서 해임하고 조차물자를 통제하는 책임도 회수하겠지만, 현재 버마와 운남에서 활동하는 X군과 Y군의 중국군에 대한 지휘권 행사는 지속되어야 한다는 내용이었다. 장개석은 이 제안을 수용하지 않았다. 스틸웰이 공수물자에 더하여 버마까지 장악하는 것이 마음에 들지 않았기 때문이다.

이와 같은 장개석의 반응에 대통령 특사 헐리가 장단을 맞춰주었다. 오클라호마 출신으로 후버 대통령 시절 육군장관을 지낸 헐리는 루스벨트에게 장개석과 스틸웰 중 한 사람을 선택해야 한다면 그것은 장개석이라고 조언했다. 결국 루스벨트는 마셜 대신 헐리에게 중국을 맡기기로 결정했다. 헐리의 활발한 지원에 고무된 장개석은 송자문과 함께 스틸웰을 헐뜯는 문서를 만들었다. 그 내용은 다음과 같다.

첫째, 최근 중국군의 연이은 패전은 스틸웰이 연합군의 수륙공동작전에 앞서 버마를 공격했기 때문이다. 게다가 중국 전선에 필요한 병력이 버마로 보내졌다.

둘째, X군과 Y군을 제외하면 1944년 6월 이전 중국군은 원조물자에서 한 자루의 소총, 한 문의 대포도 공급받지 못했다. 일본군의 1호작전 때문에 총통이 직접 지원을 요청했지만 산포 60문, 대전차화기 320문을 보내준 것이 고작이었다.

셋째, 스틸웰은 동부 중국을 잃은 대가로 미치나를 점령한 책임을 면할 수 없다.

헐리는 11월 11일 이 문서를 발송하면서 자신의 건의를 덧붙였다. 루스벨트와 장개석 사이에는 스틸웰 사건을 제외하면 아무 문제가 없다는 것이었다. 헐리는 이틀 뒤 또 하나의 메시지를 보내, 혁명 과정에서 한 나라를 이끌었고 강력한 적과 7년 동안 헌신적으로 투쟁한 사람을 스틸웰이 굴복시키려 했다고 비난하면서, 스틸웰이 총통의 협조를 얻지 못했고 그의 부하들은 끊임없는 불화에 노출되어 있다고 지적했다. 결론적으로 헐리는 장개석을 통해 중국군이 다시 조직될 수 있다고 주장했다.

워싱턴에서는 스틸웰을 지지하는 육군부와 서놀트를 지지하는 백악관 사이에 최후의 논쟁이 벌어졌지만 합의가 이루어지지 않았다. 결국 워싱턴은 장개석에게 스틸웰을 대체할 인물로 미국 장성 세 사람을 천거해달라고 요청했다. 장개석과 송자문은 아이젠하워, 마셜의 오른팔 격인 토머스 핸디Thomas Handy, 프랑스에서 미8군을 지휘하던 알렉산더 패치Alexander Patch를 제안했다. 하지만 올숍의 중개로 마셜과 맥아더의 신임을 얻고 있으며 장개석을 좋아하는 반공주의자 앨버트 코디 웨드마이어15 장군이 낙점되었다.

---

15 앨버트 코디 웨드마이어(Albert Coady Wedemeyer) 장군은 완고한 반공주의자로 1944년부터 중국에서 장개석의 참모장으로 복무하면서 중국 내 미군 병력을 지휘했다. 제2차 국공내전 당시 공산당과의 전쟁을 지지했다.

스틸웰의 소환이 확정되자 장개석은 스틸웰에게 중국 최고의 영예인 청천백일장 수여를 제안했지만 거절당했다. 하지만 작별다과회만은 선선히 참석했다. 그날 장개석은 스틸웰이 계속 중국의 친구로 남기를 권유했고 스틸웰은 장개석에게 최후의 승리를 축원했다.

장개석과 스틸웰의 관계는 이대로 끝나지 않았다. 귀국한 스틸웰은 초라한 대접을 받았다. 워싱턴은 영웅의 귀환에 대한 환영회조차 열어주지 않았다. 공개적인 성명 발표도 허락되지 않았다. 스틸웰은 공항에 도착하자 부인과 함께 구석으로 밀렸고 감시를 받았다. 마셜조차 어둠이 깔린 뒤에야 그를 방문할 수 있었다.

스틸웰의 해임과 함께 주중대사 클래런스 가우스도 소환되고 헐리 특사가 그 직무를 이어받았다. 사기충천한 헐리는 홀로 중국의 내전을 해결하겠다며 연안으로 날아갔다. 그는 공산당 지도부에게 어떤 조건이면 장개석과 협력할 것인지 물어 그들을 놀라게 했다. 헐리는 모택동으로부터 신민주주의와 연합정부라는 솔깃한 제안을 들고 돌아왔지만 장개석은 그것을 쳐다보지도 않았다.

연안을 찾은 패트릭 헐리

그때부터 장개석은 헐리를 바보라고 불렀다. 헐리는 다시 연안으로 가서 모택동에게 새로운 해결안을 제시하며 장개석의 지배체제를 받아들이라고 설득했다. 하지만 모택동의 대답은 "장개석 같은 바보천치가?"였다. 그 뒤 공산당은 헐리를 '콧수염쟁이 녀석'이라고 깔봤고, 헐리는 모택동을 '병신 같은 놈'이라고 불렀다.

스틸웰이 귀국할 무렵 일본군은 광서성

으로 침투했고, 미국의 공군기지가 있던 계림과 유주가 함락되었다. 일본군 6개 사단, 1개 독립기갑여단, 제2비행집단으로 구성된 16만 대군은 형양전투에서 겪은 중국군의 새로운 모습에 긴장했지만 장발규의 4전구 휘하 20만 명은 싸우지도 않고 달아나버렸다. 광서 출신의 백숭희와 이종인의 병사들만 항전하다 6천 명이 전사하고 1만3000명이 포로가 되었다.

웨드마이어

중국군이 그처럼 궤멸상태에 놓이자 장개석은 그동안 병역을 면제해주었던 고등학교 졸업 이상의 청년들을 징발하여 1944년 10월 지식청년군을 편성했고, 웨드마이어의 도움으로 군대를 재건했다. 장개석은 곤명에 육군총사령부를 신설하고 하응흠을 총사령관으로 삼아 국민정부군을 4개 방면군 12개 군 36개 사단으로 재편했다. 이들 부대에는 각 연대별로 미군 장교 25명, 사병 50명을 분산 배치하여 군사고문과 연락 업무를 맡게 했다.

일본군은 11월 24일 남녕을 점령하고 12월 10일 불·중 국경을 장악하여 중국을 세로로 반쪽 냄으로써 1호작전의 목표를 달성했다. 이 작전으로 중국군은 50만 대군을 잃고 4개 전구가 궤멸되었다. 또한 5개 성, 6천만 명이 거주하는 지역을 빼앗겼고, 경제를 지탱해주던 동부의 곡창지대를 모두 잃었다.

1944년 말, 일본군은 중경 함락을 목전에 두었다. 스틸웰의 직위를 이어받은 앨버트 웨드마이어 장군은 두 차례나 수도를 성도나 곤명으로 옮기자고 제안했지만 장개석은 꿈쩍도 하지 않았다. 다행히 1945년 1월이 되자 일본군이 병참과 중국 해안선을 통한 미군의 공격을 우려하여 병력을 철수시킴으로써 중경을 보전할 수 있었다. 당시 일본군은 중경을 점령하려 했지만 미군에게 연전연패하면서 오키나와가 위협받고 있는 상황이라 더 이상의 여력이 없었다.

1945년 3월 일본군은 항공 전력이 바닥난 데다 본토의 위험 때문에 전력이 대폭 약화된 상태에서도 노하구와 지강枝江, 즈장에 대규모 공세를 펼쳐 점령하고, 수천 명의 중국군 포로와 민간인들을 학살하는 만행을 저질렀다. 그러자 중국군은 4월 초순 미제 전차를 앞세워 노하구를 탈환하고, 탕은백의 제3방면군과 약 28개 사단을 동원하여 지강에 있던 일본군 2만8천 명을 몰살시켰다. 이때부터 중일전쟁의 저울추는 완전히 중국 쪽으로 기울었다.

1945년 6월 미군의 제10군을 지휘하던 사이먼 버크너 장군이 오키나와전투에서 사망하자 잠시 잊혔던 스틸웰이 지휘권을 잡았다. 장개석은 그가 4성 장군으로 진급하여 중국 북부에 상륙할 미군을 지휘할지도 모른다고 생각했다. 일본이 항복했을 때 스틸웰은 북경 방문을 원했지만 장개석은 그가 공산당과 일을 꾸밀지 모른다고 우려하여 거절했다. 1946년 10월 12일 스틸웰이 사망했다는 소식을 들은 장개석은 자신의 저택에서 기독교식으로 추도예배를 열었다.

중국의 공산화는 노이로제에 의한 미국의 집단 에고이즘에서 기인했다고 한스 모건쇼Hans Morgenshow는 진단했다. 정신질환자는 2+2=5로도 여기는데, 노이로제 환자는 2+2=4라는 것을 알지만 무언가 불안하다고 여긴다.

이런 착각을 일으킨 동기에는 갑작스런 소련의 대일전 참전과 만주 점령(1945. 9. 9), 중소조약(1945. 8. 16), 중국에서 미·소군 동시철수 결정(1946. 2), 트루먼의 등장과 전후 반전귀환심리 등이 포함되며, 마셜플랜에서 비롯된 유럽의 종속 개념으로 중국 문제를 접근한 것도 포함될 것이다.

물론 대중정책을 수행한 스틸웰 장군, 패트릭 헐리, 마셜의 책임도 크다고 할
것이다.

| 제7부 |

최후의 결전

일본의 항복과 함께 오랫동안 유보되어왔던 국민당과 공산당의 최후의 대결이
다가왔다. 장개석과 모택동은 미국의 중재로 중경 회담을 열고 협상의 물꼬를 텄
지만 소련군의 만주 진주와 맞물려 공산군의 전격적인 장춘 함락으로 내전이 재
개되었다. 장개석은 엄청난 화력을 만주에 쏟아부어 공산군을 궤멸시키려 했지
만 미국이 원조 중단을 내세우며 저지하는 바람에 수포로 돌아갔다. 이후 4개월
여에 걸친 휴전 기간 동안 병력을 늘리고 화력을 대폭 강화한 공산군은 북만주
결전에서 승리한 후 황하를 건너 국민정부의 중심부인 중원 지역을 공격했다.
1948년 봄부터 시작된 요심전투, 회해전투, 평진전투에서 공산군은 정권 내부의
부정부패로 전투력을 상실한 국민당군을 몰아붙였고, 마침내 북경을 점령했다.
장개석은 남경정부를 지탱하기 위해 협상을 제의했지만 승기를 잡은 모택동은
항복을 요구했다. 다양한 협상 시도가 무산되자 공산군은 장강을 넘어와 남경과
상해를 장악함으로써 중원을 일통하는 공산대국 건설을 확정지었다. 장개석은
국민당 수뇌부와 잔여 병력을 이끌고 대만으로 달아나 중화민국의 명맥을 이었
으나 영광은 이미 그의 것이 아니었다.

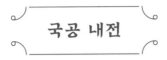

중 경 회 담

1945년 2월 얄타 회담[1]에서 루스벨트와 처칠을 만난 스탈린은 독일이 항복하면 소련은 3개월 안에 대일전쟁에 나서겠다고 약속했다. 공산주의는 소련군에 의해서 북쪽으로부터 중국에 들어와야 한다고 주장했던 모택동에게 기회가 도래하고 있었다. 2월 18일 〈이즈베스티야〉에 "중국공산당의 이익을 적절히 고려하는 가운데 극동문제를 함께하고 싶다."는 스탈린의 견해가 소개되면서 모택동은 한층 기대감을 키우게 되었다.

4월 5일 소련이 일본에 대해 중립조약의 파기를 통보했다. 한 달 뒤에는 독일이 항복했다. 그즈음 모택동은 연안에서 제7차 전국대표회의를 열고 공식적인 중

1　얄타 회담(Yalta Conference)은 1945년 2월 4일부터 2월 11일까지 흑해 연안에 있는 크림반도의 얄타에서 미국·영국·소련의 수뇌부가 모여 제2차 세계대전의 결과와 관리에 대하여 논의한 회담이다.

국공산당 지도자가 되었다. 모택동은 중국공산당의 승리가 임박했으며, 소련군이 반드시 우리를 도와줄 것인바 만일 그렇지 않다면 자신의 목을 쳐도 좋다고 단언하며 한 손으로 목을 치는 시늉을 했다. 이어서 그는 당원들과 함께 스탈린을 연호하다가 노래 부르듯이 말했다.

"스탈린은 세계혁명의 지도자입니까? 물론 그렇습니다. 우리의 지도자는 누구입니까? 스탈린입니다. 2인자가 있습니까? 없습니다. 중국공산당의 모든 당원은 스탈린의 생도입니다. 스탈린은 우리 모두의 스승입니다."

1945년 7월 26일 독일의 포츠담에서 미국의 트루먼과 영국의 처칠 등이 참여하여 일본에 항복을 권유하고, 전후처리를 논의했다. 뒤늦게 참가한 스탈린은 선언문에 서명만 하고 돌아갔다. 하지만 일본이 포츠담선언을 거부하자 8월 7일 미국은 히로시마와 나가사키에 원폭을 투하하여 일본의 항복을 강제했다.

미국이 히로시마에 원자폭탄을 투하하고 나서 사흘 뒤인 8월 9일 오전 10시, 150만 명이 넘는 소련군과 몽골군이 신강과 만주 지방으로 남하했다. 소련군은 침공 1주일 만에 수백 킬로미터를 진격했다. 8월 16일에는 하얼빈에 진출했고, 19일 장춘과 심양을 점령했다. 8월 17일 일본 관동군 사령관 야마다 오토조山田乙三: 1881~1965 대장은 중국 내 일본군의 군사행동을 중지시키고 무장해제를 명령했다. 중국 침략의 첨병이었던 관동군의 역사가 종지부를 찍고, 같은 날 만주국 황제 부의가 퇴위함으로써 만주국도 사라졌다.

소련은 장개석과 중소우호동맹조약을 체결하면서 외몽골을 분할 독립시켰다. 그 대가로 소련은 장개석 정부를 중국의 유일한 합법정부로 인정하고 소련이 점령한 중국 영토를 모두 인계하겠다고 약속했다. 일본의 식민지였던 대만은 10월 25일 중국정부의 통치하에 들어갔고, 초대 대만 행정장관으로 임명된 진의가 대만으로 건너가 일본의 자산을 접수했다.

일본의 패전이 확실해지자 연안의 중국공산당 총사령부에서는 즉시 '명령 제
1호'를 내려 팔로군 장병들에게 일본군의 항복을 받아들이고 무장해제시킬 것을
지시했다. 이어서 '명령 제2호'를 통해 남하하는 소련군과 호응하여 8월 11일 구
동북군 출신 부대를 중심으로 하는 4개 군단을 찰합이와 열하, 요녕, 길림 등지로
진격시켰다.

장개석은 국공합작 편제상 제18집단군인 공산군에게 원래 주둔지에 머물며
방어하라는 원지주방령^{原地駐防令}을 내렸다. 아울러 일본군 최고사령관인 오카무
라 야스지^{岡村寧次: 1884~1966} 대장에게도 일체의 군사행동을 중지하고 중국육군 총사
령관 하응흠의 명령을 기다리라고 지시했다. 그것은 곧 일본군에게 공산당의 명
령에 복종하지 말라는 뜻이었다. 이 때문에 항복 후에도 공산군과 일본군 간에
교전이 벌어졌다. 워싱턴에서는 미군 사령관 웨드마이어에게 내란에 개입하지 않
는 범위 내에서 국민당군을 지원하고, 그들이 주요 지역으로 신속하게 이동할 수
있도록 도우라는 명령을 내렸다.

1945년 8월 15일 일본이 마침내 항복을 선언하니 중국 전역에서는 폭죽놀이
와 거리잔치가 열렸으며, 눈물과 건배와 감격이 뒤엉킨 광란의 도가니가 벌어졌
다. 일본은 중일전쟁으로 8년 동안 전쟁을 치렀고, 일부 지역은 14년 동안 전쟁에
시달렸다. 그 기간 동안 일본은 3분의 1에 해당하는 중국 영토를 짓밟았고, 수천
만 명의 중국인이 죽었으며, 수백만 명이 불구가 되었고, 약 9500만 명의 난민이
발생했다. 일제로부터 벗어난 중국인들은 평화를 기대했지만 그들 앞에 놓인 현
실은 전국적인 혼란과 본격적인 내전이었다.

스탈린은 일본의 항복 선언에도 불구하고 계속 소련군을 남하시켰다. 소련 군이 진주한 중국 북부 지역은 소련이 동유럽에서 점령한 지역보다 넓었다. 그중 핵심은 중공업의 70%를 차지하고 있는 만주 지역이었다. 소련군은 만주를 선점하고 중국공산군이 합류하기를 기다렸다.

일본의 항복 직후 임표는 모택동으로부터 태원과 대동을 거쳐 만리장성 너머에 있는 열하성을 가로질러 만주에 진입하고 그곳의 모든 의용대를 모아 만주 지방을 확보하라는 명령을 받았다. 모택동은 만주를 장악하면 공산당의 승리는 보장된 것이라고 보았다. 만주는 시베리아, 몽골, 북한과 맞닿아 있는 요지로서 만주사변 이래 일본의 관동군이 14년 동안 장악하고 있었다. 소련군의 점령으로 주인 없는 땅이 된 이곳은 홍군 유격대가 국민당군보다 훨씬 가까이 있었다.

임표는 팔로군 5만 명을 이끌고 산서성을 출발하여 북쪽으로 5,000리 장정을 시작했다. 만주에 진입하여 금주錦州, 진저우, 심양, 장춘, 사평가四平街, 쓰핑제, 길림 등 대도시 주변의 농촌지역에 근거지를 확보하고 병력 증강에 열중했다. 무장은 걱정할 필요가 없었다. 소련군이 그들에게 넘겨준 심양무기고에는 10만 정의 소총, 수천 문의 대포, 엄청난 분량의 탄약과 식량이 쌓여 있었기 때문이다.

임표군은 농촌지역 전반에 걸쳐 공산당을 조직하고 인민위원회를 설립했다. 징병제도와 지원병제도를 병행하여 지하에 잠복해 있던 각종 항일테러집단과 소련에서 돌아온 중국인 항일무장대는 물론 현지의 청소년을 끌어들였고, 소련군의 묵인하에 항복한 만주군 병사 20만 명을 중공군으로 편입시키기까지 했다. 당시 만주에 거주하던 조선인 청소년 약 4만 명도 임표군에 편입되었다. 이들은 임표군의 제139, 제140, 제141, 제150, 제164, 제166사단에 편입되었고, 1949년 7월부터 북한에 인계되어 제5, 제6, 제7사단으로 재편성되었다. 따라서 6·25전쟁 직전

북한 인민군 병력의 태반은 임표의 부하들이라고 할 수 있다. 1947년 초기 만주에 주둔하고 있던 임표의 병력은 무려 30만 명으로 불어났다. 당 중앙은 이 부대를 동북민주연합군이라고 이름 짓고 임표를 총사령으로 임명했다.

물론 이와 같은 공산군의 증강은 장개석의 눈을 피하여 극비리에 진행되었다. 만주에 대한 공산당의 지배가 확고해지자 공산당은 전력을 화북과 화중 지방으로 확산시켜나갔다. 공산군의 전략은 "농촌으로 도시를 포위한다."[2]는 것이었다.

오랫동안 일본군 후방에서 유격전을 펼쳤던 공산군은 일본군의 교통과 통신망이 밀집된 화중·화북 연안 등 농촌지역에 널리 퍼져 있었으므로 일본군 점령지 쟁탈전에서 지리적 이점을 안고 있었다. 그러나 공산군에 비해 국민당군은 병력과 장비 면에서 압도적이었고, 중장비와 수송수단을 독점하고 있었으며, 특히 미군의 지원을 받는 공군력은 무적이었다.

국민당군의 전력은 화중과 화남지구에 집중되어 있었는데, 이윽고 국민당정부의 광범위한 영토수복작전이 시작되었다. 주요 작전은 중국에 주둔하고 있던 미3군 합동사령부의 지휘 아래 미 육·해·공 3군 수송부대가 담당했다. 그들은 국민정부가 화북의 요충지를 확보하고 유지하는 데 협력했고, 일본군과 민간인의 철수, 송환 작업을 효과적으로 수행하기 위해 5만 명 이상의 해병대 병력을 동원하여 화북의 북경, 천진 등 주요 도시의 공장지대와 철로를 점령했다. 또한 미국은 국민당군이 일본군 점령지의 교통과 통신체계를 회복할 수 있도록 3개 군의 병력을 상해, 북경, 남경 등 대도시를 포함하는 화북지구의 요지로 공수했다. 그리고 훤하게 뚫린 해상 교통로를 이용하여 동부 해안지역과 내륙에 대규모 병력

---

2   以農村包圍都市.

을 이동시켰다. 그 결과 1945년 9월에서 11월까지 50만 명의 국민당군이 중국 내의 수많은 거점을 확보할 수 있었다.

국민당군은 120만 명의 일본군과 그들이 갖고 있던 막대한 무기와 군수물자를 접수했으며, 그해 12월 말까지 미국으로부터 지상군 39개 사단을 무장할 수 있는 장비와 930여 기의 각종 항공기도 공급 받았다. 당시 국민당군의 병력은 무려 300만 명에 이르고 있었다. 여기에 항복한 중국파견군 총사령관 오카무라 야스지 대장 휘하의 일본군 약 50만 명이 장개석 휘하 백숭희와 염석산의 지휘를 받으며 반공치안유지군으로 활동했다. 그러므로 당시 국민당군과 공산군의 전력은 도저히 비교조차 할 수 없는 수준이었다.

미국은 중국의 미래를 위해 장개석과 모택동의 협상을 종용했다. 일찍이 국민당은 1945년 5월에 개최한 제6차 전국대회에서 항일전쟁이 종식되면 국민당의 주도로 국민대회를 개최하여 공산당과 함께 헌정 질서를 바로잡겠다고 천명했고, 공산당 역시 비슷한 시기에 열린 7중전회에서 전후 각 당과 당파가 평등하게 참여하는 연합정부를 구성하자고 제안한 바 있었다. 장개석은 자신을 원조하는 미국에게 등을 떠밀리듯 모택동을 두 차례나 중경으로 불렀지만 모택동은 들은 체도하지 않았다. 그 시점에 이미 국민당군과 공산군은 전국 각처에서 국지전을 벌이고 있었기 때문이다.

1945년 8월 하순, 장개석이 모택동에게 중경 회담을 제의하는 두 번째 전보를 보냈을 때 하남 지역에서는 상당上黨, 상당전투가 벌어지고 있었다. 염석산군이 일본군 잔당과 함께 태원과 동포철도同蒲鐵路, 둥푸철도 연변의 도시를 점령하고, 제19군 사택파史澤波, 스쩌보: 1899~1986가 이끄는 4개 사단을 동원하여 상당지구의 장치長治, 창즈·장자長子, 창쯔 등을 점령했던 것이다. 유백승과 등소평은 태행산太行山, 타이항산3지구에서 이에 맞섰고, 진갱은 하북 남부 지역에서 유격활동을 벌이던 공산군 3개 종대와 지방무장부대 3만 명, 민병대 5만 명을 규합하여 장치로 이동했다. 염석산은 장치 방어를 위해 팽육빈彭毓斌, 펑유빈: 1900~1945의 병력 2만 명을 급파했다. 이에 유백승은 주력부대를 노야령老爺嶺, 라오예링 전투지구로 급파했고, 진갱 역시 386여단을 이끌고 달려가 유백승과 합류했다.

염석산군이 노야령 주봉의 고지를 선점하자 386여단의 1개 종대가 초대명楚大明, 추다밍: 1916~1947 연대장의 지휘 아래 야음을 틈타 푹 파인 도랑을 타고 주봉으로 기어올라 염석산군의 진지를 기습했다. 공산군의 기습으로 혼란에 빠진 염석산군은 우왕좌왕하다 궤멸되었고, 팽육빈은 패잔병들과 함께 도주했다. 유백승의 3개 종대는 팽육빈의 뒤를 쫓아 호정虎亭, 쓰팅 부근에서 염석산군의 잔당을 요격했다. 팽육빈이 전사하고 염석산군의 다른 고위 장령들도 죽거나 생포되자 사택파는 성을 빠져나와 공산군의 포위망을 돌파하려다 진갱 부대에 사로잡혔다. 이 전투에서 유백승이 이끄는 3만 명의 공산군이 4만 명의 염석산군을 격파함으로써 국민당군의 전력은 크게 약화되었고, 염석산과 호종남 양군을 이용하여 화북을 점령하려던 전략은 큰 차질을 빚게 되었다.

미국의 압력을 받은 장

상당전투 중 노야령을 향해 돌격하는 팔로군 야전부대

---

3 태행산맥은 중국의 산서성과 하남성의 경계를 이루는 거대한 산맥 으로 중국의 그랜드캐니언으로 불린다. 남북 길이 약 600km, 동서 길이 약 250km의 험준한 산맥이다. 산동성은 태행산맥의 동쪽, 산서성은 태행산맥의 서쪽이다

1945년 8월 중경 회담에서
장개석(왼쪽)과 모택동

개석이 세 번째로 협상을 요청하는 전문을 보내자 모택동은 비로소 회의를 열고 당 대표들과 가부를 논의했다. 유소기, 주덕 등 대다수가 신변의 위험을 이유로 반대하고 나섰지만, 모택동은 현재의 국내외 정세로 볼 때 장개석이 허튼짓을 할 수 없는 형편이며 자신이 중경에 가면 여론을 주도할 수 있을 것이라고 자신감을 나타냈다.

8월 18일 중국공산당은 모택동, 주은래, 왕약비王若飛, 왕뤄페이: 1896~1946 등을 중경에 파견하겠다고 통보했다. 장개석은 수석대표 장치중과 미국대사 헐리를 연안으로 보내 모택동을 영접하게 했다. 모택동이 비행기를 탄 것은 이때가 처음이었다. 중경의 구룡九龍, 주룽비행장은 그를 환영하는 인파로 북적거렸다.

중경 회담에서 가장 큰 주제는 역시 국민정부의 개편과 군대의 단일화에 관한 것이었다. 장개석과 모택동은 미국의 눈치를 살피면서 성실하게 회담에 임하는 척했지만 의도는 전혀 다른 데 있었으므로 두 사람이 합의했다 해도 실무회담에서는 어긋나기 일쑤였다. 회담이 교착상태에 빠지자 미국은 헐리 대사를 소환하고 대신 마셜을 특사로 파견했다. 마셜은 국공 간에 연합정부를 수립하라고 집요하게 권유했지만 뜻대로 되지 않았다. 회담이 한창이던 그 순간에도 공산군과 국민당군의 전투는 각처에서 치열하게 전개되고 있었다.[4]

4   1945년 11월.·

10월 8일 밤, 중경의 군사위원회 메인 홀에서 국민정부의 요인과 저명인사 수백 명이 초청된 만찬회가 열렸다. 그날 모택동은 1936년 장정 도중에 쓴 시 「심원춘 설沁園春雪」이라는 작품을 시인 유아자柳亞子, 류야즈: 1887~1958에게 붓으로 써 주어 박수갈채를 받았다.

모택동이 쓴 「심원춘 설」

북녘의 풍광은 천리에 얼음 덮이고, 만리에 눈발 날리네.

바라보니 장성 안팎은 망망한 백설 천지,

대하의 상·하류 할 것 없이 도도한 기세 이뤘다.

산은 춤추는 은색의 뱀이런가. 고원은 내달리는 밀랍의 흰 코끼리,

저마다 하늘과 키를 겨루고자 하네.

이제 다시 날이 개면 붉고 흰 옷차림의 모습은 유난히도 아름다우리.

이토록 아름다운 강산이기에 수많은 영웅들도 다투어 허리 굽히게 했네.

아쉽게도 진시황과 한무제는 문채가 모자랐고, 당태종과 송태조는 시에 손색이 있었다.

일세를 풍미하던 하늘의 아들 칭기즈칸도 활 당겨 독수리나 쏠 줄밖에 몰랐거니.

그러나 이 모두가 지나간 일,

정녕 풍류인물 꼽으려거든 오히려 이 시대를 보아야 하리.

이 한 수의 시로 말미암아 그동안 도둑 떼의 두목, 잔인한 공산당의 괴수, 무식하고 투박한 인물로 알려졌던 공산주의자 모택동은 세상물정에 밝고 학문에 능통하며 고체시를 멋들어지게 쓰는 지성미 가득한 정치인으로 탈바꿈했다. 모택동의 새로운 이미지는 무자비하고 변덕스러운 독재자 장개석과 여러모로 비교되었다.

유아자는 모택동이 중경을 떠난 뒤 신화일보에 '심원춘 설'과 자신의 화답시를 발표했다. 소설가 장한수張恨水, 장헌수이: 1895~1967도 "윤지潤芝가 시에 능하다는 것을 아는 사람이 많지 않다. '심원춘 설'을 읽다 보면 풍격의 독특함을 알 수 있다." 면서 〈신민보新民報〉에 모택동의 시를 게재했다. 〈대공보大公報〉에서는 두 사람이 주고받은 시와 평론을 사흘 동안 연달아 실었다. 사람들이 모이는 곳마다 모택동의 시가 화제가 되었다. 암송하고 곡을 붙여 노래하며 모택동이야말로 진정한 '풍류인물'이라고 말하는 사람들이 점점 늘어났다.

모택동과 유아자

국민당 통치지역의 지식인들 중에는 모택동에 관해 아는 사람이 극히 적었다. 얼마 전까지만 해도 그가 장정 도중에 귀주貴州에서 모태주마오타이주에 발을 닦았다며 산적 두목 정도로 알고 있는 사람이 대부분이었다. 장개석도 그의 작품이 다른 사람의 작품을 도용한 것은 아닌지, 그가 쓴 것이 사실이라면 얼마나 빼어난 작품인지 측근에게 여러 차례 물었다고 한다.

회담을 시작한 지 무려 43일째인 10월 10일 쌍십절을 기해 양측은 「쌍십회담기요雙十會談紀要」라는 공동성명을 발표하여, 장개석의 지도하에 독립을 쟁취하고 자유롭고 부강한 신중국을 건설한다는 원칙적인 입장에는 동의했지만, 구체적으로 가장 민감한 문제였던 중국 동북부 만주 지역의 지배권에 대해서는 결론을 내리지 못하고 회담을 끝냈다. 그 무렵에도 국민당군에는 '비적토벌수첩匪賊討伐手帖'이나 '초비밀령剿匪密令'과 같은 지령이 하달되고 있었다.

북만주 결전

1945년 10월 11일 중경 회담을 마치고 연안으로 돌아온 모택동은 국민당군의 만주 진입을 저지하는 데 총력을 기울였다. 두율명이 이끄는 국민당군이 만주 지역을 접수하기 위해 산해관으로 북진하자 미 7함대가 인근에 있는 진황도秦皇島, 친황다오에 나타나 공산군에 대한 공격을 도왔다.

임표는 산해관 방어에 결사적으로 매달렸지만 미 해병대의 지원을 받은 국민당군은 하루 만에 공산군을 물리쳤다. 적이 전진하면 아군은 후퇴한다는 유격 전술에 익숙했던 공산군은, 버마 전선에서 손발을 맞춘 경험을 통해 수륙합동작전을 펼치는 미군과 국민당군의 현대식 전술에 당해낼 재간이 없었다. 더군다나 장비나 전투 경험 면에서 양군은 비교조차 되지 않았다.

모택동이 중경에 머물고 있는 동안 유소기는 중소 국경지역에 유격 근거지를 만들라고 현지의 부대에 지시했다. 유소기는 국민당군의 만주 진입을 공산군의 역량으로는 저지하지 못할 것으로 전망하고, 유격 근거지를 발판으로 삼아 공산군에게 현대전에 대비한 역량을 축적하려 했다. 그해 10월 2일 유소기는 국민당군을 막기 위해 주력 부대를 배치하는 대신 소련·몽골·북한의 국경지대에 병력을 강화하고, 대도시에 집착하지 말고 주변 농촌에 근거지를 건설하라고 명령했다. 이와 같은 조치에 임표 역시 전적으로 동의했다. 그런데 연안으로 돌아온 모택동은 10월 19일 전혀 다른 명령을 내렸다. 만주로 들어가는 고개와 대형 철로 교차점에 공산군 정예병력을 배치하라는 것이었다. 모택동은 만주 전역을 간절히 원하고 있었다.

이와 같은 중국공산당의 작전 상황을 주시하던 스탈린은 유소기의 손을 들어주었다. 중국공산당은 도시에서 즉시 철수하라고 지시함으로써 모택동의 소망을 물거품으로 만들어버렸다. 모택동은 신경쇠약으로 쓰러져 10월 22일 간부병원에 입원했고, 1946년 1월 7일 스탈린은 모택동의 치료를 위해 두 명의 의사를 파견하면서 모안영을 동행케 했다. 오랜만에 아들을 만난 모택동은 금세 차도를 보였다.

모택동에게 위안이라면 만주 대부분의 지역이 아직 공산군의 수중에 놓여 있다는 점이었다. 소련은 장개석에게 약속한 3개월의 주둔기간을 넘기면서까지 만주 전역에 대한 관할권을 움켜쥐고 있었고, 그 때문에 최소한의 국민당 요원들만이 도시에 들어갈 수 있었다. 미군 철수를 전제로 10개월 동안 만주에 머물던 소련군은 비밀리에 중국공산당과 정보를 주고받으며 철수일정을 끝까지 국민당에 통보하지 않았고, 그사이 공산당이 만주를 재장악할 수 있게끔 도왔다.

만주의 도시들을 다시 장악한 공산군에게 모택동은 철도가 통과하는 주요 지점을 굳게 지키라고 명령했다. 유소기는 국민당군을 저지할 능력이 없으니 다수의 도시를 포기해야 한다고 맞섰고, 만주군 사령관 임표 역시 유소기의 주장에 동조하여 공산군의 전략은 도시 방어가 아니라 적의 병력을 제거하는 것이라고 주장했다. 그렇게 논란이 거듭되던 중 모택동이 전격적으로 장춘 진격 명령을 내렸다.

국민당군은 1945년 12월 대규모 병력을 만주에 투입했다. 미국의 최신식 장비를 갖추고 미국식 군사훈련을 받은 요요상廖耀湘, 랴오야오상: 1906~1968의 신1군과 손립인[5]의 신6군 등 20만 병력으로 중국·버마 국경지대에서 일본군과 교전한 경험도 있는 최정예 병력이었다. 그들은 미국이 일본 본토 공략을 위해 오키나와에 비축해둔 막대한 군수물자를 공급받고 있었다. 만주에 진주한 국민당군 총사령관은 역전의 명장 위립황, 전선사령관은 두율명이었다.

1946년 1월 10일 국민당과 공산당 대표는 중경에서 미국 특사 마셜의 중재로 국공정전협정에 합의했다. 양 대표는 만주에서 소련군이 철수하면 공산군은 현재 활동하고 있는 농촌을 관리하고, 국민당군이 심양과 장춘 등 주요 도시를 관리하기로 약속했다. 1월 11일 국민당 8명, 공산당 7명, 청년당 5명, 민주동맹 2명에다가 기타 정파 정당대표와 무당파 지식인을 추가한 38명의 대표가 정치협상회의를 열었다. 열흘 동안의 논의 끝에 이들은 '화평건국강령'과 '헌법초안', '정부 조직안', '국민대회안', '군사문제안' 등 헌정과 군사지휘권의 통합과 국민대회 개최와 관계되는 핵심 사항들에 대해 합의를 도출했다. 하지만 현실은 정반대였다. 공산군은 동북 지방의 요충지를 점령했고, 국민당군은 반격하면서 민간인에 대한 테러를 자행했다. 이때 희생된 대표적인 인물이 1946년 7월 15일 곤명에서 암살된 작

---

5 손립인(孫立人, 쑨리런: 1900~1990)은 1923년 청화대학을 졸업하고 미국의 퍼듀대학에서 이학박사 학위를 받았다. 1927년 버지니아 사관학교를 졸업하고 귀국한 뒤 국민당의 중앙당무학교에서 군사훈련대장을 맡았다. 국민당군 지휘관으로서 1942년 4월 버마전선에서 맹활약을 펼쳤다. 1946년 3월 공산당 토벌을 위해 동북지역으로 파견되어 장춘을 점령했지만, 4월 공산군의 임표에게 패배했다.

가이자 중국신화 연구가인 문일다(聞一多, 원이둬: 1899~1946)이다.

그해 2월 소련군이 만주국의 수도 장춘에서 철수하자 협정에 따라 국민당군이 무혈 입성했다. 장춘지구 방위사령관은 임표의 황포군관학교 동기생이었던 정동국이었다. 3월 중순 임표는 당 중앙으로부터 총력을 기울여 장춘을 점령하라는 비밀지령을 받았다. 모택동이 미국 특사 마셜의 중재로 벌어지고 있는 국공 간의 협상에서 유리한 고지를 확보하기 위한 전략이었다.

공산군은 장춘을 함락시킬 수 있는 전력을 보유하지 못했으므로 임표는 진퇴양난에 빠졌다. 그렇다고 당 중앙의 명령을 거역할 수도 없었던 임표는 결국 장춘 공격을 단행했다. 먼저 국민당군으로 위장한 유격대 수백 명을 장춘 시내로 침투시켜 혼란을 조성하고, 4월 15일 대대적인 공격을 시작했다. 그런데 의외로 국민당군의 전력이 쉽게 부서졌다. 전투 사흘 만인 4월 18일 장춘이 함락되자, 독전을 위해 심양에서 달려왔던 위립황 등 국민당군 고위지휘관들은 급히 피신했다. 이 전투에서 공산군은 국민당군 2개 연대 병력을 생포하고 미국산 장비 3,000점을 노획했다. 임표는 이 전투를 통해 국민당군이 미국의 도움으로 아무리 현대화·정예화되었다 해도 부패한 지휘관 밑에서는 결국 오합지졸에 불과하다는 확신을 갖게 되었다.

장춘전투의 결과가 알려지자 전 중국이 발칵 뒤집혔다. 특히 병력이나 장비로 보아 질 수 없는 패전을 당한 장개석은 대경실색했다. 이 사건은 미국 특사 마셜의 조정으로 국공 간에 합의한 양측의 정전규약을 공공연하게 위반한 군사적 도발 행위였다. 이보다 앞서 마셜은 국공 간에 정전합의를 중재하고 업무 협의차 워싱턴으로 건너갔다. 한데 4월 18일 그가 중국으로 돌아온 그날 장춘이 공산군의 수중에 들어간 것이다.

마셜은 자신이 중국을 비운 사이에 벌어진 이 전투 상황에 대하여 어이가 없었지만 재차 국공 대표들을 소집하여 내전 중지를 요구했다. 이에 장개석은, 중소 조약에 따라 소련군이 철수할 때 장춘에서 하얼빈에 이르는 철도 연변의 각 지역은 국민당군이 점령하기로 약정되어 있고, 이미 국공 간에 합의한 충돌 정지 명령 규정에도 국민당군이 만주 각지에 진주할 권리가 명시되어 있다며, 공산군이 장춘을 즉각 반환해야 한다고 주장했다. 반면에 공산당 측은 아무 일도 없었다는 듯, 이 이상의 군사적 충돌을 끝내고 군대 배치와 지방정부 문제를 평화적으로 해결하자고 요구했다. 만주 지역을 지배하려면 요충지인 장춘의 확보는 필수적이었다. 그러므로 공산당은 현재의 상황을 유지하면서 협상을 계속하자는 것이었다. 쌍방 간에 한 치의 양보 없이 논쟁이 이어지면서 마셜의 조정은 힘을 받지 못했고, 결국 마셜은 뒤로 물러날 수밖에 없었다.

바야흐로 국공 간에 전면적인 내전이 시작되었다. 4월 20일부터 국민당군은 대규모의 지상군을 동원하여 공군과의 합동작전으로 장춘 탈환 작전에 돌입했다. 이에 승산이 없다고 판단한 임표는 병력을 신속하게 장춘 북쪽으로 철수시켰다. 4월 23일 장춘에 입성한 국민당군은 4월 28일 길림을 점령하고, 대규모의 기계화부대를 동원하여 퇴각하는 임표군을 맹렬하게 추격했다.

임표군은 별다른 저항을 하지 않고 후퇴를 거듭했다. 국민당군이 공산군을 밀어내며 하얼빈까지 진격하자 장개석은 지휘관들에게 매일 격려와 치하의 전문을 보냈다. 공산군 사령부의 장령들은 42일 동안 쫓기면서 한 차례의 전투도 허용하지 않는 임표에게 노골적으로 불만을 터뜨렸다. 이대로라면 흑룡강을 넘어 시베리아까지 도망쳐야 할 판이었다. 하지만 임표는 느긋하게 때를 기다리고 있었다.

6월 3일 모택동은 하얼빈을 포기하고 소련 국경을 넘어가 안전을 확보한 후에 유격전을 벌이겠다는 임표의 요구를 승인했다. 임표는 수하에게 지난날의 장정을 상기시키며 조금만 더 견디면 적은 곧 한계에 다다를 것이라고 전망했다. 과연 공산군을 맹렬하게 뒤쫓던 국민당군 신6군은 하얼빈 남쪽 50km 지점인 쌍성雙城, 솽청에 도달했을 때 추격을 멈추었다.

미국 특사 마셜은 국민당군이 북만주에서 공산군을 압박하자 군사행동을 즉각 중지하라고 다그쳤다. 마셜은 5월 13일 다음과 같은 편지를 보내 만일 공격을 계속할 경우 국민당에 대한 원조는 물론이고 병력의 만주 수송까지 중단하겠다고 위협했다.

만주에서 정부군이 진격을 계속하는 상황에서 나는 자신의 성실성이 심각한 의문의 시점에 도달했음을 거듭 밝히지 않을 수 없습니다. 그러므로 나는 정부군의 진격, 공격, 추격을 중지하라는 명령을 즉각 내리도록 귀하에게 요청합니다.

마셜의 요청에 굴복한 장개석은 15일 간의 휴전에 동의했다. 모택동이 만주에서 마지막으로 점령했던 도시 하얼빈을 포기하고 공산군을 유격부대로 분산시키기로 결정한 바로 그 순간에 휴전 합의가 이루어진 것이다. 6월 5일 모택동은 이 소식을 듣고 즉각 6월 3일의 명령을 취소하는 명령을 내렸다.

현 위치를 지켜라. 특히 하얼빈을 고수하라. 대세의 흐름이 바뀌었다.

얼마 후 마셜은 2주간의 휴전을 4개월로 연장하도록 하고 장개석에게 공산군의 북만주 진주를 저지하지 못하도록 압력을 가했다. 장개석은 트루먼[6] 미국 대통령에게도 압력을 받았다. 1946년 7월 중순, 미국의 지식인 두 명이 국민당 지역에서 사살되었다. 이 여파로 미국인들은 그달의 여론조사에서 13%만이 장개석에 대한 지원에 동의했고, 50%는 개입 포기를 지지했다. 8월 10일 트루먼은 장개석에게 이 사건을 거론하며, 미국 국민들이 현재 중국에서 벌어지는 사태에 크게 반감을 갖고 있는바 평화적인 협상에 진전이 없을 경우 미국의 정책을 조정할 가능성이 있다고 말했다. 장개석이 결국 휴전을 선언하자 측근들은 강경하게 반대했다. '휴전과 전투, 전투와 휴전' 방식은 결코 바람직하지 않다는 것이었다. 하지만 장개석은 미국의 원조가 절실했다. 장개석은 미국의 압력에 굴복함으로써 내전 기간 동안 미국으로부터 30억 달러의 지원을 받을 수 있었다.

공산군은 4개월 동안의 휴전을 효과적으로 활용했다. 이질적인 군대를 통합하고, 신병을 징집하여 훈련시켰으며, 정신교육을 마무리할 수 있었다. 병사들에게 전투 동기를 부여할 때는 장개석에게 초점을 맞췄다. 공산군은 병사들이 원한을 털어놓게 하는 대중집회를 통해 그 목적을 이루었다. 대부분의 병사들은 빈농 출신으로 기아와 불공평한 대접을 당한 경험을 가지고 있었다. 그들의 쓰라린 기억을 되살리고 정신적 상처를 파헤치는 방법이었다. 군중들이 극도의 흥분상태에 빠졌을 때 지휘자는 그들에게 "장개석 타도"를 외치게 했다. 저들이 겪은 재난의 원인을 장개석 정권의 탓으로 돌린 것이다. 이런 분위기에 동조하지 않는 병사들은 착취계급의 잔재로 규탄 받았다.

---

6   해리 S. 트루먼(Harry S. Truman)은 미국의 제34대 부통령, 33번째 대통령이다. 루스벨트 대통령의 갑작스런 죽음으로 부통령이 된 지 불과 82일 만인 1945년 4월 12일에 대통령 직을 승계했다. 제2차 세계대전에서 독일의 항복을 받았고, 태평양전쟁에서 승리하여 일본의 항복을 받았다. 세계 최초이자 유일하게 핵 공격 명령을 내린 인물이다.

공산군 병사들은 강도 높은 군사훈련을 받았다. 여기에는 소련인 교관들이 중요한 역할을 담당했다. 만주에 도착한 홍군은 소련군의 눈에는 비적 떼처럼 보였다. 지저분한 복장에 현대적인 무기나 장비에 문외한이었기 때문이다. 소련군은 만주에 공군·포병·공병학교를 비롯한 16개의 군사학교를 만들어 병사들을 조련했다. 다수의 장교들을 소련으로 보내 전문적인 지휘관 교육을 받게 했고, 일부 장교들은 여순과 대련에 있는 소련 기지에서 교육받았다.

공산군에 대한 군사장비의 지원도 대폭 강화했다. 일본군으로부터 수거한 900대의 비행기, 700대의 전차, 각종 대포 3,700문과 1만여 정의 기관총, 다수의 장갑차와 대공포, 수십만 정의 소총도 넘겨주었다. 화물차 2,000대 분량의 무기와 군수물자가 북한에 있던 일본군 기지에서 철도편으로 수송되었다. 몽골에서 일본군에게 노획한 무기도 가져왔다. 그 밖에도 소련제 무기와 독일의 무기까지 반입되었다.

일본군 포로들

소련군은 수만 명의 전쟁포로도 공산당에 넘겨주었다. 공산군에 편입된 일본군 장병들은 공산군 병사들에게 일제 무기의 사용법과 수리기술을 가르쳐주었다. 공산군의 공군 창설 주역들은 일본군 포로들이었다. 그리고 수천 명의 일본군 의료진은 공산군 부상자를 치료했다.

휴전이 이어지던 1946년 여름까지 장개석은 군사적으로 모택동보다 월등하게 우세했다. 국민당군 병력은 430만 명인 데 비해 공산군은 127만 명이었다. 장개석은 휴전 중인 만주를 제외한 전 지역에서 공산군을 몰아냈다. 공산군의 주요 거점인 장가구를 제외하고 더 남쪽에 있는 장강 지역에서는 공산군을 대부분 소탕한 상태였다. 하지만 4개 월 동안의 휴전이 끝난 그해 10월부터 국민당군은 북만주를 공격했지만 강력해진 공산군의 방어망을 뚫을 수 없었다. 양군은 겨울 내내 일진일퇴를 거듭했다. 1947년 봄이 되면 공산군의 북만주 근거지는 난공불락이 되어 있었다. 그해 1월 중순, 마셜이 중국을 떠나면서 미국의 중재 노력은 막을 내렸다. 이후에도 미국은 장개석에게 적잖은 원조를 했지만 기울어진 대세를 바꾸지는 못했다. 모택동이 20년이 넘도록 추진해온 '소련과의 연결'이라는 목표가 역설적이게도 자신들에 의해 달성되었지만 미국은 그 사실을 알아차리지 못했다.

모택동의 전국적인 승리는 이제 시간문제처럼 보였다. 병력을 확충하고 전력을 강화한 임표 부대는 1947년 초반부터 활발한 작전을 전개했다. 곳곳에서 국민당군의 보급선을 차단하고 그들이 점령한 도시를 빼앗았다. 그것은 공산군 특유의 농촌으로부터 도시를 포위하는 전략이었다. 전국 각처에서 고립된 국민당군은 병참 보급의 대부분을 공수에 의존해야 했다. 북만주의 주도권은 완전히 임표의 손에 넘어갔다.

연안에서 중원으로

1947년 봄, 장개석은 미국의 저지로 만주 일대의 공산군 격파에 실패했다. 그럴 때 정부에서 중국공산당의 메카인 연안을 공격하자는 아이디어가 나왔다. 뱀 꼬리를 잡느라 애쓰느니 아예 그 머리를 제거하자는 것이었다. 장개석은 연안의 움직임을 감시하고 있던 호종남에게 대임을 맡겼다. 하지만 그 작전은 장개석의 운명이 어긋나고 있음을 확인해주었을 뿐이다.

그해 3월 5일 연안의 중국공산당은 그때까지 사용하던 홍군이나 팔로군, 국민혁명군 제18집단군이라는 명칭을 버리고 인민해방군이라는 명칭으로 통일했다. 그리고 대륙 각처에서 활동하던 잡다한 군대를 통합하여 공산당 소속으로 만들었다. 군대의 편제도 정리해서 서북야전군, 중원야전군, 화동야전군, 동북야전군, 화북야전군의 총 5개 야전군[7]으로 재편했다.

3월 19일 호종남은 30만 대군을 이끌고 연안으로 짓쳐들어갔다. 하지만 미리 국민당군의 침공 정보를 입수한 공산당과 지역 주민들은 식량과 취사도구까지 땅에 묻어두고 달아나버렸다. 국민당군이 얻은 것은 황량한 유령의 도시였다. 모택동은 호종남군이 도착하기 불과 몇 시간 전에 연안을 떠났다. 팽덕회는 연안 동북쪽 약 30km 떨어진 청화펌青化□, 청화비엔 협곡에 2만 명의 병력을 매복시켜두었는데, 3월 25일 호종남의 제31여단 3,000명의 병력이 그 골짜기를 지나다가 공산군의 기습으로 전멸하고 만다.

---

7   중국공산당은 1948년 11월 1일 서북야전군을 제1야전군, 중원야전군을 제2야전군, 화동야전군을 제3야전군, 동북야전군을 제4야전군으로, 화북야전군은 인민해방군 총사령부 직할부대로서 화북병단으로 개칭했다.

3주 뒤인 4월 14일에 호종남 휘하의 또 다른 부대가 양마하^{羊馬河, 양마허}에서 팽덕회가 지휘하는 공산군의 매복에 걸려 5,000명이 궤멸되었다. 호종남 부대는 반룡진^{蟠龍鎭, 판룽전} 보급기지에서 병력을 빼내 공산군의 거점을 공격했지만 그곳에 도착했을 때는 텅 빈 도시뿐이었다. 그사이에 공산군은 거꾸로 반룡진 보급기지를 공격하여 탄약, 식량, 의약품을 빼앗아 달아났다. 국민당군이 연안을 점령하고 나서 2개월 동안 팽덕회의 신출귀몰한 전략에 세 차례나 참패한 호종남군은 사기가 바닥나 있었다.

그로부터 1년 동안 모택동은 호종남의 사령부가 있는 연안을 중심으로 150km 반경 안쪽에서 맴돌았다. 모택동의 호위부대 병력은 초기에 800명이었지만 곧 1,400명으로 늘어났다. 연안 인근 지역은 여전히 공산당의 지배하에 놓여 있었고, 호종남의 대군은 수시로 공산군의 매복 작전에 희생되었다.

모택동은 병사들에게 "사람을 남기고 땅을 잃어라, 땅은 되찾을 수 있다. 땅을 지키고 사람을 잃으면 땅도 사람도 모두 잃는다."라는 노래를 부르게 했다. 홍군이 농민의 편에 서 있는 한 아무리 고난을 겪는다 할지라도 종국에는 반드시 승리할 것이라는 믿음을 주기 위한 방편이었다.

국민당군의 주력이 다른 장소에 있는 우군을 적군으로 오인하여 추적하는 동안 공산군은 배후에서 국민당군을 요격했다. 호종남의 포병부대 전체가 이런 방식에 휘말려 공산군에게 생포된 뒤 공산군 포병부대의 주력이 되었다. 한번은 국민당군 정예부대가 연안이 위험하다는 호종남의 연락을 받고 사령부 방향으로 달려가다가 좁은 계곡에서 예전에는 아군이었던 포병부대의 집중포화를 맞고 전멸당하기도 했다.

그즈음 모택동은 한 차례 위기를 겪기도 했다. 1947년 4월부터 왕가만^{王家灣, 왕}

^{자원}이라는 마을의 농가에서 2개월 동안 머물렀다. 6월이 되어 날이 더워지자 호위병들이 나무를 베어 정자를 만들어주었는데, 모택동은 시원한 그늘 아래 앉아서 시간 가는 줄 모르고 영어 공부에 열중했다. 6월 8일 호종남 휘하 제29군의 군장 유감劉戡, 류칸: 1906~1948이 한 부대를 이끌고 마을에 나타났다. 모택동은 호위병과 함께 허겁지겁 산속 동굴에 숨어들어가 간신히 목숨을 건졌다.

국민당군은 산동 지역에서도 공산군을 집중 공략했지만 공산군의 빠른 발을 잡지 못하고 있었다. 공산군 지휘관 진의는 화동야전군을 이끌고 적을 이리저리 유인하다가 방심한 틈을 타 각개격파하곤 했다.

1947년 1월부터 국민당군 37만 명은 전선을 남북으로 나누어 산동의 공산군을 공격했다. 남쪽 전선의 병단은 재편19군단으로 군단장 구진歐震, 오우전: 1899~1969이 지휘하는 8개 사단으로 편성되었다. 북쪽 전선에는 이선주가 지휘하는 3개 군 6만 명이 포진했다. 이에 진의는 소규모 병력으로 남쪽 전선의 적군을 유인하면서 주력부대를 채무棗蕪, 차이우에 집결시켜 첫 고지인 봉황령鳳凰嶺, 펑황링을 점령하고 국민당군을 포위했다. 공산군은 2월 20일부터 국민당군을 공격하여 나흘 만에 적을 섬멸하고 이선주를 생포했다. 진의는 이어 남쪽 전선으로 이동하면서 구진군을 공격, 1만여 명을 섬멸하여 공산군을 남북으로 협격하려던 국민당군을 제압했다.

채무전투의 패전 소식을 접한 장개석은 서둘러 15만 명의 병력을 산동 전선에 투입하고, 어림군御臨軍이라 불리는 재편74사단을 추가로 출동시켰다. 재편74사단은 국민당군의 5대 주력군의 하나로 전 병력이 미제 무기로 무장하고 있었다. 섬서성 출신의 사단장 장영보는 서북인 특유의 강맹한 기상과 철저한 반공정신으로 무장한 장개석의 심복이었다.

전투가 시작되자 쌍방의 주력부대가 맞붙기도 전에 진의의 부대가 급히 후퇴했다. 적이 무너진 것으로 판단한 장영보는 총공격령을 내려 맹량고孟良崮, 멍량구로 진격해 들어갔다. 그런데 돌연 진의의 5개 군이 뒤돌아서 넓게 포위했고, 또 다른 4개 군이 장영보 부대의 측면을 압박했다. 참모장이 퇴각하여 대오를 정비하자고 진언했지만 장영보는 맹량고를 고수하여 적을 끌어들이고 증원군과 함께 앞뒤에서

장영보

적을 공격 섬멸한다는 작전을 고수했다. 장영보는 전군을 이끌고 산동의 명산인 맹량고에 올라가 진지를 구축하는 한편 장개석에게 전황을 보고하고 증원군을 요청했다. 장개석은 신속하게 후속부대를 파견했다.

전투는 5월 13일 밤에 시작되었다. 재편74사단은 막강한 화력을 쏟아부었지만 공산군도 물러서지 않고 맞대응했다. 그런데 공산군의 측면으로 달려온 장개석의 증원군이 강력한 저항에 막혀 한 발자국도 전진하지 못했다. 그사이에 진퇴양난에 빠진 재편74단을 향해 공산군의 주력이 맹렬히 달려들었다. 결국 5월 16일 아침 공산군은 맹량고 고지를 점령하고 사단장 장영보를 사살했다. 이 전투에서 국민당군은 재편74사단과 재편80사단 1개 연대를 합하여 무려 3만2000여 명의 병력을 잃었다. 공산군은 이날의 승리로 국공내전에서 수세를 공세로 역전시켰다.

이제 공산군은 쫓기는 군대가 아니라 공격하여 승리하는 군대였다. 1947년 7

진갱

월 당 중앙은 정변현靖邊縣, 징볜현 소하촌小河村, 샤오
허촌에서 회의를 열고 전략적인 반격을 모색했
다. 회의장은 이동사령부 정원이었는데 모택동
이 태원 지구 사령관 진갱을 비롯하여 각 지구
의 지휘관들을 맞이했다. 모택동은 드디어 전
략적 반격의 시기가 왔다며 자신이 호종남 부
대를 묶어놓고 있는 동안 안심하고 적을 궤멸
시키라고 독려했다.

모택동은 이미 5월에 등소평을 서기로 하는 중원국中原局을 설립하고 대별산
을 근거지로 하는 중원전략의 책임을 맡긴 바 있었다. 대별산을 중심으로 하는
악예환鄂豫口, 어위완8 지역은 과거 장국도의 제4방면군 창설 지역이라 공산당의 지배
력이 강한 곳이었다. 6월 30일 유백승과 등소평은 황하를 넘어 대별산으로 진격
하고 있었고, 진의와 경표耿飈, 겅바오: 1909~2000 부대는 하남성, 안휘성, 강소성의 변방
에서 국민당군을 괴롭히고 있었다.

모택동은 진갱에게 휘하의 태악太岳종대와 진기위秦基偉, 친지웨이: 1914~1997의 태행
太行종대를 병합하고 여기에 38군까지 포함하여 1개 병단을 만들고, 지휘관을 맡
아 황하를 건너 예서豫西, 위시로 진격하라고 지시했다. 장차 이 세 개의 부대로 구
성한 대군이 국민당 통치구역의 심장부인 중원지구에서 품品자 형태의 진용으로
건곤일척 대망을 이루자는 것이었다.

3개 대군의 전략적 반격작전의 성패는 앞서 12만 명의 병력을 이끌고 황하를

8   하북·하남·안휘성 지역

건너간 유백승과 등소평에게 달려 있었다. 그들은 중원으로 향하던 도중 산동 서남부에서 조우한 국민당군 5만 명을 섬멸하여 남행 루트를 열었다. 그 뒤를 국민당군의 대규모 병단이 추격하고 나섰다.

공산군 선발대가 회하 강변에 다다랐을 때 공교롭게도 상류에 큰 비가 내려 강물이 넘치고 있었다. 병사들이 마을 사람들에게 수소문해 배 10척을 구했지만 그것만으로 12만 병력을 도하시키기는 불가능했다. 뒤에서 추격해 온 국민당군과 교전을 벌이고 있을 때 유백승과 등소평이 달려왔다. 현장 지휘관인 연대장이 상황을 설명하자 유백승은 긴 대나무 장대를 들고 작은 배에 올라타더니 강심으로 나아갔다. 그는 장대로 한참 동안 바닥의 깊이를 재보고는, 강심이 깊지 않으니 가교 설치를 서두르라고 지시했다. 연대장이 급히 병력을 모아 가교를 설치하고 있는데 이번에는 상류 쪽으로 올라가 강을 점검하던 유백승이 환성을 질렀다. 그곳은 충분히 도보로 건널 수 있는 깊이였다. 가교 부설은 중단되었고, 병사들은 서둘러 상류 쪽으로 이동하여 강을 건넜다.

대부분의 병력이 도하를 마치고 중포부대가 도하를 시작하는데, 강에 밀어넣은 중포가 강바닥 진흙에 빠져 옴짝달싹하지 않았다. 앞에서 끄는 말과 뒤에서 밀던 병사들이 강물에 처박혔다. 뒤쪽에서 국민당군의 포성이 가까워 오자 도하를 기다리던 병사들은 어찌할 바를 몰라 했다. 이때 등소평이 나서서 중포를 폭파하여 길을 트라고 명령했다. 중포부대 연대장이 강력히 반발했지만 등소평은 재차 폭파를 재촉했다. 중포가 파괴되고 길이 열리자 기다리던 병사들이 삽시간에 도하를 마친 후 대별산의 험준한 계곡으로 자취를 감췄다.

유백승과 등소평의 뒤를 이어 사부치謝富治, 세푸즈: 1909~1972의 부대도 황하를 건너 남쪽으로 진군했다. 공산군은 11월 하순 추격하던 국민당군 3만여 명을 섬멸하고 계획대로 33개 현에 근거지를 마련했다. 그즈음 국민당군 지역에서는 다음과 같은 풍설이 나돌았다.

일성(一誠)은 일승(一承)보다 못하고, 5류(五劉)는 일류(一劉)만 못하다.

그것은 국민당군 육군참모총장 진성陳誠 한 명과 국민당의 유씨 성을 가진 장군들, 즉 유치劉峙·유무은劉茂恩·유여명劉汝明, 유광신劉廣信, 류광씬: 1907~1997, 유여진劉汝珍, 류루전: 1904~1999 다섯 명을 다 합쳐도 유백승劉伯承 한 사람을 당해내지 못한다고 비웃는 내용이었다.

1948년 초, 유백승과 등소평이 대별산에 자리잡은 지 6개월 남짓할 무렵 국민당군이 5개 사단을 동원하여 공격을 가해 왔다. 이에 공산군은 회하, 농해, 사하, 복우산伏牛山, 푸뉴산 사이로 이동하여 화동의 8개 사단과 황하, 한수漢水, 한수이, 농해, 진포에서 집결하고 기동전으로 국민당군을 격파했다. 이어 예동豫東, 위동과 제남에서 국민당군을 대거 섬멸함으로써 중원지구의 주도권을 잡았다.

1947년 10월 10일 중국공산당은 '중국인민해방군 선언'을 공식 발표했다. 그들은 "장개석 타도와 전 중국의 해방"을 구호로 내걸고, 국민당군에 대한 전면적인 공세작전을 표방했다. 그해 12월 25일에는 섬서성 북부 미지현의 양가구楊家溝, 양자거우에서 중국공산당 중앙회의를 열고 모택동이 선언한 대로 전략적 반격을 본격화했다.

팽덕회는 서북야전군을 지휘하여 국민당군의 재편36사단을 사가점沙家店, 사자디엔에서 격파하고, 1948년 2월 연안과 황하 사이에 있는 의천宜川, 이촨에서 호종남휘하 유감 장군의 5개 여단을 섬멸했다. 한때 왕가만에서 모택동을 긴장하게 했던 유감은 이때 포위망을 뚫지 못하자 자결로 생을 마쳤다.

연안을 장악하여 국민당군의 사기를 끌어올리려던 장개석의 계획은 이 패배로 물거품이 되고 말았다. 전력의 3분의 1을 잃은 호종남이 사임의 뜻을 밝혔지만 장개석은 이를 받아들이지 않았다. 장개석은 자신이 좋아하는 사람은 아무리 과오를 저질러도 신임을 버리지 않는 성벽이 있었고, 이 때문에 호종남은 이후에도 몇 차례에 걸쳐 국민당군에게 끔찍한 재앙을 안겨주게 된다.

그즈음 모택동은 또다시 생사의 기로에서 살아남는다. 황하를 건너 하북성 부평현阜平縣, 푸핑현의 성남장城南莊, 청난좡에 머물고 있을 때의 일이다. 모택동은 오랜 파르티잔 생활로 밤에 일하고 낮에 잠을 자는 버릇이 있었는데, 8일째 되는 날 낮잠에 취해 있을 때 비행기 소리가 들려왔다. 경호대장 이은교李銀喬, 리인차오는 적의 공격을 직감하고 모택동을 깨워 방공호로 대피할 것을 재촉했지만, 모택동은 폭탄에 눈이 달려 있는 것도 아니니 자신을 맞추지는 못할 것이라며 도로 자리에 드러누워버렸다. 애가 탄 이은교는 경호원 한 명과 함께 모택동을 들쳐업고 방공호로 달려갔고, 그들이 막 방공호에 들어서는 찰나 성남장이 화염에 휩싸였다. 그토록 내부 단속을 했음에도, 아직도 공산당 내부에 스파이가 남아 있다는 사실이 확인된 순간이었다.

1948년 5월 9일 중국공산당은 중원국을 확대하여 등소평을 제1서기, 진의를 제2서기, 등자회鄧子恢, 덩쯔후이: 1896~19729를 제3서기에 임명했다. 중원군구를 신설하

---

9   1916년 일본에 유학하고 귀국 후 황포군관학교를 졸업했다. 1925년 국민당에 입당했으나 1926년 공산당에 입당하여 1930년 민서(閩西)소비에트 주석을 맡았다. 1931년 중화소비에트정부 재정인민위원에 선출되었다. 1934년 구추백과 함께 체포되었다가 처형 직전에 탈주했다. 중일전쟁 중에는 신사군 제4사 정치위원으로 복무

고 유백승·등소평 부대와 진의·사부치 부대를 중원야전군으로 개편했다. 유백승은 중원군구 사령관 겸 중원야전군 사령관, 등소평은 중원군구 정치위원과 중원야전군 정치위원, 진의는 중원군구 제1부사령관, 이선넘은 중원군구 제2부사령관에 각각 임명되었다.

중원국과 중원군구는 예서[10], 악예[11], 예환소豫□蘇, 위완쑤[12], 동백桐柏, 통바이 등 7개 구 당위원회와 2급 군구를 관할하게 했다. 중원국은 중원지구의 정치·군사·경제·당무 및 중원 전장에서 중원야전군과 화동야전군의 합동작전을 지휘하도록 하는 막강한 권한을 부여받았다.

1948년 봄부터 등소평, 유백승, 진의가 이끄는 중원국, 중원군구, 중원야전군 총사령부는 6개월간 보풍寶豐, 바오펑에서 중원지구 전쟁을 지휘하여 낙양전투, 완서宛西, 완시 전투, 완동宛東, 완둥 전투, 예동전투, 양번襄樊, 샹판 전투 등을 승리로 이끌었다. 그들은 점령지역인 낙양, 개봉, 양양 등의 주요 도시를 굳게 지켜 국민당군의 중원 방어체계를 흔들어놓았다. 또한 국민당군의 군수물자 공급기지가 있는 전략적 요충지 정주鄭州를 점령하여 중원야전군의 무기와 장비체계를 일신했다.

중원국은 보풍에 중원대학中原大學을 설립하여 지식인과 청년들을 교육시킴으로써 차세대 중국을 이끌어갈 인재를 양성했고, 공산당 간부들도 이곳에서 국

했다. 1949년 중원(中原) 임시인민정부 주석을 거쳐 정무원 재정경제위원회 위원 겸 중남(中南) 군정위원회 부주석이 되었다. 1953년 이전부터 당중앙 농촌공작부장으로 농정 부문을 지도하였는데, 1955년과 1962년에 농촌정책을 둘러싸고 모택동과 충돌을 빚었다. 1965년 부총리에서 해임되었으나 1969년 당9기 중앙위원으로 복권되었다.

10   위시(豫西): 하남 서쪽 지역.

11   어위(鄂豫): 호북, 하남 지역.

12   하남, 안휘, 강소 지역.

제 형세와 각국의 혁명 정세를 배웠다. 등소평은 1948년 6월 6일 '반좌^{反左}, 규좌^糾^{左13}'를 견지하는 '6·6 지시'를 내놓았다. 여기에서 등소평은 해방구의 토지개혁 과정에서 드러난 문제점을 지적하면서, 전 지구에서 토지분배를 중지하고, 토호들을 공격하여 빼앗은 재산의 분배나 마구잡이 몰수를 중지하며, 모든 파괴 행위를 금지하고, 구타와 체포, 살인 등을 엄금했다. 모택동은 이런 등소평의 조치를 적극 지지하고, 유소기, 주덕, 주은래에게 서신을 보내 다른 지역에서도 중원국의 '6·6 지시'에 따라 일을 처리하도록 지시했다. 그처럼 중원국은 등소평, 유백승, 진의를 중심으로 대별산을 큰 축으로 하는 중원의 근거지를 탄탄하게 다짐으로써 향후 회해전투와 장강 도강 전투, 강남 해방의 디딤돌을 놓았다.

---

13   규좌(糾左): 좌경의 잘못을 바로잡음.

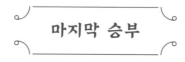

마지막 승부

요심전투

국공내전에서 가장 결정적인 전투를 꼽는다면 만주대전으로 일컫는 요심遼瀋, 랴오선 전투, 중원대전으로 불리는 회해淮海, 화이하이 전투, 천진과 북경의 평진平津, 핑진 전투를 들 수 있다. 그중 가장 먼저 벌어진 결전이 1948년 9월 12일부터 11월 2일까지 임표의 제4야전군이 치른 요심전투다. 수세에서 공세로 전환한 공산당군 병사들은 사기가 드높았으며, 소련의 군가인 〈파르티잔의 노래〉[14]를 부르며 전선으로 달려갔다.

---

[14] 〈파르티잔의 노래〉는 1828년에 작곡되어 〈시베리아 소총수 행진곡〉으로 사용되었고, 제1차 세계대전과 러시아 내전에서 다양한 가사로 불렸으며, 수많은 외국어로 번안되었다. 가장 유명한 것은 1922년에 작곡된 〈극동 파르티잔 행진곡〉으로 "계곡과 언덕을 넘어"로 시작한다. 연해주를 배경으로 하고 있으므로 중국 공산군들도 즐겨 불렀다.

높은 산을 따라 평원을 따라 파르티잔은 전진한다.

백군의 요새를 공략하기 위해 적군의 후방을 친다.

우리 깃발 피로 물들고 붉은 기는 최전선에서 달린다.

조국 국경지대의 파르티잔 우리는 용감한 기병대다.

우리의 이름 온 세상에 두루 펴져 영원히 잊히지 말기를,

우리가 세운 전공은 대대손손 명성 날리리라.

1948년 5월 공산군은 "장춘을 죽음의 도시로 만들라."는 모택동의 명령에 따라 신속하게 장춘을 공격했지만 완강한 국민당군의 저항에 부딪히자 성을 포위하고 장기전에 돌입했다. 장춘방위군사령관 정동국은 군량을 아끼기 위해 50만 명이 넘는 주민들을 도시 밖으로 내보내려 했다. 그러나 임표는 국민당군 병사들의 투항을 유도하기 위해 무기나 탄약을 소지한 사람은 탈출을 허용한 반면 주민들의 이동은 철저하게 차단했다. 민간인들이 대규모로 굶어 죽게 되면 적이 항복할 것이라 예상했기 때문이다. 공산군은 도시 외곽에 철조망과 참호를 파고 50m 간격으로 보초를 배치함으로써 빠져나갈 틈을 완벽하게 봉

1948년 9월 12일 요심전투가 개시되던 날의 심양 거리 풍경

쇄했다. 포위 3개월째가 되어 아사자가 속출했고, 견디다 못한 주민들이 떼 지어 성 밖으로 몰려나왔다.

　공산군은 주민들을 설득하여 돌려보냈지만 그들은 다시 몰려나와 밖으로 나가게 해달라고 애원했다. 아기를 내려놓고 돌아가는 사람, 초소 앞에서 목을 매 자살하는 사람까지 있었다. 그 비참한 광경에 병사들은 몰래 피난민을 보내주기도 했다. 임표도 더는 견디지 못하고 모택동에게 피난민들의 포위망 통과를 건의했지만 모택동은 그의 건의를 받아들이지 않았다. 9월 11일 임표가 피난민을 선별하여 통과시키라고 명령하자 병사들은 국민당군의 탈영병과 가족들, 의사나 교사 등 공산군에 유용한 사람들을 가려내 통과증을 발부했다. 9월 중순이 지나면서 사망자수는 기하급수적으로 늘어났다.

　임표는 몇 달에 걸친 장춘 포위에도 불구하고 적이 항복하지 않고 오히려 아군 병사들이 동요하는 모습을 보고는, 남쪽의 금주를 점령하여 동북 지역의 전세를 완전히 뒤집어버리기로 작정했다. 수하들에게 장춘 포위에 필요한 최소한의 병력을 남겨두고 나머지 70만 병력을 죄다 금주로 이동시키라고 명령했다.

　장개석은 동북 지역을 사수하지 못하면 전국적인 전세에 영향을 미칠 것이라 판단, 동북공비토벌사령관 위립황에게 심양에 있는 요요상 병단을 동부로 이동시켜 금주를 방위하라고 명령했다. 그런데 뜻밖에도 위립황이 출동을 거부했다. 장개석은 위립황의 친구이자 황포군관학교 동기생인 두율명[15]을 부사령관 자리에 앉히고 출동을 설득하게 했지만 위립황은 두율명의 말조차 듣지 않았다. 두

15　두율명(杜聿明)은 황포군관학교의 1회 졸업생으로 장개석의 북벌에 참여했다. 중일전쟁 당시 남중국과 버마 일대에서 복무했으며, 국공내전에 참여했다. 당시 공산군의 명장 임표와 맞서 화북 일대에서 승리하기도 했다. 1947년 공산당이 화북 지역을 장악하는 과정에서 포로가 되었고, 1959년부터 공산정권에 참여했다.

율명이 항명의 이유를 묻자, 위립황은 장개석이 금주에 전방지휘소를 설치하고 측근인 범한걸范漢杰. 판한제: 1894~1976을 파견하여 자신의 지휘권을 침해했다면서 자신을 견제하려는 장개석에게 절대로 협조할 수 없다고 말했다.

위립황

위립황은 진급이 늦어지는데 대하여 불만을 가졌고, 주변에서 공산당과 내통하고 있다는 모함까지 받고 있었다. 그는 버마에서 일본군을 격퇴하여 '백전백승의 위'라는 명성을 얻었지만 진급에서 제외되자 미국으로 망명하기까지 했다. 1948년 장개석이 그를

장개석(왼쪽)과 두율명

다시 불러 중요한 임무를 맡긴 것은 미국의 환심을 사기 위해서였다.

이처럼 국민당군 지휘부의 내부 분열이 심화되고 있을 때 임표의 70만 대군이 장춘과 심양에서 금주로 통하는 대로를 가득 메웠다. 공산군 선전대원들은 "금주 해방"을 외치며 병사들을 독려했다. 대규모 공산군의 남하 소식에 장개석은 다급하게 비행기를 타고 심양에 날아왔다. 긴급군사회의를 열어 화북과 산동의 7개 사단을 호로도胡蘆島, 후루다오로 보내 현지의 4개 사단과 합류하게 하고, 총 11개 사단으로 금주를 지원하게 했다. 또한 심양의 요요상 병단도 금주로 급파하도

록 했다. 장개석은 지휘관들을 둘러보며 이번 요녕성과 심양 전투에 당과 국가의 운명이 달려 있다고 역설하면서 총력을 다해 공산군의 기세를 꺾지 않으면 죽어서 묻힐 땅 한 평 남지 않을 것이라고 경고했다.

한편, 임표는 나영환과 유아루劉亞樓, 류야로우: 1910~1965에게 금주 방면으로 다가오는 국민당군 요격을 위해 탑산塔山, 타산의 2개 종대와 흑산黑山, 헤이산의 3개 종대의 배치를 서두르게 했다. 탑산은 왼쪽으로 바다에 면해 있고 오른쪽으로는 산악지대와 맞닿아 있는데 그 사이에 있는 폭이 10리쯤 되는 좁고 긴 평원지대에 도로와 철로가 지나고 있었다. 사람들은 그곳을 금서주랑錦西走廊, 진시쥐랑이라고 불렀다. 공산군은 바로 그 지점에다가, 동북방에 자리잡은 촌락을 바라보며 국민당군을 요격할 수 있는 진지를 구축했다.

오른쪽의 흑산은 2개의 유리한 고지가 있어 국민당군을 굽어보며 공격하기에 적격이었다. 공산군의 방어망이 완성된 곳으로 국민당군의 대규모 병력이 몰려들었고 하루 종일 치열한 전투가 벌어졌다. 국민당군의 주력부대 중 하나로 일명 '조자룡趙子龍사단'으로 불리는 독립제95사단의 병사들은 기관총을 난사하는 공산군 진지를 향해 육탄 돌격을 감행했다. 뒤에서는 국민당군 독전대가 아군의 후퇴를 저지하고 있었다. 국민당군 병사들이 참호까지 밀고 들어가 공산군 병사들과 백병전을 벌이는데 국민당군의 독전대가 피아를 가리지 않고 기관총을 난사하면서 국민당군 병사들이 무수히 쓰러졌다. 분개한 국민당군 병사들이 총검을 독전대 쪽으로 돌리면서 자중지란이 일어났고, 그 틈을 타고 공산군이 총공세를 벌이니 '조자룡사단'은 지리멸렬 흩어지고 말았다.

1948년 10월 14일 11시 정각, 임표가 금주성에 대한 공격 명령을 내렸다. 공격 개시 25분 만에 돌격연대의 첨병인 강철중대가 금주성을 돌파하자 후속부대가 짓쳐들어가 수비병들을 격퇴하고 성루에 홍기를 꽂았다. 공산군은 성내 시가지로 진입하여 일방적인 소탕전을 벌였다. 금주성 수비사령관 범한걸은 우체국에 숨은 채 각 지휘소에 무선교신을 시도했지만 어디에서도 응답이 오지 않았고 결국 공산군 병사들에게 사로잡혔다. 그날 오후 5시경 금주성을 완전히 장악한 공산군은 시내 중심에 있는 중앙은행 앞 광장에 운집하여 승리의 만세를 외쳤다.

금주가 공산군의 손아귀에 들어가니 5개월 이상 버티고 있던 장춘의 수비대장 정동국은 10월 20일 증택생曾澤生, 쩡쩌성: 1902~1973 장군을 포함한 6만 명의 병사들과 함께 항복했다. 장춘을 포위하고 있던 공산군 병사들은 성안으로 들어가 거리에 나뒹굴고 있는 주민들의 시체를 발견하고는 큰 충격을 받았다. 공산군에게 포위되어 옴짝달싹하지 못했던 다섯 달 동안 장춘의 인구는 50만 명에서 17만 명으로 줄어 있었다.

한편, 탑산에서 공산군과 접전을 벌이던 국민당군은 금주성 함락의 비보가 전해지자 호로도로 퇴각하여 군함을 타고 도주했다. 요녕 서쪽에 있던 요요상 병단도 산해관 남쪽으로 후퇴했다. 임표는 양홍초梁興初, 량싱추: 1913~1985의 부대 일부를 흑산과 요하로 이동시켜 요요상 병단의 퇴로를 가로막게 했다. 요요상 병단은 미제 무기로 무장한 4개의 기계화사단을 동원하여 필사적으로 포위망을 돌파하려 했다. 요하 강변의 정거장은 이들의 맹렬한 포격으로 완전히 파괴되었고, 그 와중에 공산군 1개 중대가 외팔이 병사 한 사람만 남기고 몰살당했다. 하지만 이 외팔이 병사는 중기관총 한 자루로 이틀 반 동안 진지를 지켜냈다.

흑산과 요하 일대에서 양군이 공방전을 벌이는 동안 공산군은 요녕 서쪽으로 이동하여 타호산打虎山, 따후산 남북으로 진용을 펼쳐 요요상 병단을 포위했다. 요요상 병단은 일주일 동안 한 번도 쉬지 않고 싸운 데다 7~8배나 많은 공산군 병력에게 포위되니 급격히 사기가 저하되었다. 10월 26일 공산군의 총공격 앞에 국민당군은 힘없이 무너져내렸다. 병단사령부가 초전에 박살나자 사령관 요요상은 군단장 이도李濤, 리타오: 1902~1957와 함께 지프를 타고 신6군 본부로 도망치려다 여의치 않아 부근에 있는 32사단으로 피신했다. 하지만 그들이 32사단 사령부에서 만난 것은 공산군 병사들이었다.

붕괴된 요요상 병단을 추격하는 도중에 공산군의 부대 편제가 무너져버렸다. 이를 우려한 유아루가 추격을 중지하고 부대를 재편성하자고 제의했지만 임표는 통신대에 연락하여 추격을 계속하게 했다. 이미 기호지세騎虎之勢인지라, 심양을 향해 전진하면서 대오를 정리하면 된다는 것이었다.

임표의 명령대로 각지의 사단장들은 행군하면서 부대를 재편성했다. 사흘간의 추격전으로 요요상 병단 12만 명은 완전히 섬멸되었다. 임표는 포로의 대부분을 제4야전군에 편입시켰다. 전투할 때마다 눈덩이처럼 불어난 동북야전군의 병력은 70만 대군이 되었다. 이제 공산군은 후방을 걱정하지 않고 동북의 중심지 심양으로 진격할 수 있게 되었다.

당시 심양을 지키던 위립황은 금주를 지원하라는 장개석의 명령을 거절하면서 여러 날 동안 입씨름만 벌였다. 마침내 금주가 함락되었다는 소식을 들은 그는 11월 1일 비행기를 타고 심양을 빠져나갔다. 분개한 장개석은 그를 가택연금했지만 미국의 눈치를 보느라 군사재판에 회부하지 않고 얼마 후 풀어주었다.

심양 공략에 나선 공산군은 하루 만에 심양성 외곽을 돌파하고 철서구鐵西區, 톄시구 쪽으로 진격했다. 국민당군 제8병단 사령관 주복성周福成, 저우푸청: 1898~1953이 군사회의를 소집했지만 아무도 나타나지 않았다. 휘하의 지휘관들이 모두 공산군에 투항했기 때문이었다.

불과 1개월 만에 끝난 요심전투에서 공산군은 장개석 휘하의 정예부대 50만 명을 섬멸하는 대전과를 올림과 동시에 동북 지역 전역을 석권했다. 동북야전군은 일거에 백만 대군에 이르렀고, 노획한 미제 장비로 무장도 대폭 개선되었다. 임표가 전군에 휴식을 취하고 부대의 재정비를 지시한 지 하루도 지나지 않아 중앙군사위원회에서 즉시 산해관 남쪽으로 진군하라는 명령이 떨어졌다.

심양 전선이 불타오르고 있을 때 서주를 중심으로 하는 회해지구도 긴장이 고조되고 있었다. 장개석은 회해 방면의 공산군을 의식하여 화동에 있던 부작의의 21개 사단을 해로를 통해 남하시켜 남방의 병단을 보강하려 했다. 공산당의 중앙군사위원회는 국민당군의 이런 움직임을 감지하고 동북야전군으로 산해관을 넘게 하여 부작의 부대를 화북에 묶어두려 했다.

임표는 휘하의 백만 대군을 세 갈래로 나누어 만리장성의 북쪽 관문인 산해관을 통해 화북으로 진입했다. 임표군은 국민당군의 이목을 속이기 위해 야간에만 행군하여 북경과 천진을 포위한 다음 미루어두었던 부대 재편성을 완료하고 휴식에 들어갔다.

회해전투

1948년 후반 장개석은 급격하게 강화된 공산군의 전투력을 의식하여 여러 개의 정예부대를 집중시켜 대규모 병단으로 재편성하기로 결정했다. 3~4개 군을 1개 병단으로 묶고 몇 개 병단을 한 구역에 집결시켜 고슴도치처럼 웅크리게 함으로써 공산군이 접근하지 못하도록 철벽을 쌓았다. 심양을 중심으로 하는 동북지구의 4개 병단 50만 명, 서주와 회해를 중심으로 하는 서회徐淮, 쉬화이지구의 6개 병단 60만 명, 평진지구의 20여 개 사단으로 구성된 막강한 진용이었다. 하지만 장개석은 공산군이 이전과 달리 사기가 왕성하고 전투력이 향상된 반면 국민당군의 사기가 바닥을 치고 있다는 사실을 깨닫지 못했다.

화동의 요지인 제남을 점령한 화동야전군 부사령관 속유粟裕, 쑤위: 1907~1984는 중국공산당 중앙군사위원회에 즉각 회해전투를 시행하자는 전문을 발송했다. 그는 이 전문을 유백승과 진의에게도 보냈다. 두 사람이 속유의 의견에 동의하자 모택동은 주은래, 유소기, 주덕, 임필시 등의 군사위원들과 논의 끝에 결전을 서두르기로 결의했다. 주은래의 제안에 따라 회해전선 총전적위회를 설치하고 서기에 등소평, 유백승, 진의, 속유, 담진림譚震林, 탄전린: 1902~1983을 만장일치로 선출했다. 그들은 본격적으로 공격 방침을 연구한 뒤, 비교적 고립되어 있는 국민당군의 황백도黃伯韜, 황보타오: 1900~1948 병단을 1차 목표로 삼았다.

속유

주은래에 의하면 현재 화동야전군이 황백도 병단을 포위한 상태였다. 이때 유백승이 전문을 보내 중원야전군이 숙현을 공략하면 서주와 회해 사이의 연계망을 차단할 수 있다고 알려 왔다. 그렇게만 된다면 국민당군의 황백도, 구청천邱淸泉, 치우칭촨: 1902~1949, 이미李彌, 리미: 1902~1973, 손원량孫元良, 쑨위엔량: 1904~2007 등 4개 병단은 숙현 안에 가둘 수 있으며, 이연년李延年, 리옌녠: 1904~1974, 유여명, 황유黃維, 황웨이: 1904~1989

등 3개 병단은 밖으로 내몰아 각개격파할 수 있었다.

중앙군사위원회의 명령이 정주에 전해질 무렵 화동야전군은 벌써 황백도 병단에 대한 공격을 개시하고 있었다. 등소평과 진의는 진갱이 지휘하는 중원야전군 4종대와 9종대를 파견하여 방부 등의 요충지를 공격하게 하고, 양명보전투의 영웅 진석련의 3종대로 하여금 숙현을 공략함과 동시에 진포철도를 차단하게 했다.

진갱과 진석련은 중원야전군 3개 종대를 이끌고 정주를 지나 농해철도를 따라 동쪽으로 진군했다. 진갱의 부대는 진포철도 연변의 요충지를 공략했고, 진석련의 3종대와 9종대의 27여단은 숙현성으로 들어갔다. 당시 숙현성을 지키고 있던 국민당군은 148사단과 교통경찰 제16종대를 합쳐 1만 명이었다.

1948년 11월 15일 저녁 진석련은 총공격을 명령했고, 이튿날 새벽 숙현성을 완전히 점령하여 사령관 장속무張續武, 장쑤우를 비롯한 수많은 병사들을 생포했다. 이로써 방부에서 서주에 이르는 200리 철로가 모두 공산군의 수중에 들어가, 두율명 집단과 외부 병단의 연락이 완전히 차단되었다.

장개석은 황백도 병단을 구하고자 황유 병단을 급파했는데, 공산군의 중원야전군 전적위원회는 긴급회의를 소집하여 황유 병단에 대한 대책을 논의했다. 황유와 황포군관학교 1기 동기생이었던 진갱은 그가 성적은 우수했지만 융통성 없이 고집만 센 독불장군인데 북벌 이후 주로 군관학교에서 근무하여 전투 경험이 일천하다고 지적했다. 하지만 황유 병단은 5개 군단으로 구성된 국민당군의 정예군이었고, 특히 제18군단은 11개 사단으로 이루어진 진성의 기간부대로 장개석군의 주력부대였다. 부대 전체가 최신식 미제 장비로 무장되어 있어 결코 만만하게 볼 수 없는 상황이었다.

전적위원회는 적의 장점을 아군의 장점으로 활용하기로 했다. 국민당군은 차량과 대포가 많으므로 반드시 대로를 통과할 것이었다. 황유 군단은 동쪽으로 이동하여 이연년, 유여명 등의 병단과 합류를 시도하기 위해 회하澮河, 후이허와 비하肥河, 페이허 사이를 지날 확률이 높았다. 하지만 그 지역은 공간이 비좁고 수로가 거미줄처럼 널려 있어 대규모 기계화부대가 통과하기에는 불리했다. 그러므로 전적위원들은 황유 병단이 숙현과 몽성 사이의 도로를 이용할 것으로 예측했다. 등소평은 작전지도를 세심하게 살펴보다가 남평南平, 난핑에 중포와 탱크가 통과할 수 있는 돌다리가 있음을 발견하고, 분명히 적이 그 지점으로 이동하리라 확신했다.

남평에 방어망을 구축하기로 결정하고, 진갱이 4종대와 9종대를 출동시키기로 했다. 회의 막판에 참모가 들어와 황백도 병단이 전멸하고 황백도도 자살했다는 소식을 전했다. 진갱은 곧장 남평의 회하 북쪽에 진지를 구축했다.

1948년 11월 23일 새벽 7시, 등소평의 예견대로 황유 병단이 남평에 모습을 드러냈다. 국민당군은 진지를 구축하고 앞길을 막아선 공산군에게 맹렬한 공격을 퍼부었다. 대포와 탱크 부대가 시커멓게 몰려왔고, 인근 비행장에서 발진한 국민당군 비행기들이 번갈아 폭격했다. 공산군 진지는 삽시간에 불바다가 되었지만 병사들은 참호 깊이 몸을 숨기고 있다가 적군이 밀려들면 일제히 사격을 가했다. 공산군은 이틀 동안 황유 병단의 물량 공세를 견뎌냈다.

이때 중원야전군이 출동하여 사면팔방으로 황유군을 포위하니, 황유 병단이 크게 흔들렸다. 18군단장 양백도楊伯濤, 양보타오: 1909~2000는 공산군이 병단 전체를 에워싸려는 것을 알고 적에게 움직임이 포착되지 않는 동남쪽 고진固鎭, 구전 서남방의 철로 쪽으로 이동할 것을 제안했다. 병단 부사령 오소주吳紹周, 우샤오저우: 1902~1966도 그의 의견에 동의했다. 하지만 황유는 예의 독불장군 식으로 그들의 조언을 무시해버렸다. 쌍방 간에 치열한 교전이 벌어지는 가운데 공산군의 포위망이 완성되어가고 있었지만 황유는 이렇다 할 대책을 내놓지 않았다.

11월 24일 황유는 회하의 지형이 아군에게 절대 유리하다면서 『초한지』의 한신처럼 배수진을 치고 공산군과 후회 없는 한판 대결을 벌이자고 큰소리쳤다. 오소주는 터져 나오려는 분통을 애써 삼키며, 이 자리를 서둘러 떠나지 않으면 적의 십자포화에 전멸당할 것이라고 황유를 설득했다. 오소주가 간곡하지만 명확한 태도를 취하고 양백도까지 이 의견에 가세하자 황유는 결국 부대 이동을 명령했다.

양백도가 부대를 정비하여 고진으로 이동하려는데 황유로부터 전화가 왔다. 이동 명령을 취소하니, 현 위치에서 대기하라는 것이었다. 황유의 우유부단한 성격이 기승을 부렸던 것인데, 황유는 공산군의 포위망이 완성된 11월 25일 새벽녘에야 전군에 이동 명령을 내렸다. 하지만 이미 때는 늦었다.

중원야전군의 포위망이 완성되자 진갱은 회하 도하를 강행했다. 공산군은 사방에서 황유 병단을 압박하여 숙현 서남쪽의 쌍퇴雙堆, 솽두이로 몰아넣었다. 그곳에는 공산군 6종대와 11종대가 기다리고 있었고, 황유 병단의 10만 명이 넘는 대병력은 둘레 90여 리의 포위망 안에 갇혀 꼼짝 못하는 신세가 되었다.

이 급보를 전해 들은 장개석은 두율명에게 서주를 포기하고 구청천, 이미, 손원량 등의 3개 병단을 출동시켜 황유 병단을 구출하라고 명령했다. 이연년, 유여명 병단에게는 남쪽으로부터 이들을 지원하도록 했다. 남북에서 협공하여 공산군의 포위를 흐트려놓겠다는 작전이었다.

중원야전군 부사령관 속유는 화동야전군의 주력을 급히 동쪽으로 이동시켜 두율명과 이연년 병단을 가로막았다. 황유는 부대의 일부를 남쪽으로 출동시켜 포위망을 뚫으려 했지만 공산군에게 격퇴당하고 만다. 황유는 11월 27일 밤 재차

4개 주력 사단을 동원하여 동남쪽 소리촌小理村, 샤오리촌 방향으로 돌파를 명령했다. 하지만 그 길이 황천길이라는 사실을 알고 있던 장령들은 대부분 그의 명령을 외면했다. 간신히 110사단장 요운주廖運周, 랴오윈저우: 1903~1996가 명령에 수긍하니 황유는 그에게 선봉을 맡겼고, 여기에 120사단장 장극협張克俠, 장커샤: 1900~1984이 동행하겠다고 나섰다.

그날 밤 공산군의 포위망을 돌파하기 위한 국민당군의 기습작전이 펼쳐졌다. 요운주의 110사단과 장극협의 120사단이 출동했다. 자정이 지난 시각 국민당군 진영 쪽에서 붉은색과 파란색, 두 발의 신호탄이 피어올랐다. 미리 정해둔, 작전 성공을 알리는 신호였다.

황유는 선발대가 적의 포위망을 뚫었다고 믿고 3개 사단을 필두로 일대 탈출을 시작했다. 그런데 부대가 마을 밖으로 나서자마자 맞은편 숲속에서 총알이 빗발치듯 날아들었다. 수많은 병사들이 죽어갔지만 황유는 소규모 공산군의 저항이라 생각하고 3개 사단이 번갈아 1개 사단씩 돌파를 시도하게 했다. 하지만 포위망은 꿈쩍도 하지 않고, 시간이 지날수록 화력이 배가되었다.

사실, 요운주와 장극협은 공산군과 내통하고 있었다. 그들은 등소평, 유백승에게 투항하기로 약속하고 휘하의 2개 사단을 인솔하여 공산군이 지정한 경로로 빠져나온 것이었다. 공산군은 황유의 제14군이 나타나기를 기다렸고, 뒤편에서 돌파를 준비하던 제10군과 제18군을 궤멸시켰다.

당시 황유의 주변에는 공산당 간첩들이 우글거렸다. 총사령부 총참모차장 유비와 총작전처장 곽여괴郭汝□, 궈루구이: 1907~1997 역시 오래전부터 공산당과 내통하고 있었다. 곽여괴는 회해전투계획을 직접 지휘하여 장개석으로부터 깊은 신임을 받았다. 일부 야전사령관들은 곽여괴를 의심했고 장개석의 아들 장위국은 간첩으로 확신했으나, 장개석은 유비의 천거에 따라 그를 사천성으로 전보시켰을 뿐이었다. 훗날 곽여괴는 예하 부대를 이끌고 공산당에 투항했다. 유비는 1949년 4월 최후의 협상 대표로 공산당이 점령한 북경에 갔다가 눌러앉았고, 모택동은 유비를 가리켜 인민공화국 건국에 큰 공을 세운 시민이라고 추켜세웠다.

황유는 포위망을 돌파할 가망이 없자 부대를 철수시키고, 깊이 웅크린 채 수비태세로 돌아섰다. 날씨는 춥고 땅은 얼어붙어가는데 십만이 넘는 병력이 좁은 쌍퇴에 갇혀 공포에 떨어야 했다. 탄약과 식료품은 비행기로 공수되었지만 식수와 연료를 해결할 길이 없었다. 비행기가 나타나 물자를 투하하면 장교 사병 할 것 없이 우르르 몰려들어 아수라장이 되었다.

장개석은 남경에 있던 병단 부사령 호련胡璉, 후롄: 1907~1977을 항공편으로 쌍퇴에 보내 황유를 격려하고 이연년 병단의 지원을 재촉하게 했다. 그리고 아들 장위국에게 탱크연대를 이끌고 외곽에서 공산군의 포위망을 무너뜨리게 했다. 장위국의 탱크부대는 쌍퇴 외곽에서 화동야전군 6종대와 격돌했다. 가까스로 적진을 돌파하여 쌍퇴 방향으로 달려가려는 순간 공산군 병사들이 수류탄을 들고 육탄돌격을 감행하여 선두의 탱크들을 폭파했다. 이를 신호로 사방에서 공산군 병사들이 몰려드니 장위국은 서둘러 퇴각 명령을 내렸다.

화동야전군 11종대가 두율명 집단을 오도 가도 못하게 포위하고 6종대가 이연년과 유여명의 2개 병단을 저격하는 동안, 중원야전군 7개 종대는 화동야전군 7종대·13종대 및 특별종대와 합류하여 동부집단·서부집단·남부집단을 편성하고 황유 병단의 진지를 옥죄었다.

진갱은 중원야전군 4종대, 9종대, 11종대 병력으로 동부집단을 구성하고 쌍퇴 외곽을 둘러싸고 있는 이거자李渠子, 리취즈, 심장沈莊, 천좡, 양원자楊園子, 양위엔즈, 양장

楊莊, 양쭹 등지를 공략하여 국민당군 제14군을 섬멸하고 군단장 웅수춘熊綬春, 슝수이춘을 사살했다.

쌍퇴 동쪽을 장악한 후, 총전적위원회는 화동야전군 3종대와 13종대를 이동시켜 남부집단과 합동작전을 전개하도록 했다. 12월 14일 밤, 남부집단은 쌍퇴의 임시비행장 남단에 있는 첨곡퇴尖谷堆, 지엔구뚜이 고지를 공략했다. 이어서 공산군의 여러 부대가 일제히 참호를 파며 전진하여 황유 병단의 핵심 진지 바로 앞까지 진출했다. 눈 덮인 산 위에 거미줄처럼 파놓은 무수한 교통호를 통해 공산군이 몰려들었다. 황유 병단은 결국 전투가 시작된 지 12시간도 되지 않아 섬멸되었다. 사령관 황유를 비롯하여 오소주, 양백도, 담도선譚道善, 탄다오산 등 주요 사령관과 군단장들은 모조리 생포되었다.

중원야전군은 황유 병단을 섬멸한 뒤, 두율명 집단을 겨냥했다. 두율명군은 화동야전군 11개 종대에 포위당한 채 30만 병력이 진관장陳官莊, 천관좡에서 청룡靑龍, 칭룽에 걸쳐 있는 10여 리의 공간에 갇혀 황유 병단보다 더 비참한 신세였다. 수많은 병사들이 좁은 공간에서 살아남기 위해 투쟁하고 있었다. 날씨가 추워지고 의

1948년 12월 회해전투 중 해방군의 포로가 된
국민당 제12병단 사령관 황유(왼쪽 앞)와 그 부하병사들.

복과 식량이 부족해지자 병사들은 공수물자를 먼저 차지하기 위해 아귀다툼을 벌였다. 일부 장교들은 직권을 이용하여 격납고에 보급품을 잔뜩 쌓아두고 병사들에게 팔았다. 그중에서도 고가품은 담배와 밀가루였다. 가장

가련한 것은 서주에서 끌려온 학생들이었다. 남학생들은 전투중대에 편입되어 방패막이가 되었고 여학생들은 병사들에게 매춘을 강요당했다.

두율명 집단은 화동야전군 11개 종대에게 포위당한 뒤에도 황유, 이연년, 유여명의 3개 병단과 합류할 수 있다는 희망을 품고 사력을 다해 화동야전군 진지를 공격했다. 하지만 완강한 공산군의 저항으로 별다른 성과를 거두지 못했다.

화동야전군과 중원야전군은 12월 16일부터 잠시 공격을 중단하고 휴식을 취하며 부대 정비에 들어갔다. 그것은 장차 평진전투에 대비하는 한편 장개석이 화북의 부작의 부대를 철수시키지 못하게 하기 위해서였다. 그 틈을 타 두율명은 공산군의 포위망을 돌파하려 했다. 장개석은 비행기 100대를 보내 엄호해주겠다고 약속했지만 때마침 폭설로 인해 비행기의 이착륙이 불가능해졌다. 탱크도 움직일 수 없었다.

1949년 1월 6일 화동야전군이 부작의 예하부대에 대하여 총공세를 펼쳤다. 그들마저 무너지면 아무런 희망이 없기에, 1월 9일 밤 두율명은 전군에 포위망 돌파 명령을 내렸다. 네 방향에서 돌파를 시도했지만 막강한 포위망은 꿈쩍도 하지 않았고, 오히려 혼란을 틈타 공산군이 총공격을 개시했다. 두율명은 조카가 이끄는 경호중대가 전멸하자 병사용 솜옷으로 갈아입고 사지에서 벗어났다. 공산군은 먼동이 틀 때까지 추격을 계속하여 두율명 사령부와 2개 병단 본부를 점령했다. 이보다 앞서 손원량 병단은 서주에서 철수하다가 섬멸당했다. 유여명과 이연년의 2개 병단은 북쪽을 지원하다가 남쪽 지평선에서 섬광이 번쩍이면서 포성이 이어지자 두율명 집단이 섬멸된 것을 알아채고 도주했다.

회해전투가 끝난 지 사흘째 되던 날 인근 지역을 정찰하던 화동야전군 병사들이 숲속에서 패잔병을 생포하여 중대로 연행했다. 그중 나이 지긋한 병사가 심문을 받던 도중 자살을 시도했다. 두율명이었다. '서주공비토벌부 사령관 겸 전선 지휘소 지휘관'이라는 거창한 직함을 갖고 있던 중장 두율명의 체포와 함께 화해 전투는 막을 내렸다.

회해전투는 공산군의 화동야전군과 중원야전군 병력 60만 명이 65일간의 합동작전을 펼친 끝에 국민당군의 1개 전략지휘소와 5개 병단 본부, 22개 군 본부, 56개 사단 55만5000명의 병력을 섬멸한 전투였다. 남경에서 출동한 국민당 증원 군 2개 병단 가운데 황백도와 구청천은 사살되었고, 이미와 손원량은 도주했으며 황유는 생포되었다. 공산군은 그 밖에도 수많은 군단장과 사단장을 생포함으로 써 장개석에게 치명적인 타격을 입혔다.

평진전투

회해전투의 패배로 장개석의 입지는 더욱 좁아졌다. 이제 그에게 남은 병력은 북경의 부작의와 천진의 진장첩陳長捷, 천창제: 1892~1968 병단뿐이었다. 공산군이 평진전 투를 시작하면서 그들은 평진전적위원회가 지휘하는 동북야전군과 화북야전군 에게 포위되었다. 부작의는 휘하의 주북봉周北峰, 저우베이펑: 1903~1989을 공산군 진영에 보내 정전협정을 논의했지만 그 뒤로 연락을 취하지 않아 흐지부지된 상태였다.

모택동은 북경의 중요성을 인식하여 전투보다는 협상을 통해 해결하고자 했다. 공산군의 일차 목표는 천진이었다. 임표는 중앙군사위의 명령에 따라 천진에 있는 양류청楊柳靑, 양류청의 상원桑園, 쌍웬으로 가서 천진 전선 사령원 유아루와 함께 천진 공략 작전을 논의했다.

천진은 화북 최대의 공업도시로 인구
가 200만 명이었다. 자아하^{子牙河}, 쯔야허, 북운
하^{北運河}, 베이윈허, 남운하^{南運河}, 난윈허, 해하^{海河}, 하
이허 등 7~8개의 하천을 기준으로 여러 개의
구역으로 나뉘어 있었는데, 시내에는 해광
사^{海光寺}, 하이광쓰, 중원공사^{中原公司}, 중위엔꽁쓰 등
을 중심으로 고층건물이 즐비했다. 천진의
방어시설은 일본인들이 설치했는데 현재의
방어사령관인 진장첩이 1947년부터 연인원

진장첩

10만 명을 동원하여 보수공사를 한 터라 난공불락을 자랑했다. 성 둘레에는 깊고
넓은 해자가 둘러쳐 있고 성벽 안팎으로 300여 개의 참호가 설치되어 있었다. 공
산군이 접근하자 진장첩은 성을 둘러싸고 있는 2km 이내의 민가를 불태워 공백
지대를 만들어놓고 일전에 대비하고 있었다. 천진을 수비하고 있는 병력은 10개
사단 13만 명이었다.

임표는 천진의 엄밀한 대비태세를 보고 탄복했다. 임표는 공격부대인 동북
야전군 1, 2, 7, 8, 9종대의 지휘관들을 불러들여 작전회의를 열었다. 기본적으로
천진 공략은 동쪽과 서쪽에서 동시에 공격을 개시하여 허리 부분을 절단한 다음
분할하여 적을 섬멸한다는 계획을 수립했다. 지휘관들이 자대로 복귀하여 전투
배치를 시작하자 임표는 진장첩에게 항복을 권유하는 편지를 써서 적진으로 보
냈다. 천진이 중국의 주요 공업도시인 만큼 앞날을 위해 온전하게 접수하고 싶었
던 것이다.

진장첩은 천진성의 방어망을 과신하고 있었다. 공산군이 성을 포위하자 남

운하의 수문을 열어 해자에 대량의 물을 방류했다. 해자에 물이 넘쳐흐르면서 지세가 낮은 동서 지역에 배치된 공산군 진지가 물에 잠겼지만, 공산군이 급히 반대쪽 수문을 열어 물을 빼니 수위는 이전의 높이로 돌아갔다. 공산군은 해자를 넘기 위해 극한 수단을 동원했다. 탱크부대를 해자 안으로 진격시켜 가라앉히고, 그 위에 부교를 설치했다. 탱크 조종사들의 살신성인으로 공격통로가 마련되었다. 진장첩이 그 모습을 보고 간담이 서늘해 있을 때 한 병사가 임표의 편지를 가져왔다.

진장첩, 임위주, 유원한 장군께.

우리는 곧 공격을 개시하고자 합니다. 정동국은 장군들이 본받을 만한 사람입니다. 장군들께서도 그분처럼 항복한다면 인민을 위해 큰 공을 세우는 것입니다. 반대로 저항한다면 파멸뿐입니다. 우리가 총공격을 하기 전에 대표를 보내 교섭에 임하시기 바랍니다. 장소는 어디라도 좋으니 사령부를 찾아주십시오. 그러면 귀하를 호송하여 우리와 협상하게 해드리겠습니다. 임표, 나영환 드림.

진장첩은 임위주林偉疇, 린웨이초우, 유원한劉元瀚, 류위엔한을 불러 대책을 논의했다. 유원한은 강화회담은 상인들의 거래 같은 것인데 우리는 파는 쪽이고 저쪽은 사는 쪽이니 상황이 나쁘다고 해서 헐값에 넘겨서는 안 된다고 주장했다. 항복할 때 항복하더라도 이쪽이 협상의 주도권을 쥐어야 한다는 뜻이었다.

진장첩은 임표에게 답신을 보내 적군과 싸워보지도 않고 무기를 버리는 것은 군인으로서 치욕적인 행위라면서 화평을 도모하려거든 공산군 측에서 성안으로 대표를 파견하라고 응수했다. 그런데 사흘 동안 임표로부터 응답이 없어 초조

해진 진장첩은 4명의 대표를 공산군 주둔지인 대남하大南河, 다난허로 보냈다. 천진 전선 사령원 유아루는 그들에게 11월 11일 이전에 무기를 버리지 않으면 총공격을 시작하겠다고 했다. 그리고 공산군이 협상을 종용한 것은 죽음이 두려워서가 아니라 천진시를 인민에게 고스란히 돌려주려는 뜻이라고 부언했다.

그 후 협상 대표들이 다시 공산군 진영을 오가며 논의한 끝에 항복 기한이 13일로 연기되었다. 그러자 진장첩은 공산군이 손실을 두려워하는 것으로 오판하고 엉뚱한 제안을 내놓았다. 천진성과 총포, 탱크를 넘겨주는 대신 병력을 보전하여 철수하게 해달라는 것이었다. 유아루는 이는 담판을 거절하는 것이나 마찬가지라며 대표들을 쫓아냈다. 임표는 그 상황을 보고받고도 여유로운 표정이었다. 그날 북경에서 부작의의 협상 대표가 찾아오기로 되어 있었던 것이다. 임표는 부작의로 하여금 진장첩에게 무장해제를 종용할 생각이었다.

화북공비토벌총사령 부작의는 평진전투 이래 패전을 거듭하고 있었다. 그의 직계부대인 제35군은 화북야전군 양성무, 양득지, 나서경羅瑞卿, 뤄루이칭: 1906~1978, 경표 등의 병단과 산해관 이남에 진입한 동북야전군 선봉부대의 합동작전으로 신보안新保安, 신바오안에서 패주했다. 이때 군장 곽경운郭景雲, 궈징윈: 1898~1948이 자결했다. 뒤이어 제104군도 양래陽來, 양라이에서 패했고 군장 안춘산安春山, 안춘산: 1907~1979은 인부로 위장하여 간신히 북경으로 도망쳤다.

제35군과 제104군이 궤멸되면서 부작의의 직계병력은 별로 남아 있지 않았다. 20만 명의 북경수비병 중에 부작의가 마음 놓고 부릴 수 있는 병력은 10% 남짓이었다. 천진의 진장첩 부대는 직계는 아니었지만 항일전쟁 당시 산서에서 보인 활약상으로 볼 때 비교적 믿을 수 있다고 여겼기에 그에게 의지하려 했다. 부작의는 등보산鄧寶珊, 덩바오산: 1894~1968, 주북봉 등 협상 대표들이 돌아와 임표의 요구를 전달하자 즉시 진장첩에게 성을 굳게 지키고 있으면 곧 좋은 방법이 있을 거라고 격려했다. 그 시각에 진장첩은 협상을 타결시켜 병력을 이끌고 천진성을 빠져나갈 궁리에 몰두하고 있었다. 하지만 임표는 더 이상 기다려줄 생각이 없었다.

1949년 1월 14일 오전, 임표가 전군에 총공격 명령을 하달했다. 한 시간여에 걸쳐 폭탄이 쏟아지고 공산군 병사들이 새카맣게 몰려들어 부교를 건너더니 성벽을 기어올랐다. 수비병들이 결사적으로 저항했지만 압도적인 화력 앞에 속수무책이었다. 불과 30분 만에 공산군은 여섯 개의 공격지점을 모두 돌파하고 성안으로 밀려들어갔다.

진장첩은 참모들과 함께 경비사령부 안에 있는 충렬사^{忠烈祠, 쭝례츠} 지하실로 들어가 전투를 지휘했다. 포대에 발포를 명령했지만 이미 제압당한 포대는 반응이 없었고, 유선으로 각 진지에 통화를 시도했으나 돌아오는 응답은 없었다.

15일 새벽, 공산군 병사들이 경비사령부를 점령하고 충렬사로 몰려들었다. 공산군에게 생포된 진장첩은 유아루와 담판하겠다고 제안했지만 이미 그것은 잠꼬대에 불과했다. 결국 진장첩은 수비병들에게 투항을 명령했다. 전투가 시작된 지 불과 10시간 만에 중국 최대의 공업도시 천진은 그렇듯 공산군의 수중에 들어갔다.

북경 입성

임표와 나영환이 진장첩에게 항복을 종용하러 양류청에 갔을 때 섭영진은 통현^{通縣, 통현의} 송장^{宋莊, 쏭좡에서} 부작의의 협상 대표인 등보산과 주북봉을 만나고 있었다. 임표가 송장에 도착하자 섭영진은 부작 의가 공산군 측에서 제안했던 1월 14일의 협상시 한에 대하여 1개월 정도 연장 요청을 해 왔다고 전했다. 임표는 부작의가 천진 공략에 실패하기 를 기다리고 있음을 알고 쓴웃음을 지었다. 임표 는 즉시 등보산과 주북봉을 회담장으로 불러들 여, 천진이 함락되었음을 통보하고 이제 천진은 협상 논의에서 제외되었음을 밝혔다.

부작의

한편, 부작의는 천진에서 전투가 시작되 자 유무선을 총동원하여 전황 파악에 골몰했으 나 연락이 두절되어 노심초사하고 있었다. 때마 침 장개석의 아들 장위국이 비행기 편으로 북경 에 도착했다. 남원南苑, 난위엔비행장은 이미 공산군 에게 점령당한 뒤라 임시비행장인 천단天壇, 톈탄에 착륙했다. 곧장 중남해中南海, 중난하이의 사령부로 달

장위국

려온 장위국은 부작의에게 무슨 이유로 공산당과 화평회담을 하고 있느냐며 힐 난했다. 부작의가 애써 부인하니 장위국은 이미 총통이 사실을 알고 있다면서 당 신이 화북의 국민당군을 보전하기 위해 거짓 협상을 하고 있음을 다행으로 여긴 다고 말했다. 부작의는 자신의 의도에도 불구하고 임표가 속아넘어가지 않고 천 진 공략을 개시했다고 한탄했고, 장위국은 현재 진장첩이 실종 상태라면서 부작 의에게 북경의 수비병력 철수를 종용했다.

부작의가 현재 북경성 밖에 100만 명의 공산군이 포위하고 있음을 이유로 난

색을 표하자, 장위국은 주력부대인 제13군, 제14군을 우선 항공편으로 철수시키고 나머지 병력은 추후 남경으로 공수할 것을 제안했다. 그 말을 들은 부작의는 장개석이 이 기회를 틈타 장개석 본인에게 충성하는 제13군의 석범石範, 쓰판과 제14집군의 이문일李文一, 리원이: 1907~1975만 살려두고 나머지 병력을 제거하려는 의도임을 간파하고 단호하게 반대했다. 결국 장위국은 별다른 성과를 거두지 못하고 남경으로 돌아갔다.

부작의는 현재와 같은 위기상황에서도 모든 일을 정략적으로 처리하는 장개석의 행태에 분개했다. 마침 등보산이 보낸 전문이 그에게 전달되었는데, 천진이 함락되고 진장첩이 포로가 되었다는 급보였다. 충격을 받은 부작의가 잠시 정신을 잃었다가 깨어났을 때 그의 곁에는 딸 부동국傅冬菊, 푸둥주이 있었다. 부동국은 오래전부터 중국공산당에 동감을 표명했던 여대생으로, 이때 아버지 부작의에게 정의롭지 못한 장개석 일파와 결별하고 인민을 위해 싸우는 공산군과 손잡으라고 권유했다. 부동국은 지금 즉시 무전으로 공산군에게 비행장 포격을 통지하면 동료들을 버리고 도망치려는 불의한 무리들을 잡아둘 수 있다고 아버지를 설득했다. 부작의는 등보산에게 연락했고, 등보산은 섭영진에게 부작의의 뜻을 통보했다. 이윽고 공산군 포병대가 천단의 비행장에 포격을 가했다. 순식간에 활주로가 산산조각 나 이착륙이 불가능해지자, 장개석의 휘하부대를 수송하러 날아왔던 비행기들은 되돌아가야 했다.

이를 시작으로 공산군과 부작의 측 사이에는 대치상태의 평화적 해결을 위한 회담이 본격적으로 진행되었다. 1949년 1월 18일 부작의 측 협상 대표인 하사원何思源, 허스위엔: 1896~1982의 집에 폭탄이 터져 하사원의 둘째 딸이 죽고 다섯 명이 부상당했다는 소식이 들려왔다. 하사원 본인은 부상을 입고 병원으로 긴급 후송되었다. 이 사건은 협상을 방해하려던 국민당 조사통계국인 보밀국保密局의 소행이었다. 병원으로 급히 달려가던 부작의의 자동차 또한 왕부정王府井, 왕푸징 동쪽 입구를 지날 때 총격을 받았지만 경호원들의 응사로 위험에서 벗어날 수 있었다. 병상에서 부작의를 맞은 하사원은 부상에도 불구하고 다음 날인 1월 19일 공산군과 마지막 회담에 반드시 참석하여 결론을 이끌어내겠다고 했다.

부작의는 긴급군사회의를 소집하여 공비토벌부 사령 곽종분郭縱汾, 궈중펀, 안춘산, 석범, 이문일 등 주요 지휘관들을 불러모았다. 이 자리에서 부작의는 병원으로 가던 중 자신에게 총격을 가한 보밀국 특수공작원의 증언을 들려주었는데, 이 공작원은 부작의 암살에 실패한 직후 경위부대에게 체포되었다. 그의 입에서 부작의를 비롯한 북경의 고위 장성들이 공산당에 투항하지 못하도록 보밀국에서 암살을 지시했다는 진술이 터져 나왔다.

부작의는 휘하 장성들에게 자신의 뜻을 밝혔다. 제35군과 제104군, 천진 수비군의 희생은 장개석의 정치적 야심으로 말미암은 것이었으며, 그동안 자신이 당과 국가를 위해 임표와 거짓 협상을 벌인 대가로 돌아온 것은 장개석에 의한 암살 지시였는바, 더 이상의 충성은 무의미해졌으니 공산당에 투항하겠다는 것이었다. 그러면서 자신의 뜻에 동조하지 않는 사람은 군이 붙잡지 않고 북경 밖으로 내보내주겠다고 했다. 안춘산을 비롯한 몇몇 지휘관들은 부작의의 뜻에 따랐고, 석범, 이문일 등 장개석의 직계 장군들은 남경으로 돌아갔다.

1949년 1월 22일 동북야전군 병력이 입성하면서 북경은 공산군의 수중에 들어갔다. 그와 함께 임표 부대가 주도적으로 싸운 평진전투도 마무리되었다. 공산군은 장가구전투 이래 국민당군 52만 명을 제압했다. 그중 신보안 35군, 장가구 제1병단, 천진 65군과 82군, 양래의 104군 등 20여만 명을 섬멸하고, 북경 공비토벌사령부의 제13군, 제14집단군, 제208사단, 청년군 92군 등 모두 20여만 명의 병력은 공산군으로 개편했다.

1949년 2월 3일 공산군 본대가 북경에 입성했다. 노획한 미제 전차에 올라 북경의 대로를 행진하는 공산군 병사들 뒤로, 농민유격대, 연극부대의 남녀 요원들, 무용대와 선전대, 의료대, 간호대, 대장정의 노병들이 줄을 이었다. 이 대열이 남대문을 통과하는 데만 꼬박 하루가 걸렸다.

2월 26일 모택동이 이끄는 당 중앙은 석가장을 떠나 북경으로 향했다. 모택동 부부, 주은래 부부, 임표의 아내, 주덕, 팽덕회를 비롯하여 당과 군총사령부의 간부들, 당의 행정기관·학교·훈련소 등의 요원 300여 명과 500여 명의 경호 병력이었다. 그들은 국민당군에게 빼앗은 60대의 각종 차량에 이삿짐을 빼곡하게 싣고 이틀 동안 동북쪽을 향해 달려갔다.

3월 1일 임표가 휘하 장령들을 이끌고 그들을 마중 나왔고, 해질 무렵 북경 북쪽 약 30km 지점인 향산에서 조우했다. 그날 모택동 일행은 북경 입성을 미루고 향산의 고갯마루에 수백 개의 횃불을 밝히고 춤을 추며 노래를 불렀다. 예로부터 북방의 정복자들은 그 고개를 넘어서 북경을 정복했다. 모택동도 그들과 같은 길을 걸어왔다.

이튿날인 3월 2일 모택동 일행은 임표의 안내를 받아 조용히 북경에 입성했다. 모택동과 당 중앙정치국은 서태후의 별장이었던 이화원□和園, 이허위안의 해취원諧趣園, 세취위안에 자리잡았다.

남경 함락

1949년 1월 장개석은 신년사에서 남경정부의 존속을 전제로 중국공산당 측에 협상을 제의했다. 하지만 모택동은 전범과는 결코 대화하지 않겠다면서 1월 14일 아래와 같은 8개항의 제안을 내놓았다.

1. 장개석을 포함한 모든 전범을 처벌할 것.
2. 1947년 헌법은 무효이므로 폐지할 것.
3. 국민당의 법제를 폐지할 것.
4. 민주주의 원칙에 입각해 모든 반동 군대를 재편성할 것.
5. 모든 관료 자본을 몰수할 것.
6. 토지소유제도를 개혁할 것.
7. 모든 매국적 조약을 폐기할 것.
8. 민주적 연합정부를 구성하기 위해 완전한 정치협상회의를 소집할 것.

그러자 국민정부는 미국·영국·프랑스·소련 등, 중국과 긴밀하게 관련된 각국 정부 앞으로 화의교섭을 중개해달라고 간청했지만 거절당했다. 결국 장개석은 1월 21일 하야했다. 그의 총통 직위는 광서군벌 이종인이 이어받았다. 이종인은 모택동에게 8개항에 대하여 타협하려 했지만 모택동은 장개석을 포함한 주요 전범의 인도를 고집했다. 이에 국민당 강경파들이 결사항전을 주장했으나, 실권이 없는 이종인은 결정을 미루면서 시간을 보냈다.

그해 봄부터 공산군은 양자강 북안에 집결하여 도하 명령만을 기다리고 있

이종인

었다. 모택동은 3월경 당 중앙을 북경 서쪽에 있는 휴양지 향산으로 옮기고 자신은 향산공원 내에 있는 쌍청별서雙淸別墅, 솽청베수에 머물렀다. 4월 4일 모택동은「남경정부는 어디로 가는가?」[16]라는 글을 발표하여 국민정부의 몰락이 임박했음을 알렸다.

1949년 4월 1일 오후, 남경정부에서 장치중을 비롯한 최후의 협상 대표단이 북경에 도착했다. 그날 밤 환영연이 끝난 뒤 장치중과 주은래가 실질 회담을 가졌다. 주은래가 남경의 공식 입장을 묻자 장치중은 이종인 총통대리와 백숭희 사령의 의견은 장강을 경계선으로 하여 남북으로 나누자는 것이라고 대답했다. 주은래가 실권자인 장개석의 의중을 다그쳐 묻자 장치중은 자신은 정부의 공식입장만을 대변할 뿐이라고 말했다. 이에 주은래는 중국공산당의 승리는 확고하며 전투를 통해 문제를 해결할 수 있지만 파괴를 줄이기 위해 회담을 승인했고, 만일 담판이 성사되지 않으면 공산군은 장강을 건널 것이고 차후 전범 처벌에서 당사자의 태도에 따라 정상 참작이 이뤄질 것이라고 단언했다. 또한 국민당군은 모두 인민군으로 개편하겠지만 그 시기는 다소 연기할 수 있다고 했다. 장치중은 명목상 대표였을 뿐 별다른 권한이 없었으므로 공산당의 구체적인 방안을 제시해달라는 말로 1차 회담을 마쳤다.

4월 15일 밤 9시, 공산당 대표단과 남경 대표단은 중남해의 근정전勤政殿, 친정디엔

16 　　南京政府向何處去.

에서 제2차 회의를 열었다. 주은래는 최종적으로 정리한 평화협정문을 내밀고 서명을 종용했다. 그것이 최후통첩임을 확인한 장치중은 국민당의 패배를 재삼 인정하면서 공산당 측의 요구를 받아들이겠다고 대답했다. 주은래는 회담이 만료될 때까지 공산군의 장강 도하를 미룰 테니 4월 20일까지 총통대리 이종인의 재가를 받아 오라고 통보했다.

남경 대표단은 그날 밤 황소횡과 굴무屈武, 취우: 1898~1992를 남경으로 보내 협정문의 재가를 요청했다. 총통대리 이종인은 광서계의 간부와 백숭희, 장위국 등을 불러 대책을 논의했다. 이종인은 입을 다물고 있고 백숭희는 협정문을 읽은 뒤 분개하며 방을 나가버리자, 황소횡은 공산당 측의 최종시한이 목전에 왔으니 협정문을 장개석에게 보내 의견을 들어보자고 제의했다. 장군張羣, 장췬: 1889~1990이 장개석이 은거하고 있던 계구진으로 찾아갔는데, 장개석은 장치중의 무능을 비난할 뿐이었다.

남경정부가 그렇듯 우왕좌왕하는 사이에 4월 20일이 도래했다. 결국 이종인은 북경에 머물고 있는 협상 대표 장치중에게 전보를 쳐서 협정문에 서명하지 말라고 지시했다. 4월 21일 장치중으로부터 그 사실을 전해 들은 주은래는 차라리 일이 간단하게 되었다며 중남해를 떠나 향산으로 가서 회담 결과를 모택동에게 보고했다. 모택동은 아무 말 없이 붓으로 '도강渡江'이라는 두 글자를 썼다. 그리고 주은래가 내민「전국으로의 진격 명령向全國進軍的命令」에 서명했다.

각 야전군의 모든 지휘관과 전투원 동지들, 남방 각 유격구의 인민해방군 동지들.
중국공산당 대표단과 남경 국민당정부 대표단이 장기간에 걸친 협상을 통해 작성한 국내 평화협정이 이미 남경의 국민당정부에 의해 거부되었다.…… 이런 상황에서

우리는 다음과 같이 동지들에게 명령한다. 용감하게 전진하여 중국 영토 내의, 감히 저항하는 모든 국민당 반동파를 단호하고 철저하고 깨끗이 섬멸하고, 전국 인민을 해방시키고 중국 영토의 보전과 주권의 독립을 지켜라.

이로써 장강대전이 시작되었다. 양자강에서 이제나저제나 하며 대기하고 있던 공산군은 명령이 떨어지기가 무섭게 일제히 도강을 개시했다. 총사령 팽덕회가 지휘하는 제1야전군은 서북쪽의 성들을 향해 진입했고, 도강작전에는 제2야전군과 제3야전군, 제4야전군의 주력만이 참가했다. 공산군 100만 대군이 500여 km에 달하는 장강에 모여들었다.

당시 공산군은 공농홍군에서 국민당군 팔로군과 신사군을 거쳐 중국인민해방군 4개 야전군으로 개편되어 있었다. 이전의 서북야전군은 제1야전군으로, 중원야전군은 제2야전군으로, 화동야전군은 제3야전군으로, 동북야전군은 제4야전군으로 개편되었다. 제1야전군은 2개 병단, 제2야전군은 3개 병단, 제3야전군은 4개 병단, 제4야전군은 4개 병단으로 구성되었다. 그 밖에 인민해방군 총사령부 직속으로 화북야전군 3개 병단이 있었다. 그러므로 중국인민해방군은 모두 20개 병단 500여 만의 병력을 자랑하고 있었다.

공산군의 장강 도강에 대비하여 국민당군도 마냥 손을 놓고 있던 것은 아니었다. 국민당군은 3개월 동안 장강 연안에 수많은 진지를 구축하고 70만 명에 이르는 병력과 군함 170척, 비행기 230대를 배치했다. 장강을 따라 철근과 콘크리트로 만든 1만 개의 보루를 설치했고, 그 아래로 지하통로를 연결했으며, 진지 앞에 전기철조망과 지뢰를 매설했다. 이종인은 그때까지 고스란히 전력을 보전하고 있던 자신의 광서군이 공산군을 막아낼 수 있으리라 확신했다.

강서성 호구현湖口縣, 후커우현을 경계로 하여 광서성 출신의 명장 백숭희가 무한에 사령부를 두고 15개 군 40개 사단 25만 명의 병력으로 장강 서쪽에 진을 쳤고, 항일전쟁의 영웅 탕은백이 경호항京□杭, 징후항: 남경, 상해, 항주 경비사령관을 맡아 상해에 사령부를 두고 25개 군 75개 사단 45만 명의 병력으로 장강 동쪽 방어를 맡았다. 장개석의 심복 진성은 대만과 주산열도舟山列島, 저우산열도 복주 등지의 동남연해를 책임졌다. 산서성에는 호종남이 지휘하는 61개 사단 40만 명의 병력이 팽덕회의 제1야전군 40만 명을 가로막았다. 국민당군이 공산군의 장강 도하를 저지할 수만 있다면 중국은 남북으로 분단된 두 개의 정부가 양립하게 될 것이었다.

1949년 4월 21일 중국공산당 중앙군사위원회 주석 모택동과 인민해방군 총사령 주덕의 공동 명의로 「전국으로의 진격 명령」이 발표되었다. 공산군의 사전 포격이 불을 뿜었고 장강 남안은 검은 포연과 함께 순식간에 쑥대밭으로 변했다. 이어서 공산군 1진 30만 명을 태운 바지선과 뗏목 1만 척이 장강을 새까맣게 물들였다. 그런데 자신만만했던 국민당군의 전함은 싸워보지도 않고 도망쳤으며, 비행기는 포격 시늉만 하다가 돌아갔다. 이미 전의를 상실한 국민당군 병사들은 무기를 내던지고 도망치거나 투항했다. 일부 국민당군 병사들이 기관총을 난사하며 도하를 저지하려 했지만 이미 강변에 발을 들여놓은 공산군은 둑이 터지듯 밀려오고 있었다.

제3야전군 서西집단군은 당일 새벽 국민당군 방어선을 돌파하여 남쪽 강둑

도강 전날 저녁, 제3야전군 59사 병사들이 도강작전 승리와 전국 해방을 다짐하는 결의대회를 행하고 있다.

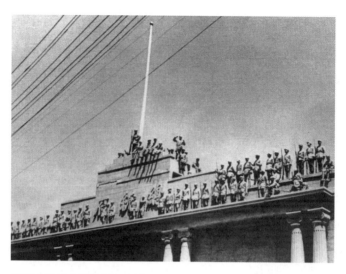

남경의 총통부를 장악한 공산당 병사들

을 점령하고, 당일 오후에는 제2야전군 주력부대가 역시 남쪽 강둑을 점령한 뒤 남진을 서둘렀다. 거의 같은 시각에 제3야전군 동東집단군도 동부방어선을 돌파하여 하루 만에 장강을 넘었다. 장개석에게 두터운 신임을 받았던 대융광戴戎光, 다이룽광: 1909~1971은 상해와 남경 사이에 있는 강음江陰, 장인의 요새에 배치된 부대를 이끌고 공산군에 귀순했다. 그 덕에 공산군은 아무런 저항도 받지 않고 남경으로 진격할 수 있었다.

남경의 총통부에 있던 총통대리 이종인은 공산군이 장강을 도하했다는 소식을 듣고 어찌해야 할지 갈피를 잡지 못하다가 부관들의 독촉에 못 이기는 체하며 명효릉明孝陵, 밍샤오링 비행장으로 가서 비행기를 타고 광동 방면으로 달아났다.

4월 23일 남경에 진입한 제3야전군의 선봉부대는 총통부를 접수했다. 기관총 사수가 옥상에 걸린 국민당기를 향해 기관총을 난사하자 깃발이 힘없이 바닥에 떨어졌다. 총통부 안으로 진입한 병사들은 건물 옥상으로 올라가 도열했다. 종군기자는 그들의 모습을 카메라에 담았다. 이튿날 발행된 남경의 〈신화일보〉 1면에는 총통부를 점령한 공산군 병사들의 사진이 대문짝만 하게 실렸다.

상 해 결 전

국민정부의 수도인 남경을 손쉽게 점령한 공산군 수뇌부는 곧 중국 경제의 중심지 상해를 공격하기 위해 작전을 논의했다. 상해는 장개석의 심복인 탕은백의 지휘 아래 8개 군 20만 명의 병력이 강력한 수비망을 구축해두고 있었다.

진의는 적이 해상으로 상해의 재화를 반출하는 것을 차단하기 위해 오송구吳淞口,우쑹커우를 먼저 확보하고, 시민의 안전을 위해 적의 주력을 상해 교외로 유인하여 섬멸하자고 제안했다. 속유가 구체적인 작전계획을 내놓았다. 9병단과 10병단을 포동과 포서浦西,푸시 양쪽으로 진입시켜 오송구를 압박하고, 국민당군이 퇴로를 지키기 위해 병력을 동원하면 그 틈을 타 중앙을 공략하자는 것이었다. 그러면 시가지 전투를 피할 수 있다는 것이다.

등소평은 상해전투가 군사적인 싸움이지만 정치적인 면도 고려해야 한다고 강조했다. 적은 전투를 교착상태로 끌고 가 국제적인 간섭을 불러일으키려 할 것이 분명했다. 이를 방지하기 위해서는 외국인들을 철저하게 보호하면서 속전속결로 작전을 종료해야만 했다. 최종 공격 방안이 세워지자 지도부는 전군 대학습을 실시하여 사상적으로 튼튼하게 무장시키기로 했다. 총전적위원회의 지도 아래, 공격부대인 제9병단과 제10병단의 간부들은 병사들을 대상으로 각종 군사기밀의

탕은백

엄수와 전투요령에 대한 교육을 실시했다.

상해수비대장 탕은백은 공산군이 황포강 양쪽 강변을 통해 오송을 협공하여 해상 루트를 차단하리라 예상하고 북쪽에서 남쪽을 향해 주력을 배치했다. 나머지 병력은 포동의 고교高橋, 가오차오와 포서의 오송 일대에 투입하여 7층 높이의 보루를 쌓고, 황포강 양쪽 강변에도 진지를 두텁게 쌓았다.

1949년 5월 12일 공산당 제3야전군 제9병단과 제10병단의 10개 군 30개 사단 40만 병력이 상해로 진격했다. 그들은 탕은백의 예상과 달리 고교와 오송 쪽을 먼저 공략했다. 송시륜宋時輪, 쑹쉬룬: 1907~1991이 지휘하는 제9병단은 가흥에서 출발하여 봉현奉賢, 펑셴, 신장新場, 신창, 천사川沙, 촨사에서 국민당군을 물리치고 곧바로 포동의 고교로 들어갔다. 섭비葉飛, 예페이: 1914~1999가 지휘하는 제10병단은 상숙常熟, 창서우에서 출발하여 악왕岳王, 웨왕과 태창太倉, 타이창을 정리하고 오송구로 직행했다.

본격적인 전투가 시작되자, 서쪽을 맡은 제10병단의 제28군이 국민당군의 외곽 거점을 신속히 점령하고 오송을 압박하면서 월포月浦, 웨푸, 양행楊行, 양싱, 유행劉行, 류싱 일대의 국민당군 진지를 맹공했다. 동쪽을 맡은 제9병단의 제30군은 천사에서, 제31군은 월포에서 국민당군과 접전을 벌였다.

탕은백은 공산군이 이처럼 여러 방면에서 한꺼번에 공격하리라곤 생각지 못했다. 탕은백은 오송구의 해상 루트를 확보하기 위해 시내에 배치된 제21군을 빼내 월포를 지원하도록 하고, 역시 시내에 있는 제51군을 포동의 천사와 백룡白龍, 바

이룽으로 이동시켰다. 아울러
비행기와 군함을 출동시켜
제3야전군 진지에 맹폭을 가
했지만, 정신무장이 잘 되어
있던 제9병단과 제10병단 병
사들은 조금도 위축되지 않
고 맞섰다.

1949년 5월 상해의 사천로에서
국민당군이 군사 퍼레이드를 벌이고 있다.

16일에는 제9병단의 제
30군이 국민당군 제51군을
섬멸했다. 그러자 임시로 편
성된 국민당군 제8사단과 제
37군의 일부가 투항했고, 포
동을 지키던 국민당군 대부
분이 사라졌다. 이어서 제9병
단은 천사와 월포를 점령하
고, 황포강에서 바다로 들어

1949년 5월 25일 중국인민해방군이
상해 남경로에 진입하고 있다.

가는 해안 동쪽의 고교 진지로 직행했다. 하지만 서쪽의 제10병단은 오송 일대의
불리한 지형을 극복하지 못하고 월포와 양행, 유행을 점령하는 데 실패했다.

개전 초반 탕은백은 8개 군 중에 2개 군을 포동에 배치하고 1개 군을 오송에
배치했다. 나머지 5개 군 가운데 하나인 123군은 상해 교외의 전산호澱山湖, 뎬산호 일
대에 배치하고, 54·75·51·21군 등 나머지 4개 군은 시내인 포서에 배치했지만, 오송
전투가 개시되자 포서에 있던 51·75군과 95사단을 고교로 이동시키고 제21군은

오송구 일대로 이동시킴으로써 4개 군을 모두 상해 교외로 내보냈다. 그 바람에 포서 시내에는 제54군만 남았고 소주하 이남의 수비는 완전히 교통경찰종대에 맡겨졌다. 제3야전군은 상해 외곽에서 소탕전을 벌여 교외로 진출한 국민당군을 하나하나 섬멸했다.

탕은백은 급히 제51군장 유창의劉昌義, 류창이를 호출했다. 제51군은 병력 4만 명의 동북군 주력으로 천사를 구하러 왔다가 제10병단에게 섬멸당하자 패잔병을 보충하여 새롭게 구성한 부대였다. 탕은백은 총통이 공산군을 격멸하고 있는 유창의의 노고를 치하하여 청천백일장을 수여했다며 훈장을 달아주었다. 그리고 유창의를 송호松口, 쑹후: 상해의 옛 이름경비부사령 겸 사령대리로 임명한다는 총통의 지시문을 낭독했다. 행사가 끝난 뒤 제54군장 진대경陳大慶, 천다칭: 1904~1973이 탕은백에게 갑작스런 인사의 이유를 물었다. 탕은백이 들려준 내막은 이러했다. 중앙은행의 황금을 모두 운반했으니 이것으로 우리의 상해 임무는 끝났다는 것, 총통이 제37군을 이끌고 즉시 대만으로 철수할 것을 명령했다는 것, 그러니 서둘러 병력을 이끌고 승선하여 오송구로 철수하라는 것이었다.

탕은백은 곧 제54군과 제52군, 제12군, 제99군 병력 5만여 명과 함께 배를 타고 상해를 빠져나갔다. 이 사실을 접한 속유는 전 부대에 공격 명령을 내려 허수아비 유창의가 지키고 있는 상해를 접수하기 시작했다. 제10병단은 23일 오송 일대의 국민당군을 요격하여 26일 새벽에 임무를 완수했다. 고교 진지를 공격한 제9병단 역시 26일에 포동을 점령했다. 오송구는 강 양쪽을 장악한 공산군의 포화에 의해 완전히 차단되었다.

제9병단의 제27군은 소주하 이남의 시가지를 점령하고 건너편 북쪽 강변을 수비하는 국민당군을 공격했다. 그곳은 바로 송호경비부사령 겸 사령대리로 임명된 유창의의 방어 구역이었다. 유창의는 휘하의 제51군에게 소주하 일대의 높은 진지에 의거하여 완강히 저항할 것을 명령했다. 제9병단 제27군이 수차례 공격했지만 모두 허사로 돌아갔다. 제27군장 섭풍지□風智, 네펑즈: 1914~1992는 속유에게 대포 공격을 허가해달라고 요청했다. 속유가 총전적위원회에 재가를 신청했지만 불허되었다. 일단 포격을 시작하면 끝장이 날 때까지 이어지게 되고, 그러면 상해 시내가 파괴될 것이 분명했기 때문이었다. 그렇다고 병사들의 희생을 두고만 볼 수도 없는 일이었다.

등소평은 유창의와 직접 연락하여 항복을 종용하자는 아이디어를 내놓았다. 섭풍지는 유창의에게 전화을 걸어 탕은백이 이미 제54군을 데리고 대만으로 도망쳤다는 소식을 전하며 무기를 버리고 항복한다면 봉기를 일으킨 장군으로 대우하겠다고 제안했다. 유창의가 확인해보니 사실이었다. 탕은백에게 속았다는 사실을 깨달은 유창의는 곧바로 휘하 장병들에게 투항 명령을 내렸다.

한편, 포동을 지키던 국민당군 청년단 제37군은 4월 23일 공산군이 고교를 함락하자 잔존 병력들이 포서의 양수포楊樹浦, 양슈푸 지구로 철수하여 소주하 북쪽 연안의 시가지 방어에 나섰다. 그들은 백로회대하百老匯大廈, 바오라오휘따사: 브로드웨이맨션 등 고층빌딩에 의지하여 소주하 남쪽의 공산군을 공격했다. 공산군은 서쪽으로 진입한 제10병단이 제37군 진지의 배후를 습격했다.

제37군장 나택개羅澤□, 뤄저카이: 1905~1987는 공산군이 상해에 진입하기 전부터 탕은백에게 유사시 강만江□, 장완에서 후퇴할 준비를 하고 기다리라는 명령을 받았었다. 그 말대로 병력을 이끌고 강만으로 퇴각했지만, 아무리 기다려도 탕은백으로부터 연락이 오지 않았다. 수소문 끝에 탕은백이 이미 군함편으로 도망쳤다는 사실을 알게 된 나택개는 부대원들을 버리고 측근과 함께 도주했다. 그 뒤를 이어

나머지 장교들도 도망치니 부대는 곧 와해되고 말았다. 나택개는 며칠 동안 사천로四川路, 쓰촨로의 친구 집에 은신하다가 홍콩으로 도망쳤다.

이제 상해에 남은 국민당군 부대는 양수포발전소를 지키고 있는 청년단 제37군 잔당뿐이었다. 공산군은 우세한 화력에도 불구하고 발전소의 파괴를 우려하여 공세를 펼치지 못했다. 총전적위원회의 진의는 제27군 군장 섭풍지에게 적군의 정체를 물었다. 그들이 제21군 제23사단 소속 병사들이란 사실을 전해 들은 진의는 제23사단 부사단장 허조許照, 쉬자오가 육군대학 장자영蔣子英, 장쯔잉 교수의 수제자임을 상기하고 그를 찾아내 항복을 종용하기로 했다. 얼마 후 허조가 무기를 내려놓음에 따라 상해는 숭명도崇明島, 충밍도를 제외한 전역이 공산군의 수중에 들어왔다. 이제 대륙의 공산화는 돌이킬 수 없는 현실이 되었다.

중화인민공화국 수립

1949년 3월 5일부터 약 일주일 동안 하북성 평산현平山縣, 핑산현에서 공산당중앙위원회 회의가 열렸다. 이 회의에서 모택동은 중앙위원 34명과 후보중앙위원 19명과 더불어 공산당 혁명을 효과적으로 성공시킬 수 있는 방안을 모색하게 된다. 모택동은 혁명의 돌풍을 농촌에서 도시로 확대하는 방안, 전 분야에 걸친 기본정책, 공업국가로의 변환, 사회주의 사회로의 전환에 필요한 과제와 주요 방법 등을 의제로 제시했다. 그리고 혁명 성공 후 중국의 대내외적인 계급투쟁이 새로운 차원에 접어들 것이라 전망하고 겸손과 신중을 당부했다. 회의는 모택동의 보고 내용을 토론하는 형식으로 이어졌다. 이는 향후 중국공산당의 정치사상적 기반이 된다.

국공내전에서 승기를 잡은 중국공산당은 1949년 4월 30일 새로운 민주연합정부를 목표로 하는 정치협상회의를 제안하면서 민주당파, 인민단체, 사회 명망가들에게 참가를 종용했다. 민주당파를 필두로 각 단체의 대표들이 호응하여 공산당 중앙대표와 함께 신정치협상회의 준비회의에 참여했다.

공산당이 상해전투를 마지막으로 국민당을 대륙에서 축출하자 새로운 정부 수립을 위한 신정치협상 주비위원회 제1차 전체회의가 1949년 6월 북경에서 열렸다. 공산당과 민주당파를 비롯한 인민단체, 소수민족, 화교 등 23개 단체 134명의 대표가 모였다. 이 회의에서 「신정치협상회의 조직조례」와 「신정치협상회의 참가 단위 및 대표 정원에 관한 규정」이 통과되었다. 그리고 모택동을 주임으로 하고, 주은래, 이제심, 심균유沈鈞儒, 선쥔루: 1875~1963, 곽말약郭沫若, 궈모뤄: 1892~1978을 부주임으로 하는 주비위籌備委가 설립되었다. 9월 17일 주비위는 제2차 회의를 열고 명칭을 중국인민정치협상회의로 바꾸었다.

1949년 9월 21일 중국인민정치협상회의 제1차 전체회의가 북경에서 개최되었다. 여기에는 전국 각 지역 및 민족, 당파, 단체의 대표, 특별히 초대받은 개인 등 총 662명이 참석했는데, 특히 손문의 부인 송경령과 국민당의 요인이었던 장치중, 부작의 등이 포함되었다.

그해 9월 30일까지 열흘 동안 열린 이 회의에서는 신중국의 대헌장이라 불리는 「중국인민정치협상회의 공동강령」이 제정되었다. 공동강령에서는 중화인민공화국을 신민주주의, 즉 인민민주주의 국가라고 규정했다. 경제구조는 국영 경제, 협동조합 경제, 사적 자본주의 경제 및 국가 자본주의 경제, 농민 및 수공업자의 개인 경제 등으로 나누어 정의했다. 노동자, 농민, 소자산계급, 민족자산계급의 경제적 이익과 사유재산을 보호하며, 신민주주의의 인민경제를 발전시켜 중국을 농업국가에서 공업국가로 탈바꿈하는 것을 목표로 삼았다. 「중국인민정치협상회의 공동강령」은 1954년 제1기 전국인민대표대회 제1차 회의에서 「중화인민공화국 헌법」으로 대체되었다.

중화인민공화국 주석에 모택동, 부주석에 유소기·주덕·송경령·이제심·장란張瀾, 장란: 1872~1955·고강高岡, 가오강: 1905~1954 6명, 기타 정부위원 56명을 선출했다. 이때 빨간 바탕에 금색의 큰 별 하나와 작은 별 네 개가 그려진 오성홍기五星紅旗가 국기로 제정되었고, 〈의용군행진곡〉이 국가로 제정되었으며, 북경을 수도로 삼았다.

1949년 10월 1일 오전, 중앙인민정부위원회는 주석, 부주석, 정부위원 선출을 선포했다. 모택동은 주은래를 인민정부 정무원 총리 겸 외교부장에 지명하고, 주덕을 인민해방군 총사령관, 심균유를 최고인민법원 원장, 나영환을 최고검찰서 검찰장에 임명했다.

"동포 여러분, 중화인민공화국의 중앙인민정부가 오늘 탄생했습니다!"

1949년 10월 1일 오후 3시, 북경의 천안문광장 단상에 오른 모택동은 구름처럼 모여든 인민들을 향해 중화인민공화국 수립을 선포했다. 모택동은 기념사를 통해 전 인류의 4분의 1을 차지하고 있는 중국인들이 이제 우뚝 일어섰다며 사자후를 토했다.

모택동이 국기게양대의 단추를 누르자 오성홍기가 올라가고 군악대가 〈의용군행진곡〉을 연주했다. 모택동이 「중화인민공화국 중앙인민정부 공고」를 낭독한 다음 인민해방군의 열병식이 이어졌다. 총사령관 주덕은 제5야전군 사령관 섭영진의 안내로 각 군을 사열했다. 주덕이 천안문 성루에서 「중국인민해방군총부명

1949년 천안문광장에서 중화인민공화국 수립을 선포하는 모택동

령」을 낭독하자 인민해방군의 분열이 시작되었다. 땅에서는 해군 2열을 필두로 보병사단, 포병사단, 전차사단, 기병사단이 줄을 이었고, 하늘에서는 공군 전투기와 수송기 등 17대의 비행기가 축하비행을 했다. 열병식이 끝나자 인민들은 오성홍기를 흔들며 천안문광장을 행진했다.

행사 후 외교부장 주은래는 각국 정부에 중화인민공화국을 중국의 유일한 합법 정부로 인정해달라고 요청했다. 소련이 10월 2일 맨 처음 승인했고, 영국이 1950년 1월 6일 두 번째로 승인했다.

모택동은 건국 이후 소련과의 관계 확립에 중점을 두었다. 1949년 말에 소련을 방문하여 약 3개월간 머물렀고, 1950년 2월에는 「중소우호동맹상호원조조약」을 체결했다. 중국은 스탈린 시대에 만들어진 소련 헌법을 모방하여 1954년 「중화인민공화국 헌법」을 제정했는데, 소련에는 없는 국가 주석 직위를 만들고, 군대와 공안 세력을 공산당의 통제 아래 두는 새로운 체제를 선보였다. 중화인민공화국의 성립으로 중국은 봉건 통치자, 외세의 간섭, 내전에서 벗어날 수 있었다. 그것은 자칭 '해방'된 '신중국의 탄생'이었다.

중화인민공화국 탄생의 막전막후

농촌사회의 붕괴

1940년대의 중국은 경제체제가 파괴되고 생산량이 감소되면서 엄청난 인플레이션에 시달렸다. 이런 현상은 특히 농촌에서 심하게 나타났다. 농민들은 고통을 호소했지만 지주들은 아랑곳하지 않고 그들의 노동력을 착취하여 재산을 불렸다. 1941년의 통계에 따르면 사천성에서 지주의 토지 소유분은 70%, 신강성에서는 72%였다. 그런 상황에서도 항일전쟁을 수행하는 정부는 무차별적인 조세 징수와 군량미 징발로 농민들을 도탄에 빠뜨렸다.

1942년부터 1943년까지 수백만 명의 농민을 아사지경으로 몰아넣은 하남성의 대기근은 이와 같은 부의 편중과 정부의 강제적인 조세부담에서 비롯된 것이었다. 당시 하남성은 가뭄, 서리, 우박, 메뚜기 떼의 공격이 이어지면서 봄여름의 수확량이 평년의 52%로 대폭 감소했다. 하지만 정부는 농민들의 생존에 필요한 최후의 낟알 하나까지 긁어냈다.

영화 〈1942〉. 2012년 풍소강(馮小剛, 평샤오강) 감독 작품.
1942년의 하남성 대기근을 그려냈다. 중국판 포스터(왼쪽)와 영어판 포스터(오른쪽)

극한지경에 몰린 농민들은 몇 되의 밀을 대가로 토지를 내놓았고, 심지어 아내와 자식까지 팔아먹는 지경에 이르렀다. 식량이 떨어지자 농민들은 춘궁기에 익지 않은 밀을 훑어내 풀죽을 쑤어먹다 부황이 들어 죽었다. 나뭇잎, 나무껍질, 풀뿌리, 심지어 인육까지 먹는 사람도 생겨났다. 견디다 못한 수백만 명의 농민들은 살아남아야 한다는 일념으로 가재도구를 짊어지고 이웃 성에 몰려갔다. 굶주려 쓰러지는 사람이 속출하여 길가에 시체가 즐비했다. 미국 기자 시어도어 화이트는 1943년 3월 〈타임〉지에 약 500만 명의 주민들이 "사람이 만든 기근"으로 죽어갔다고 보도했다. 그는 당시의 참상을 이렇게 회상했다.

나는 그때 보았던 것을 도저히 믿고 싶지 않다. 길에 쓰러진 여자의 얼굴은 피골이 상접한 해골 바로 그것이었다. 죽은 지 하루나 이틀 정도 되었을 것이다. 젊어 보이는 그녀의 눈가에 흰 눈이 소복하게 쌓여 있었다. 새나 짐승이 그녀의 뼈만 남길 때까지 땅에 묻히지 못할 것이다. 개들이 길가에 어슬렁거리고 있었는데 반들반들 살쪄 있었다. 우리는 멈춰 서서 개들이 시체를 뜯고 있는 장면을 카메라에 담았다. 어떤 것은 이미 반도 남아 있지 않았다.

어느 고아원에 들렀을 때 괴상하고 고약한 냄새가 풍겼다. 안내원도 견디지 못하고 손수건으로 코를 막은 채 설명했다. 버려진 아이들이었다. 어린이용 침대 하나에 네 명이 누워 있었다. 침대보다 큰 아이는 짚 덤불 위에 누워 있었다. 그들에게 먹을 것을 주고 있는지 여부는 알 수 없었다. 그들에게서 갓난아이의 토사물과 배설물 냄새가 풍겼고, 죽으면 곧장 치워졌다. 이것들은 모두 내가 직접 본 것이다.

가장 참혹한 일은 사람 고기를 먹는다는 것이다. 모르는 사람끼리 어두운 밤거리에서 비쩍 마른 어린 자식들을 바꾸어 집으로 가져가 솥에 넣고 끓여 먹는다는 말이 나돌았다. 나는 고기 때문에 누가 누구를 죽이는 일은 본 적이 없다. 하지만 사람 고기를 먹는다는 것은 의심할 여지가 없었다. 군대가 하남성에서 한 일은 땅에서 거둔 곡식보다 더 많은 곡물세를 거두어들인 일이다. 그들은 농촌에서 식량을 바닥까지 훑어갔다. 하지만 식량이 여유 있는 곳에서는 가져오려 하지 않았다. 민중의 필요 따위는 무시하고 있는 것이다.

국민정부의 가혹한 방임이 계속되자 농민들이 집단적으로 저항하기 시작했다. 그해 봄 감숙성의 20개 현에서 600만 명의 주민들이 반란을 일으켜 1년여 동안 토벌군과 싸웠다. 1944년 봄, 호북성 북부에서는 수백 명의 농민들이 곡물 징수와 노력 동원에 항의하여 세 군데의 행정관서를 불태웠다. 그해 6월 정부가 군대를 동원하여 강제로 해산시켰지만, 농민들은 불과 한 달 만에 다시 뭉쳐 격렬한 시위를 벌였다. 호북성 남부에서도 1만 명 이상의 농민들과 공산당원, 비밀결사가 모여들어 정부 관리, 군사정부, 정부 창고를 습격했다.

전국 각처에서 비슷한 폭동이 줄을 이었고, 비적 활동도 눈에 띄게 증가했다. 유랑민, 징병기피자, 탈영병들이 적게는 200명부터 많게는 4,000명까지 떼 지어 다니면서 민가를 약탈했고, 길을 막고 통행세를 받았으며, 군부대와 관청을 습격했다.

1944년부터 시작된 일본군의 1호작전으로 국민당군이 수세에 몰리자 굶주린 하남성 농민들이 국민당군 진지를 대거 습격했다. 농기구와 총검으로 무장한 농민들은 자신들을 괴롭히던 국민당군 병사들을 마구 때려죽였고, 생매장도 서슴지 않았다. 5만 명의 국민당군 병력이 무장해제당하는 사태까지 벌어졌다.

1945년 일본의 항복으로 전쟁이 끝났지만 중국 전역에는 기아와의 전쟁이 계속되었다. 그해 봄 중국 전체 인구의 7%에 이르는 피난민들이 고향으로 되돌아갔지만 종자가 없어 파종을 할 수 없었다. 중국의 1945년 농업생산량은 평년의 절반 수준에도 미치지 못했고, 특히 호남성 남부에서는 절반의 절반 수준이었다. 식량이 떨어져 사람들은 갈대, 풀뿌리, 밀 껍질, 쌀겨로 연명했다. UNRRA유엔구제부흥사업국의 추정에 따르면 1946년에 3300만 명이 영양실조에 걸렸고, 그중 700만 명은 아사 직전 상태였다. 그해 호남성에서는 8개월 사이에 1만 명 이상이 사망했다.

농민들은 굶주림과 더불어 수많은 질병에 시달렸다. 광서성에서는 인구의 80%가 학질에 걸렸는데 그중 21%가 심각한 상태였다. 그 외에도 천연두, 콜레라, 디프테리아, 장티푸스, 발진티푸스 등 악질적인 전염병이 중국 전역을 휩쓸었다. 오랜 전쟁으로 의료시설이 대부분 파괴된 데다 약품 조달도 되지 않아 치사율이 매우 높았다. 특히 노인과 어린이들의 희생이 극심했다.

국공내전 시기에는 경제 문제뿐만 아니라 사회 문제, 정치 문제가 뒤엉키면서 농촌의 상황이 더욱 악화되었다. 도시에서는 인플레 때문에 곡물 가격이 치솟았지만 쌀과 보리의 실질적인 가격은 전쟁 전보다 낮았다. 외국에서 곡물을 대량으로 수입했기 때문이다. 그러나 농촌을 장악하고 있는 공산군이 국민당군의 이동을 막기 위해 수시로 교통로를 파괴하면서 가뜩이나 형편없던 운송체계가 더욱 열악해졌다. 그로 인해 인상된 수송비용이 소비자 가격에 반영되었지만 생산자들은 가격변동에 따른 혜택을 전혀 받지 못했다.

1947년 5월 기준으로 상해의 쌀값은 1석에 30만 원, 한구에서는 17만 원, 중경에서는 7만 원이었다. 의복, 도구, 종자, 비료를 비롯해 생활필수품의 가격도 가파르게 상승했다. 징집과 병역기피, 무작정 상경 때문에 농촌에 남자들이 사라지면서 품삯도 천정부지로 올라갔다. 여기에 가혹한 징세가 겹치면서 농촌의 고통이 가중되었다.

그해 7월 전국전량회의全國田糧會議에서 장개석은 부호들이 곡물세를 내지 않는다고 비난했다. 장개석은 부유한 대지주와 권세가들에 비해 중하층 자작농과 소작농의 부담이 크다는 것을 알고 있었던 것이다. 참석자들도 그런 현실을 지적하며 곡물의 강제 징수를 강행하려는 정부의 정책에 의문을 제기했다. 하지만 국민정부는 공산군과의 전투가 심화되고 있는 상황에서 기존의 조세제도를 개선할 여유가 없었다.

국민정부는 징병으로도 농민들을 괴롭혔다. 당시 징집권을 가진 병사 담당관과 보갑장保甲長은 부정부패의 원흉이었다. 그들은 부자 자식들은 뇌물을 받고 병역을 면제해주었지만 가난한 농민의 자식들은 어떠한 흠결이 있든지 간에 군대에 집어넣었다. 징집관이 마을에 나타나면 도망치거나 숨는 사람들이 늘어나니, 징집관들은 야간에 민가를 뒤지고 다녔다. 그런 방식으로 군대에 끌려간 청년들이 나라에 몸 바쳐 충성할 리 만무했다.

1948년부터는 농촌사회 자체가 해체되는 지경에 이르렀다. 내전의 영향으로 정부의 행정력이 마비되어 치안이 엉망이었고, 인플레로 화폐의 신용도가 떨어져 농민들은 아예 원시적인 물물교환으로 필요한 물자를 조달했다. 경찰이나 군대의 보호를 받지 못하게 된 지주들은 도시에 가서 술, 여자, 아편, 도박에 탐닉하면서 청방의 패거리를 동원하여 농민들에게 소작료를 갈취했다. 깡패들의 등쌀에 견디다 못한 농민들 역시 도시로 달아나 길거리에서 구걸하면서 목숨을 이어갔다.

중국 정부의 1948년 통계자료에 따르면 고향을 떠나 외지로 나간 사람이 4800만 명에 달했다. 기아선상에 놓여 있던 사람들이 팔아넘긴 아내나 딸의 가격은 절강성의 경우 쌀 1.4kg에 해당하는 3,000원이었다. 그런 비극적인 상황에 몰려 일가족이 동반 자살하는 일도 허다했다.

농민들의 비참한 현실은 중국의 공산화에 결정적인 계기로 작용했다. 농민들은 공산당의 지도와 보호 아래 조직화되면서 차츰 내재된 역량을 발휘했다. 공산당의 우산 속에서 안전을 확보한 농민들은 국민정부에게 절실했던 곡물과 돈, 인력의 공급을 끊어버렸다. 국민당의 통치구역이 가장 넓었던 1947년에 정부가 징수한 곡물은 3800만 석인데, 이는 1942년 변방의 몇 개 성에서 징수한 분량의 57%에 불과했다. 그처럼 세수가 줄어들자 정부는 필연적으로 재정파탄에 직면했다. 1948년 정부의 세입 현황에 따르면 징세 21%, 공유재산의 매각, 정부기업의 수익, 공채 판매가 11%였고, 나머지 68%가 새로 찍은 화폐였다. 이것이 바로 국민정부 말기에 일어난 폭발적인 인플레의 원인이었다.

금원권 오백만원권

정부의 재정 악화는 군대 유지에 치명타였다. 병사들은 배급량이 줄어들자 주둔지에서 식량을 조달해야 했고, 이는 농민들과의 마찰을 일으켜 민심을 잃게 만들었다. 공산당은 그런 상황을 이용하여 지방에서 강제로 징집된 국민당군 병사들의 탈영과 투항을 유도했다. 그처럼 국민정부는 과중하고 불공정한 조세와 물자 징발, 관리들의 부정부패로 농촌사회의 근간을 무너뜨림으로써 자멸의 길을 걸었다.

경제정책의 실패

국공내전 기간 동안 국민정부 치하의 경제 상황은 그야말로 최악이었다. 농촌사회는 붕괴되었고 공업 생산도 부진한 데다 교통체계는 지속적으로 파손되었다. 게다가 화폐를 마구잡이로 찍어 적자를 메꾸다 보니 정부에 대한 신뢰도가 바닥을 칠 수밖에 없었다.

국민정부의 국가 정식 통화인 법폐의 발행고는 1947년 12월에 34조 원이던 것이 1948년 6월에는 250조 원으로 늘어났고, 7월 한 달 동안 700조 원까지 늘어났다. 물가는 그보다 훨씬 빠르게 치솟았다. 5월 말에서 8월 중순 사이에 상해의 물가는 10배 이상 뛰었다. 5월 26일에 630만 원이던 쌀은 8월 18일에는 6300만 원으로 올랐고, 비누는 700만 원에서 8350만 원이 되었다. 상인들은 가격표를 하루에도 몇 차례나 바꾸어야 했다. 6월 25일과 7월 10일에는 하루 동안 물가가 30배나 뛰었다. 시간마다 물가가 변해서 정상적인 가격 책정을 할 수 없는 지경에 이르니, 상인들은 가게 문을 닫아 거는 지경에 이르렀다.

정부의 조폐창은 법폐 발행 속도가 물가인상에 뒤처지자 아예 500만 원짜리 고액권 지폐까지 찍어냈다. 초인플레가 진정될 기미를 보이지 않으니, 농민들에 이어 도시민들까지 정부에 반발하고 나섰다. 6월 14일 영파에서 일어난 쌀 폭동이 전국으로 확산되면서 혼란이 가중되었다. 전국 은행의 반을 폐쇄한다느니, 금을 국유화한다는 등의 유언비어가 난무했다.

장개석은 1948년 8월 16일 통화개혁에 관한 긴급명령권을 발동했다. 중앙은행에서는 그때까지 사용하던 법폐를 폐지하고 금원권을 발행했다. 금원권과 법폐의 교환비율은 1대 300만이었다. 여기에다 개인과 기업이 소장하고 있는 금과 은을 금원권으로 교환하라는 특별명령을 내렸다.

장개석은 상해, 광주, 천진 등 해안에 인접한 대도시 세 곳에 경제독도원經濟督導員을 임명하여 경제정책과 통화개혁의 전 과정을 관장하게 했다. 광주의 독도원은 송자문, 천진은 장려생張勵生, 장리성: 1900~1971, 상해는 부총리 유홍균俞鴻鈞, 위훙쥔: 1898~1960이었고 아들 장경국을 독도보조원으로 임명했다. 9월 말이 되자 상해의 물가는 8월 19일 기준으로 안정되었지만 광주와 천진은 두 배가 올랐다. 송자문과 장려생이 장개석의 정책에 미온적이었기 때문이다.

당시 상해의 경제정책과 통화개혁은 실권을 쥐고 있던 독도보조원 장경국에 의해 좌지우지되고 있었다. 장경국은 상해의 물가를 8월 19일 수준으로 묶어두기 위해 전력을 기울였다. 모스크바에서 교육받은 보안요원을 이용하여 부호, 암상인, 통화투기꾼 등을 잡아들였고, 즉결재판과 즉결처형도 서슴지 않았다. 장경국이 정책을 관장했던 70일 동안 수백 명이 구속되었는데 힘없는 민간인이 대부분이었다. 8월 25일 경찰은 채소와 육류를 비싸게 판 행상 20명을 구속하여 원성을 사기도 했다.

상해에서는 통화개혁의 첫 단추도 순조롭게 꿰어졌다. 8월 23일부터 법폐와 금원권 교환이 시작되었다. 금과 은을 내놓으라는 명령에 시민들은 순순히 따랐지만 부유층은 일부만 금원권으로 교환하고 나머지는 광주나 홍콩으로 빼돌렸다. 장경국은 "타노호打老虎: 호랑이를 잡는다는 뜻으로 부정부패한 리더를 잡는다는 의미"를 내걸고 9월 18일 개혁에 저항하는 시내 4개 민영은행에 대하여 영업정지 명령을 내리는 한편 거부의 아들도 금과 외환밀수 혐의로 구속했다.

이런 강력한 조치로 9월 30일 정책 마감일까지 상해에서는 전국에서 거둔 금 총량의 64%가 수집되었다. 그러나 전체적으로 보면 국내에 있는 금은과 외환의 20~30%밖에 교환되지 않았고, 그 대부분은 중하층민의 것이었다. 그 때문에 여론이 들끓자 장경국은 대부호 공격에 나섰다. 청방의 우두머리 두월생의 아들 두유병杜維□, 두웨이핑이 증권 암거래 죄로 구속되었고, 방직업계의 거부이자 국민대회 대표인 영홍원榮鴻元, 룽훙위엔: 1906~1990 등이 불법외환송금 혐의로 구속되었다. 공상희의 아들 공영간孔令侃, 쿵링칸: 1916~1992도 체포되었고, 거부 왕준철王春哲, 왕춘저은 즉결재판에 회부되어 사형선고를 받았다.

이런 장경국의 강공에 힘입어 9월 한 달 동안 상해의 물가는 안정세가 유지되었다. 그러나 다른 지역의 물가가 오르면서 수많은 물자가 상해 밖으로 빠져나갔다. 9월 4일부터 쌀 유통량이 눈에 띄게 줄었고, 시장에서는 이른 아침부터 채소와 육류가 동이 났다. 석탄을 구하기 어려워지면서 겨울나기를 걱정하는 사람

1948년 8월, 장경국의 "타도간상(打倒奸商): 간악한 상인들을 타도하자" 슬로건에 동원된 여학생들

들이 늘어났다. 공장에서는 원자재와 연료 수급에 차질이 빚어져 기계가 멈추기 시작했다. 가장 심각한 문제는 상해 밖에서 구한 원료 가격과 시장에서 고정시킨 물건 가격의 불균형이었다.

일례로 10월 초 면사 한 근의 생산비가 780원이었는데 정부 지정가격은 707만 원이었다. 그 때문에 제조업자들은 생산량을 줄이고 현재 보유량을 창고에 쌓아둘 수밖에 없었다. 이런 상황을 방치하면 실업이 늘고 물자부족 현상이 심화될 것이 뻔했다.

장경국의 수하들은 상해 시내의 창고와 공장, 주택을 샅샅이 뒤져 3개월 이상 보관된 물자를 찾아내고 주인을 구속했다. 하지만 상해 한 군데만 통제한다고 해서 문제가 해결될 일이 아니었다. 장개석은 상해 경제독도원의 관할구역을 남경·절강·강소·안휘 지역까지 확대했지만 곧 불길한 조짐이 나타났다.

10월 2일 장경국은 서민들이 애용하는 담배와 주류 등의 세금을 올리고 가격을 인상할 수 있도록 허락했는데, 담배 가격이 곧바로 120% 인상되었다. 이는 당국이 유지하려던 8월 19일이라는 물가기준선을 파괴한 첫 사례였다. 시민들은 곧 다른 물건 가격도 인상되리라 예측하고 앞다투어 사재기에 나섰다. 구두, 의복, 통조림 등 모든 식품과 생활필수품이 시장에서 자취를 감추었다. 상인들은 물건을 팔수록 손해라는 것을 알고 물건을 숨기거나 가게 문을 늦게 열었고, 점심때는 판매를 중지했으며, 저녁에는 일찍 문을 닫았다.

10월 7일경 상해는 물자 부족으로 고립된 도시나 마찬가지였다. 공장은 한정된 물건만을 생산했고, 상해로 들어오는 식량과 원료는 급격하게 줄었다. 가게의 진열장과 쇼윈도에는 먼지만 쌓였다. 물건이 없으니 사재기 광풍도 사라졌다. 돈 없는 사람들은 아예 몇 주일 간 고기와 식용유를 구경조차 못 했다. 병원은 약품 공급이 끊기고 식량도 떨어지자 문을 닫았다. 유아용 분유는 물론이고 장례식에 사용할 관조차 구하기 힘들었다. 부자들도 불편을 감수해야 했다. 하인들이 이른 새벽에 시장에 달려가 엄청난 값을 치르고 식료품을 구입했지만 물량 자체가 부족해서 만족할 만큼 손에 넣을 수 없었다. 10월 말이 되자 모든 생활필수품이 시장에서 자취를 감췄고, 식당도 문을 닫아 매식이 불가능했다. 상해 시내에는 수천 명의 실직자와 굶주린 노동자들로 우글거렸다.

장경국은 아버지의 정권이 이 문제의 해결에 달려 있음을 알고 고심했다. 시장에 쌀이 사라져 미곡상 조직의 수뇌부에 한 달에 20만 석을 반입하지 못하면 엄벌에 처하겠다고 경고했지만 소용이 없었다. 생산지보다 상해의 쌀값이 쌌기 때문이다. 그 때문에 지방의 관리들은 현지에 있는 쌀의 반출을 철저하게 금지하고 있었다. 장경국은 하는 수 없이 상해에서 생산된 면직물과 설탕을 지방으로 보내 쌀이나 식료품과 교환하는 계획을 세웠다. 11월부터는 식용유, 면포, 석탄, 설탕을 배급제로 바꾸는 방안도 마련했지만 효과가 없었다.

10월 27일 정부의 고위관리들이 남경에 모여 새로운 대책을 강구했다. 장개석은 두월생과 공상희의 아들을 구속했다는 이유로 장경국에게 화를 냈다. 10월 31일 정부는 그때까지의 모든 물가통제조치를 철회했고, 장경국은 상해 시민들에게 공개적으로 사죄 성명을 발표했다. 그동안 몰수한 물자를 주인에게 돌려주었고 경제사범들을 석방했다. 11월 11일에는 시민들의 금은과 외환 소지를 허용했고, 미화 1달러의 환율을 20원으로 조정했다. 그러자 고삐 풀린 인플레가 날아올랐다. 8월 19일부터 실시한 금원권 개혁은 완전한 실패로 귀결되었다.

그처럼 정부가 허둥대는 가운데 전선에서는 연일 패전 소식이 들려왔다. 10월 20일 장춘이 함락되었고, 10월 30일에는 심양, 11월 5일에는 만주 최후의 보루였던 영구까지 함락되었다. 장성 이남의 국민당군도 무너져 내렸다. 9월 23일 제남이 함락된 데 이어 11월 8일에는 서주가 공격당하며 남경과 상해까지 위태로워졌다. 65일 동안 지속된 회해전투에서 국민당군은 참패의 고배를 마셨다.

상해의 물가는 당국의 통제가 풀리자마자 천정부지로 뛰면서 2주 만에 도매물가지수가 16배 올랐다. 그제야 상인들은 숨겨두었던 물건을 내놓았지만, 10월에 이미 가진 돈을 다 써버린 시민들은 고초를 겪을 수밖에 없었다. 무엇보다도 시급한 것은 식량 문제였다. 쌀을 비롯한 식료품 품귀 현상으로 시민들은 고통 받고 있었다.

11월 4일부터 시민들에 의한 폭동과 가게 습격, 물품의 약탈이 벌어졌다. 상해의 경찰이 총동원되었지만 한번 일어난 불길은 쉽게 가라앉지 않았다. 11월 8일경 쌀가게를 습격한 시민들은 내처 가루가게와 공장으로 쳐들어갔다. 이 사태는 정부에서 거금을 들여 홍콩과 강서의 쌀을 긴급 반입함으로써 11월 12일에야 겨우 진정되었다.

11월과 12월 사이 상해의 공업생산량은 60%까지 감소했다. 담배, 견직물, 종이공장 등은 대부분 조업이 중단되었다. 공업용 전력소비가 급격히 줄어들고 노동자들의 불만은 높아만 갔다. 당시 은행의 이자율은 월 500%나 되어, 잠깐 지폐를 만졌다가 내놓아도 20%를 얹어주어야 하는 실정이었다.

정부는 인플레 억제 방안으로 11월 23일부터 금과 은을 공매했다. 금 1온스(약 28g)의 가격이 2,000원이었는데, 석 달 전만 해도 정부는 같은 양의 금을 200원에 사들였었다. 그렇게 열 배나 오른 가격에도 불구하고 시민들은 앞다투어 은행으로 몰려들었다. 급기야 수만 명의 인파가 금을 손에 쥐기 위해 다투다가 압사 사고가 일어나 7명이 사망하고 45명이 부상하는 사태까지 벌어졌다.

1949년 금원권의 가치는 거의 휴지조각이 되었다. 전년도 11월 말에 2,199였던 상해의 물가지수가 그해 1월에는 3,483으로 뛰었고, 2월에는 35,774로 치솟았으며, 4월에는 무려 300만이 되었다. 정부는 또 다른 통화개혁을 시도한다며 금원권 대신 은원권을 새로 발행했다. 그처럼 경제가 붕괴되고 공산군의 남경과 상해 공격이 임박하자 시민들은 너도 나도 짐을 싸들고 피난 행렬에 나섰다.

군부의 무능, 민심의 이반

1945년 8월 일본이 항복했을 때만 해도 국민당군은 병력이나 장비 면에서 공산군에 압도적이었다. 그러기에 국공내전 초기 단계인 1946년부터 1947년 초반까지는 공산군이 국민당군의 공세를 도저히 막아낼 수 없을 것처럼 보였다. 국민당군은 장춘에서 하얼빈 근처까지 공산군을 몰아붙였고, 산동성의 대부분을 차지했으며, 1947년 3월에는 공산당의 본거지인 연안을 점령했다. 공산군은 뿔뿔이 흩어져 산간지대를 배회했고, 동북 지역에서는 국민당군에 쫓기다 못해 북한 지역으로까지 대피했다.

국민당군은 6개월 안에 공산군을 궤멸시킬 수 있으리라 자신했다. 하지만

1947년 후반기부터 전세가 완전히 역전되었다. 일부 전문가들은 그것이 미국의 군비 지원 중단 때문이라고 주장한다. 마셜이 1946년 7월부터 1947년 5월까지 약 10개월 동안 중국에 대한 전쟁물자 금수조치를 취했고, 1948년 4월에 가서야 그 조치를 해제했다는 것이다. 또 다른 전문가들은 미국 내의 친공주의자들과 국무성 내의 공산당 동조 세력, 미국 정부의 배신과 함께 국민당과 군부의 부정부패, 정부에서 암약하고 있던 간첩들의 기밀 유출, 지도자 장개석의 능력 부족 등 복합적인 요인이 작용했다고 주장한다. 하지만 1950년 호종남, 탕은백 등을 비롯한 17명의 장군들이 대만에서 발표한 「주요공산군토벌지회고평가主要共産軍討伐之回考評價」, 약칭 「회고回考」에서는 정부의 무능과 부패가 가장 큰 요인이라고 결론짓고 있다. 당시 중화민국 국방부가 작성한 비밀보고서에서는 국민당군의 패배 원인을 다음과 같이 설명하고 있다.

우리는 최근의 군사적 패배가 탄약 부족이나 보급 부족 때문이라는 말은 들어보지 못했다. 그보다는 우리가 공비 토벌과 반공에 대한 이해가 적절하지 못했다고 봐야 한다. 우리의 사기는 낮았고, 우리의 행정·경제·계획 방안은 공비 토벌을 위한 군사적 노력을 긴밀하게 지원하지 못했다. 따라서 우리는 그 원인을 외적인 것보다 중국 내에서 찾아야 할 것이다. 어차피 공산군은 장비와 탄약을 대부분 외부의 지원 없이 국민당군에게 빼앗아 전쟁을 치렀지 않은가? 패배의 주요 요인은 국민당군의 전략과 전술의 착오에서 찾을 수 있다. 「회고(回考)」에 따르면 공산군과 싸운 국민당군은 육박전을 두려워했고, 야간전투를 회피했으며, 사격술이 미숙했고, 기동력이 없었다. 그들은 자기 위치를 제대로 파악하지 못했고 산악지대에서의 전투를 기피했다.

국민당군의 패인은 전술적이라기보다는 전략적인 데 있었다. 국공내전 당초부터 국민당군은 병력을 지나치게 광범위하게 포진했다. 너무나 넓은 지역을 장악했기 때문에 부대는 어디서든지 약세였다. 점과 선에 엷게 배치된 국민당군은 그 후 공산군에게 주도권을 빼앗기는 중대한 과오를 범했다. 국민당군 지휘관들은 공산군을 공격하는 것이 아니라 요새화된 주둔지 안에 갇힌 신세가 되었다. 그곳에는 대개 교통망을 따라 형성된 도시와 소읍이 있었는데, 당지의 지휘관들은 적을 섬멸하기보다는 자신의 안전을 걱정해야 했다. 그리하여 전장에서 주도권을 잃었고 공산군이 마음대로 드나들게 되었다. 그 부분에 대하여 「회고」는 다음과 같이 기술하고 있다.

아군은 점과 선을 방어했기에 우리 병력은 움직이지 못하고 기동성을 상실했으며 주도권을 장악할 수 없었다. 예컨대 공산군을 공격할 때 여러 요새에 주둔한 병력 수를 줄이면 적은 우리의 주력부대와 싸우지 않고 아군 후방의 약한 점을 공격했다. 우리가 여러 곳의 안전에 신경을 쓰다 보면 공격력을 강화할 병력이 모자랐다. 이렇게 되면 효과가 적을 뿐만 아니라 오히려 위태로웠다. 적의 주력부대가 우리 진지를 공격했을 때 아군의 증원부대가 제때 도착하지 못하면 그 진지는 적에게 짓밟혔다. 그런데 증원부대가 제때 도착하면 적은 방향을 바꾸어 다른 진지를 공격했다. 우리는 언제나 적보다 뒤떨어졌고, 어느새 수동적이 되고 말았다.

국민당군 내부에서는 같은 지휘관들끼리, 혹은 중앙군 지휘관과 지방군 지휘관들 사이에 적대적인 관계나 불신감이 강하게 작용하고 있었다. 단결력이 유난했던 황포군관학교 출신들조차 시기와 원한에 사로잡혀 지휘체계를 어지럽혔다. 전쟁에서 지휘관들의 불화와 시샘이 야기하는 결과는 자명하다.

일례로 1948년 가을 회해전투에서 구청천은 공산군에 포위된 황백도 병단을 구출하라는 명령을 받았지만 열흘 동안 약 13km를 전진했을 뿐이다. 마침내 병단을 잃은 황백도가 자살하고 병력의 대부분이 공산군에 투항했을 때 구청천 병단은 공산군과 불과 20km밖에 떨어져 있지 않았다. 그 무렵 구청천은 장개석의 신임을 받는 황백도를 몹시 시기하고 질투했다. 구청천은 황백도 병단이 항복했다는 소식을 듣자 "이제야 그가 총통에게 특별한 신임을 받을 만했는지 여부가 밝혀졌다."며 비아냥거렸다.

장개석과 운남군벌 용운의 관계는 중앙군과 지방군의 뿌리 깊은 갈등을 보여준다. 장개석은 운남군에게 일본군의 항복 접수 임무를 지시하고 나서 용운을 숙청했다. 그리고 베트남에서 임무를 마친 운남군을 동북 지역으로 보내 공산군과 싸우게 했다. 당연히 공산군은 운남군 병사들에게 장개석이 용운을 제거한 사실을 알리고 장개석이 운남군과 공산군과 맞붙으니 양패구상兩敗俱傷를 도모한다고 선동했다.

1946년 3월 운남군 제60군 제184사단 병력 전원이 공산군에 투항했다. 그 소식을 들은 국민당군 수뇌부는 남아 있는 운남군 제60군 병력을 의심하고 사병들 사이에 비밀정보원을 투입하여, 예하 사단을 중앙군에 분산 배치하고 철저하게 감독했다. 하지만 1948년 10월 장춘전투 당시 제60군 사령관 증택생은 부하들과 함께 공산군에 투항했다. 증택생은 투항 성명에서 항일전쟁의 승리 이후 장개석이 일본군의 항복을 받으라는 속임수로 운남군을 하노이에 보내 자신의 정적들을 제거하려 했다며 비난했다. 용운을 제거한 지 3년이 지났지만 운남군에게는 과거의 응어리가 남아 있었던 것이다.

「회고」에서는 또 국민당군 지휘관들이 전투에 임했을 때 자기들의 이해관계만을 생각했기 때문에 전체적으로 상황이 나빠졌다고 기술하고 있다. 최전선에 투입된 지휘관들끼리 서로 협조하지 않았고 소극적인 대응으로 일관한 탓에 공산군으로부터 각개격파 당했다는 것이다.

1945년 10월 31일 하북성에서 국민당군 지휘관 고수훈이 전 병력을 이끌고 공산군에 투항한 이래 집단투항이 자주 발생했다. 공산군은 1946년 7월부터 1949년 1월까지 총 370만 명의 포로를 획득했다고 발표했는데, 대부분이 집단투항한 병사들이었다. 투항은 거의가 전투 도중에 일어났으므로 전쟁의 판세가 일변하곤 했다.

여기에는 포로에게 호의적이었던 공산군 병사들의 태도가 큰 역할을 했다. 공산군은 포로와 투항병들을 공산군에 편입시키고, 특별한 기능을 가진 병사는 승진시키거나 봉급을 인상시켜주었지만 허약하거나 전투능력을 상실한 병사, 향수병에 걸린 병사는 여행증을 발부하고 여비를 주어 돌려보냈다. 이런 공산군의 인간적인 태도에 포로나 투항병들은 감동하지 않을 수 없었다.

한편, 투항 병력의 대부분은 지방군이었다. 지방군은 평소 자신들이 중앙군에 비해 차별받고 있다는 생각을 갖고 있었다. 이런 경향은 특히 광서성과 운남성 출신들에게 심했는데, 당국이 공산군과 자신들을 함께 없애버리려 한다는 피해의식에 사로잡혀 있었다. 게다가 강제 징집된 국민당군 병사들은 명분 없는 전쟁에 넌더리를 냈고, 지휘관들이 군비를 빼돌리는 통에 급식이나 위생시설이 열악했던 만큼 사기가 바닥을 칠 수밖에 없었다.

공산군은 이런 국민당군 병사들의 심리상태를 교묘하게 이용했다. 공산군은 국민당군의 힘든 복무 여건을 부각하면서, 정부는 농민들의 양곡을 빼앗고, 기근과 홍수가 일어나도 부자들은 아무런 근심걱정 없이 잘산다고 비판했다. 부잣집 아들은 유학 가고 여행을 즐기는데 돈 없고 가난한 집 자식들은 군대에 끌려와 총알받이가 되고 있으며, 장교들은 부하들에게 가혹하고, 장개석은 중앙군만 우대하고 지방군은 방패막이로 쓰고 있다고 선동했다. 반면에 공산 지역에서는 군대와 주민들이 한마음 한뜻으로 생활하고 있으며, 경제적으로도 넉넉하여 굶주리는 경우가 없으니 거지나 도둑, 비적은 눈을 씻고 찾아봐야 보이지 않는다면서, 이제 동포끼리 죽고 죽이는 싸움을 그만두고 함께 조국의 혁명 대열에 동참하자고 호소했다.

「회고」는 이런 상황에서도 국민당군의 정보활동은 형식적이고 관료적이어서 과거 조나라 장수 조괄趙括의 지상담병紙上談兵17과 다를 것이 없었다고 분석했다. 국민당군의 첩자는 공산당 지역에 감히 침투할 수 없었지만 수많은 공산군 첩자들은 국민당군 핵심 부서까지 침투해 있었다. 그래서 등문의鄧文儀, 덩원이: 1905~1998 장군은, 총사령관실부터 각급 지휘관의 사무실까지 공산군 간첩들이 암약하고 있으니 공산군은 국민당군의 사정을 자기 집 일처럼 훤하게 꿰뚫고 있다고 한탄한 바 있었다.

공산군 간첩들은 국민당군 내에 확고한 직책을 갖고 있는 경우가 많았다. 1948년 산동성 유현維懸, 웨이센전투 당시 국민당군 제96군 참모장이 공산당원이었다. 1948년 9월 제남전투 때 제2평정사령관은 국민당군의 작전계획 일체를 공산군에게 빼돌렸다. 이 사건은 결정적인 시기에 벌어진 84사단의 투항과 함께 국민당군이 산동성의 수도를 최초로 잃는 계기가 되었다.

---

17 "종이 위에서 병법을 논하다"라는 뜻의 고사.

가장 극적인 사건은 유비 장군의 경우였다. 유비는 항일전쟁과 내전기간 동안 국민당군 참모차장이라는 고위직에 있으면서 동료인 곽여괴를 국민당군 작전처장으로 들어앉히기까지 했다. 이들을 통해 공산군은 국민당 수뇌부의 생각을 고스란히 알게 되었다. 회해전투에서 국민당군이 패한 뒤 일각에서 두 사람을 간첩으로 의심했지만 장개석의 비호로 무사할 수 있었다. 유비는 1949년 4월 1일 공산군과 최후 협상을 하는 6인 대표의 한 사람으로 북경에 갔다가 협상이 결렬되자 현지에 눌러앉았다.

1949년 4월 20일 장강대전 당시 국민당군의 요충지인 강음의 요새를 방어하던 황포군관학교 출신 대융광 장군도 결정적인 순간에 총부리를 돌림으로써 자신의 정체를 드러냈다. 미군의 웨드마이어 장군은 이때 국민당군이 의지만 있었다면 빗자루 몽둥이만 들고도 장강을 지킬 수 있었을 것이라고 단언했다. 사실 장강 도하는 공산군의 모험이었지만 국민당군 병사들의 전투의욕 상실과 대융광 장군 같은 조력자들의 출현으로 4월 23일 남경에 무혈 입성할 수 있었던 것이다.

「회고」의 필자들은 국민당군에 대해서는 비판 일색이었지만 공산군에 대해서는 칭찬을 아끼지 않았다. 전투에 앞서 공산군은 치밀한 작전을 계획하고, 상호 토론을 통해 의견을 통일했으며, 사전에 지형지물 정찰과 적정 파악에 몰두했다. 이 같은 조치는 기밀을 유지하기 위해 보안에 열중했던 국민당군의 헛된 노력과는 대조적이었다.

공산군은 결코 불리한 싸움은 벌이지 않았다. 그러나 일단 전투에 나서면 어떤 장애물도 피하지 않았고 어떠한 희생이 따르더라도 목표를 달성할 때까지 공격을 멈추지 않았다. 만일 상황이 불가능하다고 판단되면 신속하고 거침없이 퇴각하여 다른 지점에 있는 취약한 적을 공격했다. 그러기에 공산군은 언제나 기세를 잡았고 국민당군은 언제나 수세에 몰렸다.

전술적인 면에서도 공산군은 국민당군을 압도했다. 공산군은 전혀 예기치 못한 곳에서 예기치 못한 때에 기습했고, 그러다가 적이 약화되면 대규모 집중공격을 가했다. 공산군은 국민당군이 싫어하는 산악지대에서 밤을 이용한 육박전을 선호했고, 얼어붙은 만주에서는 말과 썰매를 이용하여 이동속도를 극대화했으며, 삽과 위장물로 부대나 개인을 은폐하는 데 익숙했다.

관료주의에 물든 국민당군은 작전 하나를 실행하기 위해 수차례의 회의와 결재를 받아야 했으니 전투 환경의 변화에 신속하게 대처할 수 없었다. 지휘관들은 대부분 복잡한 설명이 필요 없는 정면대결을 선호했다. 공산군의 전투지휘관은 공격과 철수 등 많은 부분에서 결정권을 가지고 있었지만, 국민당군은 아무리 고위 지휘관이라도 독자적인 행동이나 작전 변경의 권한이 없었다. 그래서 전세가 기울어져도 국민당군 병사들은 전방으로 내몰려 죽을 때까지 싸우다 희생되곤 했다.

공산군의 '군민일치軍民一致' 정신은 「회고」의 필자들에게 커다란 교훈을 주었다. 공산군은 노인과 소년을 정찰병으로 이용했고, 주민들은 정보망을 펼쳤다. 병사들은 적에게 쫓기면 민가에 숨을 수 있었고, 식량이 떨어져도 주민들의 도움으로 굶주리지 않았다. 전투가 벌어지면 총을 들고 용감하게 싸웠지만, 전투가 없으면 삽과 괭이를 들고 농민들을 도왔다.

「회고」는 국민당군의 패배 이유를 최종적으로 이렇게 결론지었다.

"우리가 대륙에서 패한 것은 인민들과 손을 맞잡지 못했기 때문이다."

패전의 뒤풀이

로마제국의 귀족들은 "고귀하게 태어난 사람은 고귀하게 행동해야 한다."는 '노블레스 오블리주noblesse oblige'를 신봉했다. 그들은 자신들이 노예와 다른 점은 신분의 격차가 아니라 사회적 의무를 실천할 수 있는 명예라고 생각했다. 배경이나 상황은 좀 다르지만 항일전쟁 시기나 국공내전 기간 동안 국민정부의 요인들이나 군부의 지휘관들은 이런 귀족의 책무와 거리가 너무나도 멀었다. 특히 최상층부에 자리하고 있던 장개석, 공상희, 송자문, 진립부 형제는 오로지 개인의 치부와 향락에 몰두하면서 중국 대륙을 폐허로 만들었고 중국인들에게 모진 고통을 안겨주었다.

내전 막바지에 공산당이 살포한 전단에는 중국을 망친 것이 그들 4대가의 횡포와 부패 때문이라는 내용이 실렸다. 실제로 그들이 긁어모은 돈은 중국 전체 가용자산의 절반에 가까웠다. 손문의 삼민주의를 일찌감치 쓰레기통에 던져버린 그들은 민중의 횃불이 아니라 걸신들린 승냥이 떼였다.

그 외에도 군부 내에서 장개석에게 충성을 바치며 온갖 부정부패를 저질렀던 탕은백을 비판하는 전단도 있었다. 탕은백은 장개석과 동향인이었는데 청년 시절 상해 청방의 일원으로 황금영과 두월생의 총애를 받아 일본의 군관학교에 들어갔다. 항일전쟁 시기에는 황포군관학교의 일원으로 야전사령관이 되었다. 탕은백의 첫 공적은 1938년 6월 일본군의 진군을 저지한다는 명분하에 황하의 둑을 터트려 수백만 명의 이재민을 발생시킨 것이었다. 탕은백은 하남성을 관할하면서 특별세를 만들어 농민들의 곡식을 마지막 한 톨까지 긁어모았다. 그 결과는 1942년의 끔찍한 하남성 대기근이었다. 겉보기에 그는 온화하고 유머러스했으며 정력적인 인간이었다. 하지만 하남성 주민들은 황하와 탕은백을 하남성의 두 가지 슬픔이라고 야유했다.

농민들이 기아선상에 허덕이고 있을 때 탕은백은 수단방법을 가리지 않고 치부에 몰두했다. 장강 북안의 고죽헌, 고축동 형제와 한통속이었던 그는 장강 하류에서 활동하는 청방을 통해 금지 품목인 일제 소비재를 사들이고, 이것을 미국의 대여법으로 들여온 트럭에 실어 중경이나 무한 등 여러 대도시의 암시장에 내다 팔아 엄청난 이익을 취했다. 고씨 형제가 구할 수 없는 것은 미국의 원조물자를 빼돌려 일본인들과 물물교환 형식으로 장만했다. 탕은백은 스위스 시계, 프랑스 향수, 영국의 옷감들도 취급했고, 농민들에게 강제로 재배시킨 담배와 아편을 내륙의 담배공장과 청방에 팔아넘겼다. 그것으로도 모자라 병역장부를 조작하여 병사들의 급여를 가로챘고, 병사들에게 보급해야 할 식량을 착복했으며, 심지어 미군이 공급한 무기까지 팔아치웠다.

1944년 일본군의 1호작전이 시작되자 탕은백은 부대를 버리고 전선을 이탈했다. 부대원들은 지휘관을 잃고 우왕좌왕하다가 일본군의 먹잇감이 되었지만, 고급장교들은 800대의 트럭 가운데 600대를 동원하여 자신들의 가족과 가재도구를 싣고 도망쳐버렸다. 병사들은 살아남기 위해 농가를 약탈하고 소를 빼앗아 잡아먹었다. 그러자 성난 농민들이 도처에서 곡괭이, 낫, 망치 등을 들고 일어나 5만 명의 병사들을 무장해제시켰고, 그중에 악질분자들은 생매장하기까지 했다.

그런데도 장개석은 탕은백을 제9방면군 사령관으로 승진시켜 미제 무기로 무장한 14개 사단의 지휘봉을 맡겼다. 항일전쟁이 끝났을 때 장개석은 탕은백에게 장강 하류와 상해지구 일본군의 항복을 받고 그들을 무장해제한 뒤 본국으로 송환시키라는 임무를 주었다. 그때 탕은백은 20여 명의 일본군 지휘관들을 집합시켜놓고 감동적인 고별사를 건넸다.

중국과 일본은 일의대수(一衣帶水), 함께 도우며 살아야 할 관계다. 양 국민은 동문 동종(同文同種), 곧 협력하면 발전할 수 있지만 분열하면 멸망한다. 8년에 걸친 유혈전 쟁으로 쌍방은 함께 깊은 상처를 입었다. 오늘 우리는 과거의 고난을 떠올리면서 형 제로서 어깨를 서로 얼싸안고 눈물을 흘려야 하지 않겠는가? 오늘 우리는 무기를 내 던지고 여러분을 집으로 돌려보낸다. 어느 날엔가 손에 가득 환영의 선물을 들고 여 러분의 방문을 환영할 날을 기대한다.

전후 장개석은 탕은백을 남경·상해경비구 사령관이자 국민당군 부총사령관, 즉 신사군 사건의 영웅으로 명성을 드높인 고축동의 다음 서열인 군부의 2인자 자리에 앉혀주었다.

중국은 그 무렵 약 17만100kg의 금과 9억 달러 이상의 예비금을 보유하고 있 었다. 이는 모두 미국의 원조에 의한 것이었지만, 중국의 인구로 나누어도 상당한 액수였다. 이 외에도 공산당의 확산을 막기 위한 미국의 지원은 계속되었다. 1945 년에서 1947년까지 UNRRA 국제연합구제부흥사업국18 는 6억8500만 달러어치의 식량과 의류, 공장설비 등을 중국에 지원했다. 수출입은행에서도 송자문의 옛 친구들이 8300만 달러의 차관을 제공했고, 캐나다도 6000만 달러의 장기차관을 주었다.

이처럼 엄청난 외국의 원조를 이끌어낸 송자문은 그 자금을 관리하면서 세 계적인 거부로 부각되었다. 펠릭스 그린은 친구의 말을 인용하여 1944년까지 송

---

18   United Nations Relief and Rehabilitation Administration(유엔구제부흥사업국, 운라).

자문의 미국 내 자산만 해도 4700만 달러가 넘는다고 했다. 영국 외무성의 관리는 1953년의 한 대담에서 송자문은 미국의 제너럴모터스를 지배할 정도의 대주주라고 밝혔다.

송자문은 행정원장이 되자 UNRRA에서 오는 원조물자를 감시했다. 그는 미국 정부와 유엔에서 맺은 협정에 따라 중국에 들어온 원조물자의 모든 권리를 거머쥐고 있었다. 물자가 부려지는 부두와 창고, 운송회사는 두월생이 장악하고 있었다. 그렇게 부정부패의 조건은 완벽하게 구비되어 있었다. 부두에 도착한 물자는 신속하게 암시장으로 흘러들어갔다. 미국 적십자사가 제공한 혈액이 상해의 약국에서 팔렸다. 미 해군의 연안순찰함대가 상해의 한 창고에서 혈장 3,500상자를 압수한 일도 있었다.

UNRRA는 송자문이 중국인의 존엄을 지킨다는 이유로 제기한 조건 때문에 선박료, 하역비, 창고보관료, 수송비까지 원조물자 공급에 소요되는 모든 비용을 부담했다. 그 명목으로 송자문이 UNRRA로부터 받아낸 자금은 무려 1억9000만 달러에 이르렀다.

앞서 기술했듯이 1948년 중반 국민정부는 인플레의 심화로 중국의 법폐 1100만 원이 1달러의 환율에 육박하자 금본위제도로 화폐정책을 전환하여 새로운 금원권의 발행을 모색했다. 이는 중국인에게 휴지조각이나 다름없어진 법폐와 개인이 소유한 금은을 새로운 지폐로 바꾸게 하는 것이었다. 그런데 송자문은 이 계획을 측근들에게 누설하여 평지풍파를 일으켰다. 수백 명의 큰손들이 정책이 발표되기 전에 은행으로 몰려가 자신의 금괴를 찾아갔다. 그 결과 수백만 달러어치의 금이 합법적인 소유자를 통해 정부에 손아귀에서 빠져나갔다. 이런 상황은 곧 여러 대도시로 확대되었고 화폐개혁은 필연적으로 실패할 수밖에 없었다.

사정을 알게 된 장개석은 송자문을 행정원장 및 모든 공직에서 추방했다. 장개석은 진씨 형제에게 송자문의 자산 상태를 조사하게 하고, 그가 빠져나가지 못하도록 광동성 지사 겸 수정장관이라는 관직에 눌러앉혔다. 송자문은 서둘러 중국 내 자산을 해외로 빼돌렸고 부동산을 매각하여 현금으로 바꾸었다. 1947년 진씨 형제는 송자문에 대한 조사를 끝내고 1만5000자에 달하는 보고서를 제출했다. 이 조사에 의하면 송자문의 특권적인 기업집단이 중국의 재건을 위한 물자 투입이 아니라 다른 목적으로 자금을 소비했는데, 거기에는 송자문 자신을 비롯하여 중국개발금융공사와 송씨 일가의 회사들이 포함되어 있었다. 그들이 서로 협잡하여 얼마나 많은 원조자금을 횡령했는지는 곧 밝혀졌다. 송자문이 광동으로 떠나자 국민정부가 보유하고 있던 외화와 금괴 양이 절반밖에 남아 있지 않았다.

한편, 미국의 대중국정책은 전후 기묘한 상황으로 바뀌었다. 1946년 미국인들의 트루먼 대통령 지지도는 그야말로 최악이었다. 그 원인은 무엇보다도 반전에 대한 열망 때문이었다. 민주당 정권이 4대를 집권하는 동안 권력의 중심부에서 멀어져 있던 공화당은 '변화'를 내세우며 의회에서 세력을 확장했다. 전 세계적으로 파시즘이 무너진 가운데 공화당은 '공산주의의 위협'을 새로운 이슈로 들고 나왔다. 공화당은 트루먼 정부가 공산당과 싸우고 있는 장개석에게 충분한 원조를 하지 않는다고 몰아붙였다.

마셜과 웨드마이어는 중국 원조의 물량에 마지노선을 정하고 엄격한 통제와 관리가 뒤따르지 않으면 '깨진 독에 물 붓기'라고 주장했다. 특히 차관을 제공하는 조건으로 국민정부의 부정부패 일소와 공산당과의 연합정부 구성을 주문했다. 중국 정부의 현실을 어느 정도 조망하고 있던 마셜은 10개월 동안이나 무기 금수조치를 취해 장개석을 궁지로 몰아넣었다. 물론 그들이 공산당을 좋아하는

조지 마셜(왼쪽)과 대화하고 있는 클레어 루스

것은 아니었다. 마셜은, 모택동의 가장 큰 정치적 자산은 장개석 정권의 구제받을 수 없는 부패일 뿐이라고 평했다. 웨드마이어 역시 1946년 여름 중국의 대도시를 시찰하고 나서 국민당이 스스로 행실을 고치지 않는다면 공산당을 막아낼 수 없을 것이라고 경고했다. 웨드마이어는 국민당 고관들이 외국에 투자한 자금만 회수해도 10억 달러 이상의 현금을 마련할 수 있으리라 확신했다. 이처럼 중국 원조에 대한 한계를 정하라는 마셜의 주장은 공화당 하원의원 클레어 루스, 즉 〈타임〉의 주인 헨리 루스의 부인에 의해 제동이 걸렸다. 그녀는 1946년 7월 24일 하원의원 38명의 서명이 들어간 항의 편지를 의회속기록에 쓰게 했다.

장개석으로서는 1948년에 치러질 미국 대통령선거에서 공화당이 승리한다면 트루먼의 푸대접 대신 조건 없는 수십억 달러의 원조를 손에 쥘 수 있을 터였다. 장개석의 지령을 받은 수많은 공작원들이 미국으로 건너가 공화당의 승리를 위해 아낌없이 돈을 썼다. 그중에서도 공상희의 아들 공영걸은 단연 적극적이었다.

공화당의 유력한 후보는 뉴욕 주지사 토머스 듀이였다. 장개석 부부와 루스 부부는 그를 밀어주기로 결정하고 고유균 주미대사를 통해 특별훈장을 수여했다. 송미령도 미국으로 건너가 공산당의 위협에 맞서기 위해 30억 달러의 군사원조가 필요하다고 호소했다.

대통령 예비선거가 진행되던 1948년 4월 로비스트들의 노력으로 의회에서 10억 달러의 원조 계획이 승인되었다. 하지만 장개석은 30억 달러 이상을 요구했다. 그해 11월 7일 투표가 시작되고 민주당 후보 트루먼의 승세가 점쳐지자 장개석은 미국의 원조물자가 공산군 측에 들어가는 것을 막기 위해 공군으로 하여금 자기 부대를 폭격하게 했다. 실로 어처구니없는 승부가 종국으로 치닫고 있었다.

선거는 예상대로 트루먼의 승리였다. 더 이상 백악관의 자선을 기대할 수 없게 된 장개석은 송미령을 워싱턴으로 급파했다. 1948년 11월 미국행 비행기에 오른 송미령은 그 후 다시는 중국 대륙을 밟지 못한다. 워싱턴에 도착한 송미령은 이전과는 전혀 다른 미국 측의 괄시에 당황했다. 트루먼은 그녀가 구걸하러 왔다는 사실을 알고 상대조차 해주지 않았다. 중국 원조를 묻는 기자들에게는 이미 38억 달러를 초과했다며 고개를 저었다. 난생처음 미국인들에게 외면당한 송미령은 리버레일에 있는 공씨의 저택에 파묻혀 지냈다.

국민당의 패전이 가시화되자 장개석은 장정강의 권유에 따라 고궁박물관 소장품을 대만으로 옮기게 했다. 그것들은 훗날 대만 국립박물관의 핵심 전시물이 된다. 골동품 전문가였던 장정강은 파리, 런던, 뉴욕, 제네바 등지에 전시관을 가지고 있었다. 장정강이 소유한 보물들은 중일전쟁 당시 수천 개의 나무상자에 담겨 중국 서부 지역으로 옮겨졌고, 그중 수많은 걸작들이 외국으로 팔려 나갔다. 회해전투 직전에 2만5000점의 그림과 도자기, 보석, 청동기 따위의 유물들이 대만의 대북台北, 타이베이으로 이송되었다. 장개석은 회해전투에서 패하고 11일 뒤인 1949년 1월 21일 총통 자리에서 물러난다.

공상희는 전쟁이 끝났을 때 65세였는데 다시는 관직에 나가지 않았다. 아내 송애령은 10억 달러에 이르는 재산을 이미 외국으로 빼돌려놓았다. 공산당의 1급

전범자로 지목된 송자문도 1949년 1월 24일 아내와 함께 홍콩으로 도주했다. 공산당과 청방 양쪽에서 쫓기던 송자문은 영국경찰에 보호를 요청했고, 5월 16일 파리로 날아간 다음 6월 10일 외교관 여권으로 미국 땅을 밟았다.

1949년 2월 장개석은 상해에 남아 있던 정부의 금 준비분을 대북으로 옮기는 계획에 착수했다. 총통대리 이종인은 공산당과의 화평 교섭에 미국대사 존 레이턴 스튜어트의 도움을 요청했지만 비웃음만 샀다. 대사는 수십억 달러의 원조금을 착복한 국민정부 고관들에게 애국기금이나 모으라고 조언한 것이다.

장개석은 손문의 아들 손과에게 옛날처럼 광동정권을 수립할 것을 부추기고, 만일 그가 동의하면 새로운 북벌전쟁을 도모하겠다고 했다. 손과는 광동으로 날아가 상황을 살피다가 한 달도 되지 않아 프랑스 행 비행기에 올라탔다. 장개석은 친위부대를 대만으로 실어 날랐다. 그때까지 남아 있는 원조금과 수십만 명의 병력과 최신식 군사장비, 상해 주요 은행들의 자산을 고스란히 대만으로 이동시킬 수 있다면 그곳에서 재기를 노릴 수 있으리라 생각했다.

그해 4월 장개석과 두월생은 마지막 모임을 가졌다. 그즈음 상해방위사령관 탕은백은 상해를 제2의 스탈린그라드로 만들어 보이겠다며 기자들에게 호언하고 있었다. 실제로 탕은백은 대규모 병력을 동원하여 상해 둘레에 긴 참호를 파고 3미터 높이의 대나무 울타리를 쳤다. 군사적으로 아무 쓸모없는 작업이었는데, 그에게는 목재상을 하는 친척이 있었다.

장개석 정권의 최후의 일격은 금원권 사건이었다. 4금원에 1달러인 금원권을 발행한 지 다섯 달이 지나자 100만 금원에 1달러가 되었다. 평생 모은 금을 정부의 명령에 따라 기한 내에 은행에 가져가 금원권으로 바꾼 순진한 자본가들이 가장 큰 타격을 받았다. 하룻밤 사이에 휴지조각이 된 금원권을 들고 정신이상이 된 사람도 있었다.

중국은행의 소개는 매우 치밀하게 진행되었다. 허술한 화물선 한 척이 해안의 캐세이호텔 앞에 정박했다. 배의 선원들은 해군에서 특별히 선발된 하사관들이었다. 그 시각 중국은행의 간부들은 장개석으로부터 약속을 받고 지하금고의 철문을 열었다. 은행 밖에서는 중무장한 국민당군 병사들이 삼엄한 경계망을 펼치고 있었다. 어둠 속에서 청방의 조직원들이 두월생의 지시에 따라 은행으로 줄지어 들어가더니 곧 상자 하나씩을 짊어지고 화물선으로 향했다. 그 상자들을 차곡차곡 쌓은 화물선이 해안을 빠져나갔다. 이것이 두월생의 마지막 임무였다. 두월생은 5월 25일 공산군이 상해를 함락하기 직전에 홍콩으로 탈출했고, 1951년 8월 16일 사망했다.

상해가 공산당의 수중에 넘어간 뒤에도 중국의 서북 변경지대는 아직 국민당이 지배하고 있었다. 1949년 8월 장개석은 대만에서 성도로 날아가 대계도의 묘에 참배했다. 대계도는 그해 2월 11일 패전이 임박하자 수면제를 먹고 자결했다. 대계도는 중국공산당 창당에 참여했다가 국민당으로 전향한 인물이었다.

성도를 거쳐 중경에 들른 장개석은 개인적인 업무 하나를 처리했다. 중경의 중미합작소라는 감옥에는 과거 서안사건의 주범 중 하나인 양호성이 수감되어 있었다. 양호성은 유럽으로 도망쳤다가 1938년 사면령이 내려지자 귀국한 뒤 곧바로 대립에게 체포되었다. 그때부터 11년 동안 양호성은 가족들과 함께 그 감옥에 갇혀 있었다. 장개석은 대륙을 떠나는 마지막 순간에 양호성의 사형집행서에 서명했다.

전후 연합국으로부터 일본이 차지하고 있던 대만을 돌려받은 국민정부는 현지인들에게 복종을 강요했고, 저항하는 사람들을 대규모로 학살했다. 1947년 2월

28일 대북시 번화가에서 현지인들이 반정부 시위를 벌였을 때 군경의 무차별 발포로 1만여 명이 살해되었다. 그 후에도 2만여 명이 넘는 대만인들이 목숨을 잃었다. 장개석의 비밀경찰과 군대는 작은 섬을 샅샅이 뒤지

1947년 2월 28일 중국 담배전매공사 대북 지사 건물 앞에 대만의 성난 군중들이 몰려들었다.

고 다니면서 저항하는 사람들을 골라내 살육했다. 장개석의 심복 진의가 지휘한 대만의 학살극은 1927년 4월의 상해대학살과 맞먹을 정도로 잔학했다.

공포정치의 재림

오랜 투쟁 과정을 거쳐 마침내 중원의 독재자로 우뚝 선 모택동은 이후 스탈린의 그것과는 또 다른 공포정치를 연출했다. 그것은 "두려워하면서 복종하라."로 요약된다. 모택동은 비정한 현실주의를 지향하면서도 고대의 철학자처럼 자신에게 최고의 가치를 부여했다. 책임과 의무에서 야기되는 속박은 그에게 아무런 의미가 없었다. 세상에 존재하는 사람과 사물은 오로지 자신을 위해 존재할 뿐이었다. 모택동은 자신이 알고 있는 현실에 대해서만 책임을 질 뿐, 다른 어떤 것에 대해서도 책임지려 하지 않았다. 심지어 역사에 대한 책임도 부정했다. 모택동은 사후의 평판 따위에는 전혀 관심이 없었다. 그것은 현실이 아니기 때문이다. 다음

세대를 위해 무슨 업적을 남기고 싶어 하지도 않았다. 모택동은 양심보다는 충동을 더 중요시했다.

현명한 양심은 언제나 충동을 따른다. 가끔 양심이 과도한 식욕과 성욕에 탐닉하려는 충동 같은 것을 억제하기도 하지만 그것은 충동을 억제할 뿐이지 반대하는 것이 아니다. 억제는 충동의 더 나은 완성을 위해 필요하다.

살인하지 말라, 도둑질하지 말라, 간음하지 말라 같은 명령들이 양심과 관련이 있다고 나는 생각하지 않는다. 그런 명령은 순전히 자기보존을 위한 이기주의에서 나온다고 생각한다. 모든 생각이 자신을 위한 철저한 계산이어야 하며, 외부적인 윤리 강령을 따르거나 책임감에서 우러나와서는 안 된다.

모택동은 이와 같은 이기주의를 영웅들의 속성으로 규정하고, 자신도 그들 사이에 속해 있다고 생각했다. 위대한 영웅들이 자신의 충동을 최대한 발휘할 때 강력하고 격렬한 천하무적의 존재가 된다. 영웅의 힘은 깊은 협곡에서 일어나는 폭풍 같고 연인에 대한 욕정으로 불타는 색정과도 같다. 그러므로 어떤 방법으로도 영웅의 행위를 제약할 수 없다는 것이다.

모택동은 대동사회大同社會라는 인간사회의 상호 협력관계를 부정하고, 파괴와 창조는 미래에도 계속될 것이라고 보았다. 평화와 번영은 인간의 삶을 지루하고 나태하게 만들기 때문이다. 그런 면에서 죽음이란 가장 멋지고 격렬한 변화이므로 두려워할 필요가 없다고 주장한다. 사람들은 대부분 특이한 경험을 원하는데 죽음이란 개인적으로 가장 특이한 경험이라는 것이다. 모택동은 이렇게 죽음을 표현했다.

우리는 풍랑이 이는 바다의 항해를 좋아한다. 삶에서 죽음으로 가는 것은 가장 큰 풍랑을 경험하는 일이다. 정말로 멋진 일이 아닌가?

모택동은 이런 태도를 자신 외의 사람들에게만 적용했다. 자신은 그들 위에 군림하는 존재였다. 투쟁 과정에서 모택동은 동지나 적의 희생을 축제처럼 즐겼다. 모택동의 통치하에 수천만 명이 굶어 죽어도 슬퍼하지 않았다. 중국을 변화시키기 위해 희생과 파괴는 불가피한 선결과제라는 것이 모택동의 생각이었다. 재건이 곧 창조라는 것이다.

청년 시절 모택동은 급진주의자였고 현실주의자였다. 1920년 여름, 그는 프랑스로 가는 친구들을 전송하기 위해 상해로 갔다. 친구들과 헤어진 뒤 홍구공원에서 돌팔이 도사로부터 "난세의 간웅, 치세의 폭군"이란 말을 들었다. 어딘가 『삼국지』의 조조 냄새가 나는 일화지만 실제 그의 운명은 조조가 흉내조차 낼 수 없는 수준이었다.

국공내전 시기에 공산당 점령지역의 주민들은 자의반타의반 전쟁에 참여했다. 일할 수 있는 남자들은 군대나 노역에 징발되었다. 만주에서 공산군은 전투원의 두 배에 달하는 160만 명의 노동자를 동원했다. 회해전투에서는 530만 명, 평진전투에서는 150만 명에 이르렀다. 노인과 아이, 여성은 대부분 농사일을 맡았는데, 그 외에도 부상병 치료, 군복 수선, 군화 제조, 군대와 노동자 취사, 세탁 등 전투를 제외한 거의 모든 일을 해야 했다. 인민들의 열성과 자발적인 봉사로 승리했다는 인민전쟁의 신화 뒤에는 공포정치라는 공산당의 또 다른 얼굴이 숨어 있었다.

공산당의 공포정치는 지주에 대한 투쟁으로 일컬어지는 토지개혁으로부터 표출되었다. 군중집회를 열어 모든 주민들을 한자리에 모아놓고 그동안 인민의 삶을 갉아먹은 부자나 관리에 대한 폭력을 일상화했다. 표적이 된 사람은 군중 앞에 세워져 자신의 죄상을 고백하고 용서를 빌었다. 흥분한 주민들이 병장기와 농기구를 휘두르며 험악한 분위기를 만들면 완장을 찬 자들이 온갖 모욕과 폭행을 가했다. 대상자들을 깨진 사기조각 위에 꿇어앉혀 무릎을 못 쓰게 만들기도 하고, 밧줄로 손목이나 발목을 묶어 매달기도 했다. 심한 경우 곡괭이나 삽으로 때려죽이기도 했다.

공산당은 그렇듯 잔혹한 폭력을, 핍박받던 자들의 정당한 보복행위로 규정했고 적극 권장하는 경우도 있었다. 빈발하는 폭력을 그만큼 많은 지주를 단죄했다는 기준으로 삼았다.

1947년 8월 중순, 연안에서는 모택동이 지켜보는 가운데 소름끼치는 장면들이 수시로 벌어졌다. 어떤 지역에서는 지주들을 적극적으로 색출하지 않는 사람은 돌로 때려죽인다는 규칙을 제정하기도 했다. 대지주가 없는 마을에서는 희생자를 만들어내기 위해 비판 기준을 훨씬 낮춰 빈민들까지 피해를 입히기도 했다. 그들 중에는 불륜 남녀, 도박꾼, 구멍가게 주인, 이장, 이발사 등 사소한 원한을 야기한 사람도 많았다.

1948년 초반 공산당의 세력권 안에 거주하던 약 1억6000만 명의 주민들은 이런 군중집회를 경험하면서 엄청난 충격을 받았다. 당시 공산당은 인구의 10%를 지주와 부농으로 분류한다는 원칙하에 수십만 명을 살해하거나 신체적인 학대, 투옥과 감시를 일상화했다. 많은 신입당원들이 토지개혁 기간에 하방下放이란 명목으로 농촌에 파견되어 광란의 도가니가 된 군중집회를 경험했다. 모택동의 장남 모안영도 25세 때 1만 명이 참여한 군중집회를 1주일 내내 견뎌야 했다. 그는 훗날 이렇게 썼다.

> **그날은 몹시 추웠다. 몹시 춥다. 오늘 몇 사람은 얼어 죽겠구나. "우리가 무슨 짓을 했기에 이런 대접을 받아야 하는가?"라며 참석자들이 투덜댔다. 닷새째 예행연습에 이어 비판이 시작되었다.…… 온갖 무기를 쳐들고 저마다 "죽어라!", "죽어라!" 소리쳤다. 집회 장소는 혼란의 폭풍에 휩싸여 8명을 때려죽이고 나서야 진정되었다.**

모안영은 공산당이 토지개혁 과정에서 가장 악질적인 인간들이 상황을 악용하고 있음을 알게 되었다. 선동자들 중에는 과거 일본 괴뢰정부의 앞잡이나 경찰 출신이 있었고, 심지어 청방의 깡패들도 끼어 있었다. 이런 자들이 농촌지역 신참 당원들의 상당수를 차지했다. 중일전쟁의 와중에 공산주의에 호감을 품고 공산당에 가입했던 청년들은 모안영처럼 극심한 가혹행위에 염증을 느꼈고 당에 탄원서를 내기도 했다. 최고지도부의 일부 지도자들도 이런 폭력으로 인해 공산당이 민심을 잃지 않을까 걱정했다. 하지만 모택동은 태연했다. 모택동은 자신의 권력이 주민들의 인기에 달린 것이 아니라는 사실을 직시하고 있었다. 모든 사람들의 뇌리에 공포를 확실히 각인시킨 다음 자신이 나서서 위대한 구세주가 되고자 했다.

국민당의 통치구역에 살던 사람들은 공산당 지역에서 빠져나온 사람들에게 토지개혁 과정에서 벌어진 수많은 잔혹행위를 들었지만, 그것은 일시적인 폭력 과잉이거나 침소봉대쯤으로 여겼다. 그들은 장차 공산군이 자기 마을을 장악할 것이라는 사실을 알고 있었으므로 기왕이면 좋은 쪽으로 해석하려 했다.

공산군의 공포 행위를 목도했던 국민당의 장군 서전徐銓, 쉬취엔은 1948년 고향

영파에 돌아갔을 때 마을 사람들이 자신의 말에 귀를 기울이지 않아 매우 놀랐다고 고백했다. 공산군의 냉혹하고 잔인한 행위를 말해주자 대다수가 국민당의 선전선동으로 치부한 것이다. 그들은 공산당이 일본인들보다 나쁘다고 하는 데 동의하지 않았다. 그들은 살아남기 위해 꿈을 꾸고 있었다.

그 무렵 국민당 역시 공산당 못지않게 잔혹 행위를 자행했지만 눈에 잘 띄는 도시인들이 주요 대상인지라 언론과 대중의 집중 포화를 받았다. 국민당은 체제에 저항하는 대학생과 지식인들을 닥치는 대로 검거하여 고문했고 일부를 잔인한 방법으로 살해했다. 1948년 4월 국민당을 지지하는 한 대학생이 북경대학 교수이자 주미대사였던 호적에게 모든 대학생을 공산주의자로 취급하지 말라고 편지를 보냈다. 이 대학생은 4개월 뒤 다시 편지를 보내 현재 많은 대학생들이 학살되고 있다고 고발했다.

공산당이 군중집회를 통해 벌이는 학살극에 비하면 국민당의 그것은 새 발에 피처럼 적은 편이었지만 세인의 이목에 쉽게 노출되었으므로 대중에게 반감과 환멸감을 안겨주었다. 그 때문에 공산당보다 국민당이 더 잔인하다고 단정하는 사람이 늘어만 갔다.

장개석은 철저한 반공주의자였지만 대만으로 도피할 때 남겨진 시설을 파괴하지는 않았다. 장개석은 중국의 민간항공기 대부분과 보물급 예술품을 대만으로 옮겼고, 비록 소수에 불과했지만 전자제품 공장들을 이전시키려고 애썼다. 그 외의 모든 산업시설은 깨끗하게 보전되어 공산당의 수중에 들어갔다. 모택동은 행정관서 및 1,000개가 넘는 공장, 광산을 고스란히 물려받았다. 그중에는 68개의 무기공장도 포함되어 있었다. 산업적인 측면에서 볼 때 장개석이 중국 본토에 끼친 피해는 만주에 진주한 소련군이 가한 손상보다 훨씬 적었다.

통치적인 면에서 장개석은 모택동의 철권에 미치지 못했다. 공산당의 승리 이후 관리들은 이전과 비슷하게 근무했고, 경제정책도 큰 변화가 없었다. 민간기업의 운영이 보장되면서 공장 가동과 상사 영업을 장려했다. 산업과 상업의 국유화는 상당 기간 유보되었고, 농업의 집단화도 1950년 중반에야 시작되었다. 개인의 경제활동이 용인되던 그 시기에 전후 복구가 신속하게 이루어졌다. 정부는 영농자금을 방출하고 수리사업에 투자하면서 농업 부문도 크게 성장했다. 도시에서는 보조금을 지급하여 주민들의 생활을 안정시켰다.

물론 극적인 변화를 맞은 분야도 있었다. 법원은 공산당위원회로 대체되었고, 언론은 엄격한 검열을 받았다. 정부에서는 법률 대신 포고령과 선언문, 신문사설을 이용하여 주민들을 억압했고, 당이 주도하는 각종 운동을 통해 정책을 밀어붙였다. 재판에서도 법률상 항소할 수 있는 권리가 있었지만 실제로 그 제도를 이용하면 정부에 대한 불복종으로 간주되어 형량이 가중되었다.

1950년 10월 공산당은 거국적으로 반혁명분자 탄압운동을 벌였다. 이 운동의 표적은 과거 국민당 정권에서 일한 사람들이었다. 그들은 '계급의 적'으로 규정되어 체포되었고, 무장투쟁에 참가한 사람은 '반란분자', 정보기관에 종사한 사람은 '간첩'이 되었다. 아울러 새로운 점령지에서 토지개혁운동이 전개되었다. 중국 전체 인구의 3분의 2가 살고 있는 지역에서 예의 군중집회가 열려 학살극이 재연되었다. 그 과정에서 대략 300만 명이 처형되거나 집단폭행, 자살로 사망했다.

북경에서는 군중집회에 350만 명이 참여하여 3만 명이 희생되었다. 한 영국인은 200여 명의 죄수들이 흥분한 사람들에게 이리저리 끌려다니며 갖은 모욕을 당하다가 뒤통수에 총을 맞고 죽어가는 장면을 목격했다. 공산당은 남녀노소 할 것 없이 모든 인민들에게 처형을 공개했다. 그것은 잔인한 장면을 각인시킴으로써 저항의지 자체를 봉쇄하기 위함이었다. 노동력이 필요하지 않았다면 더 많은 사람들이 희생되었을 것이다. 공산당으로부터 죽어 마땅하다고 판결 받은 사람들은 전국 각처에 세워진 강제수용소로 끌려갔다. 그 정책의 이름은 노개勞改, 즉 노동을 통한 정신개조였다. 노개에 끌려간 사람들은 모래바람이 밀려오는 황무지나 중금속으로 극심하게 오염된 광산에서 가혹한 노동에 시달렸다. 수용자들에게는 언제 석방된다는 보장이 없었다.

처형과 감옥, 노개 외에 '사찰'도 횡행했다. 가석방 상태에 놓인 희생자들은 새로운 탄압이 가해질 때마다 용의자로 검거되어 가족과 함께 고문을 당했다. 주변의 모든 사람들에게 노출되는 이와 같은 불명예는 일반 인민이 결코 정권에 거역해서는 안 된다는 신호를 주었다. 시간이 지나면서 통제는 더욱 확대되었고, 언론·이주·근로·정보 등 모든 분야의 자유가 축소되었다. 직장이나 공장, 마을마다 질서위원회가 만들어져 주민과 구성원을 감시했다. 1951년 7월부터는 호구제도를 시행하여 모든 중국인의 직업과 거주 이전의 자유를 말살했다.

1951년 말에는 횡령과 낭비, 관료주의를 추방하자는 3반三反 운동이 시행되었다. 이 운동의 목적은 정부 재정을 담당한 관료들에 대한 예방주사였다. 횡령 혐의를 받은 사람은 호랑이라고 불렀고, 1만 원이 넘는 사건 관련자는 사형에 처했다. 이들에 대한 적발 도구는 자백과 밀고였다. 당시 대략 383만 명의 관리들이 임중한 심문과 조사를 받았다.

1952년 1월에는 5반五反 운동을 시행했다. 이 운동의 목표는 뇌물 수수, 세금 포탈, 국가재산 절도, 사기, 국가경제 정보의 절취 방지였다. 공산당은 아직 재산을 몰수당하지 않은 민간 기업인을 표적으로 삼았다. 이 운동으로 30만 명이 넘는 사람이 처형되거나 자살했다. 상해에서는 너무도 많은 사람들이 고층빌딩에서 투신하는 것을 빗대어 '낙하산'이라는 말까지 나돌았다. 이렇게 빌딩 투신이 많았던 것은 가족 보호를 위해서였다. 황포강에 뛰어들어 시체를 찾지 못하면 홍콩으로 탈출했다는 혐의로 가족들이 고초를 당할 것이 뻔했기 때문이다.

50년대 후반에도 공산당은 백화제방, 대약진운동, 인공사운동 등을 통해 살인극을 이어갔다. 이어서 홍위병들을 앞세운 문화대혁명으로 전 대륙이 폐허로 변하고 중국의 유서 깊은 전통문화와 문화유산이 파괴되었다. 중국 공산화의 일등공신이었던 유소기, 팽덕회, 하룡, 임표 등이 죽임을 당했고, 주은래, 등소평 등은 모택동의 칼날 앞에서 살아남기 위해 고개를 깊숙이 숙여야 했다.

그 때 그 사 람 들

덧없는 시간이 흘러가면서 한 시대를 풍미하던 사람들은 하나둘 세상을 떠났다. 공상희는 1969년 8월 뉴욕에서 심장병을 앓다가 87세를 일기로 사망했다. 송애령은 암으로 고통을 겪은 지 6년 뒤인 1975년에 사망했다. 송자문은 미국에 머물다 1962년 대만으로 들어갔다. 77세 때인 1971년 4월 친지를 만나기 위해 미국 샌프란시스코로 건너간 송자문은 4월 2일 친구가 베푼 만찬에 참석하던 중 급사했다.

대립은 전쟁이 끝난 뒤 비행기를 타고 어디론가 떠났는데 종적이 묘연했다. 일각에서는 폭탄에 의한 추락사라고 단정했다. 진과부는 1951년 8월 대북에서 60세로 생을 마감했다. 동생 진립부는 미국으로 건너가 농업에 종사하다가 대만으로 돌아와 유유자적했다.

1949년 10월 1일 송경령은 북경에서 벌어진 중화인민공화국 수립 행사에 참석했다. 그녀는 생애의 대부분을 중국의 상징으로 살았지만 공산당에 가입하지 않았고, 제3세력의 대표로서 국가부주석이 되었다. 송경령은 국가에서 제공한 북경의 집을 놔두고 대부분 상해의 손문이 남긴 작은 집에서 살았다. 1966년에 그녀는 모택동의 아내 강청의 조종을 받은 홍위병으로부터 습격 받았는데, 당시 자신을 지키다 죽은 경호원의 두 딸을 평생 돌보았다. 1981년 5월 16일 백혈병으로 혼수상태에 빠져 있던 송경령은 명예 국가 주석으로 추대되었고 마침내 중국공산당 당원으로 가입했지만 5월 29일 세상을 떠났다. 송미령은 언니의 장례식에 초청받았으나 참석하지 않았다.

송미령은 오랫동안 세계에서 주목받는 열 명의 여성 가운데 한 사람이었지만 1967년 헨리 루스가 심장발작으로 죽으면서 그녀의 명성까지 가져가버렸다. 1970년 뉴욕으로 건너가 유방암 수술을 받은 뒤로 그녀에 대한 언론의 관심은 깨끗이 사라졌다. 송미령이 다시 스포트라이트를 받은 것은 1975년 4월 5일 장개석이 87세로 생을 마감했을 때였다. 장개석은 죽기 직전 아들 장경국에게 "호랑이를 풀어놓아선 안 된다."며 장학량을 경계했다. 하지만 송미령은 장학량을 장개석의 시신 앞에 서게 하여 작별을 고하도록 했다. 장학량은 다음과 같은 대련對聯으로 반세기에 걸친 은원을 마감했다.

두터운 정은 골육과도 같았지만 정견의 차이는 철천지원수와 같았다.

1997년 3월 23일 송미령이 뉴욕에서 100세 기념 잔치를 열었을 때 장학량도 참석했다. 장학량은 2001년 하와이에서 100세로 생을 마감했다. 오랫동안 세상에

잊힌 채 지내던 송미령은 2003년 12월 뉴욕에서 106세의 나이로 세상을 떠났다.

　풍운아 모택동도 세월을 이길 수는 없었다. 모택동은 1976년 9월 9일 83세를 일기로 파란만장한 삶을 마감했다. 중국인들은 그를 신중국의 창시자, 영원한 주석, 무산자혁명가, 시인, 서법가 등으로 추앙했지만 다른 한편에서는 20세기의 진시황, 철혈 독재자로 부른다. 모택동의 시신은 미라가 되어 인민대회당에 안치되었고, 천안문 성루에 걸린 초상화는 14억 중국인들을 굽어보고 있다. 임종을 앞두고 모택동은 이렇게 말했다.

　우리나라 속담에 사람에 대한 평가는 관뚜껑을 닫으면서 시작한다는 말이 있다. 나도 이제 그때가 왔다. 나는 한평생 살면서 두 가지 일을 했다. 하나는 장개석과 수십 년 싸운 끝에 그를 섬으로 내쫓았다. 몇몇 사람들은 나에게 생전에 이 섬들도 수복해야 한다고 말했다. 그리고 일본과 8년간 싸우면서 그들을 제 나라로 돌려보냈다. 여기에 이론을 제기하는 사람들은 그리 많지 않다. 또 하나는 문화대혁명을 발동했다. 하지만 옹호하는 사람들보다 반대하는 사람들이 많다. 이 두 가지 일은 아직 끝나지 않았다. 다음 세대가 할 수 있도록 권력을 넘겨줄 수밖에 없다. 어떻게 해야 하나. 나라가 평안할 때 같으면 좋은데, 지금은 온 나라가 혼란스럽다. 잘못하면 피바람이 일 것이다.

　주은래는 중화인민공화국이 성립된 뒤 총리 겸 외교부장으로서 1955년 제네바 회의와 반둥 회의에 중국 대표로 참석했고 인도, 인도네시아, 유고연방과 함께 비동맹회의 창립을 주도했다. 대약진운동과 문화대혁명의 회오리바람 속에서도 총리 직을 유지했던 그는 1971년 8월 미국의 헨리 키신저와 비밀회담을 갖는 등 중·미 국교정상화를 주도했다. 말년에 방광암을 앓았던 주은래는 등소평에게 직무를 넘겨주었다가 모택동과 4인방의 공세에 직면했지만 무사히 살아남았고, 1976년 1월 모택동보다 8개월 앞서 사망했다.

유소기는 부주석을 거쳐 1956년부터 정치국 상무위원으로 활동했다. 1958년 모택동이 대약진운동의 실패로 주석 직에서 물러나자, 유소기가 국가 주석, 중앙군사위원회 주석이 되었다. 유소기는 모택동의 실정을 비판하면서 등소평 등과 함께 경제개혁을 도모했다. 이에 대한 반발로 문화혁명이 시작되자 유소기는 홍위병으로부터 주자파走資派: 자본주의 추종 세력의 우두머리, 반혁명분자로 몰렸고, 1968년에 실각한 뒤 당에서 제명당하고 가택연금에 처해졌다. 그해 7월 홍위병의 습격으로 봉변을 당해 병석에서 신음하다 1969년 11월 12일 사망했다.

팽덕회는 1950년 10월 8일 한국전쟁에 중국인민지원군 사령관으로 참전하여 유엔군을 청천강 이남까지 밀어붙였다. 하지만 작전 과정에서 수많은 병력을 잃었고, 그의 사령부에서 행정과 통역을 맡았던 모택동의 큰아들 모안영이 미군의 공습으로 숨지는 등 곤혹스런 처지에 빠졌다.
팽덕회는 전선이 38선 일대에서 교착상태에 빠져 있던 1952년 귀국했다가, 1953년 7월 27일 휴전협정 조인식에 공산군 대표 자격으로 판문점에 나타나 협정서에 조인했다. 1954년 국무원 부총리 겸 국방부장에 취임했고, 이듬해 중화인민공화국 원수가 되었다. 1959년 호남성을 시찰하던 도중 대약진운동과 인민공사의 폐해를 목도한 팽덕회는 모택동에게 경제정책

문화혁명 당시 '삼반분자'로 몰려
군중 앞에 끌려나온 팽덕회

의 전환을 요구했다가 그해 7월부터 열린 여산회의에서 실각했다. 문화혁명 당시 홍위병에게 치도곤을 당하는 등 곤욕을 치렀고, 1974년 암으로 사망했다.

홍군의 대장정부터 중화인민공화국 수립에 이르기까지 오랫동안 혁혁한 공로를 세운 임표는 한국전쟁이 일어나자 중공군의 참전을 반대함으로써 자신의 소신을 지켰다. 1959년 여산회의에서 팽덕회가 실각하자 국방부장이 되어 권력의 핵심이 되었다. 1962년 인도와의 국경분쟁 당시 중국군의 승리를 이끌었다. 유소기에 맞서 모택동을 지지했던 임표는 문화혁명 당시 모택동의 공식 후계자로 떠올랐다. 하지만 1971년부터 모택동이 자신을 비판하며 경원시하자 공군 중위였던 아들 임입과林立果, 린리귀: 1945~1971와 함께 모택동 암살과 쿠데타를 도모했다가 실패하고 소련으로 망명하던 도중 몽골 상공에서 비행기 추락으로 사망했다. 그 후 노쇠한 모택동을 대신하여 최고 권력자로 부상한 강청이 임표를 반역자로 규정하여 모든 공적과 당직을 박탈했고, 공자와 임표를 비판하는 비림비공批林批孔운동까지 벌였다. 임표는 문화혁명을 주도했다는 원죄 때문에 유소기나 팽덕회와 달리 복권되지 못했다.

평생 모택동의 책사 노릇을 했던 강생은 1950년대부터 교육혁명가 대약진운동을 부추겨 중국을 구렁텅이로 몰아넣었고, 문화혁명 역시 그의 각본에 따라 진행되었다. 팽덕회의 실각도 '회자수'19란 별명으로 불리던 그의 작품이었다. 말년에 국가 부주석으로 복무하던 강생은 문화혁명이 끝나기 1년 전에 77세로 사망했다. 장례식은 국장으로 치러졌지만 곧 당적이 박탈되고 팔보산八寶山, 빠바오산 혁명열사릉원에서도 쫓겨났다.

19　회자수(劊子手): 군문(軍門)에서 사형(死刑) 집행을 맡아보던 천역(賤役).

오늘날까지도 홍군의 아버지로 추앙받는 주덕은 중화인민공화국이 출범했을 때 60대의 고령이었으므로 명목상 국가 부주석, 중앙군사위 부주석, 공산당 부주석 등을 맡았고 군에서는 원수 계급을 받았지만, 정치 일선에서는 멀찍이 떨어져 있었다. 주덕은 모택동의 정책에 순응함으로써 별다른 피해를 입지 않았고, 문화혁명 당시 4인방의 공격으로 중국공산당 상무위원 직에서 해임되는 등 위기를 맞았지만 주은래의 도움으로 곤욕을 모면하고 1971년 상무위원 직에 복귀했다. 1976년 91세의 나이로 북경에서 사망했다.

등소평은 1957년부터 중국공산당 비서장으로 복무하면서 유소기와 함께 모택동을 명목상의 지도자로 격하하려 했지만 모택동이 선동한 문화혁명의 파고에 휩쓸려 실각했다가 1975년 당 부주석 겸 정치국 상무위원으로 복귀했다. 이후에도 등소평은 몇 차례 실각과 복권을 반복하면서 권력의 회오리바람 속에서 살아남아 '부도옹不倒翁'이라는 별명까지 얻었다. 1976년 모택동과 주은래가 사망하자 모택동의 후계자로 지목된 화국봉華國鋒, 화궈펑: 1921~2008 을 물리치고 1982년 이후 당 내 최고 권력자가 되었다. 등소평은 1979년 미국을 방문하여 지미 카터 대통령과 회담을 갖고 중화인민공화국을 중국의 유일한 합법정부로 공인받았으며, 1981년에는 중화인민공화국 국가 원수로 추대되었다.

등소평은 1984년 12월 19일 중영공동선언으로 홍콩 반환의 계기가 마련되자 향후 50년 간 홍콩의 자본주의체제를 간섭하지 않겠다고 선언함으로써 오늘날 중국 재통일의 근거로 내세우는 1국 2체제 정책을 선보였다. 등소평은 경제개혁에 전력을 기울여 '농업의 현대화, 공업의 현대화, 국방의 현대화, 과학기술의 현대화'라는 획기적인 4개 현대화 정책을 바탕으로 공산주의 시장경제체제를 주도함으로써 중국이 재도약할 수 있는 계기를 마련했다. 하지만 공산당의 1당 독재체

제 강화를 위해 1989년 천안문에서 일어난 국민들의 민주화 열망을 무참하게 짓밟아, 경제 부문의 놀라운 성과와 상반되는 오점을 남겼다. 등소평은 후계자 강택민江澤民, 쟝쩌민: 1926~ 에게 중국의 미래를 맡기고 1997년 2월 19일 93세의 나이로 북경에서 사망했다.

에필로그

민주와 자유, 그 머나먼 길

북경의 봄

1974년 11월 10일 비림비공운동[1]이 한창일 때 광주에서 이정천李正天, 리정텐: 1942~ , 진일양陳一陽, 천이양: 1947~ , 왕희철王希哲, 왕시저: 1948~ , 곽홍지郭鴻志, 귀훙즈: 1929~1998 등 네 명의 학생이 이일철李一哲, 리이저[2]이란 가명으로 임표 체제와 등소평의 복고주의를 비난하는 장문의 대자보를 붙였다. 그들은 문화혁명 당시 홍위병 출신으로, 이정천은 광주미원廣州美院 직원이었고 왕희철은 수산제품창 노동자, 진일양은 고향에서 농사를 짓고 있었으며 곽홍지는 광동성 인민광파전대人民廣播電台 간부였다. 이들이 발표한 대자보는 신문지 67장 분량으로 길이가 90자나 되었는데, 그 내용은 대략 다음과 같다.

1 　비림비공(批林批孔)운동은 문화대혁명이 종국으로 치닫던 1973년 말, 권력 실세인 강청·왕홍문·장춘교·요문원 4인방이 임표와 공자를 배척하기 위해 벌인 운동이다. 중국에서 유교문화를 일소하고 임표의 반역행위를 규탄하자는 내용이었지만 사실상 등소평을 복권시킨 주은래를 겨냥한 것이었다. 모택동 사망 이후 주은래가 후계자가 되는 일을 막기 위한 공작이었다.

2 　대자보 작성자인 '이일철'이란 필명은 이정천에서 '이'를, 진일양에서 '일'을, 왕희철에서 '철'을 딴 것이다. 곽홍지는 이 세 사람보다 연배가 한참 위다.

'이일철'이라는 필명으로 대자보를 작성한
이정천, 곽홍지, 왕희철, 진일양(왼쪽부터).

중국공산당은 과거의 혁명 노선에서 벗어나 생산수단의 사회주의적 소유라는 이름 아래 공공부문을 사유화시켜 새로운 부르주아적 양식을 도입하고 있다. 특권을 가진 당 간부들은 한정된 자원과 상품을 향유하고 있는 반면 다수의 인민들은 아침에 기도하고 저녁에 고해하며 저임금에 장시간 노동이라는 기묘한 충성 놀음에 빠져 있다. 임표는 봉건 파쇼주의적 전제군주로서 광동에서 1만4000명을 죽였고 수십만 명을 고통 속으로 몰아넣었다. 이는 1925년 5월의 상해사건, 1926년 3월 18일의 철도노동자 참사, 1927년 4월 12일 상해사변 때 제국주의자들이나 군벌, 장개석이 저지른 죄과와 다르지 않다. 문화혁명 시기에 중국인들은 전통적인 법제를 무너뜨린 대신 새로운 사슬인 마르크스의 「공산당선언」을 얻었다. 현재 당은 청년들에게 대세를 거역하라고 종용하지만 우리에게는 과거 노신 같은 용기가 없다. 노신은 절망적인 상황에서도 일본인 친구에게 도움을 받았지만 우리는 당이 출판을 금지하면 어디에서도 도움을 받을 수 없기 때문이다. 중국 인민은 이제 사막을 갈 때 물만 챙기는 강가의 사람과 다를 바 없다. 그러니 1964년 이래 처음으로 소집되는 제4차 전국인민대표대회에서 인민의 권리를 일정 수준까지 부활해야 한다.

이상의 주장으로 중국인들을 향해 민주주의에 대한 열망을 촉발시킨 이들 네 사람은 곧 당국에 체포되어 감옥에 갇혔다.

1976년 1월 8일 주은래가 사망하자 중국인들은 모두 거리로 뛰쳐나와 애도의 염을 표했다. 정부에서 야외집회를 금지했지만 4월 5일 청명절이 되자 수십만 명의 북경 시민들이 천안문광장의 혁명영웅기념비 주변에 몰려들어 주은래를 추모하고 꽃과 시를 바쳤다. 슬픔은 분노가 되고, 시위는 폭동으로 바뀌었다. 경찰과 군대가 출동하고 참가자들이 저항하면서 구타, 방화, 폭행이 난무했다. 그 여파로 주은래가 복권시킨 등소평이 4인방의 공격을 받아 모든 공직에서 쫓겨났다. 그해 7월 주덕이 사망하고 9월 9일 모택동이 사망할 때까지 몇 주 사이에 75만 명의 사상자를 낸 당산唐山 대지진이 일어났다.

1976년 10월 당 주석 겸 당 중앙군사위원회 주석에 취임한 화국봉은 강청·왕홍문王洪文, 왕홍원: 1935~1992·장춘교張春橋, 장춘차오: 1917~2005·요문원姚文元, 야오원위안: 1931~2005 4인방을 쿠데타 기도 죄로 체포했다. 문화혁명 시기에 득세한 이들은 반주자파 운동의 핵심 세력이었다. 북경에 나붙은 대자보들은 4인방이 모택동의 유서를 위조하여 화국봉을 제거하고 강청을 당 주석에 앉히려 했다는 내용을 실었다. 모택동이 사망한 지 한 달도 안 되어 벌어진 일이었다.

1977년 8월에 열린 공산당대회는 문화혁명의 종료를 선언하면서 대단결을 호소했다. 이때 복권된 등소평은 공업, 농업, 과학기술, 군사 등 4개 부문의 현대화를 역설했다. 그와 동시에 오랫동안 억압받던 지식인, 학생, 시민들이 목소리를 내기 시작했다. 새로운 신문과 잡지가 쏟아져 나오고 각종 학회 활동이 활기를 띠었다. 그것은 5·4운동이나 청조 말기의 신조류에 휩쓸린 상해나 도쿄의 분위기와 흡사했다. 이듬해에는 앞서 투옥되었던 '이일철' 네 사람도 석방되었다.

그해 11월 자금성 근처의 서단西單, 시단 '민주의 벽民主牆, 민주창'에서는 진솔하고 뜨거운 토론회가 열렸다. 그때부터 민중들의 요구사항이 봇물처럼 터져 나왔다. 12

위경생

월 15일 홍위병 출신이었던 29세의 전기공 위경생魏京生, 웨이징성: 1950~ 은 「제5현대화」라는 대자보를 붙였다. 등소평이 추진하고 있는 4개 현대화가 제대로 되려면 제5현대화, 즉 민주주의로 이행해야 한다는 주장이었다. 북경의 청년 행동주의자들은 모택동에 대한 평가를 다음 세대로 미루어야 한다는 등소평의 발언을 격렬하게 비난했다. 모택동의 공과를 강희제나 건륭제 같은 18세기 통치자들의 그것으로 논의하는 데 그쳐야 하느냐며 반발했다. 당시 그들은 이렇게 모택동을 비판하고 있었다.

모택동은 소자산계급 출신으로 낡은 서적과 아첨에 가려 점점 내성적인 성격을 갖게 되었고, 따라서 해외의 급속한 과학 지식을 이해할 수도 없었고, 인민의 절박한 요구를 들을 수도 없었다. 그 결과 우리는 속고 바보가 되고 말았다.

일부 작가들은 노신의 필법을 빌려 "질병의 근원은 이념적인 것이기 때문에 기술 도입이란 처방은 중국의 병을 고치는 데 만족스럽지 않다. 상부구조의 의식을 바꾸어야만 중국이 마비되지 않고 동양의 중환자 신세를 면할 수 있을 것이다."라고 주장했다. 청년들은 근대 중국인에게서만 표상과 영감을 찾는 데 그치지 않았다. 청조 말기 강유위나 양계초처럼 볼테르와 루소를 종교적·경제적 억압과 박해에 맞서 싸우고 자유와 평등의 기치를 높이 휘날린 선각자로 받들었다. 1979년 1월 29일 발표된 논설은 전족纏足의 개념을 인용하여 중국이 18세기 프랑스처럼 독자적인 계몽기를 가져야 한다고 역설했다.

현재 지구상에서 인류의 발전단계를 보면 아직도 수천 년 동안 지속되어온 봉건주의의 형틀 아래 신음하고 있는 나라도 있고 현대화되어 전자시대에 돌입한 나라도 있다. 중국은 아직도 봉건적 사고를 떨쳐내지 못하고 공산주의의 족쇄에 매여 봉건적 전제의 희생물이 되어 있다. 구체제를 무너뜨린 인민공화국은 지난 30년 동안 몽매한 봉건적 전제를 심하게 받아 꽉 조인 신발을 신은 꼴이 되어버렸다. 마치 봉건시대의 황제 치하에서 사는 느낌이다. 사람들은 꽉 죄는 신발로 고통을 이만저만 느끼는 게 아니다. 신발 만드는 사람들은 신발을 신는 사람들의 고통에 아랑곳하지 않는다.

이제 공화국의 전진 속도는 점점 느려져 급기야 정지해버렸다. 중국이 4개 현대화를 이루기 위해서는 봉건적 전제주의라는 신발을 벗어던져야 한다. 민주와 인권이 있을 때 인민은 스스로 주인이 된다. 그런 다음에 지식을 습득함으로써 인민은 무지몽매라는 두 번째 신발을 벗어던질 수 있다. 이것은 4개 현대화의 선결요건이자 성공의 담보물이다. 이런 조치 없이는 4개 현대화가 공염불에 그치고 말 것이다.

1979년 3월 11일 위경생은 지하잡지 〈탐색〉에서 북경 최대의 공안사범 감옥인 진성秦城, 친청감옥 죄수들의 일기를 토대로 감옥의 시설이나 음식이 20세기의 바스티유나 다름없을 정도로 열악하며, 간수들은 죄수들을 무차별 고문·학대하고 있다고 폭로했다. 감옥에서 고문당하고 폭행당하고 자살을 기도하는 사람들은 아이러니하게도 중국인들의 자유와 인류의 복지를 위해 공산당의 투쟁에 가담했고 당에 헌신한 사람들이며, 남들보다 재능이 뛰어난 사람들이라고 주장했다. 위경생은 당시 시행되고 있던 복권 정책을 나름대로 평가하고 전반적인 정치상황을 개괄하면서 아래와 같이 글을 마무리했다.

우리는 진성감옥을 영원히 없애야 한다. 우리는 정치적 박해와 투옥을 영원히 이 땅에서 추방해야 한다. 이것은 분명히 소수 희생자들의 문제가 아니라 모든 인민의 기본적인 정치적·개인적 문제다. 우리는 석방된 고위간부에게 묻고 싶다. 과거 고위 간부 시절 다른 사람의 권리를 억압하여 당신의 주의주장을 제대로 확보했던가? 당신이 다른 사람들을 정치적 이유로 박해할 때 당신 스스로가 그런 박해를 받을 경우를 생각해보았는가?

1979년 5월 29일 위경생은 중국의 베트남 공격에 관련된 군사기밀을 외국 기자에게 누설했다는 혐의로 당국에 체포되었다. 그해 10월 북경인민법원의 재판에서 검사는 위경생을 베트남의 앞잡이요, 나라의 쓰레기라고 몰아붙였다. 제5현대화를 주장하면서 마르크스레닌주의와 모택동 사상을 돌팔이 의사의 처방이라고 모독했을 뿐만 아니라, 중국의 정치체제를 사회주의 얼굴을 한 봉건적 전제왕조라고 비방했다는 것이다.

위경생은 변호인을 거부하고 인민의 언론·출판·집회·결사의 자유와 대자보 부착의 자유를 규정한 1978년 헌법 제45조를 근거로 스스로를 변론했다. 자신은 베트남 공격과 관련한 어떠한 군사기밀도 접한 적이 없으며, 제5현대화의 진정한 의미는 민주주의 없이 4개 현대화는 불가능하다는 뜻일 뿐 혁명에 반대할 의도는 전혀 없다고 주장했다. 모택동 사상을 모독했다는 부분에 대해서는, 마르크스주의도 다른 이념과 마찬가지로 변화한다며 다음과 같이 논증했다.

레닌주의에는 카를 요한 카우츠키(Karl Johann Kautsky)가 있고, 스탈린주의에는 트로츠키주의가 있으며, 모택동 사상에는 유로코뮤니즘이 있다. 과거 4인방이 득세하던 시절의 중국처럼 소련과 베트남의 프롤레타리아 정부는 소수가 대다수 노동인민을 탄압하는 파시즘으로 전락했다. 거시적으로 볼 때 마르크스주의의 운명은 역사에 등장했던 수많은 학파와 다를 바 없다. 마르크스혁명의 요체는 제2, 제3세대를 거치면서 점차 시들고 말았다. 마르크스주의의 이상은 독재자들이 인민을 노예로 억압하는 구실로 사용되기도 했다. 이것은 돌팔이 의사가 처방해준 약보다 조금 낫다고 해야 하지 않겠는가?

위경생은 인민의 기본권을 옹호하면서 아래와 같은 주장으로 변론을 마감했다.

고소장에는 내가 프롤레타리아독재 타도를 선동하기 위해 이른바 언론의 자유와 민주주의 인권을 내걸었다고 말합니다. 나는 언론의 자유가 터무니없는 생떼가 아니라 헌법에 분명히 까만 글씨로 쓰여 있는 것임을 지적하고 싶습니다. 그것은 만인이 누려야 할 권리입니다. 검사의 논고는 편견에 사로잡혀 있으며 시민의 민주적 권리를 보호해야 할 책임을 망각하고 있음을 보여줄 뿐입니다. 검사는 내가 사회주의체제를 전복하려 했다는 죄목으로 나를 기소했습니다.…… 나는 한 가지만 덧붙이고 싶습니다. 헌법은 인민에게 지도자를 비판할 권리를 주었습니다. 지도자도 신이 아닌 인간이기 때문입니다. 오직 인민의 비판과 감시를 통해서만 지도자는 과오를 줄일 수 있습니다. 비판은 기분 좋은 일이 아니고, 귀에 솔깃할 리 없으며, 항상 옳을 수도 없습니다. 비판이 무조건 옳아야 하고 그렇지 않을 경우 벌을 가하는 것은 비판과 개혁을 가로막고 지도자를 신격화하는 처사입니다. 우리는 진정 4인방이라는 현대판 미신의 전철을 다시 밟아야 합니까?

법원은 위경생에게 징역 15년을 선고했고, 항고는 1979년 11월 6일에 기각되었다. 북경의 지하잡지 〈4·5논단〉은 위경생의 증언을 입수, 인쇄하여 민주의 벽에서 판매했다. 그러면서 과거 「혁명군」을 실은 〈소보〉 사건으로 추용을 재판했던 청조보다 더 심하게 위경생의 재판을 은폐하려 한다고 고발했다. 그 결과 〈4·5논단〉 편집진도 구속되었다.

12월 8일 정부는 시민들이 민주의 벽에 대자보를 붙일 수 있는 권리를 박탈했다. 대신 사전에 검열을 받고 이름과 주소를 명기한 대자보에 한해 월단공원月壇公園,웨탄공원 한 모퉁이에 붙일 수 있게 했다. 시인 북도北島, 베오다이: 1949~ 는 잡지 〈금천今天〉에 시 「태양이라는 도시에서 온 편지」를 게재하여 정부를 간접적으로 비난했다. 이 시의 마지막 연에는 이슥한 묘지에서 절룩이며 나아가는 평화, 구시대적 통치방식에 매달려 있는 정부, 그들의 그물에서 벗어나지 못하고 있는 중국인들의 모습이 비유적으로 그려져 있다.

평화/ 제왕이 사망했던 곳에/ 낡은 창이 가지치기를 하고/ 싹이 터서 장애인들의 지팡이가 된다.
조국/ 그녀는 한구석에 기대어 서 있는/ 청동방패에 새겨져 있다.
생활/ 그물

민주의 함성

1985년부터 중국인들은 공산당의 통제와 불안한 현실에 의문을 표하기 시작했다. 1986년 5월 4일 사천성 성도에서는 이른바 비비선언非非宣言을 통해 무기력한 인간과 무의미한 세상을 조장하는 현재의 정치권을 비꼬았다. 시인들은 '우울한 중국', '종말의 땅'이라는 넋두리를 하며 거리를 방황했다.

대만 출신의 백양柏楊, 보양: 1920~2008은 「추한 중국인」이란 글에서 중국인은 만성적인 열등감으로 노예가 되었고, 반대로 이해할 수 없는 오만함으로 폭군처럼 행동한다며, 이처럼 분열된 인격체가 된 원인이 바로 자유의 결핍에 있다고 진단했다. 하지만 그의 생각처럼 모든 중국인이 절망감에 사로잡힌 것은 아니었다. 중국인들은 압제와 고난 속에서도 삶을 이어가기 위해 더 짙은 유머와 해학으로 자신들의 갑옷을 두텁게 했다. 어떻게 보면 그것은 노신이 풍자한 아큐阿Q의 확장판 같았다.

당대 지식인의 선봉장이었던 방여지方勵之, 팡리즈: 1936~2012는 그렇듯 회의와 냉소에 빠져 있는 중국인들에게 희망과 자부심을 심어주기 위해 애썼다. 북경대학에서 천체물리학을 공부한 방여지는 1957년 백화제방3 때 당에서 쫓겨났다가 1970년대 말에

방여지

복권된 인물이다. 그 후 과학기술대학 부총장에 취임한 방여지는 학생들에게 권

---

3   백화제방(百花齊放)은 1956년부터 1957년까지 전개된 정치운동으로 백가쟁명(百家爭鳴) 혹은 쌍백운동으로 불렸다. 1950년대 후반 동유럽에서 반공주의 운동, 유혈 폭동이 일어나자 이에 자극받은 중국공산당은 1957년 5월 1일부터 〈인민일보〉에 사상의 자유를 인정한다는 글을 게재함으로써 공산당에 대한 비판을 허용했다. 하지만 비판 수준이 날로 높아지자 불과 38일 뒤인 6월 8일 태도를 바꾸어 반우파운동을 주도하면서 비판적 지식인들을 탄압했다

력이 분산되고 언론의 자유가 보장되는 민주주의적 사고방식을 가르쳤다.

방여지는 중국공산당의 일방적인 독선과 해악을 막기 위해서는 다양한 의견 표출과, 정당한 절차에 따른 조정과 합의가 보장되어야 하며, 현재 중국의 병폐는 당 지도자들의 비양심적인 행동에서 비롯되고 있다고 지적했다. 입으로는 인민의 자유를 말하다가도 체제 개방 문제가 튀어나오면 언제 그랬냐는 듯 등을 돌린다는 것이다.

1986년 12월 20일 상해에서는 8만여 명의 시민, 학생들이 관공서가 즐비한 거리에서 가두시위를 벌였다. 그들은 공산당 정부를 향해 언제 인민에게 권리를 돌려줄 것인지 물었고, 자유와 민주에 관하여 열띤 토론을 벌였다. 그 자리에서 "마르크스주의, 레닌주의, 모택동 사상은 지옥으로!"라는 구호까지 터져 나왔다. 이어서 중경, 곤명, 심천 경제특구 등지에서 동조시위가 일어났다. 정부가 보도를 통제하자 학생들은 지방의 친구들에게 편지를 썼고, 각종 선언문을 시민들에게 전했다.

정부는 극소수의 반정부세력이 애국적인 학생들의 민주주의에 대한 열망을 이용하여 사회질서를 깨뜨린다고 비난하면서 모든 종류의 집회를 금지했다. 하지만 천진과 남경, 북경에서도 동조시위가 이어지고, 수천 명의 학생들이 경찰과 대치했다.

1987년 1월 초, 북경의 대학생들이 천안문광장에서 시위를 벌이자 정치국원 왕진王震, 왕전: 1908~1993은 강경파 정치지도자들의 입장을 옹호하고 나섰다. 왕진은 중국공산당은 언제나 위대하고 영광스럽고 올바른 정당이며, 현 체제는 수많은 혁명적 순교자들의 피로써 쟁취한 선물이라고 주장했다. 곧 학생운동에 대한 탄압이 시작되었다. 우선 학생들에게 큰 영향을 끼치고 있는 방여지를 공산당에서 제명하고 교수 직에서 쫓아냈다. 죄목은 부르주아 자유화를 옹호하고, 당과 관리를 모독했으며, 수십 년 동안 이룩한 당의 성과를 부정했고, 사회주의체제를 비방했다는 것이었다. 아울러 당과 지식인 사이에 불화의 씨앗을 퍼뜨렸다는 괘씸죄까지 추가했다.

방여지에 이어 언론인 유빈안劉賓雁, 류빈옌: 1925~2005이 두 번째 희생자가 되었다. 유빈안은 1979년 흑룡강성 간부의 부패를 고발한 책『인요지간人妖之間』에서 공산당 간부들의 부정부패를 고발하고, 당의 보수파가 개혁을 가로막고 있으며 충성어린 반대의 가치를 알지 못한다고 비난함으로써 세간에 큰 반향을 불러일으킨 인물이었다. 1984년에는『제2의 충성第二□忠誠』이라는 책에서 건강한 국가가 되기 위해서는 반대 의견의 경청이 필수적이라고 주장했다. 유빈안 역시 방여지와 비슷한 죄목으로 공산당에서 제명되었다.

민주주의를 향한 여망이 높아지자 당 총서기 호요방胡耀邦, 후야오방: 1915~1989은 모택동을 비판하고 민주주의적 개혁의 필요성을 거론했다. 하지만 1월 중순 등소평이 강경파 쪽에 가담하면서 저울추가 기울어졌다. 강경파의 공세에 굴복한 호요방은 1월 16일 총서기 직에서 물러나야 했다. 그의 직무를 물려받은 조자양趙紫陽, 자오쯔양: 1919~2005은 서양 사상의 치명적인 해악을 비판하면서, 현재 중국이 직면한 두 가지 과제는 생산을 늘리고 절약하는 것이며 부르주아 자유화에 맞서 싸우는 것이라고 주장했다. 이는 민주화를 요구하는 시민 학생에 대한 강력한 탄압을 예고하는 것이었다.

정부는 출판과 인쇄 산업을 통제하는 한편 시위에 나섰던 학생과 시민을 색출하여 반혁명분자라는 낙인을 찍어 장기징역형에 처했다. 2월 초에는 호요방이 임명했던 중국공산당 선전국장을 해임하고 후임으로 강경파인〈홍기紅旗〉의 편집

뇌봉을 모델로 한 선전물.
그의 손에 『모택동선집』이 들려 있다.

차장을 기용했다. 그리고 "뇌봉에게 배워라!"[4] 라는 구호를 내걸어 모택동 사상과 공산당에 대한 일방적인 충성을 강요했다.

모택동과 같은 호남성 출신의 뇌봉雷鋒, 레이펑: 1940~1962은 1957년 중국공산주의청년단 일원으로 전국 각처에서 봉사활동을 했고, 1960년 인민해방군에 들어가 수송대에서 근무했다. 1962년 8월 15일 요녕성 무순 撫順, 푸순에서 불의의 교통사고로 사망했는데, 그의 유품에서 모택동의 발언을 인용한 일기가 발견되자 중국의 이상적 군인상으로 부각되었다.

1963년 3월 5일 모택동은 직접 "뇌봉 동지에게 배워라."운동을 지시했다. 뇌봉은 문화혁명기에 각종 신문과 교과서에 실려 우상으로 떠받들어졌다. 오늘날까지도 뇌봉은 정부의 공식 캠페인에 수없이 활용되고 있다. 특히 3월 5일은 '뇌봉에게 배우는 날Learn from Lei Feng Day'로 지정되어, 이날 학생들은 공원이나 거리를 청소한다.

1987년 3월 인민해방군 총정치부 주임은 중남해에서 열린 뇌봉정진토론회에서 뇌봉 정신은 공산주의 정신이고, 진심으로 인민을 위해 봉사하는 정신이며, 충심으로 당을 온화하게 사랑하는 정신이고, 조국과 사회주의를 따뜻하게 사랑하고 열심히 공부하며 열성적으로 투쟁하고 이타적이고 타인을 돕는 데서 즐거움을 찾는 정신이라고 강조했다. 이런 그의 발언은 민주화의 열망에 사로잡혀 있는

---

4   向雷鋒同志學習.

시민과 학생들에게 보내는 조소이자 경고였다. 뇌봉 정신이 흘러넘치는 중국에서 자유란 반역의 다른 이름이었기 때문이다.

천안문

중국인들은 등소평의 경제개혁이 궤도에 오르면 경제변화가 정치변화를 촉진할 것이라고 생각했다. 등소평의 획기적인 정책 덕분에 중국은 1980년대 초까지 주목할 만한 성장을 이룩했다. 하지만 과도한 고성장은 고용 불안정과 인플레이션을 수반했다. 이런 현상은 80년대 중반 개혁의 영역이 대폭 확장되면서 더욱 부각되었다. 이를 의식하여 1988년부터 시행한 긴축정책이 스태그플레이션을 유발하게 되어, 계획경제하에서 안정된 삶을 누렸던 도시근로자들의 불만을 불러왔다. 여기에는 개혁개방으로 생겨난 졸부들에 대한 사회적 질시도 한몫 거들고 있었다.

5·4운동 70주년이자 중화인민공화국 수립 40주년이었던 1989년, 중국의 지식인들은 이 특별한 해를 기념하여 1978년 민주의 벽 운동으로 10여 년 동안 수감되어 있던 위경생을 비롯한 수많은 정치범을 석방함으로써 중국 정치의 유연성을 과시하는 한편, 표현의 자유를 보장하는 등 경제개혁에 민주개혁을 추가함으로써 도약의 발판으로 삼을 것을 정부에 제안했다. 일찍이 등소평이 제기한 흑묘백묘론[5]처럼 정치 분야에서도 철저한 실용주의를 견지하자는 뜻이었다. 그러나

---

5   '검은고양이든 흰 고양이든 쥐만 잘 잡으면 좋은 고양이'란 뜻.

당 지도부는 침묵을 지켰고, 교조적인 틀에서 벗어나지 못한 당 하부기관에서는 그들의 요구가 대중의 불만을 자극하고 정권을 흔들려는 불온한 시도라고 비판했다.

정치적 민주화를 앞에 두고 당과 인민들이 미묘한 줄다리기를 하고 있는 가운데 1989년 4월 15일 호요방이 심장마비로 사망했다. 북경 시민과 학생들은 천안문광장의 인민영웅비 주변을 행진하며 그의 죽음을 애도했다. 그날 학생들은 호요방의 복권을 요구하는 대규모 추모시위를 통해 중국의 민주화를 촉구하기로 했다. 4월 17일 대학생 수백 명이 천안문광장에 모여들어 정부에 부정부패와 연고주의 종식, 민주적인 정책 결정 등을 요구했다. 북경 시내에 있는 여러 대학교 학생들이 앞다투어 동참했다. 4월 18일에는 천안문광장의 인민대회당 근처에서 연좌농성에 들어갔고, 그날 밤에는 자금성 끝자락에 있는 중남해의 당 본부와 당 최고지도자들의 주택가에까지 진출했다.

호요방의 장례식이 열리는 4월 22일, 학생들은 경찰이 천안문광장을 통제하기 전에 먼저 광장 안으로 진입했다. 그들은 인민대회당에서 이붕李鵬, 리펑: 1928~ 총리와의 대화를 요청했지만 받아들여지지 않았다. 서안에서는 군중 300여 명이 "공농工農과 연합하여 폭정을 타도하자."라는 격한 구호를 외치며 10여 대의 차량에 불을 지르고 성省 정부를 습격하는 무력시위를 벌였다.

4월 24일 학생들은 수업거부 투쟁에 돌입했다. 보수파의 입장을 대변하고 있던 〈인민일보〉는 사설에서 학생들의 시위를 '반혁명폭란'으로 규정하고 해산을 종용했다. 학생들은 굴복하지 않았고, 시위 현장에 교수와 언론인, 북경 시민들이 합류하면서 기대감이 더욱 커져갔다. 4월 27일에는 북경시 대학 임시학생연합 주최로 각지 대학생 5만~10만 명이 가두시위를 벌이며 '반관료' '반부패' '청렴한 공산

천안문광장을 가득 메운 학생들. 1989년 5월 4일.

당 만세' 등의 구호를 외쳤다. 5월 4일에도 10만여 명의 시위대가 천안문광장에서 농성하며 평화적인 시위를 이어갔다.

5월 13일 등소평과의 정상회담을 위해 소련공산당 서기장 고르바초프가 북경을 방문했다. 이를 취재하기 위해 세계 각국의 기자들이 모여들면서 천안문광장에서 벌어지고 있는 중국학생들의 시위 장면이 스포트라이트를 받았다. 시위대는 변화를 거부하는 중국의 지도자들과 달리 국내외적으로 광범위한 민주주의를 펼치고 있는 소련의 지도자를 열렬히 환영했다.

그날부터 학생들은 정부의 응답을 촉구하기 위한 대규모 단식농성에 돌입했다. 3,000여 명의 단식농성자들이 설치한 텐트 주변에는 수만 명의 학생과 시민, 구경꾼들이 에워쌌다. 정부 관계자들은 오랜만에 성사된 고르바초프와 등소평의 정상회담이 단식농성 때문에 효과가 반감되는 것을 우려했다. 5월 16일 중앙 판공청, 국무원 판공청 등의 기관에서는 고르바초프와 회담이 시작되었으니 시위를 자제해달라고 촉구했다. 조자양은 일전에 시위대를 협박한 〈인민일보〉의 사설에 대해 사과하면서 사태를 진정시키려 했다. 하지만 기세가 오른 학생들은 등소평과 이붕의 사임을 요구했다. 이처럼 정부에 대한 강력한 도전이 몰고 올 사태의 추이를 세계인들은 호기심과 근심 어린 시선으로 지켜보았다.

5월 17일과 18일에는 시위자가 100만 명을 상회했다. 19일 농성장을 방문한 조자양은 눈물을 글썽이면서 단식 중단을 호소했다. 이붕도 농성자들과 잠시 대화를 나누었지만 그는 이미 끔찍한 결정을 내린 상태였다. 5월 20일 이붕 총리와 양상곤 국가 주석은 계엄령을 선포하고 광장에 인민해방군을 투입했다. 이때 출동한 군대는 심양군구 병력이었는데 비무장 상태였다. 북경 시민들은 시위대를 보호하기 위해 거리에 바리케이트를 쳐 군용차량의 진입을 막았다.

등소평은 학생들의 불복종과 무질서에 분노하고 있었다. 그는 강경파 지도자들의 견해에 동의하여, 각 지역의 군 지휘관들에게 병력의 일부를 북경에 파견하라고 지시했다. 당 내 지지 기반이 미약한 조자양은 이를 제지할 힘이 없었다. 한편, 시위대 지도자들도 동료 학생들에게 단식농성을 풀고 교정으로 돌아가 정부와 계속 대화를 시도하자고 설득했다. 북경의 학생들은 순순히 학교로 돌아갔지만 문제는 지방에서 온 학생들이었다. 그들은 후퇴는 곧 원칙에 대한 배신이라는 강경파 지도자들의 주장에 동조하여 광장을 고수했다. 일부 미술학도들은 석고와 스티로폼으로 '민주의 여신

천안문광장에 설치된 '민주의 여신'

상'을 만들어 가라앉은 분위기를 끌어올리기도 했다.

1989년 6월 4일은 중국의 민주화운동이 탱크의 캐터필러 아래 압살당한 날이었다. 2017년 영국 정부에서 공개한 외교문서에 따르면, 군대의 시위진압작전은 3일 저녁부터 4단계로 나누어 진행되었다. 무기를 휴대하지 않는 1단계, 장비를 소지하는 2단계, 휴대용 무기로 시위대를 위협하는 3단계까지는 심양군구 병력들에 의해 진행되었다. 심양군구 병사들은 북경에서 훈련과 촬영을 지시받고 현장에 투입되었다. 이들은 학생과 시민을 분리한 후, 밤 1시 30분 시위자들에게 1시간 이내에 광장을 떠나라고 통고했다. 위험을 감지한 시민들은 서둘러 광장을 빠져나갔지만 수천 명의 열혈 학생들은 〈인터내셔널〉가를 부르며 해산을 거부했다.

양상곤 국가 주석의 조카이자 양백빙楊白氷, 양바이빙: 1920~2013 중앙군사위 총정치부 주임의 아들 양진화楊振華, 양전화가 지휘하는 제27군이 탱크를 앞세우고 천안문광장으로 들이닥쳤다. 그들은 시내의 바리케이트를 무너뜨리고 천안문광장의 동쪽과 서쪽 대로를 따라 진격했고, 시민들이 탱크 앞을 가로막다가 깔려 죽었다.

자동화기로 중무장한 군인들이 무차별 발포를 가하여 수많은 시위대가 쓰러졌다. 흥분한 제27군 병력은 현장에 있던 심양군구 장병들까지 사살했다.

진압군은 농성 텐트를 부수고 민주의 여신상

천안문광장에서 시위대에 의해 불타버린
20대 이상의 탱크 모습을 바라보는 시민들. 1989년 6월 4일.

천안문광장 장안가(長安街)에서 전차 앞으로 가로막은 남자. 이 사진은 〈타임〉에 의해 "가장 영향력 있는 100장의 사진"으로 꼽혔다. 1989년 6월 5일.

천안문사건 이틀 후 장안가에서 경계를 서고 있는 중국군 전차부대. 1989년 6월 6일.

을 박살냈으며, 광장 주변과 인근 시내를 휘저으며 거리에 있는 사람들을 살해했다. 참다못한 시위대는 사제폭탄을 만들어 군용트럭과 탱크에 투척하고 악질적인 군인들을 때려죽이기도 했다. 북경의 병원에는 수많은 시신과 부상자들이 밤새도록 실려 왔다.

그날 수천 명의 시민과 학생이 살해되었고, 부상자는 헤아릴 수조차 없었다. 청도와 상해 등지에서도 무장경찰이 시위대에 대해 비슷한 폭력을 자행했다. 정부는 외국 기자들의 촬영이나 인터뷰를 철저하게 통제했고, 국외로 통하는 위성 연결도 차단했다.

수많은 유언비어가 난무했다. 학살을 은폐하기 위해 시체를 모아 불태웠다는 소문이 자자했고, 분노한 심양군구 병력이 제27군을 공격하여 내전이 시작되었다는 말까지 돌았다. 노동자들이 총파업으로 대응할 것이라는 소식도 들려왔다. 하지만 승리는 강경파의 것이었고 조자양은 해임되었다.

사건이 마무리되자 등소평과 이붕은 당 원로들이 참석한 자리에서 광장의 질서를 바로잡은 장병들의 노고를 치하했다. 등소평이 지명한 후계자 중 한 명인 조자양이 실각하자 다른 한 명인 상해 당 제1서기 강택민이 그의 직위를 차지했다. 당은 텔레비전과 라디오, 신문 등 각종 매체를 통해 시위를 일부 반혁명분자와 난동꾼의 소행으로 돌리는 조직적인 캠페인을 벌였다. 수천 명의 학생들이 체포되었고, 일부 학생 지도자들은 중국을 탈출했다. 정부는 항거에 가담했던 노동자들을 색출하여 가혹하게 처벌하고 노동조합의 결성을 금지했다.

천안문사건은 중국인들이 더 이상 노예처럼 살지 않겠다는 의지의 표현이었다. 1919년 5월 4일의 시위를 시작으로 1989년 6월까지 중국인들은 오로지 민주주의의 열망으로 천안문광장에 모여들었다. 중화인민공화국 공안부는 1990년 7월 10일 제5차 국무원 보고에서 천안문사건으로 발생한 민간인 사망자는 875명, 민간인 부상자는 약 14,550명이고, 군인과 전경은 56명이 사망, 7,525명이 부상당했다고 공식 발표했다. 그러나 2017년에 기밀 해제된 영국의 외교문서에는 사망자가 1만여 명을 상회한다고 기록되어 있다.

천안문의 비극에도 불구하고 오늘날 중국은 경제적으로 가장 성공한 나라가 되었다. 1992년 초반 86세의 등소평이 심천, 광주 등 중국 남부 도시를 순회하면서 적극적인 시장개혁과 대외개방을 촉구하고[6], 중국공산당이 사회주의 시장경제론을 채택하면서 급격한 성장의 물살을 탔다. 하지만 1989년 뜨겁게 불타올랐던 자유와 민주를 향한 중국인들의 열망은 엄청난 자본의 무게에 짓눌려 형체 없이 녹아내린 것처럼 보인다.

---

6   남순강화(南巡講話).

목마른 겨울나무

위경생은 1978년 제5현대화 사건으로 정치범 집단수용소에서 15년 동안의 기나긴 수형 생활을 감내해야 했다. 위경생은 1994년 석방되었지만 2년 동안 행적을 감추고 노동조합 운동을 벌였다는 죄목으로 재차 강제노동수용소에 수용되어 또다시 18년 동안 감옥에 수감되었다. 그러다가 국제인권기구의 꾸준한 석방 요구와, 클린턴 미국 대통령과 포드재단의 적극적인 지원에 힘입어 위경생은 미국으로 망명할 수 있었다.

오늘날의 중국은 그간 보여왔던 극도의 전체주의는 아니지만 여전히 비판을 거부하는 공산당이 장악하고 있다. 그러므로 위경생이 보여준 꿋꿋한 투쟁정신은 아직도 정당성을 유지하고 있다고 할 수 있다. 많은 중국인들의 지지를 받고 있는 위경생은 '미국의 소리' 방송을 통해 중국에서 민주주의가 실현되기를 기다린다고 했다. 그렇다고 그가 민주주의의 신봉자인 것은 아니다. 다만 현재 중국에서 마르크스주의를 대체할 만한 사상이 그것뿐이기 때문이다.

"나는 민주주의를 사랑한다. 민주주의는 많은 결함을 갖고 있기 때문이다."

위경생은 민주주의가 중국인들의 다양성을 뒷받침해줄 것이라고 믿고 있다. 현재까지 요지부동으로 보이는 중국의 공산주의는 결국 실용주의와 독단주의 사이쯤에서 종언을 고할 것이라고 전망한다. 그런 뒤, 미국과 유럽연합 중간쯤에 위치한 민주주의가 중국에 정착되기를 기대한다고 위경생은 말한다. 그는 이렇게 단언한다.

중국은 이미 26개의 왕조를 경험했다. 다음에는 민주주의의 차례다. 그 민주주의

는 평범한 운명을 지닌 민족공동체와 결합하게 될 것이며 중국인들은 그들이 바라는 정상적인 삶에 도달할 것이다.

천안문사건의 주동자였던 위구르인 오이개희吾爾開希, 우얼카이시: 1968~ 는 당시 군중들이 붙여준 '사령관'이라는 호칭을 자랑스럽게 생각하고 있다. 1989년 5월 수많은 학생들을 지휘하고, 총리에게 질문을 던졌으며, 서방 기자들과 인터뷰하고, 단식농성을 주도했으

오이개희

며, 군대의 진압에 온몸으로 맞섰던 그는 프랑스로 도피했다가 현재 대만에서 가족들과 함께 평범한 가장으로 살아가고 있다. 오이개희는 권력에 반항하는 무례한 웅변가였다. 태생적으로 그는 맹목적으로 권위에 순종하는 다른 중국인들과는 다른 타입이었다.

오이개희는 천안문사건 당시 공산당 타도가 목적이 아니었다고 고백한다. 다만 헌법에 명시된 언론의 자유에 따라 당과 대화하고자 했다는 것이다. 그 무렵은 소련의 페레스트로이카 정책에 따라 동구에 자유와 자립의 물결이 흘러넘치고 있었다. 당연히 대학생들은 쿠데타가 아닌 중국의 고르바초프가 출현하기를 기대했다. 하지만 그들은 중국공산당이 결코 소비에트당이 될 수 없다는 사실을 깨닫지 못했다.

중국 정부는 1989년 6월 4일 천안문광장의 희생자는 단 한 명밖에 없다고 발

정자림

표한 뒤로 입을 다물었다. 바로 그날 북경의 대학 교수였던 정자림丁子霖, 딩쯔 린: 1936~ 은 북경의 한 병원에 달려가 총 탄을 맞고 숨진 17세 아들의 주검을 확 인해야 했다. 그녀는 당이 왜 아들을 죽였는지, 누가 총을 쏘았는지, 누구의 명령으로 발포했는지 물었지만 아무 도 대답해주지 않았다. 두 해가 지난 뒤 장자림은 국제적십자사가 당시 사망자와 부상자가 각각 2,800명으로 파악하고 있음을 알게 되었다. 하지만 대부분의 시신 이 감쪽같이 증발한 탓에 가족들은 장례식조차 치르지 못한 채 고통스런 나날을 보내야 했다.

진실을 밝혀내기 위해 장자림은 투사가 되었다. 그녀의 질문이 홍콩의 한 신 문에 보도되자 당국이 칼을 빼어들었다. 동료 교수였던 장자림의 남편을 체포·심 문하고, 감시와 위협을 이어가더니 그녀의 교수 직까지 박탈했다. 장자림은 이에 굴하지 않고 천안문 희생자 명단을 작성했다. 희생자들의 대부분은 지방에서 올 라온 학생들이었다. 거기에 수많은 행인, 노동자, 농부, 구경꾼들이 포함되어 있었 다. 2005년까지 장자림이 밝혀낸 희생자는 189명이었지만 그것은 끝이 아니라 시 작이었다.

천안문사건은 중국공산당의 지울 수 없는 응어리가 되었다. 해마다 그날이 오면 북경에는 비상이 걸린다. 천안문광장은 경찰의 경계망이 삼엄해지고, 민주 적 지식인들의 휴대전화가 먹통이 되며, SMS와 인터넷 연결이 끊어진다. 민감한 웹사이트들은 차단된다. 그렇듯 공산당 정부는 소수의 반체제 세력을 무엇보다도 두려워하고 있다. 1911년 10월 10일 무한에서 지휘관도 없는 사병집단의 우발적인 봉기가 200년을 지탱해온 청조를 무너뜨렸다는 사실을 그들은 잘 알고 있는 것이다.

천안문사건 15주기인 2004년 6월 중국의 저명한 경제학자 모우식茅于軾, 마오위스: 1929~ 은 당 주석에게 학살 책임자들은 사실을 인정하고 중국 인민에게 용서를 구하라는 편지를 보냈다. 그것이 고통스런 과거를 청산하고 역사의 새로운 장을 여는 최선의 방책이라는 것이다. 모우석의 편지는 인터넷에 유포되어 많은 지식인들이 동조 서명을 했고 언론에도 보도되었지만 당국에서는 아무 응답도 하지 않았다.

2005년 모우식은 자신이 쓴 기사를 모아『사랑하는 아들에게, 나는 자유를 원한다』라는 책을 출간했다. 그런데 서점에 배포된 지 얼마 지나지 않아 출판사에서 이 책을 전량 수거해버렸다.

모우식은 1960년대에 지은 북경의 아주 낡은 아파트에서 아내와 함께 사는데 겨울에는 너무나 춥고 여름에는 덥다. 그가 당에 봉사하기 시작한다면 이런 누추한 삶에서 벗어날 수 있을 것이다. 중국 정부는 지식인들을 매수하는 것이 감시하는 것보다 훨씬 경제적이라는 것을 잘 알고 있다. 정부의 제의에 응한다면 반역자가 아닌 자기 분야의 전문가로 대접받을 수 있다. 하지만 그렇게 하는 순간, 그들은 더 이상 지식인이란 소리를

모우식

풍난서

듣지 못하게 된다.

풍난서馬蘭瑞, 평난루이: 1920~ 는 대학생이었던 1940년대부터 모택동의 곁에서 일했다. 당시 청년들은 혁명이 관료주의와 부정부패, 외세의 식민지로부터 해방시키는 명약이라고 믿었는데, 그녀 역시 마찬가지였다. 모든 지식인은 당의 도구이고, 모택동은 신성한 인물이며, 인간 조건은 계급투쟁의 산물이라는 모택동의 사상에 동의하고 철저하게 복종했다.

모택동은 중국인들의 마음속에 각인돼 있는 유교의 정서를 무너뜨리는 데 집중했다. 충성·효도·지조를 가르친 공자와 달리, 모택동은 인간의 본성을 부정하고 학자를 배척했으며, 자식이 부모에게 반역하도록 훈련시켰다. 당은 그런 모택동의 사상을 절대적인 신앙처럼 떠받들었고, 만일 그 사상에 의문을 제기하면 즉시 당사자를 반당분자 혹은 반역자로 몰아붙였다.

모택동은 중국인의 자유로운 사상을 억누르고 시민들의 사생활을 철저하게 통제했다. 민주주의에서 허용하는 언론, 집회, 결사의 자유는 그의 공적이었다. 1983년 당 중앙은 등소평의 요구에 따라 모택동이 잘한 일은 70%고 못한 일은 30%라고 공식 발표했다. 하지만 풍난서는 그 30%가 70%를 뒤덮고도 남는다고 주장한다.

풍난서는 오늘날 공산당의 독재가 누그러졌다기보다는 훨씬 영리해졌다고 말한다. 모택동 시대처럼 고문하고 세뇌시키는 것이 아니라 이해하는 척한다는 것이다. 조직만 만들지 않는다면 반체제 인사는 어느 정도 자유롭다. 옛날 같으면 당은 그녀를 체포하여 억지로 자백을 강요하거나 미국의 간첩으로 만들었을 것이다. 하지만 당은 이제 구순이 넘은 노인을 공격할 필요가 없다는 사실을 알고 있다.

40대 미만의 국민들은 어두웠던 과거를 알지 못할뿐더러 알고 싶어 하지도 않는다. 오늘의 풍요가 역사에 대한 비판적 시선을 외면하게 만든 것이다. 학교에서도 혁명의 공포와 끔찍한 행진이 아니라 그때 그 사람들의 꿈과 이상을 가르친다. 모택동은 새로운 중국을 탄생시킨 신화적 존재이고, 그가 권력투쟁의 과정에서 수많은 사람들을 고통으로 몰고 갔던 각종 운동의 해악은 언급하지 않는다. 전통문화를 박살냈던 문화혁명조차 철없는 고교생들의 소요쯤으로 치부해버린다.

우리는 마르크스주의자 이전에 혁명가들이었다. 공산당이 혁명의 언어로 말했기 때문에 거기에 가담했다. 그것은 자유를 향한 투쟁이었다.

이와 같은 풍난서의 고백처럼 중국인들의 자유를 향한 시선은 오래전부터 존재해왔다. 1989년에 불타올랐던 학생, 시민들의 열정은 그런 중국인들의 본심이 표출된 것이었다. 그것은 이전 세대가 뿜어낸 5·4운동의 열기와 흡사했다. 그런 이유로, 풍난서는 중국인들의 진심을 외면하는 공산당 정부를 신랄하게 비판했던 것이다.

작가 여걸余杰, 위제: 1973~ 은 1949년 이후 출현한 반체제 지식인 그룹의 제3세대에 속한다. 그는 소설을 통해 공산당이 배태한 사회의 부조리와 중국인들의 정체

여걸

성을 고발하고 있다. 하지만 여걸은 당국의 압박을 별로 느끼지 못한다. 왜냐하면 그는 고립된 지식인에 지나지 않기 때문이다. 당은 여걸을 방치하는 대신 그의 책을 간행하는 출판사를 통제함으로써 적절한 긴장의 끈을 유지하고 있다.

여걸은 자신이 번역한 알렉시스 토크빌의『앙시앵레짐과 혁명』이란 책에서 개혁에 무능했던 구체제로부터 프랑스혁명이 발생한 경위를 설명하면서 근대 중국의 지도자들이 혁명을 성공시킬 수 있는 두 번의 기회를 거부했다고 주장했다. 첫 번째 거부는 1898년 서태후가 변법유신을 받아들이자는 광서제의 권유를 거부한 일이다. 당시 그녀가 변법파를 중용하여 일본의 메이지유신 같은 개혁을 실시했다면 중국은 혁명에 성공할 수 있었을 것이다. 두 번째 거부는 1989년 등소평이 대학생들의 민주주의 요구를 거부한 일이다. 프랑스처럼 중국에서도 혁명 과정에서 많은 엘리트가 희생되었다. 중국의 귀족이었던 지식 계층은 1949년의 혁명에서 무참히 희생되었다. 당의 필요에 의해 간신히 살아남은 일부 대학교수와 과학자들은 생각의 자유, 표현의 자유, 심지어 미래의 중국에 필수적인 상상력까지 금지당한 아카데미의 직원으로 전락해버렸다. 1989년 이전에 경제적으로 무산계급이었던 대학교수들은 종종 시위대의 편에 섰고, 불안한 공직을 떠나 기업체에서 일하면서 신중한 파르티잔이 되었다. 그러나 천안문사건 이후에는 완전히 당에 굴종하는 지식 로봇이 되었다.

여걸은 이제 당의 조직에 대항하는 정치적 투쟁에 회의적이다. 위경생처럼 선악의 경계가 분명하고 선택이 명확한 투쟁의 시대는 지나갔다고 믿는다. 대신 그는 신앙이 중국을 변화시킬 것이라고 믿고 있다.

중국인은 항상 종교적인 민족이었다. 그런데 공산혁명이 성공한 뒤 제단이 파괴되고 수도회가 무너졌다. 공산당은 성서 대신 『모택동어록』을 쥐여주고 숭배하게 했다. 모택동이 죽으면서 그런 제의는 힘을 잃었고 마르크스주의도 자취를 감추었다. 그 빈 공간을 등소평의 경제 프로젝트가 차지했다. 그러나 종교 없는 소비는 인간의 삶을 누추하게 만든다.

특이하게도 여걸은 전통적인 도교나 불교가 아니라 기독교, 그중에서도 성서로 신과 직접 소통하는 복음주의 기독교에 희망을 걸고 있다. 그 안에서 중국의 마틴 루터 킹이 출현하기를 고대하는 것이다. 그는 혁명과 폭동의 시대를 넘어서 모든 사람의 행복을 위한 변화가 일어나기를 바란다고 말한다.

현재까지도 중국의 지식인들은 표현의 자유를 누리지 못한다. 그것은 정부가 반정부적인 발언이나 출판, 인터넷을 철저하게 통제하기 때문이다. 중국공산당 지도부에서는 소련의 붕괴와 동구의 민주화, 우크라이나와 조지아 등지에서 일어났던 공산정권의 몰락에 주목하고 그 대비책을 수립하기 위해 애를 쓴다. 하지만 자본주의라는 말에 올라탄 그들의 현실은 마치 로데오처럼 위태로워 보인다. 국민들은 폭발적인 경제성장으로 자본주의 생활에 물들어가고 있는데 지도층은 한사코 구체제를 지키려 안간힘을 쓰고 있는 형국이다.

중국공산당 지도부의 분석에 따르면 소련의 치명적인 오류는 경제개혁보다 정치개혁이 선행된 탓이었다. 소련은 근본적으로 부패하지는 않았지만 정치적인 다원주의를 허용한 고르바초프의 미숙한 통치력 때문에 무너졌다는 것이다. 폴란드는 공산당이 조합을 금지하고 가톨릭을 억압했더라면 아직도 공산주의 국가로 남아 있을 것이다. 중국공산당은 종교, 특히 외부의 권위에 복종하는 가톨릭

교도들을 감시하고, 노조의 결성 자체를 막고 있다. 체코의 붕괴는 지식인들에게 표현의 자유를 허용했기 때문이며, 조지아는 비정부단체의 활동 때문에 무너졌다. 중국 정부는 어떤 형태로든 외부와의 제휴를 제한하고, 비정부단체의 활동을 통제하며, 자치연합이 될 소지가 있는 모든 집회를 감시하거나 금지하고 있다.

영어판 『늑대토템』을 들고 있는 강융

2005년 작가 강융姜戎, 장룽: 1946~ 은 『늑대토템狼圖騰』이라는 소설로 베스트셀러 작가의 반열에 올랐다. 이 책의 소재는 몽골 초원에서 벌어지는 늑대 사냥 이야기다. 1960년대 몽골집단학교에서 교육받은 강융은 중국에 두 개의 문화가 존재한다는 사실을 알게 되었다. 그것은 초원의 유목문화와 중원의 농업문화다. 유목민들은 토템인 늑대와 자신들을 동일시한다. 강융은 중국의 농민들은 양처럼 유교주의에 빠져 있다가 다시 마르크스주의라는 감옥에 갇혀 있는 수동적인 사람들이라고 비하했다. 강융은 중국 농민들의 토템은 사실은 용이라고 주장한다. 용은 수확에 없어서는 안 될 비를 뿌려주기 때문이다.

강융은 중국인들이 늑대처럼 행동할 때 중국은 위대했지만 양처럼 행동할 때는 서양이든 일본이든 공산당이든 누구든지 먼저 날카로운 이를 드러내며 달려든 야수들의 손아귀에 들어갔다고 지적했다. 국가의 운명을 결정짓는 것은 경제가 아니라 문화라고 생각했다. 진정한 중국의 역사는 늑대와 용이 대립하는 역사다. 그러므로 이제는 양의 문화가 아니라 늑대의 문화를 도입해야 한다는 것이다. 이런 강융의 늑대 토템에 대하여 중국인들은 열광했다.

이제 중국이라는 양떼 속에서 늑대가 잠을 깼다. 양 토템에서 늑대 토템으로 업그레이드하기 위해서는 양이 걸치고 있는 낡은 가죽, 즉 유교와 마르크스주의를 벗어던져야 한다. 이처럼 신화적인 도구를 이용한 투쟁을 당국은 미처 알아채지 못했다. 공산당정부는 중국인들이 언제까지나 양떼이기를 바랄 것이다. 하지만 미래의 세대들은 더 이상 양으로 살아가기를 바라지 않는다. 그런 관점에서 중국인들이 종국에는 늑대 가죽을 뒤집어쓰든지 아니면 용으로 변신하게 되리란 점은 분명해 보인다.

2010년 10월 8일 노르웨이의 노벨위원회는 중국의 반체제 인사 유효파劉曉波, 류사오보: 1955~2017를 노벨평화상 수상자로 선정했다. 그의 수상 배경은 장기간에 걸친 비폭력 인권투쟁 경력이었다. 그러자 중국정부는 수감 중인 반국가사범에게 노벨상

유효파

을 수여하는 것은 중국에 대한 도전이라며 노벨위원회에 항의하는 한편 유효파에 대한 모든 보도와 검색을 틀어막았다. 노르웨이는 긴 시간 중국으로부터 무역보복을 당했다.

1955년 길림성 장춘에서 태어난 유효파는 1984년 북경사범대 중문과에서 석사 학위를 받고 대학 강단에 선 뒤 여러 잡지에 체제 비판적인 글을 기고하여 주목받았다. 박사 학위를 마치고 미국 컬럼비아대학교 방문학자로 체류 중이던 1989년 천안문 시위 소식을 듣고 서둘러 귀국하여 천안문으로 달려갔다. 유효파는 유혈 사태를 방지하기 위해 단식농성을 주도했고, 군대의 발포 금지와 학생들

의 퇴장이라는 타협책을 제시했다. 하지만 6월 4일, 결국 군대의 유혈 진압과 함께 체포된 그는 반혁명 선전선동죄로 19개월의 징역형에 처해졌다.

1995년 5월에는 천안문사건 재평가와 정치개혁을 요구하는 청원운동을 벌이다 9개월의 가택연금을 당했고, 이듬해에는 중국의 대만 탄압정책을 비판하며 평화통일 선언문을 발표했다가 노동교화 3년형을 받았다. 2008년 12월 8일 민주화를 요구하는 「08헌장」을 작성하여 303명의 서명을 받아 발표하려다 체포되어 국가전복 선동 혐의로 가택연금을 당했고, 2009년 6월 정식 체포되어 11년형을 선고받았다. 그것은 최근 반체제 인사에게 내린 최고의 형량이라 내외의 주목을 받았고 노벨위원회의 관심을 끌게 되었다. 그 후 중국은 국제사회로부터 인권탄압 국가라는 비난을 받았고, 미국, 독일, 프랑스 등 세계 각국 정부에서 유효파의 석방 및 출국을 요구했지만 끝까지 출국을 허용하지 않았다.

결국 유효파는 간암으로 신음하다 2017년 7월 13일 심양에 있는 중국의대 부속 제1병원에서 61세의 나이로 세상을 떠났다. 유효파의 죽음은 중국이 아직도 민주주의나 인권을 외면하고 오직 경제력만을 과시하는 구태의연한 모습에서 한 치도 바뀌지 않았음을 보여준다.

오늘날 중국은 전 세계의 자원을 스펀지처럼 빨아들이며 폭발적인 경제성장을 거듭하고 있지만 그 내부에서는 자유와 민주에 대한 갈망이 수그러들지 않고 있다. 정의·자유·인권·평등·민주 등은 사유재산권과 시민주권의 주위를 맴돌고, 한껏 성장한 인민의 지성은 교통과 통신의 발달에 힘입어 글로벌 시대로 내닫고 있는데 중국공산당은 여전히 석고상처럼 뻣뻣한 모습이다. 오히려 그들은 제왕적 지배체제를 굳히면서 대륙을 정보의 외딴 섬으로 만들어 인민들을 베이징 덕

Peking duck 처럼 살뜰하게 사육하고 있는 것처럼 보인다. 과연 그들은 메마른 들판에 불을 지피고자 하는 인민들의 욕구를 언제까지 틀어막을 수 있을까?

참고문헌

□ 한국어 단행본

『모택동선집』, (범우사, 2001)

S. 시그레이브 지음, 이재승 옮김『송씨왕조』(정음사, 1986)

가토 요코 지음, 윤현명·이승혁 옮김,『그럼에도 일본은 전쟁을 선택했다』(서해문집. 2018)

권연적 지음, 이성욱 옮김,『인간 모택동』(녹두, 1993)

극동문제연구소,『모택동사상비판론』(1976)

김계일,『중국민족해방운동과 통일전선의 역사-1』(사계절, 1987)

김상엽, 김지원,『세계사를 움직인 100인』(청아출판사, 2010)

김상협,『모택동사상』(지문각, 1964)

김영준,『모택동사상과 등소평의 사회주의』(아세아문화사, 1985)

김유,『모택동과 중국공산주의』(인간과사회, 2004)

김재선,『모택동과 문화대혁명』(한국학술정보, 2009)

김정호,『중국공산화의 역사적 연구』(한양대학교, 1998)

김충렬·공기두,『모택동 사상론』(일월서각, 1985)

김하룡,『중국정치론』(박영사, 1974)

김형종,『신해혁명의 전개』, 서울대동양사학연구실 편,『강좌중국사-5』(지식산업사, 1989)

_____,『청말 신정기의 연구—강소성의 신정과 신사층』(서울대학교출판부, 2002)

김희영,『이야기 중국사 3』(청아출판사, 2006)

나계예 지음, 한명준 옮김,『송가황조』(반도기획, 1997)

나창주,『모택동의 생애와 사상』(태양문화사, 1978)

_____,『중공외교론』(일조각, 1972)

_____,『중공의 허와 실』(국토통일원, 1973)

_____,『중공정치론』(일조각, 1982)

노신 지음, 임대근 옮김,『격동의 100년 중국』(일빛, 2005)

레이 황 지음, 구범진 옮김,『장제스 일기를 읽다』(푸른역사, 2010)

로버트 C. 터커 저, 김성한 역,『공산주의 급진혁명사상의 본질비판』(배영사, 1986)

마쓰모토 겐이치 지음, 정선태·오석철 옮김,『기타 잇키: 천황과 대결한 카리스마』(교양인, 2010)

마해염·양결 지음, 박현숙 옮김,『중국 역사를 뒤바꾼 100가지 사건』(채움, 2006)

모택동 지음, 정차근·김정계 옮김, 『모택동 사상과 중국혁명』 (평민사, 2008)

민두기 편, 『중국국민혁명 지도자의 사상과 행동』 (지식산업사, 1988)

민두기, 『신해혁명사: 중국의 공화혁명(1903~1913)』 (민음사, 1994)

_____, 『중국국민혁명의 분석적 연구』 (지식산업사, 1985)

_____, 『중국의 공화혁명(1901-1913)』 (지식산업사, 1999)

_____, 『중국초기혁명운동의 연구』 (서울대학교출판부, 1997)

바르바라 바르누앙 지음, 위창건·유상철 옮김, 『저우언라이 평전』 (베리타스북스, 2007)

박한제·김형종·김병준·이근명·이준갑 지음, 『아틀라스 중국사』 (사계절, 2007)

배경한, 『쑨원과 한국: 중화주의와 사대주의의 교차』 (한울아카데미, 2007)

백양 지음, 김영수 옮김, 『맨얼굴의 중국사 5: AD 17세기부터 AD 20세기』 (창해, 2005)

서울대학교 동양사학 연구실 편, 『강좌 중국사-7』 (지식산업사, 1997)

서진영, 『중국혁명사』 (한울아카데미, 2017)

신동준, 『인물로 읽는 중국근대사: 부국강병 변법 혁명의 파노라마』 (에버리치홀딩스, 2010)

신승하, 『중국근현대사: 근대중국 개혁과 혁명(상.하)』 (대명출판사, 2004)

_____, 『중국사 (하)』 (미래엔(대한교과서), 2005)

_____, 『중화민국과 공산혁명』 (대명출판사, 2001)

신채식, 『동양사개론』 (삼영사, 1997)

아그네스 스메들리 저, 홍수원 역, 『한알의 불씨가 광야를 불사르다』 (두레, 1986)

아사히신문 취재반 지음, 백영서·김항 옮김, 『동아시아를 만든 열가지 사건: 한국 일본 중국 대만이
    함께 읽는 근현대사』 (창비, 2008)

알랭 루 지음, 정철웅 옮김, 『20세기 중국사: 제국의 몰락에서 강대국의 탄생까지』 (책과함께, 2010)

야부키 스스무 지음, 신준수 옮김, 『마오쩌둥과 저우언라이』 (도서출판 역사, 2006)

에드가 스노우 저, 신홍범 역, 『중국의 붉은별』 (두레, 1985)

윤혜영, 『중국현대사 연구』 (일조각, 1993)

이상옥, 『신 중화민국사(1911-1945)』 (전주대학교출판부, 2012)

이양자, 『송경령 연구』 (일조각, 1998)

이원복, 『21세기 먼나라 이웃나라 13: 중국(1)』 (김영사, 2010)

이윤섭, 『객관적 20세기 전반기史』 (필맥, 2010)

이천민 저, 나창주 역, 『주은래』 (문해출판사, 1973)

자오쯔양 지음, 장윤미·이종화 옮김, 『국가의 죄수』 (에버리치홀딩스, 2010)

자오쯔양·바오푸 지음, 안기순 옮김, 『메가트렌드 차이나』 (비즈니스북스, 2010)

장룽 지음, 이양자 옮김, 『송경령 평전』 (지식산업사, 1992)

장융·존 핼리데이 지음, 오성환·황의방·이상근 옮김, 『마오: 알려지지 않는 이야기들 상, 하』 (까치글

　　방, 2006)

제임스 킹 지음, 최규민 옮김,『중국이 뒤흔드는 세계』(베리타스북스, 2009)

조너선 D. 스펜스 지음, 김희교 옮김,『현대중국을 찾아서 1, 2』(이산, 2012)

조너선 D. 스펜스 지음, 정영무 옮김,『천안문』(이산, 2010)

조너선 펜비 지음, 노만수 옮김,『장제스 평전』(민음사, 2014)

존 K. 페어뱅크·류광징 편, 김한식·김종건 역,『캠브리지 중국사 11권 하: 청 제국 말 1800~1911년 2
　　부: 근대화를 향한 모색』(새물결, 2007)

중국사연구회 편저,『중국혁명의 전개과정』(거름신서, 1985)

진정일 지음, 이양자 옮김,『송미령 평전』(한울아카데미, 2004)

패트리샤 버클리 에브리 지음, 이동진·윤미경 옮김,『사진과 그림으로 보는 케임브리지 중국사』(시공
　　사, 2010)

해롤드 시프린 지음, 민두기 옮김,『손문평전』(지식산업사, 1990)

해방군문예출판사 편, 남종호 역,『모택동자전』(다락원, 2002)

현이섭,『중국지(상): 중원축록편 마오쩌둥과 중국 혁명 평석』(인물과사상사, 2017)

홍윤표,『중국 그들이 기억하는 100년의 역사』(렛츠북, 2017)

황보종우,『청소년을 위한 세계사 사전』(청아출판사, 2003)

□ 중국어 및 일본어 단행본

『毛澤東文集』(人民出版社, 1999)

『毛澤東選集』(人民出版社, 1967)

『毛澤東選集』(人民出版社, 1991)

『毛澤東著作選讀』(人民出版社, 1986)

柯延 編著,『毛澤東生平全紀錄』(北京: 中央文獻出版社, 2009)

唐德剛,『晩晴七十年』(遠流出版公司, 1998)

毛澤東軍事論文選 (北京: 外交出版社, 1964)

山下龍三,『中國人民解放軍』(東京: 勁草書房, 1976)

新鳥淳良,『毛澤東の思想』(東京: 勁草書房, 1976)

陳獨秀,『文學革命論』,《陳獨秀著作選》(上海人民出版社, 1993)

村上薰,『中國の軍事戰略』(東京: 産報, 昭和48年)

□ 영어 단행본

A. Whitney Griswold, *The Far Eastern Policy of the United States* (New York: Harcourt, Brace & Co., 1938)

Alexander George, *The Chinese Communist Army in Action* (New York: Colombia University Press, 1967)

Alfred L. Chan, *Mao's Crusade: Politics and Policy Implementation in China's Great Leap Forward* (Oxford University Press, 2001)

Barbara Tuchman, *Stilwell and the American Experience in China 1911~45* (Grove Press, 1971)

Benjamin Schwartz, *Chinese Communism and the Rise of Mao* (Cambridge, Mass, Harvard University Press, 1952)

Boyd Compton ed., *Mao's China: Party Reform Document, 1942-1944* (Seattle: University of Washington Press, 1952)

Charles B. McLane, *Soviet Policy and the Chinese Communists, 1931-1948* (New York: Columbia University Press, 1958)

Charles Vevier, *The United States and China, 1906-1913* (New Brunswick, N.J.: Rutgers University Press, 1955)

Chester Tan C., *Chinese Political Thought in the Twentieth Century* (Garden City, N.Y.: Doubleday & Company, Inc., 1971)

Chiang Kai-Shek, *Soviet Russia in China* (New York: Farrar, Straus and Cudahy, Inc., 1957)

Chiao-mu Hu, *Thirty Years of the Communist Party of China* (Peking: Foreign Language Press, 1951)

Claire Lee Chennault, *Way of a Fighter* (New York: G. P. Putnam's Sons, 1949)

Cordell Hull, *Memoirs, II* (New York: Macmillan CO., 1948)

David J. Dallin, *Soviet Russian and the Far East* (New Haven, Conn.: Yale University Press, 1948)

Don Lohbeck, *Patrick J. Hurley* (Chicago: Henry Regnery Co., 1956)

Edgar snow, *Red Star over China* (New York: Random House, 1938)

F. C. Jones, *Japan's New Order in East Asia* (London: Oxford University Press, 1954)

F. F. Liu, *A Military History of Modern China* (Princeton, N.J.: Princeton University Press, 1956)

F. Lach, *Modern Far Eastern International Relations* (New York: Van Nostrand Co., 1955)

F. Schurmann, *Ideology and organization in Communist China* (Berkeley, Los Angeles, London: University of California Press, 1968)

Freda Utley, *China at War* (London: Faber and Faber, 1939)

General George C. Marshall, *The War Records of General George C. Marshall* (New York: J.B. Lippincott, Co., 1947)

Geoffrey C. Ward, *Closest Companion: The Unknown Story of the Intimate Friendship Between Franklin Roosevelt and Margaret Suckley* (Houghton Mifflin Harcourt, 1995)

Gunther Stein, *The Challenge of Red China* (New York: McGraw-Hill Book Co., 1945)

Harold Isaacs, *Scratches on Our Mind* (New York: John Day Co., 1958)

Harrison Forman, *Report from Red China* (New York: Henry Holt & Co., 1945)

Harry S. Truman, *Years of Trial and Hope* (Garden City, N.Y.: Doubleday, 1956)

Harvey W, Nelson, *The Chinese Military System* (Colorado: Westview Press, 1977)

Henry L. Stimson and McGeorge Bundy, *On Active Service in Peace and War* (New York: Harper & Bros., 1947)

Henry L. Stimson, *The Far Eastern Crisis* (New York: Harper & Bros., 1936)

Herbert Feis, *Japan Subdued* (Princeton, N.J.: Princeton University Press, 1961)

Herbert Feis, *The China Tangle* (Princeton, N.J.: Princeton University Press, 1953)

Herbert Feis, *The Road to Pearl Harbor* (Princeton, N.J: Princeton University Press, 1950)

J. S. Radel, *Roots of Totalitarianism: The Ideological Sources of Fascism National Socialism, and Communism* (New York: Crane, Russak & Company, Inc., 1975)

James Byrnes, *Speaking Frankly* (New York: Harper & Bros., 1947)

James Pinckney Harrison, *The Long March to Power: A History of the Chinese Communist Party, 1921-72* (New York: Praeger, 1972)

Jasper Becker, *Hungry Ghosts: Mao's Secret Famine* (Free Press, 1997)

John C. Sparrow, *John C. Sparrow's History of Personnel Demobilization* (Washington, D.C. Department of the Army, 1951)

John Giltings, *The Role of the Chinese Army* (London: Oxford University Press, 1967)

John K. Fairbank, *Mao and China* (N.Y.: The Viking Press, 1972)

Joseph Grew, *Turbulent Era, II* (New York: Houghton Mifflin Co., 1952)

Joseph Stilwell, *The Stilwell Papers* (New York: William Sloane Associates, 1948)

Kenneth S. Latourette, *A History of Christian Missions in China* (New York: Macmillan Co., 1929)

Lawrence K. Rosinger, *China's Crisis* (New York: Alfred A. KLnopf, Inc., 1945)

Lisonne Radice, *Beatrice and Sidney Webb: Fabian Socialist* (London: Macmillan, 1984)

Paul A. Varg, *Missionaries, Chinese, and Diplomats* (Princeton, N.J.: Princeton University Press, 1958)

Paul M A. Linebarger, *The China of Chiang Kai-shek* (New World: World Peace Foundation, 1941)

Paul W. Schroeder, *The Axis Alliance and Japanese-American Relations, 1941* (Ithaca, N.Y.: Cornell University Press, 1958)

R. N. Carew Hunt, *The Theory and Practice of Communism* (rev. ed.: London: Geoffrey Books, 1957)

R. Thaxton, *China Turned Rightside Up: Revolutionary Legitimacy in the Peasant World* (New Haven and London: Yale Univ. Press, 1983)

Ralph A. Thaxton, *Catastrophe and Contention in Rural China: Mao's Great Leap Forward Famine and the Origins of Righteous Resistance in Da Fo Village* (Cambridge University Press, 2008)

Raymond L. Garthoff ed., *Sino-Soviet Military Relations* (New York: Praeger, 1966)

Richard H. Soloman, *Mao's Revolution and the Chinese Political Culture* (University of California Press, 1971)

Richard Hofstadter, *The Age of Reform* (New York: A. A. Knopf, Inc., 1955)

Robert J. C. Butow, *Japan's Decision to Surrender* (Stanford, Calif.: Stanford University Press, 1954)

Robert Payne, *The Marshall Story* (New York: Prentice-Hall, Inc., 1951)

Robert Sherwood, *Roosevelt and Hopkins* (New York: Harper & Bros., 1948)

Roderick MacFarquhar, *The Origin of the Cultural Revolution: The Great Leap Forward, 1958-1960* (Columbia Univ Pr., 1983)

Roy Mark Hofheinz, *The Peasant Movement and Rural Revolution: Chinese Communist in the Countryside, 1923-1927* (unpublished Ph.D. dissertation, Harvard University, 1966)

Roy Watson Curry, *Woodrow Wilson and Far Eastern Policy, 1913-1921* (New York: Bookman Associates, 1957)

Samuel Eliot Morison, *The Rising sun in the Pacific Ocean* (Boston: Little, Brown & Co., 1956)

Soong Ching Ling, *The Struggle for New China* (Peking: Foreign Languages Press, 1953)

Sturat R. Schram, *The Political Thought of Mao Tse-Tung* (N.Y.: Praeger Publishing, 1969)

Sumner Welles, *Seven Decisions That Shaped History* (New York: Harper & Bros, 1950)

T. A. Bisson, *America's Far Eastern Policy* (New York: Macmillan Co., 1945)

Tien-fong Cheng, *A History of Sine-Soviet Relations* (Washington, D.C.: Public Affairs Press, 1957)

Tyler Dennett, *Americans in Eastern Asia* (New York: Macmillan, 1922)

Tyler Dennett, *John Hay* (New York: Dodd, Mead & Co., 1934)

Walter Lippmann, *United States War Aims* (Boston: Little, Brown & Co., 1944)

Whitney Griswold's classic work, *The Far Eastern Policy of the Unites States* (New York: Harcourt,

Brace & Co., 1938)

William L. Langer and S. Everett Gleason, *The Challenge to Isolation* (New York: Harper & Bros., 1952)

William L. Langer and S. Everett Gleason, *The Undeclared War* (New York: Harper & Bros., 1953)

William Leahy, *I Was There* (New York: McGraw-Hill Book Co., 1950)

□ 미 국무성 및 미 의회 관련 자료와 연감 등

Charles F. Romanus and Riley Sunderland, *Stilwell's Command Problems* (Washington, D.C., Government Printing Office, 1956)

Charles F. Romanus and Riley Sunderland, *Stilwell's Mission to China* (Washington D.C.: Government Printing Office, 1953)

Charles F. Romanus and Riley Sunderland, *Time Runs Out in CBI* (Washington, D.C.: Government Printing Office, 1959)

Department of State, *Foreign Relations of the United States, 1936, Vol. IV: The Far East* (Washington, D.C.: Government Printing Office, 1954)

Department of State, *Foreign Relations of the United States, 1943: China* (Washington, D.C.: Government Printing Office, 1957)

Department of State, *United States Relations with China* (Washington, D.C.: Government Printing Office, 1949)

Department of State, *United States Relations with China* (Washington: Government Printing Office, 1949)

Harley A. Notter, *Postwar Foreign Policy Preparation, 1939-1945* (Department of State Publication 3580 [Washington, D.C.: Government Printing Office, 1949])

House Committee on Foreign Affairs, *Hearings on Unites States Foreign Policy for a Post-war Recovery Program*, 80th cong., 2d sess.

Laws, *Hearings on the Institute of Pacific Relations*, 82d Cong., 1st and 2d sess. (1951-52)

Martin Wilbur and Julie How (eds.), *Documents on Communism, Nationalism, and Soviet advisers in China*

Maurice Matloff, *Strategic Planning for Coalition Warfare, 1943-1944* (Washington D.C.: Government Printing Office, 1959)

Memo by John P. Davies, "Will the Communists Take Over China?" *State Department Employee*

Loyalty Investigation

Memo by John S. Service, "the Present and Future Strength of the Chinese Communists," dated
      October 9, 1944

Military Writings of Mao Tse-Tung (Peking: Foreign Languages Press, 1966)

Philip A. Crowl and Edmund G. Love, Seizure of the Gilbelts and Marshalls (Washington, D.C.:
      Government Printing Office, 1955)

The China Year Book, 1938-1939 (Chungking: Commercial Press, 1939)

U.S. Department of State, Foreign Relations of the United States: The Conferences at Malta and
      Yalta, 1945 (Washington, D.C.: Government Printing Office, 1955)

Vincent's testimony, Military Situation in the Far East

Wallace's testimony, Military Situation in the Far East

Wedemeyer's testimony, Military Situation in the Far East

□ 한국어 논문

김권집, 「모택동의 생애와 사상」, 『한국행정사학지』 제29호 (2011)

김세호, 「진형명의 국가건설 구상, 중국통일추의 분석을 중심으로」 (서강대학교, 2006)

김소중, 「마르크스주의의 중국화」, 『서석사회과학논총』(2) (조선대학교 사회과학연구원, 2009)

김재철, 「레닌주의 체제에서의 당의 지도원칙의 이론과 실제—모택동 시기의 중국을 중심으로」, 『중
      소연구』22 (한양대학교 아태지역 연구센터, 1988)

김충렬, 「모택동의 실천론과 모순론 비판」, 『아세아연구』22 (고려대학교 아세아문제연구소, 2007)

김형종, 「신해혁명의 발전」, 『강좌중국사 VI』 (1997)

나창주, 「국공합작과 중공의 전략」 (국토통일원, 1971)

_____, 「대한민국의 북방정책」 (대통령기록관 소장, 2014)

_____, 「모택동사상의 배경과 특성 연구」 (건국대학교 박사학위논문, 1969)

민두기, 「민국혁명론—현대사의 기점으로서의 신해혁명과 5.4운동」, 『강좌중국사 VI』 (1997)

_____, 「신해혁명에서 북벌까지—중국현대사의 발자취」, 『중국근대사론』 (지식산업사, 1976)

이승휘, 「민국 원年을 전후로 한 '약법'과 손문의 호법운동」, 『중국근현대사연구』63권 63호 (중국근현
      대사학회, 2014)

이주옥, 「손문과 남양화교의 반청운동에 대하여」 (숙명여자대학교, 1981)

장공자, 「중국국민당 좌파의 기수 랴오충까이(廖仲愷)와 국민당 개조작업」, 『글로벌정치연구』2권 2
      호 (한국외국어대학교 글로벌정치연구소, 2009)

정병학, 「중국혁명운동의 전개과정―혁명조직단체의 성격과 그 기능의 변천을 중심으로」, 『숙대사론』(1974)

정영숙, 「중국국민당과 공산당의 합작에 대한 연구―제1차 국공합작을 중심으로」(충북대학교, 1993)

정종욱, 「주은래와 중국 공산 혁명: 1920~1934년」, 『중소연구』 통권 104호 (2004/2005)

최재희, 「신해혁명과 청조―배만과 청조의 개혁을 중심으로」, 『서울대 동양사학과 논집』 1집 (1977)

홍광엽, 「중국 전통과 모택동의 사상」, 『국제정치논총』 29 (한국국제정치학회, 1990)

□ 영어 논문

"An Appraisal of Conditions in China by Raymond Gram Swing," *Amerasia*, September, 1943

George E. Taylor, "The Hegemony of the Chinese Communist, 1945-1950," *Annals of the American Academy of Political and Social Science*, September, 1951

John K. Fairbank, "America and Chinese Revolution," *New Republic*, August 22, 1949

Karl A. Wittfogel, "The Influence of Leninism-Stalinism in China," *Annals of the American Academy of Political and Social Science*, September, 1951

Louis Morton, "The Decision To Use the Atomic Bomb," Command Decisions, Prepared by Office of the Chief of military History, Department of the Army (New York: Harcourt, Brace & Co., 1959)

Raymond Gram Swing, "An Appraisal of Conditions in China," *Institute of Pacific Relations*

T. A. Bisson, "China's Part in a Coalition War," *Far Eastern Survey*, July 14, 1943

Walter Judd, "Behind the Conflict in the Pacific," *Journal of National Education Association*, September, 1942

William N. Neumann, "Ambiguity and Ambivalence in Ideas of National Interest in Asia," *Isolation and Security*, ed. Alexander DeConde (Durham, N.C.: Duke University Press, 1957)

찾아보기(인명)